海关文献与近代中国研究学术论文集

Symposium of International Conference on Customs' Publications and Modern China

吴松弟　主编
Editor-in-Chief / Wu Songdi

GUANGXI NORMAL UNIVERSITY PRESS
广西师范大学出版社
·桂林·

本书系国家社科基金重大项目“中国旧海关内部出版物整理与研究”
（项目批准号：11&ZD092）阶段性成果

图书在版编目（CIP）数据

海关文献与近代中国研究学术论文集／吴松弟主编．—桂林：广西师范大学出版社，2018．1
ISBN 978-7-5598-0099-2

Ⅰ．①海… Ⅱ．①吴… Ⅲ．①海关－史料－中国－近代②中国历史－近代史－文集 Ⅳ．①F752.59②K250.7-53

中国版本图书馆 CIP 数据核字（2017）第 324071 号

广西师范大学出版社出版发行
（广西桂林市五里店路 9 号　邮政编码：541004
网址：http://www.bbtpress.com）
出版人：张艺兵
全国新华书店经销
广西广大印务有限责任公司印刷
（桂林市临桂区秧塘工业园西城大道北侧广西师范大学出版社集团有限公司创意产业园内　邮政编码：541100）
开本：787 mm × 1 092 mm　1/16
印张：31.75　　字数：472 千字
2018 年 1 月第 1 版　　2018 年 1 月第 1 次印刷
定价：228.00 元

前　言

2016年2月27日，由复旦大学中国海关史与海关文献国际研究中心主办的“海关文献与近代中国”国际学术研讨会在复旦大学召开。本论文集收入会议的大部分论文，主要探讨中国旧海关内部出版物的内容与学术价值，以及如何利用这些宝贵资料探讨中国近代史和近代经济地理。

1840年鸦片战争以后中国在特殊背景下艰难地走上全球化和现代化之路，1859年又建立了请外国人管理海关的制度。此后海关史一向被认为是研究中国近代历史的重要起点和关键问题之一，也是国际学术界百多年来历久弥新的经典议题。而近代海关文献，尤其是海关总税务司署为安排和沟通各部门和各地方海关活动的内部出版物，早在1934年，就被近代经济史研究的前辈学者郑友揆先生评价为：“因其内容精确，所占地域广大，已成为研究我国经济之唯一可靠而系统的资料。”

我自1999年开始，指导樊如森、陈为忠、方书生、姚永超、王列辉、张珊珊、唐巧天、毛立坤、姜修宪、徐智、王哲、张永帅、武强、刘雅媛、杨敬敏、伍伶飞等20余名博士生以及少量硕士生，从事“港口-腹地和中国现代化空间进程”研究（进入第二阶段以后改称“中国近代经济地理研究”）。研究依据的资料，除了晚清民国时期编撰的经济调查报告、地方志,1950 年以来编的经济资料选辑,近几十年来各地出版的文史资料等,最主要来自中国旧海关的内部出版物。

我国各地海关自 1860 年以来,在海关总税务司署的要求和指导下,建立了定期或不定期报告的制度,相关报告由海关造册处(1932 年改称统计科)汇集后出版,以作为旧海关内部的工作文件。旧海关内部出版物内容丰富多彩,系统复杂,分成第一类统计系列(*Statistical Series*)、第二类特种系列(*Special Series*)、第三类杂项系列(*Miscellaneous Series*)、第四类关务系列(*Service Series*)、第五类官署系列(*Office Series*)、第六类总署系列(*Inspectorate Series*),以及第七类邮政系列(*Postal Series*)等七大系列。此外,还有约百种由中国海关总税务司署编辑或出版,但未列入任何系列的"他类之书"(*Customs Publications Not Included in Any of the Foregoing Series*)。

各系列均收入较多的出版物,有的内部又有着复杂的次一级的系列。例如,统计系列最重要的是贸易统计(*Trade Return*)和贸易报告(*Trade Report*)两大期刊系列,贸易统计基本上是数据,贸易报告则以文字论述为主。两者都于 1860 年代陆续形成,有的是月报,有的是季报,有的是年报,某些重要的海关如江海关、粤海关还有日报和旬报等。1882 年海关总税务司署又下令编撰《十年各埠海关报告》(*Decennial Reports on the Trade, Industries, etc., of the Ports Open to Foreign Commerce, and on the Condition and Development of the Treaty Port Provinces*)。它从 1882 年编起,每 10 年编一次,一直编到 1931 年,共出 5 期。各期内容都相当庞杂,类似"百科全书"。

统计系列之外的其他六大系列的编排格式,大致分为两类,一类是针对某一具体事务或活动的专项报告或专业论文;另一类是定期出版的专刊,如《医学报告》(*Medical Reports*),《中国沿海及内河航路标识总册》(*List of Lighthouses, Light-vessels, Buoys, Beacons, etc., on the Coast and Rivers of China*),《总税务司通令》(*Inspector General's Circulars*)、《海关职员题名录》(*Service List*)等。

由于采用国际性通用的统计标准和学术名称,且时间长达 80 余年，旧海关内部出版物具有较强的科学性和完整性。而且，报告的范围遍及全国各主要开放城市及关区范围，除反映所在城市与腹地区域的进出口贸易之外，还反映这些地区自然、经济、政治、文化、城市等各方面的状况，其中还附有近千幅大多以科学方法测绘的地图。基于上述理由，旧海关内部出版物称得上是全国和各区域尤其是口岸城市的多方面实况的最翔实可靠、系统、科学的资料宝库。

旧海关内部出版物零散分布在国内外许多图书馆、档案馆，且长期没有统一的目录，颇不便于研究者的使用。2001 年由中国海关总署和中国第二历史档案馆编辑、茅家琦先生主编、京华出版社出版的 170 册《中国旧海关史料》，收集了 1859—1948 年各关的贸易统计和贸易报告，以及 5 份十年报告，为利用这些资料提供了方便。2003 年笔者在美国哈佛大学图书馆发现了 400 余册的中国旧海关出版物，其中 283 册为《中国旧海关史料》所未收，在哈佛大学图书馆的支持下 2014—2016 年由广西师范大学出版社出版。此前的 2013 年，海关总署办公厅编的《中国近代海关总税务司通令全编》由中国海关出版社出版。此后又在中国海关总署的支持和中国海关学会的安排下，由笔者开出书单，海关工作人员从总署档案室找出京华、哈佛、通令三丛刊均未收入的约 200 册、整理后估计全部装订为 52 册左右的旧海关出版物，也将于 2018 年陆续出版。至此，散布在世界各地的 90% 以上的旧海关内部出版物，都将公开出版，为近代史研究者提供了以往不易看到的宝贵资料。

我们研究团队，多年利用海关文献探讨中国近代的经济变迁及其经济地理，取得了一些成绩，有感于利用这些资料推进近代史研究的必要性，我们也希望近代史学界尽量利用这些资料。2011 年笔者申报成功的项目“中国旧海关内部出版物的整理与研究”，立为国家社科基金重大项目。我们申报目的有二，一是继续在国内和国外寻找尚未找到的旧海关内部出版物，二是对旧海关出版物的结构、内容、价值进行深入研究，以便于学界的利用。现在，此项目即将进入结项阶段，将为学界的利用、研究提供极大的方便。

本团队的研究得到了复旦大学领导和历史系、历史地理所，厦门大学海关史研究中心，特别是中国海关学会等单位的支持。2016年2月27日成立的复旦大学中国海关史与海关文献国际研究中心，就是在复旦大学学校领导的建议下由学校批准建立的机构，旨在通过与中国海关学会等国内外学术单位、学者的合作，拓展海关史研究范围，加速海关文献的整理、研究、出版等方面的工作。在成立大会上，中国海关学会李克农会长和复旦大学林尚立副校长揭牌并分别讲话。参会的学者们都希望复旦大学中国海关史与海关文献国际研究中心在海关文献的搜集、出版、研究中发挥更大的作用，希望近代史、近代经济地理研究因海关文献的使用而得到较大的推动。

吴松弟

2017年12月29日

目　录

中国旧海关出版物的内容、学术价值和用于研究

吴松弟

（复旦大学中国历史地理研究所）

1859年1月，英国人李泰国首任中国海关的领导人总税务司，他开始按照西方国家的做法，建立包括统计和出版在内的海关管理制度。1863年冬，英国人赫德接任李泰国的职务，开始担任长达近半个世纪的中国海关总税务司。赫德努力扩大海关业务，逐步建立全面而系统的海关管理制度，包括规范、完整、有序的编印、发行的制度，从而留下大量的海关文献。海关文献就其形式而言，可分为出版物和非出版物两种。早在1934年，著名的海关文献研究专家郑友揆便指出，旧海关出版物，"因其内容精确，所占地域广大，已成为研究我国经济之唯一可靠而系统的资料"①。

旧海关出版物长期分散在各地的档案馆尤其是海关系统的档案馆，由于相关档案馆开放程度不高，不易查阅，因此要弄清楚旧海关出版物极为困难，它的内部系统、涉及内容、学术价值，乃至图书收藏地点，除档案馆人员外都不甚清楚。近二十余年来学界除了利用一些口岸城市翻译出版的该城市的贸易报告之外，其他的资料一般都难以开发利用。

---

①郑友揆：《我国海关贸易统计编制方法及其内容之沿革考》，《社会科学杂志》1934年第3期，第264—296页。

2001年中国海关总署办公厅、中国第二历史档案馆汇编的《中国旧海关史料》170册,由京华出版社出版,揭开大规模出版旧海关出版物的序幕。2003年,我在哈佛大学访问期间,幸运地发现了该校图书馆在此方面有着海量的收藏,此后着手整理,并在哈佛燕京图书馆的支持下,由广西师范大学出版社出版《美国哈佛大学图书馆藏未刊中国旧海关史料》共283册。此后在中国海关总署的支持下,我们和上海海关档案室合作,又开始整理该馆收藏的至今尚未出版的旧海关内部出版物。由于我本人所申请的项目"中国旧海关内部出版物整理与研究"在2011年立为国家社科基金重大项目,我得以在搜寻、出版的同时,对全部的旧海关出版物展开相对全面、系统的研究。

一、旧海关内部出版物的定义和发行范围

长期以来,对旧海关出版物,并无一个统一的名称,至少有"海关贸易报告""海关报告""关册"等三种。其实,这些名称既不能包罗旧海关出版物的全部内容,也不能将其中的已出版物与未出版物区别开来。我以为,旧海关出版物,严格说来应称为"旧海关内部出版物",是指由中国海关总税务司署的造册处(后期称统计科)刊印,或由总税务司署请人撰写的出版物。由于它是用铅字排印、以书本形式出版的出版物,因此不同于保持原始面貌的其他海关报告、文献和资料。

海关总税务司署编纂和出版这些出版物的主要目的,是海关内部工作的需要,并非为了向公众发售,故"旧海关内部出版物"中的"内部"二字不可缺少。按照海关总税务司1882年2月2日的第179号通令,当时已经出版的六大系列中,只有统计(*Statistical Series*)、特种(*Special Series*)、杂项(*Miscellaneous Series*)三个系列,在海关内部下发以后剩余部分可以出售,而关务(*Service Series*)、官署(*Office Serires*)和总署(*Inspectorate Series*)三个系列只在海关内部使用,甚至只供总税务司一人使用。①

①黄胜强主编《旧中国海关总税务司署通令选编》第一卷(1861—1910年),"为发海关出版物分发、保管及使用之指令事",北京:中国海关出版社2003年,第246页。

1859年1月海关总税务司署开始建立西式的统计和出版制度。该年起陆续出版的各口岸的《进出口贸易统计》(*Returns of the Import and Export Trade*),被看成是海关最早刊行的内部出版物。1863年冬贸易统计的格式逐渐形成,第二年赫德下达通令,要求各关税务司将1863年的贸易统计册送交江海关税务司出版。此后赫德又明确要求:“每个月末,各税务司应向总税务司呈送简短的月报,内容包括当月发生的主要事件、口岸贸易情况、税收摘要、办公支出以及罚没款数额。总税务司要求各位税务司对此项工作必须十分认真,使得贸易统计(尤其是汉文格式)各细节都必须准确无误,书写整洁并无涂改。”[①]1865年赫德又下发关于年报的通令,要求各关须在1月31日向江海关税务司递送上一年度的贸易统计报告以供出版,报告力求内容准确和生动。[②] 当年,海关总税务司在上海设立了海关印书房(Printing Office)与表报处(Returns Department),负责印刷各关的贸易报告和贸易统计。1873年10月印书房与表报处合并,并从江海关独立出来,成立造册处(Statistical Department),归总税务司署管辖,仍设在上海,并逐渐形成了一套规范、完整、有序的编印、发行的制度。李度、丁贵堂组织编写,1949年5月出版的《海关制度概略丛刊》12种,或许是旧海关所出的最后一批图书。

据笔者不完全的统计,全部旧海关出版物,不包括各关的日报和旬报,约达1500种,如按照每册五六百页左右装订出版,最多可达650余册。

二、内容与学术价值

海关内部出版物除了上述六大系列之外,1896年又形成第七系列邮政系列(*Postal Series*)。此外,还有百余本由中国海关总税务司署编辑或出版,但未列入任何系列之书,被称为“他类之书”。各出版物,原先只使用英文,后来同时用英文和中文两个部分,另有一种形式称“华英合璧”,

①刘武坤译,虞佩曹校《海关总税务司赫德1864年第8号通札》,《历史档案》1999年第2期,第53页。

②黄胜强主编《旧中国海关总务司署通令选编》第一卷(1861—1910年),第38页。

即同一书中，一行用英文，一行用中文。1875 年以后另有纯中文版《通商各关华洋贸易总册》，提供给中央和口岸地区的官员阅读。①

统计系列是七大系列中最大的系列，分月报、季报、年报几种，某些重要的海关如江海关、粤海关还有日报和旬报。对于研究者而言以年报最为常用，年报最初分为"贸易表格"和"贸易报告"两种形式，前者提供详细的贸易数据，后者细述贸易进展和影响贸易的国内外的各种因素。1882 年以后两者合一出版，称"某年中国通商各口年度贸易册和贸易报告"（*Returns of Trade and Trade Reports for the Year* ××××）。1882 年海关总税务司署又下令编撰《最近十年各埠海关报告》。它从 1882 年编起，每十年编一次，一直编到 1931 年，共出 5 期。内容各期不一，但都相当庞杂，几乎是全面详述各关所在省区十年间各方面的经济文化社会变迁，宛如一部区域百科全书。每期十年报告一般多达近千页，它以文字为主，少量统计为辅，有时还附有详尽的地图，用以显示关区内的山河、交通、城市、村镇等等。

我们团队近十余年来研究近代港口贸易和经济变迁，最重要的资料便是第一系列中的贸易数据、经济数据和贸易报告。巨量的贸易数据，由于采用国际通用的统计标准且统计时间长达 80 余年，可以达到逐年甚至逐季、逐月（江海关、粤海关等在某些时期还可以达到逐日）的研究，因此具有较强的科学性和完整性。此外，贸易报告的范围遍及全国绝大部分的开埠城市及其腹地区域，反映这些地区经济、政治、文化、城市、自然等方面的状况，是研究全国和大部分区域经济状况最翔实可靠的资料。

其他六大系列的编排格式与统计系列颇不相同。大致可分为两种，一种是针对某一具体事务、活动的调查与研究著作，另一种是连续出版的专刊。这些专刊因连续数十年的出版，大都达千余页甚至几千页，且时用地图或内容插图。各系列都有自己特定的记载范围，在系列之下每种书设为一个编号，加上他类之书，约有 450 余种。以下扼要介绍其内容和学术价值：

①为了方便起见，本文对同时有中文名、英文名的出版物，均只用中文名。如只有英文名，则先出中文译名，再括注英文书名。

1.医学报告(*MEDICAL REPORTS*)。1871年到1910年间,各地海关的西医医官每半年向总税务司署汇报所在城市和关区传染病的流行和扑灭,以及西医西药的传播等情况。共80期,为研究近代流行病史、医学史最系统、科学的资料。

2.各地经济调查,共30余种书,分为两类。一类是蚕丝、土产鸦片、茶叶、大豆、人参等产品及其产地和产、运、销的过程;一类是对重庆、西江流域、腾越、九龙、岳阳、常德、沙市等地开埠前的商务调查,以及在云南、东北拟开口岸地区的旅行记。除了关注经济和商务,对边疆的人文和自然地理也有所涉及。

3.水陆交通调查,近20种书。有的记载近代长江上游、松花江、西江的轮船航运,大运河淮河到长江段的蒸汽机船的初航或航行指南,有的记载长江沿岸的地名和中下游的水道水量、镇江的枢纽作用、云南西部道路,以及规定对外国轮船开放的内陆地方。

4.船舶报告,近10种书。除1921—1931年间每年出版的《百吨以上的中国蒸汽式和机动式船舶名录》(*List of Chinese Steam and Motor Vessels of 100 Tons Gross and Over*)以外,其余都是对晚清仍在使用的传统民船的介绍,包括长江上游的帆船和舨板、运盐船,长江口和上海地区的船舶以及长江下游的木筏。由于是实体船只的缩小并附各部件的尺寸,可据此恢复这些船只。

5.中国关税和金融研究,近30余种书。多本书详载关税变化与征税问题,包括多次修订的进口税和出口税的"税则分类须知"。魏尔特(Wright,S.F)编撰《自民国元年起至二十三年止关税纪实》,是记载海关这时期活动的重要文献。金融方面,清末艾约瑟(Joseph Edkins)所撰三卷本财政系列著作,详论中国的通货、财政、银行与物价,颇值得一读。

6.海洋事务报告,有20余种专刊或专书。侧重于沿海的灯塔、灯船、浮标的年刊,主要有《中国沿海及内河航路标识总册》(*List of Lighthouses, Light-vessels, Buoys, Beacons, etc., on the Coast and Rivers of China*),出版于1872—1947年。此外,还有《灯船、浮标和灯塔报告》(*Report on Lights, Buoys, and Beacons*),1875—1908年;《通商各关沿海沿江建置灯塔灯船灯杆警船浮桩总册》,1879—1904年;《海关海务科航船布告汇编》(*Notices to Mariners*),1883—1938 年,该书还涉及沉船、泥沙等航行安全问题。班思德撰《中国沿海灯塔志》,则是详述近代灯塔的修建和管理的专书。有的报告还以吴淞江挖沙工程、各口救护遇险船只章程、中国出席国际航海公会报告、台风避风港、一些口岸近海河段潮汐表等等为记载内容。我国虽然自古是海洋大国,但对海洋航行相关事务的深入研究和有效管理却始于近代。因此,本部分无疑是海洋研究的重要文献。

7.海关管理报告,近 30 种。内容五花八门,较重要者有:历任总税务司下达的通令,现已汇总为《中国海关总税务司通令全编》46 卷(其中索引 1 卷),由中国海关出版社 2013 年出版;《海关职员题名录》,1877—1947 年,年刊,详细登记海关工作人员名单,包括国籍、工作时间、任职地点和部门、级别;《海关法规汇编》,收入出版时仍然有效的各种海关工作法规,便于查阅。此外,《海关和常关服务地图集》标注各地海关和常关及其分支机构的分布,《中国近代海关历史文件汇编》(*Documents Illustrative of the Origin, Development, and Activities of the Chinese Customs Service*),共 7 卷,约达 4700 余页,均为海关总税务司署的相关文件和信件,研究中国海关史必读书。

8.国际关系。除了《1689—1886 年中国和外国签订的条约和公约》(*Treaties, Conventions, etc. Between China and Foreign States, 1689-1886*)、《1517—1899 年在中国的外国公使馆人员名单》(*Foreign Legations in China: List of Members, 1517-1899*)之外,主要涉及朝鲜事务,包括 1876—1889 年朝鲜与其他大国签订的条约和法规、1890 年朝鲜官员名录,以及论述 1894 年 7 月到 1895 年 10 月朝鲜宪政史的文献。并有记载中国海关 1876 年派专人前往古巴解决中国移民事务的相关报告,以及为参加两次国际禁鸦片大会而准备的文件。

9.中国在 1905 年以前参加历届世界博览会,均由海关筹备和安排,也由其撰写参会报告。包括 1873 年维也纳、1876 年费城、1878 年巴黎、1884—1885 年新奥尔良、1900 年巴黎、1902 年河内、1904 年路易斯安那、1905 年列日的各届世博会,以及 1880 年柏林和 1883 年伦敦的国际渔业博览会、1884 年伦敦国际卫生博览会。海关报告不仅介绍展出的商品,还介绍中国一些经济、文化、宗教等方面的状况,从一个侧面反映了中国走向世界的步伐。

10.邮政报告。近代中国的邮政是通过海关建立的,早期邮政历史的重要资料主要保存在旧海关内部出版物的邮政系列。有关邮政服务的内容、各地邮政服务点的分布、邮政账户的使用、邮政通令,以及文报局的报告,均可查阅。另有《大清邮政舆图》,以地图形式展示各地邮局和邮路。

11.常关报告。常关本称钞关,清初开始建立,用来在交通要冲和商品集散地征税。近代通商口岸成立海关以后,钞关改称常关,1900 年以后海关逐渐接管部分常关的征课业务,因此在 1902 年编纂第一号《常关报告》(*Notes on Native Customs*), 1904 年又编了第二号、第三号常关报告。第一号报告以全国各地常关为记载范围,此后的两个《常关报告》分别限于福建和沙市的常关,以后又出了梧州、厦门、天津、汕头、粤海关、芜湖等常关的报告。海关出版物中的常关资料虽然时间上以 1902 至 1913 年最为集中,其他时间要少得多,仍不失为研究 1860 年以后的常关最主要的资料。

12.语言学著作。海关总税务司署要求洋员懂得中文,华员懂得英文,因此请欧美或中国海关专家编撰了 10 种左右的语言学著作或辞典。其中,以《语言自迩集》、《中国官话英汉口语辞典》(*A Dictionary from English to Colloquial Mandarin Chinese*)、《英汉国语辞典》、《新关文件录》(*Text Book of Documentary Chinese, with a Vocabulary, for the Special Use of the Chinese Customs Service*)、《现代中文文献教科书——供中国海关特别使用》(*Text Book of Modern Documentary Chinese, for the Special Use of the Chinese Customs Service*)、《上海方言手册——为水上警察而编》(*Shanghai Phrase Book for River Police*)等闻名中外。

除了以上内容比较集中的门类之外,还有《中国音乐》(*Chinese Music*)和关于黄河下游治河工程、度量衡单位换算的数个报告,以及 1905—1938 年间有关气象工作的通令。这些书在近代史研究中都有其重要性。特别需要指出,《中国音乐》现已有几种译本,唯独它记载的国度——中国并未译成中文,故任何研究中国音乐史和舞蹈史的中国学者,都未利用这部在调查基础上写成,并于 1884 年出版的著作。

旧海关出版物的各个系列,都附有一定数量的地图和图表,其中的地图达200余幅。我国古代的地图,长期使用计里画方的方法,明末外国传教士传入科学绘图方法,但在中国的全面推广仍是近代的事。旧海关出版物中的地图,绝大部分都采用西方的科学绘图方法绘制而成。这些地图,不仅反映各关区的空间范围和山河面貌,也反映商品产地、交通路线、城市分布乃至城市内部的街区,有关海洋方面则侧重于灯塔分布、港湾情况、岸滩、码头乃至各水域的水深、底质、浅滩,并都附有比例尺,这些地图对于近代各方面的研究均具有不可替代的直观的作用。

三、我们如何将旧海关内部出版物运用于近代经济史研究

(一)港口–腹地与近代中国经济变迁研究

中国的现代化是在西方列强的强力压迫下引发的,来自西方的先进生产力和科学技术、经济制度和思想、文化在沿海口岸城市登陆之后,顺着交通路线向广大的腹地推进,由此促进中国经济文化等方面的变迁。进出口贸易是促使传统经济变迁的主导因素,它不仅使中国传统经济逐渐瓦解,也促进了中国农产品商品化、早期工业化和新式商业的发展,以及具有早期现代化特征的大都市的兴起。早在1970年代,台湾在刘翠溶的倡导下,林满红、刘素芬等一批学者,展开了对中国若干口岸的国际贸易的研究。我本人与戴鞍钢合作,1992年获得国家教育委员会的资金支持,此后投入研究,戴鞍钢首先在上海港及其腹地经济联系的研究中取得突破。此后我指导近20名研究生,着重从港口–腹地的角度,主要探讨近20个口岸城市的近代进出口贸易、城市发展及与其腹地的经济互动关系,以及港际联系、相邻港口空间关系、港城关系等方面,形成了近20篇博士论文或硕士论文,并在此基础上出版了8部学术著作。

台湾学者和我们的研究资料,最重要的便是旧海关出版物中的贸易数据以及记载各地经济、贸易、政治、生态各种状况的贸易报告。所说的“港口–腹地关系”,其实主要是通过进出口贸易来体现的,这种“港口–腹地关系”甚至导致一定区域的城市体系和经济区的形成。

(二)近代经济地理研究

"港口–腹地和中国现代化空间进程"的研究，是对中国近代经济的变迁从空间角度进行考察，它建立在近代经济史研究的基础上而又不同于近代经济史的研究。如果将这种时空结构固定在某一时期，并用地图和数据加以表现，用文字加以论述，说明不同时期生产力的分布状况与区域差异及其成因，就是近代经济地理研究。自 2007 年以后，我们大大推进对近代经济地理的研究，并将之作为研究的侧重点。2009 年，我本人发表《中国近代经济地理格局形成的机制与表现》①，简述了 1840 年以来中国经济的变迁机制和空间上的八个特点，并在该年联合大陆和港台的 20 余位学者，主编九卷本《中国近代经济地理》，试图在一个广阔的场面上，为学术界细致描述近代的百余年间，中国所发生的传统经济向近代经济变迁的空间过程及其形成的经济地理格局。现在，该书已经出版七卷，最后两卷可望在近几个月内出版。

近代经济地理研究依据的经济资料，主要来自海关内部出版物、晚清民国各种经济调查报告，以及近代编纂的地方志。旧海关内部出版物巨量的贸易与经济数据，采用国际通用的统计标准，统计时间长达 80 余年，报告范围遍及全国绝大部分的开埠城市及其腹地，记载内容包括经济、政治、文化、城市、自然等方面，无疑是最重要的研究资料。

(三)其他方面的尝试

除了上述两大方面的研究，最近一些年我们还利用第一系列数据的各种关联性和学者较少利用的第二至第七系列以及他类之书，在如下方面进行了尝试：

1.利用贸易数据确定口岸城市开埠和海关建立时间。近代口岸城市的开埠之日和海关建立时间，是城市走向全球化和现代化的重要起点。至今仍有一批近代开埠城市对这两个时间存有争议，必须通过认真考证来搞清，而且应准确到日。至今所见到的海关贸易报告，均在新关成立以后所编，而所谓的"开埠日"往往指征收到第一笔洋税的日子。因此，开

①该文发表在《史学月刊》2009 年第 8 期。

埠之日和海关的建立时间,一般不晚于最早的贸易报告数据的起始时间,甚至在同一天。依据这一判断,我们对有争议的一批口岸城市的开埠之日和海关设立时间进行考证,得出比较接近事实的观点。①

2.利用港口贸易的大数据探讨港口贸易网络和不同港口地位的变迁。王哲将近代不同港口的进出口贸易数据输入数据库,利用数学模式和 GIS 揭示其内在关系,成功探讨了其间的空间结构。② 吴松弟通过南部、上海、北方三个区域港口在全国贸易数据所占比重的变迁,揭示了 20 世纪初上海和南部港口所占地位下降,而北方(东北和华北)港口地位上升的事实。③

3.利用进出口贸易数据,探讨中国从进口洋布、洋纱,到后来转变为国产机制棉布出口国的历程。④ 尽管学术界对中国近代棉纺织业的发展有深入的研究,但大多依据个别区域某一时期的情况,难以反映大范围或长时段的状况。进出口贸易数据固然不等于产品生产数据,但其数据的真实性和巨大的空间性、漫长的时段性,却使得出的研究结论,能够比较准确地反映棉纺织替代工业的发展过程和某些特点。近代进出口贸易统计中类似的数据颇多,可以用来研究其他替代工业的成长和中国民众经济文化生活的变迁。

4.利用旧海关出版物研究中国参加早期世界博览会的历史。⑤ 1905 年以前中国加入世界博览会均通过海关组织和布展,海关关于历次博览会的文件无疑是研究中国加入世博会历史的最完整全面的资料。只有阅读海关发表的加入历次博览会的报告,才能真切地感受到中国早期走向世界的步伐。

5.对沿海灯塔的研究。以往的研究多从海关管理的角度,少从航海

①吴松弟、杨敬敏:《近代中国开埠通商的时空考察》,《史林》2013 年第 3 期,第 75—89 页。

②王哲、吴松弟:《中国近代港口贸易网络的空间结构——基于旧海关对外-埠际贸易数据的分析(1877—1947)》,《地理学报》2010 年第 10 期,第-1299—1310 页。

③吴松弟:《近代中国进出口贸易和主要贸易港的变迁》,《史学集刊》2015 年第 3 期,第 11—21 页。

④杨敬敏:《中国近代棉纺织进口替代工业的发展及其空间分布研究(1867—1936)》,复旦大学 2014 年博士论文,未刊本。

⑤吴松弟:《走向世界:中国参加早期世界博览会的历史研究——以中国旧海关出版物为中心》,《史林》2009 年第 2 期,第 42—51 页。

的角度，此外还忽略了一部分不属于海关管理的灯塔。伍伶飞的博士论文研究除了利用海关资料，也利用了日本等东亚国家的资料，对灯塔的分布体系及其他相关问题，得出自己的看法。这一研究除了说明海关数据的重要性，自然也说明还有必要查阅利用其他来源的数据，并从不同角度进行研究。

6.晚清民国邮政的建立，是中国走向通讯现代化的最初阶段。王哲《近代邮政舆图与邮政网络》①一文，关注近代中国邮政网点的空间分布以及时间序列，利用近代邮政出版的若干邮政舆图（分省及全国），定位了20世纪30年代若干年份的全国所有的邮政网点（每个年份全国约10000余个网点），并通过GIS手段对其空间分布做了一定的分析。他下一步将结合海关出版物中的邮政报告，分析不同区域邮政网点空间拓展的逻辑规律以及先后顺序，同时探讨这种拓展和分布与区域经济、人口、进出口贸易方面的关系。

如果说王哲旨在讨论全国邮政的话，蔡卓君则研究上海邮界在大清邮政创办之后到清朝灭亡这段时间的邮政业务，通过对当时邮政机构的设置、邮路的分布、邮政业务的发展的考察，来探讨晚清时期上海邮界邮政网络的拓展情况。②

7.对近代常关的研究。常关本称钞关，清初开始建立，用来在交通要冲和商品集散地征税。近代海关建立以后，钞关改称常关。以往对常关的研究基本集中在海关建立以前，以后的研究较为少见。资料的缺少和研究视野过于陈旧当是主要原因之一。其实，在旧海关的出版物中，有不少资料涉及常关，尤其是1900年以后海关逐渐接管部分常关的征课业务以后，编纂了多部连续性的常关报告（*Notes on Native Customs*），这些报告既有以全国各地常关为记载范围，又有关于十余个地方常关的专项报告。金诗铧利用这些报告研究常关，可望会取得较好的成果。

8.利用海关数据研究近代中国的经济增长与地方化经济。近代新经济萌生于沿海地带，海关更是中外经济互动的前沿触点，相关的数据中保

①复旦大学历史地理研究中心、韩国仁荷大学韩国学研究所编《海洋·港口城市·腹地：19世纪以来的东亚交通与社会变迁》，上海：上海人民出版社2014年。

②蔡卓君：《清末大清邮政上海邮界研究》，复旦大学2015年硕士论文。

留了丰富的要素生产与流动的信息。第一,从长时段经济史的视角,可以重新评估要素从流通领域向到生产领域扩散的轨迹,以及近代中国经济增长的路径与绩效。方书生通过分析认为近代早期中国的经济增长,与市场主导学派的分工贸易、比较优势、市场机制的经验一致,在内生技术进步不足的情况下,同样形成了一个显著且持续的经济增长。① 第二,从空间经济的视角,作为一个幅员辽阔的大国,地方经济的差异迥乎异国,伴随着近代式的经济集聚,首次形成了"地域化经济"新现象,这既是一个基于时间上的现代经济的演进,也是一个基于空间上的资源配置效率的优化。方书生通过海关数据中流通、生产等领域的不同表现,解释了近代经济的演进路径与过程、不同领域与部门的差异性,以及近代地方化经济的形成与绩效。②

①方书生:《近代中国的经济增长:基于长江三角洲地区的验证》,《上海经济研究》2012 年第 9 期,第 118—126 页。

②方书生:《近代"地域化经济"的形成:以粤桂地区为例》(未刊稿)。

中国海关档案馆(室)所存近代海关文献简介

李　延

(中国海关学会)

中国海关总署作为中华人民共和国海关的管理者,继承了晚清海关和民国海关遗留的海量历史文献。本文介绍海关各档案馆、档案室所保存的近代海关文献,以及海关自身对旧海关文献的整理与出版状况,以为研究者提供方便。

一、中国近代海关档案资料在大陆的收藏分布

中国近代海关在近百年历史中形成了大量档案、资料,是研究近代中国最系统完整的珍贵史料。这些档案资料长期分布在全国各地海关的档案馆(室)中,到了上世纪 80 年代初,按照国家有关规定,海关总署和各地海关将其保管的近代海关档案资料统一移交设在南京的中国第二历史档案馆和各省市档案馆。目前,中国大陆保存近代海关档案资料约 13 万卷。其中,中国第二历史档案馆藏约 6 万卷,主要是晚清民国的海关最高领导机构中国海关总税务司署的档案;各省市档案馆藏 6 万余卷,主要是 57 个洋关的业务档案。

除此之外,设在北京的海关总署档案馆和上海、福州、厦门、武汉、江门、南宁、昆明等海关仍保有部分近代海关档案、资料。大致包括两类,一

类是近代海关档案(文书档案),另一类是近代海关资料,即各类内部出版物、地图图纸、剔除档案等等。

海关诸档案馆(室)中,收藏量最多的,是海关总署档案馆、上海海关档案室和厦门海关档案室。海关总署档案馆收藏的近代海关档案,多为总税务司署重复资料及中、英文书籍,其他包括各类海关地图、海关船舶构造图在内图纸,以及海关禁限物品表、征税统计表等。上海海关档案室的近代档案、资料,来自设于江海关内的总务司署造册处(1932年改称统计科)的收藏。它是晚清民国海关负责汇集海关统计数据和各种文献,并予以整理出版的唯一机构。上海海关档案室的近代海关档案以人事档案为主,主要是海关通令和海关职员录,时间跨度从1861至1949年,此外还有涉及多方面内容的地图图纸、建筑图纸、照片等。近代海关资料包括较为完整的总税务司署造册处(统计科)编印的海关出版物,有些可能系海内外孤本。封存剔除档案以组织机构划分,按类保管,分别属于14个机构和3个分关、2个支关。厦门海关档案室的海关档案以税务司署档案和监督公署档案为主,海关资料则以近代海关内部出版物为主。

除了以上三个海关档案馆(室),福州、武汉、江门、南宁、昆明等海关的档案室,都收藏少量的近代海关档案和海关资料,其数量远远少于上海、北京、厦门三个海关档案馆(室),合而计之,只相当于上述某一单位的几分之一。

二、中国海关整理出版的近代海关文献

由于近代海关档案、资料对研究近代中国的重要意义,将其整理、出版,自然是有益学术研究的好事。为此,早在1950到1960年代,海关总署研究室便与中国近代经济史资料丛刊编辑委员会合作,编译"帝国主义与中国海关系列丛书",1957至1965年共出版了10辑。另有5辑,或因资料不齐,或因其他原因,一直没有出版。这套丛书在1961年以前由科学出版社出版,1962年后改由中华书局出版。这套丛书史料价值很高,如《中国海关与中法战争》《中国海关与英德续借款》《中国海关与庚子赔款》等,都是对海关与关税资料的集成。范文澜先生认为,这套丛书是近

代史资料中的瑰宝。

对于近代海关档案、资料的整理和出版工作,因"文革"十年而中断。"文革"结束后,一些近代史研究者基于城市史和地方史研究的需要,将省内档案馆收藏的昔日海关所撰的关区的贸易年报或十年报告译为中文出版。这类译文的出版,为一些口岸城市及其所在省份的近代研究做出了贡献。然而,人们仍然无法得知全国性的贸易、经济、海关等方面的状况,即使对那些已有译文的城市和省份而言,有限的译文远不能满足全面研究的需求。2001 年,海关总署办公厅与中国第二历史档案馆合作编辑《中国旧海关史料》,由京华出版社出版。本套书达 170 册,资料涵盖了全国的绝大部分地区,反映时间从 1859 至 1948 年。此套书一出,近代史学者大感方便,推动了近代贸易、经济等方面的研究进展。

在 170 册《中国旧海关史料》出版之后,海关总署一些单位也开始进行旧海关资料的整理、出版工作。

2001 年,天津海关档案馆编译《历史镜鉴——旧中国海关诫律》,中国海关出版社出版。

2003 年至 2007 年,海关总署编译《旧中国海关总税务司署通令选编》5 卷,中国海关出版社出版。

2006 年,天津海关与天津档案馆编译《津海关密档翻译——天津近代历史记录》,中国海关出版社出版。

2006 年,海关总署办公厅与中国第二历史档案馆编辑《中国旧海关与近代社会图史》10 册,中国海关出版社出版。

2009 年,刘辉主编《中国旧海关稀见文献全编》共 6 种 23 册,中国海关出版社出版。

2013 年,海关总署办公厅编辑《中国近代海关总税务司通令全编》46 册(含索引卷),中国海关出版社出版。

三、中国海关学会组织整理即将出版的近代海关文献

海关文献的价值日益彰显,近代史研究已然无法离开海关文献的支撑,在学术界对于海关原始资料的迫切需求下,2011 年 12 月,海关学会

启动了“中国近代海关档案资料的整理与研究”专项重点工作，计划在已出版的大型丛书之外，在全国范围内搜索并整理旧海关出版物。2012 年 12 月，海关学会组织整理出版“海关档案馆（室）所藏未刊近代海关出版物”的计划得到海关总署批准，预期目标是将其与国内已经和即将出版的同类史料配套，展现中国旧海关出版物的全貌，为近代中国研究提供一套相对完整的资料。这一工作也可以为抢救性保护近代海关珍贵历史文献，推动海关史料开发利用，促进海关事业传承发展做出贡献。

整理工作由中国海关学会组织和安排，复旦大学历史地理研究中心吴松弟教授领衔，中国海关博物馆、上海海关档案室等单位全力配合。吴教授整理搜集近代海关文献多年，经验丰富，熟悉海内外旧海关出版物的收藏状况，他首先为中国海关学会提出了一份“出版物查找清单”。根据这一清单，海关学会项目组核对了“中国近代海关出版物目录”（总税务司署统计处编 *Documents Illustrative of the Origin, Development, and Activities of the Chinese Customs Service* 之第七卷“附录”），同时扣除已出版的三大套旧海关史料，在上海海关档案室和海关总署档案馆所藏资料中一一查找，最终得到未刊旧海关出版物约 260 余种，近 3 万页。

这批资料计划以《海关总署档案馆藏未刊中国旧海关史料》为名，将于 2017 年出版，整理合订约 55 册。本套资料与京华出版社、广西师范大学出版社及海关出版社已出版的三大套资料无一重复，相互不可取代。京华出版社出版 170 册《中国旧海关史料》只收录旧海关出版物七大系列之第一类统计系列中的年报、十年报告及极少量的月报；海关出版社出版的 46 册《中国近代海关总税务司通令全编》，只收第四类关务系列中的总税务司通令；广西师大出版社出版的 283 册《美国哈佛大学图书馆藏未刊中国旧海关史料（1860—1949）》，收录第一类统计系列的贸易月报、季报和少量年报及常关报告，同时也收录了第二类特种系列、第三类杂项系列，第五类官署系列，第六类总署系列，第七类邮政系列及他类之书的一部分。中国近代海关出版物的第一至三系列有少量对外赠送或出售，第四至第七系列则仅为海关内部使用，国内外鲜有收藏。《海关总署档案馆藏未刊中国旧海关史料》的出版，除可补齐哈佛所藏第二、三系列出版物的缺项外，更提供了比较齐全的第四至七系列，以及数十本“他类之书”

的出版物。海关总署档案馆所收这四个系列出版物的总数,远远超过目前所知国内外其他单位收藏这四类图书的总和,大量稀见的近代海关出版物得以借此面世。

因此,本书的出版,意味着珍贵的中国近代海关出版物基本全部出齐,将进入私人和公共图书馆的书架,学术界能方便使用。这必将极大地推进近代中国的经济、贸易、交通、城市、外交、华侨、海洋、生态变迁等多方面的深入研究。

“海关洋员回顾录”和第二代海关史研究

滨下武志

（中山大学历史系）

1853年之后，为了适应茶叶出口贸易的扩大，清朝开始逐步建立近代海关机构。清末的50多年之间，主要的职掌分类是：(1)中央：总税务司署；(2)地方海关；(3)内班，外班，海班；(4)海事部，工务部，海务班，灯台班，巡船班等。还有邮政局，同文馆，医疗部门。20世纪初，海关洋员人数达1万余人。

海关的组织和相应的功能不只包括课税、纳税有关的功能。当然在海关机构内的征税部分是最大的功能。海事部也是很重要的部门。在海事部里面，除了港务班以外，也有灯台班和巡船班，然而这些部门需要有经验的水手。另外工务部有营造司、建筑司、绘图司、工司等。

海关还有邮局部门。按照海关人事统计来看，邮局部门人数最多。从1907年的外国、中国海关关员的人数统计来看，中外合计一共9500人。其中，税务部是一共5300人（华人4300人），海事部630人（华人540人）。比较多的部分是邮局部门，一共3600人（华人3500人）。海关还有教育部门的海关学校。总的来说，海关需要多样的内外人才。如此，我们可以理解内外海关关员大多有全球性的专业背景。

同时，海关洋员的文化活动也令人瞩目。从1870年代到1940年代之间，在“皇家亚洲文会北中国支会（Royal Asiatic Society North China

Branch)”演讲者里面,可以确认职业者一共 1256 人。详细情况为:牧师、教士 318 人,海关关员 270 人,领事等外交家 234 人,学者、出版、媒体等 167 人。虽然传教士最多,但是海关关员的比例还算很高。演讲的内容一般不是海关相关的题目,而是古典文学、语言、社会文化方面的内容。海关洋员里面的知识分子比例也比较高(王毅:《皇家亚洲文会北中国支会研究》,上海书店出版社,2005)。

海关洋员里面有多文化性、专门性的汉学家。德国人夏德(Frederic Hirth),1870 年进入海关。从厦门关开始一直到 1897 年,做海关工作。他参加海关的时候,已经得到了德国莱比锡大学的博士学位。在海关工作的 1878—1898 年间,他任职于总税务司公署。1885 年编辑出版《新关文件录》(后来,北京同文馆校长 C.H.Brewitt-Taylor 参加编辑,在 1909 年由海关上海统计处出版了第二版)。1902 年夏德在哥伦比亚大学建立中文系的时候,担任教授。他也编辑出版了 10 多本有关音韵、字典、地形地质、艺术的英文和德文书。

英国人包腊(Edward Charles Bowra,1841—1874 年),参加常胜军队以后,进入海关担任事务员。他翻译过《红楼梦》的一到八回。他在 1863—1873 年间在海关任职, 1873 年他参加了奥地利维也纳万国博览会, 受到了很高的评价。他孩子包罗(Cecil Arthur Verner Bowra,1869—1947 年)于 1898—1926 年在海关任职。他孙子 Maurice Bowra 出生在九江, 之后成为英国古典学者。1870 年代初同文馆教习德国人方根拨(Johannes von Gumpach)研究了关于 1868—1870 年中国第一次访问西洋各国的外交使节的历史,并出版了《蒲安臣使节(*The Burlinghame Mission: A Political Disclosure, Supported by Official Documents Mostly Unpublished*)》(上海,1872)。

从研究史、学术史的角度来看,日记、回忆录代表私人文书的范畴,一般来说用于研究生活文化领域。在海关史研究里面,通过海关洋员个人的历史,我们可以了解更多海关人事史的问题。海关洋员、汉学家的中国古典研究可以帮助我们拓展文化史、文化比较史等新的研究领域。同时,伦敦大学的功能研究也讨论了海关的全球性的活动,并从中国近代史角度提出了全球史研究的新课题。海关洋员的传记是海关洋员在中国的生活志,包括日常生活、爱好、纪行、职业、专业等,是海关洋员个人在中国的关于社会文化生活的记录。

记载记录的形式包括书信、日记、回忆录、采访记录,以及夫人、孩子们及亲戚的观察记录。特别值得注意的是,最近开始出版的海关洋员的孩子们的回忆录。为了深化了解海关洋员个人在中国的活动,我们需要了解这些以个人为主的记载。离开海关的时候,他们有着多种不一样的生活方式,而且有些人从事汉学家的研究和活动。有些人回国以后,在大学研究汉学并担任教职,从而建立了欧洲的汉学研究传统。近十几年以来,我们陆续发现新的海关资料,不断推动海关史研究。特别值得重视的是海关洋员社会生活史的研究,我们把这一大类的研究称为"第二代海关史研究"。

中国近代海关的航海知识生产及其谱系研究*

姚永超

（上海海关学院）

一、近代海关航海知识生产的缘起

中国沿海无所不在的岩石、暗礁和浅滩，是海洋贸易的重大阻碍，水手稍微放松警惕，就有可能造成商船连人带货一起沉入海底。因此大海航行需要海道指南等图书资料。中国古代的航海活动就已积累起不少航海图经，集大成者，以《郑和航海图》为代表。然而，中国古代航海图多凭经验而成，缺少先进测量仪器、科学测量方法及近代数学基础的支撑。对西方国家来说，当明代葡萄牙人第一次绕过马来半岛，向北驶向广州时，他们是在没有可参考的航海资料的情况下，在惊涛骇浪中行驶的。

鸦片战争之后，西方国家为便利大型轮船前来中国沿海从事贸易，要求清政府把海关所征收来的船钞，用于维护航道、提供灯塔、浮标等助航设备，以保障航行船只的安全。1858 年《天津条约》附约《通商章程善后条约》第十款规定："任凭总理大臣邀请英（法、美）人帮办税务并严查漏税，判定口界，派人指泊船只及分设浮桩、号船、塔表、望楼等事，毋庸英官指荐干预。其浮桩、号船、塔表、望楼等经费，在于船钞项下拨用。"因此从

* 本文为 2014 年度国家社科基金一般项目"中国旧海关海图的整理与研究"（编号 14BZS014）之阶段性成果。

1859 年起,中国各通商口岸陆续建立起来的由洋人主管的海关,除基本的征税职能外,同时兼管海务和港务工作。中国近代海关的英文名称为 Chinese Maritime Customs Service,直译为“中国海事海关”,这是近代海关的一大特殊之处。1868 年 4 月,海关总税务司署正式设立了船钞部,由其进行灯塔建造、港内助航标识布设、内河航标设置以及引水、指泊、疏浚、港口治安、检疫等具体事务。其目的就是使沿中国海岸线附近的航行,变得非常容易和安全。

随着海务、港务工作的全面展开,近代海关首先对中国江海水文、气象等开始了长时段、系统和科学性地调查工作,并用其内部出版机构——造册处刊印了大批有关中国江海的航海图书资料。以往学界或因此问题涉及领域专精,或因近代海关档案资料存放较为封闭等原因,仅较多地关注于海关的贸易统计资料,向来对近代海关的海事业务及其出版情况关注较少①。就现有成果来看,陈诗启先生曾撰写过《中国近代海关海务部门的设立和海务工作的设施》一文,对船钞部管理体制做了梳理和考证,但却没有详细论述海关的水文气象调查活动及其刊布的相关文献。② 吴松弟先生去年曾发表了《研究中国航海史的瑰宝:中国旧海关内部出版物中的航海资料》一文,他首次从数以万卷计的海关内部出版物中,挑选出了一些与航海有关的图书资料,对其书名和目录予以了概要介绍。不过该文仍遵循近代海关出版物原有的统计、特种、杂项、关务、公署、总署等顺序来列举这些航海资料。这种既不是按照时间先后,也不是按主题内容排列的方法,让读者看不出它们相互之间的关系和规律性,且少数图书及书名有误。③ 概之,对近代海关之所生产出大批航海图书资料的背景、内容性质及历史意义等问题,在以往初步的文献介绍基础上,仍需要深入性的分析。

---

①剑桥大学方德万教授在其近代海关史新著中,曾专门提及海关海事工作的重要性,但由于众学者对航海领域的陌生,故迄今还未有较为深入的研究成果。参见 Hans Van De Gen, *Breaking with the Past: The Maritime Customs Service and the Global Origins of Modernity in China*(Columbia University Press,2014)。

②陈诗启:《中国近代海关海务部门的设立和海务工作的设施》,《近代史研究》1986 年第 6 期。

③吴松弟:《研究中国航海史的瑰宝:中国旧海关内部出版物中的航海资料》,《国家航海》(第 13 辑),2015 年。

事实上,除贸易统计资料之外,中国近代海关今天所遗存下来的最为庞大和集中性的内部出版物,便是近代航海图书调查资料。晚清时期,近代海关受英国的影响为甚。英国是近代海洋大国和海洋科学知识强国,因此近代海关的航海科学知识生产和传播也受其深刻地影响。本文拟从英国近代航海知识的科学谱系入手,从看似杂乱无序的近代航海出版物中重新归类,着重考察近代海关航海知识生产的过程、质量和性质,评估它们对近代中外航海贸易发展及西方近代航海科学知识东渐的历史意义。

二、近代海关航海图书资料的谱系与刊布

据前苏联 M.B.高茨基所著《英国航海图书资料》一书,他把英国航海图书依次分类为海图,航路指南,灯标、雾号和目视时间信号表,无线电信号表,潮汐表,里程表和世界航路,航海天文历及航海通告等数种。[①] 因此,编混在近代海关内部出版物原统计、特种、杂项、关务、公署、总署等系列中的航海图书资料,也可按英国航海知识谱系惯例来重新分类。下文将依此顺序,来逐一阐述近代海关各种航海图书资料的生产背景、过程及流布情况。

(一)近代海关的海道测量及海图刊布

1868 年近代海关组建船钞部之时,非常重视在英国寻找有海事经验的人才,且最初的工作,也得到了英国海军部海道测量局资料的大力支持。但该部门成立后的较长一段时期内,专业测绘人员并不多,限于当时的人力、财力和物力,其独立的海图绘制工作并没有立即展开[②],当时中外船舶仍基本使用英国海军所测绘的海图航行。1887 年,长江航道探测事务由海务巡工司接手管理。自该年起,各口巡工司开始对长江航道进行探测。此后,海关开始独立的海道测量和海图绘制,尤与 1889 年戴理尔(William Ferdinand Tyler)的登场至为密切。据 1898 年起担任巡工司的戴理尔回忆:"船钞部的功能日益增长。它现在由我单独负责,并且已

①[苏联]M.B.高茨基著,大连海运学院航海教研室译《英国航海图书资料》,北京:人民交通出版社 1965 年。

②陈诗启:《中国近代海关史》,北京:人民出版社 2002 年,第 232 页。

经逐步接近了其原本预期的职能。海关巡船队以及新舰船的建造归我管辖;水文工作在我们颁布了新的航海图,以及英国海军撤回了他们的测量船之后也开始推进了。"①

至 1922 年,北洋政府开始相继成立长江水道整理委员会临时技术委员会及海军部海道测量局,学习和接管海关的海道测量和海图刊布工作。时任海关总税务司安格联在第 3339 号通令回顾海关的海道测量工作时写道:"众所周知,英国海军部系绘制世界海图之大机构,中国江海所用水道图均出自英国海军部。多年来,英国政府为补充海图,使海图不过时,在中国水域一直驻有测量船只。不过此项工作有时中断,由于有相当部分海岸未彻底测量过,而其航海者不得不用过时航海图。鉴于上述情况,总税务司多年以来致力于劝导中国海军部担当起海道测量工作,亦曾为此批准在(海关)海政局扩大测量工作,公开发行海关海图,使此项有益工作得以宣扬。"②1929 年南京国民政府设立海军部,该年 11 月在海军部海政司下设立海道测量局,要求海关必须将海图先送交其审核后才能刊行。1930 年海军部海道测量局正式撤销了海关的售图权,1931 年 11 月又接管了原由海关海政局承担的江阴至吴淞口段的测绘工作。然而从 20 世纪 30 年代起,因抗战的关系,海关的长江助航设施设置及航道探测权并未被交通部彻底收回,且其工作又逐步延伸至上游。

从 19 世纪末海关开展海道测量始,至 1930 年海图刊布工作基本被中华民国海道测量局接管为止,三十余年的时间中,每年由上海港务科巡工股及汉口巡江事务局售出的海图不下千余幅。③ 另据 1915 年海关《总税务司署海务科年刊》的记载,海关与上海商务印书馆达成协议,由它协助出版和发行海图。商务印书馆引进了当时世界上第二大海图摄影排版机器,底版 46 英寸长,32 英寸宽。④ 从 1915 到 1922 年间,海关海政局曾先后编号制作、出版及再版修订海图 23 幅,详见表 1。

①[英]戴乐尔著,张黎源、吉辰译《我在中国海军三十年——戴乐尔回忆录(1889—1920)》,北京:文汇出版社 2011 年,第 110 页。注:据《新关题名录》记载,Tyler 的中文名应为戴理尔。

②海关总税务司署通令第 3339 号,1922 年 9 月 30 日,载黄胜强主编《旧中国海关总税务司署通令选编》第 2 卷,北京:中国海关出版社 2003 年,第 352—353 页。

③《十年各埠海关报告(九江关)》(1922—1931 年),载茅家琦主编《中国近代海关史料》第 158 册,北京:京华出版社 2001 年,第 101 页。

④海关总税务司署统计科:《总税务司署海务科年刊》,1916 年,第 3 页。

表 1:1915—1922 年海关新版机器印制海图一览表

编号	英文名称	中文译名
1	The North and South Entrances to the Yangtze River	长江南北航道入口图
2	The Yangtze River, Woosung to Plover Point	长江:吴淞至对面沙图
3	The Yangtze River, Plover Point to Kiushan Point	长江:对面沙至小阴沙图
4	Port of Lungkow and Its Approach	龙州港及其航道图
5	Taku Bar and Entrance to the Haiho	大沽拦江沙和海河入口图
6	Min River, Outer Bar to Pagoda Anchroage	闽江外沙至罗星塔泊船处图
7	The Whangpoo, Woosung to Kajow Creek	黄浦江吴淞至高桥段图
8	The Whangpoo, Kajow Creek to Yangtszepoo	黄浦江高桥至杨树浦段图
9	The Whangpoo, Yangtszepoo to Lungwa Creek	黄浦江杨树浦至龙华图
10	The Liao River, Including the Port of Newchwang	辽河,包括牛庄港图
11	Ouchiang, or Wenchou River: Rocky Point to Wenchou City	瓯江礁石至温州城图
12	Yangtze River: Kiushan Point to Bate Point	长江小阴沙至连成洲图
13	Upper Yangtze River: Chungking Harbour	长江上游重庆港图
14	Chefoo(Yentai) Inner Harbour	烟台内港图
15	Port of Chefoo(Yentai) and Approaches	烟台港及航道图
16	HanKow Harbour	汉口港图
17	The Bar and Approaches to the Port of Swatow	汕头港拦江沙及航道图
18	Yangtze River: Yochow Reach, Mopanshih and Hsienfeng Rocks	长江岳州、磨盘石和仙峰礁图
19	Yangtze River: Tasha North Channel and Silver Island Pass	长江大沙北航道和焦山水道段图
20	Hangchow Bay and Approaches, Including the Southern Approaches to the Yangtze River	杭州湾和进口水道图,包括长江南进口水道
21	Yalu River: The Sea to Antung	鸭绿江安东至海段图
22	Yangtze River: Ports of Nanking and Pukow	长江南京和浦口港段图
23	Upper Yangtze River: Wanhsien Harbour	长江上游万县港图

资料来源:据 1916—1922 年海关《总税务司署海务科年刊》所制

与此同时,1930 年长江中下游巡江事务局还购置一部电力弧光印图机,改变以往靠日光晒图的方法,提高印制测图的速度和质量。之后的 7 年内,利用法国海军的测图,先后复制刊行长江上游的宜昌至重庆段、重庆至宜宾段、宜宾至乐山段、重庆至合川段的水道图共计 67 幅,共出售测图 32886 份。① 抗战结束后,江务部门继续负责长江航道测图的绘制及刊发工作,并延续至 1950 年 11 月 16 日正式移交止。

与公开零售发行的航道海图相比,近代海关内部出版物中,也曾刊印过数幅港区或灯塔等专题海图,如《厦门内港图》(*Chart of Amoy Inner Harbour*, 1893. 第三杂项系列 No. 21)、《中国灯塔分布图》(*Chinese Lighthouse Chart*, 1895. 第三杂项系列 No.23)等。而在海关《十年报告》中所附的海图,也可以说是近代海关海道测量成果集中展示之大成者。目前公开出版的 170 巨册的《中国近代海关史料》第 152—160 册,即 1881—1931 年共 5 期的《十年报告》,据笔者统计,在它们所附 209 幅地图中,港区及水道图高达 90 幅,占到所附地图总量的 43%。② 中国近代海关《十年报告》所附海图涉及地域范围广大,从北到南,从东到西,覆盖了中国沿海、沿江大多数口岸及重要河流湖泊,再加其时间跨度达 50 年之久,其中有的如牛庄和辽河共有 1891 年、1901 年及 1921 年 3 幅地图,再如还有 1905—1932 年间镇江段长江堤岸、沙洲及航道变迁图等,由此它们可以说是研究中国近代江海航道及港口地理变迁的一座宝库。

1921 年柏满先生受中国政府特邀,担任上海港口调查委员会委员,致力解决长江下游疏浚问题。在开展工作时,他首先致函海关海政局巡工司索取长江下游航道的相关图文资料。在他得到当时海关巡工司额得志的迅速和满意的答复后,1921 年 12 月 21 日特致感谢函。作为专业权威人士,他对海关巡工司的测绘工作做出非常高的评价,该函全文如下:

额得志先生:

多谢就所需扬子江资料如此迅速赐复,并蒙就汉口至上海决定船只

①[英]班思德著,李廷元译《中国沿海灯塔志》,总税务司署统计科,1934 年,第 41 页。
②拙文《中国近代海关海图的时空特征研究》,载《历史地理》第 30 辑,2014 年。

吃水深度之浅滩做出说明,尤以为感。

另,亦愿借此机会对台端及贵局于测量此一大江所做之卓越业绩表示祝贺。余所见之水道图实为绘图中最优之标本,世上恐无出其右者,甚至名扬世界之英国海军部海图亦难有过之。

谨此再致谢忱。

柏满上①

(二)近代海关刊布的航路指南

航路指南是所有航海资料中最基本、最重要的资料,既是航海经验的总结,也是海图的补充和重点说明。在近代,英国海军部海道测量局汇集1854—1894年五十年间各国测量家、船工及商人的记述或口述,辑成四大卷本、数百万言的《中国海航路指南》(*China Sea Directory*),陈寿彭于1899年将其中译为《新译中国江海险要图志》。

英国所编的航路指南可谓内容细腻,资料翔实,重点突出。在此基础之上,近代海关也曾编写和刊印过《从宜昌到重庆》(*Ichang to Chungking*, 1890.第二特种系列丛书 No.17)、《云南西部道路考》(*Notes on Trade Routes in Western Yunnan*. 第二特种系列丛书 No.32)、《左江考》(*The Tsokiang or Water Transport Conditions between Tonkin, Lungchow, and Nanning*, 1920.第二特种系列丛书 No.33)、《长江上游宜渝间航行指南》(*Anchorages in General Use on the Upper Yangtze Addenda to the Handbook for the Guidance of Shipmasters on the Ichang-Chungking Sections of Yangtze River: Second Issue*, 1932. *First Issue*, 1920. 第二特种系列丛书 No.34, 1920年第1版, 1932年第2版)、《香港附近避风碇泊处所表》(*Typhoon Anchorages*, 1893. 第三杂项系列丛书 No.20)②、《黄浦江之下游浅滩》(*Woosung Inner Bar*, 1894. 第三杂项系列丛书 No.22)、《长江上游民船图说》(*Junks and Sampans of the Upper Yangtze*, 1940. 第三杂项系列丛书 No.51)

①海关总税务司署通令第3527号,1922年1月23日,载《旧中国海关总税务司署通令选编》第2卷,第333页。

②该书亦列入了海关内部出版物第五公署系列丛书 No.43,出版时间仅稍晚一年,为1894年,内容完全相同。

等航路指南、船只研究类出版物。

兹以《香港附近避风碇泊处所表》《长江上游宜渝间航行指南》两书为例，予以说明。《香港附近避风碇泊处所表》一书共 17 页，内容包括 1891 年 4 月 3 日海关总税务司致九龙关税务司第 933 号令及税务司包罗于 1893 年 6 月 15 日、7 月 30 日致总税务司第 2208 号、第 2241 号两份呈文，并附有 4 份香港海域各避风锚地的详细调查报告。从总税务司第 933 号令中得知，《香港附近避风碇泊处所表》一书的编写，主要是为在香港海域征税的海关舰船安全航行起见而写，内容是在英国海军部海道测量局发布的中国海第 1466 号海图的基础上，对香港周围的四五十个小船只停泊地再进行详细的补充说明，并把英国海图上的地名制作了一份中、英文名称对照表。《长江上游宜渝间航行指南》一书内容共 17 页，采用表格的形式，列举和描述了从宜昌至重庆各码头的水文情况。诚如该书第 1 页所言，宜昌至重庆段码头航行条件复杂，本书目的就是供船长行船参考，并希望各船长在此基础上再做有益补充和完善。例如"重庆"条，除注明经纬度位置外，码头说明如下：是进入嘉陵江的船只停泊处。水深约 13 尺，江宽 150 尺，在朝天门如不系泊，船只无法停靠。

从上述出版物可以得知，近代海关出版的航路指南是晚清四大卷本英国版中国海航路指南的延续，覆盖空间上从中国沿海地区深入到长江上游以及云南、广西等边疆省份的内河地区，内容较英国的海图、航路指南更为深入和细致，且有了中英文地名对照。

（三）近代海关刊布的助航设施等报表资料

1868 年 4 月，经总理衙门批准，总税务司署将各关所征收船钞的七成，用于设置助航设施，以利船只航行。自 1869 年起，总税务司署船钞部开始在黄海、渤海、东海、南海海区及港、澳、台海域建造灯塔。同时，海务部门还集中在沿海及沿江各港口设置灯船、灯桩、浮标、岸标、导标等航行标识，且多参考英国制式。至 1937 年前，中国沿海许许多多的最现代化灯塔和无线电信号灯被公认是世界一流，长江是无与伦比的国内贸易水道，由于海关准确安放了灯塔、浮标、信号灯和其他助航设备，长江航运得以避免由不断移动的浅滩和水道、猛烈的激流和岩石下沉所造成的危险①。

为翔实记录下海关在助航设备方面的工作业绩，从 1872 年开始，总税务司署造册处开始汇编《中国沿海及内河航路标识一览表》(*List of Lighthouses, Light-vessels, Buoys, Beacons etc., on the Coast and Rivers of China*.第三杂项系列丛书 No.6)。从 1872 至 1947 年，1 年发行 1 期。另外，从 1877 年开始，造册处还刊印《通商各关沿海沿江建置灯塔灯船灯杆警船浮桩总册》(*Report of the Chinese Lighthouses, Light-vessels, Poles, Police Boats and Buoys*, 1877.第五公署系列丛书 No.6)，1883 年更名为《通商各关警船灯浮桩总册》。每年 1 期，至 1908 年后改刊为《总税务司署海务科年刊》②(*Report of the Marine Department*)为止。每期首先是一张《通商各关沿海建置警船灯各地方总图》，接着用表说明这些灯的名称、编号和设置地点，以及各海关分划的界限。然后是对本报告内容的说明，即所开通商各口之灯塔、灯船、灯杆、警船、浮桩等建置之处一切情形。

根据该总册的内容，20 世纪 30 年代海关副税务司班思德奉总税务司梅乐和之命，写成了五卷本的《中国沿海灯塔志》(*The Coastwise Lights of China: An Illustrated Account of the Chinese Maritime Customs Lights Service*, 1933. 第三杂项系列丛书 No.46，1934 年，副税务司李廷元译中文版出版)一书，"所有海务科之缘起，沿海灯塔之沿革，以及河流航行之设施，均一一列载无遗。附有铜版图多帧，尤便观览"③。

除上述一览表、总册、志书外，海关还出版过如《号笛声浪试验报告》(*Report on Sound Trials of the Sirens at the South-east and North-east Shantung Promontories*, 1895.第二特种系列丛书 No.19)、《松花江航行指南》(*Sungari Aids Service: A Descriptive Report*, 1929.第二特种系列丛书 No.43，直译为《松花江的助航工作概况》)等专门航标试验、设置、管理等

①[英]魏尔特著，陈敩才等译《赫德与中国海关》(上)，厦门：厦门大学出版社 1993 年，第 3—4 页。

②《研究中国航海史的瑰宝》一文中，*Report of the Marine Department*，译为《船钞部工作报告》或《总税务司署海务科年刊》，因晚清、民国期间，海关的船钞部、海政局、海务科名称迭次变更，本文统译为《总税务司署海务科年刊》。

③海关总税务司署统计科：《海关出版图书目录》，1936 年，第 23 页。

报告资料。《松花江航行指南》一书为中英文合璧，英文41页，中译文56页，翔实地记录了从1908年至1928年滨江关对松花江航道的测量及航标设置、管理等事务。全书内容共分为工作缘起、松花江暗滩及浅滩、巡查江道的工作、松花江航行章程、江道石块的剔除、其他改良提议等。全书还附有东北北部草图、表示各最险要浅滩的松花江草图、三姓浅滩草图、三姓浅滩水流分析图、松花江航行标示图、哈尔滨港口船只记录、1915—1926年航期内哈尔滨及三姓江水最高及最低度数、1915—1926年开江及封江时船只进出日期表、1926年航行期内江道标杆整理、1909—1926年冬令由三姓浅滩剔除的石块、征收江捐及结关费之定率表等图表。

(四)近代海关刊布的气象报表资料

气象和船舶航行的安全有密切的关系。中国地域辽阔，气象万千，但至1869年前，却极少可供系统概括之数据。由于缺乏相关气象预警，导致船只因恶劣天气在中国沿海触礁或沉没。赫德遂在1869年11月颁发了总税务司署第28号通令，详述了观测气象的重要性，决定在海关设置气象站。通令指出："海关现在设在沿海和沿江的地点，包括绵延大约纬度20度与经度10度的陆地和海面。各海关用少许开支，获取有用的气象观测记录，对于科学价值，和对于在东方海洋的航海人员可能发挥的实际价值，将在适当的时候得到正确的评价和承认。"①在赫德的建议下，从1870年起，各沿海、沿江口岸海关、主要灯塔所在岛屿及边关商埠城镇，逐步设立了70余个海关测候所。海关气象观测点多、年代长，可谓在近代中国建立起了第一个现代气象观测站网体系。

赫德原本希望能与同文馆共同组建一个气象台，负责管理、指导海关气象观测收集海关观测资料，进行沿海气象保障服务工作。但当时上海徐家汇观象台和香港观象台已初具规模，并已经开展沿海气象保障和公众服务工作。为此，海关表示所属各测候所可以向徐家汇观象台提供气象情报，以资配合。1882年10月21日，海关总税务司赫德通令各海关

①海关总税务司署通令第28号，1869年11月12日，载《海关总税务司署通令选编》第1卷，北京：中国海关出版社2003年，第95页。

气象观测所将气象观测记录寄送上海徐家汇观象台。从此，海关各气象观测站即与徐家汇观象台建立了合作关系。① 光绪十年(1884)，上海港开始悬挂气象信号旗，并在告示牌上公告当天天气预报，向航运部门提供由海关与徐家汇观象台合作发布的气象预报。

后来，各海关气象观测结果按月编制成报表，又扩大寄送远东各气象台。气象月报(*Monthly Meteorological Return*)主要记录项目有：气压表附温、气压、干湿球温度、最高温度、最低温度、雨量(毫米及小时)、风向风力、云(云量、云状及云向)、天气状况、能见度、海潮/浪方向及幅度、纪要(每日及总记)。部分台站还要求每天向上海徐家汇观象台及青岛、香港、东京等气象台发送气象观测记录电报，以供天气预报及发布风暴警报使用。② 在1887年，海关造册处还曾为香港观象台首任台长杜柏刊印《气象观察与东海风暴》(*Instruction for Making Meteorological Observations, Prepared for Use in China and the Law of Storms in the Eastern Seas*, 1887. 第二特种系列丛书 No.7)一书，前言写到了该本须知书出版的目的，是为了通知中国各通商口岸里的观测者，同时也为了方便常出入中国海域所有国家轮船管驾官所用，大气环境的知识，对他们的航行安全来说，是极为有益的。③

海关气象观测获得的气象情报资料，曾经对近代中国及东亚地区的天气预报、航运气象服务发挥过重要的作用。例如上海徐家汇观象台台长能恩施神父根据海关发布的气象观测报告，绘制出了1879年7月31日台风路径图，这是第一张影响中国东部地区的台风路径图，在航海界和商界产生了很大的影响。1915年，徐家汇观象台溥洛克神父曾高度评价了海关的日常气象观测、编发气象报告和发布大风信息警报的工作。他指出"今日中国测候系统组织完美，所有工作咸称满意。……饮水思源，海关职员辅助实多。盖以中国沿海各处，南起琼州，北迄牛庄，凡有海关，

①海关总税务司署机要通令第100号，1933年8月3日，载《旧中国海关总税务司署通令选编》第3卷，北京：中国海关出版社2003年，第238页。

②吴增祥：《中国近代气象台站》，北京：气象出版社2007年。

③朱玛珑：《近代台风知识的转变——以台湾为中心的探讨》，台湾大学历史研究所硕士论文，2000年，第111页。

皆有信号之设置,以资传达;而现在信号之编制,亦多由海关人员所赞助”①。海关通过多年的观测,收集、积累了大量的气象情报资料,其观测记录年代之长,保存资料之完整,在近代中国气象观测史上是少有的。这批气象资料既对近代中国及东亚地区的天气预报、航运气象服务发挥过重要的作用,也对了解和研究中国气象史和近代气候变化,具有重要的科学价值。

(五)近代海关的长江水位观测及刊布的潮汐表

19世纪60年代初,长江行轮逐渐增多,为便于航行安全,总税务司署令江汉、江海两关对长江水位进行观测并发布水位信息。1862年江海关首先在长江与黄浦江交汇处设立一具指示潮位的标杆供行轮参照。1864年8月,江汉关在汉口长江边设水尺测量水位,此种水尺为直接观读式水尺,均为英制刻度,最高水尺标示至50英尺。自1865年1月1日起,该关又开始记录每日水位并向长江行轮提供中游以上江水涨落情况。自1868年起,各口理船厅相继设立,长江水位观测事务由沿江各口理船厅负责管理,重庆、万县、宜昌、沙市、长沙、九江、芜湖、金陵、镇江等沿江各关仿效江汉、江海两关做法,先后在江边设立水尺以判断航道深度。未设关的沿江各要点如宜宾、城陵矶、湘阴、沅江、南通等处也先后设立观读式水尺。

由于各关在观测水位时均以当地的最低水位作为水尺零点,无统一基面,直至1900年才由江海关首次设定第一个水准基面,称“吴淞零点”(Woosung Horizontal Zero)。1913年,由江海关税务司主政的上海浚浦局设立永久性石标,定名为“吴淞零点高度”,由此成为长江水位的统一基面。1918年5月,沿江各关的水位观测事务已初成规模,凡设水尺的海关均设有水位站,由专人将每日定时观测的水位记录报告江务部门。例如1922年江海关将有关水文观测数据印制成《长江口潮汐表》(*Table of Predicted Tides for Side Saddle*, *in the Approach to the Yangtsz River*: *Sixth Issue*,1927 ,*First Issue*, 1922. 第三杂项系列丛书 No.31),后逐年修订,

①海关总税务司署机要通令第100号,1933年8月3日,载《旧中国海关总税务司署通令选编》第3卷,第240页。

1927 年出版第 6 期,提供给航运部门。

《长江口潮汐表》全书 17 页,据前言而知,这是海关海务部门在崇明绿华山(北纬 30 度 49 分,东经 122 度 36 分)每天长期精心观测和计算后的数据,准备供民国海军部海道测量局正式出版。正文是按照 12 月份,分列了 12 张表格,其中每月表格内又按每天的几个时段,记录大潮涨落水深等情况。并且在表格首页还特别提醒,本表仅是用于预测一定时间的高低潮位,并非是当前或者平潮时期的水位。此外,最后还有在铜沙浅滩灯船处及吴淞观测的大潮涨落情况附录 A 表、以及洪水时期在绿华山观测的潮水附录 B 表。

继江海关之后,沿江各关也陆续将有关水文观测数据印制成水文潮汐表,供港口部门参考使用。抗战期间,海关水文观测事务因战事而停顿,抗战结束后重又恢复。1949 年长江水文观测事务改由长江水利委员会工程局接办,该局仍沿用海关所设的水尺观测水位。

(六)近代海关刊布的地名录、航运里程表

近代海关的海务部门及有关洋员,注意考察中国各地的地理状况,曾出版《龙州地方考》(*The Lungchow Region: Its Frontier River, Roads, Towns, and Marts*, 1923. 第二特种系列 No.29,又或直译为《龙州地区:它的道路、城镇、集市和流往边境的河流》)、《中国沿海及长江沿岸地名录》(*Names of Places on the China Coast and the Yangtsz River*, 1904. *First Issue*, 1882. 第三杂项系列丛书 No.10)等书。《中国沿海及长江沿岸地名录》1882 年出第 1 版,1904 年第 2 版。第 2 版全书共 70 页,内容是将中国沿海及长江沿岸的地名(中文和英文译名并列),但是按照英文字母的顺序,以表格的形式分行排列,共约 1800 余个地名。表格共有四栏,分别是地名、关区、所属府,以及府下之厅县。海关巡工司于 1904 年 11 月 30 日为该书作了出版前言说明,本书地名均来自海关巡工司处的材料积累,较 1882 年的第 1 版,有了很大的进步,但肯定此版有关地名仍然搜集的不够齐全,希望各口岸海关能够继续补充相关地名信息。

除地名、航运里程表等专门海关内部出版物外,在近代海关的海务报告中,也内附有沿海和长江等航运里程表。例如 1935 年的《总税务司署

海务科年刊》,就内附一份上海到北海、牛庄的沿海航运里程表、两份吴淞到汉口、汉口到宜昌即长江下游和中游航运里程表。上海南至北海的沿海航运里程表,涉及厦门、汕头、香港、澳门、海口等 37 个地点;上海北至牛庄的沿海航运里程表,涉及秦皇岛、曹妃甸、龙口、烟台、威海等 19 个地点。而长江下游航运里程表,除吴淞至汉口总表外,还分有吴淞到姚港、姚港到芜湖、芜湖至九江、九江至汉口等分段航程表;长江中游航运里程表,则有汉口至岳阳、岳阳至长沙、岳阳到宜昌等分段航程表。

(七)近代海关刊布的航海布告

航海布告是航海资料和海图的主要改正文件,从 1883 年开始,海关开始印行和发布《海江警船示记》(*Notices to Mariners*.第二特种系列丛书 No.5)。从 1883 至 1938 年,1 年 1 期。

1883 年 1 月 1 日刊发第 1 期,其内容涵盖自 1862—1882 年即 21 年间中国海关当局刊发的有关通告。据英文前言介绍,1862—1871 年前,为 A 系列,仅英文版本。1872—1882 年间为 B 系列,中英合璧版本。据 1882 年的《海江警船示记》序言记载:“窃维通商各关未经开创以前,中国各处海江水道颇多危险之处,人皆视为畏途,如礁石、暗沙、沉船、浅阻等患,无地无之,不胜枚举。溯自历年以来,先后确立各处关口,中外商船互相往来,贸易日盛一日。故于海江各道,务宜悉心稽察,刻意搜求,以资保护。前奉总税务司转饬,设立税务营造处,并委派总营造司一员,会同各关税务司办理一切。凡遇危险之处,派员详加探测,随时标记。于是创建灯塔、灯船、灯杆、警船、浮桩等项,随处相度形势,妥为安置。俾行船趋避,以为准则,庶可化险为夷,诚为幸事。复将所创灯浮桩各项并移修增撤等事,以及各样款式情形度势,悉由总营造司随时颁示。传谕各口,以便周知。自西历 1872 年以前,传发示谕皆以英文字样。嗣于是年,即同治十年十一月二十三日以后复奉总税务司饬,将行船示谕转由造册处翻译,印发汉英两文,以期中外各船便于详细而免舛讹。从此轮楫往返既安且吉,因此笔记之。兹将历年所译各示排印成卷,兼以所设之灯浮桩各项名目,一切情形,详列于后。”

《海江警船示记》1930 年改译中文名为《通商各关海江警船布告总

册》。据 1931 年的《通商各关海江警船布告总册》纪略二记载:自 1882 年,所有各示(160 号至 181 号),汇编为第二簿。以后各示,按年汇造一簿。至 1930 年,汇造第 49 簿。1932 年再更中译名为《海关海务科航船布告汇编》,其序言记载:海关所属之航行标示,凡有添撤或变迁情形,向系随时布告,以利航行。查此种布告,计分两种情形,一系关于永久设置之标示,由海务科布告者;一系关于临时设置之标示,由各口布告者。本编所载,皆系海务科之布告,其各口所发者,则概不阑入。所有海务科刊发之布告,为便利查考起见,逐年汇编一册,名为《通商各关海江警船布告总册》(今称《海关海务科航船布告汇编》),1932 年汇编的布告,自 1024 至 1038 号。

为提高航海布告资料的积累,海关还曾发动沿海群众参与此项工作,甚至借鉴走私情报的工作方法,进行有偿征集资料。例如 1935 年 5 月 24 日,海关总税务司梅乐和发布第 5099 号通令:"着令持有证书之缉私船主管关员按以往常规,以许诺付给少额酬金鼓励当地渔民、民船船主等人,对海图上未标明之障碍物诸如水下暗礁、沉船残骸等,提供精确位置之资料。该障碍物应处于水深小于周围水域平均深度或其深度在低潮时不大于 30 英尺者。……搜集到此类资料后,应立即通知当地所有船只,然后报告海务巡工司,由该司须记录存案并立即通报此项导航资料。"①

由于航道讯息对航运安全的重要性,近代海关采取多种方法发布、传播航道讯息。所有布告一经印发,立即张贴在海关门前的布告栏内,同时传送至各船行、各国驻口岸领事馆等,外埠则交邮局递寄,紧急讯息均用电报传送有关各口。1931 年,海务巡工司在上海开设公众阅览室,陈列包括长江在内的中国水域资料和世界各地的航船布告等。次年,海务部门又增设航讯咨询接待办公室,配备专用电话接受航运界人士查询。

(八)近代海关的航海综合性资料

近代海关出版的航海综合性资料,笔者把它们大体分为航海类国际会议或公约、中外条约、词典,海务部门年度工作报告,海关海务人员的工

①海关总税务司署通令第 5099 号,1935 年 5 月 24 日,载《旧中国海关总税务司通令选编》第 3 卷,第 339 页。

作守则、指南等种类。

从晚清时期,近代海关代表中国参加国际海事会议,此后向国内刊布国际航海公约、章程或航海类法规、技术词典等,如《各口救护遇险船只章程》(*Chinese Life Boats, etc.*1893.第二特种系列丛书 No.18)、《航海公会节略》(*International Marine Conference*, Washington,1889.第二特种系列丛书 No.24,又译《中国出席国际航海公会报告》)、《西江通商章程并江门商船条款》(*West River Regulations*, 1904, *and Kongmoon Customs Regulations*, 1904.第二特种系列丛书 No. 28)、《航海避碰章程》(*Regulations for Preventing Collisions at Sea*,1923.第三杂项系列丛书 No.33)、《海关法规汇编》(*Regulations: General and Local, Customs, Harbour, etc.: Second Issue*, 1921.*First Issue*,1901. 第三杂项系列 No.25)、《航海布告中的汉语技术辞句和短语字典》(*Glossary of Chinese Technical Expressions and Phrases Occurring in Notices to Mariners, etc: Third issue* ,1934.*First issue*,1898.第三杂项系列丛书 No. 15)、《广州口引水总章并分章》(*Chinese Pilotage Service: General Regulations and Local Rules for the Port of Canton*,1918.第八其他之书系列 No.31)等等。《航海避碰章程》全书中英文合璧,英文 25 页,中文 36 页,除避碰章程外,还有英商部长格雷所做行船避碰要诀一首。英文前言由包罗于 1912 年 4 月作序,因 1910 年各国业经颁行遵守,所以总税务司转奉中华民国政府命令印行。1923 年中文再译再印序言说明,此项华洋合璧章程,颁行各口,俾中国行江行海洋式兵商船只一律奉行,其余华式船只不在此例。《海关法规汇编》,1859—1899 年为第一辑,1901 年出版;1900—1921 年为第 2 辑,1921 年出版。第 1 辑全书厚达 1107 页,完整地汇集了牛庄、天津、芝罘、胶州、重庆、宜昌、沙市、岳州、汉口、九江、芜湖、南京、镇江、沙市、苏州、宁波、汉口、温州、三都澳、福州、厦门、汕头、梧州、三水、广州、九龙、拱北、琼州、龙州、蒙自、思茅、亚东等地海关及港口各规章,每项规章均华、洋文合璧。《航海布告中的汉语技术辞句和短语字典》1898 年第 1 版,全书共 19 页,正文 16 页,约 400 个词汇或短语。附录 3 页,内有中英尺和中国市尺、中英长度单位比较表、罗盘刻度和北京经度等。1916 年出版修订本,全书仍为 19 页,词汇几无改动,附录把北京经度去掉。1934 年出版第二次修订本,全书共 99 页。其中前 58 页为单词或短语中英词典,以英文字母顺序排列。后 40 页为中英文版航海布告对照,共选取了 16 份中英文航海布告。

从 1909 年起,近代海关造册处把《通商各关警船灯浮桩总册》更改为《总税务司署海务科年刊》(*Report of the Marine Department*)。上海海关档案室现所收藏的海务科年刊,截至 1937 年,1 年 1 期。从近代海关内部出版物的归类来看,1909—1926 年前 16 本属于海关内部出版物的第三杂项系列,1927 年至 1937 年的后 11 本海务科年刊,变更于海关内部出版物的第五公署系列之下。1936 年的海关内部出版物第三系列目录对 1927 年后的海务科年刊并未收入,难免给人的印象,似乎只有 1909—1926 年即 17 个年度的海务科年刊。1909—1927 年的海务科年刊篇幅,厚度约四五十页。自 1928 年起,海务科年刊的内容不断增加,至于 1935、1936、1937 年度等年份的报告增厚至近五百页,其厚度较最初年份几乎为十余倍。海务科年刊栏目最初多变,后经过十年的经验总结,1920 年后逐渐成熟和固定下来。主要为海道测量和海图、建设和撤销的助航设备、汽灯浮标、灯台和灯船的新建设或计划、进行中或完成的年度工作、新授权工作、维护综论、中国水利事务、沉船和伤亡事故、沉船移除、雾号表、恶劣天气表、消耗表等。1909—1937 年即长达 27 年度的《总税务司署海务科年刊》,是反映民国时期中国海关海事部门工作业绩的最重要和最翔实的档案资料。①

在灯塔、灯船、气象、水文等日常海务工作中,海关总税务司对各海关的助航设施工程、水文气象观测、记录编报等工作的要求比较严格,先后刊布了有不少指导章程之书,并逐渐形成了全国较为统一、科学的工作规程,它们均属于近代海关出版物的第四关务系列丛书。如《灯塔工作指南》(*Lighthouse Instructions*: *Fourth Issue*, 1908. *First Issue*, 1870; *Second Issue*, 1877; *Third Issue*, 1884.第四关务系列丛书 No.3),第 1 版 1870 年出版,此后于 1877 年、1884 年、1908 年相继出版第 2、3、4 版;《灯船工作指南》(*Lightship Instructions*: *Third Issue*, 1884. *First Issue*, 1870; *Second Issue*, 1877.第四关务系列丛书 No.4),1870 年、1877 年、1884 年相继出版第 1、

①拙文《中国近代海关的“海务报告”考论》,载《国家航海》第 13 辑,2015 年。

2、3 版;《气象工作指南》(*Instructions Concerning Meteorological Work*: *Fourth Issue*, 1938. *First Issue*, 1905. 第四关务系列丛书 No.27),1905 年第 1 版,1938 年第 4 版;《长江中下游巡江事务所工作指南》①(*River Inspectorate Instructions*: *Lower and Middle Yangtze*, 1937. 第四关务系列丛书 No.73),1937 年版;等等。这类工作规程图书,有助于详细了解海关海务工作的具体运作及有关知识信息的搜集和加工过程。

三、近代海关航海知识生产的历史地位和意义

中国古代有着悠久的航海历史,也有过辉煌的航海活动,以明代的郑和下西洋为巅峰。在长期的航海实践中,中国古代的航海家积累了航海图经等大量的海洋文献资料。但在鸦片战争以前,古代中国并没有专门负责航海知识生产的海洋机构,古代航海资料都是凭历次航海经验而渐次积累所成,且在闭关锁国时期有封禁或销毁的危险。明末《郑和航海图》的艰辛保存和流传,就是典型事例之一。以故到鸦片战争爆发之时,中国的航海活动以及对海洋的科学认识已经落后于西方国家。

从 16 世纪起,欧洲各小国间军事武装、重商主义的竞争和国家对航海发展的支持,加速了航海知识的生产和积累。近代科学的航海知识,尤其是确定经度,以使船只在茫茫大海中准确定位的方法的发现,既源于和天文学相结合的能力,也要依赖数十年的耐心细致观察和数学天才计算。此外,还要有极好的手工工艺,才能制造出精确的时钟,以此抵抗严峻的海洋环境,最后是英国这个偏僻岛国,以举国之力而重赏海洋知识的发明,遂发展成为近代海洋帝国。在晚清中国缺乏现代海洋管理部门的情况下,以英国人为首的洋人所掌管的近代海关这个官僚机构,在其内部灵活地设置了海务部门,逐渐引入英国暨当时世界上最先进的航海调查技术,并长期性地生产、累积和传播航海科学知识。从此意义上讲,是近代

①《研究中国航海史的瑰宝》一文把该书误译为《长江中下游水道水量说明》,可能是没有弄清 River Inspectorate 为海关江务科的缘故。此外,该文还列举了 *Tidewaiter's Duties*: *NewChwang* 和 *Tidewaiter's Duties* 两书,但 Tidewaiter 为海关稽查员,并非潮汐测量者,不应归属到航海类图书之列。

海关帮助了农业中国向海洋中国的转变,促进近代中国重新认识和走向海洋。

当然,旧中国海关进行如此大规模的近代航海科学知识的生产,是建立在英国海军部海道测量局的前期调查基础之上的,并在调查空间上有了进一步深入和推进,从中国沿海深入到沿边及沿江地区。而从航海图书资料的刊布来看,近代海关内部出版物有统计、特种、杂项、关务、公署、总署、其他等系列之分,其中统计、特种、杂项系列可对公众出售,而关务系列主要为关员使用,公署和总署系列给各关税务司和总税务司的办公室收藏和使用。本文所述的海图、航路指南、助航设施、气象、水位潮汐、地名录、航运里程表等大多属于第二特种及第三杂项系列,只有少部分综合性资料归为第四、五、六即关务、公署或总署系列,内部专用。① 因此海关近代航海知识的生产,主要是便利了社会大众,尤其从事航海的中外商贸人士。另外从航海科学史的角度来讲,这些图书资料是西学东渐的重要组成部分,同时也在逐步实现中国化,因为近代海关海图及其他各种图书资料的中英文合璧印刷,是它们的一个典型特征。

在近代海关近代航海知识系统性生产、广为流布和服务于社会大众的同时,我们还不能忽视当时正值英帝国主义全球扩张的时代背景。依据美国的著名中国学学者何伟亚的观点,这是英国的课业即 19 世纪中国的帝国主义教程的一部分。② 这类知识,是以 18 世纪末库克远航太平洋的方法为模式的更为科学形式的延续。海关造册处通过编制和贸易统计报告一样的航海资料,遂把中国整合进 19 世纪末的全球资本主义经济之中,最终使得西方军事和商业力量能进一步向中国市场渗透。

①海关总税务司署通令第 179 号,1882 年 2 月 2 日,载《旧中国海关总税务司署通令选编》第 1 卷,第 246 页。

②[美]何伟亚著,刘天路、邓红风译《英国的课业:19 世纪中国的帝国主义教程》,北京:社会科学文献出版社 2013 年。

中国旧海关数据与经济史研究*

方书生

(上海社会科学院经济研究所)

近5年来,以大宗史料发掘整理为基础的经济史研究蔚为壮观,仅国家社会科学基金重大项目就有近20项,有多项涉及数据库建设,正在倡导经济史研究从小数据时代向大数据时代转变。不过,按照迈尔·舍恩伯格、库克耶对大数据(Big Data)三重属性的界定,经济史研究中的数据与现在的"大数据"在界定上还是有一些区别。①然而,1860—1948年间中国旧海关留存下来的庞大数据,倒是最接近于"大数据"的历史数据样本。

一、中国旧海关数据及文献整理概要

现在所谓中国旧海关,即鸦片战争后设立的新式海关,主要负责对外贸易、征税、缉私、统计,同时兼管航船停泊、引水、沿海灯塔和航标的设置与保养、疏浚航道、气象观测、口岸疾病检疫等;以及近代早期的邮政通讯业务和准领事业务、处理华工出国事宜、清偿对外赔款、在国外主办各类

* 国家哲学社会科学基金重大项目"中国旧海关内部出版物整理与研究(11&ZD092)"。

①(1)这些数据不是随机样本而是完整的;(2)不再过于要求数据的精准度而是接受其中共存的复杂多源性;(3)关注实物的相关关系而不是因果关系。迈尔·舍恩伯格、库克耶:《大数据时代:生活、工作与思维的大变革》,杭州:浙江人民出版社2013年。

博览会，甚至还参与各种外交与洋务活动。中国旧海关所保留的历史数据主要是 1860—1948 年间与贸易有关的经济数据，兼及航运、邮政、气象等与贸易有关的数据，按年（甚至是季度、月度）记录数据，是连续完整的面板数据。在中国旧海关内部出版物七大系列中，数据大多集中在统计系列（*Statistical Series*）①。

当时的新式海关公认为近代中国第一个现代化部门，为了及时地掌握各口岸地区的贸易情况，从 1860 年起就开始按照西方的管理与理念，编制进出口统计，并建立起了一套严格的申报、汇总、出版体制，并基本持续到 1948 年。旧海关内部出版物以其编制时间之长，内容之广泛，表达方法之科学、严谨，成为其时留存下来的一套最为系统完整的史料。郑友揆所言的旧海关出版物“因其内容精确，所占地域广大，已成为研究我国经济之唯一可靠而系统的资料”②，已经为学界广泛接受。

由于海关数据的重要价值，当时学者个人已经进行数据整理，除了广为人知的杨端六、侯厚培与萧亮林的工作③，蔡谦、郑友揆整理了 1919、1927—1931 年海关的贸易统计数据。另外，由于海关统计记录格式的变化，1936—1940 年间中国通商口岸间埠际贸易数据缺失，郑友揆、韩启桐专门从当时海关的数据中整理保存了这一数据④，扩大了这一数据宝藏。

100 多年来，在学术界持续的使用与关注下，虽然中国旧海关史料流落国内外各地，部分遗失、损坏，台湾与国外学者一直缓慢整理，最近十多年来，国内的搜集、整理与研究工作逐步加速，已经再版的主要有两套：《中国旧海关史料》（170 册）（京华出版社 2001 年）、《美国哈佛大学图书

①统计系列（*Statistical Series*）、特种系列（*Special Series*）、杂项系列（*Miscellaneous Series*）、关务系列（*Service Series*）、官署系列（*Office Serires*）、总署系列（*Inspectorate Series*）、邮政系列（*Postal Series*）。

②郑友揆：《我国海关贸易统计编制方法及其内容之沿革考》，载国立中央研究院社会科学研究所《社会科学杂志》第 5 卷第 3 期，1934 年 9 月。

③杨端六、侯厚培：《六十五年来中国国际贸易统计》，国立中央研究院社会科学研究所专刊（第 4 号），1931 年；Hsiao, Liang-lin. *China's Foreign Trade Statistics*, 1864-1949(Harvard University, 1974)。

④蔡谦、郑友揆：《中国各通商口岸对各国进出口贸易统计：民国八年、十六年至二十年》，上海：商务印书馆 1936 年；郑友揆、韩启桐：《中国埠际贸易统计（1936—1940）》，中国科学院 1951 年。

馆藏未刊中国旧海关史料》(283 册)(广西师范大学出版社 2014—2016 年)、正在整理出版中"上海海关档案室所藏旧海关档案"(约 260 本合约 60 大册),后两项工作是在国家哲学社会科学基金重大项目"中国旧海关内部出版物整理与研究"的资助下进行①。

截至目前为止,已经或正在再版的旧海关内部出版物,包括统计、特种、杂项、关务、官署、总署、邮政等七大系列,以及数十本七大系列之外、由海关编辑或出版的书刊。除了贸易、税收、航运等核心数据外,还包括各地的度量衡、货币、鸦片产销、走私、厘金、邮政等经济数据。另外,各类书刊中附有大量的彩色地图,多数是经过科学测绘、信息丰富的近代全国或区域地图。这些旧海关出版物的整理再版,必将推动学界对相关问题的再研究,进而形成一些全新的甚至某些方面具有颠覆性的学术成果。

二、文本分析基础上的"旧海关贸易数据库"

旧海关数据的完整、规范、准确,首先要归功于总税务司赫德,在他的领导下海关逐步建立起了一套比较规范的贸易报告与统计制度②。1859 年 1 月海关总税务司署成立后,就开始进行西式的统计和出版制度,该年起陆续出版各口岸的《进出口贸易统计》。1863 年冬贸易统计的格式逐渐形成,赫德明确要求:"每个月末,各税务司应向总税务司呈送简短的月报,内容包括当月发生的主要事件、口岸贸易情况、税收摘要、办公支出以及罚没款数额。总税务司要求各位税务司对此项工作必须十分认真,使得贸易统计(尤其是汉文格式)各细节都必须准确无误,书写整洁并无涂改。"③1864 年后迅速建立了划一制度,对外进出口和埠际贸易开始分别记载,区分运销外洋和埠际之间商品,同时分类趋于详细,贸易统计的格式逐渐形成。1865 年海关总税务司在上海设立了海关印书房(Printing Office)与表报处(Returns Department),负责印刷各关的贸易报告和贸易

①吴松弟教授负责,笔者也一直参与其中。

②Andrea Eberhard-Bréard," Robert Hart and China's Statistical Revolution," *Modern Asian Studies*, Vol.40, No.3 (Jul., 2006):605-629.

③刘武坤译,虞佩曹校《海关总税务司赫德 1864 年第 8 号通札》,《历史档案》1999 年第 2 期。

统计。1873 年 10 月上海印书房与表报处合并,从江海关独立出来成立造册处(Statistical Department),归总税务司署管辖,形成了一套规范、完整、有序的编印、发行的制度。

就海关统计制度方面的讨论与分析,宋俊龙、张志云的分析较为完整。① 专就旧海关统计系列数据的统计范围、单位、范围、含义等,从全国或区域层面的探讨,在前期主要是郑友揆、滨下武志,后期为托马斯·莱昂斯、吴松弟与方书生。② 目前,关于中国旧海关贸易数据的分析与解读可以参考后期几位的初步工作。

前述的"中国旧海关内部出版物整理与研究"项目预计今年结项,拟发布并出版"中国旧海关文本与数据分析",促成数据库的构建,以及与之配套的数据使用指南,数据使用指南部分主要回答如下问题:各海关是如何获取报告与统计数据;各海关是如何纪录贸易数据、编撰报告;海关总署造册处是如何将各埠的贸易统计编纂汇总;不同条目数据的含义,统计格式、范围、定义前后的变化,数据在精度上的不足,并试图给予修正建议。

旧海关内部出版物统计系列(*Statistical Series*)中的"贸易统计(*Trade Return*)"部分,是近代经济史上唯一一份连续性的面板数据(1859—1948 年),再加上具有上述的准确性、规范性(西式统计方式)。"中国旧海关内部出版物整理与研究"课题组初步整理了"中国旧海关贸易数据库",并将持续完善。

1.关于基础数据。数据覆盖了 1859—1948 年全国 46 个通商口岸的

①宋俊龙:《清末海关对西方统计的引进与实践》,上海师范大学硕士毕业论文,2009 年;张志云:《中国海关造册处与中央统计制度(1859—1911)》,"中央研究院"近代史研究所"全球视野下的中国近代史研究"国际学术研讨会论文,2014 年 8 月 11 日

②郑友揆:《我国海关贸易统计编制方法及其内容沿革考》,《社会科学杂志》第 5 卷第 3 期,1934 年 9 月;滨下武志:《中国经济史研究——清末海关财政与开港场市场圈》,汲古书院 1989 年;托马斯·莱昂斯(Thomas P. Lyons)著,方书生等译《中国海关与贸易统计(1859—1948)》,杭州:浙江大学出版社 2009 年(*China Maritime Customs and China's Trade Statistics* 1859-1948. New York: Willow Creek Press, 2003.);吴松弟、方书生:《中国旧海关统计的认知与利用》,《史学月刊》2007 年第 7 期,第 33—42 页。

各种贸易(对外贸易和埠际贸易)和税收等信息。[①] 在各口岸的贸易统计方面,分类条目主要有:船舶数、船舶吨位数、洋货总进口、洋货净进口、洋货总复出口、土货进口、土货净进口、原出口、贸易总值、贸易净值、进出口正税、沿岸税、吨位税、子口税、鸦片税、转口税与总征收等项;商品条目包括当时所有的进出口品类,主要出口品有:生丝、茶叶、豆类、棉花、芝麻、花生、植物油、蛋类、牛皮、羊毛、猪鬃、煤铁钨锑锡等,主要进口品有:鸦片、棉纱、棉布、煤油、火柴、机器、车辆、化学产品、电器材料、染料、钢铁、粮食、其他金属。这基本上包括了 1860—1948 年全国各口岸或全国(大区域)围绕进出口的各类数据,包括总量、次一级数额,以至各口岸(或全国)各类进出口商品的详细数据。

2.关于数据库功能的初步设定。主要功能包括:(1)检索、浏览与下载:对系统所管理的贸易数据建立统一的索引,使用者可按照年份或者港口快速查询,如简单的单关键词检索或者多关键词复合条件检索,未来视国家对课题的相关规定及版权情况,逐步推动在线免费公开检索、浏览和下载。(2)本数据库将作为中国旧海关系统的后台核心数据库,可以结合数据语言或地理信息系统,将贸易数据进行在线运算,或以各种专题图的可视化形式展示,便于中外各个层次学者、在校学生、媒体从业者和咨询行业从业者使用。未来可以预期将 1860—1948 年数据库与 1948 年后的同类数据对接,以形成类似于长时段数据序列,有助于相关研究人员使用。

此外,需要交待与说明的是,虽然旧海关数据是近代中国精度最高的统计数据,但受制于海关监管船只范围、地理范围、领土变化、统计格式调整、计量单位、货币单位、统计缺失、走私等方面的影响,旧海关数据并非绝对精确。[②] 甚至,包括广被引用的萧亮林、杨端六与侯厚培整理的海关数据,除了整理模式的差别外,均存在一些模糊或错误之处,例如贸易值

---

①大连、天津、烟台、青岛、重庆、汉口、上海、宁波、福州、厦门、广州、九龙、安东、牛庄、秦皇岛、龙口、威海、万县、宜昌、沙市、长沙、岳州、九江、芜湖、南京、镇江、苏州、杭州、温州、三都澳、汕头、拱北、江门、三水、梧州、南宁、雷州、琼州、北海、龙州、蒙自、思茅、腾越、淡水、打狗等,并包括香港。

②吴松弟、方书生:《中国旧海关统计的认知与利用》,《史学月刊》2007 年第 7 期,第 33—42 页。

的单位、数据来源上的问题，在利用这些数据，需要谨慎对待、认真处理。①

三、简评：旧海关数据与经济史研究

自从海关数据成形以后，利用海关数据进行的经济史研究就如影相随，早期主要是海关税务司，然后扩大到中外学者，从贸易史逐渐扩大到经济史的多个领域。

当时的总税务司署税务司班思德，在海关数据基础上，对中国对外贸易的发展过程进行了细致地论述②。随着旧海关出版物流传到英美各国，自马士(Hosea Ballou Morse)③以来，数代英美与中国的著名学者利用中国旧海关出版物，完成一系列"近代中国"研究，很多已经成为近代中国研究学术史上的经典、必读名著，中国旧海关内部出版物是美国中国学研究第一代学者的最重要资料来源④。此外，利用海关资料，郑友揆就对外贸易与工业发展相互关系的分析，滨下武志对清末海关财政与市场圈、戴一峰对中国财政、陈争平对国际收支的研究，都成为这一领域的典范之作⑤，将研究扩大工业、财政、市场、经济发展等方面。近年来学者利用中国旧海关数据，对港口贸易网络、港口位序变迁、贸易流演化、近代中国的经济增长、洋纱进口国与国产机制棉布出口替代等方面都进行了比较出

①吴松弟、伍伶飞：《近代海关贸易数据摘编本存在的问题分析——以全国年进出口额和各关直接对外贸易额为例》，《中国社会经济史研究》2013年第4期，第11—20页。

②班思德：《最近百年中国对外贸易史》，海关总税务司署统计科，1931年。

③1874—1909年进入中国海关历任帮办、副税务司、税务司，1903年至1907年任海关总税务司的统计秘书。

④代表性作品是 Rhoads Murphey, *Shanghai, Key to Modern China* (Cambridge: Harvard University Press, 1953). Fairbank John King, *Trade and Diplomacy on the China Coast: The Opening of the Treaty Ports, 1842-1854* (Harvard University Press, 1956).

⑤郑友揆：《中国的对外贸易和工业发展：史实的综合分析》，上海社会科学院出版社，1984年；濱下武志：《中国近代経済史研究：清末税関財政と開港場市場圈》、東京大学東洋文化研究所，1989年；戴一峰：《近代中国海关与中国财政》，厦门大学出版社1993年；陈争平：《1895—1936年中国国际收支研究》，中国社会科学出版社1996年。

色的研究①，随着海关文献再版、海关数据整理的加速，在“大数据”的工具与思维下，利用海关数据的经济史研究一定加速拓展一片新天地。

中国旧海关内部出版物是长久以来、唯一一份持续享有广泛国际声誉的近代中国文献库，得益于近年来文献与数据整理工作的加速，在数据革新的工具与思维的帮助下，海关数据为经济史学界提供了一份相对最科学、完整、连续、准确的海量面板数据。随着数据整理、建库、数据解读等相关基础工作的逐渐完成，将会推动近代中国贸易、财税、金融、海关、城市、邮政、交通等众多经济史分支领域研究的拓展，从而可以进一步解读第一次全球化时代近代中国经济萌芽与发展的轨迹、特征，这将会丰富和拓宽我们对近代中国经济的认知。

①近年来比较有代表性的作品有王哲、吴松弟《中国近代港口贸易网络的空间结构——基于旧海关对外-埠际贸易数据的分析(1877—1947)》，《地理学报》2010 年第 10 期，第 1299—1310 页；Keller W, Li B, Shiue C H, "The Evolution of Domestic Trade Flows When Foreign Trade is Liberalized: Evidence from the Chinese Maritime Customs Services," *Institutions and Comparative Economic Development*, 2012: 150-152.

清末苏州洋关的贸易统计及其折射的社会经济态势

徐立春

（南京海关所属南通海关调研员）

1896年，苏州税务司署（又称洋关）设立，和全国各地新辟商埠设立的洋关一样，苏州洋关隶属总税务司署，由外籍人士担任税务司，运作和清政府行政机构不同的机制。一方面，苏州洋关适应西方列强输出商品，掠夺原料，进行资本主义扩张的利益需求，侵害中国主权和利益。另一方面，苏州洋关在监管、统计、人事和会计等管理上采用西方当时较为先进的一些做法，取得管理成效。其中，苏州洋关的贸易统计按照总税务司署规定和要求，及时、规范、系统地编制本口岸的进出口贸易统计，定期上报汇编成全国贸易统计并以年报的形式编印出版，对管理苏州对外贸易发挥了重要作用，其留存的完整资料对研究近代苏州乃至中国的发展历史有相当的参考价值。清末苏州洋关贸易统计分两类：一是以数字表现的贸易统计（即贸易册），内容包括贸易船只、货价、进出口各货净数、税钞、金银、旅客等，有以月、季、年为周期的各种统计方式。二是以文字表现的贸易报告。由苏州洋关税务司上报，有年报和十年报告。前者包括贸易册及各项年度贸易统计报表，文字部分侧重记叙与比较，名称为《苏州口华洋贸易情形论略》，内容包括本埠贸易概况、税课、外洋贸易、沿海贸易、内地税则、船只、旅客、金银、药土和杂论等十项。后者是以10年为周期（每隔10年）的报告。涉及面广，除贸易和税课外，还反映通商口岸地的政治、教育、文化、疾病、灾荒等。有 1896—1901 年和 1902—1911 年的《苏州关十年报告》。

苏州洋关设立前，由于上海开埠，洋货和苏州地区出产的蚕丝、棉纱、丝织品及工艺制品，经上海转运进出口。苏州设关后，直接对外贸易的"苏州渠道"开辟，但紧邻上海的地理特点使得部分苏州货仍选择上海报关进出，因此，苏州洋关贸易统计并不是苏州对外贸易的全部。但由于统计口径统一和比较的相对性，苏州洋关的贸易统计还是从一定程度上折射出清末苏州贸易及经济发展状况。下面对此作一些分析。

按照苏州洋关的贸易统计，1896—1911 年，苏州进口洋货有：鸦片、纺织品、纸烟、原煤、煤油、纸、靛青、滑物油、糖品、机器及零件、灯及灯具、金属材料、藤条、火柴、玻璃等。尤以鸦片、原煤、煤油、纺织品、纸烟、洋糖、机器及零件等 7 类为大宗。土货出口主要有生丝、蚕茧、绸缎、绣货、棉纱、油菜籽、菜籽饼、眼镜、茶叶、火柴、蛋品、玉器、黄白铜水烟袋、腌渍桂花等，尤以蚕丝、绸缎、棉纱、茶叶、菜籽和菜籽饼等 5 类为大宗。其进出口货值见表 1、图 1。

图 1 为 1898—1911 年进出口货值态势图，呈现出阶段性发展特点。这一时期，能够用苏州洋关统计数据作比较的有 14 年，6 个年份的进出口货值增长幅度在 20%以上，其中，1901 年进出口货值 236.554 万关平两，比上年增长了 100.57%；有 4 个年份的增长幅度在 5%左右；还有 4 个年份出现大的滑落，其中 1907 年进出口货值为 437.86 万关平两，比同期下降 23.6%。

贸易的发展与停滞交替、投产开业与萧条同在的状况反映了清末苏州政治、经济、社会生活的特点，主要有以下几个方面：

其一，全国政局动荡和苏城社会相对稳定。苏州自开埠通商至清亡，一直处于政府有效管理中，辛亥革命产生政权更替，也是和平易帜，出现罢工、示威等仅为局部，持续时间均不长。如宣统三年九月（1911 年 10 月），苏城 12000 多丝织和玉石手艺工人迫于生计，罢工数天，致使丝织产品出口停顿，金融市场萧条，复工后工人欲举行再次罢工被商会化解①。

①苏州海关编，陆允昌编注《近代苏州通商口岸史料集成》，上海：文汇出版社 2010 年，第 131 页。

表 1:1896—1911 年苏州关进出口货值情况表

年	进口(关平两)	同比增长(%)	出口(关平两)	同比增长(%)	总额(关平两)	同比增长(%)
1896	13693		1726		15419	
1897	1074336		399331		1473667	
1898	859572	-20.0	670694	67.95	1530266	3.84
1899	763145	-11.22	705282	5.16	1468427	-4.04
1900	504620	-33.88	674667	-4.34	1179287	-19.69
1901	882552	74.89	1482830	119.79	2365382	100.57
1902	1094262	23.99	1466225	-1.12	2560487	8.25
1903	1533689	40.16	1586793	8.22	3120482	21.87
1904	1263855	-18.36	1900098	19.74	3163953	1.39
1905	1781068	40.92	2471411	30.07	4252479	34.4
1906	2605222	46.27	3126326	26.5	5731548	34.78
1907	1422725	-45.39	2955909	-5.45	4378634	-23.6
1908	1573383	10.59	2304985	-22.02	3878368	-11.43
1909	1907142	21.21	2153531	-6.57	4060673	4.7
1910	2832872	48.54	2414130	12.1	5247002	29.22
1911	3552886	25.42	3331650	38.01	6884536	31.21

注:进出口货值数据来源于《苏州海关志》(第 115 页),同比增长系笔者计算

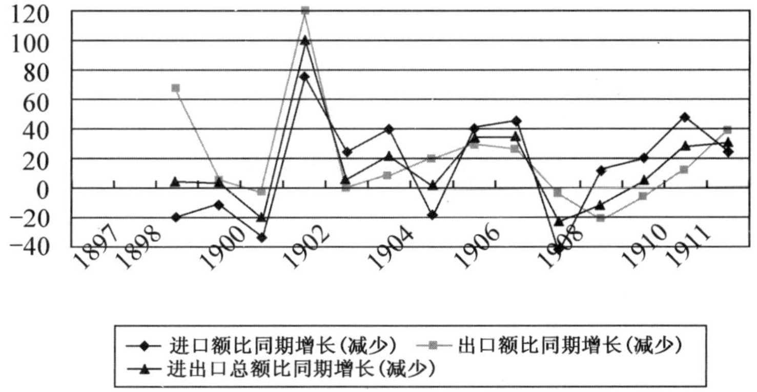

图 1:1898—1911 年进出口货值态势图　单位:横坐标为年,纵坐标为%

10 多年来,苏城社会秩序基本正常,使得进出口贸易总体增长,贸易额在光绪二十三年(1897)为 1473667 关平两,宣统三年(1911)为 6884536 关平两,增长 3 倍多。但清末内忧外患,政局动荡,苏州深受冲击和影响。光绪二十六年(1900),北方义和团运动和八国联军入侵,"有七千余人由上海逃避来苏",苏城"人心浮动","各绸庄停止进货,各放料机坊以织出之货无处销售,相率停工,以致机工失业者数千人"①。光绪二十六年,苏州进出口额 117.93 万关平两,比同期减少了 19.69%,其中进口与出口分别比同期减少了 33.88%和 4.34%。光绪二十五年(1899),向苏州洋关报关出口茶叶 4328 担。因北方兵事,运输受阻,光绪二十六年出口仅 1448 担,只及上年 33%。② 对宣统三年局势,苏州洋关的"十年报告"记述为"水灾、歉收、动乱和革命之年","最后三个月,货币市场几乎呆滞,86 个漕平两可换 100 个银元"③。

其二,近代工业兴办,成品和半成品输出规模扩大,燃料和机器设备输入增加。苏州近代工业发端早,开埠后,在"实业救国"号召推动下,以丝织为主的一批近代工业得到发展。1896 年,苏经丝厂开工,使用 208 台直缫式丝车,为意大利制造品。光绪二十三年,苏纶纱厂开工,使用的开棉机、清棉机、梳棉机、粗纺机、精纺机以及蒸汽机等全套机器,为英国制造品。西方先进设备和技术提高了生产能力。光绪二十四年(1898),丝在苏州出口的货值为 26.94 万关平两,比上年增长了 39%。④ 光绪二十六年,外商经营延昌永缫丝厂开工,苏城三家缫丝厂总计有丝盆 700 个,雇用工人 2000 名⑤。光绪二十七年(1901),出口丝货值为 58.03 万关平两,比上年增长了 28%。出口货物 148.28 万关平两,比上年增长了 119.79%。1907 年,振兴电灯公司开业,"发电机器约有二千二百之动电力,每日可燃十六支烛光电灯六千盏"⑥。至 1911 年,苏州还有金属器皿、玉

①《中国旧海关史料》编辑委员会编《中国旧海关史料(1859—1948)》第 32 册,北京:京华出版社 2001 年,第 187 页。

②《苏州海关志》编纂委员会编《苏州海关志》,苏州:苏州大学出版社 2009 年,第 122 页。

③苏州海关编,陆允昌编注《近代苏州通商口岸史料集成》,第 24 页。

④《苏州海关志》编纂委员会编《苏州海关志》,第 122 页。

⑤苏州海关编,陆允昌编注《近代苏州通商口岸史料集成》,第 5 页。

⑥同上书,第 113 页。

石器、地毯、陶器、生铁翻砂、菜籽榨油、黄铜器、米、木材、盐以及蜡烛、玻璃瓶制造①。

近代工业的兴办还刺激了对燃料和机器及零件的需求，火油、东洋煤、机器及零件等在清末10多年内始终进口量较大。东洋煤在光绪二十三年进口5236吨，而光绪二十四年至宣统三年（1898—1911），除光绪二十六年进口5937吨外，其余年份进口均高于1万吨，宣统元年（1909）后进口高于3万吨，宣统三年进口更达41945吨。光绪二十三年从外洋进口生产砖瓦设备，估值6582关平两。光绪三十一年至光绪三十三年（1905—1907）通过苏州关大批量报关进口机器设备，估值分别为28987、48945、33056关平两。②

其三，交通运输业得到发展。光绪二十二年（1896）后，人力船作为苏城原有的主要交通工具逐渐被抛弃，汽轮拖船迅速增加，光绪二十七年，进出苏州口小汽船3900艘次，拖之搭客货船11900艘次。光绪二十八年（1902），进出口小轮增至5100艘次，拖船16200艘次，光绪三十一年，出入苏州口商船9911艘次，716244吨位，创清末最高记录③。交通便利带来跨省采购原材料到苏城加工出口增多，如苏州本地茶叶产量少，光绪二十三年，苏州茶叶出口仅为2719担，但通过从安徽、浙江两省采购绿茶，从福州、温州采购红茶，到苏州加香熏制，使得苏州茶叶出口量增加，光绪二十七年后，茶叶出口担数均在1万担以上，光绪三十二年（1906），茶叶出口25807担，为清末最高。1906年沪宁铁路通车，宣统元年，沪宁铁路载运洋货免重征制度实行，进出货物尤其进口洋货激增，苏州洋关关税收入1902年为6.80万关平两，1906年为12.34万关平两，增加近1倍。④ 1910年苏州洋关统计，货值增加“大半系免重征执照之洋货装由火车运入，以布匹为大宗……且邮局出口包裹亦装运火车”⑤。宣统三年进出货值为687.98万关平两，比上年增长31.3%。美国煤油有四成由火车运入苏城。

①苏州海关编，陆允昌编注《近代苏州通商口岸史料集成》，第27页。
②《苏州海关志》编纂委员会编《苏州海关志》，第118页。
③同上书，第50—51页。
④苏州海关编，陆允昌编注《近代苏州通商口岸史料集成》，第22页。
⑤同上书，第123页。

其四，洋货大举进入，带来西方科技和文明，也冲击苏城传统手工业和民族实业。鸦片战争后，清政府和西方列强签订的“值百抽五”的协定税则使中国国门洞开，洋货以其实用性再加价廉优势迅速占领苏州市场。长期以来，苏城尤其附近农村夜间使用菜油、豆油灯照明，但火油（又称“煤油”）灯比传统油灯光照度好，使用方便，尤其美国火油商售油时赠送“美孚灯”，大受欢迎，带来火油输入年年增加。苏州关报关进口火油，光绪二十三年为1万多加仑(1英加仑合4.546升，1美加仑合3.785升)，光绪二十六年为19多万加仑，光绪三十四年(1908)，苏城“豆、菜各油价昂贵”，煤油用额进一步增多，输入124万多加仑。宣统三年进口548万加仑，为清末最高。① 民国时期，火油进口货值一度跃居苏州进口洋货货值之首。在此形势下，豆、菜油及其灯具生产这一传统手工业被逐出市场。

光绪二十三年，向苏州洋关报关进口纱、布等纺织品货值46万关平两，以后纺织品虽在苏州报关不多，但上海结关转运苏州数量不少，沪宁铁路全线通车免重征制度实行后，宣统元年在苏州报关进口各类布、绸、缎、绒等计货值95.94万关平两，基本反映苏城进口纺织品状况。大量进口纺织品不仅威胁遍布农村生产土布的家庭手工业，也对兴起的民族纺织业形成冲击。光绪二十三年(1897)开工的苏纶纱厂设备先进，生产棉纱质量较好，1898年上半年所出之纱即日可以销售，但下半年，日本、印度等外洋之纱大批运来，价骤跌落，苏纶之纱销场大滞，难以获利，5月至8月，只夜间工作，日间停工。此后数年，苏纶纱厂有江河日下之势，生产忽开忽停。其中，江北通州使用苏纶纱手工织布，运销东三省，后日本机制布以价廉将通布逐出，通布滞销连带苏纶纱，苏纶纱厂于光绪三十三年七月(1907年8月)停工，至光绪三十四年复增新股再开工。

苏州开埠传来自由思想，新式学校和各类学术团体如雨后春笋般地兴办起来，教授外文的学校组织英语会话、研究外国历史，传播外国助产技术的协会为拯救妇女生命，免除她们的痛苦而努力。地方管理当局1898年颁布法令，建“东吴大学堂”，拨2万两银造校舍，每年拨1万两银作教学经费。②

①《苏州海关志》编纂委员会编《苏州海关志》，第116—117页。

②苏州海关编，陆允昌编注《近代苏州通商口岸史料集成》，第6—8页。

其五，无序竞争一度影响产业发展。苏州为蚕茧丝重点产区，开埠通商后，中外商家看到商机，大小缫丝厂一哄而起。苏城缫丝厂在光绪八年(1882)有4家，光绪二十三年增至26—27家①。每年所产之茧，不敷各厂应用，一方面缫丝厂开工不足，抬价收购增加成本，使出丝愈多，获利愈难，缫丝厂又纷纷关闭，至光绪三十年(1904)，苏城共有丝厂3家②。另一方面，因为"乡民以购茧人多，可获厚利，于是急思作茧，而于饲养房屋、作茧器具均不讲求"，带来成茧质量下降，"昔日之茧，400斤至420斤即可缫丝一担，今(1897年)则520斤至550斤方可缫丝一担"③，而到光绪二十四年，"则须600斤至650斤方可缫丝一担。"《苏州口华洋贸易情况论略》记述1898年苏州丝"运往上海售于外洋，所得价银本年不如上年"，警告说"茧之身份年坏一年"，"若不力求整顿，恐数年之后，丝之生意几于中绝"④。

航运业也是如此，自开关至光绪二十二年(1896)，向苏州关登记挂号之轮局有5家，光绪二十三年(1897)，苏州轮局增至7家⑤，"轮船太多，轮局难于获利"。日商经营的轮局"东洋公司"为应对竞争，还以寄"信包之费"为名，"由国家每月贴银若干"⑥。在此激烈竞争情况下，两年中先后闭歇4家，光绪二十五年(1899)有轮局3家⑦，但光绪三十一年(1905)恢复至6家⑧。

其六，对外贸易完全靠天吃饭。苏州自然条件优越，但天灾和疾病不可免，由于清末百业凋零，农副业生产及其出口缺乏抵御灾害和流行病的能力，天灾和疾病制约对外贸易的发展。《苏州口华洋贸易情况论略》记述，1901年夏，"天时多雨，太仓一带棉花受伤颇重，收成甚歉"⑨，本口纱厂只得改用印度棉花。1902年"症疫流行，死亡其众，人心惶惑，市面顿

①苏州海关编，陆允昌编注《近代苏州通商口岸史料集成》，第65页。
②同上书，第98页。
③《中国旧海关史料》编辑委员会编《中国旧海关史料(1859—1948)》第26册，第175页。
④《中国旧海关史料》编辑委员会编《中国旧海关史料(1859—1948)》第28册，第177页。
⑤苏州海关编，陆允昌编注《近代苏州通商口岸史料集成》，第65页。
⑥同上书，第70页。
⑦《中国旧海关史料》编辑委员会编《中国旧海关史料(1859—1948)》第30册，第198页。
⑧苏州海关编，陆允昌编注《近代苏州通商口岸史料集成》，第102页。
⑨同上书，第82页。

觉萧条”,“本口患以上等疾死者约二万余人,材木售卖空,造作不及”①。1906 年春、秋二季,“淫雨缠绵,本口附近多被水患,……江北一带,田庐淹没,人口流离”②。1911 年“河流泛溢,涨至关表五英尺十英寸,水度之高,驾于畴昔,种植各物,大受浸损”;“菜籽收成,因成水过多,大为减色,经本关出口之货较上年约少三万九千担”;“育蚕时节,气候较寒,桑短绌,茧丝所获较上年约少四成”③。苏州洋关税务司客纳格感慨:如此天灾,百姓困穷,怎么可能商务兴盛呢?④

其七,鸦片输入便利,毒害扩大。苏州设关后,江海关一度遵奉总理衙门指令,对从外洋输入鸦片,可由商人出具“保结”,凭江海关签发之“运输证”运来苏州,向洋关报关并缴纳关税和代征厘金,在关栈将成箱鸦片拆包分装销售。光绪二十三年,在苏州报关进口鸦片643.5担,货值40.44 万关平两,占当年苏州进口洋货总值 43.9%。光绪二十四年(1898),洋药进口增至 766.7 担。此后,烟商可在上海购办并纳税、厘后,运入苏州直接销售,因此,苏州洋关报关进口量虽锐减甚至无记录,但外洋鸦片实际依然大量运入。据记载,光绪三十三年至宣统二年(1907—1910)四年间,未向苏州关报关运入苏州鸦片数量分别为 1293 担、733 担、387 担、598 担。光绪三十二年(1906)清廷下诏施行禁烟令,但光绪三十四年(1908)春,苏城仍有 1960 家膏店及烟馆,光绪三十四年底歇业 1351 家,尚有 555 家,宣统元年(1909)底,苏城仍有膏店及烟馆 437 家⑤。

近代洋关具有两面性,分析其殖民性的同时,也要肯定管理方式的科学性和先进性,洋关留下保存完好的贸易统计资料就是这种管理方式的结晶,苏州洋关编制的贸易统计只是其中之一。很好地研究这些资料,对于我们了解历史,总结经验,开辟未来有重要的借鉴作用。

①苏州海关编,陆允昌编注《近代苏州通商口岸史料集成》,第 87 页。

②同上书,第 105 页。

③同上书,第 129 页。

④同上书,第 87 页。

⑤《中国旧海关史料》编辑委员会编《中国旧海关史料(1859—1948)》,第 48 册第 317 页、第 51 册第 344 页、第 54 册第 365 页。

瓯海关资料与温州近代交通史研究

丁贤勇

(杭州师范大学历史学系)

诚如本次会议宗旨所云,"最近十余年陆续整理出版的中国旧海关内部出版物,是研究近代中国最大最系统最科学的资料宝库,由于其内容丰富,包罗相当多的学科"。作为一个"资料宝库"是毫无疑问的,但"最系统"是有疑问的,"最科学"是有疑问的,"最大"更是有疑问的;然而,将三"最"联在一起,这是没有疑问的。我以近几年近代温州交通史研究为例,谈一点旧海关资料的利用上的体会。

温州位于浙江省东南部,瓯江下游南岸,沿海开放城市,中国民营经济发展的先发地区与改革开放的前沿阵地。《读史方舆纪要》载,温州"东界巨海,西际重山,利兼水陆,推为沃壤。且与闽为邻郊,扬帆振辔,分道南下,是扼八闽之吭,而拊其背也"①。其实,至少在明清时期,当海路不通畅以后,温州因为偏处浙江东南一隅,"环海阻山"②,三面高山,一面大海,山海阻隔,就成为一个相对闭塞的区域。这么一个原本闭塞并且独特的地理单元是如何在近代走向外面的世界的?这是温州近代交通史研究的出发点。

---

①(清)顾祖禹著,秦勇编《读史方舆纪要》第94卷"温州府",香港:天下出版社2000年,第3278页。

②(明)姜准:《岐海琐谈》卷16第553条,上海:上海社会科学院出版社2002年,第271页。

光绪二年(1876),英国政府借口"马嘉里事件"与清政府签订了《烟台条约》,根据该条约,温州、芜湖、宜昌、北海四处被开放为通商口岸。次年开始考察开埠,"温州通商口岸业经达副领事与方观察商定,于东门外为租界矣。按温州一口轮船只能到状元桥地方为止,再内则海沙淤浅不能前进矣。但离城二十里,起落货物均须小船装驳,未免费事"①。1877年4月1日,温州海关建立,温州正式开放为通商口岸。开埠对于温州走向近代、走向外面意义重大,因为"在这以前,还谈不上和西方接触;在这以后,英国领事馆和瓯海关的建立,招商局码头的建造,商轮的定期行驶,洋货的输入,西教士的公开传教,西方的物质文明和精神文明通过各种途径深入城乡,在政治、经济、文化等各方面产生前所未有的影响,改变了温州人民原有的前进道路。因此开埠是温州近代史的头等大事,是温州社会发生巨变的里程碑",开埠成为近代温州交通发展的里程碑。② 1877年温州开埠,现代化的交通工具开始驶入沿海、江河及陆地,温州区域交通真正走上现代化道路。

在近代温州交通史研究中,已经整理出版的海关报告,如徐蔚葳主编《近代浙江通商口岸经济社会概况:浙海关、瓯海关、杭州关贸易报告集成》,陈梅龙、景消波《近代浙江对外贸易及社会变迁:宁波、温州、杭州海关贸易报告译编》,赵肖为《近代温州社会经济发展概况:瓯海关贸易报告与十年报告译编》,中国第二历史档案馆、中国海关总署办公厅合作整理《中国旧海关史料(1859—1948)》,吴松弟整理《美国哈佛大学图书馆藏未刊中国旧海关史料(1860—1949)》等,构成了最系统、最完整的核心史料。下面以《近代浙江通商口岸经济社会概况:浙海关、瓯海关、杭州关贸易报告集成》为例,对温州开埠之初(清末民初),温州国内外轮运航线的开辟过程中外国轮船、外地轮船、本地轮船交替发展,进行一个说明。

温州未开埠之前,据载咸丰九年至同治元年(1859—1862),有许多外国商船和宁波、福州商人相勾结,偷偷驶抵温州港内状元桥一带,从事走

①《温州消息》,《申报》1877年2月27日,第1版。

②胡珠生:《温州近代史》,沈阳:辽宁人民出版社2000年,第84页。

私活动。仅1959年,有17艘外籍船舶在“坛子尖”(Jar Point)地方下锚。①

1877年温州正式开埠的当月(4月)10日,英国怡和洋行所属的“康克斯特”(Conquest,一译“康吉”)客货轮(318吨),自上海载运棉布等洋货驶抵温州。至10月3日康克斯特轮即停航,一共只跑了14趟,温沪客货班轮航线暂告中断。② 1878年5月,怡和洋行也派轮行驶温州,因当时温州港的进出口贸易较为“萧条”,轮船无货可运,停航,以后虽偶尔来温,但属不定期性质,11月8日以后,则干脆不再驶温。③

瓯海关贸易报告称,“招商局安排‘永宁轮’跑温州这一线应予赞扬,它的准时定期航运为本口贸易得以稳步发展立下了不可磨灭之功劳,尤其是它在运费上与民船竞争,载运本口廉价大宗出口货方面也确实起到了良好的推动作用”。“自从温州通了汽轮后,进出旅客自然也日益增多,尤其是宁波,上海也不少,当然绝大多数是华人。”④

自从招商局派轮常川行驶温沪线后,一些较大的外国航运公司,如太古、怡和等曾和招商局取得某些默契,不再派轮行驶该线进行竞争。其他私营轮船虽然也和轮船招商局竞争过,但都以失败告终,因而形成了由该局基本上独占温沪线的局面。失去竞争对手的温沪航线一直保持较高的运价,这就给温州的进出口贸易带来不利的影响,使得温州一些价值不高的土货无力借助轮运出口,被迫改装木帆船运输。与此同时,高昂的运价也导致不合理运输路线的产生,如处州位于瓯江上游,本应属于温州港的经济腹地,处州进口布匹理应经过温州,却出现了布匹从宁波经陆地运往处州的反常现象。据海关统计,1888年凭入内地验单从宁波运处州之棉

①《瓯海关十年报告(1882—1891)》,徐蔚葳主编《近代浙江通商口岸经济社会概况:浙海关、瓯海关、杭州关贸易报告集成》(下称《近代浙江通商口岸经济社会概况》),杭州:浙江人民出版社2002年,第409页。

②瓯海关《1877年温州贸易报告》,徐蔚葳主编《近代浙江通商口岸经济社会概况》,第467页。

③瓯海关《1878年温州贸易报告》,徐蔚葳主编《近代浙江通商口岸经济社会概况》,第470页。

④《光绪五年(1879)瓯海关贸易报告》,徐蔚葳主编《近代浙江通商口岸经济社会概况》,第480—481页。

制品计有104681件，而从温州运往处州的棉制品只有1236件。①

从1881年开始，常川航行温沪线的招商局客货轮，中途开始兼湾宁波。此外，该年在温甬（宁波）线上还有一艘注册中国船，每月行驶温州经宁波到上海来回3趟，另有一艘悬西班牙旗夹板船每月由上海经宁波来温州一趟。②温甬线轮运航线的开辟，密切了温州和宁波之间的经济和贸易联系。

温州本土航商进行海上轮运业开始较晚。清光绪三十一年（1905）7月，瑞安乡绅项菪甫集资组织大新轮船公司。他通过上海商务总会协理（相当于常务副会长）朱葆三（1848—1926，名佩珍，定海人，1916年为上海总商会会长）的关系，从上海租来“湖广”号客货轮（300吨），行驶于瑞安、宁波之间。据瓯海关税务司穆厚达1905年报告：“西历7月间瑞安绅富集资开设一内港行轮公司，有小轮船一只往来瑞安、宁波”，“西历7月间瑞安创设内港行轮，有小轮船一艘名湖广，计96吨，往来瑞安、宁波，数月以来，颇亏资本，近见生意渐稳，或可挽回，闻于明春调易大船冀图恢复也”。③ 其办事处设于旧城南门新饭店前的协裕鱼行后面，并利用协裕码头装卸货物。但是，瑞安至宁波的乘客并不多，货运量亦很有限，致使颇亏资本，难以为继，半年租期一到，不得不即行解约停航。这是近代温州进行海上运输的尝试。

光绪三十四年（1908）4月，永宁轮船局开辟了温州至海门（今椒江市）客货班轮航线，“四月间有台州商贾集合公司置一轮船重261吨，常川往返本口海门，每六日为一班；另置轮船一艘转往宁波海门。……自有该轮行驶以来，大利客商，水脚又廉，是以货物人客大都乐就，惟于招商局之长期轮船难免不无牵掣”④。1912年海门轮触礁沉没，由宁波永川轮船公

①《1889年温州口华洋贸易情形论略》，徐蔚葳主编《近代浙江通商口岸经济社会概况》，第528页。

②《光绪七年（1881）年瓯海关贸易报告》，徐蔚葳主编《近代浙江通商口岸经济社会概况》，第503页。

③《光绪三十一年（1905）温州口华洋贸易情形论略》，徐蔚葳主编《近代浙江通商口岸经济社会概况》，第578、580页。

④《光绪三十四年（1908）温州口华洋贸易情形论略》，徐蔚葳主编《近代浙江通商口岸经济社会概况》，第586页。

司的“永川”轮(117吨,1921年扩建后增至372吨)接替。由于这条联运航线的客货运价比招商局温—甬—沪航线为低,旅客都愿意通过海门,往来于温州和宁波之间。1914年这条联运航线便改为温州至宁波的直达航线,中途停靠海门。①

与此同时,温州至南方沿海各地及国外航线也得以开辟。早在光绪九年(1883),即有一艘华籍小轮准备开辟温州至福州的客货运航线,但该轮吨位太小,客舱不够,船舶性能也不适合海上航行,因此只开了一个航次即停驶。1889年1月,又有英籍小轮“福清”(77吨)开辟温州—福州—厦门航线,后来也由于吨位太小,不能获利,只行驶了两个航次,便撤离了该线。1893年4月,英国麦克浦洋行派“北京”轮(后来改调“光芒”轮)开辟温州至香港航线,中途停靠福州和厦门两地。这条航线持续了3年多以后,于1896年8月停航。② 1908年,中国商业轮船公司的“德裕”轮航行宁波至厦门线,中途经过温州及内地港口兴化、泉州等地;次年,该轮又将航线延长至广州。③ 民国元年(1912)开始,又有“建昌”轮行驶这条航线。1919年底,泉安轮船公司派“建康”轮常川行驶温州和厦门之间,中途停靠福州、兴化等地,使温州和福建之间的海运又趋向活跃。④

1885年,英籍新加坡的夹板船“特克里”号(Tekli,390吨)行驶温州—香港—新加坡航线,但该船于次年1月2日从温州出口往香港时不幸搁浅沉没于港内。⑤ 1886年,有3艘外籍夹板船分别从香港和马来半岛的槟城驶抵温州。⑥同年,新加坡六桅商船在瓯江口外的洞头岛停泊半年,用小船向内地转运货物。

---

①《1914年温州口华洋贸易情形论略》,徐蔚葳主编《近代浙江通商口岸经济社会概况》,第601页。

②《1893、1896年温州口华洋贸易情形论略》,徐蔚葳主编《近代浙江通商口岸经济社会概况》,第544、551页。

③《1909年温州口华洋贸易情形论略》,徐蔚葳主编《近代浙江通商口岸经济社会概况》,第588—589页。

④《1919年温州口华洋贸易情形论略》,徐蔚葳主编《近代浙江通商口岸经济社会概况》,第612页。

⑤《光绪十一年(1885)温州口华洋贸易情形论略》,徐蔚葳主编《近代浙江通商口岸经济社会概况》,第516页。

⑥《光绪十二年(1886)温州口华洋贸易情形论略》,徐蔚葳主编《近代浙江通商口岸经济社会概况》,第519页。

1893 年 4 月，英国麦克浦洋行开始派轮不定期地航行于温州和香港之间，中途兼湾福州和厦门。这是最早由轮船开辟的温州至香港航线。1896 年 8 月，该洋行不再派轮行驶这条航线，派驻温州的代理行也随之撤销。①

1907 年 12 月，"日本大阪航运株式会社开辟了一条从温州到台湾的汽轮航线，主要是输送烟叶"②。此后，从温州港载运烟叶前往台湾的日本轮船比较频繁，并一直持续至 1911 年。这段期间进出港的日轮共有1.7万多吨。

进入民国以后，温州"扬帆振訾，分道(北上)南下"，迎来了它走向世界、走向外面的时代。

①《1896 年温州口华洋贸易情形论略》，徐蔚葳主编《近代浙江通商口岸经济社会概况》，第 551 页。

②《光绪三十三年(1907)温州口华洋贸易情形论略》，徐蔚葳主编《近代浙江通商口岸经济社会概况》，第 584 页。

中国近代海关总税务司署内设机构探究

佘建明　徐立春
（苏州工业园区海关）（南京海关）

总税务司署作为近代实行外籍税务司制度海关的统领机关，一直被各类海关史研究的著述所关注。其内设机构在存在的80余年内几经调整变化，其中海务港务和关产管理部门的职能、名称变化较大，隶属关系复杂，相关著述对此说法不一，有的以讹传讹，影响了对总税务司署运行管理的认知。本文以总税务司署颁发通令为依据，以《海关职员题名录》为参考，对中国近代海关总税务司署的内设机构作一梳理和探究。

一、涉及总税务司署内设机构的部分著述

涉及总税务司署内设机构的著作，民国时期主要有：黄序鹓的《海关通志》①，杨德森的《中国海关制度沿革》②，周念明的《中国海关之组织及其事务》③，华民的《中国海关之实际状况）》④，等等。现代主要有：（英）

①黄序鹓：《海关通志》，上海科学仪器馆民国十年（1921）九月发行。
②杨德森：《中国海关制度沿革》，上海：商务印书馆1925年。
③周念明：《中国海关之组织及其事务》，上海：商务印书馆1933年。
④华民：《中国海关之实际状况》，上海：神州国光社民国二十二年（1933）三月发行。

魏尔特的《赫德与中国海关》[①],陈诗启的《中国近代海关史》[②],孙修福的《中国近代海关史大事记》[③],《中国海关通志》编纂委员会编《中国海关通志》[④],姚永超、王晓刚的《中国海关史十六讲》[⑤]。涉及总税务司署内设机构的主要文章有:刘武坤的《旧海关总税务司署简介》[⑥],文松的《近代海关内部业务分工结构及衍变述略》[⑦],等等。

二、相关著述表述总税务司署内设机构的共同处

相关著述对总税务司署内设机构的记述有详有略,设立时间也有差异。共同之处大致为:总税务司署1861年成立之初规模很小,仅有数人,未设机构,而是通过设置分工明确的职位管理全国海关。1868年,总税务司署设立船钞部,是最早见的内设机构。19世纪70年代初,随着裁撤船钞部首脑海务税务司,船钞部职能和隶属关系发生变化。1873年,合并江海关的印书房和表报处,组成造册处,1874年设立中国海关总税务司署驻伦敦办事处,虽不在总税务司署内办公,但均为总税务司署的内设机构。此后,总税务司署增设总办、机要、汉文、审计等机构,名称也有所变化。19世纪90年代,总税务司署增设管理同文馆的教习部门和管理邮政的邮政总办。至清末,除同文馆并入京师大学堂、邮传部接管邮政事务,署内原负责管理的教习部和邮政总办被撤销,其他机构未有大的变动。中华民国成立后,总税务司署所属机构改用新称,内设机构有较大变化,开始设5科2处,即总务、机要、汉文、会计、铨叙科和造册处、驻外(伦敦)办事处,随着形势发展和需要,总税务司署增设税则科、缉私科、产业(工务、营造)处及留京办事处等,造册处更名为统计科。1941年12月,

①[英]魏尔特:《赫德与中国海关》,厦门:厦门大学出版社1993年。

②陈诗启:《中国近代海关史(晚清部分)》,北京:人民出版社1993年;《中国近代海关史(民国部分)》,北京:人民出版社1999年。

③孙修福:《中国近代海关史大事记》,北京:中国海关出版社2005年。

④《中国海关通志》编纂委员会编《中国海关通志》,北京:方志出版社2012年。

⑤姚永超、王晓刚:《中国海关史十六讲》,上海:复旦大学出版社2014年。

⑥刘武坤:《旧海关总税务司署简介》,《民国档案》1987年第3期。

⑦文松:《近代海关内部业务分工结构及衍变述略》,《北京联合大学学报(人文社会科学版)》2005年第2期。

太平洋战争爆发,日军占领上海租界接管海关,国民政府在重庆另成立总税务司署,开始只设总务、财务、审核、人事和查缉五个科,后增加海务科、统计科、秘书室等。抗战胜利后,总税务司署迁回上海,至 1949 年,设有总务、秘书、机要秘书、人事、财务、计核、查缉、审榷、海务、统计科和视察室及员工福利委员会等。

三、相关著述表述总税务司署内设机构的差异和笔者探究

(一)船钞部作为总税务司署内设机构的设立和终结时间

根据陈诗启《中国近代海关史(晚清部分)》的叙述,船钞部成立于 1868 年 4 月,直属总税务司,和口岸税务司署不相统属。后进行调整和改组,逐步形成营造司、理船厅和灯塔处三个部分,成为在"总税务司的监督之下,由各口税务司管理"的机构。营造司专管灯塔、浮标和附属建筑物的设计、工程建筑事宜,灯塔处负责管理灯塔的发光及维护人员的给养,理船厅管理泊船界内的航船行政。组织变化后是否仍为总税务司署内设机构,语焉不详。

刘武坤《旧海关总税务司署简介》一文中,海事税务司裁撤时间与陈诗启记载有所不同,陈诗启《中国近代海关史》叙述首任海务税务司辞职,不委派新人的时间是 1879 年 12 月,刘武坤文叙述海事税务司裁撤时间为 1871 年初,其他对船钞部成立时间及其演变的记述同陈诗启表述,也没有明确组织调整后是否仍隶属总税务司署。

《中国海关通志》和《中国海关史十六讲》记述总税务司署于 1868 年组建船钞部门(《通志》记述成立时间为 1868 年 8 月),后船钞部组织调整,但仍是总税务司署内设机构,"至光绪二十五年(1899),按照海关职责划分,总税务司署所设机构可分为 4 个部门……属于船钞部门的灯塔处、营造司(处)和理船厅,由海务巡工司(税务司级别)主管"①。两书记

①《中国海关通志》编纂委员会编《中国海关通志》(第一卷),北京:方志出版社 2012 年,第 319 页。姚永超、王晓刚:《中国海关史十六讲》,第 100—101 页。

述,直至清末,总税务司署内设机构中都设有船钞部。

笔者从史料看,认为船钞部作为总税务司署内设机构,既有成立时间,也能确定结束时间。但船钞部作为总税务司署内设机构,延续到清末的说法,值得商榷。其理由:

一是依据总税务司署颁发的通令。1868 年 4 月 25 日,总税务司署颁布第 10 号通令建立船钞部,由海事税务司主事,直接对总税务司负责。他的“一切权力都是独立的”①。《中国海关通志》记述总税务司署船钞部组建于 1868 年 8 月,系笔误。而船钞部的结束时间,可依据 1875 年 12 月 31 日总税务司署颁布改变船钞部原有职能的第 33 号通令,该通令规定船钞部中负责工程建设的营造处职责,限制船钞部及所属营造处负责人的权力,明确“营造处总处设于上海,凡有营造司供职之关区,均设营造处。无论其在上海或任何其他口岸,营造处均由主管该口岸之税务司节制”②。规定总营造司或营造处其他人员到达任何关区,应向税务司报到,事毕也需报告,总营造司、营造司等就关区工作上报总税务司呈文,均须交由该关区税务司转呈。经过实践,总税务司发现船钞部作为有独立权力组织,它的运作与口岸税务司管理产生了不协调和矛盾,因此制定颁发了第 33 号通令。在它颁布之前,船钞部经调整,已形成营造司、理船厅和灯塔处三个部分,船钞部作为整体,已趋向瓦解,第 33 号通令更进一步限制三部分中相对独立性较大的营造司权力,可看作船钞部作为总税务司署内设机构的最后终结。

二是 1876—1910 年《新关题名录》将海务部门人员列入口岸关。如 1876 年,营造处总工程师韩得善在上海,副工程师毕诗礼和魏斯勒在厦门;理船厅的巡工司威基谒和毕士璧在上海;灯塔处人员则在上海、厦门、福州、宁波等口岸关。③ 总税务司署是由内班即税务部门掌管海务,并未设立专门机构。

三是《旧中国海关总税务司署通令选编》三卷附录一的“近代中国海

①海关总署编译委员会编《旧中国海关总税务司署通令选编》(第一卷),北京:中国海关出版社 2003 年,第 55—60 页。

②同上书,第 202 页。

③《新关题名录》1876 年。

关机构及职位"表不能作为近代海关设置机构的依据。该附录将1875—1910年期间海关职位分成征税部、船钞部、教习部、邮政局四类，将1912—1928年期间海关职位分成税课司、海政局、工程局三类，[①]不能以此认为总税务司署在这些时间段设有船钞部、工程局。应该注意中国近代海关机构与中国近代海关总税务司署机构是两个概念，近代口岸海关设立工程局等机构，并不意味总税务司署同样设立对口的职能管理机构。而且由于海务港务的经费源自船钞，长期以来直至民国，虽然船钞部作为机构早已不复存在，但人们仍习惯用"船钞项下"来称谓相关事务及人员职位。

(二)1912年成立管理海关关产的工程局是否为总税务司署内设机构问题

孙修福《中国近代海关史大事记》记述，1912年3月25日，总税务司署成立工程局，管理关产。[②]《中国海关通志》记述"3月(指1912年)，总税务司署在其所属船钞部门所设的营造司(处)基础上组建工程局，负责统一管理海关关产……分设税课科和海政科两大部门"[③]。《中国海关史十六讲》等书及刘武坤《旧海关总税务司署简介》等文的叙述相同。

但杨德森《中国海关制度沿革》记述不同。由于1912年后至该书出版的1925年，未查到总税务司署颁发涉及海务机构调整的通令，因此，从作者对20世纪20年代初总税务司署内设机构的记述可了解1912年相关机构情况。该书称专门调查总税务司署组织机构，记述当时总税务司署设有总务科、机要科、统计科、汉文科、会计科、铨叙科和造册处、驻外(伦敦)办事处、内债基金处[④]，并无管理全国关产的工程局(科)。

陈诗启的《中国近代海关史(民国部分)》叙述1912年成立的工程局是否隶属于总税务司署不很明确，只是表述"一直到1935年4月，(营造

①海关总署编译委员会编《旧中国海关总税务司署通令选编》(第三卷)，北京：中国海关出版社2003年，第454—468页。

②孙修福：《中国近代海关史大事记》，第178页。

③《中国海关通志》编纂委员会编《中国海关通志》(第一卷)，第321页。

④杨德森：《中国海关制度沿革》，第76—78页。

处）才迁回总税务司署办公，作为总税务司署关产股的一部分”①。

笔者依据总税务司署颁发的通令，认为将1912年组建的工程局作为总税务司署内设机构来表述，值得商榷。1912年3月25日，总税务司署颁布的关于成立工程局的第1887、1888号通令，没有直接明确所成立工程局隶属于总税务司署。相反，1887号通令第8项“着重指出，不能认为本通令所述之改组（即成立工程局），有将海政事务由海关（指口岸关）划出之意向。鉴于除最大口岸以外，所有口岸之理船及大部分灯塔工作均有税课司职员担任，一旦海政脱离海关必引起剧烈波动，根本不可行”。强调“各口岸税务司对各自辖区内有关税课与海政之职责及关产一如既往，向总税务司负全部责任。除新部门及其运作有所修改外，迄今一贯遵循之总则仍然有效”②。1888号通令则对工程局以总营造司为主管，专业管理各口岸海关的关产、建筑物以及海政局所属灯塔、房地产、工厂等作出具体规定，强调总营造司只办理技术事务。③

《海关职员题名录》也可佐证。1912年后《海关职员题名录》编排分税课、海政、工程三大类，工程部主要包括总工程师、工程师、建筑师、监理员、制图员等职位，列入口岸关。如1919年的《题名录》中工程局的总营造司、建筑师、副建筑师、监事、供事、绘图师、绘工、工师、匠董等④，1929年的《题名录》中总工程师、建筑师、监理员工科办事员等人均隶属于江海关⑤。

工程局什么时候成为总税务司署内设机构？笔者认为可依据1930年1月7日海关总税务司署第4021号通令。由于机构几经改名，1930年1月时，工程局已称工务科，下辖管房屋建筑关产、家具的营造股和管海务港务工程关产的工程股，4021号通令规定从1930年1月1日起，营造股并入总税务司署铨叙科，不久“成为总税务司署关产股之组成部分”，“工务科今后将不复存在”。令各关税务司“所有与关产、家具等有关之

①陈诗启：《中国近代海关史（民国部分）》，第62页。

②海关总署编译委员会编《旧中国海关总税务司署通令选编》（第二卷），北京：中国海关出版社2003年，第30—32页。

③同上书，第32—34页。

④《海关职员题名录》1919年。

⑤《海关职员题名录》1929年。

函件及统计表册日后均呈送总税务司署不再报送工务科”。此时,由于海务科仍属各口税务司管理,因此,通令又规定“有关海务及港务工程之关产函件及统计表册仍照例将抄件送呈海务科总工程师批阅”。因此说在1930年后,总税务司署内设机构才有管理关产的工程局。这一点还可从出版于1925年杨德森的《中国海关制度沿革》和出版于1933年周念明的《中国海关之组织及其事务》不同记述得到佐证。因为前者记述无,后者记述有(名称为总税务司署产业处)。

(三)管理海务、港务的海政局(海务科)成为总税务司署内设机构的时间

陈诗启的《中国近代海关史(民国部分)》记述总税务司署于1912年成立工程局时,用一定篇幅叙述江海关的港务管理,而未叙述总税务司署设立机构管理海务、港务。刘武坤的《旧海关总税务司署简介》叙述1912年船钞部门改为海政局,由巡工司主持其事,下设巡工科、理船科、灯塔科、运输科。1928年海政局更改为海务科,下设各科均改为“股”,也未提及海政局(科)为总税务司署内设机构。

《中国海关通志》记述“3月(指1912年)……总税务司署将其原船钞部门所属灯塔处和理船厅合并改为海政局,下设巡工科、理船科、灯塔科、运输科和华属海政局5个部门。……1928年,总税务司署海政局改称为海务科,下设巡工股、工程股、港务股、灯塔股和海务运输股5个股”①。《中国海关史十六讲》表述与上述相同。

笔者从史料看,自1875年12月船钞部机构不复存在后,至20世纪30年代中期,总税务司署一直没有设置直接管理海务港务的机构,其职能管理由总税务司署内班即征税部门掌控,向总税务司负责。1912年的海政局(包括1928年改称海务科)隶属于总税务司署的表述是值得商榷的。理由有两个:

一是1912年海关机构调整,组成的海政局仍属口岸关税务司管理。详见上述对工程局仍属口岸关管理的说明。另外,1912年总税务司署颁

①《中国海关通志》编纂委员会编《中国海关通志》(第一卷),第331—332页。

发的 1887 号通令第 7 项还规定海政局只设立 C(船钞)、D(杂项收入)两账户,不设立 A(经费)账,就是说海政局只有收入,至于支出,由于纳入口岸关管理,则不需要另立账户。

二是杨德森、周念明分别于 1925 年、1933 年出版的《中国海关制度沿革》《中国海关之组织及其事务》中记述总税务司署内设机构,20 世纪 20 年代初设总务、机要、统计、汉文、会计、铨叙 6 科和造册、驻外(伦敦)、内债基金 3 处,30 年代初设 9 科 3 办包括管理全国关产的产业处,均无管理全国海务港务的海务科。还有华民于 1933 年 3 月出版的《中国海关之实际状况》中记述总税务司署在总税务司的领导之下,由总务、统计、汉文、审计、事务及驻外(伦敦)局长管理,也没有提到管理海务港务的海务局长。

那么,总税务司署设立与口岸相对应的管理全国海务港务的海务科是什么时间?应在 20 世纪 30 年代后期,由于施行国定税则,走私形势严峻,总税务司署成立缉私科、海务科加强管理。笔者认为,1937 年可作为总税务司署海务科设置的一个参考时间。因为 1936 年 12 月 2 日,海关总税务司署颁发第 5410 号通令,鉴于"缉私舰队之扩大,海务科巡工股责任因之加重",决定从 1937 年 1 月 1 日起,恢复海务科建制。① 此后,总税务司署在内设机构中基本保持海务科编制,这可从 1942 年 9 月总税务司署颁发的 6062 号通令得到佐证,该通令提及年初在渝成立总署时(因汪伪政权接管位于上海的总税务司署),曾将海务事项划归总税务司署总务科主管。现因委派徐祖善代理海务巡工司,故恢复海务科,在重庆南岸龙门浩新码头一号设立海务巡工司办事处办公。

通过查阅同期《海关职员题名录》,我们可以发现,1937 年后,海务职员的工作地点仍在各口岸海关,但在海务职员"巡工"大类之下所划分的第一类"海务巡工司"前加上了"总局职员"的名头。至 1946 年的《海关职员题名录》,就明确将海务巡工司、副巡工司、海关缉私舰队队长、军械员、验船员等列入海关总税务司署海务科。②

①海关总署编译委员会编《旧中国海关总税务司署通令选编》(第三卷),第 405 页。

②《海关职员题名录》1946 年。

四、探究之外的思考

通过梳理史料,对总税务司署内设机构有两点认识,是为本文探究的思路。

(一)中国近代海关机构设置不存在上下一一对应关系。总税务司署成立之初,未有内设机构,而是通过设置分工明确的职位管理全国海关。海务、港务是近代海关主要业务,但长期以来(19 世纪 70 年代中期到 20 世纪 30 年代后期设置海务科之前),总税务司署一直没有设置管理这项业务的专管部门,由总税务司署的内班即征税部门掌控,向总税务司负责。而且近代海关从节约成本,讲求效率考虑,设置机构不拘一格。如总税务司署于 1868 年设立船钞部,发现其运作产生工作不协调,立即限制其首领权力,把机构下放到各口岸税务司管理。1912 年,总税务司增设由总营造司负责的工程局,人员包括总营造司均隶属江海关,通过授权主管全国关产,这样不仅节约人力,还由于江海关独特的地理和业务优势使其管理更贴近实际。因此,我们不能用现在的眼光和思维看待和分析近代海关机构,即下面(直属和基层海关)有某项重要业务,上面(总署)就一定有相应的内设机构。在史料不够清晰、充分的情况下,应学习陈诗启先生严谨的治学精神和表述方式,避免产生与史料的冲突。

(二)研究总税务司署内设机构要以总税务司署通令为依据,《海关职员题名录》可以起辅助佐证作用。近代海关分内班、外班,早期还有邮政和同文馆,通过一年一本《海关职员题名录》的形式,记述职位分类情况,记载详细清楚,但由于打破机构设置框架,侧重反映各口岸关各类人员的分布和多寡,没有显示总税务司署和口岸关内设机构情况。70 多年的《海关职员题名录》编排的体例和重点也多次调整,给梳理每年机构包括总税务司署内设机构带来困难。如民国之后,总税务司署内设机构多次调整,《海关职员题名录》都未有体现。研究近代海关机构包括总税务司署内设机构主要依据所颁发的通令,相关通令是当时调整的确认,成为最直接可信的史料,但有零碎的缺陷,未见有按时间段、系统、全面反映机构尤其总税务司署内设机构发展沿革的通令。在这种情况下,辅之以记述详细的《海关职员题名录》作佐证,对于探究总税务司署内设机构的设置具有帮助。

中国海关造册处与中央统计制度(1859—1911)

张志云

(上海交通大学历史系)

一、前　言

自1854年中国海关建立以来,总税务司署即负担华洋国际贸易的估税的重任,由此数字管理的概念出发,中国海关自1859年开始统计江海和粤海两关的国际贸易统计数据(这就是*Annual Returns of Trade*,本文称之为《贸易年表》),1864年开始编辑江海、粤海、潮海(位于汕头)、厦门、宁波、江汉(位于汉口)、九江、东海(位于烟台)和牛庄关(位于营口)的国际贸易文字数据(这就是*Annual Reports on Trade*,本文称之为《贸易年报》)。① 这两系统的数据和文字的数据都在1948年结束,究其数据质量而言,就如萧亮林指出:"从海关出版品和其人员的质量,我们可以判断这

①海关贸易册之重要性向为治经济史学家所知,但是深究其名,《海关年报》实在语义模糊,不知其为数据为主的《年表》还是文字为主的《年报》。这也是为何当今史学家常常感到困惑之处。为了解决困惑,所以要明确英文原名和对应的中文翻译名,兹建议如下:*Returns of Trade*《贸易报表》:*Annual Returns of Trade*《贸易年表》、*Quarterly Returns of Trade*《贸易季表》、*Monthly Returns of Trade*《贸易月表》、*Daily Returns of Trade*《贸易日表》。*Reports on Trade*《贸易报告》:*Decennial Reports*《十年报告》、*Annual Reports on Trade*《贸易年报》、*Quarterly Reports of Trade*《贸易季报》、*Monthly Reports of Trade*《贸易月报》。*Foreign Trade of China* 为《华洋贸易全年总册》,而 *Trade of China* 为《中国贸易全年总册》。

些贸易统计数据的搜集和处理,从一开始,就是由最称职的人员处理。”①

有清一代,并无另外机构进行此数据统计,换言之,中国海关为晚清中国建立了独一无二的中央统计制度,并把统计结果向世界公开,使得世界各国与中国进行国际贸易时,可以更精准地了解何地需要何物,而且让当时对国际贸易无知的中国官员,了解贸易的增长,并可以精确预测来年的税收。但是中国海关不以此自满,除了陆续增加了六大系列②,还大幅资加贸易统计系列的内容③。此七大系列,就是俗称的“中国海关出版品”。“中国海关出版品”变成世界了解中国的最重要的信息来源,其中的第一系列,更是当时欲与中国进行国际贸易的商人和近现代中国史学家最为倚重的资料。由于第一系列的第3、4号《贸易年表》和《贸易年报》太过重要,所以除了当年造册处印制的原版印刷品之外,美国、中国以及中国台湾地区都有复印品,但是各有优劣,兹简介如下:

中国海关出版品除了散佚在各地的由当年统计科印制的原本之外,现存有三种版本:一、哈佛大学的 Association of Research Libraries 的 Center for Chinese Research Materials 于1970年印制之 *China Maritime Customs Publications*(以下称哈佛版)。二、台湾“国史馆”于1982年由“交通部”运台档案内藏书重印之《中华民国海关华洋贸易总册》,1902—1935年(以下称“国史馆”版)。三、南京中国第二历史档案馆重印之《中国旧海关史料(1859—1948)》(以下称二档馆版)。这三种版本都是以第一系列的第二到五号海关贸易统计资料为主。但是其中所藏数据各有疏漏,兹在此详述,以期读者使用时相互参照。

哈佛版中并无1859至1862年的《贸易年表》、二档馆版没有1864至

①Hsiao Liang-Lin, *China's Foreign Trade Statistics, 1864-1949* (Cambridge, MA: East Asian Research Center, Harvard University, 1974).

②造册处(Statistical Department,后为统计科)编印七大系列出版品,分别为:(一)统计系列(*Statistical Series*)、(二)特别系列(*Special Series*)、(三)杂项系列(*Miscellaneous Series*)、(四)海关系列(*Service Series*)、(五)办公系列(*Office Series*)、(六)总署系列(*Inspectorate Series*)和(七)其他类(*Customs Publications Not Included in Any of the Foregoing Series*)。

③第一系列共分9号:No.1, *Shanghai Customs Daily Returns*; No.2, *Quarterly Trade Returns*; No.3, *Annual Returns of Trade*; No.4, *Annual Reports on Trade*; No.5, *Chinese Version of Returns of Trade and Reports of Trade*; No.6, *Decennial Reports*; No.7, *Native Customs Trade Returns*; No.8, *Monthly Returns of the Foreign Trade of China*; No.9, *Shanghai Monthly Returns of Foreign Trade.*

1881年的《贸易年报》，而"国史馆"版虽然仅包括34年的数据，但是收录了1920至1922年的《华洋贸易全年总册》中的第4季（10到12月）的《贸易季表》和《贸易季报》，而且将所有的图表重新制作成彩色图表，比起哈佛版和二档馆版中的图表清楚数倍。但无奈的是，"国史馆"版及二档馆版的编者都对这份资料本身了解十分有限。主编二档馆版的马振犊并不知道1882年之前，《贸易年表》和《贸易年报》并未在同一册，所以内容最丰富的早年的《贸易年报》竟然没有收录于二档馆版；而从"国史馆"版的《中华民国海关华洋贸易总册》之前言可得知："本馆所藏海关华洋贸易总册，起自清光绪二十八年（1902）迄民国二十四年（1935）止。此批数据为'交通部'运台档案内藏书，每年份装订成两大册，含三卷，其名称虽时有略异，但内容性质大致相同：（一）上卷系就通商海关华洋贸易情形作整体的论述；（二）中卷含括全国各关口华洋贸易全年清册；（三）下卷记载通商海关进出口货物分别产销情形。"事实上，1902至1935年海关报表报告历经三时期的体例变化，又有1920至1922年的小幅更动，绝非上述之"其名称虽时有略异，但内容性质大致相同"。但是事实上，80年前利用《贸易年表》和《贸易年报》的社会经济学家利用这份史料时，也时常感到棘手。为了理解这80年来各史家的困惑，以下将80年来对于《贸易年表》和《贸易年报》本身的研究，做整体回顾。

二、《贸易年表》与《贸易年报》研究80年

利用《贸易年表》与《贸易年报》研究近现代中国史的史家众多，但是针对这两批资料进行"史料编纂史"研究的文章却十分有限，讨论关注不集中，而且成就也不能超越1930年代中国社会经济学家的研究成果，遑论超越统计处海关关员的成果。1930年代，由陶孟和领导的社会调查所中，以汤象龙为首的近代经济史研究组，当时选定"中国近代海关税收和分配统计（1861—1910）"这个研究课题，到1985年，汤象龙回忆起他的研究方法为：

在各海关的数字编成系统的统计资料后，要求进一步把最主要的新

收(税收)和开除(分配)两项编制各海关历年税收和分配的关别统计和全国海关历年税收和分配的综合统计。从1935到1936一年中得到有丰富经验的统计员陈文进和刘人鉴两位先生的大力协助,根据我拟定的分类办法把各关税收和分配的各项数字按性质分层依次归纳编成表格……这一统计工作完成不久,芦沟桥事变发生。从1937年7月到1942年抗日战争进入高潮时,我的这一研究工作中断了。①

这一批社会经济学家,对于海关统计处的数据产生了高度兴趣,以此为基础,重新计算出新的数据,以解答当时中国的社会、经济、财政和贸易的问题,但是此时的著作,仅为陈列数据,尚未进入具体分析阶段。② 此时,郑友揆为了帮助当时的社会科学家对《贸易年表》有全面完整的理解,于是撰写了《中国海关贸易统计编制方法及其内容之沿革考》,郑友揆以 *Statistical Series* 中的 No.3 和 No.4 中的《贸易年表》为中心,将《贸易年表》分为三期:(一)1859至1904年为草创时期,(二)1905至1931年为统一时期,(三)1932年后为机算时期。并对其他七号中的日报、季报、月报和《十年报告》有小幅的介绍。③ 郑氏的区分方法以统计方法为依据。以1905年为区分点的原因为:"1905年以后,我国海关贸易统计所以另划为一时期者,计有三因。一、在统计的范围上,因常关的管辖及东北诸关的开设,而更臻完整。二、在统计的价格上,因采用离岸价值(FOB)及起岸价值(CIF)而更为精确。三、因统计册的改编,而更有系统,历27年而不变。"④而1932年成为区分点的原因为:"(总税务司署)自1931年6月以后,将统计科组织一变旧观,由"分工总汇"改为集中制;且采用机器整理,计算每月贸易统计,各关统计至1932年4月起即行取

①汤象龙:《中国近代海关税收和分配统计(1861—1910)》,北京:中华书局1992年,《自序》第7页。

②这时编纂出的著作为:郑友揆、韩启桐编《中国埠际贸易统计(1936—1940)》,北京:中国科学院1951年;姚贤镐编《中国近代对外贸易史资料(1840—1895)》,北京:中华书局1962年;杨端六等编《六十五年来中国国际贸易统计》,南京:中央研究院社会科学研究所1931年;何炳贤:《中国的国际贸易》,上海:商务印书馆1937年。

③郑友揆:《中国海关贸易统计编制方法及其内容之沿革考》,《社会科学杂志》第5卷第3期,第298页。

④同上书,第303页。

消……自1932年以后,各关贸易统计取消,各关贸易报告,分述于全国总报告中,季报亦行取消,以月报代之。”①

由此观之,郑友揆的研究视角纯粹以统计角度出发,而不是以史料编纂的角度着手。因为郑氏深受社会科学研究方法以及关怀议题所影响,并未关注《贸易年报》中的人文、社会、政治资料。而且郑氏撰写该文时,并没有完整的总税务司通令,以及造册处税务司的 Notes 和 Memorandums,所以编纂体例演变的考证上,确实有不足之处。

在1964年,由“中央研究院”近代史研究所派去哈佛访问的张存武,得此良机,从费正清处得知哈佛大学藏有部分中国海关出版品,又得“美国中文数据中心(Center for Chinese Research Materials)负责人余秉权先生之协制”②,购置100卷微缩胶卷③。这批数据一到台湾,是时刘翠溶正好从哈佛学成返台,得此良师与数据之便,于是开启了我国台湾史学界利用《贸易年表》和《贸易年报》研究近现代中国经济史的滥觞。④ 其中穿针引线,完成此事的张存武,也写了一篇《中国海关出版品简介(1859—1949)》(1980)初步介绍中国海关出版品。

然而,从郑友揆之后,以史料编纂角度研究《贸易年表》和《贸易年报》功力最深者,当属滨下武志,其《中国近代经济史相关文献目录(附解题):以海关资料为中心(中国近代經濟史関係解題つき文獻目錄:海關資料を中心として)》(1980)之最大贡献就是指出这些出版物在日本的所藏地点,并提醒了治中国史的学者,中国海关出版品的重要性。而该文

①郑友揆:《中国海关贸易统计编制方法及其内容之沿革考》,第314页。

②张存武:《中国海关出版品简介(1859—1949)》,《“中央研究院”近代史研究所集刊》第9期,1980年,第505—506页。

③这100卷微缩胶卷后来有两次扩充,第一次扩充4卷,第二次扩充7卷。第一次的4卷为《海关题名录》,第二次的7卷为《十年报告》,其完整目录,请见笔者建立的网站“Modern China and the Imperial Maritime Customs”。网址:http://gis.rchss.sinica.edu.tw/cmcs/wp-content/uploads/2011/09/近史所111卷海关出版品.pdf。

④此时期的硕士论文为:谢世芬:《九江贸易研究(1861—1911)》;范毅军:《汕头贸易与韩江流域的经济变迁(1867—1931)》(1981);叶淑贞:《天津港的贸易对其腹地经济之影响》(1983);刘素芬:《烟台贸易研究(1867—1919)》(1990);谢国兴:《安徽的对外贸易与经济变迁,1877—1937》;林满红:《茶、糖、樟脑业与台湾之社会经济变迁》(1997)。其中故事,亦可参考林满红《我与近史所:海关资料微卷引出来的一段因缘》,收录于陈三井编《走过忧患的岁月:近史所的故事》,台北:“中央研究院”近代史研究所发行室1995年,第139—150页。

后半则是整理当时现存的中国海关以及外交文书第一手数据汇编以及第二手专著并对这些专著做了简单的说明。滨下输入当年统计科的中国海关出版品目录,并附上说明,若与郑友揆之文章交互印证后,对于欲了解海关出版品第一系列的体制沿革的学者而言,滨下之文,颇有帮助。

到了21世纪,中国海关史分别在英国和中国大陆再度兴起。在英国,以方德万(Hans van de Ven)和毕可思(Robert Bickers)为首的海关研究,偏重在赫德其人其事,以及海关在近现代中国史扮演的角色, Andrea Eberhard-Bréard 的"Robert Hart and China's Statistical Revolution," *Modern Asian Studies* 40, 3 (2006): 605-629 就是延续此一关怀。此文主要关注造册处的成立以及在赫德时期几任造册处税务司的政策,尤其以马士(H. B. Morse)最为此文所重视,对于《贸易年表》和《贸易年报》反而没有太多的关注。

在中国大陆,首先开始研究中国海关史的当属于陈诗启领导的厦门大学中国海关研究中心,陈诗启在其《中国近代海关史》中,仅以一页介绍此事。① 陈诗启的博士生,也是中国大陆海关关员的詹庆华对贸易报告做了一些初步的研究调查。② 詹庆华在其两篇论文中,大加赞扬海关贸易报告的重要性,但是对于报告的编纂演变史本身并没有做出研究。

中国大陆史学家,专门研究《贸易年表》和《贸易年报》者当属复旦大学的吴松弟。吴松弟接触的中国海关出版品,有两个来源,一是哈佛大学,这也就是张存武在哈佛大学看到的史料;二是中国大陆海关总署的江海关。③ 由这两处的数据,吴松弟拼凑出相对比较完整的中国海关出版品,并于2014年8月29日在复旦大学举行了《美国哈佛大学图书馆藏未刊中国旧海关史料(1860—1949)》新书发布会,可了解其完整程度。吴

①陈诗启:《中国近代海关史》,北京:人民出版社2002年,第130页。

②詹庆华共有两篇论文:《中国近代海关贸易报告述论》,《中国社会经济史研究》2003年第2期,第65—73页;《中国近代海关贸易报告的传播及影响》,《厦门大学学报(哲学社会科学版)》2003年第4期,第114—120页。

③2013年11月笔者应中国海关协会之邀,向海关总署主要干部报告笔者的《赫德日记》研究计划,以及台湾"关税总局(现为关务署)"所藏之史料。得此之便,向中国海关协会副会长李延、左铁与吴松弟请教此事。三位告知道:当年海关向中国第二历史档案馆移送所有的海关史料,但是只给了一份,在江海关留了一份同样的史料。所以吴松弟在哈佛大学找不到的中国海关出版品,就从江海关处补齐。

松弟根据其搜集和整理心得，也撰写了五篇论文简单介绍中国海关出版品。①

总而言之，80年来史学界反复使用此庞大的《贸易年表》和《贸易年报》，但是除了郑友揆之外，大多学者仅在"使用史料"下功夫，而鲜少在"如何使用史料"下功夫，而且不少史学家对《贸易年表》和《贸易年报》只是浅尝辄止，无法全盘掌握，其中困难之处，前辈学者归纳有四：一、如郑友揆所说："海关贸易册历史既长、内容之变更良多；初用者，固感难于着手；习用者，亦多因其编制方法之常变，而感困难。"②二、如林满红所说："近史所的微卷阅读机非常老旧模糊，用起来很伤眼力，当时也还没能从微卷复印，所需数据，均需抄录。"③三和四则如张存武所说："所谓困难有两层含义：一、这些资料绝大部分是中国海关的出版品，而其数量庞大，个人难以购置，故流布不广；二、这些出版品主要是英文纪录或撰写品，非具有相当英语能力无法利用。"④

由今观之，距郑友揆完成该文又隔80年，80年前已感困难，80年后的问题，困难应该加倍严重。但是现在却有前辈学者当时无法企及的优势，兹解释如下：

一、大量史料再度出现。郑友揆文章的疏漏并不在于其学艺不精，而是因为他手边没有完整的总税务司通令和造册处税务司的 Notes 和

①吴松弟共有五篇论文。吴松弟、方书生：《一座尚未充分利用的近代史数据宝库：中国旧海关系列出版物评述》，《史学月刊》2005年第3期，第83—92页；吴松弟、方书生：《中国旧海关统计的认知与利用》，《史学月刊》2007年第7期，第33—42页；吴松弟：《中国旧海关出版物评述：以美国哈佛燕京图书馆收藏为中心》，《史学月刊》2011年第12期，第54—63页；吴松弟：《中国旧海关出版物的书名、内容和流变考证：统计丛书之日报、月报和季报》，《上海海关学院学报》2012年第2期，第1—8页；吴松弟、方书生：《中国旧海关出版物的书名、内容和流变考证：统计丛书之年刊系统》，《上海海关学报》2013年第1期，第1—17页。

②郑友揆：《中国海关贸易统计编制方法及其内容之沿革考》，《社会科学杂志》5:3（1934）；后来收录于郑友揆《中国对外贸易和工业发展（1840—1948）：史料的综合分析》，第298页。此书原为 Yu-Kuei Cheng, *Foreign Trade and Industrial Development of China: An Historical and Integrated Analysis through 1948* (Washington, D.C.: University Press of Washington, 1956)。中译本为程麟荪译《中国对外贸易和工业发展（1840—1948）：史料的综合分析》，上海：上海社会科学院出版社1984年。但是《沿革考》一文并未收录于英文原本之中。

③林满红：《我与近史所：海关资料微卷引出来的一段因缘》，第140页。

④张存武：《中国海关出版品简介（1859—1949）》，第505页。

Memorandums。经过方德万和毕可思的整理，总税务司通令已有微缩胶卷；①经过笔者在台湾"关税总局"的整理，也找出了造册处税务司的Notes和Memorandums。换言之，最重要的史料已经出现。

二、现在文字处理的科技已突飞猛进。史料扫描、光学字符识别(Optical Character Recognition，以下简称OCR)以及内容管理系统(Contents Management System，以下简称CMS)，再辅以数据库建置和地理信息系统(Geographic Information System，以下简称GIS)的技术，将可克服林满红说的第二处困难和张存武说的第三项困难。

三、贸易年表

如前所述，郑友揆将《贸易年表》分为三阶段：(一)1859至1904年为草创时期；(二)1905至1931年为统一时期；(三)1932年后为机算时期。然后在1904年之前，再细分为1859—1866年、1867—1881年及1882年之后。② 而本文也采用郑氏的区分方法，但是郑友揆并没有解释为何他将1904年之前做如此区隔，笔者在此以自己的研究，详加说明之。

(一)1859—1866年：各关独立统计时期

这时期的海关《贸易年表》仅可视为各关发行其贸易统计数据。由江海关(非总税务司署)的Returns' Department向各关征集整理后交付Printing Office印制，所以各关的体例不一，也没有综合的分析报表。1859年开始印制的*Returns of the Import and Export Trade*只有江海和粤海两关，③因为开关不久，当时上海以半年做一次统计，1859年6月30日和12月31日各做一次报表，但是广州关仅有1859年10月24日到12月31日的统计资料。1860年就有以半年为分期，做了全年的上海和广州两关的统计报表。所以一开始的《贸易年表》其实是半年为期的《贸易报表》，但

①方德万和毕可思制作了372卷的*China and the West*胶卷，其内容只有一小部分是中国海关出版品，九成以上是中国海关内部数据。其完整目录，请见前揭笔者建立的网站。

②郑友揆：《中国海关贸易统计编制方法及其内容之沿革考》，第299页。

③全名为：*Returns of the Import and Export Trade, Carried on under Foreign Flags at the Port of Shanghae, for the Year 1859, Published by Order of His Excellency the Superintendent of Customs at Shanghae* (Shanghai: Printer A. H. de Carvalho, 1859)。

是将上半年与下半年合印在一本,就形成了《贸易年表》。

但是之后的《贸易年表》则是 Returns' Department 向各关征集各关自行编辑的《贸易季表》之后,再由 Returns' Department 汇整成《贸易年表》。这做法一直持续到 1932 年,才改成由各关上交每个月的《贸易月表》,送到统计处后,由统计处统一计算出《贸易年表》。换言之,在 1932 年之前,造册处事实上真的比较属于"造册"单位,统计工作份量不重;但到 1932 年之后,才变成"统计"单位,这也是为什么造册处到 1932 年中文名改为统计处(虽然英文名一直是 Statistical Department)。

1863 年 11 月赫德正式被派任总税务司后,在上海成立了总税务司署①,1864 年 6 月赫德把总税务司署迁到北京②,1859 至 1862 年的《贸易报表》是由各关自行印制,有时是由当地的海关监督或是税务司自行印制,体例各自独立,有些有目录(如 1862 年厦门关的《贸易年表》),有些地方海关统计出"中国国内埠际贸易统计"(如 1861 年津海关《贸易年表》)。但是 1861 年开始的"中国国内埠际贸易统计"确实呈现一些设计不周之处,如郑友揆等编《中国埠际贸易统计(1936—1940)》的《说明》中提到:

> 海关报告册附载"土货国内贸易统计"最早始自 1864 年〔笔者按:由上文可见,并非从 1864 年开始〕,至今已达八十余年,从 1932 年起,特辟"国内贸易土货转口统计"专册,分为进口、出口及复出口三项,详载贸易量值。可惜这按年发表的"国内贸易土货转口统计",有不少的缺陷。首先要指出的,便是关册上没有载明各通商口岸出口货的去路和进口货的来源。比如上海出口到其他口岸,关册上只有个总数,其中究竟有多少运往天津,多少运往广州等,这些细数是没有记载的。其次,关册胪列货品,未予分类,在参考上也诸多不便。为着弥补上述的缺点,我们在抗战期间曾向前海关总税务司署调用卷帙浩繁的原始资料,就所得到

①总税务司通令 No.23 of 1863, 30 November 1863。

②总税务司通令 No.8 of 1864, 21 June 1864。

的 1936 至 1940 年部分加以编纂；但因当时出版困难，未能付印。①

事实上，这个问题早在 19 世纪时，就被美籍贺璧理（Hippisley）注意到，他在 1876 年的《贸易年报》中指出：

> 我必须反复强调在阅读这份报告时，需要谨慎之处。这绝对不是中国贸易的评估，只是中国贸易中一部分的回顾，而且这一部分相当小。本关统计部门的统计数据，只是在 Treaty Ports 之间的贸易，这些贸易是由洋船和中国籍洋式船承运，这些贸易由总税务司署审理，但是不包括庞大的省际商务（但是部分长途的省际商务，还是会经由总税务司署审理），而在这些 Treaty Ports 发生的省际商务，也不在此报告的记载之内。这些在 Treaty Ports 发生的省际商务，或许可能由土船的消耗中看出增长，但是这只是整个帝国中非常小的一部分。关于其他的庞大额度，没有任何可靠的数据，所有的推断都只是建立在无根据的基础上。②

至 1864 年赫德决定停止由各关自行印制《贸易年表》，通令各关将 1863 年的《贸易年表》送至江海关税务司，由江海关统一印制，但是印制费用仍是由各关税务司支付。③ 自此，所有的《贸易年表》就是由总税务司下令由江海关的 Printing Office 印制，而且大多关口之《贸易年表》都开始有了目录（但是 1864 年九江关《贸易年表》就没有目录）。以 1864 年粤海关《贸易年表》为例，赫德决定统一 Returns 格式，并改变半年为分期的区分方式为一年为分期。为了统一格式，赫德在江海关下成立了 Returns' Department，并制作五种（a. Foreign Trade，b. Coast Trade，c. Shipping，d. Duties，e. Special Tables）的统计表格发往各关，以求各关《贸易报表》形式一致。通令中并强调："我希望各位可以在每年 1 月 15 日之

①章有义：《说明》，郑友揆、韩启桐《中国埠际贸易统计（1936—1940）》，北京：中国科学院 1951 年，第 i 页。因为郑友揆和韩启桐参加"土改"工作，所以这篇《说明》是由章有义写作。

②"Part I. Report of the Trade of China within the Cognizance of the Maritime Customs under the Foreign Inspectorate, for the Year 1876," *Reports on Trade at the Treaty Ports in China for the Year 1876*, (Shanghai: Statistical Department of Inspectorate General of Customs, 1877), 126.

③总税务司通令 No.1 of 1864，1864 年 2 月 17 日，*Document Illustrative*, vol. I, 34。

前完成《贸易报表》,1月15日之前必须送出各关,并在送往江海关税务司的途中。如果各关税务司发现《贸易报表》进度落后,你们必须在早上十点下午四点后召集你的职员在下班时赶工。"①但是当然,1864年时,这个体例还是没有被完全固定。

(二)1867—1881年:Printing Office和Returns' Department与造册处的建立

1867年后赫德把管理此事的瑞士籍那士礼(Gaspard Henri Noetzli)晋升为副税务司,并加强Returns' Department的权力,可以代表总税务司单独对各关税务司进行关于贸易报表的交涉,并规定每年1月10日前要将《贸易年表》送出。② 虽然1867年各关的《贸易年表》已合订为一册,但是仍为一过渡时期的体例:

> 第一部分(Part I)记载从哪国进口和出口到哪国;第二部分(Part II)除了记载从哪国直接进口之外,还记载进口货物的分布情况,主要是从上海到长江和北方诸港;第二部分(Part II)除了记载出口到哪国之外,也记载土货由洋船在各港之间载运的情况,以及国内的销售情况。③

但是到了1868年,《贸易年表》的第一部分和第二部分则产生了重大的变化,第一部分为:Abstract of Trade and Customs' Revenue Statistics, from 1864 to 1868,第二部分为:Statistics of the Trade at Each Port。这个体例被维持至1881年的《贸易年表》,唯一变化的只是贸易统计回溯的年份渐渐变多。

简而言之,1868年《贸易年表》的第一部分就是一份全国性质的综合贸易统计表,第二部分就是以前各关贸易统计资料的汇编。但是赫德并不满意这样的数据的完整性,他在1869年《贸易年表》的第二部分后增加了Returns of the Native Charges, as far as they can be ascertained, levied on

---

①总税务司通令 No.9 of 1864, 1864年7月4日。

②总税务司通令 No.9 of 1867, 1867年5月3日。

③*Returns of Trade at the Ports in China Open by Treaty to Foreign Trade, for the Year 1867* (Shanghai: Imperial Maritime Customs Press, 1868), I.

the principal imports and exports, at and near the different treaty ports in China, and of the quantities of goods on which such charges are levied as compared with the quantities paying the transit dues specified by treaty,这份关于土货的统计数据在 1870 年《贸易年表》中直接放入各关统计,然后又在 1870 年《贸易年报》的第二部分后增加了 Appendix, Comparative Tables Exhibiting Tonnage, Trade, Revenue, etc., etc., for the year 1870: divided between the different Flags, and based on Statistics of Vessels Arrived or Cleared, form the 1st January to the 31st December。这份附录又被直接纳入 1872 年《贸易年表》的第二部分的各关统计中,然后又在 1872 年《贸易年表》的第一部分后增加了 Supplement: Tables shewing the Share taken by each nationality in the carrying trade from and to foreign countries, and the carrying trade between the treaty ports of China; and giving statistics of the transit trade carried on under treaty stipulations, and of population at the treaty ports for the year 1872。这份关于全国通商口岸的综合统计被延续至 1881 年《贸易年表》。

但是到了 1873 年,赫德认为 Returns' Department 的副税务司的位阶仍不足以调动各关税务司,所以再把 Returns' Department 再升一级,并合并 Printing Office,成立造册处,再把掌理造册处处长升为税务司缺,造册处终于成为总税务司署的中央机构。首任造册处长为廷得尔(E. C. Taintor),赫德通令各关:

> 我决定将 Printing Office 和 Returns' Department 从江海关独立出来,单独成立造册处,并由一税务司管辖,而此税务司将会成为总部的成员之一,名之为造册处长……《贸易季表》和《贸易年表》需被送往造册处税务司,各关税务司将直接与造册处税务司沟通任何关于《贸易报表》的事宜,造册处长为税务司衔直属于总税务司。《贸易年报》和《贸易季报》仍是直接呈送给北京的总税务司。①

①总税务司通令 No.17 of 1873, 1873 年 10 月 27 日, *Documents Illustrative*, vol. I, 308-309。

成立造册处后，赫德马上要求各关扩充各种不同的贸易统计，并确定了 General Tables 和 Special Tables 的两大表格。赫德通令各关将 General Tables 分成七类：一、Shipping；二、Gross and Net Values of the Trade of the Port；三、Trade in Foreign Goods：Imports and Re-exports. Summary；四、Trade in Native Produce：Imports and Re-exports. Summary；五、Trade in Native Produce：Exports and Re－exports. Summary；六、Transit Trade：Foreign Goods Inwards. Chinese Produce Outwards. Summary；七、Dues and Duties。并将 Special Tables 以各关特色进出口货物分为：Treasure、Opium、Tea、Silk、Bean Cake、（特色进出口货物由该关决定，但是上述货物一定要统计）、Passenger Traffic、以国家为区分的 Comparative Tables。①

但是各关的统计数据有一个很严重的问题，这就是各关的银两成色不统一，但是这个问题在两年后被解决。1875 年，中国海关正式推行使用虚拟银本位的关平银做为统计单位②，为了把各关混乱的银两统一，赫德通令各关：

> 为了确保《贸易年表》的统一，我命令各位，自此之后，包括今年，以关平银计算所有货价，因此，所有的表格上各式各样银两的价值，将由关平银取代，各式各样的银两的价值减低海关统计数据的应用。
>
> 我要趁此机会叮嘱各位，要非常注意调查《贸易年表》上的价格，这些是在该关的市场价格，这一定要弄清楚，这是你的职责，要想尽办法找出最可靠的价格，而且确保这些价格可靠。③

由此通令可见，《贸易年表》中的数字，自此之后被赋予更重大的社会经济意义，其实这就是全中国主要都市的物价调查，而且是用统一的货币单位进行。在此之后，造册处开始了一系统的特定货物物价调查。造

---

①总税务司通令 No.21 of 1873，1873 年 12 月 2 日，《中国近代海关总税务司通令全编》第 1 卷，第 479—480 页。

②关平银一两约合 581.47 至 589 格令（约合 37.68—37.92 公克）的纯银，Wright，*China's Struggle for Tariff Autonomy*，28。

③总税务司通令第 1875 年之 5 号，1875 年 2 月 22 日，《中国近代海关总税务司通令全编》第 1 卷，第 601 页。

册处先在1879年加强规范各关《贸易季表》的制作流程，造册处税务司英籍柏卓安（J. McLeavy Brown）向各关中的所有内班关员发出Provisional Instruction for Preparing Returns of Trade and Revenue, etc.，严格要求所有关员配合实施。① 来年，更是要求各关海事班关员（Mariners），必须将中文人名地名附在所有的窗体上。②

当造册处把各关内班、外班海事班的窗体制作规范化之后，造册处更开始扩充《贸易年表》中General Table的内容，尤其对于各关的茶价进行完整的调查。英籍造册处税务司基德（E. McKean）指出：

> 造册处需要在《贸易年报》的General Table的第14页和15页搜集更多的资料，这将是茶的特别调查表格（Special Tea Tables）。因此，我把10份表格寄给各关，请各关详加填写，并且把这表格与各关季表的第一部分一起送来造册处，如果该关没有出口茶，我要求还是要把表格交回，并在表格上写无（nil）在上面。③

所以从1864到1873年中，掌理出版业务的Printing Office和Returns' Department的权威一直扩大，1864至1867年由江海关帮办管理，1867至1873由编制在江海关下的副税务司管理，而1873年后由编制在北京总税务司署下的造册处长管理，并将处长调整成税务司衔，而处长直属总税务司，又属海关中最高职等，使得造册处长更容易调动各关税务司在期限内呈送《贸易季表》。虽然郑友揆认为1859至1904是草创时期，但是事实上，在1875年后，造册处的《贸易年表》实在不能被视为草创，1873年赫德规定各关统计特色进出口货物，1875年使用关平银作为统一计价单位；换言之，1875年后《贸易年表》的统计数据已经相当可靠，而且具有各关特色。

①Statistical Secretary J. McLeavy Brown No.25, 1879年11月29日。

②Acting Statistical Secretary G. H. Noetzli, No.30, 1880年8月5日。

③Statistical Secretary E. McKean, No.38, 1881年11月7日。

(三)1882—1904年:中国海关出版品成刊

1882年赫德下令把《贸易年报》加入《贸易年表》中一起印制,并严格规定《贸易年报》不可超过四页。1882年的《贸易年表》和《贸易年报》合订本中,前者为第24期,后者为第18期。这时期的出版品被称为*Returns of Trade and Trade Reports*,分两册:*Report on the Foreign Trade of China, and Abstract of Statistics*(通商海关华洋贸易全年总册)和*Port Trade Statistics and Reports*(通商各关华洋贸易全年清册)。1882年在中国统计制度史上的意义不大,但是在造册处历史上,可说是意义重大,因为造册处正式开始了前六大系列的印制(此时尚未有第七系列)。赫德发了第179号通令,明确规定未来海关出版品的内容、印制目的和流传方式:

> 三、统计系列包括(1)上海日表(*Shanghai "Daily Returns"*)、(2)海关季刊(*Customs Quarterly Gazette*)、(3)《贸易年表》第一部分和第二部分、(4)《贸易年报》和(5)中文版《贸易年表》。
>
> 四、特刊系列包括特别原因发行的特别性质的出版品。
>
> 五、杂项系列由各种不同种类的出版品组成。
>
> 六、海关系列包括给海关关员使用和发给海关关员的关于海关事务的出版品。
>
> 七、办公系列由海关档案馆所藏之出版品所组成。
>
> 八、总署系列包括只给总署档案室和总署使用的出版品。
>
> 九、统计、特刊、杂项系列(不包括其他系列,但是除了海关系列的《海关题名录》之外)可对大众销售,并且对赠送名单(Free List)上的人,免费赠送。但是如果有任何征税项或船钞项的关员名字不在赠送名单上,但是由该管税务司推荐,他的名字就可以列入赠送名单。如果有任何在赠送名单上的关员,他不想要出版品,该管税务司必须循问原因并且向造册处税务司报告此事,让造册处税务司缩减开支。尤其是各关医官,更是要问他们是否想要收到统计系列和杂项系列。除了上述赠送的对象外,也要送三本到各地方海关,一本给税务司办公室、一本给大办公室、一本给外班阅读室,然后,三本送给总税务司、十本给伦敦办公室税务司、五本给同文馆、一本给总营造司、一本给巡工司。

…………

办公系列是专门印制给税务司的档案馆，每本将送给正副税务司各一本（包括总署的各科税务司），以供他们参考使用，这些出版品和其他档案馆的正式文件要亲手移交给继任者，不可私人收藏或是外借给他人阅读，事实上，这些出版品应该被视为正副税务司办公室的机密档案，当然不可以销售给大众也不可以给关员分发，连在赠送名单上的都不行。总税务司通令将被视为办公系列，而且不会交给每个人手中……

总署系列包括总署档案馆中的机密出版品，不可销售、展示或是出借给任何人，这些出版品直接送到北京的总税务司手中，只有他可以使用。

因此，统计、特刊、杂项系列是给大资，海关系列给海关使用，办公系列给执掌该关的关员，总署系列给总税务司。

当总税务司下达许可令后，第一批出版品将送十本给伦敦办公室税务司；当所有的地方分关的出版品送出后，再送给赠送名单的对象；剩下来的出版品分三部分：一套留存造册处，一套送到上海、香港和日本销售，最后一套送给伦敦销售。

…………

因此，我想我最好声明：海关档案馆中，没有任何一部分属于个人财产，没有总税务司的许可，无人可以带走任何的草稿，或是复制、印制或出版任何档案。税务司必须尽力（take pains）促使这项规定落实，无总税务司许可持有出版品复本会有直接被海关开除的可能。①

由下一封通令，就可以看出赫德对中国海关出版品的重视程度：

一、造册处税务司向我报告，根据造册处的纪录，某些地方分关并没有妥善存放海关书籍和出版品，为了处置这等罪恶（evil），我现在发出命令，各位一定要照办。

二、你现在列出一张海关书籍和统计出版品的清单，并复制一张，这些都是海关的资产，一张放在你的办公室，另一张，请注明日期，并送到

①总税务司通令，第179号，1882年2月2日，《中国近代海关总税务司通令全编》第2卷，第373页。

造册处。在你办公室的清单请保管妥当，当购买新书，或是新书送到时，将书名列在清单上。

三、如果保管书籍的关员被调往另一海关，他在交接职务时，这张清单会被要求检查，如果他发现在书单上的任何遗失，或是毁坏，他必须向我提出正式报告，不得延误。

四、在各关图书室的书严禁外借。①

这份通令看来只是小题大做，但是事实上，这份通令对于保存海关史料有莫大的帮助，海关图书馆在1900年和1949年经历了两次大变动，但是事后都可以从各地海关图书室中，征集回相当完整的海关出版品。"中研院"近史所藏有的海关史料，也是当初在1945年，台湾光复后，总税务司署把台北关的海关书籍出版品补齐，1949年后，台北关仍保有当时的海关史料，在近史所成立后，才由张存武向海关关员赵继祖洽商，转赠而来。事实上，这也是为何笔者和吴松弟在21世纪的今天，可以分别在"关税总局"图书室的特藏室和江海关中，找到许多海关出版品的原因。

在赫德大力要求全体海关关员重视造册处出版品之保管和分配事项后，造册处也进一步开始改善其出版品的质量，在其杂项系列第10号 *Names of Places on the China Coast and the Yangtze River* 中，造册处税务司要求："各口征税运输船之理船厅（Harbour Master）和管驾官（Commander）要检测地名的准确和完整，有机会检测时，要做得尽善尽美以作为下一期发售的参考。"②然后马上再发备忘录，"在 Notices to Mariners 中常常没有中文的地名，这造成许多不便，然后也使得造册处准备出版中文版文字时的严重延误"③。必须稍加注意这两封备忘录中的一些细节，理船厅和管驾官，虽然都是海关中与海事有关的两个职位，其实它们分属两个单位，理船厅在船钞项（Marine Department）理船处（Harbours）下，而管驾官在征税项（Revenue Department）海班（Coast Staff）

①总税务司通令，第210号，1883年1月17日，《中国近代海关总税务司通令全编》第3卷，第26页。

②Statistical Secretary E. B. Drew, No.54, 1882年9月4日。

③Statistical Secretary E. B. Drew, No.57, 1882年10月4日。

下,通常税务司只是从征税项内班晋升,除了总税务司之外,外人无法指挥船钞项,但是造册处税务司在赫德的强力支持下,可以同时向船钞和征税两项的关员发号施令,这是在海关中极为罕见的现象。

同时赫德希望进一步加强《贸易年表》中的信息,他通令各关:

> 当你要送出你1884年的《贸易季表》时,你除了要提供原本的表格之外,还要做出另一份表格:*Return of Foreign Imports and Chinese Exports*,把所有的日常用品用字母顺序排列。在*Foreign Imports*的清单中,你需要排除从中国Treaty Port运来的货品,在*Chinese Exports*的清单中,排除从你的口岸再出口的货品。这份特别表格的目的在于记录1884年所有的外国日常用品出口到中国,以及中国的日常用品从海关所在的Treaty Ports出口(不管是不是往到外国还是中国);除了要记录这些日用品的数量和价值外,还要记录进口和出口税[注意:中国日用品的沿岸贸易税(Coast Trade Duty)和外国日用品的退税,原本报关之后再出口将不予计算]。
>
> 所有来年的贸易货品,也就是1885年,要被完整和分别记录,这是给造册处制作1886年第二期Set of Tables的材料,以呈现中国海关关税在贸易上的负担,造册处税务司将发出特别指令,关于如何进行此项工作,其指令实时生效。①

但是事实上,总税务司的通令还是不够的,造册处税务司杜德维又加强了各地汇整表格的统一格式:

> 我有理由相信,沿岸和长江口岸的转运处理方式不同,这对编辑中国国际贸易的表格有至关重要的关系,对此清楚的认识是十分必须的。
>
> 请你们仔细地向你们的Returns Office打听,转运货物的处理办法是什么,请你们给我一份回复,关于以下两个问题:
>
> 一、到底各口岸的实际做法和Returns Instructions第9段"转运"有

①总税务司通令,第240号,1883年9月8日,《中国近代海关总税务司通令全编》第3卷,第141页。

什么不同，而且造成这样差异的原因是什么？

二、如果是货物从另一 Treaty Port 运到该口，该口 Returns Office 究竟用什么方法决定这批货物是以进口还是再出口的名义呈现在贸易表格上的转运这一项目。①

另一封备忘录则是要求地方海关和造册处的数据完全同步：

一、你所有的附录和检查都需要应用到送往造册处的表格上，不是只要在你的办公室的复本就可以，你最后最重要的检查要签名，而且是送到造册处的那一份，这样一来将减少抄写员的失察，誊抄时的错误，例如：37 写成 73，这将减少不被察觉的可能。

在 Shipping、Duty 和 Flag 表格上，不可以只检查总计这一项，而是要检查各国的数据。

如果你发现数据错误，你要把新制正确的表格送到造册处，你要把修正的部分用红墨水标明，我们才可以找到错误之处。②

杜德维的要求其实是很必要的，或许造册处在哈佛大学毕业的杜德维管理之下，一切井井有条，但是在各地海关的 Returns Office 就不一定，图 1 就是杜德维所说的，各国数据总数和分项加总后不符合的情况，这也是当时杜德维找出来的错误，但是木已成舟，只好出版发行。通常这种情况都是发生在该关正副税务司出缺，然后由帮办代理税务司（Officer in Charge）时，因为事不关己，所以就不是十分注意此事。为了导正这项问题，赫德再发出第 492 号通令：“持续发生着 Returns Instructions 被忽视，使得文件延误，这对出版工作造成许多不便，你应该记着，忽视这些 Instructions，在未来会导致丧失代理海关税务司（Officer in Charge）的身份。”③

①Statistical Secretary E. B. Drew, No.114, 1886 年 9 月 22 日。

②Statistical Secretary E. B. Drew, No.116, 4 December 1886.

③总税务司通令，第 492 号，1890 年 4 月 14 日，《中国近代海关总税务司通令全编》第 5 卷，第 184 页。

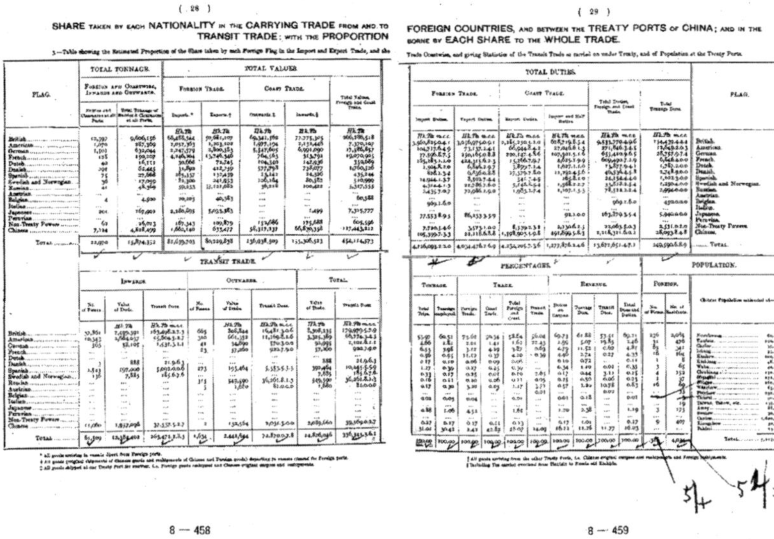
(28)
SHARE TAKEN BY EACH NATIONALITY IN THE CARRYING TRADE FROM AND TO FOREIGN COUNTRIES, AND BETWEEN THE TREATY PORTS OF CHINA; AND IN THE TRANSIT TRADE: WITH THE PROPORTION BORNE BY EACH SHARE TO THE WHOLE TRADE.
(29)
TOTAL TONNAGE. TOTAL VALUES. TOTAL DUTIES. TRANSIT TRADE. PERCENTAGES. POPULATION.
8 — 458
8 — 459

图 1:《贸易年表》数据错误页

八国联军在 1900 年 8 月 15 日占领紫禁城，正式解除义和团对东交民巷的包围，5 日之后，赫德就发出第 957 号通令各关，要求各关递交《贸易年报》和《贸易年表》的材料：

> 和北京之间的通讯已经恢复，我将在 22 日开始办公，我现在正住在崇文门大街路西苏州胡同对面高井庙。
>
> 你将向我报告 6 月 20 日之前的所有事，但是直到接到进一步指示之前，把贸易报告和贸易表格送到造册处，下述急件，不要送来北京，而是送到江海关副总税务司：
>
> 关于海关活动和事件的急件、贸易表格和数据、税收表格、查扣报告、季账目、船钞项事务。
>
> （一）副总税务司将把这些需要出版的急件交给造册处税务司；（二）他会将季税收表、查扣报告和账目以红信封送一份给南洋大臣、一份给北洋大臣、一份给总理衙门；（三）他也会把九龙关和拱北关的《贸易季表》送给南洋大臣和两广总督和 Hoppo〔笔者按：一般而言，Hoppo 是指粤海关监督，但是以南洋大臣和两广总督的品秩而言，粤海关监督

似乎品秩太低，所以笔者怀疑，此时的 Hoppo 可能是户部]。①

人在上海的副总税务司裴世楷(Robert Bredon)随即指示各关："总税务司第957号通令要求各位将某些中文版的贸易表格送给贸易监督(Superintendents of Trade，笔者按：事实上，我不知道这是哪一个职位)，从今以后，送往总税务司署各季表格，从7到9月的这一季开始，要符合Southern Superintendency 的要求。"②

从总税务司通令和造册处税务司的备忘录可以看出，这是中国海关中央集权的过程，虽然赫德可能只是个信息搜集的疯狂爱好者，但是透过他的执着，加上造册处不断地要求总税务司署和地方海关的信息同步，这使得中国海关在20世纪末，终于达到了中国在历朝历代都想企及，但是没有做到的事，这就是清中央政府透过总税务司署，再经由造册处，使得中央和地方之间的统计数据原则上达到一致，完成了中国向数据化管理的重要进程。

(四)1905—1911年：双价计算时期

1904年，与中国海关最伟大的史学家马士(或许说是西方世界最伟大的近代中国史学家)有关。马士担任造册处处长，主导了海关贸易统计方式的重大改革，赫德的评价："总税务司署里的有些是小巨人，就是统计处和巡工司(马士和 Tyler 是主力)。"③事实上，早在1896年，赫德就曾考虑把马士调任造册处税务司。④ 美籍关员成为造册处的主力，其实是个巧合，1864年赫德刚刚接任总税务司时，他向蒲安臣(Anson Burlingame)写信，希望他推荐"3位18岁以上22岁以下的年轻人，受过大学教育。我倾向他们要有中等以上的能力(fair average abilities)、出身背景良好

---

①总税务司通令，第957号，1900年8月20日。

②副总税务司通令，第7号，1900年10月23日。

③Hart to Campbell, No.1364, Z/1047, 5 March 1905; Fairbank, John King, Bruner, Katherine Frost, Matheson, Elizabeth MacLeod eds., *The IG in Peking: Letter of Robert Hart Chinese Maritime Customs 1868-1907*, (Cambridge, MA: Harvard University Press, 1975), vol. II, 878.

④John King Fairbank, Martha Henderson Coolidge, Richard J. Smith John Fairbank, *H. B. Morse: Customs Commissioner and historian of China* (Lexington, KY: University Press of Kentucky, 1995), 175.

(good standing in society),以及勤奋的工作习惯(industrious habits)",赫德并预期"一位勤奋、努力工作并能干的年轻人或许有望在8到10年内升上税务司,服务满5年后,会给一年半薪休假,如果中国政府想要开除他,他将获得三个月薪水的补偿;他在北京服务的第二年,总税务司会把这三位放在他认为最合适的职位"①。蒲安臣马上向信给美国国务卿William H. Seward,指出:

> 赫德有杰出的人格和非凡的组织能力,他挑选的人才,至今来看,都属一流,如果他一直执掌中国海关,我不认为中国政府不会把其他国家放到现在的海关人力中,这份薪水是任何其他国家同等职务的两倍,我希望你可以注意此事,并找到三位有着高道德和才智的年轻人,他们马上就会与剑桥和牛津大学的毕业生竞争和比较。②

为了确保此事顺利进行,蒲安臣甚至在同一天写了另一封私人信件给Seward:"难道从哈佛、耶鲁和联合学院(全美最好的liberal arts)各选一位年轻人不是很好吗?……我有一个爱国的渴望,你挑选的这三位年轻人,将在各方面是最顶尖的人才。他们一开始到北京将有很多优势,我只将此事托付给你,也不会向另一人说,请派给我们三位安全、睿智和亲切的年轻人。"③Seward于是在这三所学校各挑了一位学生,联合学院的毕业生廷得尔(E. C. Tainter)④变成首位造册处税务司;⑤哈佛毕业生杜德维,在服务海关三年后,升任税务司,在1874年,又在他的母校从四名

---

①Robert Hart to Anson Burlingame, 25 June 1864, *Documents Illustrative*, vol. VII, 80.

②Anson Burlingame to William H. Seward, Letter No.88, 5 July 1864, *Documents Illustrative*, vol. VII, 79.

③Anson Burlingame to William H. Seward, Private Letter, 5 July 1864, *Documents Illustrative*, *vol*. VII, 81.

④E. C. Taintor (American) joined the Service as 4th Class Clerk on the 15th August 1865, served as Acting Deputy Commissioner in charge of the Returns Department at Shanghai from November 1871 to March 1872, and as Acting Commissioner at Newchwang from April 1872 to October 1873, which he was appointed Statistical Secretary, a post which he filled in distinction till his death on the 16th May 1878. *Documents Illustrative*, vol. I, 309.

⑤Hsiao, *China's Foreign Trade Statistics, 1864-1949*, 7.

毕业生中,挑选了三名海关关员。其中一位,就是未来的造册处税务司马士,也就是他,完成了杜德维想完成但是无法完成的使命。①

马士接任造册处后,手上最大的难题就是,自1882年中国海关出版品成刊以来,造册处已经变成一个庞大和繁重的单位,又加上新的业务(例如:《十年报告》),为了应付造册处庞大的出版业务,马士做了一项重大的决定,造册处不再只是编辑单位,而是改变成一家出版社,正式负担中国海关出版品的印制、发行和销售。② 这在造册处史上,可说是一件大事。

然而,同时也发生了一件统计制度史的大事:自1904年起,《贸易年表》上中国向外国进口货物价值以"抵岸价值"(Cost, Insurance and Freight, CIF)计算,但是中国向外国出口货物则以"离岸价值"(Freight on Board, FOB)计算。这个改变,影响了未来1930年代中国社会经济学者研究中国国际贸易顺差逆差的结果。

因为赫德在1875年时,规定各关制作贸易表格时,要用"市价"登录③,这原本是为了让中央政府了解市场上各项货品的价差和物价波动,但是如此一来,会让中央政府计算贸易出超入超时,产生误差。因为"市价"有两个问题:一、在中国市场上的洋货,其市价必须包含了国际运费、进出口税和子口税;但是土货就没有上述问题(但是会有常关和厘金税)。二、"市价"定义十分模糊,可能是黑市、零售商、中盘商、大盘商、制造商价格,又和购买的量有关系。

为了解决"市价"定义模糊的问题,海关必须要找到一个很精准的价格定义,这时就采用了FOB和CIF价值。在此先简介FOB和CIF的差异,就维基百科定义区别上:

> FOB:买方负责派船接运货物,卖方应在合同规定的装运港和规定的期限内将货物装上买方指定的船只,并及时通知买方。货物在装船时

①Fairbank, *H. B. Morse*, 19.

②Fairbank, *H. B. Morse*, 176.

③总税务司通令 No.5 of 1875,1875年2月22日,《中国近代海关总税务司通令全编》第1卷,第601页。

越过船舷,风险即由卖方转移至买方。①

CIF:卖方须负担货物运至指定目的港为止所需的费用、运费及海上保险费用,但货物灭失或毁损的风险及货物在船上交付后由于事故而产生的任何额外费用,则自货物在装船港越过船舷时起,由卖方移转予买方负担。卖方有义务投保货物运至目的港为止的海上运输保险,并且负担保险费,故又称"至目的港运保费在内条件"。②

郑友揆引用 Charles Remer 的例子③,解释这其中的问题:

例如上海某客商,向英购货计值 9100 两(若加上进口税 500 两,佣金杂费等 400 两,计合市价 10000 两);今该商若以土货偿还,则彼仅须输茶 500 担,计 7500 两(每担 15 两算),再加出口税 1250 两(每担 2.5 两算),佣金及杂费 350 两,合足 9100 两,在国际上即已认为清算。因实际上,该商由英输入者仅 9100 两也。今海关统计册上,均以市价登记,进口方面为 10000 两,而出口方面及 7500 两,其间相差 2500 两之多,与实际国际贸易上情形,岂非相差太甚。④

再从以下的《海关年报》的原文加以比对,更可了解当时,仅用市价作为《海关年表》上的进出口价格的问题:

再本年进口货物市价二万二千余两,应除进口税银一千余两,实为二万一千余两,再除经手七厘用金及各费一千余两,则进口货实价仅一万九千余两,出口货物市价一万一千余两,应加出口税银五百余两,再加经手八厘用金及各费八百余两,则出口货实价仅一万二千余两,进口货物价值较出口多七千余两,惟肩挑小贩之零星货物不上百斤者,定例不

①维基百科:http://zh.wikipedia.org/wiki/FOB。

②维基百科:http://zh.wikipedia.org/wiki/%E5%9B%BD%E9%99%85%E5%95%86%E4%BC%9A%E5%9B%BD%E9%99%85%E8%B4%B8%E6%98%93%E6%9C%AF%E8%AF%AD%E8%A7%A3%E9%87%8A%E9%80%9A%E5%88%99。

③Charles Remer, *The Foreign Trade of China* (Shanghai: Commercial Press, 1926), 206-207.

④郑友揆:《中国海关贸易统计编制方法及其内容之沿革考》,第 304 页。

赴关报验,大约此项货物年中出口可抵此七千余两之数,则本关进出口货价亦无甚悬殊也。①

查本年进口货市价关平银六十三万五千余两,应除进口税银一万三千余两,再除经手七厘用金及各费四万三千余两,则进口货实价仅五十七万余两,出口货市价关平银四十六万八千余两,内加出口税银二万二千余两,再加经手八厘用金及各费三万七千余两,则出口货于离口时估值关平银五十二万八千余两。②

先就 Remer 的例子开始分析。郑友揆的认知正确,但是需要进一步说明,在国际贸易实务上,出口税和出口时在英国海关产生的报关手续费,都是卖方承担;而进口税和在中国海关产生的手续费用(就是"佣金杂费 400 两"),这当然是由买方承担。但是中国海关调查的市价,却把清关运出江海关时,上海客商实际支付 10000 两列为市价。这本来也无不可,但是应用在此上海客商要"土货偿还"时,就会产生问题,因为此上海客商向英商销售的茶,还没向江海关报关出口时,当然没有课征出口税和报关的"佣金杂费 350 两",所以是 7500 两。若江海关的 Returns Office 是用进口清关后的 10000 两英货和出口尚未报关的 7500 两土货,就多算(一)英货进口税、(二)英货报关手续费,以及少算(一)土货出口税、(二)土货报关手续费。这就产生了 2500 两的差距。于是郑友揆分析:

我国海关进出口贸易统计之记值法,在本期以前,向以市价(Market Value)为根据。进口各货之值,不但包括该货之原价、运费,即登岸后的各种费用,如起运费、货栈费、进口税额及出售时之佣金等等亦包括在内;而出口各货,除该货市价外,于该货未离岸前之包装费、堆栈费、出口税额及收买时之佣金等等则概不包括在内。因之,吾人研究进出口货平衡问题时,或以某一货物进出口值相较时,进口货之值必嫌太高,出口货之

①《光绪十六年龙州口华洋贸易情形论略》,中国第二历史档案馆、中国海关总署办公厅、《中国旧海关史料》编辑委员会编《中国旧海关史料》,北京:京华出版社 2001 年,第 16 册,第 226 页。

②同上书,第 231 页。

值必嫌太低;结果,与实际情形相距甚远。

> 海关当局自1889年以后,即已注意此点;故于历年贸易报告之末,将当年进口总值减至起岸价值(Import Value at Moment of Landing,即CIF),出口总值增至离岸价值(Export Value at Moment of Shipping,即FOB)……但1904年以前,进出口各货及总值,实际上仍根据市价而记载;及至1904年以后,进口各货始采用起岸价值(CIF),出口各货始采用离岸价值(FOB)。所以,吾人若以进出口同一贸易值的数字,1904年以后与1904年以前相较,因记值方法不同,进口货比较原数为少,而出口货比较原数为大……此于比较1904年前后贸易数字时,所不可不注意者。①

郑友揆在这一段分析中,第一段完全正确,这也就是Remer所举的例子想说明的问题,但是第二段就出现比较多的问题。一、CIF不是起岸价值,正确说,应该称之为抵岸价值。二、并不是"将当年进口总值减至起岸价值(CIF),出口总值增至离岸价值(FOB)",CIF价值增加了两国之间的运费和货物保险费,所以不会是"减至起岸价值";FOB价值是不计算两国之间的运费和货物保险费,所以不会是"增至离岸价值"。换言之,同一批货物,CIF的价格必定比FOB价格来的高。或许郑友揆没有国际贸易实务经验,所以在这里犯了小错误。

因此,造册处为了更精准地在数据上呈现中国的贸易出入超情况,在进口价上,以CIF记算,代表国际运费和货物保险费计算在内;而中国的出口价,就是用FOB计算,代表国际运费和货物保险费计算并没有在内。换言之,这不是郑友揆所说的"增减"问题,只是中国海关在登记货价时,做了很严格的定义,使得经济学家计算中国贸易出入超情况时,知道哪一部分的支出有反映在价格上。

但是接下来的问题就是,为什么海关不统一用FOB或CIF计价?现行的国际贸易实务中,一国的统计系统在进口时,使用CIF计价,而出口时改成FOB计价,这其实是很奇怪的做法。21世纪的现行情况是,统一用FOB计价;但是在20世纪初的中国,使用双价计算确实有必要。因为

①郑友揆:《中国海关贸易统计编制方法及其内容之沿革考》,第304—306页。

20 世纪初的中国，进口时，通常是华商向租界洋行购货，由洋行负责运到中国；而出口时，也是华商向租界洋行销售土货，由洋行负责运到外国。换言之，都是洋行负责国际运输。因此，进口使用 CIF 价值，出口使用 FOB 价值，是比较符合当时贸易情况的计算方式。

而萧亮林也提出一些看法："应注意的是，海关的 FOB 价格不包括内陆运费和其他从内陆河港到海港的衍生费用。汉口是长江的对外贸易河港，由江汉关出口，FOB 价格是从江汉关计算，而不是从江海关计算。若是一个有内陆港的小国，这些内陆运费就无足轻重，但是这不是中国的情况。"①他的解释完全不得要领。一、FOB 价格当然包括"内陆运费和其他从内陆河港到海港的衍生费用"，也就是说，若汉口某客商在襄阳某厂订制砖块，运往江汉关出口至英国，从襄阳到江汉关，不论走陆路还是河路的运费，都是由该客商承担。事实上，该客商会更希望从江汉关出口，而不是从江海关出口，因为一旦把货在江汉关运过船舷，英商就要付钱，就算船还在江汉关，而货物发生毁损，这也不关该客商之事。

四、贸易年报

贸易报告为文字性质，就其内容而言，包罗万象，自社会经济、人文至军事治安无所不包，但是由于该份报告的内容质量完全倚赖该关税务司的个人学养，所以常有参差不齐的情况。虽然自 1880 年开始赫德通令规定贸易报告仅可记载贸易经济活动，而政治军事活动记载一律禁止，而且历任税务司三令五申，要求各关税务司务必遵守这项规定，但是在各年的贸易报告中还是有很多非关贸易经济的纪录。

贸易报告源自于 1865 年，主要的目的是为了弥补 1859 年开始的贸易报表的统计数据之不足。赫德在 1865 年 1 月通令各关税务司要对 1864 年贸易往来书写文字报告。"各关税务司必须向总税务司上交该关的《贸易年报》，署日应为 1 月 31 日，而且总税务司出版这些报告，所以务求正确和有趣。如果你还没这样做，你必须了解自己的本份（you will be

①Hsiao, *China's Foreign Trade Statistics*, 10.

good enough)，向我递交一份关于该关过去一年的贸易报告。”①既然贸易报告旨在补足各关数据统计的不足，所以通常顶多只有五页的报告。

但是有趣的是，1873 年之前各关的《贸易报表》是被送往江海关的 Returns' Department，然后再由 Printing Office 印制出版。但是《贸易报告》一直都是直接送到北京的总税务司署给总税务司参考，深究其内容，《贸易报告》应该属于不公布给社会大众的出版品。

如同 1859 至 1866 年的《贸易报表》一般，1864 年的第一期的《贸易报告》是一个各关分别呈送给总税务司的报告，并没有被统整汇编，是由江海关、粤海关、九江关、牛庄关、潮海关、厦门关、浙海关、江汉关和东海关分别呈上贸易报告。② 至 1865 年才被汇编成一册上呈总税务司。

（一）1864—1879 年：《贸易年报》内容多元时期

就体例内容而言，1865 到 1880 年的《贸易年报》实可说最为珍贵，因为赫德在 1865 年的第 13 号通令中对《贸易年报》的格式也做了很明确的规定：

> 一、第一段为该年的贸易概况，指出任何值得留心的事或是任何和过去不同的事情或是会成为未来征兆的事情。
>
> 二、第二段为报告该年蒸汽船和船只的流动，必须包括：一、船只抵关数目，货物内容和该船只从哪个关来；二、欲向何港、该关出口货物的内容；三、船只在关的数量，并说明这些船只欲载货或卸货，或是等着被雇用。
>
> 三、第三段以表格形式呈现该关主要的进口数量，也要留意值得记载的任何与过去不同或是任何的特殊现象。
>
> 四、第四段以表格形式呈现该关主要的出口数量，也要留意值得记载的任何与过去不同或是任何的特殊现象。

①总税务司通令 No.3 of 1865，1865 年 1 月 6 日，《中国近代海关总税务司通令全编》第 1 卷，第 71 页。

②ME 3911, Rpts. on Trade at the Ports of Canton, Shanghai, Amoy, Kiukiang, Chefoo, Hankow, Swatow, Newchwang and Ningpo.

五、第五段要报告在不同物品项目下的税收。①

所以在这号通令下,各关税务司会把所有风土人情都报告给总税务司。

赫德通令各关:“我必须提醒你,你的 Returns Office 需要提供 1874 年的《贸易年报》,而且注明未来《贸易年报》会每年都需要,《贸易年报》要在 3 月 31 日的那一季之前送出。”②而且,“《贸易年报》应该主要呈报第一手信息,而且评论当地贸易发展路线和商业前景”③。

以下此事即可看出赫德对贸易报告的重视程度。英籍爱格尔(H. Edgar)在 1880 年的 4 月 15 日从宜昌关的帮办代理税务司调升至福州关的代理副税务司(一等帮办),但是他在宜昌关时未能编写完成该关的 1879 年贸易报告,因此赫德下令福州关税务司命令爱格尔返回宜昌,并留滞该地至撰写完毕。追夺爱格尔自 1880 年 4 月 1 日起的薪水至他回到福海关(位于福州)上任为止,而且他必须支付往返宜昌的旅费。他再次强调:《贸易年报》必须完成,必须在三月底前送出,任何原因导致无法达成使命都会被斟酌再三,才有可能被考虑。”④这件事情严重到 113 年后,“台湾关税总局税务司”卢海鸣回忆起撰写贸易年报时,都提及:“该项报告‘总署’甚为重视,过去曾有负责撰写之关员,因奉调其他关区,工作尚未完成,即先行赴调,后经‘总署’令饬自费返回成服务关区补写。”⑤

(二)1880—1890 年:《贸易年报》进入单纯贸易报告

到了 1880 年时,赫德通令限制各关税务司在《贸易年报》中的内容:

一、不可批评中国官员和中国政府。

二、不可批评外国官员和外国政府。

①总税务司通令 No.13 of 1865,1865 年 10 月 16 日,《中国近代海关总税务司通令全编》第 1 卷,第 78 页。

②总税务司通令 No.4 of 1875, 19 January 1875,《中国近代海关总税务司通令全编》第 1 卷,第 600 页。

③总税务司通令 No.24, 7 April 1877,《中国近代海关总税务司通令全编》第 2 卷,第 82 页。

④总税务司通令 No.101, 6 May 1880,《中国近代海关总税务司通令全编》第 2 卷,第 200 页。

⑤卢海鸣:《海关蜕变年代:任职海关四十二载经历》(1993),第 29 页。

三、不可批评个人或公司。

四、虽然不可批评上述事项，可以记载他们影响商业、企业、工业或国际关系的行为。

五、你们的报告必须避免给海关招惹麻烦，或是任何会被视为诽谤的文字。

六、必须谨慎地介绍贸易报告中的表格，贸易报告是让读者觉得有趣，而不是枯燥的统计。

七、必须每年编写贸易报告，必须于3月31日前呈送给造册处税务司。①

呈送给造册处税务司的同时，你们必须呈给总税务司一份公文详载："我（某关税务司）于今日将贸易报告（某年、页数）寄送给上海的造册处税务司。"②

但是等到中国海关出版品成刊之后，赫德又进一步改变《贸易年报》的制作方式：

一、《贸易年报》要同时与《贸易年表》送给造册处税务司。

二、《贸易年报》要信息丰富，但是不能超过四页，但也不能少于四页。

三、不可以重制任何表格，也尽量少用数据。

四、这只是该关贸易的回顾，主要读者群是对商业有兴趣的人，而不是一般读者。

五、这将与《贸易年表》一起出版，而不是分开的一册。③

《贸易年报》衍生出的另一种版本，这就是《十年报告》，其英文原名为：*Decennial Reports on the Trade, Industry, etc. of Ports Open to Foreign*

①总税务司通令 No.126, 22 December 1880, *Documents Illustrative*, vol. I, pp.416-417.

②同上。

③总税务司通令 No.200, 9 November 1882,《中国近代海关总税务司通令全编》第2卷，第449页。

Commence, *and*, *on Conditions and Developments of the Treaty Port Provinces*。就其内容来看,性质比较类似《贸易报告》,而《十年报告》也是由各关税务司由每年的《贸易年报》中汇整而成,郑友揆称《十年报告》:"宛如一部我国近代社会史,极有历史价值。"①这份报告的出现来自于赫德一直努力定期整理海关的各项文字数据。1890 年,赫德通令各关税务司:

> 除了准备四页的《贸易年报》之外,也要在 1891 一整年中准备出版这十年贸易纪录,……要尽量使其有趣,可以长达三十页。
>
> 读遍你们的前任税务司的《贸易报告》,也包括 1881 年前旧制的《贸易报告》,并决定哪些《贸易报告》要被重新印制、修正、注意或重新编写。你也应该指派一名职员阅览过去十年中的《贸易月报》(*Monthly Reports of Occurrences*),挑选出适合放入十年贸易纪录的笔记,……此报告署日为 1891 年 12 月 31 日,必须在 1892 年 3 月 31 日前送抵造册处税务司手上。②

因此,《十年报告》其实是一部包含了《贸易年报》和《贸易月报》的总整理,前者由各关税务司亲自处理,而后者通常由该关中级帮办处理,赫德并列下二十六点必须要记载在《十年报告》中,自此以后,《十年报告》即成定例,一共维持了 45 年,至 1931 年为止。③

(三)1891—1911 年:《贸易年报》中文化

《贸易年报》在 1891 年开始,内容更趋单一,只着重于当地的贸易和商业情况,其最重要的原因就是,赫德决定要造册处出版中文版的《贸易年报》:

---

①郑友揆:《中国海关贸易统计编制方法及其内容之沿革考》,第 324 页。

②总税务司通令 No.524, 9 December 1890。

③赫德过世前,《十年报告》出版三部:第一部 1882—1891 出版于 1893 年,仅一册;第二部 1892—1901 出版于 1903 年,共两册,第一册为北方和长江各关(Northern and Yantze Ports),第二册为南方各关(Southern and Frontier Ports);第三部 1902—1911 出版于 1913 年,共三册,第一册为北方和长江各关(Northern and Yantze Ports),第二册为南方各关(Southern and Frontier Ports),第三册为奉天。

我现在必须指示各位,准备送给造册处税务司一份可以读得懂的中文版贸易报告(a readable Chinese equivalent of your Trade Report)。15 年前,出版了中文版的《贸易年表》,有理由相信,中国人终于(at length)开始要求关于洋船(笔者按:也包括华商拥有,且登记为中国籍的蒸汽船)在中国进行贸易的信息和见解。为了提供这些信息,最好的办法就是由造册处税务司提供一份中文的贸易总报告,再加上各关税务司的贸易报告。

造册处税务司的中文总报告将放在所有的表格和各关报告(从牛庄关到元山关,但是到明年之前,不包括龙州和蒙自关)之前。……当各关税务司在准备他们的中文贸易报告时,应该要记得各关的贸易表格不会被翻译成中文,所以他们的中文贸易报告一定要很详细而且清楚明白,在没有进出口和货运表的情况下,还是可以了解。①

中文化的问题就是,贸易报告中所有的评论都会公开在中国读者眼前,所以赫德在往后的各通令中,反复要求《贸易报告》与政治问题绝缘。他通令各关:“税务司要检查他撰写的贸易报告时,要妥善编辑,而且没有任何‘政治、国际或官方性质的内容,这些内容会引起评论或是敌意’。”②但是赫德也很在意各关税务司详细调查当地贸易和商业情况,他再度通令各关:

我要大家注意,从中国出发的观点(Chinese point of view)(请见杜德维 1869 年的九江关贸易报告),是你应该撰写的贸易和商业行为的方向,要避免引人不快的比较和偏袒的文句,而且在处理贸易和货运统计时,讨论生产、分配、消费、质量和日用品接受度的情况,立论点就是,洋商如何配合中国的品味和需求,以及华商如何配合洋人的品味和需求。③

①总税务司通令,第 476 号,1890 年 1 月 28 日,《中国近代海关总税务司通令全编》第 5 卷,第 107 页。

②总税务司通令,第 798 号,1897 年 8 月 14 日,《中国近代海关总税务司通令全编》第 6 卷,第 601 页。

③总税务司通令,第 888 号,1899 年 3 月 28 日,《中国近代海关总税务司通令全编》第 7 卷,第 358 页。

但是各关税务司的贸易报告和《贸易季表》的本质不大一样，因为造册处必须根据《贸易季表》再度开始计算出该年《贸易年表》中的各式表格，而各关的贸易报告则不需要，因此赫德非常重视各关贸易报告的质量，他说："我觉得有再度重申第200号和第798号通令的必要，提醒你们，除了特别情况外，贸易报告不应该超过四页，而且一定要在完整正确的情况下，送给 Printing Office 后，只要印刷即可。由造册处税务司给你的指示，就等于是总税务司的指示，一定要遵行照办。"①

五、结　论

从1859年海关开始统计贸易数据，到1911年赫德过世，超过半世纪的演变过程，处处可以看到赫德强烈的意志，以及钢铁的纪律。此时，不得不同意，曾任造册处税务司的庆丕在其《笔绘赫德》（*A Pen Portrait of Hart*）中，把赫德描写成一位"仁慈的暴君"（benevolent despot）。② 事实上，以笔者长时间接触赫德的日记、书信或是其他内容的通令，赫德对所有有关造册处、统计数据、出版品保管的命令都特别严格，而且反复要求。其用字强烈，态度坚定，绝无讨价还价之余地都让人大吃一惊。更由于赫德态度如此坚定，造册处税务司的权威也大大提高，甚至在庚子拳变，海关情势一片混乱时，成为海关中仅次于总税务司与总理文案的第三号人物。③

从赫德对《贸易年表》和《贸易年报》的态度即可得知，他对于信息搜集有很强的兴趣，也对各式各样的新知识有渴望。只要他一想到有一些数据他想要知道，他就会通令各关的 Returns Office 调查该项数据，而且

①总税务司通令，第926号，1899年12月12日，《中国近代海关总税务司通令全编》第7卷，第491页。

②Paul King, *In the Chinese Customs Service: A Personal Record of Forty-Seven Years*, p.21.

③在义和拳民包围东交民巷时，各地海关税务司都无法与总税务司与总理文案联系，时任粤海关税务司的庆丕认为："the inexpediency of any hitch occurring should Inspector General, Deputy Inspector General, Chief Secretary all have been swept away together, and said that in such a case it would devolve on the Statistical Secretary in Shanghai-a member of the Inspector General Staff-to carry on the current work until new appointments were made by the Chinese Government。" Paul King, *In the Chinese Customs Service: A Personal Record of Forty-Seven Years* (London: T. Fisher Unwin Ltd., 1924), p.151。

以附录放在《贸易年表》上，事隔一两年后，通常就会变成常规的调查事项。所有的出版品，在出版之前，他一定要过目。也正是因为这样的态度，造册处税务司的素质必须极高，这时，19 世纪最高素质的关员，就是美籍关员，因为他们是蒲安臣推荐进海关，自一开始美籍关员就大多受过大学教育。

杜德维在 1882 到 1887 年出任造册处税务司，马士在 1904 到 1908 年出任该职，从上文即可得知，1882 年和 1904 年在造册处史和中国统计制度史上的积极意义。从 1864 年杜德维加入海关开始，经过马士，费正清①，现在到 2014 年林满红使用《贸易年报》和《贸易年表》研究土药（中国鸦片）的分布和销售②，时间已长达一个半世纪，哈佛大学毕业生与中国海关贸易统计数据结下了不解之缘，哈佛大学也因此成为研究近现代中国史的重镇，但是这一切，都是源自于那位对数据有强大意志的赫德。杜德维在赫德过世后，发表了一篇文章纪念赫德和造册处：

> 造册处于上海港埠的中心，负责（一）出版和印刷（二）收集和编纂贸易统计和报告。……这和美国的政府出版部门是完全不一样的。海关造册处其实是一份很有趣的工作，造册处长不仅定期印制和分发统计和报告资料给商人和社会大众，他也必须汇整和检查各关每季统计出的关税收入和支出，这些文件会被包装成四折的中英文件，然后送往中国的财政部和外交部。这些文件精美且详细，赫德不会容许任何微小的错误，这些文件如果不正确或不完全，将会被送回造册处重新制作。③

如此一丝不苟的态度，从上而下的压力，在 1908 年赫德离开中国后，或是 1911 年赫德过世后，造册处没有呈现人在政在，人亡政亡的现象。这在近现代中国史中实属少见。

---

①马士和费正清在 1920 年代的交往，请见张志云与范毅军《中国近代史观的分歧——“赫德工程”衍生的讨论与争议（1900—2012）》，《新史学》24，1（2012），第 206—236 页。

②林满红与笔者于 2014 年 6 月 15 日在德国汉诺威开会时提到：我一生的成就都要感谢海关资料。

③Edward B. Drew, “Sir Robert Hart and His Life Work,” *The Journal of Race Development* 40, 1 (1913): 17.

当笔者于2013年11月在北京与中国海关协会副会长李延讨论造册处时,李延说道:“我一进海关就是负责统计数据的搜集与整理,当年我一进去时,老先生(笔者按:意指税专训练的关员)大都已经凋零。等到改革开放后,我无意间看到旧海关做的海关统计数据,不禁大吃一惊,因为一百多年前做的,比我们现在做得精确、仔细多了!到现在我们还是没办法到达他们的水平。”当时,笔者就说:“造册处的历史,可说是近现代中国史中,最被人忽视,但是最不可被忽视的一段。没有造册处,就没有可能重新理解近现代中国。”

因此,本文其实在描述三段历史:一、造册处的历史;二、中国统计史;三、海关出版品的历史。造册处负责出版统计系列,影响中国统计制度,这三条脉络有时很难理清,但是有时却有理清的必要。其中问题就是:在造册处史中的大事,未必是中国统计史的大事(这只是出版很多有趣的书,但是这些书和统计制度无关)。例如,1882年,中国海关出版品正式成书,造册处权力大大加强,因此造册处开始调研中国各式各样的社会经济文化活动。而在中国统计史的大事,在造册处史中,可能只是一件小事(只是换个计算单位)。例如,1875年,所有统计数据改成关平银计价。又或者是,海关出版品出版了一套时人很重视的书,例如,《十年报告》,但是这套书在造册处史和中国统计史上,可能意义相对薄弱(因为现在史学家做研究时,还是直接使用《贸易年表》和《贸易年报》)。最终,造册处、中国统计制度和海关出版品都只是给予世界了解中国的一个角度,但是未必所有史学家都信服从这角度诠释出的近现代中国史。

外籍海关税务司在中国

——兼评简立言著《公事上的成功，私事上的悲痛：中国海关税务司和翻译先驱布查理的一生（1857—1938年）》

李培德

（香港大学经济及工商管理学院）

一、引　言

海关史不是一个新的课题，特别是在近二十年里中国大陆出版了大批的研究成果。①从海关来研究海关，也不是什么新的方法，在最近出版的几本西文海关史著作里，包括：Donna Brunero, *Britain's Imperial Cornerstone in China: The Chinese Maritime Customs Service, 1854–1949* (London & New York: Routledge, 2006); Mary Tiffin, *Friends of Sir Robert Hart: Three Generations of Carrall Women in China* (Crewkerne: Tiffiana Books, 2012); Catherine Ladds, *Empire Careers: Working for the Chinese Customs Service, 1854–1949* (Manchester: Manchester University Press, 2013); Chihyun Chang, *Government, Imperialism, and Nationalism in China: The Maritime Customs Service and Its Chinese Staff* (London & New York: Routledge, 2013); Hans Van de Ven, *Breaking with the Past: The Maritime Customs Service and the Global Origins of Modernity in China* (New

①戴一峰：《中国近代海关史研究述评》，《厦门大学学报（哲学社会科学版）》1996年第3期，第118—124页；佳宏伟：《近20年来近代中国海关史研究述评》，《近代史研究》2005年第6期，第205—234页；傅亮：《近十年来中国近代海关史研究综述》，《海关与经贸研究》2015年第2期，第39—51页。

York: Columbia University Press, 2014); B.E. Foster Hall, *The Chinese Maritime Customs: An International Service, 1854–1950* (Bristol: Chinese Maritime Customs Project, University of Bristol, 2015)等。这些著作都会谈到长期在海关工作的外籍海关税务司,引起了笔者的注意。这批受聘于中国政府并于中国长期工作的外籍海关税务司,对中国政治、经济、社会、文化有何看法,此其一。如果从“生涯史”(life history)的角度来看,外籍的海关税务司为何加入中国的海关工作?他们离开后又从事什么行业?在海关的工作经历对他们的事业发展有什么影响?在中国的英国人社会又如何看待他们?

笔者曾于年前查阅于英国剑桥大学图书馆保存的怡和洋行档案,发现有少部分的往来书信和中国海关税务司有关,包括怡和洋行和其他好几家英国在华企业、英国驻华使馆,甚至外籍传教士之间,都在讨论下一任海关总税务司的人选问题。换句话说,谁当海关总税务司一直是在中国的英国人社会所关心的问题,由此引起一个有趣的问题,即外籍海关税务司和在中国的英国人小区的关系问题,此其二。

目前,由外籍海关税务司所撰写的回忆录、自传,或由学者所写的传记,为数不少,①可惜缺乏足够的注意,如果能作系统的整理,对了解以上提出的两问题,将有极大的帮助。

二、《公事上的成功,私事上的悲痛:中国海关税务司和翻译先驱布查理的一生(1857—1938年)》一书之背景

本书书名:*Public Success, Private Sorrow: The Life and Times of Charles Henry Brewitt-Taylor (1857–1938), China Customs Commissioner and Pioneer Translator*,由简立言(Isidore Cyril Cannon)所作,收入香港大学出

①据笔者所知,曾任教于香港中文大学历史系的邝兆江博士,从事海关史研究经年,并协助中国海关史研究中心把葛松(Jack J. Gerson)所著《李泰国与中英关系》一书译成中文,于1991年由厦门大学出版社出版。1979年,邝兆江博士曾经在香港访问过多位曾任职于中国海关的资深人士,他们都年届八十至九十岁,可惜这些口述历史并没有出版,参考 Luke S.K. Kwong, “The Chinese Maritime Customs Remembered: An Appeal for Oral History in Hong Kong,” in *Journal of the Hong Kong Branch of the Royal Asiatic Society*, Vol.19 (1979), pp.21–26。

版社之皇家亚洲学会香港研究丛书。根据该书所述,该书作者并非受过史学训练,他对该书之兴趣,完全出于在香港工作十年期间的际遇。作者在某种程度上和该书传主布查理有相同的背景,在派驻中国后对中国文化、语言、社会产生浓厚之兴趣。

该书共分 18 章,包括:(1)引言;(2)家族背景;(3)早年生涯和婚姻;(4)中国背景;(5)在福州的日子:家庭、教学和写作;(6)事业之改变:参加中国海关;(7)在天津:结婚和米切尔家族;(8)北京义和团之变;(9)事业之进展和家庭之考虑;(10)在云南蒙自的纠纷;(11)孩子和艾力斯家族;(12)海关学院和度假;(13)在福州和沈阳;(14)家庭事务和第一次世界大战;(15)事业之完结;(16)退休和出版《英译三国演义》;(17)最后数年;(18)总结:布查理和世界;附录一(布查理岳父生平);附录二(布查理太太之内心世界);附录三(布查理著作样本)。书后附有注释及参考书目。

众所周知,中国的现代海关兴起于两次鸦片战争之后,洋务运动之时,由于受条约之限制,海关必须由外国人管理。第一任总税务司为英人李泰国(Horatio Nelson Lay),从英国的角度来看,中国聘用外国专家有助其建立完善和现代化的海关制度,对改善中国经济和外交有很大之帮助。该书的传主布查理,便是在这种背景下出现的。该书写作的出发点,在于强调布查理的双重身份,既是中国的海关税务司,同时也是一名"中国通",对中国的翻译事业作出过重要的贡献。

三、内容和写作特点

该书顾名思义,是一本有关布查理的个人传记,对他在中国的四十年(1881—1921 年)生涯事业,作一综观的描述。该书的最大特点,莫过于利用大量的原始文件,其中尤以英国的档案为代表,包括国家档案馆的外交档案、伦敦大学亚非研究学院的中国海关档案、大英图书馆的珍本和手稿,以及布查理后代向该书作者提供的私人文书,包括日记和家书等等。该书的原始资料,总数有三十种之多,有兴趣者可详细参考该书之参考书目。不过,该书首重描述,次重分析,因而不少重要的档案材料只有在注释中见到,并没有引入正文之中,此为该书在引用档案数据方面的特点。

该书作者对布查理的一生,包括他的家庭、事业、朋友、个人嗜好等等,用一流水式,按时间的先后次序来向读者介绍,当然有令人容易吸收的感觉,但不得不提的是,该书惜章节太多,令人不容易明白其重点所在,此为该书可以改善之地方。

该书作者多番强调,布查理自有其传奇的一生,布氏的贡献在于研究中国,而不仅仅在于为中国服务,笔者对此十分赞成。有趣的是,一名中国通的诞生犹如布氏个案所指出的,应是一个怎么样的环境?在文化交流上,布氏得益于何种界别的华人朋友,看来该书作者应有所交待。布氏的人际网络,特别是在整个中国海关系统、中国官场内,应是一个怎样的形态,看来这些都是该书不可以不讨论的重点。

从鸦片战争到义和团运动,19 世纪中国的历史,似乎都可用"欺侮""自强""排外"来概括。刚巧,布氏悉心翻译的《三国演义》手稿便毁于北京的义和团运动中。处于当时的环境,研究中国对于帝国主义而言,可谓毫无帮助。不管布氏对中国是否有同情之心,是否对中国文化有修养,是否已经融入中国人社会之中,将同样受到打击。过去,在政治上我们只着眼于中国的海关是否由国人管理,忽略了由外国人管理的中国海关对中国经济、社会、文化研究所作出的正面贡献,该书可谓扭转了我们于这方面的看法,这正是该书作者所带出之重要观点。

四、从比较角度来讨论布查理生平

对"帝国主义"重新划出界线,早已为学界所公认和使用的研究方法,并且成果累累,这里不用赘述。况且,布查理并不是孤立的案例,与布氏相同背景而出现于布氏之前,应是语言学家韦氏(Thomas Francis Wade)、植物学家亨利(Augustine Henry)和历史学家马士(H.B. Morse),他们都是中国海关里专门研究中国的人才。值得提出的是,中国海关如何孕育一个环境,造就一名人才?或许,我们可以用一个比较的角度来看布查理。

不容置疑,该书深入英国各种档案,又主动与布氏后人接触,以尽量了解布氏的内心世界，可以说已把同类型的研究向前推进了一大步。我们知道，对同一环境、同一制度而言，绝对可以孕育出不同的思想、不同的人物，如能用比较的角度去看布氏个案，将为该书添上色彩。果真如此，不会再有人认为中国海关的重要税务司只有赫德（Robert Hart）、安格联（Francis Aglen）、梅乐和（Frederick Maze），注意力应转移到布查理了。

五、外籍海关税务司的传记和回忆录

由英国布里斯托大学毕可思教授主持的中国海关史研究计划，据说在中国第二历史档案馆的合作下，已整理55000个档案（files）的海关数据，值得注意。笔者根据该研究计划网页（http://www.bristol.ac.uk/history/customs）所提供的数据，整理如下的参考书目：

1) Paul King, *In the Chinese Customs Service: A Personal Record of Forty-seven Years* (London: Heath Cranton, 1930).

2) L.C. Arlington, *Through Dragon's Eyes: Fifty Years' Experiences as a Foreigner in the Chinese Government Service* (London: Constable & Co., 1931).

3) A. H. Rasmussen, *China Trader: My 32 Years in the Orient* (New York: Crowell, 1954).

4) David Boyle, *With Ardous Manifold* (London: Hutchison, 1959).

5) G.R.C. Worcester, *The Junkman Smiles* (London: Chatto & Windus, 1959).

6) C. A. S. Williams, *Chinese Tribute* (London: Literary Services & Production Ltd., 1969).

7) E. Byrne, "The Dismissal of Sir Francis Aglen as Inspector of the Chinese Maritime Customs Service, 1854–1927," *Leeds East Asia Papers*, 1995.

8) Christopher Briggs, *Hai Kuan: The Sea Gate* (Stockport: Lane Publishers, 1997).

9) Perry Anderson, "A Belated Encounter: Perry Anderson Retraces His

Father's Career in the Chinese Customs Service," *London Review of Books*, Part 1: 20:15 (July 1998) & Part 2: 20:16 (Aug 1998).

10) Rosamund Beveridge, *Chingwangtao to Kinross: A Personal Memoir* (Perth: Perth & Kinross Librarues, 1999).

11) Lan Li & Deidre Wildy, "A New Discovery and Its Significance: The Statutory Declaration Made By Sir Robert Hart Concerning His Secret Domestic Life in 19th Century China," *Journal of the Royal Asiatic Society Hong Kong Branch* 43 (2003), pp.63-87.

12) King, F. H. H., "Sealing the Mouth of Outrage : Notes on the Meaning and Intent of Hart's These from the Land of Sinim," *Modern Asian Studies*, 40:3 (2006), 725-736.

13) Van de Ven, Hans, "Robert Hart and Gustav Detring during the Boxer Rebellion," *Modern Asian Studies*, 40:3 (2006), pp.631-662.

14) Eberhard-Breard, Andrea, "Robert Hart and China's Statistical Revolution," *Modern Asian Studies*, 40:3 (2006), pp.605-629.

15) Crawford, David S., "James Watson, MD, LRCSE - an Edinburgh-Trained Physician and Surgeon in Northeastern China 1865-1884," *Journal of the Royal College of Physicians of Edinburgh*, 36:4 (2006), pp.362-365.

16) Horowitz, Richard S. "Politics, Power and the Chinese Customs: The Qing Restoration and the Ascent of Robert Hart," *Modern Asian Studies*, 40:3 (2006), pp.549-581.

17) O'Leary, Richard, "Robert Hart in China: The Significance of His Irish Roots," *Modern Asian Studies*, 40:3 (2006), pp.583-604.

18) Ladds, Catherine, "A Customs Officer in the Treaty Port World: R.F.C. Hedgeland's Photographs," *International Institute for Asian Studies Newsletter*, No.44 (Feb 2008).

19) Ladds, Catherine, "The Life Career of Us All": Britons and Germans in the Chinese Customs Service, 1854-1917," *Berliner China-Hefte: Chinese History and Society*, Vol.33 (2008), pp.34-53.

20) Ladds, Catherine, "Youthful, Likely Men, Who Can Read, Write

and Count": Joining the Foreign Staff of the Chinese Customs Service, 1854-1927," *Journal of Imperial and Commonwealth History* 36:2 (2008), pp. 227-242.

21) White, Benjamin Geoffrey, "A Question of Principle with Political Implications' - Investigating Collaboration in the Chinese Maritime Customs Service, 1945-1946," *Modern Asian Studies* 44:3 (2010), pp.517-546.

22) Bickers, Robert, "Good Work for China in Every Possible Direction: the Foreign Inspectorate of the Chinese Maritime Customs, 1854-1950, in Bryna Goodman and David Goodman (eds.)," *Twentieth Century Colonialism and China: Localities, the Everyday, and the World* (London: Routledge 2012), pp.25-36.

23) Chang, Chih-yun, "The Making of New Chinese Bureaucrats: The Customs College and the Chinese Customs Staff, 1908-1949," *Twentieth Century China*, 37:3 (2012), pp.229-249.

从江海关到江海新关(1685—1858)

周育民

(上海师范大学历史学系)

1843年上海开埠,江海新关设立。1854年,江海新关设立外籍税务司,至1858年天津条约签订,紧接着上海外籍税务司制度被推广到其他通商口岸。江海新关的制度演变,外籍税务司制度的建立显然是一个重大标志。上海外籍税务司制度建立以后,有些学者认为,虽然上海的关税管理权由此落到外籍税务司手中,但人员精简,管理加强,旧海关的弊端有所革除,因而促成了关税收入的大幅提高。对于这些看法,有必要认真加以审视。在笔者看来,上海外籍税务司的建立,只是将关税征收权由中方海关监督转移到外籍税务司手中,在总税务司建立以前,上海新关内部管理的变化十分有限,人员并未精简,关税收入的大幅提高,主要是上海进出口贸易在小刀会撤离上海县城以后几乎翻倍增长的结果。

一、江海大关

康熙二十三年(1684),清政府决定开海禁,在广东、福建、浙江、江南四省设立海关,即粤海关、闽海关、浙海关和江海关,专司海舶税钞。

江海关于康熙二十四年(1685)设于上海,督理海关署最初设在华亭

崇阙，后因公廨窄陋，于二十六年（1687）移驻邑城。①

华亭崇阙，“旧有港通海”，“地处漕泾之东，春夏间海人辐辏，有税局以榷鱼税”②。首任江海关监督舒恕派驻上海，衙署未及建，不过暂驻税局旧署。二十六年，监督舒恕移驻上海县城宝带门内旧巡按行署，改为海关衙署。四十年（1701），监督三宝重修。

江海大关设在小东门外东北黄浦江边，初辖六百里内海口 24 所，雍正七年（1729），以庙湾、新沟、朦胧、佃湖、板浦、新坝六口归并淮安关，减为 18 所。其分布位置：

吴淞（六十里，在太仓宝山县）

刘河（一百五十里，在太仓镇洋县）

七丫（一百五十里，在太仓州）

白茆（一百八十里，在太仓州）

徐六泾（二百四十里，在苏州昭文县）

福山（三百里，在苏州常熟县）

黄田（四百五十里，在常州江阴县）

澜港（四百九十里，在常靖江县，有支口衙前、天生、龙潭三港）

黄家港（六百里，在通州泰兴县，有支口鄂家港）

孟河（五百七十里，在常州武进县）

任家港（四百里，在通州，有支口狼山、大汛二港）

①叶梦珠：《阅世编》卷三《建设》。

②光绪《华亭县志》卷一。

吕四(六百里,在通州)

小海口(四百里,在海门厅,有支口官河头)

石庄(六百里,在通州如皋县)

施翘河(二百八十里,在太仓崇明县)

新开河(三百里,在太仓崇明县)

当沙头(三百里,在太仓崇明县)

崇阙(一百八十里,在华亭县)①

时江海关监督由内务府委派,由监督派家人充当海关衙役。康熙六十一年(1722),撤销内务府派差,命苏州巡抚带管,遴员题委代理,实际上由上海知县协理,依然是差家人在关收税。

雍正三年(1725),苏州巡抚张楷以"上海一关,界连海面,出口之处甚多,稽查宜严,钱粮关系甚大,不便专委家人经收",委苏松太道经理关务。苏松太道原驻松江,因此移驻上海。因在县署东南建分巡苏松太兵备道署,于雍正九年(1731)建成,原关署弃用。江海关监督岁支养廉银六百两,其吏役的工薪标准如下:

江海关月给吏役工薪标准②

吏役名称		饭食银	工食银	合计
关署	经制书吏	一两八钱	八两	九两八钱
	稿房	一两八钱	四两	五两八钱
	贴写、算手、写单手	一两八钱	一两五钱	三两三钱
	家人		八钱	八钱
	门子、皂隶、快手、库丁、更夫、轿夫、铺兵		六钱	六钱
各口	巡舍	一两八钱	二两	三两八钱
	家人	一两八钱		一两八钱
	提舱手、走差、巡船、舵工、更夫、饭夫	九钱	六钱	一两五钱

①嘉庆《上海县志》卷五《关榷》。

②嘉庆《上海县志》卷五《关榷》。

这种由苏松太道家人与吏役混管海关的情况，一直延续到外籍税务司制度建立之前。

江海关每年税额，于康熙二十九年(1690)定为23016.33两。雍正七年裁并六口后，额银定为21480.33两。正额银之外，清廷于康熙四十二年(1703)还要求江海关在盈余银内每年帮贴庶吉士银30两，次年又命每年拨办铜斤水脚银2500两，乾隆元年(1736)，再令每年拨补江省养廉公费不敷银25800两，次年又定支补经费不敷银6400两。江海关税收定额之外的盈余银两，康熙六十一年(1722)定为15000两，乾隆十四年(1749)定62000两，嘉庆四年(1799)，停止盈余比较上三届最多年份旧例，定为42000两，超出盈余定额部分亦尽收尽解。①

鸦片战争以前，进出江海关的主要是国内北货、南货。包世臣说，"自康熙廿四年开海禁，关东豆麦每年至上海者千万余石。而布茶各南货至山东、直隶、关东者亦由沙船载而北行"②。

二、江海新关

1842年，清政府在鸦片战争中惨败，被迫与英国签订了《江宁条约》，上海作为条约规定的五个通商口岸之一，于1843年11月17日正式开埠。

英国首任驻华领事巴富尔于11月8日傍晚抵达上海小东门。第二天，上海道宫慕久"亲赴大关"即"江海大关"迎接。在英国领事到达之前，两广总督已于10月20日将粤海关根据中英通商章程制作的大秤砝码丈尺送达江海关。③

在巴富尔到达之前，上尉位那也率数十名英兵以"弹压夷商"为名先期到达④，外国船只已停泊七艘，上海开埠的时间可以说迫在眉睫。11月12日，巴富尔与上海当局谈定黄浦江西岸从苏州河到洋泾浜的洋船停泊

①嘉庆《上海县志》卷五《关榷》。

②包世臣：《安吴四种·中衢一勺》卷一《海运南漕议》。

③《璧昌奏通商应用大秤砝码丈尺已领到转发英领事尚未到沪折(道光二十三年八月二十七日)》，《筹办夷务始末(道光朝)》第五册，北京：中华书局，1964，第2728页。

④《筹办夷务始末(道光朝)》第五册，第2774页。

区域。13日，英国领事馆正式入驻敦春堂。11月14日，巴富尔即发出了第一号领事通告："谨告女王陛下的臣民，本领事已在上海县城墙附近的东门和西门之间一条街上设立临时领馆"，定于本月17日上海开埠，指定从吴淞江口到洋泾浜约一公里多的黄浦江面为洋船停泊区域。接着他又颁布停泊规则，非经英兵队官批准，洋船不得在该区停泊驳货；每船须交5元领事费（后减为1元）。① 通告并声称，海关税费交纳的银两标准平色已在领事馆备案，英国商人可照此标准向指定的六家钱庄缴纳税费。②

为迎接开埠，宫慕久在县城东门和东北门之间的洋泾浜北设立一个名叫"盘验所"③的机构，负责查验商货，并按照新订的海关税则征收"夷税"。1846年，宫慕久在北门外头坝南建立"上海新关"，并设南北两卡以资稽察。④

新关设立之后，进出口货物照海关税则纳税。但出口货物，原由广州一口，改由上海出口后，清政府规定："上海等处与西洋各国交易者，查明赴粤程途，少过一关，即在卸货关口补纳一关税数，以补不足。"⑤在征税管理上，大关及各卡征收"华税"，新关及南北两卡征收"夷税"（即海关税），统归上海道监管。因洋船增多，新关复增设验货码头四处。

新关及南北两卡人员设置。道光二十三年（1843）盘验所设立时，清朝海关奏请专征夷税的人员为44人，有舍人（6人）、家人（3人）、提舱手（4人）、栅夫（2人）、更夫（2人）、饭夫、水火夫、贴写（4人）、巡役（8人）9种。新闸卡设巡船二只，巡役6人；温草浜卡设巡船一只，巡役4人。⑥新关建成后，盘验所撤销，书役均归为新关人员，其薪工参照常关关卡书役，月给舍人三两八钱；稿书五两八钱；贴写、承发书、算书、单书三两八钱；家人一两八钱；提舱手、走差、栅夫、饭夫、水夫、火夫、巡船舵工和水

①G. Lanning-S. Couling, *The History of Shanghai*, vol.1, p.277, Kelly & Walsh, 1921.

②George Balfour, "Shanghai Opened to Foreign Trade in 1843," *Chinese and Japanese Repository*, Vol.3, p.32.

③同治《上海县志》卷二。

④同治《上海县志》卷二。

⑤《穆彰阿等奏核议耆英等所奏通筹海关收税并解支禁革各事宜折（道光二十三年闰七月初七日）》，《筹办夷务始末（道光朝）》第五册，第2709页。

⑥《道光二十四年三月十九日孙宝善等奏》，《筹办夷务始末补遗（道光朝）》第三册，第943—948页。

手、巡役一两五钱;更夫、差役、库丁六钱。① 由于员役人数增加,经费不断加增。设关之初,每年经费 1977 两,其后增至 4542 两,再加至 6520 两,到 1850 年吴健彰任道台时,经费已突破 1 万两。②

纳税程序,根据中英《五口通商章程》规定:"英国商船一经到口停泊,其船主限一日之内,赴英国管事官署中,将船牌、舱口单、报单各件交与管事官查阅收贮;如有不遵,罚银二百元。若投递假单,罚银五百元。若于未奉官准开舱之先,遽行开舱卸货,罚银五百元,并将擅行卸运之货一概查抄入官。管事官既得船牌及舱口报单等件,即行文通知该口海关,将该船大小可载若干吨、运来系何宗货物逐一声明,以凭收验明确,准予开舱卸货,按例输税。"商船"将船钞、税银扫数全完,由海关给发完税红单,该商呈送英国管事官验明,方准发还船牌,令行出口"。进出口货物分别于卸载、装货之日,由英官差自雇通事与海关公同查验,英商亦必派人在彼,眼同料理。如海关验货人员与英商不能平定其价,"即邀客商二三人前来验货,其客商内有愿出某价买此货者,即以所出最高之价定为此货之价,免致收税有亏"③。英商向海关指定商号或所设银号按期交纳钞税。④

关务内部管理,沿袭常关老套。吴煦说,"江海老关向收商税,收税之事责成坐楼家丁及关总书督同四税行稽征。无如坐楼家丁不能洁己,关总书又未能服众,以致四税行从而匿漏,积重难返,弊端百出"⑤。所谓"税行",即报税行,"凡进出口客货到关投税,每日由税行报数,大关家丁总书督同签手算书下船看舱,此为冠冕文章","新关专收夷税,从前夷人漏税甚重,无术禁戢。自吴任(吴健彰)逐一清厘,渐有起色"⑥。

在英租界外滩的外国商船停泊事务,原由英方专门派军舰管理,船舶进港出口时间,江海关只颁布一份每月固定涨落潮时间以供参考。⑦ 经

①同治《上海县志》卷二。

②《吴煦档案选编》第六辑,南京:江苏人民出版社 1983 年,第 402 页。

③中美、中法条约改为由领事官与海关"尽力说合"。

④王铁崖编《中外旧约章汇编》第一册,北京:三联书店 1957 年,第 40—41 页,。

⑤《吴煦档案选编》第六辑,第 224 页。

⑥《吴煦档案选编》第六辑,第 224 页。

⑦*Shanghai Almanac for 1854 and Miscellany*,*North-China Herald Office*, 1853.

英、法、美三国领事与上海道台交涉,1851 年 9 月,由上海道台派英国人尼古拉斯·贝利斯(Nicholas Baylios)担任新设立的河泊所长官。在他的主持下,上海海关公布了一套管理船舶和船员的口岸章程。① 河泊所辛工费用、房租月支漕平银 2872 两,由船钞项下动支。② “凡遇洋商一船进口,即派巡船一只,紧跟停泊看守,又派丁役乘船于夷船停泊之处,昼夜梭织巡查。”添设巡船人役经费,由向夷船附搭内地商民货物抽税解决。③ 这是近代海关港务部门设置之始。

江海关“夷税”自盘验所设立到外国税务司管理之前,历年收入共计税银七百余万两。各年收数据报如下④:

道光二十三年(1843)九月二十六日开市至二十四年正月二十五日:41000 余两;

道光二十四年正月二十六日至二十五年正月二十五日:172000 余两;

道光二十五年正月二十六日至二十六年正月二十五日:480200 余两;

道光二十六年正月二十六日连闰至十二月二十五日:662000 余两;

道光二十六年十二月二十六日至二十七年十二月二十五日:628000 余两;

道光二十七年十二月二十六日至二十八年十二月二十五日:540000 余两;

道光二十八年十二月二十六日连闰至二十九年十一月二十五日:631000 余两;

道光二十九年十一月二十六日至三十年十一月二十五日:704000 余两;

道光三十年十一月二十六日至咸丰元年(1851)十月二十五日:1203000

①陈诗启:《中国近代海关史》,北京:人民出版社 2002 年,第 13 页。

②同治《上海县志》卷二。该志称:“同治元年(1862),巡道吴煦设河泊所,派英国水师官司其事,专引各国商船在所定界内指令停泊。”年代可能有误。

③《吴煦档案选编》第六辑,第 405 页。

④《吴煦档案选编》第七辑,第 81—82 页。

余两；

咸丰元年十月二十六日至二年十月二十五日：1243000 余两；

咸丰二年十月二十六日至三年五月二十五日：555000 余两；

咸丰三年五月二十六日至八月初四日：150000 余两。

从上述各年收入情形看，上海小刀会起义爆发前一年，即 1852 年为收入最高年份，总计达 124 万余两。

三、海关税务司

1853 年 9 月 7 日，上海小刀会起义，道台吴健彰被困于城内。第二天早晨，“外滩的中国海关遭受抢劫，门窗板壁以及一切可以移动的都给扛抬夫、乡民拿走了”①，江海关吏役逃跑一空，无法继续征税。

9 月 9 日，英国驻沪领事阿礼国和美国驻沪副领事金能亨分别发布内容基本相同的告示，声称中方虽已无法执行条约规定，但订约的另一方不能因此而放弃条约权利和违背条约规定，为免在港商船不能结关而滞留，故公布《海关行政暂停期间船舶结关临时章程》(*Provisional Rules for the Cleaning of Ships in the Absence of Custom-House Establishment*)。章程规定，除根据条约规定应行向领事馆申报各项外，英美商人须填报载货清单细目和应纳税钞，由领事馆核查；进出口应纳税钞须交付领事馆，交款形式应为海关银号例准收纳的现银或四十日内可以兑付中方海关监督的上海期票。领事馆验收无误后，发给船牌和加盖领事印信的结关红单，商船即可离港。② 换言之，除海关员役直接上船检查外，关税核算和征收事宜，完全由英美领事馆接手。

吴健彰逃出县城后，一度藏匿在租界的旗昌洋行，然后投入清营，积极准备反攻并重建江海关。江海大关，于 11 月 20 日在吴淞恢复征收内地关税，到当年年底，大关及其各口共收入 2278 两。③ 而“夷税”征收，吴

①《北华捷报》1853 年 9 月 10 日，《上海小刀会起义史料汇编》，上海：上海人民出版社 1980 年，第 55 页。

②*North-China Herald*, Sept. 17, 1853.

③《咸丰四年二月二十七日怡良等奏》，《筹办夷务始末补遗(咸丰朝)》第一册，第 264—266 页。

健彰一筹莫展。10月,吴健彰宣布自28日起在浦东停泊的两艘炮船上建立临时海关,中外商船须到那里报关纳税。24日,美国副领事金能亨遂通知美国商人自该日起到那里报关纳税。① 虽然上海港内没有一艘法国商船,法国领事也宣称,他准许法国船只免税进出口。美国副领事随即引用片面最惠国待遇,准许美国商船也可以照此办理。英国驻华公使文翰指示上海的英国商船亦可免税进出口,但阿礼国已先期向金能亨提议,把中国海关重建在外国租界上,美国驻华公使也有此意向。于是,文翰指示,在上海道台设立真正的海关之前,英国商船无须缴纳税钞。

在英法美三国领事一致行动,否认"炮船海关"征税权力的情况下,吴健彰只得把"海关"移设到苏州河北,并通知三国领事,该关于1854年2月9日开始办公②,但外国商船报关纳税者寥寥无几。吴健彰遂令设在闵行和苏州河白鹤渚的南北两卡稽查进出上海的货物,直接向华商征收相当于海关税钞的内地税。为了夺回征税权,吴健彰甚至同意海关接受外商提供的由华商承付的期票。3月25日,吴健彰将决定正式通知阿礼国。但经过4月4日的"泥城之战",租界的外侨义勇队击退清军,英法美三国领事决定联合抵制,他们在向吴健彰提出抗议的同时,于5月9日联名向三国商人发出通告:

与中国订有条约的三国领事有责任提请各所辖侨民注意所附吴道台阁下有关放弃设在本口岸海关而设立两个内地关卡的布告译本。

中方此举显然违背了条约规定,有约各国无疑会立即采取行动,促使清廷恪守条约义务。三国领事为此业已先行联合与道台交涉。

在此期间,外交当局须向清廷提交各种事实证据。为使各商摆脱目前的一些困境,损害各商基于商业目的而在本口岸享有权益的陈述显然需要附有证据,诸如有关他们依例办理过的货物清单等各种单据,或任何他们行使权力征收内地税费的证据或章程。

货主及船东应将上述符合要求的证据交付有关各国领事,照惯例应交付的汇票或庄票,可以货主与各船东的契约代之。此契约须确保领事

①[英]莱特著,姚曾廙译《中国海关沿革史》,北京:商务印书馆1964年,第106页。
②同上,第110页。

及其政府不承担责任及商船未如数缴纳税钞即行离港可能引起的责任，或者根据法律或条约将此责任推向中国政府。

我们相信，这一措施不仅可以避免与中方有约三国的诚意有损，而且须由违背条约的中国当局承担责任，有助于防止本口岸的贸易受到严重干扰。①

三国领事一致鼓动各国商人拒向中方缴纳税钞，使筹款急切的吴健彰处于十分尴尬的境地。阿礼国的目的是由上海道台与英法美三国协商提名外籍代表，对上海海关进行共管。6 月 21 日，美国公使麦莲(Robert M. Maclane)就中美修约事在昆山与两江总督怡良会谈，其中谈到，"上海海关道应赋有(全权)，俾会同三个有约国领事为今后本口岸海关奠立在永久性基础上的行政进行谈商和缔订一个协定"，其中主张在一个外国税务司委员会(a Board of Foreign Inspectors)的直接监督下，重新在苏州河设立海关机关。怡良同意后②，6 月 29 日，吴健彰与三国领事进行会谈，达成了任用外籍税务司管理上海海关的协议。③

协议内容共有八条，其要点如下④：(一)为更好履行条约和执行海关章程，须由道台引用外国人才。(二)由道台指派一名或若干名诚实可靠的外籍人员为税务司委员会税务司⑤，督同通事、录事和扦子手等中外人员，并配备一艘由外籍艇长及水手驾驶的缉私艇。这一机构全部开支由道台以税款支付。(三)税务司由有约三国领事物色提名，经道台任命后组成税务司委员会，由该委员会负责选用中外僚属，其本地人选，道台应予提供便利和赞助。所聘人员，均据各该税务司呈请，由道台分别加委。(四)税务司如有勒索、贪污和渎职行为，须向该管领事提控；如控告证据

①*North-China Herald*, May 20, 1854.

②《筹办夷务始末(咸丰朝)》第一册，第 286 页。

③[美]泰勒·丹涅特著、姚曾廙译:《美国人在东亚》，北京:商务印书馆 1959 年，第 198 页，。

④[英]莱特著，姚曾廙译《中国海关沿革史》第 116—119 页。笔者未能找到英文及中文原本，以下行文与中译本有出入处，系据理断。

⑤当时，英文中称这个委员会为"a Board of Foreign Inspectors"或"a Board of Inspectors"。中文译名有"司税""税司"或"税务司"等名。姚曾廙译文将此机构一律译为"税务管理委员会"。在中文中，"司"已有"管理"之意，因此，笔者径译为"税务司委员会"。清代"委员"是指官方委派在非经制机构任职的负责人员。

成立，即由道台和有约三国领事组成会审法庭审理，投票裁决①，道台两票，三国领事各一票。裁决结果，受税务司提名及任命时的合同约束。非经各领事同意或章程变更，不得解除税务司职务；税务司属僚，唯经税务司呈请道台后方可解职，道台不得拖延。（五）税务司及其下属，应奉行海关、航运及税务各项章程和条约，并进行忠诚任职的宣誓，自愿对道台和三国领事组成的混合法庭承担法律责任；有义务检举违章和偷漏税收的当事人，道台须对当事人处以罚金或货物充公，并按一定比例奖励检举人。税务司办理所有文件单据，均须手续完备，妥为存档，以备道台和三国领事随时查阅。（六）配备外籍艇长和水手的武装缉私艇须能在江中敏捷行驶。（七）为与通商善后章程切实相符，须周密修订 1851 年 8 月的海关章程，以中英文布告周知。（八）道台承诺承认这个新海关机构，并于十日内将这个机构的组织和细则照会三国领事；领事在接到照会后，即发布告，在指定日期内宣布海关监督恢复其一切职权，要求所辖侨民、商人和船主对海关及港口章程谨遵毋违。

在英美方面，最初的设想是只设一名外籍税务司，但因双方争持，只能同意由法国人来担任。但法国领事不愿独立承担这个责任，最后达成由三国领事各派一名的协议，于是产生了这个所谓的"税务司委员会"。英方提名威妥玛（Thomas Wade），美方提名贾流意（Lewis Carr），法方提名史亚实（Arthur Smith），由吴健彰任命后，三国领事遂于 7 月 6 日刊布公告，承认以税务司委员会（a Board of Inspectors）为基础建立的新海关的合法地位，并宣布将于 7 月 12 日重新开关，吴健彰原设的两个关卡亦于是日撤销。②

①此段译文原为："凡事关该税务司管理委员会委员被控勒索、贪污或玩忽职守的案件，一律由领事负责审判，并且凡事关行为不当的指控，外侨得直接向各该国领事提出，领事应于照章通知中国当局和其他有约国领事后，采取行动。如果这种指控证诸案情原委确属合理，则应由道台和三个有约国领事会同进行审理，这种混合法庭的裁判，根据各该委员于其提名时先行签订的合同，对于被告和他们所由接奉委派的中国海关监督，都同样有约束力，裁判以投票取决，道台有两个投票权。"根据文理，第一句"一律由领事负责审判"不通，应为由领事接受控告，再组成混合法庭审理、裁决。

②*North-China Herald*, July 8, 1854.

本图系 1861 年普鲁士外交使团访问上海时，由随团画家绘制的上海海关

（资料来源：青年报网站）

新的《海关章程》(*Custom House Regulations*)也同时公布，包括进港申报、各货主卸货申报、货主出口申报、驳船离港申报、税钞支付、船只清关离港、落日后载卸货物即为走私、巡船稽查、走私处罚九款。①

新设海关仍就吴健彰在苏州河北虹口地方的临时海关作为办公地点。进出口关税和船钞的交付，则交付海关指定的同泰银号。因道台衙门库已毁，海关银两的支放也暂由该银号经理。② 1857 年，海关移至英租界内洋泾浜外滩附近一座修复的庙宇，标以“江南海关”③。

新设海关人员及其薪酬，根据阿礼国“建议”由吴健彰核定的方案大体如下：

税务司三名	每名年薪 6000 元	共 18000 元
通晓汉英头等通事三名	每名月薪 100 元	共 3600 元

①*North-China Herald*, July 8, 1854.

②《收放江海关税银之同泰银号简介》，《吴煦档案选编》第六辑，第 208 页。

③根据 *Shanghai Almanac for the Year 1857* 所载 List of Foreign Hongs & Residents at Shanghai, Imperial Maritime Customs 的中文名称为“江南海关”。该年鉴于 1856 年底编定，估计当时新的海关衙门即将完工。*Shanghai Almanac for 1854*，该行名录中没有“江南海关”，因为当时的海关衙门已在小刀会起义中被毁。［英］魏尔特著，陈筱才等译《赫德与中国海关》，厦门：厦门大学出版社 1994 年，上册第 135 页：“外滩上的一座庙宇修复之前，他们的办公室一直设在苏州河北岸上的房子里。”根据嘉庆《上海县志》卷七，上海县城北门外有三茅阁、三元堂（洋泾浜北）、先农坛等；同治《上海县志》卷十载先农坛地为夷人租去，坛移建小南门外陆家浜北，三元堂、三茅阁均缺载。三元堂在洋泾浜北，重建为海关衙署的庙宇很可能就是三元堂。

汉文文案三名	每名月薪 20 元	共 720 元
文具用费,估定		共 1000 元
雇用洋员三名充扦子手	每名月薪 50—80 元	共 2400 元
巡艇一,连同负责艇长	月薪 150 元	共 1800 元
配备水手六名	每名月薪 30 元,估定	共 5000 元
合计开支		30000(余)元①

根据这个方案,新设海关连同三名税务司,仅 19 人,比江海新关时期 44 人减少了一半以上,后人据此以为新设海关人员大为精简。新设初期,人员较少,原因有三,一是当时小刀会还占据县城,贸易尚未恢复正常。其次,新闸一卡实际上已废。第三,海关监督所派家人等被裁撤。但小刀会起义被镇压之后,贸易恢复正常,新关人员即有明显增加。一份反映 1855 至 1856 年间上海海关情况的资料如下:

税务司三名	每名年薪 6000 元	共 18000 元
文案兼秘书一名	年薪 2500 元	共 2500 元
通事三名	每名月薪 75 元	共 2700 元
文案七名	每名月薪 5 元	共 420 元
栅夫	月薪 5 元	共 60 元
提舱手、扦子手十二名	每名月薪 7 元	共 1008 元
走差六名	每名月薪 4 元	共 288 元
巡艇长	月薪 300 元	共 3600 元
水手十三名	每名月薪 4 元	共 624 元
总务一名	月薪 12 元	共 144 元
巡役十名	月共 162.5 元	共 1950 元
合计		共 29362 元②

①据陈诗启《中国近代海关史》第 31 页。原文未注明资料来源。

②Wells Williams, *A Chinese Commercial Guild* (Canton: Office of the Chinese Repository, 1856), p.258.各种员役薪酬的共计数系笔者算出,由此合计总数应为 31294 元,与资料中的原总数不符。其中所列巡夫十名的月薪总数明显偏高,可能有误。稍后容闳进入江海关任通事,据他晚年回忆,月薪 75 两,相当于墨西哥银元 100 元;因故要求离职,李泰国允以月薪 200 两挽留,被他拒绝了。(容闳:《我在中国和美国的生活》,北京:东方出版社 2006 年,第 42—43 页。)根据当时的江海关薪酬制度来看,容闳的月薪是 75 元,而不是 75 两;容闳中英文兼通,符合通晓汉英文的文案兼秘书、年薪 2500 元的岗位要求(月薪接近 200 两)。

根据上述资料，新设海关的实际人员共计 58 人，较江海新关时期的人员多了 14 人。巡艇长月薪 300 元，明显高于原定 150 元之数，可能还包括其他外籍水手的薪金。1856 年，除三名税务司外，原文案兼秘书一名，改为秘书（Secretary）一名，文案（Assistant）三名，因此，海关人员实际人数增加到了 61 人。① 新海关的员役薪酬较江海新关以及内地常关有明显提高，但华洋职员的薪酬差距相当巨大。三名税务司的年薪，即超过了所有海关其他职员薪酬的总和。整个海关事务，完全由税务司控制。"（咸丰）四年分续延三国夷人，名为三司税，经理税务更为认真。惟跋扈已甚，书舍人等，皆不得过问。"②

税务司制度建立以后，海关人员的舞弊现象并没有多少改变和遏制。1856 年 8 月，容闳到达上海，在海关担任通事，很快即发现"此间有一恶习，中国船上商人与海关中通事，咸通声气，狼狈为奸，以图中饱"③。

在港口管理方面，根据海关税务司拟定的章程，1855 年 12 月 10 日，由道台、海关监督赵德辙颁布了《上海港引水章程》（*Pilot Regulations for the Port of Shanghai*）。上海开埠初期来华的外侨中，有数人从事引水职业，并无专门管理。这个章程公布后，明确海关税务司管理会为引水员资格考核机构；各该管领事馆为考核合格人员的发证机构；引水船悬挂上红下白旗标志，船身标以黑色编号；从吴淞口外至外滩停泊区各段引水价格每英尺 3—5 元不等；引水员上船引航，须向船主出示证件；无证人员不得从事引水职业，违者由该管领事处罚，本国在沪未设领事的人员，则由中国地方当局处罚；引水员须恪尽职守，如有玩忽职守，即吊销其引水执照。④

从上海外籍税务司设立到海关总税务司设立，江海关历年"夷税"收

①参照 *Shanghai Almanac for the Year 1857*，List of Foreign Hongs & Residents at Shanghai 之"江南海关"条。民国《上海县续志》卷二："原定正税务司一人，副税务司一人，嗣添设副税务司一人，一二三四等帮办九人，舍人额定二十名，续增至六十三名。造册外设正副税务司各一人，河泊所设理船厅正副各一人。"该志记载错误甚多，但关于光绪年间江海关人员的额定数目应不致有误，总数在 80 人之多。

②《吴煦档案选编》第六辑，第 224 页。

③容闳：《我在中国和美国的生活》，北京：东方出版社 2006 年，第 42 页。

④Wells Williams，*A Chinese Commercial Guild*，pp.256-257. 据《近代上海大事记》附《上海道（苏松太道）年表》，赵德辙已于 1855 年 11 月 26 日迁常镇道。

入共计1520余万两,较此前有了明显的增长:

咸丰四年正月十二日开关至九月二十五日	604022两
咸丰四年九月二十六日至五年九月二十五日	1860923两
咸丰五年九月二十六日至六年九月二十五日	1822792两
咸丰六年九月二十六日连闰至七年八月二十五日	2071582两
咸丰七年八月二十六日至八年八月二十五日	1838432两①

海关税务司委员会建立之后,英美等国商人自1853年9月7日上海海关被捣毁之后的欠缴中方的税钞即需解决。据统计,1853年9月7日至1854年2月9日吴健彰在苏州河北岸重建海关,英国商人共有45艘商船欠交478300两,美国商人26艘商船欠缴369710两,除有两艘美国商船未付9455两外,其余交付英、美两国领事以期票。自2月9日至3月17或18日止,来自各国的15艘商船共欠缴47114两。此后至新海关重新开关的三个月,有25艘商船留下契据出港,欠缴226877两;5艘未留契据而离港的商船欠缴12079两。② 总计共1134080两。领事代收的期票,理应由各该商兑付,交还中方。但是,英国商人、领事、公使之间争论不休,最后由皇家法庭裁决,英国领事阿礼国所持期票无效,应退还出票人。而美国方面只同意退还领事所收款项的三分之一给中方,总计近118050两。至于2月9日以后的欠缴关税,则一笔勾销了。③

由三位税务司组成的“委员会”,实际上有名无实,基本上由英方税务司把持。英方税务司威妥玛精通中文,很快成为税务司的主脑,他于1855年5月底辞去职务,在他的力荐和中方官员的支持下,英国公使包令勉强同意由年轻的李泰国(Horatio Lay)接任,包令原拟将李泰国调任广州。美方税务司贾流意不留意关务,于1855年初竟以一纸辞呈而回到美国。法方税务司史亚实虽通晓中文,但法商在沪贸易本不发达,加以李泰国的“勇于任事”,遂逐渐淡出对关务的领导。因此,上海海关大权实际落到了李泰国手中。等到六个月后美方推荐驻沪副领事余飞(M.W.Fish)担任税务司的公文送到,为时已晚。史亚实于1857年9月去世,接

①《吴煦档案选编》第六辑,第82页。

②[英]魏尔特著,陈筱才等译《赫德与中国海关》上册,第135—136页。

③同上,第137—138页;亦见莱特《中国关税沿革史》第122—125页。

替他位置的法国驻沪副领事伊担,不谙华语,也难以和已在海关主事两年多的年轻"老手"李泰国分庭抗礼。①

1858年6月,中英、中法《天津条约》签订。11月,清政府又与英、法、美三国分别签订《通商章程善后条约:海关税则》,其中规定:各口画一办理,……任凭总理衙门邀请英(法、美)人帮办税务并严查漏税,判定口界,派人指泊船只及分设浮桩、号船、塔表、望楼等事。② 根据这个条约规定,上海起源的海关外籍税务司制度将推行各个通商口岸。

1859年1月,两江总督何桂清被清政府任命为钦差各口通商事务大臣。接到各口通商大臣关防之后,何桂清即于5月正式札谕任命李泰国为总税务司。③ 海关总税务司的任命,既与上海税务司制度有着密切关系,但也有着重要区别,那就是海关总税务司以及各口外籍税务司,无须再经外国政府代表(公使或领事)推荐,而由清政府直接选择任命了,但这一变化,并不能改变海关实际上已经为外国人所把持的性质。虽然,《天津条约》及其附约,还未生效,何桂清改变上海道台与英法美三国领事就外籍税务司达成的协定,引起了法方、美方的不满,但中国海关外籍总税务司时代的到来已无可改变。《北京条约》签订以后,1861年1月,总理衙门正式任命李泰国为总税务司。④

四、结 束 语

江海关从1684年开关,到1843年11月开埠,主要征收国内贸易的常关税收,由海关监督委派家人负责关卡税钞征收事宜,定额加上盈余定额,不过10万两之谱。江海新关开征夷税后,每年夷税收入突破100万两,但征收管理方式一仍其旧。1854年7月外籍税务司管理下的海关重新开征夷税,到1859年总税务司的任命,上海海关的变化,主要是以下几个方面:

①[加]葛松著,中国海关研究中心译《李泰国与中英关系》,厦门:厦门大学出版社1991年,第45—48页。

②王铁崖编《中外旧约章汇编》第一册,第118、135、140页。

③札谕底稿,见《吴煦档案选编》第六辑,第270页。

④《文宗实录》卷三三七,咸丰十年十二月乙丑。

第一，结束了海关监督委派家人管理夷税收入的局面，而由外籍税务司控制了海关夷税收入。

第二，上海口岸的港务也专为税务司的管辖范围，并建立了引水员资格考试和持证上岗制度。

第三，上海海关华员薪酬虽较华税关卡有所提高，但华洋职员薪酬待遇相差悬殊。

第四，海关夷税的收入有了比较明显的增长，达到180万至200万两。

上述变化中，有两点需要有所澄清。过去对于上海税务司制度建立之后的"人员精简"，即有新关44人压缩到19人的说法，并不准确，到1855年，其职员人数即已超过盘验所时期，和之后建立的新关人员大致相当。其次，夷税收入的明显增长，与海关制度的改革关系不是很大。从1853年9月小刀会起义到1854年7月，10个月当中，外国进出口商船所欠税钞即达110万两，如照12个月计算，一年税钞收入可达130万以上。税务司控制夷税征收后，上海小刀会不久即被镇压，其税钞收入不过增加50万两左右，而1855和1856年两年，仅上海对英国的进出口额即增长了一倍以上。① 如此关税收入增长的"业绩"，实在不值称道。

最后附带谈一下关于"海关税务司"的译名问题。陈诗启先生认为："税务监督英文作Inspector，而税务司则为Commissioner of Customs。外籍税务司制度虽是从外籍税务监督制度演变来的，但二者有其不同内容。我国著作把两者一律译为税务司，难免混淆不清，有改进的必要。"②受此观点影响，国内一些海关史的翻译著作将1854年上海海关的外籍税务司都译为"税务监督"，这种译法是不对的。1869年中英新定条约附约的英文本中，同时使用Inspector和Commissioner两个名词，前者指外籍税务司，后者指中方的海关监督，如the Commissioner of Customs，另外，"南洋通商大臣"则为the Imperial Commissioner Superintending Foreign Affairs in the South，可见，在条约的英文文本中，Commissioner是对中方负责官员的

①参见《马克思恩格斯选集》第一卷，北京：人民出版社1995年，第731页。

②陈诗启：《中国近代海关史》，第46页。

名词，而外籍税务司或总税务司，则分别使用 Inspector 或 Inspector General。[①] 总税务司一职，在英文文献中，始终是 Inspector General。[②] 而且，就清代官方文献而言，有司税、税司或税务司等称呼，但绝没有采用可能与海关监督相混淆的"税务监督"这样一个名称。1854 年 7 月 6 日英、美、法三国领事关于承认上海新海关的公告，使用 a Board of Inspectors 的名称，说明 Inspector 是英美法三方共同确定的正式名称。税务司虽然是在列强的压力下设立，并且受到外籍税务司的控制，但性质上属于中国政府设立的一个机构和职官的专有名称，后人不能随意改动，也不能根据英文名词的含义重新翻译。

①Williams F. Mayers, *Treaties between the Empire of China and Foreign Powers*(Shanghai: North-China Herald Office, 1877), p.42.

②费正清等先生编的赫德书信集英文书名主标题即为 *The I. G. in Peking*。I. G.，即 Inspector General 的缩写。在当时英文的语境下，Commissioner 是比 Inspector 高一阶的职位。如上海工部局警务处，处长称 Commissioner，隶属其下的督察则称 Inspector。所以，即使将 Commissioner 改称 Inspector，也很难说是"别有用心"。

梅乐和与江门开埠设关情形论略

杨换宇

(南昌大学马克思主义学院)

关于近代中国通商口岸开埠问题的研究,向来是学界关注的重点。大致而言,有两种基本研究思路:一是注重口岸开埠设关的制度问题,对开埠设关的时间、地点、机构设置与规章制度等进行考辨;二是强调口岸开埠之后对地区贸易发展、城市建设和社会变迁等方面的影响。① 近代中国,无论是“约开商埠”,抑或“自开商埠”,大多由中国海关总税务司派遣税务司负责筹备开办事宜,因此,考察税务司在口岸开埠初期的具体作为,有助于我们理解相关制度建立与运作的动态过程。本文拟借助伦敦

①主要研究成果包括:丁抒明:《东海关设关考略》,《近代史研究》1985 年第 2 期;皮明庥、李策:《汉口开埠设关与武汉城市格局的形成》,《近代史研究》1991 年第 4 期;杨天宏:《口岸开放与社会变革:近代中国自开商埠研究》,北京:中华书局 2002 年;唐凌等著《自开商埠与中国近代经济变迁》,南宁:广西人民出版社 2002 年;吴松弟、樊如森:《天津开埠对腹地经济变迁的影响》,《史学月刊》2004 年第 1 期;王尔敏:《五口通商变局》,桂林:广西师范大学出版社 2006 年;戴一峰:《晚清粤海关(洋关)设立问题考辨》,《中国社会经济史研究》2009 年第 1 期;连心豪:《清末民初龙口开埠设关论略》,《鲁东大学学报(哲学社会科学版)》2009 年第 1 期;陈勇:《潮海开关史事考略》,《汕头大学学报(人文社会科学版)》2010 年第 4 期;吴松弟、杨敬敏:《近代中国开埠通商的时空考察》,《史林》2013 年第 3 期;周育民:《鸦片战争以后的五口开埠问题》,《清史研究》2014 年第 3 期;等等。

大学亚非学院所藏海关档案，以晚清时期税务司梅乐和(F. W. Maze)①筹办江门开埠设关的过程为个案，从人物与口岸开埠关系的角度切入，希望呈现口岸开埠设关的动态过程，借以深化近代中国口岸开埠史的研究。

一、江门开埠的背景

江门位于西江下游，水网密布，交通航运便利，“右扼高、雷、琼、阳、恩、开、宁、鹤各属之要，左控江海之冲，故能与省港鼎立而为大市场”②，是粤西商旅与货物的重要集散地之一。明代，江门归新会县管辖，作为交通要道，商贾辐辏，贸易繁盛，时人李之世有《江门晚渡》诗云：“千艘如蚁集江门，却喜江声敌雨喧。”康熙二十四年(1685)，清政府在东南沿海地区设立江、浙、闽、粤四海关，负责管理进出口货船的稽查征税事务。据《粤海关志》记载，粤海关依据功能不同，可分为“正税之口”“挂号之口”与“稽查之口”三种，前两种口岸都具有提供报关登记、填写税单与收纳关税的职能，因此，又合称“收税口岸”；而“稽查之口”负责稽查船只与货物的进出。江门口属于“正税之口”，具有征税功能。粤海关依照行政隶属关系又可分为“总口”与“小口”，粤海关75处子口根据地理位置分成七组，各由一个总口统辖管理。这七个总口以广州府为中心，设大关、澳门两总口。东北而上为惠州(乌坎总口)、潮州(巷埠总口)；西南而下为高州(梅菉总口)、雷州及廉州(海安总口)、琼州(海口总口)。江门口是“大关”管辖下的一个子口，位于广州府新会县，距“大关”二百里。《粤海关志》中还附有简略的“江门口图”。需要指出的是，“大关”下辖的11个子口中，江门口是额定征银数目最多的，达每年一万四千三百两零。同

①学界关于梅乐和的研究，主要集中于其担任海关总税务司时期，较少注意其作为税务司时期的情形。主要成果有：孔如轲：《梅乐和与中国海关(1937—1941)》(Nicholas R. Clifford, “Sir Frederick Maze and the Chinese Maritime Customs, 1937-1941”)，《现代史杂志》(*The Journal of Modern History*)第37卷第1期(1965年3月)；叶凤美：《梅乐和与中国海关》，载吴伦霓霞、何佩然主编《中国海关史论文集》，香港：香港中文大学崇基学院1997年，第497—516页；文松：《近代中国海关洋员概略——以五任总税务司为主》，北京：中国海关出版社2006年；等等。同时，关于江门开埠的研究成果也极少，且均未提及梅乐和，仅见陈占标《鸦片战争与江门开埠》，《五邑侨史》1990年第8期。

②《新会乡土志》卷十五“商务”，粤东编译公司承印1908年，第145页。

时,也是除总口之外,额征银最多的子口,足见其重要的贸易地位。①

鸦片战争之后,根据《南京条约》的规定,清政府先后开放广州、福州、厦门、宁波、上海等五处港口为通商口岸。道光二十三年(1843)七月初一日,广州正式开埠,粤海关开始实施新的海关税则。第二次鸦片战争后,由外国人帮办税务的洋关或新关逐渐在各通商口岸设立。咸丰九年(1859)九月二十九日,随着新式海关在广州口岸的创立,粤海关分化成两个相互独立,又相互联系的征税系统:一是由原海关监督主管,负责管理本国民船、商人贸易征税的机构;一是由外籍税务司负责,管理外国商船、商人贸易征税的机构。前者称为常关(Native Customs),后者称为洋关(Foreigner Customs)或新关(New Customs),江门口仍归属常关系统的粤海关管辖,亦改称"江门常关"。根据同治四年(1865)与同治十二年(1873)的《钦定户部则例》记载,粤海关所辖税口常有增减,"例设税口,时有增减"②,但江门口作为粤海关征税口岸的重要地位变化不大。

十九世纪末,英国政府在本国商人的一再催促之下,借中英"续议缅甸条约附款"谈判之际,提出开放西江的要求。1897年2月,中英签署的《续议缅甸条约附款》"专条"中规定,江门作为西江上的"停泊上下客商货物之口"对外开放,归三水关负责管理,并因"其来往货物较多,收入情况另载专册"。江门开作"停泊上下客商货物之口"以后,所收各项税钞数额逐年递增,由1897年的4333.542两,激增至1902年的46100.309两,增长了十余倍。据1900年三水关贸易报告记载,1897年西江上开作客商货物停泊口岸的江门、甘竹滩、肇庆府与德庆四处,进出口价值共关平银一百八十一万一千余两,其中江门"贸易极称畅旺,按货值综核四分之中,江门已占三分,其进口货固见特多而旅客往来亦复如是"③。

①梁廷枏总纂,袁钟仁校注《粤海关志(校注本)》,广州:广东人民出版社2002年,第207页。

②同治初年,据郭嵩焘称:"查户部则例所载,粤海关税口征收正税者三十三口,征收规银者二十四口,设役巡查者十三口。"载郭嵩焘《郭嵩焘奏稿》,长沙:岳麓书社1983年,第312页。同治十二年的《钦定户部则例》载,粤海关的总口数变更为九个,即"大关、琼州、海口总口,潮州总口,甲子总口,梅菉总口,海安总口,澳门总口,北海总口"。载《钦定户部则例》(同治十二年)卷三十九《税则二》,早稻田大学藏本。

③《光绪二十六年三水口华洋贸易情形论略》,中国第二历史档案馆、中国海关总署办公厅:《中国旧海关史料(1859—1948)》(第32册),北京:京华出版社2001年,第237页。

1901 年 9 月,清政府被迫与列强签订了《辛丑条约》,被索取赔款四亿五千万海关两白银,并规定为担保赔款的偿付"所有常关各进款,在各通商口岸之常关,均归新关管理",即常关由海关兼管。① 此后,江门常关亦划归三水关税务司兼管。

正因为江门贸易情形极盛,才使英国政府代表马凯(J. L. Mackay)在1902 年的中英《续议通商行船条约》谈判中,坚决要求开放江门为通商口岸。在双方商议过程中,开放口岸问题是讨论的焦点之一,而且江门开埠曾被专门讨论。最初马凯提出要增开十处为通商口岸,遭到清政府的反对,马凯指出,"如果觉得口岸开得过多,我准备减少一些,但是江门不在减少之列"。他强调,江门"现在必须开作通商口岸","除非江门能开放,西江上不能有生意"。② 尽管清政府一直试图主张自开商埠,反对约开商埠,但迫于压力,最终决定增开五处为通商口岸,江门就是其中之一。

1904 年 2 月 4 日,海关总税务司赫德向总理衙门呈文,提请清政府依据中英续定商约,开放江门。其中谈到,江门地区向有常关征税,但如今开为通商口岸,需要"另派税务司专辖"。由于江门常关由三水关税务司兼管,代征常关关税,新关开设之后,"仍可照旧征收",其征税章程可"援照三水成案试办",待试行数日之后,"再行酌夺应增应改等事宜"。关于是否特派关道监督赴江门驻扎一事,他建议由两广督宪会同粤海关拣派一员前往兼管征税事务。另外,赫德还希望借江门开埠之际,修改西江通商章程,他提议"调派粤海关副税务司梅乐和带同所需之人前往署理",并于 1904 年 3 月 7 日开办。③ 随后,总理衙门同意了赫德所请,允准开办。

概言之,江门开埠设关之前,该地区大致有两个征税序列:一是由康熙年间粤海关下辖的江门口,至近代洋关兴起以后,仍隶属于粤海常关,1902 年海关兼管常关时划归三水关管辖的"江门常关"序列;另一个是

①参见戴一峰《论清末海关兼管常关》,《历史研究》1989 年第 6 期。

②中国近代经济史资料丛刊编辑委员会主编,中华人民共和国海关总署研究室编译《辛丑和约订立以后的商约谈判》,北京:中华书局 1994 年,第 83—85、131 页。

③《江门改为通商口岸现拟开办日期暨拟照现行章程试办各缘由请酌夺示复由》(1903 年 12 月),台北"中研院"近史所档案馆藏,外务部档案,馆藏号:02-13-012-03-051。

1897 年江门开始作为“停泊上下客商货物之口”对外开放,由三水关管辖的“江门口”序列。1904 年 3 月 7 日,江门开埠设关,将这两个征税序列合并管理。另外,江门地区亦设有厘卡抽厘。

二、开埠初期的主要事务

梅乐和,英国人。1891 年 12 月进入中国海关,舅舅是近代中国海关第二任总税务司赫德(Robert Hart)。最初在东海关与山海关担任四等帮办,后来调至北京总税务司署,负责稽查账目。1904 年 3 月,调派江门关任署税务司,负责江门开埠事宜。后来,历任腾越关、粤海关、津海关、江汉关与江海关税务司。1929 年 1 月,梅乐和开始担任南京国民政府时期的海关总税务司,直至 1941 年 12 月,太平洋战争爆发,被日本当局解职。1943 年 3 月抵达重庆,短暂任职,5 月底正式退休。后移居加拿大,1959 年逝世。

梅乐和受过良好的教育,深得赫德赏识,被委以重任。在接到署理江门开关的任命之后,他早早来到江门,开始进行江门关的设置布局和关员的安排,为开埠设关做准备。① 1904 年 3 月 7 日,江门正式开埠。当日的盛况,据《申报》转述香港《循环日报》的报道称:

> 正月二十一日为广东江门开埠之期。午前十点钟时,洋关署理税务司某君亲至关前高揭中国徽章,并令飞虎缉私船上兵丁列队致敬,英领事与税司暂住之两花舫则分悬英旗及龙旗各一。飞虎船上鸣炮三响,开埠之礼既成。税务司请观礼诸洋人至花舫宴饮。是日气候严寒,欲雨不雨。英之麽显,法之亚加士两炮舰,均下碇口门。②

开埠初期,梅乐和有诸多事务需要处理,其中包括:为新成立的海关调派与任命职员,选定海关地址,并为新成立的港口划界,以及拟定相关

①需要注意的是,梅乐和是署理税务司,换言之,即代理税务司,但由于他是江门关首任税务司,因此,仍称其为税务司。1906 年 7 月,他才升任税务司,负责腾越关事务。

②《开埠盛仪》,上海《申报》,1904 年 3 月 18 日,第 2 版。

规章制度,规范基本征税事务等,努力使各项工作步入正轨。

(一)海关职员选募

梅乐和首先遇到的是江门关设立之后的职员调派任命问题。正式开埠之前,梅乐和就已经开始准备人员调配,他同粤海关署理税务司卢力飞(R. de Luca)联系,从粤海关挑选一些训练有素的华人内班职员,展开工作。后来,赫德从拱北关调巴士德(A. J. Basto)前来担任帮办,协助其工作,并授命其挑选所需的同文供事和书办。梅乐和选出三等帮办戴天泽与来自常关的四等帮办黄显华,并要求粤海关监督任命负责常关事务的书办。但是,梅乐和并未获得挑选理船厅与外班职员的指示,他担心仅仅安排两名钤字手可能无法应对预期往来此地的大量轮船。然而,直到开埠之后,他仍未收到关于理船厅与外班职员的任命与安排指示。梅乐和觉得江门关的人手不足,他经常抱怨江门地区有大量走私,但职员太少,无法有效的查缉走私。①

江门关开埠初期,也没有独立的海关监督,而是由粤海关监督常恩兼任。江门关除了接收原由三水关兼管的江门口的征税事务之外,江门常关与甘竹常关也划归江门关管辖,其管理人员也仍使用由粤海关监督所派遣的“委员”充任。② 关于“委员”的任命问题,梅乐和与两广总督、粤海关监督多次通过信函沟通。具体人员选派的决定权在后者,只是双方对“委员”的薪俸问题有分歧。海关监督认为其薪水应当由海关支付,并且由于最初的工作比较困难,海关应该给这些人员发更多的薪水。梅乐和却认为应当由对方支付,这样将来产生问题,可以撇清自己的责任。后来,赫德专门针对常关职员的薪俸问题下发通令,规范此事,规定“派驻常关之帮办、钤字手、华员通事等之薪俸、住宿津贴与其他开支,全由海关经费(账户 A)列支”,并且“委员薪俸按发薪时币制不能超过银一百两或银

①“F. W. Maze to R. E. Bredon, March 11th, 1904,” *Semi-Official Letters Volume* 1 - *Kongmoon* (1904-1906),伦敦大学亚非图书馆收藏,《梅乐和文件》(*The Papers of Sir Frederick Maze Relating to the Chinese Maritime Customs Service*),*PPMS2 Semi-Official Letters Volume* 1。注:这里的时间系梅乐和致总税务司署半官函的写信日期,以下内容皆源自本册,仅以通信双方及日期表示。

②中国第二历史档案馆、中国海关总署办公厅:《中国旧海关史料(1859—1948)》第 40 册,北京:京华出版社 2001 年,第 335 页。

洋百元,而各级人员之薪俸均须分别足额发放"。①

另外,关于常关人员的任命,赫德为了避免引起地方政府与已有职员的不满,曾指示税务司在挑选人员时,"应尽量雇用极少数洋员,主要监督华员工作;可细心从内班或外班中选派人员担任常关职务,宜力求节约,不必急于求成,凡本地华员能胜任者则尽免委派洋员"。② 梅乐和亦严格按照赫德的指示,挑选人员。

根据1904年的海关职员录记载,我们可以大致了解江门关人员的构成情况。1904年,江门关共39人,其中华员31人,洋员8人。洋员方面,内班2人,即代理税务司梅乐和与二等帮办中班巴士德;外班6人,即总巡1名,验货2名,钤字手2名,试用钤字手1名。华员方面,内班有同文供事3名,文案2名,书办3名;外班有验货称货等3名,水手巡役等7名,听差跟役等3名,轿夫更夫门役等4名,匠役杂差等6人。③ 梅乐和在任的两年间,人员变动不大。

大致可以看出,江门关人员的选派与任命主要通过四个途径:一是总税务司署任命,比如梅乐和与二等帮办巴士德,还包括理船厅与外班洋员的调派;二是由梅乐和与粤海关税务司协商挑选的一些华员,比如三等帮办戴天泽与四等帮办黄显华;三是由粤海关监督任命,比如担任书办的何灼华、陈济熙与余有成等三人;最后一个方面是继承原有江门常关与三水关负责江门事务的一套人员,比如水手巡役、听差跟役、轿夫更夫门役、匠役杂差等,当然这其中人员的调整与裁撤权部分掌握在梅乐和手中。

(二)港口划界与海关选址

关于江门关管辖的界限,在梅乐和起草的《江门关各国商船进出起下货物条款》中指出来往江门关的各船停泊界限为:"江门镇之西南角,即文武庙东西直线之内;江门河之东口大河面,即鲤鱼山东北直线之内;江

①海关总署《旧中国海关总税务司署通令选编》委员会编《旧中国海关总税务司署通令选编(1861—1910年)》第1卷,北京:中国海关出版社2003年,第521页。

②同上书,第469页。

③参见海关总税务司署统计科编印《新关题名录》(1905年),总税务司署统计科出版。

门河之西口大河面,即芝山村马头西南直线之内。"①同时,这也是江门港口的界址。梅乐和将提议的港口界址呈给总督与各国领事,经他们同意之后,由赫德报备总理衙门,成为定制。这一通商口岸界址之内包括了江门常关、厘金总厂与东口厘金分厂。常关已经归海关兼管并无异议,但厘卡却位于通商口岸界内,是否仍对来往船只照旧抽厘,梅乐和的意见是通商口岸内应为"免征厘金区",但未获总督同意。②

海关办公选址原本并不是什么问题,因为江门河一带不利于轮船停泊,梅乐和就选定江门河口附近作为江门海关所在地。然而,刚刚开埠不久,就收到赫德的指令,要求税务司把海关与常关集中于一处办公,但仍然是两个部门。赫德的作法是希望以常关为根基,提高常关的地位,便于海关兼管常关事务。然而,就江门地区而言,梅乐和却反对这样做。梅乐和在致赫德的信函中指出:江门地区常关位于帆船的停泊处江门埠,而海关在北街毗邻轮船的抛锚地,距常关约八里。把它们中的任何一个从控制交通的地方移开,都将导致相关业务的耽搁,并产生诸多困难。假如海关移到常关处,那么,轮船将驶至停泊有许多帆船的河湾,并在此抛锚,之后我们可以在常关方面建立一些优势,然而,很明显河湾并不适合轮船通行,甚至轮船在此无法找到抛锚地。另外,往来江门地区的船只,多为内河轮船,时间紧迫,许多船只仅仅领取文件,或上下乘客而已,因此,海关为了确保税收,必须现场办公,海关必须与抛锚地相邻。同样,常关如果移到海关附近,那么,它就远离了其征税的帆船通行与贸易中心。总之,无论是常关或是海关,都应该尽量设在离他们需要办公地近的地方,即常关应靠近帆船停泊地,而海关则需要毗邻轮船抛锚地。他认为,应该暂时保持目前的措施不变,直到找到恰当的措施为止。③ 此后,梅乐和就此事与英国领事、三水关税务司商讨,他们也赞成梅乐和的观点,于是,江门地区的海关与常关一直分设两处。④ 在此过程中,我们可以充分看到梅乐

①《西江通商章程暨江门关商船进出口起下货物条款均尚妥协应先试办由》(1905 年 3 月),外务部档案,02-13-001-01-025。

②F. W. Maze to R. E. Bredon, March 3rd, 1904.

③F. W. Maze to R. E. Bredon, March 10th, 1904; F. W. Maze to Robert Hart, March 13rd, 1904.

④F. W. Maze to Robert Hart, March 22nd, 1904.

和的自主性,而非盲从于总税务司的指令。近代以来,粤东有五处海关兼管常关,即粤海关、潮海关、琼海关、北海关、江门关,只有江门关一处是海关与常关距离较远,而其他四处的海关都在常关附近。

(三)拟定规章制度

新设海关的工作,除人员建置、港口划界、海关选址等问题之外,非常重要的一项是规章制度的拟定。江门开埠之时,梅乐和援照三水关的开办章程与《西江通商章程》,制定了江门关的章程,即《江门关各国商船进出起下货物条款》①(下文简称《江门条款》),完善了江门关的规章制度。《江门条款》是梅乐和制定的江门关试办章程,或者说是江门关的"理船章程"或"港务章程"。它主要规定了往来江门贸易船只的停泊界限、轮船停泊界限、船只起卸进口出口货物的手续与流程、某些特殊类型船只与货物办理方法,以及进出港口的注意事项与海关的办公时间等。

比如,在轮船停泊界限的选定上,也就是轮船抛锚地选在何处,梅乐和颇费了一些心思。以往征税的机关如常关、厘卡、作为停泊上下客商货物口的选址都在江门河上。然而,江门河的河道弯曲,水流湍急,河小而水深。并且,河的东口地区木筏、民船密布,还有往来搭载客人的渡船,导致河道拥挤,不便轮船行驶。夏天河水陡涨,再加上河道狭窄,轮船缺乏停泊之处。梅乐和曾与时任东海关税务司的甘博(S. Campbell)商议此事,认为不应将轮船抛锚地设在江门河上,因为拥挤而狭窄的河道不利于轮船起卸货物,甘博表示赞成。② 后来,他把轮船的停泊地定在海关前的河面一带,至江门河口止,并规定"如轮船进口时尚未停泊以前,一切驳船舢板均不准驶傍该船"。

江门口尽管有常关与厘卡征税,也曾作为停泊上下客货口征税,但是,毕竟海关征税的手续与流程与它们均有所不同,须重新制订。梅乐和曾抱怨道:"这里的商人对海关业务一窍不通,连最简单的报关程序都要解释半天,导致了所有事情的推迟。"③这就使制定详细的船只起卸、进

①《西江通商章程暨江门关商船进出口起下货物条款均尚妥协应先试办由》(1905 年 3 月),外务部档案,02-13-001-01-025。

②F. W. Maze to R. E. Bredon, March 3rd, 1904.

③F. W. Maze to R. E. Bredon, March 8th, 1904.

口、出口货物的手续与流程显得非常必要。《江门条款》规定："凡船只起卸货物，或上下压载之石铁等件暨搭客及行李，均须领有准单，如查出并无准单，私行起卸上下，或改行过载者，即应查拿入官。其领有准单者，只准由早六点钟，至晚六点钟起卸上下，此外或于夜间或礼拜日暨照章封关之期，若无专单，均不准起卸上下。"同时规定，舱口单必须列明各项货色、号数，倘有虚假之处，即将该船主究罚；如在船上查有货物未经列入舱口单者，即应查拿入官。另外，对于船只进口与出口货物，所需手续均有详细规定。如"凡欲出口之各货，须先由货商开单，将货色、件数、斤两、价值、号数逐件开明报关，并将货物运赴海关马头请验，随由关发给验单完纳出口税银，方能发给准单下船"。

章程还对某些特殊类型的船只与货物起卸进行了专门的规定。如第十款就规定了载有军器或火药等物品的船只，如果载有军器等件，却未领本关之军器专照不准擅自离关。最后，章程对进出港口的一些注意事项与海关的办公时间作了规定。如凡船只在本口内者，该船主不得任令船上人等将压载重物以及煤渣炭屑等类乱弃入河；……凡船只进口应由船主将该船于路在何处，见有礁石，何处见有浅水，何处水道见有变更等情，报知理船厅等。海关的办公时间是"除礼拜日暨照章封关日外，每日午前十点钟开关，至午后四点钟封关，所有本日欲行出口之船，其呈递舱单请领下货准单等事，应在三点钟以前赴关办理，以免延误"。

1904 年 3 月 25 日，章程制定好以后，梅乐和将其呈给总税务司署，以及各国领事与粤海关监督，赫德的建议是先依此试办。直到 1905 年 4 月 5 日，赫德才将此章程连同修改后的《西江通商章程》一起呈给总理衙门，总理衙门回复称"均尚妥协，应即先行试办，俟查夺情形一二年后再行作为定章"。① 而此章程已经使用一年有余。

另外，海关征税事务也是税务司的本职工作所在。梅乐和于 1904 年 3 月 7 日开始正式担任江门关税务司，直到 1906 年 7 月 17 日离开江门，所待时间两年有余。因江门系初开之埠，虽然"人人意中均以为附近港

①《酌拟西江通商章程并江门关各商船进出条款送呈鉴核由》(1905 年 3 月)，外务部档案，02-13-001-01-023。

澳，且为南方各府之孔道，又为懋迁总汇之区，预卜将来兴旺"，但梅乐和对江门的贸易情形却并不乐观。他认为，今非昔比，以往此地有"闽沪海舶生意"，但自从香港繁盛，以及琼州、北海等地开作通商口岸，"于渡船大局极有损碍"，而且"此前取给于本口者，今已易辙改弦"，因此，江门"虽仍为繁富之场，而望其振兴，殊难如愿"。① 果不出其所料，江门关的贸易在开埠之初增长较慢，根据1904年与1905年的贸易报告记载：1904年，江门关共征收税课关平银85000余两，其中进口正税占七成，出口正税占二成五。外洋贸易进口洋货共估值关平银1603905两。1905年，江门关共征收税课关平银101268两，外洋贸易进口洋货综核净数共估值关平银2226078两。两相比较，有所增长，但增幅不大。②

综上所述，江门开埠初期，梅乐和在江门关的职员征调、港口划界、海关选址、章程制定与关税征收等方面进行了积极的筹划与安排，为江门关日后的发展奠定了基础。同时，江门关的经历也培养了他独立处理海关事务的能力，为其以后进入更高一级的职位积累了经验。

三、参与修订《西江通商章程》

江门开埠设关初期，梅乐和除了筹备与负责江门海关的开关事务，还积极参与了《西江通商章程》的修订，扮演了关键性的角色。1897年，开放西江之后，准许外国轮船进入内河航行，使西江航运的局面变得混乱而复杂。同时，沿江一带，中国汽艇和拖船必须在地方当局管辖下的常关缴纳关税，使得复杂混乱的情形更加严重。③ 因此，赫德要求粤海关税务司对原有《西江通商章程》进行修改，并借江门开埠之际，检验其具体实施情形。④ 时任粤海关署理税务司卢力飞拟定的《试行西江通商章程》，于1904年3月1日在香港和澳门各报公布。章程的主要内容包括两个部

①《中国旧海关史料（1859—1948）》第40册，第331页。

②《中国旧海关史料（1859—1948）》第40册，第332页；《中国旧海关史料（1859—1948）》第42册，第366—367页。

③［英］莱特著，姚曾廙译《中国关税沿革史》，北京：三联书店1958年，第404页。

④《江门改为通商口岸现拟开办日期暨拟照现行章程试办各缘由请酌夺示复由》（1903年12月），外务部档案，02-13-012-03-051。

分：一是规定轮船在西江航行时的上下客货埠头与搭客埠头，以及轮船分类与各自航行时所需手续与流程；二是规定征收税项办法。

3月7日，江门设关征税，《试行西江通商章程》也开始试行。但是，试行不久，就引发了许多商人的不满与抱怨。导致商人不满的主要原因有两个：一是横门航线的关闭；二是外洋与西江上停泊所之间往来贸易的货物必须在江门关纳税。其中，关闭横门航线引发的问题尤为严重。原来，香港、澳门的外籍轮船进入西江的航线大致有三条：一条是横门航线，即由香港、澳门经香山县的黄莲江口横门至马宁，进入西江；一条是磨刀门航线，即由香港、澳门经香山县的磨刀门至顺德马宁，进入西江；另一条是经虎门至黄埔，过壕炖及八塘尾入沙湾江到潭州，再从大良江至马宁，进入西江。前两条航线的外籍轮船经过磨刀门和横门时由拱北关管理，后一条航线的轮船经过黄埔时由粤海关管理。然而，试行章程中却规定：由香港、澳门来往西江贸易的轮船"必须先经江门，或先经省城方能驶入西江"，"如先经江门，必须由磨刀门水道前往，并赴拱北关之纲洲税关呈报"。换言之，轮船如果想进入西江只能走后两条航线，禁止走横门航线。

梅乐和在给时任海关副总税务司裴式楷的信函中称，从许多方面来看，关闭横门航线是个失误。他指出，轮船走磨刀门航线存在诸多问题，同时试行章程忽略了横门航线的重要性。首先，磨刀门航线的水域条件并不适合小型轮船的航行，在退潮之时，部分河段会出现水量不足的情况；磨刀门的河口处较宽而入口处较窄，天气不好或有浓雾时，航行也非常困难。其次，香港来的客轮上的旅客经常抱怨，因为走磨刀门航线，使他们暴露在外，导致晕船。最后，这一航线在没有领航员的情况下是非常危险的，而领航员又奇缺。为了搞清楚关闭横门航线所导致的问题，梅乐和专门派人去澳门，调查行驶磨刀门航线轮船的真实情况。① 部分轮船如果在江门关纳税的话，就必须绕道走磨刀门航线，而不能走横门航线直接进入西江，也使得往来西江上的商人不断抱怨；假如不在江门起卸货物的话，只是为了取得进入西江的"西江专照"而绕行的话，就更无必要。

①F. W. Maze to Robert Hart, March 13rd, 1904; F. W. Maze to R. E. Bredon, March 16th, 1904; F. W. Maze to Robert Hart, March 22nd, 1904.

据莱特称,三水关税务司布廉恩(E. V. Brenan)对于上述章程也提出异议,理由是"这种办法对于三水在停泊所贸易方面的关税征收事宜,会产生不利的影响"。①

梅乐和将上述情形向副总税务司裴式楷汇报,得到的指示是:暂时开放横门航线;进出三水关以上停泊所的货物暂时在三水关纳税;并要求梅乐和与三水关署理税务司布廉恩、粤海关署理税务司卢力飞共同商议修订《西江通商章程》。

4月29日,梅乐和在回复裴式楷的信函中,提出了自己对修改《西江通商章程》的总体看法。当时西江开放通商贸易尚不足十年,他意识到"西江贸易还处于过渡阶段",因此在制定与执行西江章程的过程中,必须充分考虑这一因素,并谨慎处理。他指出,"理论上可行的章程"与"经实践检验的章程"是有巨大差别的,粤海关税务司制定的章程正是由于缺乏对实际贸易航行的考察,才导致了许多问题。梅乐和以江门为例,称:"理论上而言,河流只有一个入口是最好的。那么,最好的安排就是把江门作为出入西江的惟一口岸。这样,就迫使所有从事对外贸易的进出港船只必须在此地纳税,包括靠岸、验货与征税。如果再派一艘汽艇沿岸巡逻,监视往来江门与外洋之间的船舶,这样将最大限度地确保我们的利益。然而,商人可能会由于耽搁、额外的开支与转换运船而表示反对。目前,我们既没有足够的职员,也没有恰当的方法进行这种彻底性的变革。因此,当我们拥有更多经验,既能促进贸易发展又能确保征税的时候,它可能是未来发展最为理想的情形。"②

可以看出,梅乐和对于修改章程有自己独特的认识:在制定与实施章程的过程应该根据实际情况灵活处理,不应僵硬固守一些死的教条;注重在实践的基础之上,制定切实可行而又有效的章程;江门就是一个很好的例证。另外,在询问了许多在这一航线长期贸易的雇员与商人之后,他提出建议,修订西江章程之时,应该暂时按1897年《试办西江章程》的规章征税,获得三水关与粤海关税务司的赞同。

①[英]莱特著,姚曾廙译《中国关税沿革史》,第406页。

②F. W. Maze to Robert Hart, April 29th, 1904.

在与粤海关、三水关税务司多次信函交流之后，5 月 23 日，梅乐和向副总税务司裴式楷报告了他们关于西江章程修订之事讨论的初步成果。他们认为，有三个问题值得注意：一是西江上经过停泊所货物的征税问题；二是允许远洋轮船要么在进出三水关时，领取或交回“西江专照”，要么在进出甘竹关时，领取或交回“西江专照”；三是希望禁止远洋轮船与西江上的停泊所直接贸易。

梅乐和着重分析了第二个问题。他首先同意这一建议，因为之前希望直接驶入西江的轮船，即使不在江门起卸货物也要在江门关提交报告，从而获得或交回“西江专照”，为此，商人们被迫绕行 24 英里，如果改在三水关或甘竹关提交报告，就会大大节省他们的时间与成本。然而，梅乐和指出，如果甘竹关作为发放或收回“西江专照”的海关，需要增加职员，而实际上三水关目前的职员完全可以满足这一新增的任务。换言之，甘竹关无须作为轮船发放或收回“西江专照”的海关。假如这样决定的话，只需修改一下章程，即在停泊所起卸货物的轮船在进入西江的第一个通商口岸纳税，离开西江之时，则在最后一个通商口岸纳税。也就是说，因为甘竹关不是通商口岸，因此轮船要么在三水关纳税，要么在江门关纳税。①

此后，梅乐和曾谈到甘竹关问题，指出甘竹关作为江门关的分卡更为有利，而作为“发放准照的分卡”（Paper-issuing Station）不但会增加花费、人员安排、检查设备，还会造成许多不必要的忧虑。既然三水关离甘竹很近，又足以处理增加的额外事务，何乐而不为？② 为了避免处理甘竹常关事务时可能出现的麻烦，梅乐和专门致函总税务司，要求明确授以其管理常关的权力，即使用“钦加三品衔署理江门关税务司兼管江门甘竹常关税事宜梅”的头衔以保障其权力来源的合法性。③

7 月 17 日，梅乐和向裴式楷汇报三人商议修订西江章程的结果。他们的意见完全一致，梅乐和把章程中的变动之处简要列出：首先，由外国

①F. W. Maze to R. E. Bredon, May 23rd, 1904.

②F. W. Maze to R. E. Bredon, June 6th, 1904; F. W. Maze to Robert Hart, June 15th, 1904; F. W. Maze to Robert Hart, July 17th, 1904; F. W. Maze to Robert Hart, July 18th, 1904.

③F. W. Maze to R. E. Bredon, May 26th, 1904.

口岸前往西江的轮船务须先由江门、三水或粤海关之处领取西江专照。如果经过横门航线，就无须经过江门。其次，轮船由外国口岸至西江停泊所贸易者，须于进入中国的第一通商口岸即江门、三水或省城完纳进口正税。反之，出口之时须于该船原领西江准照之口即江门、三水或省城完纳出口正税。再次，西江上停泊所之间的直接贸易往来，没有经过通商口岸的，在起下货之前由地方当局征税，不归海关征收。这一贸易是无关紧要，不值得插手此事。最后，横门分卡归江门关直接管辖，因为江门关是距横门最近的海关。江门开埠之前，横门属于拱北关管辖，但是目前有必要发生改变。除了以上所述，其他部分并未修改。可以看出，最初的问题基本得到解决：横门航线重新开放，并且欲直入西江的轮船不必再为“西江专照”而绕行江门；往来外国口岸与西江停泊所贸易的轮船也无须专门在江门纳税，可以自由选择在三水、江门或省城纳税。

另外，梅乐和还试图借机扩大江门关的权力范围，希望将拱北关的崖门分卡与横门分卡划归江门关管辖。他认为，拱北关的崖门分卡最好由江门关管辖，因为崖门与拱北关没有任何直接联系，而崖门却是进出江门的交通要道。① 而江门是距横门最近的海关；横门控制的贸易并不归拱北关管辖；横门与江门之间的交往是经常性的、频繁的与迅速的，而横门与拱北的往来只能通过汽艇。② 最终，总税务司只同意了将横门分卡归江门关管辖。两年后，崖门分卡才划归江门关管辖。

西江章程大致修订完成后，提交给总税务司赫德，章程最后由江门关税务司梅乐和、三水关税务司布廉恩与粤海关税务司卢力飞共同署名，日期为“1904 年 7 月 30 日”。但直到 1905 年 3 月，赫德才呈给外交部审核。据赫德称：“所拟各节尚属周妥，其大意与近年办法无少差异，并与光绪二十四年(1898)修改长江章程极属相符，且由驻广州各国领事亦颇允可。现拟先行试办一二年，查酌情形可否作为定章再议。”外交部则审议通过，

①F. W. Maze to Robert Hart, July 17th, 1904.

②F. W. Maze to Robert Hart, July 18th, 1904.

命令"先行试办,俟查夺情形一二年后再行作为定章"。① 1905 年 5 月 1 日正式开始试行。同时,横门分卡亦划归江门关管辖。《西江通商章程》的修订重新规范了原来西江流域上混杂的贸易行为,取得了不错的效果。据梅乐和称,修订后的《西江通商章程》比较满意,并未听到任何不满或批评的声音。② 莱特也指出,"除因情况变迁作了些支节修正外,一直实施到现在"。③

从现有史料来看,梅乐和在《西江通商章程》的修订过程中,起着关键作用。1904 年 1 月,刚刚从江汉关调任粤海关的卢力飞在不熟悉西江贸易的实际情况下,就贸然修改原有的西江章程,导致新旧问题一起涌出。而梅乐和则根据"在地"经验,广泛听取各方意见,实际上主导了《西江通商章程》的修订过程。这一章程的修订,不但解决了许多航行贸易中的具体问题,而且梅乐和也借机扩大了江门关的管辖范围,增强了自身的权力。在此过程中,我们还能够明显感受到梅乐和的强势,而这种强势的来源可能有两个方面:一方面是其自身拥有的自信;另一方面是来自赫德与裴式楷的支持。

四、结　语

江门开埠之后,作为西江上的一个重要通商贸易口岸,发挥着重要的贸易孔道作用,它对整个西江流域贸易埠际变动与路线变更都产生了重要影响。而梅乐和为江门关在硬件设施建设、人事与规章制度等方面奠定了良好的基础,尤其是《西江通商章程》的修订,缓解了江门关与西江流域面临的许多贸易征税问题,横门分卡与此后的崖门分卡划归江门关管辖之后,增强了江门关的重要性。同时,梅乐和通过江门开埠设关及制订相关章程,培养了独立处理海关事务的能力,为其以后升任中国海关总

①《西江通商章程暨江门关商船进出口起下货物条款均尚妥协应先试办由》(1905 年 3 月),外务部档案,02-13-001-01-025;《酌拟西江通商章程并江门关各商船进出条款送呈鉴核由》(1905 年 3 月),外务部档案,02-13-001-01-023。

②F. W. Maze to R. E. Bredon, May 9th, 1904; F. W. Maze to Robert Hart, May 17th, 1904.

③[英]莱特著,姚曾廙译《中国关税沿革史》,第 407 页。事实上,梅乐和在 1911 年担任粤海关税务司时,又重新对《西江通商章程》进行了修订。

税务司积累了宝贵的经验资本。简言之,梅乐和成就了江门关,江门关也成就了梅乐和。

从人物与口岸开埠关系的角度切入,研究中国近代口岸开埠史,可以将原本静态的制度史或社会史的内容动态地呈现出来。比如,开埠设关过程中海关职员的任命,如果从静态制度史的层面梳理,可能更多关注海关人员的构成,却可能忽略这些人员是通过哪些途径被哪些人挑选出来的,即职员选任权力来源的多样性。再比如,江门关在选址过程中,如果不考察梅乐和的自主性,可能我们也无法真正理解:粤东五处海关兼管常关,何以只有江门关一处海关与常关的距离较远,而其他四处都是海关在常关附近。而详细考察《西江通商章程》的修订过程,尤其使我们能够了解一套具体制度生成的动态过程。从中,我们亦可察觉贯穿梅乐和一生的行事风格:一切从实际环境出发,不拘泥于固定的章则规定,松弛有道,灵活变通。这也是他之所以能够在 1928 年与易纨士(A. H. Edwards)争夺总税务司职位时胜出的重要原因之一。

粤海关惠州总口设于甲子、乌坎沿革略考

——兼论海陆丰分治对惠州总口之影响

周修东

（汕头海关关史陈列馆）

清代粤海关惠州总口因长期设于陆丰县乌坎口，故又称“乌坎总口”，遗址位于汕尾市陆丰县东海镇乌坎村关埠，其地原属惠州府，中华人民共和国成立后，海丰、陆丰均属东江专员公署管辖；1953年改属粤东行政公署；1957年隶属惠阳专员公署；1958年12月划归汕头地区专员公署；1983年9月，又归属惠阳地区专署管辖。1988年1月，经国务院批准，在原海丰、陆丰两县的行政区域上设置地级汕尾市。

而作为海关系统管辖范围，乌坎总口（即“惠州总口”）与庵埠总口（即“潮州总口”）同属粤海关管辖的七大总口之一。至少在1901年7月22日之前，乌坎总口已被撤销，所辖各口划归汕头常关总口管辖。中华人民共和国成立后，汕头海关于1950年3月在海丰县设立汕尾支关，1984年5月升级为汕尾海关（正处级），1996年2月在陆丰县设立汕头海关驻陆丰办事处（正处级）。乌坎总口遗址所在地现属陆丰办事处管辖范围，距离陆丰办事处海关大楼也就十来公里。乌坎总口除清道光年间编纂的《粤海关志》对其建置、管辖范围等有所介绍外，道光之后有关资料罕见，对于乌坎总口何时成立、何时撤销也语焉不详。现就《粤海关志》《清实录》及有关海关档案资料，并结合陆丰乌坎、甲子存世三块涉及惠州总口的乾隆年间碑记，考证惠州总口清初曾创设于甲子口，乾隆年间

迁移到乌坎口的建置及沿革，以请正于方家。

一、清初惠州总口尝设于甲子

据《粤海关志》①和《中国海关通志》②，清康熙二十二年（1683），清廷平定台湾，开放海上贸易。翌年，议定粤、闽两省先行创设海关。康熙二十四年（1685），粤海关监督宜尔格图到任，在广州设立粤海关。康熙二十七年（1688），为便于对停泊澳门的外国船舶及货物进行稽查与征税，粤海关在广东香山县澳门设澳门总口、在省城设大关总口作为关税正口，同时，还在距省城较远的地方设置琼州、潮州、惠州、高州和雷州五口，皆为正税之口，负责当地进出船只、货物的稽查、征税等事务。

《粤海关志》修纂于清道光十九年（1839），其所记载的惠州总口就设在陆丰县乌坎口，故又称乌坎总口。

但笔者在查阅《清高宗实录》时，却发现乾隆十五年（1750）惠州总口曾经设在陆丰甲子的不同记载。乾隆十五年十二月二十九日（1751 年 1 月 26 日），“两广总督陈大受奏：臣奉命协理粤海关事务，查大关、澳门、甲子、潮州、梅菉、海安、海口七处为尤要。大关、澳门附近广城，耳目易周，余五处距省甚远，派委标弁及司事、家人、书役等收税，侵课累民，不一而足。请遴委佐杂，分口征收。琼州口二员，其余四处各一员，令其约束书役，以专责成。报可”③。此处，甲子与大关、澳门、潮州、梅菉、海安、海口等六大总口并列，大关为省城监督署所在地正税总口，澳门则设在香山县的正税总口，潮州为潮州府正税总口（此处没有用潮州总口所在地庵埠之名，为别例），梅菉、海安、海口则分别为高州府、雷州府、琼州府正税总口，那么，甲子自然也就是惠州府正税总口所在地了。也就是说，在乾隆十五年间，惠州总口还设在甲子口。

在《粤海关志》中，也可以找到甲子口曾作为惠州总口的蛛丝马迹。

①（清）梁廷枏总纂，袁钟仁校注《粤海关志》卷 7《设官》，广州：广东人民出版社 2002 年，第 114 页。

②《中国海关通志》编纂委员会编《中国海关通志》第一篇《建制》第三章《海关》第一节《机构·粤海关·粤海关各口》，北京：方志出版社 2013 年，第 166 页。

③《清高宗实录》卷 379，第 13 册，第 1214 页。

在《粤海关志》所载员额有：

> 书吏：惠州总口一名；柜书：惠州总口二名；口书：碣石口、神泉口、乌坎口、汕尾口、平海口各二名；巡役：惠州总口、靖海口、墩头口各一名；水手：碣石口、湖东口各一名，靖海口各二名，惠州总口、神泉口各三名，墩头口各四名，平海口各五名，乌坎口、汕尾口各六名；水火夫：神泉口、汕尾口、平海口、墩头口各一名；火夫：惠州总口二名。

据以上所引资料，惠州总口与乌坎口并举，而没有甲子口员额，则此惠州总口为甲子口，而且“惠州总口”和“乌坎口”在水手配置时并出，分别配置水手三名和六名；惠州总口配置柜书二名，而碣石口、神泉口、乌坎口、汕尾口、平海口则各配口书二名，碣石口属于稽查口，尚且配置二名口书，甲子口作为正税口却不见有柜书、口书名额配置，于理不合。揆之事理，《粤海关志》在此处所载资料中“惠州总口”应该就是甲子口，其征引的原始资料应该出自甲子口作为惠州总口的那段时期，编纂人员在修志时没有详细考辨而致征引不一之误，也因此使得这一则原始资料藉以存世，为我们考证甲子口曾作为惠州总口提供了珍贵的佐证。

《粤海关志》中还记载：“凡守口吏役，一年更换。道光十六年八月议定，交代日期注册遵行。”如“书吏、口书日期”，乌坎总口口书一，二月初九日；乌坎总口书吏，八月十四日；神泉口口书一，八月二十六日；乌坎总口口书一，十一月十六日；甲子口口书，十一月二十八日；汕尾口口书，十二月十一日”①。在这些资料中，提到“甲子口口书”，但上述所载员额中没有“甲子口口书”的人员配置，以此可证上述所载员额出处为早期档案，守口吏役更换资料所据为“道光十六年（1836）八月议定”时的档案。由于所据档案属于不同时期，致其记载有不相一致之处。

那么，甲子口作为惠州总口的时间大概在什么时候呢？

其上限，当在清康熙二十七年（1688）或稍后在惠州设置总口时，惠州总口就设在甲子口，时甲子曾设所城，隶属海丰县。

①《粤海关志》卷7，《设官》，第122页。

其下限，据陆丰县东海镇乌坎村内现存原乌坎海关总口税务、候补直隶左堂质某在清乾隆三十年(1765)所树禁碑，则至少在乾隆三十年时，惠州总口已从甲子迁至乌坎；而乾隆十五年十二月两广总督陈大受上奏时还提到甲子总口，则惠州总口改迁乌坎当在乾隆十五年到乾隆三十年之间，那么甲子作为惠州总口的下限就是乾隆十五年到乾隆三十年之间这一段时间，具体时间暂不可考。

为何惠州总口创设于甲子口呢？

清初，甲子港隶属海丰县，为惠州府重要港口和军事要地。早在明洪武年间，就设有"甲子所城，在(陆丰)县东一百二十里，明洪武间千户盛玉筑。城高一丈八尺，厚一丈五尺，周围五百九十丈，雉堞一千一百八十，敌楼四，楼下辟门"①。康熙末年，蓝鼎元在《潮州海防图说》中称"商艘往来，不过旗岭、汕头、神泉、甲子，他皆非所恋也"②。可见甲子港为商舶汇聚之地，在粤东沿海港湾中属于重要港口。清顺治、康熙、雍正、乾隆历朝《实录》中有多处提到甲子，但却没有一处提到乌坎，另外惠州府属的各港口如汕尾、平海、湖东、碣石、墩头、长沙、鲘门、稔山等，规模和名气也都逊于甲子港。

据《清实录·圣祖实录》，康熙四年(1665)十月，郑成功船队曾"驾七十余只，冲入甲子所港口挽泊"③。康熙十七年(1678)六月乙亥，"广东广西总督金光祖疏报，惠州甲子港，贼船出没，总兵官苗之秀亲督官兵，于五月二十六日与贼战三昼夜，沉贼船一百余只，阵斩及淹没者二千余人，生擒二十余人，获伪札船只器械甚多"④。康熙四十二年(1703)七月辛未，两广总督郭世隆疏言，"甲子一所，乃险要海口。从前止千总一员，今应将镇左营，移驻甲子所，与碣石镇联络防守"⑤。可见，在清初甲子是惠州府一个重要的港口和海防要地。

鉴于海丰一县管辖海域辽阔，县治遥远，海丰有分县而治之议。雍正

①乾隆《陆丰县志》卷三《建置》，广东省地方史志办公室编《广东历代方志集成·惠州府部》第13册，广州：岭南美术出版社2009年，第33页。

②(清)蓝鼎元撰，郑焕隆编校《蓝鼎元论潮文集》，深圳：海天出版社1993年，第54页。

③《清实录·圣祖实录》卷17，第4册，北京：中华书局1986年，第256页。

④《清实录·圣祖实录》卷74，第4册，第949页。

⑤《清实录·圣祖实录》卷212，第6册，第157页。

九年(1731)四月己亥,“兵部议覆广东总督郝玉麟条奏改设县治事宜。一、裁海丰县之甲子、捷胜二所,改置一县于东海滘地方,建立县治。设知县一员、典史一员,移海丰县训导为新县训导,改原驻东海滘千总为新县城守营千总。……从之。寻定东海滘新设县曰陆丰”①。乌坎港近东海滘,属粤东港口后起之秀,乌坎“为海口,巨舰蚱蜢大小咸集,在邑南十里”②。后来,惠州总口从甲子迁至乌坎,当是与陆丰设县于东海滘有关,且在陆丰设县若干年之后。

因康、乾期间惠州总口设在甲子口,而惠来县神泉正税口距甲子口仅有四十公里左右,靖海正税口距甲子口也只有六十多公里;而潮州庵埠总口离靖海正税口有七十多公里,离神泉正税口一百余公里,相对来说惠来县两个正税口距离甲子口较近,这也是此两口就近划归设在甲子口的惠州总口管辖的缘故吧。否则,从乌坎口至神泉正税口距约九十公里,靖海正税口则有约一百二十公里,相对庵埠口来说距离更远,将此两口划归乌坎总口管辖从地域距离和行政成本来说得不偿失,只有原先惠州总口设在甲子口,神泉、靖海两口靠近甲子口才足以解释。后来惠州总口迁到乌坎口,神泉、靖海两口一仍其旧,仍然归属乌坎总口管辖。

二、惠州总口建置情况

据上文考证,约在康熙二十七年或稍后,至乾隆十五年到乾隆三十年间,惠州总口曾创设于甲子口;其后由于海丰、陆丰分治,而将惠州总口迁至乌坎口。

《粤海关志》卷五《口岸》载,在清道光年间,乌坎口为正税总口,位于惠州府陆丰县,距广州大关七百里。下辖乌坎、甲子、汕尾、平海、神泉、靖海六个正税口,另有湖东、碣石、墩头三个挂号口,长沙、鲘门、稔山三个稽查口。湖东、碣石两个挂号小口为甲子口所辖,长沙、鲘门两个稽查口为汕尾口所辖,稔山为平海口所辖。神泉、靖海两个正税口在潮州府惠来县境内,由于远离潮州庵埠总口,反而靠近原来的惠州甲子总口,所以这两

①《清实录·世宗实录》卷105,第8册,第387页。

②乾隆《陆丰县志》卷2《疆域》,《广东历代方志集成·惠州府部》第13册,第33页。

个正税口就近划归惠州总口管辖；后来惠州总口迁至乌坎，神泉、靖海二正税口仍属乌坎总口管辖。

惠州总口管理人员原由粤海关监督“选委书吏、巡役，公同亲信家人稽查收放”①。乾隆十五年十二月二十九日，两广总督陈大受上奏：“请遴委佐杂，分口征收。琼州口二员，其余四处各一员，令其约束书役，以专责成。”②乾隆五十一年(1786)七月，总督穆腾额等会奏称：“其余五总口及分隶之各小口四十余处，系内地本港船只出入之所，距省自数百里至二千余里不等，所有每年详委之佐杂，本非熟习关务，且官职较卑，书吏、家丁视为微员，未能受其拘管。……与其委用佐杂长随，稽察难周，不若责成就近之丞倅，督率经理。缘该丞倅等本任事务既简，且官职较优，非佐杂微员可比，书吏人等，不得不受其约束，于整顿关务较为有益。……查惠、潮、高、雷、廉、琼各府与五总口附近之处，均适有同知、通判，内择其才守较优者，督臣、监督会同抚臣饬委，督同书役稽查一切税务。……至丞倅各员，如准其稽查口岸，其本任均有应得俸廉，足资办公，毋庸议给饭食银两。所有惠、潮等处总口，每年详委佐杂各员，及家丁应给饭食等项，共银四千一百二十二两，均可节省，归入平余项内，一并报解。奉朱批：如所议行。”③

因此，从乾隆五十一年起，管理惠州总口委员为惠州府同知或通判兼任。据《粤海关志·职官表》，从乾隆五十年(1785)至道光十六年(1836)任惠州府同知兼惠州总口乌坎委员有曾大任、周作渊、吴光祖、袁树、彭锡璜、宗圣垣、司能任、潘仁、陈国铨、王汝桢、润普、易长华、瑞麟等人。

其他员额根据《粤海关志》所载摘录如下：

(1)书吏：承办通关收支、报解税项，惠州总口一名，间届一年期满，与另外高州、雷州、琼州、潮州四总口书吏“轮流更调，统计五年役满归农”。

(2)柜书：惠州总口二名。

(3)口书：碣石口、神泉口、乌坎口、汕尾口、平海口各二名。

①《粤海关志》卷7《设官》，第114页。

②《清实录·高宗实录》卷379，第13册，北京：中华书局1986年，第1214页。

③《粤海关志》卷7《设官》第116—117页。

(4)巡役:惠州总口、靖海口、墩头口各一名。

(5)水手:碣石口、湖东口各一名,靖海口各二名,惠州总口、神泉口各三名,墩头口各四名,平海口各五名,乌坎口、汕尾口各六名。

(6)水火夫:神泉口、汕尾口、平海口、墩头口各一名。

(7)火夫:惠州总口二名。

上文已考证,以上所引资料中惠州总口与乌坎口并举,而没有甲子口员额,则此惠州总口其时设在甲子口,所录资料为甲子口作为总口之时的员额配置。

那么,乌坎总口时期的员额配置情况又是如何呢?这在《粤海关志》中也有所记载:"凡守口吏役,一年更换。道光十六年八月议定,交代日期注册遵行。"如"书吏、口书日期",乌坎总口口书一,二月初九日;乌坎总口书吏,八月十四日;神泉口口书一,八月二十六日;乌坎总口口书一,十一月十六日;甲子口口书,十一月二十八日;汕尾口口书,十二月十一日。[①] 在这些资料中,提到"甲子口口书",则此处资料当为"道光十六年八月议定"时的档案。

《粤海关志》所载"惠属各口"税额,即合计乌坎正税总口、神泉、甲子、汕尾、平海和靖海五个正税口和碣石、湖东和墩头三个挂号口全部税额,共计7100两。

三、与乌坎总口有关三块乾隆石碑的解读

在汕头海关关史陈列馆一楼展厅,立有一块乾隆四十二年(1777)粤海关惠州总口石碑复制件,为陆丰办原主任林育生、汕尾海关副调研员吴学雄在2009年初经多方努力,请行家将保存在陆丰乌坎港的粤海关惠州总口石碑碑文拓印并捐赠给关史陈列馆,其后又自费雇请石工精心复制该碑,捐赠给关史陈列馆收藏陈列;并查阅大量史料,走访专家学者,对字迹已经模糊的原碑文进行了全文释读,为研究清代初中期汕尾地区海关历史提供了难得的实物展品和第一手文字史料。

①《粤海关志》卷7,设官,第122页。

左为“乌坎总口”原石碑，右为陈列于关史陈列馆的复制石碑①

该碑碑文释读如下：

> 粤海关惠州总口详请两广部院，准乌坎港上、苏（蘓）白糖船，每船恩糖十二包，兼饷钱一百七十一文，存为乌坎天后娘娘庙内年间费用之资。仰赖皇化德涌，恭留万年；大人深恩，流芳千古。庶神明之凭依有藉，而禀祀无穷也。是用泐石，以志不朽。
>
> 乾隆四十二年仲冬吉立。

在乌坎总口遗址一角，尚存有另一块石碑，为清乾隆三十年一月□日“管理惠州府总口税务质②、候补直隶州左堂”所树禁碑。碑文漶漫，全文未能移录，其大意是禁止邑民前往港前虎头山挖土，以固港屏。③

在陆丰甲子东溪管区“天后宫”内墙壁上，嵌有一块《奉宪示禁碑》，碑高 2 米，宽 1 米左右，自左向右有 14 列文字。该碑释文如下：

①关史陈列馆复制石碑中“上落白糖船”之“落”字误，对照原碑应为“苏（蘓）”。

②“质”字或误，若未误，则“质”为“管理惠州府总口税务”者，暂以质某称之。

③该资料为 1987 年 4 月 28 日《汕头海关志》编修组成员提供。

1987年4月28日《汕头海关志》编修组成员到陆丰县东海镇乌坎村查勘石碑

特授广东惠州府正堂加三级、记录十一次李(棠)为饬行严禁事。乾隆三十七年二月十五日,奉总督两广都堂、昭信伯李(侍尧)批:委管惠州总口税务、惠州府经历仟德①禀称:

卑职窃查乌坎口递年额征税银五千五百一十余两,全仗商船云集,往来装载客货,轮纳饷项,其余贩艚等船在本口往来约有二百余只,载运柴炭、海壳等物,例不收税。近来商船稀少,比较多有不敷。细察其故,缘陆丰县每年四季应运碣石、甲子两兵米,向系籍雇蛋船装载,因其苦累,蛋船星歇。

于乾隆三十五年内始封商船运往,即如现在应解夏季之米,而该县先于二月出票,赴口封船,差役、水练绎络不绝,未免追呼滋扰;反至运米石押赴该处斛□,需守候多时,往还之间,约二三月之久。商船以装载客货为业,运一处即误一季之生理,甚至受额外赔累之苦。是以一闻封船,即丧胆远逃,以致税饷日见其绌,守口人役赔累维艰。

兹卑职委期已满,目击情形,冒昧续陈:可否仰邀格外洪慈,饬令该县设法另押别船起运,每处不过一千余石,需船无几。且每运载一第,自应公平雇佣,何至蛋艇、商船闻风远□。且夏季之米,亦无庸于两月之前

①仟德:此人或为旗人,然“仟”为姓氏甚少,疑有残缺,暂从。

封船守候。是否办理不妥,以致差役籍端滋扰仰混,致亏课饷大计,未便市井。等因到府。

奉此,合行出示严禁。为此示仰该埠船户人等知悉,嗣后陆丰县起解碣市兵米,止许雇佣空船民船,照例给发价值,其余商船、货客船不得混行扰累。倘不肖差役、水练等籍端索,一经访闻,或被告发,立即严拿详究;倘该船户人等籍称船只破烂不行装载,有误军糈,一并严拿治罪,断不宽贷。各宜凛遵,毋违指示。右仰粤海关舍人募税官叶。

乾隆[三十七年]三月初二日示发,仰甲子口实贴晓谕。①

兹就上述三块乾隆石碑解读如下:

其一,碑中记载,在乾隆三十年一月至四十二年十一月这段时期,惠州总口设在乌坎口。据上面考证,大约在乾隆十五年至三十年间,惠州总口已经从甲子迁至乌坎,此后乌坎口作为惠州总口一直没有再行改变,直至清末被撤销为止。

其次,在乾隆五十一年由惠州府同知兼任惠州总口委员之前,乌坎总口委员是由候补直隶州左堂(即候补直隶州同知)质某、惠州府经历仟德等佐杂兼任。可作乾隆十五年十二月两广总督陈大受上奏"请遴委佐杂,分口征收"之佐证。

其三,乌坎口在乾隆三十七年(1772)的征税额为银5510余两,当属整个乌坎总口(惠州总口)的全部税额。查《粤海关志》,在道光年间乌坎正税总口每年额征银1100两,而合计《粤海关志》所载"惠属各口"税额,则为7100两,与乾隆三十七年征税额相比,增加了近1600两。可见到了道光年间,惠州总口的征税额有了一定的增长。

其四,海关税口附近大都建有天后宫,如"仰甲子口实贴晓谕"的《奉宪示禁碑》就嵌在甲子天后宫内墙壁上,乌坎总口也在"乌坎天后娘娘庙"附近,神泉、碣石、平海、墩头和靖海各口附近也建有天后庙,这从《粤海关志》所载各口地图可以直观看出。乌坎天后庙的年间费用,由惠州总

①转自许振沛《陆丰甲子〈奉宪示禁碑〉浅析》,韩山师范学院教务处编《斯土斯民:〈潮汕历史文化〉〈潮汕区域史〉课程学生作业选编(2000—2011)》,2011年12月,第100页。本文略有校正。

口在乾隆四十二年报请两广总督同意,从乌坎港运往上海、苏州的白糖,每船捐献恩糖12包,并捐税银171文,“存为乌坎天后娘娘庙内年间费用之资”,并立石以为定例。可见海关各税口大都设在商船进出港口,而商船又仰望妈祖保佑平安,商船往还平安,各税口自然税收增加,无形之下税口便与妈祖互为左邻,甚至由总口出面呈请两广总督抽取税捐、船户捐献恩糖作为妈祖经费,那么两者之间又有利益牵涉在内,互为衬托了。

其五,乌坎正税口对来往商船所装载客货征收税饷,对于往来本口载运柴炭、海壳等物二百余只“贩艚等船”例不收税。据《粤海关志》,乌坎正税口所征收商货,进口有黄糖、白糖、杉木、寿枋、缸瓦、葵衣、葵扇、灯草、豆子、米麦、烟叶等物,出口有咸肉、咸鱼、生猪和盐等物,从量计税,但未及“柴炭、海壳等物”。黄糖、白糖为乌坎出口大宗,因此,乌坎天后娘娘庙才特地从白糖出口运输船只中捐献恩糖和税银作为该庙的经费。

其六,由于陆丰县每年四季运送兵粮至碣石、甲子两所,于乾隆三十五年封商船运送,致使商船生业受累而逃避,以致乌坎口“税饷日见其绌,守口人役赔累维艰”。经惠州总口税务委员仟德任满呈报,始由惠州知府奉两广总督李侍尧批示出示严禁,“嗣后陆丰县起解碣市兵米,止许雇佣空船民船,照例给发价值,其余商船、货客船不得混行扰累”,可见船业是否正常运作影响到税收的征集及关员的利益。

其七,惠州总口委员还负责港务管理,并就“禁止邑民前往港前虎头山挖土,以固港屏”事宜出示晓谕,树立禁碑。

四、潮州粤海新关设立后乌坎总口的归属情况

随着汕头港口的优越性逐步得到显现,对外开放通商的呼声越来越高。据杨伟翻译《汕头常关地位与工作报告》①,咸丰三年(1853),广东当局充分认识到汕头港口的重要性而批准在粤海关管辖下设立新的常关总口——潮州粤海新关,并实施同样的税则。这个新关设立在妈屿岛上,庵埠总口征管的潮州府税收转由新关管理,因此,庵埠总口变为分卡,这个

①潮海关署理税务司夏立士(A.H.Harris)指导,验货员康普金(W.H.Campkin)撰写,杨伟译《汕头常关地位与工作报告》,总税务司署上海造册处,1908年,第109—112页。

变化使得本地区所有的分卡都叫“旧关”(Kau Kuan 或 Old Customs),唯一新设立的常关叫“新关”(Hsin Kuan 或 New Customs,即“潮州粤海新关”,又称“汕头新关”)。这些“旧关”,都是归属于潮州粤海新关管辖的分卡。汕头新关负责管理沿海民船贸易,旧关分卡负责管理内河民船贸易。

这时乌坎总口是否有所变更?兹以史料无征,暂不可考。

到了咸丰九年十二月初九日(1860 年 1 月 1 日),汕头被辟为对外通商口岸,并开设实施洋税务司制度的潮州新关(后来称为“潮海关”,俗称“洋关”),同治三年(1864)6 月 21 日,总税务司赫德通令“潮海关主管职责范围应限于香港至东澎岛(即南澎岛)沿海”①。也就是说由税务司掌控的潮海关管辖的外贸关区东至南澎岛,西至香港海域。这时,已在咸丰三年将庵埠总口移至汕头并改设为潮州粤海新关的沿海通商口岸,其贸易税收为潮海关(洋关)所蚕食,征税业务萎缩为国内民船贸易,改称“潮州常关”;那么,由于潮海关(洋关)为粤东沿海唯一对外通商口岸,乌坎总口在职能上不能对外贸易,来往沿海通商口岸的税收也由于归属潮海关(洋关)管辖沿海范围内,当然也摆脱不了被潮海关(洋关)蚕食的命运。至于其管理民船贸易的关卡归属是否改变,暂时也无法找到确切材料予以考证。

那么乌坎总口至迟在什么时间被撤销呢?

据杨伟翻译《汕头常关情况报告》所载,在 1901 年(光绪二十七年)7 月 22 日以前,潮州粤海新关就管辖有 14 个旧关分卡:庵埠口、梅溪口、潮后口、水井口、炮台口、澄海口、厦岭口、碣石口、东陇口、黄冈口、甲子口、神泉口、乌坎口、汕尾口。② 也就是说,至少在 1901 年 7 月 22 日前,乌坎总口已被撤为卡口,其管辖各口也一并归属潮州粤海新关管辖。

当时潮州粤海新关名义上由本关的两位委员管理,这两位委员分别由驻庵埠的潮粮厅通判和驻碣石的海防厅同知兼任,由于他们不在汕头

①海关总税务司署通令第 8 号(第一辑,1864 年 6 月 21 日于北京),《旧中国海关总税务司署通令选编》,北京:中国海关出版社 2003 年,第 32 页。

②杨伟翻译 1901 年 7 月 22 日《汕头常关情况报告》,旧中国海关出版物第五系列办公系列(*Office Series*)第 73 号之 62—68 页。

常驻，实际工作由司事办理，所征税款存入海关银行并汇缴至广州。除东陇、黄冈两个分卡由粤海关监督指派的清书所控制外，"其余卡口都以固定的税额由世袭清书承包。因为大约有200名清书，派往那个卡口每年都由粤海关监督当场抽签决定，每人轮值一年。清书没有官方头衔，潮州府内的清书由庵埠潮粮厅负责管制，南部卡口①及惠州府内那些卡口的清书由碣石海防厅负责管制"②。

光绪二十七年（1901）9月29日，户部指示设在汕头的潮州常关总口由潮海关接管，10月10日，总税务司下达接管离潮海关总部五十里内庵埠、梅溪、潮阳、澄海、水井和厦岭六个常关卡口的指示，但由于常关委员沈庆的反对而未遂。沈庆仍任常关委员，继续管理常关分卡。③

1914年1月1日，潮海关根据财政部和总税务司的命令，接管50里内常关分卡11个，同年11月，又接管了炮台分卡。此后，潮汕地区的常关，存在着由海关委员管辖的50里外常关和由税务司管辖的50里内常关。至1921年，潮海关监督（1912年新关委员改设为潮海关监督）管辖下的常关分卡有：东陇、黄冈、靖海、神泉、甲子、碣石、乌坎、汕尾、平海；常关支所有：府馆、西河、东河、柘林、湖东、大德、田墘、遮浪、捷胜、长沙、马鬃、鲘门、墩头、淡水、稔山、港口。④

1931年3月13日，总税务司下达关于接收五十里以外常卡机构的指示，要求潮海关税务司将井洲、神泉、甲子、碣石、乌坎、汕尾、马鬃、港口、墩头、稔山等处常关卡口予以接受。⑤ 到了1932年1月3日，根据总税务司指示，"潮海关监督所辖五外常关⑥，凡系能与外洋直接贸易之口卡，概于本月一日起由潮海关税务司接收管理，改为海关分关，所有在职人员暂

①南部卡口，疑为原归属惠州总口管辖的神泉、靖海二正税口。

②杨伟翻译1901年7月22日《汕头常关情况报告》，旧中国海关出版物第五系列办公系列（*Office Series*）第73号之62—68页。

③《汕头海关志》第一章《机构组织·机构设置·常关》，第68页。

④中国第二历史档案馆藏总税务司署档案679卷18020号，潮海关呈文第5571号附件"1921年汕头及其附近地区常关和海关监督常关分布图"；《汕头海关志》第一章《机构组织·机构设置·常关》，第68页。

⑤广东省档案馆藏《潮海关档案全宗》150卷208号，总税务司令3435号。

⑥五外常关：即五十里外常关分卡。

时照旧留用"①。

1932年2月16日，总税务司梅乐和呈关务署文第2880号称："（潮海关区）原设分卡十一处：井洲、神泉、甲子、碣石、乌坎、汕尾、马鬃、港口、墩头、稔山、遮浪，拟存留分卡一处：汕尾。……拟取消分卡九处：马鬃、遮浪、港口、甲子、墩头、碣石、乌坎、神泉、稔山。说明：查以上各分卡所有贸易民船，皆系往来于香港者，进口民船甫离香港领水时，即在九龙关所属之三门分卡完纳进口税，各该卡只能征收出口税，实无存留之必要，如将各该卡取消，所有由汕尾以南各处运往香港之货物，可在三门分卡完纳出口税，由汕尾附近地方运往香港之货物，可在汕尾分卡完纳出口税，由汕尾以北、汕头以南及汕头附近地方运往香港之货物，可在汕头完纳出口税，在汕头以北、浮潺以南运往香港之货物，可在浮潺分卡完纳出口税，至运往台湾或台湾以北各处之货物，亦可同样办理。似此情形，既不妨碍税收，复可节省经费。是以拟予取消。"②至此，乌坎分卡被奉命取消。

1937年11月29日，潮海关监督余耀华根据财政部命令："所有全国各海关监督署应一律裁撤，惟监督一职应仍予保留，驻在该管税务司署，依照海关法规监督税务司办理关务。原有关防小章应予留用，其卷宗财产移交该管税务司署接收保管。"将乌坎分卡等五十里外常关各口关产造册移交潮海关税务司署，"前乌坎口关产一处，面积102方丈33方尺，坐落陆丰县属乌坎乡。以上一宗无契据，现交由陆丰县政府保管，二十五年（1936）十月间，函准陆丰县政府查复，该关产房屋因年久失修，无人居住，早已完全倒塌，仅存墙角可辨"③。

1938年6月20日，潮海关税务司呈文总税务司，报告接受监督公署移交的监督公署地基、前东陇常关、前黄冈常关、前府馆常关和乌坎常关的有关情况。称乌坎常关面积为102方丈33方尺（1312.53㎡），坐落在陆丰县乌坎乡，房产已倒塌，该地产上现无房屋，故未估计收入数目。④

在抗战时期，乌坎曾经有一段时间重新设关，这在抗战胜利后陆丰县

①广东省档案馆藏《潮海关档案全宗》418（甲）卷，中华民国去函存稿第1号。

②广东省档案馆藏《潮海关档案全宗》332卷第835号。

③广东省档案馆藏《潮海关档案全宗》384卷第566号。

④广东省档案馆藏《潮海关档案全宗》737卷第228号。

碣石商会理事长谢荣业致潮海关税务司函中有所言及："迨至抗战军兴，潮汕、香港相继沦陷，三门关、汕尾分关先后撤退，政府为税收计，乃再有设关于陆丰之乌坎及货运稽查处于甲子。"①

据刘新业先生《曲江关（1942—1946）史料存考》记载："1941 年 12 月 8 日，日军偷袭珍珠港，太平洋战争爆发。针对原驻上海海关总税务司署为日伪所强行接管，国民党政府于重庆另组国统区海关总税务司署，并在接近战区省份增设兰州、西安、洛阳、上饶、曲江等五个关。"曲江关原设在粤北曲江（韶关），后东迁梅县，先后在广东北部、东部内陆地区和东南沿海一带设立过大小分支机构 30 来处，配备人员 200 名左右。1942 年 1 月下旬，曲江关税务司拔士到职，2 月正式接管九龙关乌坎分卡，1943 年 1 月，惠阳等地相继被日机轰炸，3 月关闭乌坎分卡，改设陆丰分卡。也就是说，在 1942 年 2 月前不久，乌坎已恢复设立分卡，归九龙关管辖，由曲江关接管后的一年多，因为日机轰炸而被迫关闭，改设陆丰分卡（具体地点不详）。1945 年 1 月初，日军宛如困兽犹斗，继续向粤东沿海地区及粤汉线南段大举进犯，陆丰等分卡先后撤退，后来陆丰分卡没再恢复。

《曲江关（1942—1946）史料存考》还记载了乌坎分卡在 1942 年 2 月中旬的生活费用情况："米每司担 400 元（合每市担 333 元），柴每司担 35 元，盐每司担 200 元，肉每斤 10 元，鱼每斤 10 元，菜每斤 7 元。关员每人每月仅膳食费一项即需 270 元。"

到了 1996 年 2 月 16 日，海关总署批复同意在陆丰市东海镇设立汕头海关驻陆丰办事处（正处级）；1998 年 7 月 21 日，该办事处正式开办业务。乌坎港离陆丰市中心城区东海镇仅 9 公里，建有千吨级码头 2 座，还有可建 3000—5000 吨级码头泊位 100 多处。该港已于 1997 年 3 月 3 日正式对外通航。②

从粤海关惠州总口由于海、陆丰县的分治，总口从甲子口迁徙到乌坎口，历经沿革，到改革开放后设立汕头海关驻陆丰办事处，三百多年来沧

①《函请迅予派员赴碣筹备设分卡以裕国库而维民生由》，陆丰县碣石□商会公函（业商函字第 27 号），广东省档案馆藏《潮海关档案全宗》309 卷。

②《陆丰概况 · 海港和旅游资源》，转自 http://www.lufengshi.gov.cn/E_ReadNews.asp?NewsID=228。

海桑田，几经变迁，见证了海陆丰地区沿海贸易的兴衰，为我们进一步探索粤东沿海外贸发展、开发“21 世纪海上丝绸之路”航运节点提供研究对象，具有一定的历史和现实意义。

折冲樽俎

——凤阳关改革时期内外部关系初探(1929—1930)

王　俊

(安徽省池州市经济和信息化委员会)

20世纪20年代末30年代初,负责安徽北部常关税征管的凤阳关被南京国民政府财政部划归海关管理①。总税务司治下的海关调派精干人员,运用现代管理制度,大力革除各类弊端,尤用力于税收征管制度改革,在较短的时间内(1930年2月15日至1930年12月31日)取得显著成效。改革时期的凤阳关同各方关系的发展和变化可以体现海关对凤阳关进行改革所面临困难、海关人员付出的艰辛努力和取得的成效,对凤阳关有关各方的反应和它们之间互动的探究可以更加深入地了解海关与地方社会的互动情况。本文主要讨论海关对凤阳关进行改革时期行政系统内部关系、同外部有关机构和商人团体的关系变化、原因及其影响。

为了研究的方便,将全文分为凤阳关行政系统角度的考察、凤阳关和有关机构的关系考察、凤阳关同商人团体的关系考察以及余论四个部分加以阐述。

①改革的成因、过程以及其他改革等内容参见王俊《海关对常关的接管和改革研究——以凤阳常关为例》,厦门大学硕士学位论文,2012年。

一、凤阳关行政系统角度的考察

（一）处在总税务司和财政部（关务署）领导之下的税务司

在中国近代海关中，总税务司对各关税务司有绝对的人事权力，中央政府，即使是直接管辖海关的机构，无论是清代的总理衙门、税务处，还是北洋政府的财政部对于税务司的任命和管理基本都是无从置喙。在南京国民政府接管海关以前，海关中税务司几乎全部都是总税务司从国外延聘来的洋人，华人能升到税务司职位的则根本没有。

南京国民政府建立关务署后，海关划归其管辖。但是关务署对海关的管辖权限却十分有限，最关键的就是关务署无法直接指挥各地税务司，而必须经由总税务司转发公文或命令。其具体方式为，“关务署行使其职权方法，间接由总税务司命令各地税司，直接命令各地海关监督。关监督接到关务署命令时，得咨行税司照办，但税司在未得总税务司署同样命令以前不即实行”，这种方式使得“关监督接得关务署命令时，不能自己执行而必咨请税司照办，税司接到关监督咨文时，不即执行而必俟同样之总税司到时实行；权限之倒置，系统之不清，可以概见”①。

虽然南京国民政府在梅乐和就任总税务司后实行了关政改革，但是这种情况基本没有改变。关务署给税务司的命令还是需要通过总税务司来转发。由于凤阳关是五十里外常关，在税务司正式接管以前是归财政部关务署直接管理的，因此在 1930 年 2 月 15 日之前关务署都是直接发文给凤阳关监督，隶属关系改变后虽然关务署的文件大部分是通过总税务司转的，但是也会出现财政部和关务署直接给凤阳关税务司发文的情况。由于此次接管是以税务司直接取代监督，这导致了以前一直存在于各关，至少在名义上制衡税务司的监督职位在凤阳关不复存在，这是对自 19 世纪 60 年代以来所建立的监督和税务司平行领导体制的一种重大改革。这使得凤阳关税务司开始承担在其他海关口由监督所承担的职责。

考虑到凤阳关的重要性，财政部采取直接用税务司代替监督的做法，如果仅仅从筹款的角度去解释是不够充分的，即使调用的人员全是华员

①谢从周：《收回海关行政权之我见》，见特刊委员会《税务学校二十年纪念》，1929 年 2 月 1 日。

也不能完全解释。较为合理的解释是财政部不仅希望税务司能消除弊端,提高税收收入,同时也是在尝试用较为先进完善、管理科学的海关制度去整顿弊窦丛生的常关制度。因而,这种改造的成果体现的将不仅是税收的增长,更加体现为对征税机构的现代化改革。

虽然财政部对海关总体上的态度是认可的,表现为文件基本都是财政部和关务署发给总税务司,再由总税务司转发给税务司执行。但是例外情况的偶尔出现,再加上海关的特殊性,使得这一过程变得更加微妙和敏感。

税务司在这期间的尴尬从两个方面可以较为清晰地观察到。第一个方面就是税务司对财政部和关务署直接给税务司的发文和电报的处理;另外一个方面就是财政部坚持在凤阳关设立部派会计主任一职,虽然最后取消了,但是这其中所透漏出的财政部的关切仍然是不能忽视的。

当税务司开始接管凤阳关的时候,何智辉得到过明确的训令,要求其"理应遵从我的指令并且只服从我的命令"①。卢斌在正式接任凤阳关税务司之前,也接到过明确的指示,"所有此类的电报和指示应该暂时登记备案"②,以等待总税务司的确认。很显然总税务司想维护的是他对海关的绝对控制,尤其是对税务司的控制,对任何可能影响这一控制的行为都非常敏感。这种敏感往往是以税务司对此类事件的敏感表现出来。

显然作为税务司,总税务司的下属,它只得服从总税务司。但是由于实际工作的需要和财政部主动直接给凤阳关发文情况的不断出现,总税务司的训令一再被突破。这让税务司感觉十分尴尬,不得不时常请示总税务司,希望能给予指导。

在征管制度的变革分析中,我们曾分析过税务司废除了"不起票"制度,要求税收必须有相应的票据支撑,因此"分关口对此类文件的需求正大幅增长。手上拥有的税收凭单存量非常少,但是需求又一定要被满足"③。又因为税务司等不及总税务司的回复,所以税务司"没有别的选

①《中国与西方:海关档案》,卷号679(1)17695,I.G. dispatch No.15/126 105。

②《中国与西方:海关档案》,卷号679(1)32658,S/O letter No.11。

③同上。

择，只好于不久前的一天非正式的向关务署申请发放三千张此类表单”①。对于这种绕过总税务司向关务署，即使是半官方的形式，申请税收单据的行为，税务司还是敏感地觉察到了向总税务司解释的必要性。他向总税务司解释道，“我希望你能认识到困难的环境并原谅我为应对紧急情况而采取的措施”②。但是关务署署长并不允许税务司采用这种半官方的形式申请税单，坚持要用正式公文申请。③虽然最后没有看到总税务司就这一问题的答复，但是此问题的敏感性是明显的。

在另外一件类似的事上，总税务司则给出了明确的态度。财政部于1930年3月14日直接指令税务司3月31日停募编遣库券。按照总税务司的要求，税务司一直等到24日都没有等到总税务司关于停募命令的确认，为了确保按时停募的实现，税务司只得向各分关口发布命令。显然，“就我而言，这是又一和管理权改变不相符的行动，但是这一不一致却是紧急而不可避免的”。税务司甚至向总税务司解释说，“财政部没有认识到扬由关和凤阳关税务司的实际状态，否则很久以前我可能已经收到了您大致意思相同的指示”④。对于这一问题，总税务司表示已就此一问题向关务署申请发布指令。⑤

税务司之所以在总税务司面前一再强调财政部文件经总税务司转发的必要性，是因为他之前受到了明确的训示。从这些表态可以看出总税务司和财政部之间还是存在着一定的紧张关系，总税务司对于财政部任何可能或者试图绕过他直接向税务司发布指令的行为都保持着警惕。这显然是担心财政部可能对总税务司对于海关的绝对控制权造成削弱。

这种担心在部派会计主任的问题上得到了更明确的体现。凤阳关为税务司何智辉接管后，凤阳关原部派会计主任陈方修和监督何智辉一起停止履行职责。但是，对于部派会计主任是否保留财政部并没有立即给予指示。总税务司对于此点给予高度重视，亲自主动发文询问税务司卢

①《中国与西方：海关档案》，卷号679(1)32658，S/O letter No.11。

②同上。

③参见《中国与西方：海关档案》，卷号679(1)32658，S/O letter，30th March，1930。

④《中国与西方：海关档案》，卷号679(1)32658，S/O letter No.11。

⑤参见《中国与西方：海关档案》，卷号679(1)32659，S/O letter ，8th April，1930。

斌,陈方修是否拥有部派会计主任的职衔并按此职衔行事,如果他如此行事,需要告知他,他不能被允许照料税务司的账目并在得到总税务司授权以前不能发薪水给他。①

据税务司的报告,停止履行部派会计主任职责的陈方修,“在本关的新职责,除了前监督何智辉委托给他的清理前监督未完成的事宜外,还为税务司照料日常的税收征收报告”②。至于其工作的薪资,鉴于陈方修在凤阳关薪资改革中的配合态度,因而其工资被卢斌削减到了 150 元。③即使是关于这一点税务司也曾向总税务司询问,是否可以向总税务司正式申请专门的授权以支付陈方修的薪水。④

总税务司对此的答复是,“目前你不必正式公开这件事情,陈方修可以被认为是属于被我们接管的旧职员”⑤。显然总税务司是想以默认的方式使部派会计主任的事情消弭于无形。

但是事情的发展出乎了他的意料。很快卢斌报告,“据可靠消息,财政部决定在扬由和凤阳常关都保留‘独立会计师’”,即上文提到的部派会计主任。对于这个问题,税务司再一次显示了他的敏感性,要求取消部派会计主任的任命。

至于为何非要请求财政部取消任命,税务司认为部派会计主任和税务司对凤阳关的管理有根本性的矛盾。他向总税务司报告道⑥:

> 从我过去在扬由关监督公署的经验来判断,我认为税务司和部派人员合作是不可能的。首先,税务司是总税务司任命的,对总税务司有绝

①参见《中国与西方:海关档案》,卷号 679(1)32659,S/O letter,23rd March,1930。

②《中国与西方:海关档案》,卷号 679(1)32658,S/O letter No.17。

③这里需要注意到这样一个细节,就是在半官方信函 17 号文件(4 月 19 日)中,卢斌报告陈方修被“税务司何智辉,任命作为凤阳常关一个月薪一百海关两(即 150 元)的临时常关税务员”。但其实之前卢斌向总税务司报告过,陈方修作为部派会计主任的薪水是 250 元(3 月 27 日),后被卢斌削减为 150 元,而在 17 号文件中却变成了何智辉削减陈方修的薪水,并将他任命为税务员。看起来似乎矛盾,但是如果考虑到这一篇半官方信函以后同样被送到关务署,就不难理解这可能是税务司在执行总税务司的关于以默认的方式将陈方修作为旧职员接管的训示(4 月 8 日)。

④参见《中国与西方:海关档案》,卷号 679(1)32658,S/O letter No.13。

⑤《中国与西方:海关档案》,卷号 679(1)32659,S/O letter,8th April,1930。

⑥《中国与西方:海关档案》,卷号 679(1)32659,S/O letter 13。

对的忠诚，然而“独立会计师”直接从财政部获取他们的授权。即使他们诚实地办理自己的事务，可能仍然有无用但却不可避免的对行动权力的争吵。在这样的一种情形下，很自然的结果是强势的税务司将发现他陷入了麻烦的海洋之中，而弱势的税务司将发现他的手脚被他的会计师所束缚。我想您将会同意当授权来自于单一渠道时事情总会变得容易和平和。

很遗憾，我还想说，在监督时期，扬由关和凤阳关的会计师并没有遵守他们的授权范围，而是尽可能干预包括监督在内的所有人的事情。以前的监督已经习惯于通过特别的津贴，这些津贴或者来自于私人的口袋或者来自于“不起票”所得的资金，以此来换取他们的善意。

显然税务司不想自己对凤阳关的管理权受到来自部派会计主任的掣肘，更不想因此而继续支付红包以赎买善意。税务司的态度不完全是出于曾经受到有关训令的影响的原因，也和他自己的切身感受有关。

不过涉及到所谓海关的“完整性”的问题，卢斌就完全是在遵循训令了。税务司卢斌向总税务司提出了他的担心，“在凤阳关和扬由关机构中容忍他们(按：指部派会计主任)的出现可能不仅意味着我们这儿改革的失败，而且也将破坏海关的完整性”①。很显然，卢斌所强调的“海关的完整性”②问题，是最能刺激到总税务司敏感神经的地方。因而卢斌得到命令，“当需要的时候，你应该通知部派会计主任，没有我的授权，你承认他的地位和向他发放工资是困难的”③。

不过财政部力图恢复在凤阳关和扬由关的部派会计主任。对此总税务司终于沉不住气了，他表示“我完全不理解财政部或关务署关于任命部派会计主任”④的命令，并将此问题送回重新考虑。为此，总税务司专门向财政部呈文，力辩没有必要设立部派会计主任。

---

①《中国与西方：海关档案》，卷号679(1)32659，S/O letter 13。

②一直以来维护和强调“海关完整性”是总税务司对于海关进行控制的至为重要的政策，总税务司为此可谓是不遗余力。

③《中国与西方：海关档案》，卷号679(1)32659，S/O letter，8th April，1930。

④《中国与西方：海关档案》，卷号679(1)32659，S/O letter，8th May，1930。

其主要理由有①:财政部在凤阳设立会计主任和海关向来做法不符;会计主任的设立对于事权统一有妨碍;各关税务司对总税务司负责,总税务司对部、署负责,出入款项有不清之处可随时查询,无设立专员监视之必要;各关税务司在海关服务多年,成绩卓著,从没有非法情弊,无派员驻关监视之必要;凤阳关和扬由关所用会计制度和海关一致,只有在海关服务多年之人才能胜任,生手难免错误;以前会计主任对监督事务往往干涉,现在各关由税务司担负完全责任,如果会计主任仍然肆意干涉,不仅会计制度较难统一,用人行政亦多掣肘,关务行政都会受到损害;凤阳和扬由关,以及芜湖、瓯海五外常关,自海关接管后税收较监督时期有较大幅度增长,这在商务停顿时期,实属不易,应归功于税务司办理得法,税款涓滴归公,不必另外专员监视,徒耗经费;五外常关在监督管理时期,各种陋规甚多,经征人员中饱私囊,政府收入受到严重损害,海关接管后大加整顿,虽未完全铲除各种弊端,但已尽最大努力;会计主任主要是兼管银钱出纳,现在总税务司可以担保海、常各关人员无中饱现象,因此无设置监察人员之必要;盐务和邮政机关均无此类人员,如果财政部认为必须设立是项专职,需要将彼此权限界定明白;设立该职位显示了对凤阳和扬由关税务和海关管理办法的不信任,与财政部将各常关交给海关按海关章程办理之命令不符。

总之,部派会计主任在凤阳关和扬由关的设置没有必要。为了加强说服效果,总税务司亲自去找了宋子文面谈②。最后,财长宋子文取消了会计主任在凤阳关和扬由关的设置。部派会计主任的重新设置和兴废,反映了财政部和海关之间的隔阂和一定程度上的紧张关系。

显然,总税务司真正担心的是部派会计主任会使海关所谓的"完整性"受到损害,进而可能损害到他对海关的绝对控制权。因而他对待这件事非常主动和敏感。作为税务司,其实无论卢斌自己内心是如何想的,他大概也只能在表态上偏向总税务司。至于财政部方面重新设置会计主任的原因,当然有财务监督的考虑,但是也不排除有对税务司形成一定制衡

①内容来自总税务司呈财政部文第162号,因该文部分文字内容极其模糊,识读工作十分困难,具体内容参见《中国与西方:海关档案》,卷号679(1)17695,I.G.dispatch No.39/127 726附件。

②参见《中国与西方:海关档案》,卷号679(1)32659,S/O letter,14th June,1930。

的考虑，毕竟凤阳关和扬由关都是很重要的常关，而且这两关都没有派遣和税务司相对应的监督对税务司进行制衡。财政部对海关的担心可能还是存在的。

至于最后裁撤，虽然目前没有资料显示是何种缘由最后导致宋子文作了撤销决定，但总税务司的力争无疑起到了非常重要的作用，撤销本身则显示了财政部最终选择了对海关总体上的信任。当然，不能过高估计这种信任，因为当时可能没有人比宋子文更清楚这两个关还能存在多久①。

总体来说，在会计主任事件中，税务司、总税务司以及财政部三者之间的互动展现出了凤阳关税务司在海关与财政部微妙关系之间的行为取向，这也是卢斌改革和管理凤阳关所需要处理的重要关系，直接关系到改革能否顺利进行。

（二）海关人员和常关旧职员的关系

要履行征税职能，凤阳关内部的团结很重要，因此海关人员必须要谨慎处理和凤阳关原有职员的关系。在何智辉任凤阳关监督时期，凤阳关内部职员之间也处在比较紧张的关系之中。虽然何智辉本人并没有在改革凤阳关方面有多少成果，但还是引起了凤阳关内部一些职员对包括其在内的海关职员的严重不满。被控告的对象包括海关派遣人员六人中的四人以及一个总务课长。这些匿名的控告者显然知道海关在职员廉洁性方面的严格要求，因而他们选择从贪污腐化这个角度对以上人员进行控告。以下简要说明海关人员被控告的情况。

何智辉被控告的罪名主要有三条：侵吞税收；侵吞职员工资和航务科的月度津贴；侵吞债券。

关于第一条罪名，何智辉“采取老旧而非法的‘不起票’征收税收和

①税务司卢斌为了解决明光关分等铁路沿线各关口的土例问题，曾考虑过如果凤阳关不裁撤的话，在浦口建立检查站的必要性，他就此询问了总税务司何时裁撤凤阳关的问题，但总税务司批准了建立检查站的请求（1930 年 11 月 25 日），并要求南京税务司给予配合。但是检查站建立不到一个月税务司就接到了裁撤常关的命令。如果总税务司知道的话，应该不会批准这一请求。

采用被蚌埠当地百姓称之为‘开两扇门’的方法”①约侵吞了 5 万元。理由是石友三事变时蚌埠关总办时祖荫在将 11 月份的总收入上交以后账户里被发现还有 12 000 元,而按照规定“当税收收入达到五千元时,应立即上缴财政部”②,但时祖荫却没有这么做。这和预算没有关系,“因为监督公署的开支实际上和每个月的预算相差无几”③。

关于第二条罪名④:

根据本关预算,一等、二等和三等汉文文牍员的工资分别为每人 160 元,120 元和 80 元,但是前监督支付我们的工资却相应地只有 50 元,80 元和 120 元,然而这些差额却被运作装进了他自己的口袋。此外,预算中隶属于本关的航务科的经费估计每个月为 2500 元的津贴每个月也被监督侵吞,四个月累计达一万元,因为这个机构现在仅名义上存在,但实际上数年以前就不存在了。

关于第三条罪名⑤:

作为通常的做法,所有应该汇交给财政部的债券收入,仅仅只是从正当的税收收入中扣减的一部分。实际上没有一个单独的债券发行给商人并为商人所持有。发行给各分支机构的债券通常变成了负责人的财产,但是最大的一部分却被留给监督作为他自己的收入。

此外,时祖荫和李兆源分别被控告侵吞了约 2 万元的大额钱财,因为⑥:

①《中国与西方:海关档案》,卷号 679(1)32658 半官方信函中附带的总税务司发给关务署,关于凤阳关关员呈控何智辉等海关人员不法行为的密函副件,1930 年 3 月 8 日。
②同上。
③同上。
④同上。
⑤同上。
⑥同上。

正阳关和蚌埠关在1929年的9月、10月、12月和1930年的2月每月都至少能征收五万元以上，但他们所实际汇给凤阳关的税收，不超过每月大概一万两千元的数额，这和往年同期相比显示了很大的缩减。

在债券方面，他们二人也被认为有侵吞行为。除此之外，临淮分关总办林乐明被控伪造税票和隐匿税款，以及总务课长郭深收受500元贿赂。

对于这起控诉案，总税务司非常重视，主动给税务司卢斌去信，要求其进行相应的调查，并提出自己的看法和拟采取解决问题的措施。税务司对总税务司所提出的问题给予了非常详细的答复，这其中就包括了对这起控案的调查。

对于第一项指控，卢斌指出被石军提取税收收入是事实，但是"被提取的税收，是正如前面提到的，以赊欠方式征收的税收"①。对于赊欠和"不起票"，卢斌表示这并不是何智辉引入的，而是长久以来就存在的，而且"何智辉在他接管该机构一个月后，就向关务署申请更多的海关职员来帮助他这一事实表明，他实际上在试图去为废除这两种非法行为做准备"②。

对于第二项榨取一万元钱财的指控，卢斌认为没有事实依据。因为前文曾提到何智辉被石友三军队扣押并被勒索20万元换取自由，但是何智辉却一直被羁押直到总税务司两度打电报才救出他。因此卢斌断定，"石友三军队逮捕何智辉的动机，毫无疑问是为了钱。假如何智辉曾经榨取过任何钱的话，军队将不会这么容易就释放他"③。

关于第三项指控，凤阳关代募各种债券，"在表面上，虽系按照正附税二成搭募，而其内容则因商人藉口商艰大半不肯承认，而各分关口经募人员乃以部令所关，未敢显违，不得不作掩耳盗铃之计，多由征收税款内酌留一部分作为编遣库券之募款，以顾考成"④。因此所提罪名不存在。

①《中国与西方：海关档案》，卷号679(1)32658，S/O letter No.17。

②同上。

③同上。

④《中国与西方：海关档案》，卷号679(1)17695，Fengyang dispatch No.18附件。酌留的部分达到了税款的20%，且这种方式是多年的惯例，参见《中国与西方：海关档案》，卷号679(1)32658，S/O letter No.38。

对于控告提到的税收短征问题，卢斌确认税收的糟糕是由于干旱导致涡河和淮河水位较低以至于严重影响水运贸易，复又因为铁路机车缺少导致铁路贸易量也是非常糟糕。①

关于林乐明的案子，最后证明是具控人对林乐明的误会所导致的。至于“所有其他的问题，或者是伪造的，或者是不能被证实的无事实根据的指控”②。

二、凤阳关和有关机构的关系考察

税务司在改革和管理凤阳关的过程中除了需要处理好与行政系统内部的关系，还需要处理好与有关机构的关系，比如与淮安关、津浦铁路当局和蚌埠军事当局的关系。

（一）和淮安关的税收协调关系

淮安关的辖区与凤阳关的管辖区域是相邻的，因而两关在常关税征收方面有一定的协调。

两关的协调关系一个重要的表现是在六大宗货物的税收征收上。“对于黄豆、饼片、芝麻、铁货、药材、煎碱六项货物，因前清中叶两江总督奏准，指定为淮安关专税③”，所以盱眙分关下辖的蒋壩分口，在此设立的分卡，并不对此六项货物征税。而淮安关在此设立的分卡，遂迫使贩卖这六项货物的商人只能绕道淮安关去交税。此种协调自然是清朝政府主导的结果，至于其原因可能是，“淮关在满清时代所有收入专为供给清宫费用”④，而同时因多种原因造成淮安关收入不稳定甚至短缺⑤，所以才有此种安排。

对于这种安排，给运输这六大宗货物的人造成了很大的不便。因而

①参见《中国与西方：海关档案》，卷号 679（1）32658，S/O letter No.17。

②《中国与西方：海关档案》，卷号 679（1）32658，S/O letter No.17。

③《中国与西方：海关档案》，卷号 679（1）17698，Fengyang dispatch No.115 附件 2。

④《中国与西方：海关档案》，卷号 679（1）17698，I.G.dispatch No.134/130 964 附件。

⑤对于淮安关关税盈绌的原因研究，可以参见范金民《清代前期淮安关税收的盈绌原因》，《安徽史学》2007 年第 1 期。该文谈到商品绕越对于淮安关税额的影响，这可能是造成清中期强制凤颍等地六大宗货物必须赴淮安关交税的原因。

大概在光绪年间，有蒋壩士商给当时的凤颍六泗道督理凤阳关部的监督上呈文，认为“蒋壩本属安徽凤阳关子口，一切货物既归凤关征收，距淮关水陆程途二百余里，风别马牛”①。这自然是想让这六大宗货物不再往淮关报税，但是时任安徽巡抚沈秉成认为，前两江总督马新贻已经奏明“淮安关在蒋壩地方设役专查黄豆等六大宗，其余货物一概不得过问”，而且再次任两江总督的曾国藩也认为，“设关稽征各有一定界限，未便任其纷扰。蒋壩地方既属凤关辖境，应归凤关稽征，具有奏定淮关黄豆、饼片、芝麻、铁货、药材、煎碱六宗，此外无论何项货物不得过问之案，自应遵照办理以免扰累”②。结果是仍然维持原来的政策。

到了1930年，再有蒋壩镇航商代表蔡兆麟等向宋子文陈请，“请予开放淮关禁止黄豆、芝麻、豆饼、大铁、口碱、药材等六种货品由皖地三河头出口，以恤商艰而裕税收”③。他们认为淮安关将“苏皖两省黄豆、芝麻、豆饼、大铁、口碱、药材六宗，奏为该关专税。是以北河黄豆等项南下者，因由该关经过纳税，而南河油粮等项由淮河出口者，亦必勒令绕道投报，方为合法。违禁则船货充公，悬为寓禁”的做法实在不宜再实行下去。因为④：

一、查淮关远驻板闸，与吾皖风判马牛，视同秦赵，且旷隔洪湖远达数百里之遥，中经三四闸之险。水涸时犹可冒险行驶，一交伏秋，大泛闸水涨漫形同瀑布，船不能下，有在闸上驻至一二月或三四月不等者，血本□□攸关，生意亦复停滞，其病商者一也；

二、查蒋壩三河口□本系洪湖尾闾，实属吾皖门户。各商装载百货，径行直达，渡平浪静□□各闸湍激之险，复无迁延时日之虞，而该关强使绕道投报，饱受风涛之惊，此其病商者二也；

三、查淮河绵长千余里，全属皖境，所有黄豆、芝麻等项六宗，亦系产自皖地，各商贩运无非土产土销，自应皖税皖征，该关竟延满清专制淫

①《中国与西方：海关档案》，卷号679(1)17698，Fengyang dispatch No.115附件1。

②同上。

③同上。

④同上。

威,以皖地应征之税,必须绕道投报,拘文牵义,耽搁程期,此其病商者三也。

显然,蔡兆麟等认为六宗货物绕道淮关报税不仅病商而且不利于皖税皖征,应该改变。但现实是,虽"屡经请愿",然"该关监督不顾商艰,仍藉成例推却"①,延宕多年未解决。蔡兆麟等认为淮安关监督的理由不能作为延续该做法的理由,因为"若谓前清旧制继续,可能非特违背革命解放原则,抑且使苏省财赋日增而皖省税源日竭矣。倘借口省库收入问题,而苏省扬众车税所现已借设蒋壩,各船经过仍可征税,且与原地凤阳关分口亦无抵触,挹彼注兹,毫无陨越"②。

对于蔡兆麟等人的申诉,宋子文令总税务司转饬税务司调查实情。据负责调查的巡察员陈耀光报告,"三河口亦名三河头,居盱眙县蒋壩镇下游约四五里,扼洪泽湖之咽喉,为苏皖两省交界地点,往来货物,概须由此经过,向由本关蒋壩分口在该处设立分卡以便稽征而杜偷漏",但是对于六宗货物,三河口分卡"向不征验,概由淮关在三河口设立分卡一处,专司堵截,勒令绕道前往该关完纳税款"。③ 对于蔡兆麟等人提到的绕道报税的弊端,陈耀光认为,原呈所称属实在情形。

对于此问题的处理意见,税务司自然是乐意增加自己的税收,因此表示,"凤淮两关,皆系国税机关,同隶财部管辖,征收问题,在此在彼,本可无分畛域",但"在商人,恶远而就近",况"所请亦属实情,如果实行改革,饬由凤关征收,在职关税源增裕,决无窒碍难行之处,在商人方面如愿以偿,自觉便利良多"④。对于凤阳关自身和商人都有利的事,税务司当然乐意去做。不过,考虑到这样做可能导致"淮关方面收入锐减"⑤,因而最后税务司只得表示,静候财政部核示遵办。

关于此一问题的最后处理,虽未看到财政部最后的决定,但是此种做

①《中国与西方:海关档案》,卷号679(1)17698,Fengyang dispatch No.115附件1。

②同上。

③《中国与西方:海关档案》,卷号679(1)17698,Fengyang dispatch No.115附件2。

④同上。

⑤同上。

法以后肯定被废除了,因为淮安关作为常关,自然在财政部废除的常关之列。

综上所述,这六大宗货物从三河口出口,可谓快速便捷。但被淮安关奏为专税品以后,不仅商人蒙受了诸多的不便和损失,而且对于凤阳关来说也失掉了不少的税收。这种对商人和凤阳关都不利的局面,由于清政府的政策而一直维持着,但商人、凤阳关和淮安关的矛盾并没有消除。商人的一再反弹和凤阳关税务司的表态说明,随着时代的变化,淮安关一心想维持的这一做法,正面临越大越大的压力,直至常关被废除才得以解决。

(二)和津浦铁路当局的关系

津浦铁路 1911 年 11 月全线贯通,1912 年全线通车。蚌埠于是逐渐"从昔日的穷乡僻壤、地旷人稀的小渔村,逐渐发展成为津浦铁路线上水陆联运、货物集散的重镇"①。与此同时,货物流向也发生了改变,以往"安徽北部和涡河、颍水、淮河上游各流域物产,向来循淮河经临淮关,出清江浦(今江阴),顺运河而下②",津浦线通车后,"淮河流域的农产品、土特产品、工业原料,通过水运,络绎不绝地运到蚌埠,再经铁路火车转运,向南运往沪宁,向北运到平津;城市的工业品从这里运往两淮广大农村"③。因而蚌埠得到了快速的发展,到 20 世纪 20 年代,"它已经发展成为华东内地的一个中等城市,取代皖北商业中心临淮关的经济地位,成为淮河流域的一个中心市场"④。

正是看到了蚌埠的经济价值,以及政治和军事价值,当时实际控制安

①安徽文史资料全书编委会:《安徽文史资料全书——蚌埠卷》,合肥:安徽人民出版社 2005 年,第 450 页。

②宓汝成:《帝国主义与中国铁路(1847—1949)》,上海:上海人民出版社 1980 年,第 598 页。

③安徽文史资料全书编委会:《安徽文史资料全书——蚌埠卷》,第 450 页。

④宓汝成:《帝国主义与中国铁路(1847—1949)》,第 612 页。

徽的倪嗣冲在蚌埠建立了“凤阳关监督公署”①以更好地维护他的统治。

正是在此时，凤阳关和津浦铁路当局之间围绕征税问题的关系开始逐步确立。据凤阳关监督称②：

> 自津浦铁路通车后，商贾舍舟就陆，相率绕越以图漏税，各车站站台既无关卡委员上站查验货物之例，覆有附近火车十里内不准添税卡之文，以致如凤辖之符离集、门台子等处，皆系津浦南段之小站，商贾希图漏税，即可不到临淮蚌埠而绕至符离等站上货，虽明知之，而莫可禁阻，更有不肖员司藉词火车恃无考证，遂尔肆意侵蚀，亦所不免。

因为有如上之弊端，因而凤阳关监督呈请③：

> 就近先与临、蚌两站站长相商，准由监督随时派员抽看货车票根，以便与关税收单暗自核计大致是否相符，可洞除经征员司之串通私放及大头小尾等弊，即或奸商绕越仍有偷漏，而监督志在除弊，先去其甚已有得半之功，所派之员只准在站查看货品约略计数，既非上车征税，于该车之装载起卸又毫无干预，所拟于符离集、门台子暂设分卡，亦仅掣验票据，并不征税，于路政前途似无妨碍，于税务之将来则关系甚钜。

为了使铁路当局能够接受监督的建议，同时又考虑到各口员司随便到站查验带来的分歧和可能给铁路当局带来的不便，监督建议由“监督指

---

①凤阳关监督公署在清代一直在正阳关，据《蚌埠市志》（北京：方志出版社 1995 年）记载，1914 年将“凤阳常税关移于蚌埠”（该书第 13 页）。至于其位置，又据《安徽文史资料全书——蚌埠卷》记载，凤阳关监督公署是建立在将军府（之前称为督军府，1913 年秋开始兴建，1914 年 6 月 30 日落成即改为将军府，后来重新称为督军府）西侧（该书第 1029 页）。1913 年 7 月倪嗣冲任安徽都督兼署民政长，1914 年任安武将军，同年 7 月兼安徽巡按使。这一段时间也是倪嗣冲开始控制安徽，积极扩充军事力量的时间。因为倪嗣冲十分重视蚌埠，大部分时间都驻节蚌埠，很少去当时的省会安庆，因此凤阳关监督公署的迁移很可能是他促成的，从而便于他的控制。此外，监督公署迁往蚌埠也一定程度上反映了在铁路运输冲击下，商品流向的改变所带来的影响。

②沈云龙主编《关税案牍汇编》，《中国近代史料丛刊》第 87 辑，台北：文海出版社，第 424 页。

③沈云龙主编《关税案牍汇编》，《中国近代史料丛刊》第 87 辑，第 424—425 页。

定一二员，不时前往抽查，以归简捷”①。

以上论述说明，凤阳关为了税收的利益开始寻求铁路当局的配合。凤阳关和铁路当局之间围绕征税问题，还进一步解决了一些细节问题，比如为了稽查税收，凤阳关监督和铁路当局曾商定，“凤阳关可以在装卸货物以前对货物进行扣押，但铁路的货运车辆不能被扣留从而有损于铁路的利益”②。

到了税务司时期，为了解决铁路沿线各关口的赊欠问题和折扣土例问题，税务司曾提议，向财政部提交“由财政部授权，允许在徐州府和浦口建立检查工作站，以便于实施恰当的检查工作的建议，以及政府严格训令铁路当局在没有常关的许可下任何货物不能装卸的建议”③。但是时间和环境始终未能允许税务司向政府提出严格训令铁路当局配合凤阳关的建议，而是只能继续遵循以前和铁路当局达成的协议，以避免因解决上述问题而和铁路当局造成冲突。这是导致铁路沿线各分关口改革迟缓的重要原因之一。

和铁路当局的关系构成了凤阳关改革铁路沿线各关口能否成功的重要因素，不过随着凤阳关的裁撤，两个机构之间的沟通和协调也就再无必要了。

(三)和蚌埠军事当局的关系

税务司管理凤阳关时期，蚌埠的军事当局先是蚌埠市军警联组稽查处，后是以十一师师长陈诚为司令的蚌埠戒严司令部，再之后是以四十五师师长卫立煌为司令的皖北警备司令部。④ 卫立煌时期，蚌埠戒严司令部仍然存在，不过已不是蚌埠最高军事当局。

凤阳关经常被蚌埠市军警联组稽查处和蚌埠戒严司令部要求为公共安全进行捐款。在这些之外，因处军事时期，凤阳关时常会被蚌埠军事当局要求满足一些特殊的要求，比如在陈诚任戒严司令时就发生过这样

①沈云龙主编《关税案牍汇编》，《中国近代史料丛刊》第87辑，第425页。

②《中国与西方：海关档案》，卷号679(1)32658，S/O letter No.52。

③《中国与西方：海关档案》，卷号679(1)32658，S/O letter No.17。

④据《大公报》1930年5月14日载：“皖北警备司令部，初在合肥成立，继移至寿州，警备司令部兼四十五师师长卫立煌，即驻寿坐镇，警备司令部近奉令移蚌。”

的事。

1930年4月30日,陈诚给卢斌写信,有要事相商①:

敬启者,兹有要公奉商,希于本日下午五时,驾临本埠普济医院晤谈为荷。此致凤阳关税务司卢,弟陈诚拜启,四月三十日。

实际主持会议的为陈诚的代表——赵志鹏。事起于陈诚奉刘峙总指挥的命令,要尽快解散独立第十三旅,需款7万元,但陈诚部只有2万元,缺款5万元。缺额部分需要包括税务司卢斌在内的,来自多个机构的人员垫付。

作为皖北最大的税收机关的负责人,税务司卢斌对于此事件处于十分尴尬的地位。"在整个会议中的气氛是没有任何人想给钱,但是所有人都希望我来为拒绝负责任","这可能是由于我从您获得的独立授权"。②蚌埠商会会长高蔚轩更是直率地指出,假如卢斌"不答应支付主要部分,那么任何人都不应该因不支付任何部分而被责备"③。卢斌不能说服众人,又不敢完全拒绝军方的要求,因此只好将税收账户中所有的款项都提取交给了军方。提取的具体金额,据陈诚曾给卢斌的借条显示有一万一千元④:

兹向凤阳关借到申钞一万一千圆整。此据。陆军第十一师师长陈诚,中华民国十九年五月一日。

针对此一垫款,军方承诺在十天之内归还,并要求凤阳关不能将此事正式报告。对于不经总税务司批准,提取大额款项这种严重违反海关规则的行为,税务司卢斌曾向总税务司解释他的无奈:"(他们的)需求是如

①《中国与西方:海关档案》,卷号679(1)32658,S/O letter No.20附件1。
②《中国与西方:海关档案》,卷号679(1)32658,S/O letter No.20。
③同上。
④《中国与西方:海关档案》,卷号679(1)32658,S/O letter No.20附件2。

此的急切,以至于我建议打电报请求您授权都被反复拒绝。”①不过好在 5 月 3 日,所借的钱就被还了回来。

在卫立煌时期,出现了卫两次推荐人员担任分关长的请求被拒绝的情况。总税务司和税务司拒绝卫立煌的请求是因为海关不接受一个新人作为分关负责人,况且蚌埠是处在军事环境较为稳定的后方,这和盱眙关以及亳县关所面临的军事环境截然不同,因而不能将对卫立煌的拒绝和税务司对这两分关总办的认可相提并论。

至于军事当局对凤阳关的其他要求,最主要的也就是对凤阳关公署房屋的强行占用,凤阳关税务司公署的部分房屋,自 3 月份起就一直被中央军的部队所轮流占用,至陈调元重新被任命为安徽省主席时,曾设想将总指挥部设在蚌埠,但一直找不到合适的房屋。其副官处处长白玉山,曾向税务司卢斌表示想把军需处、副官处和参谋处都搬进税务司公署,这将使得公署的超过半数的房间都被陈调元征用作为他的司令部。双方最后妥协,税务司公署拿出三间房提供给参谋处长厉尔康。但为了防止陈调元再提出进一步的要求,总税务司给陈调元去信才最终解决了这个问题。② 对于办公房屋一直被军队强制占用,税务司卢斌非常无奈地向总税务司报告说:“正如我反复说明的,这儿惟一难以克服的困难是处理和拥有武器的人的关系。”③

蚌埠军事当局和凤阳关的关系,不仅是占用房屋,缴纳捐款,甚至借用税款,也为凤阳关的改革和管理提供了至关重要的支持,尤其是当凤阳关面对非正规军事力量的袭扰和商人团体的激烈反对时。

三、凤阳关和商人团体的关系考察

在履行征税的职能中,凤阳关需要面对的纳税主体主要是商人,因而双方内在就存在一定的紧张关系。

税务司接管凤阳关的行动,不仅在初期引起了商人们的疑虑,在卢斌

①《中国与西方:海关档案》,卷号 679(1)32658,S/O letter No.20。
②《中国与西方:海关档案》,卷号 679(1)32659,S/O letter 5th November,1930 附件。
③《中国与西方:海关档案》,卷号 679(1)32658,S/O letter No.22。

进行改革后，更是使得更多的商人联合起来，多次向财政部控诉凤阳关，企图推翻税务司对凤阳关的管理。

税务司时期凤阳关层面上和商人的关系基本上可以划分三个时期。税务司接管凤阳关，商会表示疑虑，后经财政部和税务司详细解释，商人的疑虑暂时消除为第一个时期；以高蔚轩为代表的商人势力企图向财政部控告凤阳关，以推翻税务司的管理，经税务司卢斌详细解释后不再控诉，一部分商人主动找税务司求助，税务司主动采取措施缓和与商人的关系为第二个时期；皖北商人再次联合起来连续两次攻击凤阳关为第三个时期。下面依次介绍相关情况，以具体了解凤阳关和商人之间关系的发展。

第一个时期。初期的疑虑以蚌埠市商会表现最为明显。蚌埠市商会曾为此专文询问财政部他们关心的问题，在得到财政部答复以后，仍然不放心，又促使安徽财政厅长兼安徽省驻蚌埠临时办事处主任袁励宸①来凤阳关公署来询问税务司的真实态度。

税务司何智辉自2月15日宣布接管凤阳关以后，很快引起了蚌埠市商会的不安。蚌埠市商会向财政部发文询问，提出以下问题②：

> 查我国海关归并总税务司管辖而设立税务司，本系国际间条约结果而有一定范围者。凤阳关乃内地常关，蚌埠又非通商口岸，一旦改设税务司，皖北商民顿起恐慌怀疑之点：一、全国裁厘加税案早经通过，本年即将实行，凡属内地关捐应同时裁撤，今凤阳关改设税务司将来与裁撤关捐有否障碍；二、凤阳关条例税则久为商民所遵守，而改设税务司之后原有条例税则是否改变；三、近年军事频仍，皖北商民已陷于水深火热，国家应设法救济以维邦本而苏民困，今凤阳关改设税务司，是否增加人民负担。

虽然蚌埠当地的商人早知监督何智辉的海关背景，但并没有采取什么较为正式的措施。等到凤阳关隶属关系改变的布告一发布，立即引起

①负责石友三军队变乱后皖北的善后事宜。

②《中国与西方：海关档案》，卷号679(1)17695，I.G. dispatch No.23/126 703附件。

了蚌埠当地商会的不安，因而引出了上述的询问。可见蚌埠商会对于总税务司控制下的海关保持着某种敏感。这种敏感和国人对于由洋人控制的海关有一种民族情绪上的对立有关，但可能更加重要的还是和商人自身的利益相关。从询问的三条内容来看，总体上是关于商民税收负担是否加重的问题。

对于蚌埠市商会的上述疑问，财政部作出了解答。针对蚌埠市商会认为总税务司控制下的税务司似乎不应管理处在非通商口岸的凤阳关的问题，财政部强调海关是受财政部指挥的，“调用海关华员为凤阳关税务司办理关务，纯为整顿关政，藉专责成起见，现在总税务司完全受本部及关务署之指挥，各关税务司奉令服务亦与其他官吏绝对无异”①。至于蚌埠市商会提出的三个问题，财政部给出了明确的回答，即“一、将来裁撤常关应遵明令届期施行，决无妨碍；二、所有该关原订征收税则一仍其旧，并无变更；三、该关改设税务司后于商民负担上并无丝毫增加”②。

蚌埠市商会的疑虑虽经财政部逐条答复，但仍然没能让他们放心。当时在蚌埠的袁励宸代表商人于 2 月 26 日就相似的问题造访凤阳关公署就是例证。袁励宸代表商人提出三个问题：(1) 凤阳关被移交给总税务司控制被理解为是对国家主权的一种损害；(2) 引进海关金单位；(3) 凤阳关税率增长的可能性。③

对于这三个问题，即将接任凤阳关税务司的卢斌作出了回答。关于第一个问题，卢斌认为，“因为总税务司绝对是关务署指挥下的一名中国官员，相应地也是财政部指挥下的一名官员，因此管理的变革完全是管理权的变革而完全不是主权的丧失”④。其余两个问题，卢斌表示不会在凤阳关引进海关金单位制度，也不可能增加税率。

袁励宸对于卢斌的回答表示满意。此后一段时间商人和凤阳关的关系处于比较平静的时期。

第二时期。一部分商人疑虑的消除，使得一部分商人开始向税务司

---

①《中国与西方：海关档案》，卷号 679(1) 17695，I.G. dispatch No.23/126 703 附件。

②同上。

③参见《中国与西方：海关档案》，卷号 679(1) 32658，S/O letter No.6。

④《中国与西方：海关档案》，卷号 679(1) 32658，S/O letter No.6。

求助。为了进一步缓和关系，税务司开始帮助转运公会商人递交呈文，解决预征税款问题。

石友三发动反蒋事变后，委派员司接管了凤阳关各分关口，拼命提取税款。他们为了获得更多的资金，不仅提取各关口的税款，而且还提前向商户存储的货物预征税款。蚌埠和明光转运公会就是这种行为的受害者。负责处理这件事的是前凤阳关监督——何智辉。

据何智辉报告，关于明光关转运公会被预征税两千元问题①：

> 傅前总办在变乱时期，曾向该公会勒派款项，及至石军退却，该公会见中央军已到，傅前总办潜逃被人民获扣，乃遂乘机向傅前总办索补收据，嗣又知关中无人主持，复派多人挟同前来，以总办名义强行加盖钤记。所以收据上立据日期，系二十二日，而盖钤记则系二十八日，理合抄据呈复等情。此查明明光转运公会请将石军借款二千元之抵税之经过情形也。

另外关于蚌埠转运公会被预征一万元税款的情况，具体经过如下②：

> 蚌埠前当石军盘踞，由石委之凤阳关监督通知职会，凡堆栈存粮，须一律报数预征关税。维时时局紧张，车停货积。存栈之货，既负利息，复认栈租，血本尚虞不保，安有余资预付关税。但处其淫威之下徒唤奈何，终由粮商以重息借债凑缴一万元，当由凤阳关发予正式收据，并注明此款准由缴税项下如数照抵，呈请准抵正税等情。其借款之经过手续，系由石委之赵代监督私人与各公司接洽妥当，由蚌埠分关赵代总办及党会办裴会计三人负责签名出立收据。至该款之性质如何，职关无从查悉等情，并抄呈收据来署。此蚌埠转运分会请将石军借款一万元抵税之经过情形也。

以上两个案件均是由石委人员预征税款引起的，但这些人员所承诺

①《中国与西方：海关档案》，卷号679(1)17695，Fengyang dispatch No.32附件1。

②同上。

的照抵税款问题却摆在了前监督何智辉的面前。虽然“预征货税,职关无此先例”①,但是问题却不能不解决。

虽然这一事件的解决是靠何智辉向财政部和关务署呈递呈文,但是税务司卢斌可能也参与其中,或者有可能他促使了何智辉上呈文。因为曾有转运公会的商人向税务司卢斌请求在这个方面给予帮助。之所以如此,是因为商人们曾向关务署直接提出此事,但被拒绝了。对于该事件,卢斌曾在给总税务司的报告中说:“我将在没有建议或者推荐的情况下发送有关该事件的公文,那样财政部将不会认为我们正在干涉他们的事务,另一方面,商人也将认识到我们实际上正在我们的权限范围内帮助他们。”②

虽然后来并没有看见卢斌就此一问题呈送公文,但是看到了何智辉呈送的有关公文。何智辉上呈文的日期4月5日,与税务司先前向总税务司报告将发送有关公文,中间只隔了10天。此外在呈送请求解决预征税款问题公文时,何智辉曾特意解释了呈报这一问题迟缓的原因,他说由于“回任后旋即遵令改组,继复奉文交卸,以致转报稍迟”③。由此可以推测何智辉的这篇呈文可能受到了税务司卢斌的影响。

最终财政部同意了将预征税款抵作正税,并“准将该公会等前项预征货物,于实行报关时抵税放行”④。但税务司卢斌主张一次性“由凤阳关税款内一次提银一万二千元,全数发还各该公会”⑤,理由如下⑥:

(1)因为对于各个公会所支付的预征款数额,共只发放了一张收据,尽管这些钱实际上由组成那个公会的多个公司所提供,在一张收据上注销由不同的商人在多种情况下缴纳的税款将可能有些困难;

(2)考虑到明光关微少的税收,三月和四月的全部税额分别只有1 660.12元和3 165.52元,明光关还清2 000元的数额给有关转运公会

①《中国与西方:海关档案》,卷号679(1)17695,Fengyang dispatch No.32附件1。
②《中国与西方:海关档案》,卷号679(1)32658,S/O letter No.11。
③《中国与西方:海关档案》,卷号679(1)17695,Fengyang dispatch No.32附件1。
④《中国与西方:海关档案》,卷号679(1)17695,Fengyang dispatch No.32附件2。
⑤《中国与西方:海关档案》,卷号679(1)17696,I.G. dispatch No.60/128,776附件。
⑥《中国与西方:海关档案》,卷号679(1)17696,Fengyang dispatch No.41。

商人将需要相当长的一段时间；

(3)允许一个分关的全部或大部分税收被地方性的提取可能引发许多弊端，并从而对引进更多的深入改革中产生不便。

以上理由，都是基于减少可能产生弊端的空间和便利于商人。税务司的建议得到了财政部的批准，商人们很快拿到了钱。受益的商人们将这份功劳计入到税务司卢斌和副税务司李廷元头上。蚌埠市商会、蚌埠市转运公会以及蚌埠市地方善后会于8月11日派出36名代表到凤阳关税务司公署向卢斌和李廷元分别赠予勋章，其中卢斌的勋章上写着“群商感戴”，李廷元的勋章上写着“恤我商艰”。对于商人们赠送的这种礼物，卢斌向总税务司表示，本不想接受，但考虑到为将来的改革行动创造条件，他最后还是接受了。① 部分商人和税务司控制下的凤阳关的关系趋于友好。

对于预征款问题的处理，显示了税务司试图在某些方面尽量改善和地方商会以及商人的关系。

此外，因“津浦沿路积货甚多无法运出”，税务司还主动请求财政部电商运输司令部，令运盐空车由蚌埠回浦口时“专运由蚌出口货物，俾裕税源”，这样“在商人方面固感政府体恤之德意，在职关亦可增加税款之收入，且于军事盐务亦均无所妨碍，实一举而数善备”。②这也可以看作是缓和同商人关系的一个措施，虽然主要还是从增加税收的角度着眼的。

但是，与此同时更多的商人则在筹划推翻税务司对凤阳关的管理。据税务司报告，“蚌埠商会秘密勾结皖北各县商会，集资三千元，拟呈财政部，竭力反对钧署改归总税务司管辖，俾得复萌关商勾结之故智”，“前蚌

①关于这36名代表授予卢斌和李廷元勋章的详细情况，参见《中国与西方：海关档案》，卷号679(1)32658，S/O letter No.11。

②《中国与西方：海关档案》，卷号679(1)17695，Fengyang dispatch No.27附件。

埠商会会长，现任商整委会委员高蔚轩[①]，唆使本地商民，俟遇职关外班员役，对于进出口货物如果认真查验，即行聚众行凶”[②]。

面对这个问题，卢斌仔细分析了所面临的严峻形势。他向总税务司报告说，“我充分认识到已经有很多的敌人在寻找机会将我们推倒”[③]。税务司分析对他有敌意的人员主要有[④]：旧职员由于卢斌解雇了许多高薪的闲职，削减留职职员的工资，通过废除“不起票”制度而一下子切断了他们的非法收入而痛恨他；商人由于卢斌未考虑他们自私的需求和愿望而不满；所有卢斌的前任对卢斌试图去除不法行为深表不满。

经过对形势的分析，税务司决定立刻采取行动，试图消弭高蔚轩等人掀起的浪潮，以使得自己的环境不至过于恶化。为此税务司专门拜访了当时在蚌埠负责军事戒严的第 11 师师长——陈诚，就中央政府的军队和中央政府直接和间接控制的税收机关合作的必要性作了讨论。陈诚当时就承诺无论何时需要，都会给予税务司帮助。此外，卢斌还拜访了当地警察的一些头目们。[⑤]

在做好上述准备以后，为了将来解决任何地方性的困难做准备，卢斌亲自去拜访了高蔚轩。卢斌向高蔚轩作了较为细致的解释工作[⑥]：

> 我告诉他，凤阳关管理权的改变只是一次内部的改革。不会做任何不利于商人的事。当监督直接从财政部获得他的任命并直接缴交税收给国库时，我从财政部通过总税务司的推荐获得我的任命，我的税收收入一样汇缴给国库，只是在这之前要经过总税务司的账户。

①高蔚轩，又名高霞云，原是淮河北小蚌埠人，清末地保，是个赌棍。曾开复兴转运公司，以地方运输名义倒卖车皮发财。后结识倪嗣冲，迅速成长为蚌埠商会的实力派人物，影响很大。自 1913 年蚌埠成立商会到抗战结束，共有九任商会会长，高蔚轩就担任了其中的四届会长。1930 年正是其第三次担任会长期间。具体情况参见安徽文史资料全书编委会《安徽文史资料全书——蚌埠卷》，第 278—279、329 页。

②《中国与西方：海关档案》，卷号 679(1)32658，S/O letter No.15 附件 1。

③《中国与西方：海关档案》，卷号 679(1)32658，S/O letter No.15。

④同上。

⑤同上。

⑥同上。

税务司再次强调了总税务司是一个中国政府官员的事实。不仅如此，他还介绍了自己的职责并邀请高蔚轩对凤阳关进行监督①：

我的第一也是最重要的职责就是保持我的职员廉洁，确保征收的所有收入都送到国库，不允许任何资金被任何征税官员侵吞，包括我自己。我告诉他，作为商会的领导，他可能比我更多和更早知道任何有关我职员的不诚实行为，因而要求他通知我任何可能知道的此类行为。

对于自己将要采取的行动，税务司向高蔚轩保证②：

我没有考虑做任何不利于商人的事情，除了缩短赊欠日期，而这已经由于运输公司的同意而实现了。

税务司以上主要就税务司与监督的异同、税务司的职责以及将要采取的措施是否有损于商会的利益向高蔚轩作了解释。显然税务司作的保证在当时是真实的，但是随着中原大战逐渐有利于中央政府，凤阳关辖区政治军事环境的改变，卢斌的改革措施突破了这一保证，这可能是后来凤阳关和皖北商人矛盾再次激化的原因。

当然对于这一次拜访，税务司认为还是成功的，"这位不优雅的绅士似乎十分满意我的解释并且对我的真诚感到满意"③。后来据核税员罗荆生转禀高蔚轩的话说，"从此可表好感，事无不可同情，不致重生恶感"④。

至此，凤阳关和商人的关系总体上趋于好转，这种好转的高潮大概就是前文提到的商人代表给卢斌和李廷元赠送勋章了。不过冲突很快就再次出现。值得指出的是，在后面的冲突中，并没有直接看到高蔚轩的身影，但不排除他在背后支持的可能。

---

①《中国与西方：海关档案》，卷号679(1)32658，S/O letter No.15。

②同上。

③同上。

④《中国与西方：海关档案》，卷号679(1)32658，S/O letter No.15附件2。

第三个时期。9月下旬商会和凤阳关的关系再度激化。这一次共有皖北20个商会①,代表21人签字参加,其中彭琢如②、史补山、李祝熙③和杨耀南等4人为总代表赴南京请愿。这一次的行动目标直指凤阳关,他们认为"凤阳关违法苛征,病商害民",要求"对于代表等所请求详加解释之,现行税率并准予核减之,税则及应停止征收各节,逐条答复"④。

这次商会提出的问题概括起来主要有⑤:

(1)凤阳关系内地常关,本在计划裁撤之列,现在不但不裁撤,反而交由税务司管理,是否凤阳关变为海关,给予外人侵掠机会,而且在常关即将裁撤之际将凤阳关划出,是否意味凤阳关不在裁撤之列或者有其他特殊安排,裁撤常关命令是否继续有效;(2)在凤阳关原征百分之二五常关税的基础上,再征二五附加税,只是将其名称改作附税,在正税单上,加盖附税收讫戳,此项税收的根据和税则为何;(3)凤阳关税率比百抽二五的常关规定税率要高,存在扦查时额外加报现象,比如粮食和柽木等项;(4)一些分口,比如寿河和新城分口,也需征税,税票到本关不准验销,仍要征税,属于一货二税,土油一项尤为明显;(5)改办特税之货物,在同一地域范围内,本应免征常税厘金,近来糖及煤炭、煤油、鸡蛋等物改征特税,但该关对于这些货物仍照征常税,实与关税原则不合;(6)船料征收标准不统一,未按旧章征收。

针对第一和第二项内容,税务司认为"这两项属于财政部的权限范

①档案中都写是21个商会,其实只有20个商会,除了蚌埠商会以外,每个商会一个代表,蚌埠商会有两个代表。这20个商会基本上覆盖了皖北的大部分地域,比较有代表性。

②彭琢如,原籍寿县,经营粮业起家,当过寿定凤同乡会理事长。曾于1926年担任过蚌埠的商民协会会长(当时的蚌埠商会改名为商民协会),在蚌埠商会中比较有势力。1945年后他还担任过省参议员。参见安徽文史资料全书编委会《安徽文史资料全书——蚌埠卷》,第334页。

③李祝熙,明光镇商会代表,税务司怀疑他可能是这次行动的鼓动性人物,因为明光分关的改革此时因商人的反对而处于停滞中,双方正处于对峙中。

④《中国与西方:海关档案》,卷号679(1)17698,I.G. dispatch No.127/130 786附件。

⑤参见《中国与西方:海关档案》,卷号679(1)17698,I.G. dispatch No.127/130 786附件。对于此次商人到财政部请愿,卢斌接到了报告,他曾对所提的几个问题向总税务司作了简要的报告。不过,在卢斌所列的六个问题中,有两个问题和该文件所列示的第四和第五两项内容不同。卢斌所列示第四项内容为在盱眙和蒋墕等地方存在的非法行为,第五项内容为蚌埠的商人要按特别高的税率纳税。不一致的原因可能是卢斌获得的消息有误。具体内容参见《中国与西方:海关档案》,卷号679(1)32658,S/O letter No.41。

围,不需要我的置评”①。财政部回复第一个问题时,再次强调了凤阳关归税务司办理,只是为了整理常关税课,不改变原有税则,也不影响将来裁撤。对于第二个问题,财政部认为,“苏浙皖赣等省各常关所征附税,前经规定系按常税税率折半征收,凤阳关照征此项附税,亦系遵奉部令一律办理,且附送税票内列正附税洋数目,核与该关税则规定均尚符合”②。

对于商人们提出的凤阳关税率过高的问题,税务司认为确实如此,“凤阳关税率确实比计价理论税率2.5%要高出很多”,关于这一点税务司也很无奈,“我已经反复向最重要的商人解释过,我在这儿的职责是遵守政府的规定。假如财政部同意修改,我们将发现改革将容易的多,因为新税则的宣告将自动废除所有地方性的减免和免税”③。但是税务司的权限只是按税则征税,而财政部又不可能修改税则④,这样坚决执行税则,不考虑以往为平衡高额税则所采取的各种折扣和减免的税务司,便站在了和商人们冲突的最前沿。这也是商人们和税务司领导下的凤阳关屡次冲突的核心原因所在。

至于商人们提到的已办特税免征税厘的问题,财政部认为⑤:

按照各常关现行办法,凡煤油已征进口税,领有子口单,及遵照部章缴纳统税之煤类,始予免征常税。此外仅征各省所办专税之货品,运经常关时现系一律照纳常税,凤阳关对于上述情形之煤油煤类如有重征情事,应由运商详举事实,俾便令饬制止,至来呈内称之糖及鸡蛋,本未由部举办特税,自未便予以免征致紊税制。

显然,糖和鸡蛋的专税问题和财政部无关,这是安徽省当局私自开征的。

至于船料的问题,财政部否认了“向章粮石在四十以上始征船料”的

①《中国与西方:海关档案》,卷号679(1)32658,S/O letter No.41。

②《中国与西方:海关档案》,卷号679(1)17698,I.G. dispatch No.127/130 786附件。

③《中国与西方:海关档案》,卷号679(1)32658,S/O letter No.41。

④财政部不可能修改税则的原因,既是因为财政部此时的财政压力仍然很大,急需筹款,同时也是因为凤阳关很快就要被裁撤,没有多少修改的动力和时间。

⑤《中国与西方:海关档案》,卷号679(1)17698,I.G. dispatch No.127/130 786附件。

说法,“免征船料者仅列有出进口空船一项”①。税务司对于此问题则向总税务司作了正面的解释。他认为凤阳关在船料征收方面存在两种不同的计量方式。一种是根据船的尺寸,一种是根据船所运输的货物的重量。尽管税务司认为船料征收丈量尺寸更好,但是实际情况是在大多数地方,船料都是根据货物的重量来征收。这是“因为商人可以通过这种方式获利”。税务司表示对此无能为力,因为“商会不会同意更好的方式,即根据丈量尺寸来计量”②。

至于第三和第四个问题,财政部令凤阳关税务司遵办查复。税务司对此作了比较详细的答复。

对于税率过高的问题,税务司明确表态,“凤阳关税率较重,固属实情,惟欲核减征收事关变更税则问题,非职关所敢轻议”③。对于扦查时额外加报的问题,卢斌表示“在昔监督时代,各关口因顾比较起见,间有不按定章扦量情事,自接办以后,即经严令禁止,不准浮征,现复布告商民,如有仍前浮扦之处,准其随时停货具控,以便派员复验,立予惩办,俾昭核实”④。至柽木一项,“各关口概系按根计税,惟正阳一关向系折石征收,查系该关历来土例,相沿已久,非自今始”⑤。

对于“一货二税”问题,税务司认为造成这种现象的原因,是由凤阳关分征细则所造成的。根据凤阳关修正税则分征细则第四条⑥:

> 各子口原为各关稽查绕越而设,向例某口属于某关者,凡遇经过之货,均须押赴某关征税,嗣为便商起见,所有各该口向属某关者,如遇经过之零星商贩,系属某关子口,即查照某关例征收。

以及第九和第十条内开:

---

①《中国与西方:海关档案》,卷号679(1)17698,I.G. dispatch No.127/130 786附件。
②《中国与西方:海关档案》,卷号679(1)32658,S/O letter No.41。
③《中国与西方:海关档案》,卷号679(1)17698,I.G. dispatch No.127/130 786附件。
④同上。
⑤同上。
⑥同上。

各查验卡遇有经过货物，如已纳税有票者，即予查验放行，否则应由各该卡，照该关例补征给票放行。

因此"寿河、新城两分口征收货税，悉属照章办理，并无不合"。只是"各分口征收货税，既系按照分征例办理，则其所征税款，谨居统征定额三分或二分之一，其余未纳之税，应俟经过第二关时，再照第二关分征例续行征收，俾足统征定额，是一税而摊由各关分收，实与重征有别，历经办理无异"①。

由此可以看出，"一货二税"是由分征细则所造成的，与重复征税完全不同。

此外"土油"每过一分关口，就要每石征税二角的问题，是由安徽前巡按使倪嗣冲规定的。这显然是重征，因而税务司建议修改此办法，提出"拟请先将此项分征例实行取消，仅征统征一道，如在上关纳税有票者，下游各关概予验票放行，不得再行征税"②。

在半官方信函中，税务司还提到了关于蚌埠的商人要按特别高的税率纳税的问题。这种情况是指蚌埠地区的商人在税率上只有10%的税收折扣，而明光的商人却有40%的税收折扣。显然蚌埠商人的税收负担要重的多，这使得蚌埠的商人在商品竞争上处于非常不利的地位。

不过，在商人呈给财政部的呈文中，却只有较税则加重的土例的报告，而没有折扣土例这一非常重要的内容。显然，税务司积极优先致力于削减折扣土例的行为，使得原有的在凤阳关和商人之间就实际税率问题达成的"默契"不复存在，于是商人们选择从部分土例高于名义税率的角度对凤阳关进行攻击，而只字不提折扣土例的事。其目的自然是想让税务司让步，或者让财政部对新税则进行修订，以减轻名义税率。

出乎商人们意料的是，税务司拟提出更加强硬的办法。在改革所有土例短时间不可能办到的情况下，税务司改变了原先想慢慢取消这些折扣土例的想法，改而打算在商人们正式提出此一问题时，建议"完全不批

①《中国与西方：海关档案》，卷号679(1)/17698，I.G. dispatch No.127/130，786附件。
②同上。

准折扣,即使折扣只有 10%"①,从而达到顺势解决这一重要问题的目的。

当税务司卢斌正在忙于准备答复商人所控第三和第四项问题的时候,这些商人代表又在谋划进行再一次的向财政部呈文②。该呈文副本为卢斌所获得,其主要内容据税务司的报告如下③:

> 其内容情词,仍不外乎根本原呈六项稍变语气,重申前请。查续呈第一项,对于部批尚无异词,惟请依期取消凤关;第二项,请求公布附税时期与附加之金额;第五项,请求查办皖省糖蛋特税局;第六项请求豁免华商料税。

对于以上各条,税务司以非职责范围内之事而未予置评。对于第三和第四项问题,税务司表示了自己的无奈④:

> 所控各节,如果属关员役,果有舞弊情事,自应撤查究办以昭炯戒。惟职自任事以来,迭经严令各分关口禁止营私舞弊,以及浮征减折,并经布告商民,如有前情,准其提出证据,指名控告,以便究惩。兹该商会等,既未列举事实,又未先赴职署呈控,仅以浮泛空言迭赴大部屡渎,殊难查究。

面对商人不先提出实际证据,到关具名指控,反仅以"浮泛空言"迭赴财政部控告的事实,税务司终于明白,商人们迭赴财政部具控应是另有所指,即可能是想让财政部削减税率,或者更可能是逼迫税务司在影响商人实际利益的土例等问题上让步。对此,税务司有较为清醒的认识,他愤怒地表示⑤:

---

①《中国与西方:海关档案》,卷号 679(1)32658,S/O letter No.41。

②这次上呈文,据《申报》1930 年 12 月 6 日报道,"皖北各县市商会代表,为反对凤阳关苛征病商,再呈财政部,请修改不平等税则"。这是五日的电报,因此时间可能发生在 12 月 5 日。

③《中国与西方:海关档案》,卷号 679(1)32658,S/O letter No.51 附件。

④同上。

⑤同上。

现在恶习逐渐废除，奸商无隙可乘，遂出此捏情具控之手段，冀遂其根本推翻之私心。细绎迭次呈控情词，概系原有制度，并非始自职任，乃历任如此办理，俱甘缄默不言。今虽经职改良多端，仍不惜肆意攻讦，一再具控。盖缘职平时对于关务，无论私人行动，公事处置，无不细加检点，无所指摘，该商会等积忿在心，无可发泄，遂致捏词控告以图快意。

税务司卢斌的认识是有道理的。商人们所指摘之点基本都是长久存在的事实，一直为商人们所默认。但是，税务司的改革实质性地损害了商人们从原有诸多惯例中获取的利益，所以商人们才拿这些惯例来攻击凤阳关。至于卢斌自认为他个人行为无所指摘，应该也是可信的。这一点从投诉前凤阳关监督何智辉等的匿名信事件中可以看出来，虽然何智辉个人并无多少指摘之处，但由于监督时期凤阳关所存在的种种弊端和石军事变所带来的混乱，使得具控人有了一定的发挥空间。① 根据现有资料，没有发现商人就卢斌个人问题发起指控的事件，因而商人们也只能从前面说的那些惯例入手，希图向税务司施压或根本推翻税务司对海关的凤阳关的控制。

虽然表示愤怒，但是税务司决定将计就计，进一步推进改革。他向总税务司进言："如果就这一份指控被要求提交一份调查报告，我将提交一份详细的关于所有不法行为的报告，并建议一次性进行激烈的改革，以使得我们的改革任务能够提前完成。商会现在为我们制造了一个机会，因为在改革之后，他们将发现，尽管他们的要求被接受，但他们将不得不在大多数情况下付出更多。"②

至此，凤阳关层面和商人的关系发展基本进入尾声，后随着凤阳关的裁撤而结束。

①关于这方面的具体内容可以参见《中国与西方：海关档案》，卷号679(1)32658半官方信函中附带的总税务司发给关务署关于凤阳关关员呈控何智辉等海关人员不法行为的密函副件，以及在《中国与西方：海关档案》，卷号679(1)32658，S/O letter No.17文中卢斌对这些指控的调查结果。

②《中国与西方：海关档案》，卷号679(1)32658，S/O letter No.41。

四、余　论

对改革时期凤阳关与有关各方关系的探讨不仅有利于了解改革的环境、对象、难度，更对深入认识由改革引起的种种冲突和最终的解决有所助益。

从关税行政系统来说，对于凤阳关重要的莫过于税务司与总税务司、财政部（关务署）之间的关系。税务司直接受总税务司领导，并间接受财政部（关务署）的领导。但是财政部（关务署）时常不经过总税务司给税务司下达命令的做法使得税务司常处于尴尬的状态。税务司对于部派会计师的主动表态显示出在财政部和总税务司之间有一定的紧张关系存在。

在凤阳关需要处理的同外部有关机构关系中，与淮安关、津浦铁路当局和蚌埠军事当局的关系是最为重要的。在与淮安关的关系中，主要的问题就是六大宗货物是否继续由淮安关专税。这不仅关系到淮安关和凤阳关各自的税收利益问题，更关系到有关商人的切身利益。在取消淮安关对六大宗货物专税问题上，有关商人和凤阳关有着明显一致的利益。这种对税收利益进行调整的要求是对自清中叶以来由清政府所主导的利益分配格局的改革要求，反映了政权的变动给凤阳关和淮安关两关关系所带来的影响。和铁路当局的关系，关系到凤阳关对铁路沿线各关口改革的成败。虽然在监督时期凤阳关和铁路当局在征税的问题上有一定的合作，但是凤阳关对铁路货物的更严格税收监管则一直未能建立，这严重影响到了铁路沿线分关口的改革成效。

从职能而言，改革和管理凤阳关必然和纳税主体——商人密切相关。对凤阳关与商人团体关系发展的分析表明，税务司起初曾主动采取措施打消商人的疑虑，缓和同商人的关系。但是随着改革的深入推进，和商人的关系不可避免地急速恶化。税务司非常清楚，问题的根源在于凤阳关的税率过高，税务司的权限只是按税则征税，对修订或重订税则则无权置喙，而财政部在巨大的筹款压力下减低税率是不可能的。税务司严格执行税则削弱了原先商人为解决税率过高问题带来的不利影响而争取的折扣土例的作用，导致商人的利益受到直接的损害。凤阳关和商人矛盾的激化于是不可避免。

综上所述,凤阳关改革时期,在外部辖区整体整治和军事环境不稳定的情况下,税务司为消除弊端,挖掘税收潜力,折冲樽俎,较为成功地处理了内外部多种关系,取得了良好成效①。

①"仅十月有半,且正值军事倥偬交通阻滞商运顿停之际,而税收现金竟达一百三十八万四千三百五十六元,较之前三年平均数目计达三倍之多。究其激增之原因,初无关于地方商务之盛衰,实由于卢前税务司之廉洁自矢督饬有方以及奉派海关各员之能认真整顿剔除积弊之所致也。"参见《中国与西方:海关档案》,卷号679(1)17700,Fengyang dispatch No.202 附件1。

近代通商口岸常关的贸易情形及变迁

——以海关出版物资料为中心

金诗铧

（浙江省发展规划研究院）

一、海关出版物中的常关资料说明

各地纷纷设立海关以后，常关按其是否在通商口岸，被分为内地常关和通商口岸常关两类。

通商口岸的常关基本上均分布在沿海、沿江之处，并且往往与海关同处一地，或者相距不远。常关的设置与商品的贸易路线紧密相关，常关所在地也往往是一个区域的经济贸易中心。而较早开埠设立海关税务司制度的地方往往也都是全国或者区域的经济中心。海关的设置表现了现代经济空间扩展进程，这个进程同时也是新式海关进行的贸易对传统常关贸易展开影响的进程。这种影响首先在沿海、沿江海关和常关都存在的区域经济中心之间展开。因此，利用海关贸易报告和统计资料来讨论近代常关的贸易状况能使我们对其有更为清晰的认识。

海关出版物中关于常关的记载可以按照1901年海关税务司兼管五十里常关为界分前后两个部分。海关兼管常关前，常关信息分散在各关历年的贸易报告中。由于各关每年的贸易报告反映了历年的进出口变化情况，而与海关同管贸易的常关会对大宗商品的进出口产生一定影响，因此，1901年以前的海关贸易报告中有零散的常关记录。

1901 年之后,海关出版物中的常关资料显著增加。首先是出现了单独的常关系列报告。这一种集中于 1902—1906 年,即海关税务司兼管五十里内常关后的头一个五年。之后,牛庄、天津等少数常关一直有单独的常关贸易报告,附在历年海关贸易报告之后。而其他大部分兼管常关的海关在历年报告中另开一节专讲常关,而胶州等海关不载。其次,从 1902 年开始,有了海关兼管下常关的统计资料,记载历年五十里内常关进出船舶数量、贸易值、税收等信息。综合《中国旧海关史料》《美国哈佛大学图书馆藏未刊中国旧海关史料(1860—1949)》以及上海海关所藏档案,大致能够获得 1902—1931 年整个序列的数据。此外,还有关于部分年份某些常关工作的记录。

清政府的档案和文件关于常关的记载多集中于税收的变化,对进出常关船舶数量、大宗货物数量、贸易货值等都未进行准确的记录。而海关税务司对绝大部分其管辖下的五十里以内常关都仿照海关情况进行数据统计。一般来说,对一地常关的统计包括以下五个表格:(1)本年常关进出口船只之数。大部分常关分开统计进口和出口的船只数,并统计船只的来源和去向。(2)常关贸易货价值计值关平银之总数。大部分的常关贸易统计也分进口和出口,并将来自或去向外洋的货物与来自或去向中国各口的价值分别统计。值得注意的是,并不是所有常关贸易统计表中的贸易总值均代表实际通过常关的所有贸易价值。部分常关的贸易数据只是沿海贸易的数据,并不包括内河贸易。因此,对于每个常关的贸易价值,需要仔细分析其所指代的含义。(3)常关进口大宗各货按年各数。(4)常关出口大宗货物按年各数。(3)(4)均统计大宗进出口货物的数量,单位不一,有对重量进行统计,用单位"担",也有对面积进行统计(如木板),用单位"方""厂",也有对各数进行统计,用单位"根""把""条"等等。(5)常关征收各项税钞完纳关平白实银之数。该表对常关税收按不同税种分类进行统计,单位为海关两。利用海关统计数据进行分析研究,能更准确地反映近代常关的贸易情况。

二、开埠后各通商口岸常关的贸易情形

本节主要依靠海关税务司系统的贸易报告和统计数据中的记载,复原各个通商口岸近代以来常关贸易的情形。

由于海关税务司的常关统计数据不完整,且各关的统计依据不一样。单看数字,很难得出一个较为客观的结论,因此本章将就沿江沿海主要常关的贸易情况进行探讨和分析。每个常关的贸易讨论将解决以下问题:该常关的贸易统计表示什么,该常关包含哪几种贸易(根据贸易区域,分为沿海贸易和内地贸易,或者区域外贸易和区域内贸易;根据贸易方式,可分为民船贸易、轮船贸易和铁路贸易),即对哪些贸易征税,每种贸易的情况怎样,有什么变化;通过该常关的贸易主要的来源和去向是哪里,这在近代是否有变化。

(一)北方沿海常关

北方沿海常关出现在海关统计贸易册的有山海常关、津海常关、东海常关和胶海常关。在这四个常关的所在地,均先后设立了近代海关。

1.山海常关

1861 年营口代替牛庄对外开埠通商(条约和海关系列文件中仍称营口为牛庄),原山海关(其下称山海常关)监督衙署和总局也均在营口,民船进出贸易。营口出现了两关并立的情况,当地人称税务司统领的海关为东海关,山海常关为西海关。1901 年之前海关贸易报告中提及山海常关一直称西海关,1901 年海关税务司接管常关五十里以内各卡,这才称其为常关。正关归海关税务司管辖,五十里外各卡还剩十余个。1931 年五十里外常关裁撤的时候山海常关不属税务司管辖的部分有 15 个税局,3 处稽查局,7 处分局,47 处分卡。因此,海关贸易报告中的统计数字无法说明整个山海常关的状况。但是,相信位于营口附近的常关是较为重要的,且与海关贸易竞争最激烈,因而,海关的报告和统计数据能够说明一些问题。

山海常关的民船贸易规模相当可观,且内河贸易远大于出海贸易。1901 年约有 12000 艘次民船到关注册,其中 10000 艘次为内河民船,其余为出海民船。而这已是受到当时不稳局势影响后的数字。和平时期,单

就内河民船便超过16000艘次。① 可见山海常关的内河贸易十分兴盛。

山海常关海关贸易统计中的数据仅代表出海贸易。进入20世纪以来,山海常关的贸易额时升时降,图1是根据海关统计报告中的数据制成的山海常关贸易变化的趋势。

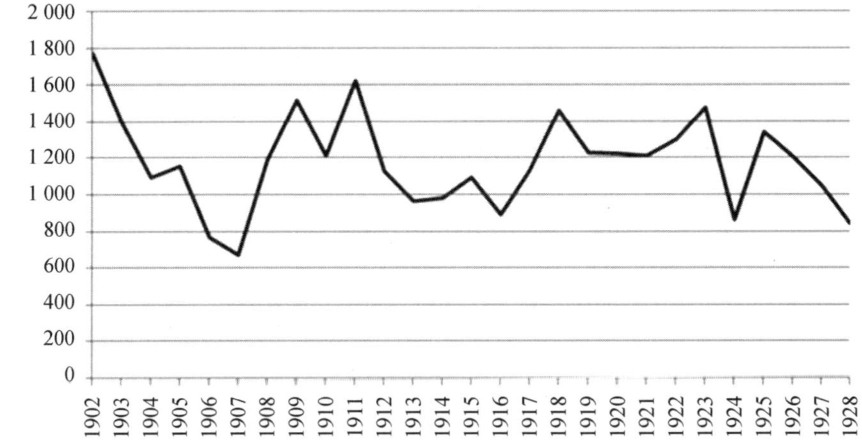

图1:山海常关贸易值变化图(单位:万海关两)

资料来源:1902—1906年数据来自海关造册处1908年出版《1902—1906年常关五年贸易报告和统计》,1907—1919年数据来自《中国旧海关史料》,1921—1928年数据来自《美国哈佛大学图书馆藏未刊中国旧海关史料(1860—1949)》

由图1可见,山海常关的出海贸易价值大约围绕1200万海关两上下振荡。有三次明显的波谷,1902—1906年间是因为日本对其的占领,导致贸易不通,1907年常关不再管理鸦片税和盐税,同时取消内河船只的挂号费,因此跌落至谷底②,1912—1916是因为兵祸导致炉银跌价,1924年是因为水灾的影响。税务司监督认为山海常关的贸易在间断性的繁荣中缓慢衰落③。进出常关船舶数量也与贸易额相似有升有降,但就贸易对象和贸易货物来说,大体保持了原有的贸易格局。

①山海关1892—1901年十年贸易报告,茅家琦等《中国旧海关史料》第153册,北京:京华出版社2001年,第25页。

②山海关1902—1911年十年贸易报告,茅家琦等《中国旧海关史料》第155册,第137页。

③山海关1912—1921年十年贸易报告,茅家琦等《中国旧海关史料》第156册,第98页。

2.津海常关

天津海关于1861年设关,原津海关改称津海常关,又称天津常关。天津有一个良好的内河水运系统,往南有南运河,往北连接通州的北运河(北河),往西大清河和子牙河(西河),往东有连接芦台的运河(东河)。河流的四通八达使得天津成为了商品贸易中心,近代通过津海常关的民船大部分也是沿着内河贸易。1906年通过津海常关的内河民船进59608艘次,出60383艘次,而出海民船仅进1962艘次,出1939艘次。表1反映1906年进出津海常关的内河民船的来地和去向。

表1:天津内河进出民船统计表　　单位:只

	进	出
南河	15489	15517
西河	21236	21721
北河	10290	10377
东河	12593	12768
总计	59608	60383

资料来源:根据《中国旧海关史料》内天津1906年常关统计和报告整理

进出各内河船只数量相似,说明大量船只沿着某一条线做往返贸易。内河贸易一直繁盛,直到铁路运输逐渐开展。

津海常关管辖范围不限于民船贸易,还监管铁路、陆路贸易,并代收海关子口税。它的贸易报告里列出了经常关的货物的百分比,表2显示了部分年份的情况。

表2:天津内地贸易运输方式比例表

	1911	1912	1913	1914	1915	1916	1917	1918
铁路	45%	53%	55%	55%	56%	60%	68%	65%
水路	51%	44%	41%	41%	39%	36%	28%	33%
陆路	4%	3%	4%	4%	6%	4%	4%	2%

资料来源:根据《中国旧海关史料》内含历年天津常关报告整理统计

20世纪以来,天津常关的税收历年居所有常关税收的第一,并且远远多于其他常关,与其管辖范围的扩大密切相关。因此,铁路运货百分比的增加对于天津常关的税收无碍,但对其民船贸易,尤其是内河民船贸易,予以沉重一击。“1897年京奉铁路津京一段之通车,予北河之运务以沉重打击;1900年京汉铁路芦保段之开通,又予西河运输以沉重打击;津浦铁路之拟筑,将予御河之运业以更沉重之打击。”①

内河民船运输所占比例受铁路影响在1911—1918年逐渐缩减,但仍具有很大的规模。1915年由内河入常关船只为70174只,出常关70023只。从实在数字看,与表2中1906年的数据比较有增无减。由于贸易规模的扩大,内河民船仍有着充足的贸易需求。内河贸易所占比例的减少不仅仅是由于铁路的发展,另一主要因素为运河的淤浅。1916年“御河、东河、西河本年淤浅时日甚多,较大船只即须将西河堵截,俟水涨二三尺,将堵御之物撤去,船只始克行过浅处”②。因此该年入境船只减去15%,出境船只减去10%。

无论民船贸易和铁路贸易孰强孰弱,通过天津常关内地贸易的增长是无需争辩的事实。1909年为6261.1万海关两,1919年为12430.3万海关两,1928年增至22825.5万海关两。

天津出海民船的数量较少。对于这种情况的原因,天津常关贸易报告中引用了署理专员德璀琳的报告,指出“曾有一个时期,北河挤满了民船。那是郭士立第一次访问天津并做报告的时候。1856年5月,浙江总督报告有721艘民船运载了60000吨大米。1861年,147艘民船从南方进入北河,除了运载谷物的民船之外;1863年有128艘,1864年有167艘,1865年有120艘,1866年有113艘。1866年有335艘平均运载力为150吨的民船被用来运送贡米。20多年后,天津作为通商口岸开放,这使得出海民船贸易与外国的帆船和轮船进行竞争,无不得胜。在80年代有500到600艘民船运送贡米到天津。这些年间也有超过100艘的大型民船将广州、厦门、福州的产品运送到天津。轮船招商局的成立使得民船丧

①赵桂芬主编《津海关史要览》,北京:中国海关出版社2004年,第350页。

②《中华民国五年天津钞关贸易情形略论》,茅家琦等《中国旧海关史料》第72册,第272页。

失了大部分粮运贸易,从这以后还在一年年的减少。1899年来自浙江的远洋民船有50艘,来自江苏的有90艘,仅有大约60艘来自福建、牛庄、芝罘以及其他海湾地区的港口。20年以前还是能在海河沿岸的一些村庄看到一些出海民船的船旗。这些旗帜现在几乎都消失了,曾经很富有的一些民船主,已经变得穷困了。"可见,轮船招商局的设立是天津常关出海民船数量剧减的主因。之后,出海民船的数量更在起伏中逐渐减少,1909年进1000艘,出1006艘,1912年进502艘,出484艘,1915年进380艘,出397艘,与轮船业相较简直是无足轻重。但到了1918年,数量又有所回升,进913艘,出991艘。这是由于"欧战不停,外洋轮船因而缺乏,民船营业,暂复振兴。沿海各公司索费颇昂,商人为其所迫"①,不得已复用民船。由此可见,民船和轮船存在着竞争和互替,一旦某年轮船运业因故停顿,民船贸易立刻复兴。

图2为津海常关出海民船的贸易变化情况。两次明显跌落是因为本地金融市场的低落以及民国以来的战乱影响。

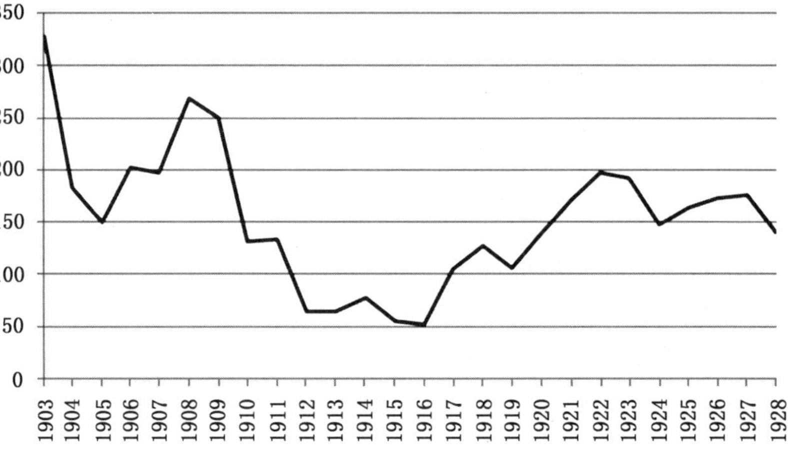

图2:津海常关沿海贸易值变化图(单位:万海关两)

资料来源:1902—1906年数据来自海关造册处1908年出版《1902—1906年常关五年贸易报告和统计》,1907—1919年数据来自《中国旧海关史料》,1921—1928年数据来自《美国哈佛大学图书馆藏未刊中国旧海关史料(1860—1949)》

①《中华民国七年天津常关华洋贸易情形略论》,《中国旧海关史料》第80册,第277页。

出海民船最主要来自东北和山东。1915 年天津常关进入民船 380 艘，其中 137 艘来自东北，131 艘来自山东，63 艘来自直隶，45 艘来自奉天，3 艘来自浙江，1 艘来自福建。值得注意的是，天津与上海这两个贸易大港之间没有任何的民船往来，可见这条航路已经完全被轮船所垄断。

总而言之，对于津海常关来说，其主要税源来自于内地贸易，沿海贸易 1909 年还为内地贸易的 4%，到 20 年代以后连 1%都不到了。而在近代以来，天津的内河贸易有所增长，而出海贸易则逐渐下跌。而总体贸易价值的增减，可以从津海常关的税收变化中体现出来（见图 3）。

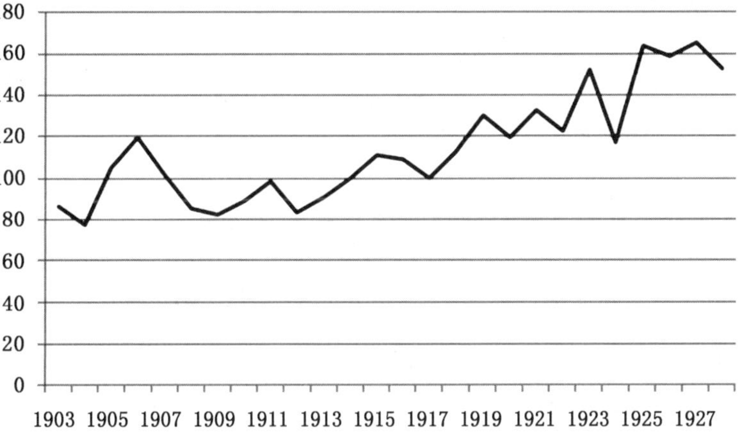

图 3：津海常关税收变化表（单位：万海关两）

资料来源：1902—1906 年数据来自海关造册处 1908 年出版《1902—1906 年常关五年贸易报告和统计》，1907—1919 年数据来自《中国旧海关史料》，1921—1928 年数据来自《美国哈佛大学图书馆藏未刊中国旧海关史料（1860—1949）》。

从图 3 看，津海常关的税收在 1903—1927 年间波折上升，从 80 万海关两一直上涨到 160 万海关两，这意味着天津地区内地贸易的增长要远大于沿海贸易的下降。

3. 东海常关

东海关五十里内的常关贸易量很小，常年不到天津贸易价值的十分之一。而此地通过常关的内地贸易还是比出海贸易要更为活跃。烟台商人拥有约 200 余艘出海民船，运载量在 100 至 200 石，主要与上海和牛庄进行贸易。有内河民船2500艘，主要来往于山东沿海各港和辽东半岛进行贸易。此外还有来自福建、浙江和江苏的大型民船，带着350到600担的货物（瓷器、纸张、木材等），顺着南方季风来寻找市场。

图4展示了东海常关贸易值的变化情况：

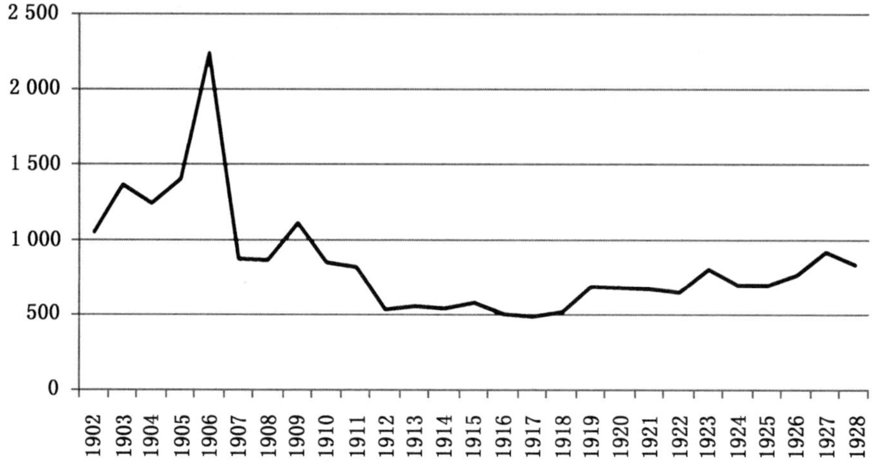

图4：东海常关贸易价值变化图（单位：万海关两）

资料来源：1902—1906年数据来自海关造册处1908年出版《1902—1906年常关五年贸易报告和统计》，1907—1919年数据来自《中国旧海关史料》，1921—1928年数据来自《美国哈佛大学图书馆藏未刊中国旧海关史料（1860—1949）》

1906年贸易货值的猛涨是因为这一年的统计中包含了挂花名下的贸易。之前，在烟台地区并没有设立海关，为了在目的港获得产品正当到来合法运输的证据，就有必要得到船只由各种地方衙门盖章的记录。得到每一个印章要收取每50担货物1两的费用，这种费用叫做挂花①。事实上，加上挂花的贸易才是通过此地的实际民船贸易。1907—1928年，东海常关的贸易值在500万到1000万海关两的区间内浮动，基本保持平稳。但由于未含挂花名下的贸易，因此无法准确了解此地民船贸易的增减。但胶济铁路的通车对此地贸易影响颇大，1909年时，与此地交易的大都是未通胶济铁路山东北境沿海一带之口岸，如羊角沟、虎头崖、龙口、

①烟台常关贸易报告，海关造册处：《1902—1906年常关五年贸易报告和统计》，1908年，第15页。

登州府等处。

4.胶海常关

胶澳地区归税务司兼管的常关,人们习惯性称之为胶海常关。而胶海常关是唯一一个在海关统计系列里不记作常关贸易,而记作民船贸易的。胶海关所征常税又不先解归海关监督,而是"按结由青岛德华银行拨交上海德华银行收存生息,听候拨用"①。在民国初年的统计中,胶海关所对应的又无常关。因此,在某种程度上,胶海常关已不属于常关系统。但该地应归常关管辖范围单列,与其他海关税务司所管辖常关一样,每年统计其进出船舶、贸易和税收。20世纪以来,胶澳地区进出的出海民船贸易情况如图5所示:

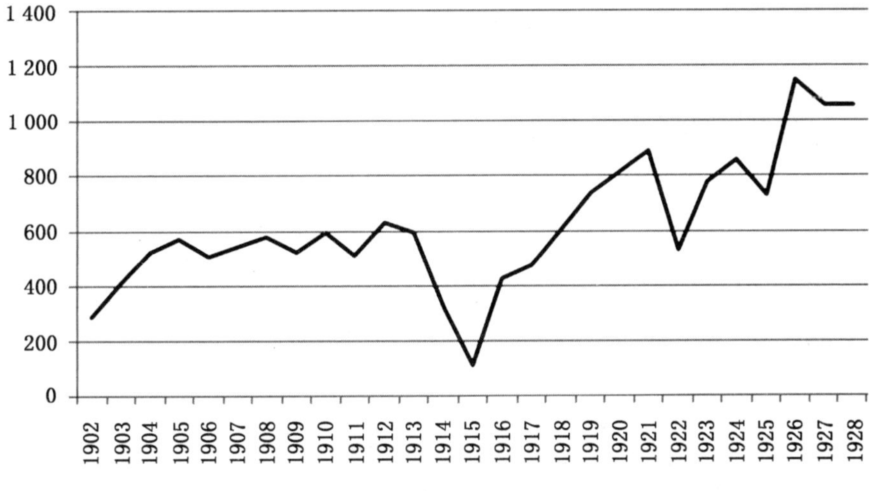

图5:胶澳地区进出民船贸易价值变化图(单位:万海关两)

资料来源:1902—1906年数据来自海关造册处1908年出版《1902—1906年常关五年贸易报告和统计》,1907—1919年数据来自《中国旧海关史料》,1921—1928年数据来自《美国哈佛大学图书馆藏未刊中国旧海关史料(1860—1949)》

1915年数字很小是因为该年记录9月至12月三个月的情况,而后面几年贸易额的上升主要是内港行轮数额的上升。1918年贸易额为

①山东省地方史志编纂委员会:《山东省志》第五十二卷《海关志》,济南:山东人民出版社1997年,第367页。

6043653 海关两，内港轮船贸易计 74430 海关两。而 1928 年贸易额计 10553326 海关两，而内港轮船贸易价值计 4679052 海关两。可见轮船贸易在内港的逐渐推进。这也不仅说明了胶州地区的出海民船贸易减少，也说明了胶海常关同时管辖轮船贸易。

(二)南方沿海常关

南方沿海常关数量众多，包括江海常关与浙江、福建、广东三省沿海诸多常关。原本一省均只设一个海关监督，管理多个常关分关。但通商口岸的开埠主要是点的设立，南方三省一省均有多个口岸开埠通商。海关税务司兼管五十里常关以后，将省内的常关分为若干个部分，每个海关税务司直接控制周围五十里内的常关，而剩余的所有常关都归海关监督直接管理。

1.江海常关

海关贸易统计中，江海常关的贸易状况呈一直上升状态，如图 6 所示。

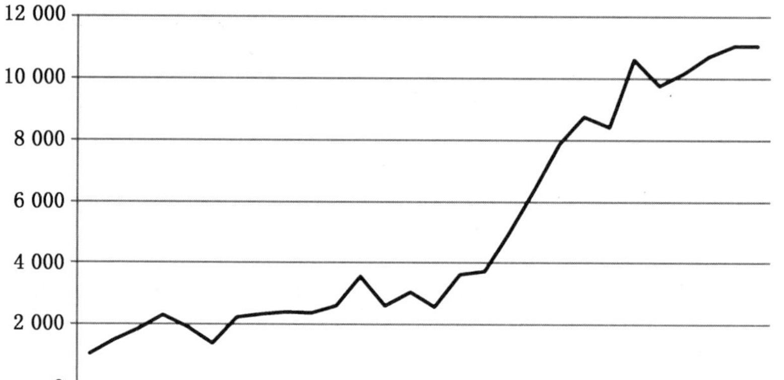

图 6：江海常关贸易变化图(单位：万海关两)

资料来源：1902—1906 年数据来自海关造册处 1908 年出版《1902—1906 年常关五年贸易报告和统计》，1907—1919 年数据来自《中国旧海关史料》，1921—1928 年数据来自《美国哈佛大学图书馆藏未刊中国旧海关史料(1860—1949)》

从图 6 来看，江海常关的贸易增长应是无疑的。但是需要注意的是江海常关贸易统计数据不仅包括民船贸易，还包括未领子口单、三联单但遵照内港行轮章程行驶的轮船贸易。这种情况再加上上海贸易规模本来就大,因此江海常关的贸易数额远高于其他常关。

江海常关包括大量的轮船贸易。因此,对于常关贸易统计数据中的轮船和民船数量的变化进行分析(见表3),可以很清楚地得到上海地区民船和轮船贸易的竞争状况。

表3:江海常关通过民船轮船数量表 单位:只

	1903	1906	1909	1912	1915	1918	1921	1924
民船	7642	9542	10430	10676	8799	36230	56075	52460
轮船	347	1142	1805	3350	3158	2829	3875	5397

资料来源:《中国旧海关史料》《美国哈佛大学图书馆藏未刊中国旧海关史料(1860—1949)》所载江海常关贸易统计

1918年之后的进出民船数量包含了空载的船只,不能与之前的民船数相比较,但是可以与1921年、1924年的数量相比较。20世纪以来,进出上海的民船数和轮船均逐渐增长,但轮船贸易的增长更为迅速。20年代以后,民船贸易的规模有所缩减。江海关1923年报告中指出,常关所纳税额,轮船占54%,民船44%,但是轮船载运的货物并没有比民船运载的多,民船税少是因为有特别规定予以折扣。1928年民船由上年51091只减至48372只,于是江海关税务司预测"民船之逐渐减少,于此可见,其不克与轮船相争竞,终至完全绝迹,必无疑异。但少量之民船贸易,暂时尚可存在,因有数种货物如鱼类及建筑上用之沙子石子,或因轮船不适于用,或因笨重载运甚难,仍有需乎民船"①。

2.浙江常关

原来浙江一省的常关统称为浙海常关,总关设在宁波,在温州等地有设分关。在海关兼管五内常关后,温州部分被兼管的常关一般称之为瓯海常关,也称作温州常关。而在海关统计中浙海常关就专指宁波口岸五十里以内的常关,也称宁波常关。宁波常关和温州常关在20世纪的贸易走势如图7所示:

①江海关1928年贸易报告,吴松弟整理:《美国哈佛大学图书馆藏未刊中国旧海关史料(1860—1949)》第197册,桂林:广西师范大学出版社2014年,第281页。

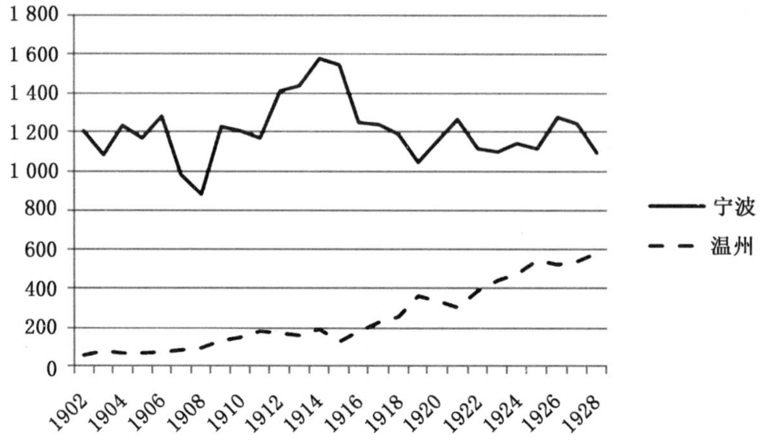

图 7：浙江常关贸易价值变化表（单位：万海关两）

资料来源：1902—1906 年数据来自海关造册处 1908 年出版《1902—1906 年常关五年贸易报告和统计》，1907—1919 年数据来自《中国旧海关史料》，1921—1928 年数据来自《美国哈佛大学图书馆藏未刊中国旧海关史料（1860—1949）》

从图 7 看宁波常关的贸易值远高于温州常关的贸易值。宁波常关在这一时期内贸易值围绕 1200 万两上下较大幅度振荡，而在 1916 年后贸易价值骤降的原因是“常关南北交兵，时局不靖，常关贸易当大受影响”①。而当时的海关税务司认为“常关贸易通盘计之，尚称满意，若非种种骚扰失序，则本年帆船营业，可以用兴盛二字记之”。而之后几年的连年天灾和帆船失事，使得宁波贸易再也没有回复到民国初年的规模。除此之外，另外一个重要原因是与台湾之间贸易规模的缩小。进入 20 世纪以来，仍旧有不少民船通过宁波常关与台湾发生贸易，这一部分，被视为对外洋进行的贸易。

温州常关的贸易值则是逐渐上升。1881 年时“425 艘民船在常关报关，其中，306 艘来自台州，94 艘来自宁波，13 艘来自温州本地，9 艘来自福建，3 艘来自上海。福建民船运来白糖和红糖、荔枝、桂圆、橄榄与锡箔，其余从山东、镇江、上海和宁波来的民船运来棉花、小麦、豌豆、本色

①浙海关 1918 年贸易报告，中华人民共和国杭州海关译编《近代浙江通商口岸经济社会概况：浙海关、瓯海关、杭州关贸易报告集成》，杭州：浙江人民出版社 2002 年，第 355 页。

布、陶瓷、药材、黄铜箔、枣类及杂货。进口贸易总值估计高于 100 万两,为番船运来同类货物的 11 倍”①。这里的常关贸易值指的是包括瑞安、平阳等距海关五十里外分关在内的整个温州地区的常关贸易价值。可见在 19 世纪末温州常关的贸易量,尤其是进口贸易,与海关贸易比较也不逊色。20 世纪以后,五十里内常关贸易值逐渐增加,海关税务司形容其为“蒸蒸日上”。同时海关贸易报告中也记载了温州五十里外常关贸易的增加情况。

3.福建常关

福建省内的海关有闽海关、福海关、厦门关三个。因此,这三地均分别对其周围的常关进行了统计和报告。但这三个常关的贸易数据,均不是代表总体贸易,首先其并不包括内地贸易的情况,同时福州的部分年份还不代表转运贸易。因此,就通过考察这三个常关的税收情况来反映其贸易变化。福建各常关的税收变化如图 8 所示。

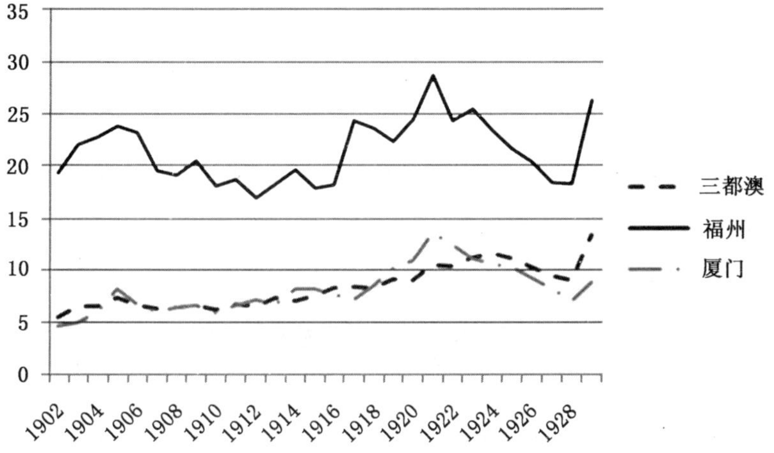

图 8:福建常关税收变化图(单位:万海关两)

资料来源:1902—1906 年数据来自海关造册处 1908 年出版《1902—1906 年常关五年贸易报告和统计》,1907—1919 年数据来自《中国旧海关史料》,1921—1928 年数据来自《美国哈佛大学图书馆藏未刊中国旧海关史料(1860—1949)》

①赵肖为译编《近代温州社会经济发展概况:瓯海关贸易报告与十年报告译编》,上海:上海三联书店 2014 年,第 115 页。

福建三个常关税收的变化趋势基本一致,整体看呈起伏中略微上升的趋势。1927—1928 年的锐减是因为时局不靖,盗匪横行,这种由于外部因素造成的对贸易的干扰,一旦局势好转,贸易则立刻恢复。

接下来考察福建地区通过常关的沿海贸易和内河贸易的比例。表 4 为根据海关贸易报告中的数据制作的福建各常关的贸易表。无数字表示没有记录。

表 4:福建常关沿海与内河贸易比较表　　单位:万海关两

年份	1902		1910		1919		1928	
常关	沿海贸易	内河贸易	沿海贸易	内河贸易	沿海贸易	内河贸易	内地贸易	内河贸易
三都澳	209.3	约 16.0①	194.4		277.6	99.8	356.0	
福州	882.7	220.0	835.1	198.3	1063.2	193.8	1566.5	343.6

资料来源:《中国旧海关史料》《美国哈佛大学图书馆藏未刊中国旧海关史料(1860—1949)》所载三都澳常关和福州常关贸易统计,三都澳部分年份内河贸易缺载

从表 4 看福建地区的内河贸易价值远不如沿海贸易的价值,福州的内河贸易价值在沿海价值的 20%—25%,而内河贸易与沿海贸易的增减也没有很强的联系。但是,福建省内短距离的贸易大部分是沿着海岸线展开的。与三都澳和福州常关不同的是,厦门常关并未统计内河贸易,而是统计了界内贸易,如表 5 所示。

表 5:厦门常关界外与界内贸易比较表　　单位:万海关两

年份	1902		1910		1919		1928	
常关	界外贸易	界内贸易	界外贸易	界内贸易	界外贸易	界内贸易	界外贸易	界内贸易
厦门	8.4	470.2	6	747.9	68.8	1057.8	271.6	1239.4

资料来源:《中国旧海关史料》《美国哈佛大学图书馆藏未刊中国旧海关史料(1860—1949)》

厦门界外贸易数额猛增的原因之一是海关税务司所管辖范围的变

①为海关税务司估计数。

化，原来石码以及厦门绝大部分分口均不归海关税务司管辖，仅在厦门大关挂号的界外贸易船只极少。但无论怎样，从表5可以看出，厦门界内贸易远超过界外贸易的价值。

4.广东常关

粤海关在清中期是全国贸易量最大的榷关，管理范围包括整个广东沿海（现在的广东沿海、广西北部湾地区及海南岛）。在海关和常关分立后，粤海常关不再管理洋船贸易，是以贸易量锐减，但仍有大量的旺盛的民船贸易。到19世纪末，在粤海常关的管辖范围内有多个口岸开埠通商，并建立海关税务司，计有广州、汕头（潮州）、三水、江门、琼州、北海。此外，位于三江汇流处的广西门户梧州，原设有梧厂，于1898年开埠通商，1901年梧厂改归梧海关税务司管辖，成为梧州常关。

在九龙、拱北关设立以后，广州、江门等处与香港、澳门的贸易数量另外计算，不算入常关统计数据内，而琼州与北海的贸易值又只计入界外贸易值。因此，通过税收增减来考察这几个常关的贸易通过情况，20世纪的两广常关的税收变化情况如图9所示。

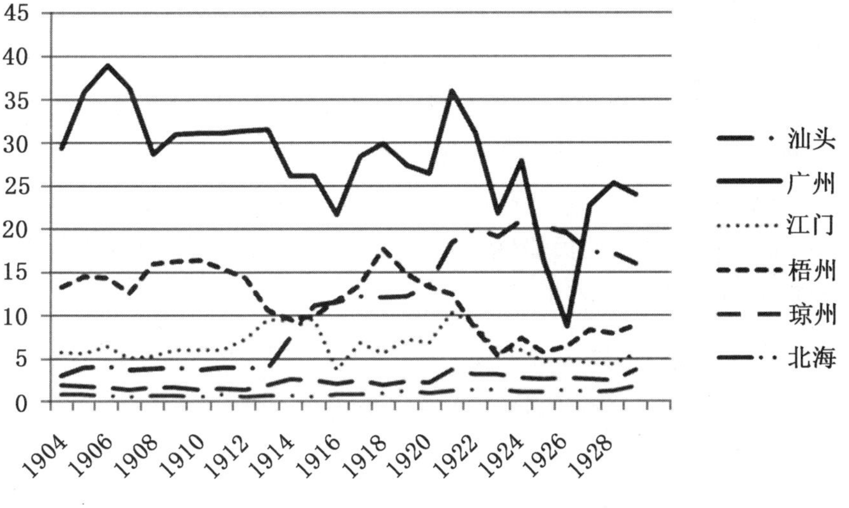

图9：广东常关税收变化图（单位：万海关两）

资料来源：1902—1906年数据来自海关造册处1908年出版《1902—1906年常关五年贸易报告和统计》，1907—1919年数据来自《中国旧海关史料》，1921—1928年数据来自《美国哈佛大学图书馆藏未刊中国旧海关史料（1860—1949）》

从图 9 看,广州常关的贸易值远高于其他常关,起伏剧烈,但在 1925 年以前大致以 30 万海关两为轴线在区间[20,40]内波动。而 1925 年以后的剧跌主要是地方动荡、局势不稳的缘故。海关贸易报告记载 1925 年"自七月初来省城行业罢工,抵制港澳交通,以致省城与港澳两地间之民船贸易,完全停顿。当罢工期间,所有之少数贸易,系由数艘无定期民船载运,且所载运者,为食盐及少数普通货物。行驶省城及水东汕尾甲子碣石沿海各埠,以及省河内地等处。此外更因香山顺德两处内地税则较省城及陈村税则为轻,以致改道由该两处往来港澳之贸易增加,而即使经由省城及陈村常关民船之往来外洋口岸者减少也。此外本年 5 月初间,民船轮拖,因滇军强征保护费,曾议决实行总罢工,以示抵制。于 6 月间当滇军与现政府军队发生战事之际,省城常关,迫于情势,停止办公,约有旬日。盖常关位于南堤,适当战争区域之冲,关署房屋,曾为子弹所击,不下数十处"①。位于香山的为拱北关,位于顺德的为江门税务司管辖下的甘竹常关。来往于港澳贸易的民船因为税则的原因绕道,说明了管理民船贸易的各机构之间,存在激烈的竞争。

汕头常关的税收有两次阶梯性的递增,一次发生在 1913—1915 年,一次发生在 1920—1922 年。第一次的跃升是因为汕头常关的部分分口归海关税务司管理,并不能说明贸易实际上的增加。而后一次的增加,则应是贸易增加所导致。汕头常关的贸易在这个时期的略有增加。

梧州和江门的常关税收起伏明显,而每一次跌落,大抵是由于局势混乱、水路不宁、军队占用民船、盗匪横生等外部环境。而琼州和北海常关的税额很小,且基本保持平稳。

(三)长江沿线常关

长江沿线由海关税务司兼管的常关有宜昌常关、沙市常关、九江常关和芜湖常关。

1.宜昌常关

宜昌常关和沙市常关原来均是荆州关的几个大关。荆州关是顺治初

①广州市地方志编纂委员会办公室、广州海关志编纂委员会编译《近代广州口岸经济社会概况:粤海关报告汇集》,广州:暨南大学出版社 1995 年,第 732 页。

年所设立的工关，主要征收木材税。因此，宜昌和沙市常关刚接管的时候只征收木材税，之后才扩展为对其他货物征税。沙市常关在 1902—1916 年间均无关于进出贸易的统计。图 10 反映了宜昌常关 20 世纪以来的贸易变化状况。

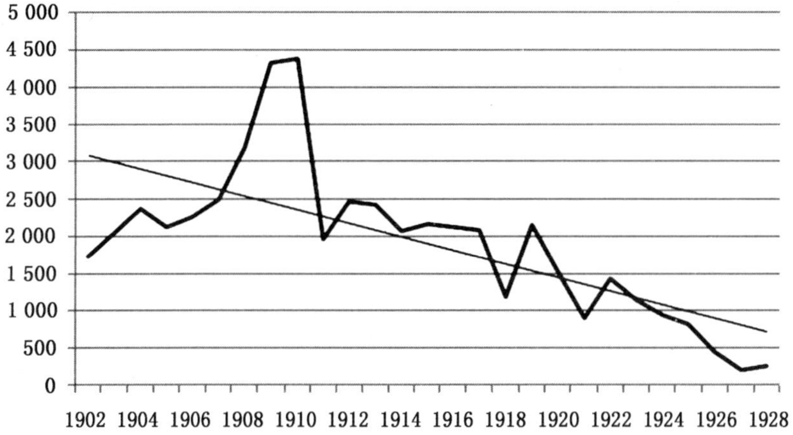

图 10：宜昌常关贸易变化图（单位：万海关两）

资料来源：1902—1906 年数据来自海关造册处 1908 年出版《1902—1906 年常关五年贸易报告和统计》，1907—1919 年数据来自《中国旧海关史料》，1921—1928 年数据来自《美国哈佛大学图书馆藏未刊中国旧海关史料（1860—1949）》

宜昌常关的贸易主要包括长江上游来的本地产品，以四川的产品为主，以及下游汉口、沙市和湖南的诸个港口运上来的商品。19 世纪末，大约有 8000 艘次的民船从上游的四川诸港口而来宜，同时有 7000 艘次的民船去往四川，平均的运载力为 25 吨；有 7000 艘次的民船从长江中下游的港口和湖南而来，并有 6000 艘次离开宜昌去往这些地方，运载力为平均 20 吨。一年下来，与长江上游进行贸易的货物约有 37.5 万吨，而与下游进行贸易的货物有 26 万吨，其中的差异就表示了轮船的份额。民船与轮船展开了合作，轮船在这时候还极少涉及宜昌以上的贸易。1908—1910 年的贸易的增长是因为从上游四川来的贸易显著增加，1906 年的常关报告中就预告了贸易高潮的来临：“最好的时机可能将要来临。整个四川采用了统税，或者对于本土的洋药征税，将这个省与帝国的其他地方接轨，使得由河流运输药材的数量增加，而陆路的竞争不拥有任何财政优势。”①而从1911年革命以来，兵祸不断，土匪横行，因此来往宜昌的贸易下降。同时，铜元降价，即铜钱与银的兑换率上升，也是贸易值下跌的重要原因之一。这也说明了实际贸易并没有上图所示下跌的那么明显。轮船贸易也逐渐深入到长江的上游地区，侵占了民船贸易。20世纪20年代的常关报告中充满了这样的记载。1926年“盖无论从何方面观之，轮船大有尽取长江民船运输事业而代之之事矣”②。1928年“民船运输事业，日就淘汰，诚有如前数年报告书中所预料者，萑苻遍地，航帆既咸有戒心，轮驳日多，运输又较为便利，此项营业不免终归于尽而已”③。

2.九江常关

九江常关的贸易主要来自湖南、湖北、江苏、安徽以及江西内地，所运载货物几乎涵盖了这些省生产的所有货物。图11展示了20世纪以来九江的贸易变化。

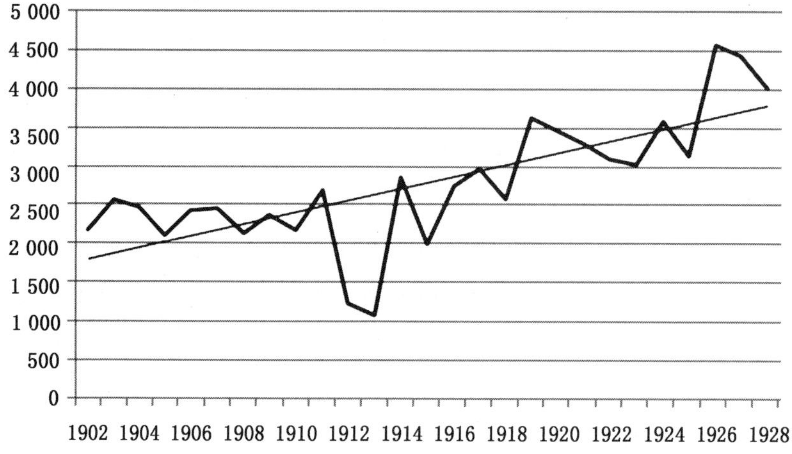

图11：九江常关贸易变化图（单位：万海关两）

①宜昌常关报告，见海关造册处《1902—1906年常关五年贸易报告和统计》，1908年，第24页。

②宜昌关1926年贸易报告，《美国哈佛大学图书馆藏未刊中国旧海关史料（1860—1949）》第195册，第7页。

③宜昌关1928年贸易报告，《美国哈佛大学图书馆藏未刊中国旧海关史料（1860—1949）》第198册，第19页。

资料来源：1902—1906 年数据来自海关造册处 1908 年出版《1902—1906 年常关五年贸易报告和统计》，1907—1919 年数据来自《中国旧海关史料》，1921—1928 年数据来自《美国哈佛大学图书馆藏未刊中国旧海关史料（1860—1949）》

1902—1910 年间，九江贸易堪称平稳。其中有两年的贸易骤跌乃是军事动乱。1911 年"自九月民军起义后民船就本境停泊者寥寥"，"民国二年赣乱发生，两次干戈，以致土货贸易大遭掊击"，1913 年后则稍有曲折地上涨。几次跌幅也是因为军事动荡的缘故，1923 年"湘省不靖"①导致木簰数量减少，1926 年"十月战事发生"②导致贸易稀少。同样的，九江常关的民船贸易，也面临着小火轮、汽油船和洋式驳船的竞争，进出民船数量在 20 年代也略有下降。表 6 显示了九江常关 1917—1926 年间进出的船只数量和比例（不包括木簰）。

表 6：九江常关进出船只统计表

年份	1917		1919		1921		1923		1925	
	数量（只）	百分比	数量（只）	百分比	数量（只）	百分比	数量（只）	百分比	数量（只）	百分比
南昌及鄱阳各口	8908	30.6%	11126	36.0%	8774	28.8%	9962	34.4%	6551	29.4%
上江各口	11585	39.7%	11984	38.8%	12507	41.0%	10571	36.5%	7706	34.6%
下江各口	8570	29.4%	7759	25.1%	9234	30.3%	8392	29.0%	8020	36.0%
总计	29153	100%	30869	100%	30515	100%	28925	100%	22277	100%

资料来源：《美国哈佛大学图书馆藏未刊中国旧海关史料（1860—1949）》所载九江常关贸易统计

可见上江所来的贸易规模大于下江所来的贸易规模，这与轮船在长江从下游到上游逐渐缓慢扩张有关。而 20 年代以后上江贸易的份额减

①九江关 1923 年贸易报告，《美国哈佛大学图书馆藏未刊中国旧海关史料（1860—1949）》第 192 册，第 87 页。

②九江关 1926 年贸易报告，《美国哈佛大学图书馆藏未刊中国旧海关史料（1860—1949）》第 195 册，第 28 页。

少，则说明轮船贸易在这个时候开始在上江地区开展起来。而与南昌及鄱阳各口来往的船只也占很大一个份额，说明九江常关拥有大量的内地贸易。

但由于九江与之贸易地区甚多，商业需求大，尤其是由鄱阳湖地区所来之木簰数量增大，加上九江常关贸易中也统计了部分铁路贸易，所以总的贸易额还是在不断增长。

3.芜湖常关

与芜湖进行民船贸易的地区是湖南、湖北、江苏、江西以及本省的池州、庐州、和州、宁国府、太平府等地。此外，还有大型民船展开与汉口、镇江、上海之间的交易，这些民船的运载力在2000到3000担之间。1902到1906年的统计显示，每年平均有各种民船16000艘，运载货物合计超过200万担。图12展示了海关贸易统计中芜湖常关的贸易变化。

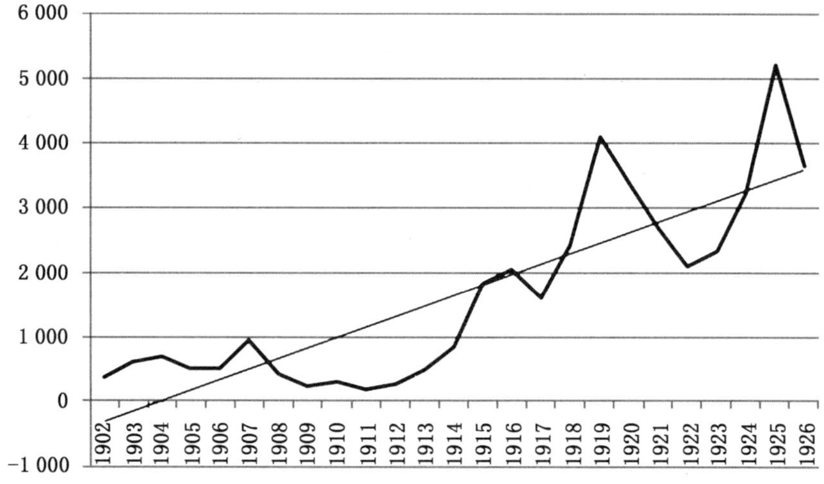

图12：芜湖常关贸易变化图（单位：万海关两）

资料来源：1902—1906年数据来自海关造册处1908年出版《1902—1906年常关五年贸易报告和统计》，1907—1919年数据来自《中国旧海关史料》，1921—1928年数据来自《美国哈佛大学图书馆藏未刊中国旧海关史料（1860—1949）》

需要解释的是，图12中1913年后贸易迅猛增长的原因。原因之一税务司接管了芜湖常关，税务司使用了与原来不同的统计方法，因此相同的贸易规模,统计下来的数额更大。第二是海关税务司接管之后,使用各种方法促进通过常关的贸易额。例如"除于旧有关卡取缔再加严密外,又在澛港及牛屯两分关,想在远离大江之内河者,移至较为扼要河流入江交汇之口,在芜湖常关五十里内界扬子江锁钥之西梁山,新设一分关,并加严监察陆运贸易等"①。当然不可否认的是,事实上的贸易增加也是其原因之一,但其增加幅度并不如图所示的那样明显。

三、近代常关贸易的整体格局

(一)常关贸易价值的变化

海关统计系列里的常关贸易总值的变化如图13所示。

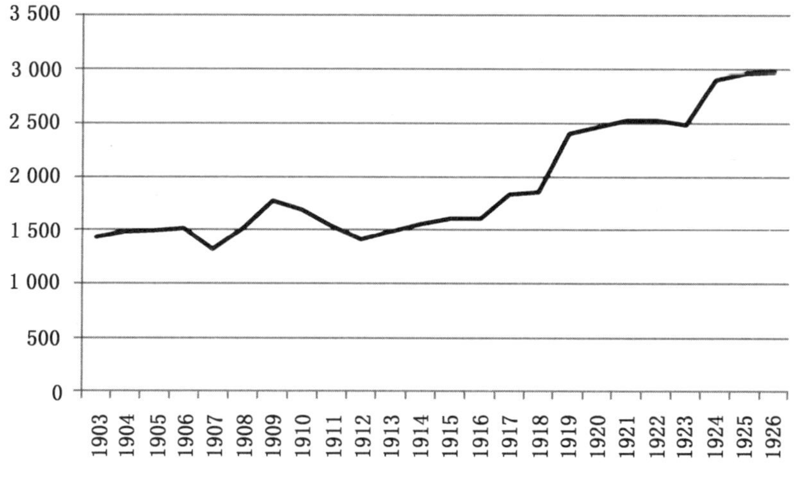

图13:近代常关贸易价值变化图(单位:万海关两)

资料来源:1902—1906年数据来自海关造册处1908年出版《1902—1906年常关五年贸易报告和统计》,1907—1919年数据来自《中国旧海关史料》,1921—1928年数据来自《美国哈佛大学图书馆藏未刊中国旧海关史料(1860—1949)》

可见就海关统计的常关贸易总值来说,是逐渐上升的。总贸易值从1903年的15000万海关两逐渐升至1926年的30000万海关两,差不多增

①《中华民国四年芜湖口华洋贸易情形略论》,茅家琦等《中国旧海关史料》第69册,第124页。

长了一倍。

值得注意的是,这个贸易额对于绝大多数沿海常关来说,仅仅包含了部分贸易的价值。常关贸易按其贸易地区大致上可分为三类:一为与中国香港、澳门、台湾等地区,安南、新加坡等国家开展的对外贸易;二为区域外国内各港口进行的贸易;三为与区域内各地进行的贸易,其包括:通过内河与腹地进行贸易交换的内河贸易,与附近沿海地区进行的短途贸易,通过铁路等方式与腹地进行的贸易。就海关税务司对常关贸易的统计来说,某些常关经常不含区域内贸易。明确标明不含区域内贸易的常关计有牛庄、天津、胶州、厦门、琼州、北海,明确标明不含内河贸易的有三都澳、福州。

因此,若要更为准确说明进出常关的贸易在总体上呈增长趋势,必须考察常关贸易统计数据中不包含的各种贸易情况。接下来考察部分常关另行统计的区域内贸易值。表7为部分常关区域内贸易的变化情况:

表7:常关区域内贸易变化表　　　　单位:万海关两

	津海常关	胶海常关	厦门常关	琼海常关	北海常关
1903			589.7	30.9	71.3
1907	5527.6	25.1	747.9	86.5	33.8
1911	7195.1	91.1	768.2	104.1	49.4
1915	9973.1	23.8	835.7	109.9	47.2
1919	14145.0	168.9	1057.8	118.3	93.0
1923	18422.7	326.5	1603.9	235.8	128.2
1928	22825.5	375.2	1239.4	139.3	148.8

资料来源:根据《中国旧海关史料》《美国哈佛大学图书馆藏未刊中国旧海关史料(1860—1949)》所载各关贸易数据整理

天津、胶州、厦门、琼州、北海五个口岸所在的区位不同,腹地的深度和广度也不同,因此其相互之间的区域内贸易值相差甚大。但就区域内贸易而言,绝大部分均呈明显上升趋势。其中津海常关增长明显,从1907年的5527.6万海关两逐步增长至1928年的22825.5万海关两,约增长了三倍。因此,虽然津海常关沿海贸易略有下降,但区域内贸易增长迅速，津海常关的贸易在此时期内仍有明显增长。胶海常关在胶州湾内的贸易规模急剧扩大，从 1907 年 25.1 万两增长至 1928 年的 375.2 万两。厦门常关和琼海常关的区域内贸易同样呈增长趋势，但在 1928 年有所下跌。厦门常关的原因是“共党扰乱，货物转运不灵，海盗猖獗，苛捐杂出，加以抵制日货，种种情形，致商业大受影响”①，琼海常关的主要原因是“万州、陵水、崖州、昌江、文昌、澄迈、感恩等县，皆为繁盛市区，然皆因一部分或全部入于共产党之手，而与海口停止贸易”②。而单纯就腹地对通过厦门常关以及琼海常关的民船贸易的需求而言，它并未减弱。北海常关的区域内贸易从 1902 年到 1908 年逐渐下降，其下降的主要原因是“在其他地方，如梧州、广州湾等向轮船开放后，贸易逐渐不再经过北海”③。这同时也说明轮船的贸易对通过常关的区域内贸易有较大的影响。而 1908 年后，北海常关贸易价值又逐渐上升。

综上所述，部分常关另行统计的区域内贸易值呈现明显增加的状态。因此，加上这部分贸易，常关贸易规模的扩大更为显著。

在上一节，曾对通商口岸的各个常关贸易逐一进行分析，归纳其总体贸易结果，大致分为几类：

（1）贸易明显上升：津海常关、胶海常关、瓯海常关、潮海常关、九江常关、芜湖常关、江海常关。

（2）贸易略有上升：福海常关、闽海常关、厦门常关。

（3）贸易基本平稳：宁波常关、江门常关、梧州常关、琼州常关、北海常关。

（4）贸易略有下降：山海常关。

（5）贸易明显下降：广州常关、宜昌常关。

可见贸易量上升的常关占据绝大部分。因此，无论是从总体价值上看，还是从常关数量上看，近代常关的贸易总体上均在增长。

---

①厦门关 1928 年贸易报告，见吴松弟整理《美国哈佛大学图书馆藏未刊中国旧海关史料（1860—1949）》第 198 册，第 46 页。

②琼海关 1927 年贸易报告，见吴松弟整理《美国哈佛大学图书馆藏未刊中国旧海关史料（1860—1949）》第 197 册，第 404 页。

③北海常关报告，见海关造册处《1902—1906 年常关五年贸易报告和统计》，1908 年，第 118 页。

(二)常关贸易的特征

1.常关贸易的区域性

常关贸易的最主要特征是区域性,即常关与其腹地的贸易占常关贸易的比重较大。而表现在海关统计数据中就为区域内贸易。

首先,常关各分关分口的分布,就体现了区域性的特征。

以广东一省常关举例。广东常关除了税务司兼管的广州常关、汕头常关、江门常关、琼州常关、北海常关、甘竹常关、陈村分关外,还有海关监督直辖的十四个总口。其中位于番禺县内的市桥口、东莞县西南六十里的镇口口、香山县城西门外的石歧口、开平县城东北水程六十里的开平口、东莞县境内的石龙口把守住了东江、西江和北江通往内地的要道,而澄海县境内的东龙口、饶平县境内的黄冈口(东龙口和黄冈口合并为东黄口)、电白县境内的高州口,以及雷州、阳江、惠州、潮州、琼州、廉州各口与其诸多分口把守住了各州的沿海。① 因此,常关进行管理和征税的是直接进出各州县市场的贸易,这就体现了常关主要作用之一是对于区域性贸易的管理同时,区域性贸易占了常关贸易总额相当大的比例。表 8 展示了部分通商口岸的常关区域内贸易价值占贸易总价值的份额:

表 8:区域内贸易所占比例统计表

	津海常关	厦门常关	琼海常关	北海常关
1903		49.8%	14.2%	42.4%
1907	49.1%	49.8%	24.8%	33.7%
1911	49.5%	49.8%	29.6%	31.3%
1915	49.9%	49.9%	32.2%	36.2%
1919	49.8%	48.4%	31.3%	35.9%
1923	49.7%	48.4%	40.5%	38.9%
1928	49.8%	45.1%	37.9%	42.9%

资料来源:根据《中国旧海关史料》《美国哈佛大学图书馆藏未刊中国旧海关史料(1860—1949)》所载各关贸易数据整理

①《广东财政说明书》,《清末民国财政史料辑刊》第 8 册,北京图书馆出版社 2007 年。

从上表来看,津海常关和厦门常关区域内贸易所占比例将近50%,而这个比例在所考察时期较为稳定。琼海常关的区域内贸易呈递增趋势,而且增加明显,在1915年以后保持在30%以上。北海常关区域内贸易所占份额有所变动,但最低保持在30%以上。

部分常关未对常关贸易的价值按照贸易地分开记录,但对其进出船只按其来源地和目的地分开记录。对于此类常关,则考察其来往腹地船只占总通过船只的百分比。而未准确标注区域内船只的常关,则考察进出本省的船只占总船只的百分比,如东海常关的数值就代表去往山东各地的船只占总船只的百分比,浙海常关的数值代表去往浙江各地的船只的百分比。其结果如表9所示。

表9:区域内进出船只所占比例统计表

	山海常关	东海常关	沙市常关	浙海常关	潮海常关
1903		30.6%		38.5%	76.9%
1907	72.2%	42.7%	39.3%	47.9%	83.7%
1911	71.1%	62.7%	34.1%	48.5%	82.6%
1915	77.4%	73.6%	22.1%	52.4%	87.5%
1919	72.6%	70.8%	25.6%	49.3%	90.6%
1923	65.3%	69.9%		70.7%	92.7%
1928	67.7%	67.7%		66.1%	95.3%

资料来源:根据《中国旧海关史料》《美国哈佛大学图书馆藏未刊中国旧海关史料(1860—1949)》所载各关贸易数据整理

由于来往于内地市场的船只运载量小,进出频次高,因此此类船只的所占比例相较于贸易值的所占比例略大。从上表可以看出,沿海各常关的内地贸易占据大量的份额,东海常关、浙海常关和潮海常关的这个份额明显增加。山海常关略有下降,但仍然维持在65%以上。而位于长江沿岸的沙市常关,内地贸易所占份额较沿海各常关明显为小。这是由于沿江和沿海口岸的功能不同。沿江的常关对通过的船只进行统计并征税,沙市位于长江中游,有大量上游的货物顺流而下经过沙市去往下游地区,也有许多下游的货物逆流而上通过沙市去往上游。在这些通过的船只中，有 20%—40%的船只并不打算驶往下一个常关关卡，而是在沙市口附近进行贸易，这已是一个很大的比例。

以上所讨论的八个沿海常关，分布在由南至北的各省沿海，但均表现出大量的区域性贸易份额，而且这个份额在许多常关有所增长。常关贸易路线与海关贸易路线不同。就观察海关统计数据而言，进出海关的贸易多是对外贸易和长距离的埠际贸易，而进出内地的贸易很少。海关贸易的空间结构为通商口岸与国外各地，各通商口岸之间组成的网络结构；而常关贸易中对外贸易仅在很少一部分常关发生，所占份额也不大，而就国内贸易而言，通往常关的贸易可以自由前往沿海沿江的任何港口，以及任何的内地二级市场。因此，常关贸易的空间结构类似以某一常关为中心，向四周辐射的扇形，离中心越近的地区贸易越频繁，离中心越远的地区贸易交流越弱。当然也有少数例外，比如说东北、山东等地运往南方的豆饼、大豆。但就其总体来说，常关贸易呈现中心扩散式的结构。

而轮船和民船的竞争加剧了常关贸易的区域性特征。以北海常关为例，在北海开埠后，此地的民船和轮船在贸易运输上展开了激烈的竞争，经过了十年左右的进退与调整，在十九世纪末北海的轮船和民船已经形成了各自的贸易区域。轮船基本占据了对外贸易和通商口岸的贸易，民船“被雇来航行于近海非缔约口岸之间，但已不是轮船的对立面了。它们在海运货船业中占了更多地盘，将已由轮船进口的货物再分散出去”①。即北海口与廉州和钦州等内地市场的贸易来往基本上均由民船报常关进出。轮船和民船贸易经过长时间的摩擦，逐渐形成具有稳定性的格局。在同一通商口岸，轮船贸易更多地负责包括对外贸易和埠际贸易的跨区域贸易，而民船更多的负责通商口岸和内地市场之间的区域性贸易。因此，在某种程度上，民船贸易和轮船贸易是相互合作的。就区域性贸易而言，海关也不会，或者说没有足够能力对常关造成较大的压力。

2.常关贸易的波动性

近代常关贸易的波动较大，如果不将常关贸易值的变化做一个长时段的考察，而是比较部分常关在某些年份的贸易值的话，很有可能得出完

①北海市地方志编纂委员会编《北海史稿汇纂》，北京：方志出版社 2006 年，第 23 页。

全相反的结论。而造成常关贸易价值波动剧烈的最主要原因是这个时期国内局势的动荡。

从辛亥革命起,再至民国以后,国内局部动乱不止,从而造成水路阻断、盗贼横行、军队强征民船等等情况出现。观察各个常关贸易,价值呈现明显下降的年份,基本上都有地方不靖的情况发生。如若排除动荡局势的影响,绝大部分常关的贸易保持稳定或呈上升的状态。轮船的发展对民船贸易虽然造成了压力,但远没有到致使民船贸易价值衰退的地步。相反地,国内动乱的持续,使得在这期间贸易由民船改为轮船运输。1923年梧州海关贸易报告记载“来往省梧及佛山、梧州之常行渡船,久已停驶,其无定期之船只,虽有时冒险营业,然既受军人之蹂躏,复遭关卡之勒索,困苦颠连,不堪其扰,其结果致大宗货物,从前由民船装载往广州及下游各埠者,今则改由轮船运载,民船贸易因此不振矣”①。

局势动荡造成的贸易骤减,在局势平稳后,贸易价值会迅速恢复至原来水平。商人们和民船从业者认为,局势的动乱只是一时的,他们对民船贸易的恢复常怀信心,这从侧面表现了时人对民船贸易的看好。例如广州 1924 年贸易报告记载:“贸易固已黯淡无色,然其中尚有一线曙光者,即民船各业主仍抱乐观是也。彼等深信如政局一经略为平靖,则贸易复兴,定可预卜。因此已造有新船 3 艘,容量宽广,以为往来省港之用。俟机会一到,便可开行。此等船户所持之意见,大抵以为民国十一年之修正进口税则,与常关旧税则相比,所定之征收额轻重有天渊之别,贸易增进,或将仍归诸渡船,亦未可定也。”②

四、近代常关贸易增长的原因

近代海关建立以后,绝大部分的对外贸易和一部分的国内贸易逐渐由海关所管理掌握。常关税收占全国税收总额的百分比逐渐下降,然而,

①梧海关 1923 年贸易报告,见吴松弟整理《美国哈佛大学图书馆藏未刊中国旧海关史料(1860—1949)》第 183 册,第 370 页。

②粤海关 1924 年贸易报告,见广州市地方志编纂委员会办公室、广州海关志编纂委员会编译《近代广州口岸经济社会概况:粤海关报告汇集》,第 710 页。

在这个时期内，就常关贸易的绝对数额来看，不但没有下降，在大多数口岸还呈曲折上升的趋势。尤其是内地贸易的规模远大于海关，沿江贸易和出海贸易规模有所缩减，但也远不至于消退。总而言之，常关贸易在近代以来有其一定的生存空间，除了整体的贸易需求扩大以外，还有其他诸多原因。

（一）常关贸易成本较低

货物选择何种方式进行贸易往来，贸易成本是其主要考虑的因素之一。因为“进行贸易的商人最懂得自己的生意，在有选择的时候，如果其有利条件不超过不利条件，他们就不会紧紧抓住某一条运输渠道”①。货物选择常关而不是海关进行贸易，一方面是由于在很长的一段时间，在广大的沿海沿江区域，常关的税率与海关相比较低。另一方面，是由于部分地区民船的运费相较于轮船、铁路而言更为便宜。“温州开埠后的几年内，除了木炭、柑桔和铜钱，外国货船几乎没有运走什么货物。尽管明矾、竹笋、铁、女用纸伞、木板、木杆和茶叶都可以大量出口（因为它们就产于本地及邻近地区），但是，它们现在大部分由民船运到邻近口岸或中途转运港。常关征税轻和运费低廉无疑使本土货船保住了将货物输往通商口岸的生意。例如，主要运往上海和乍浦的纸伞，常关关税每百把 1 钱 2 分，而洋关关税 5 钱。”②加上民船运费也低于外国货船，所以瓯海常关有大量的出海民船通过，上达江苏、上海，下至福建、广东。轮船只能降低运费来争夺贸易，1919 年有永福航业公司赁一轮船，来往于沪瓯航线，放价揽运，致常关货物亦多改报海关装运出口。但该公司因为资本缺乏，仅支持数月，便歇业停驶了。到了 1925 年，温州口岸“已成为分配入口货之一大中心点，而埠外村落之商人则贪图廉价之水脚，用民船运货至各埠”③。山海关税务司认为“大小轮船运货虽有保险稳妥、行驶迅速，未免侵入民

①粤海关 1877 年贸易报告，粤海关 1924 年贸易报告，见广州市地方志编纂委员会办公室、广州海关志编纂委员会编译《近代广州口岸经济社会概况：粤海关报告汇集》，第 182 页。

②瓯海关 1878 年贸易报告，见赵肖为译编《近代温州社会经济发展概况：瓯海关贸易报告与十年报告译编》，第 41 页。

③瓯海关 1925 年贸易报告，见中华人民共和国杭州海关译编《近代浙江通商口岸经济社会概况：浙海关、瓯海关、杭州关贸易报告集成》，第 626 页。

船之范围,然民船运费清廉,海面亦鲜损失,而商人们仍愿以民船运输货物,故民船贸易未见衰落”①。

铁路运输的开展为内地货物之间的相互往来,以及运输至港口出海又增添了一种新的途径,威胁了常关贸易(部分铁路运输货物也设常关关卡,部分没有)。但由于民船运输的运费常比铁路便宜,因此在铁路发达的华北地区,也仍然保有活动的空间。试举一例,京汉铁路开通以后,河南一带的豆子、芝麻等货物若从黄河边沿铁路运至汉口,则计长 1100 里,若由洛口沿铁路运至青岛,则长 850 里,再由民船顺流而下出海。用民船运输的运费较 150 里铁路更为便宜,因此货物通过铁路、民船联程经胶海常关出海②。

随着轮船贸易的不断开展,某些港口(例如广州、厦门等)的轮船运费下降,甚至低于绝大部分民船。然而民船贸易还是能够支持下去,这在某种程度上是由于常关税则的特征。“根据常关税则,许多商品的税率仍然比新关的税率低。”③近代常关延续清中期开始实行的税则,各地常关自定税则并呈报户部核准后公布施行。常关按照不同的货物、不同的船舶类型拟定不同的税率,从量征税。据宁波税务司统计,宁波所征之数与货色价值比例均分数在百抽一之下④。广州常关总关在 20 世纪的税率仍是 1856 年按照当时的货物价值制订的税率,如按此时的市场价格计算,平均在 1.75%左右。而在陈村分卡,关税按照另一种税率征收。这个税率更低,约等于广州总关税率的一半⑤。而海关按货物价值的百分之五抽税,货物转运内地还要征收百分之二点五的子口税。两相比较,海关税率在大多数情况下相较常关税率为高。表 10 显示了汕头口岸常关和海关的税率情况:

①《宣统三年牛庄常关贸易情形略论》,茅家琦等《中国旧海关史料》第 57 册,第 216 页。

②《宣统元年胶州常关贸易情形略论》,茅家琦等《中国旧海关史料》,第 51 册,第 251 页。

③粤海关十年报告(1902—1911),见广州市地方志编纂委员会办公室、广州海关志编纂委员会编译《近代广州口岸经济社会概况:粤海关报告汇集》,第 960 页。

④浙海关 1909 年贸易报告,见中华人民共和国杭州海关译编《近代浙江通商口岸经济社会概况:浙海关、瓯海关、杭州关贸易报告集成》,第 112 页。

⑤广州市地方志编纂委员会办公室、广州海关志编纂委员会编译《近代广州口岸经济社会概况:粤海关报告汇集》,第 1004 页。

表 10:汕头常关与海关税率对比表

商品描述	汕头常关税	中国海关税	
	关平银两/担	关平银两/担	从价
白矾	0.159	0.045	
粗制竹器	0.033		5%(价值 3 两)
豆腐	0.033		5%(价值 4 两)
粗瓷	0.1595	0.450	
土瓷	0.07095	0.450	
土布	0.4125	1.500	
棉花	0.22275	0.350	
鱿鱼	0.286	1.180	
墨鱼	0.033	0.180	
咸鱼干	0.033	0.180	
水靛	0.07095	0.180	
糖浆	0.0583		5%(价值 1 两)
花生油	0.1655		5%(价值 7 两)
粗纸	0.033	0.450	
柿饼	0.1595		5%(价值 4 两)
烧酒	0.033	1.500	
红糖	0.1089	0.120(出口则收取半税,即 0.060)	
锡箔	0.792	1.250	

资料来源:汕头常关报告,海关造册处:《1902—1906 年常关五年贸易报告和统计》,1908 年

由表 10 可见,绝大部分商品的常关税率均明显低于海关税率。虽然进出常关的货物,除按照常关税则纳关税之外,还就运输货物、路线和各地情形,交纳厘金以及其他费用,但较海关税来说,常常还是较为廉价。民国时期税率通常按 1917 年修订常关税则规定:“各货系以比照海关折

半之数值百抽二五，作为标准。”①然而，各常关并没有严格按照这个规定，一般的做法是将税率高于2.5%的调低，而税率低于2.5%的维持不变。因此，在改定税则后，常关的税率仍然十分有竞争力。

此外，常关还使用折扣等多种手段争取贸易。1874年有一段时间，印度棉几乎全由民船运来广州，3个月内只有1包重3担的印度棉由洋轮运进。康发达先生曾在他的报告中解释过，该年常关采用进口税打折扣的办法，致使进口商雇用民船载运②。

对于常关税率较海关低而导致贸易对于常关的选择，许多学者有不同看法。陈勇的论述可以基本代表这类学者的意见，他认为：“因为洋货进口只征一次值百抽五的正税，如再加百分之二点五的子口税，并可遍运天下，无可阻挡。而华商载运土货，则要逢关纳税，遇卡抽厘，再加上内地税则并不透明，苛捐杂税随意抽收，就某一关而言，税率可能较洋关为轻，但如累计计算，税负之重就有过之而无不及了。因此一些需要长途运输到内地的中国沿海土货，宁愿转运到香港，换取洋货资格，以规避常关的重复征收。”③这种情形是存在的，但这种情形在多大的范围内以及多久的时间内出现，是否具有普遍性，并无学者对其进行考证。而对于常关税率较海关税率低而吸引了贸易的情况，在许多海关的贸易报告中均有所反映。此外，也有不少货物为了逃避海关高昂的税则，改道常关的例子。例如来自马六甲海峡地区、暹罗及印度支那的牛皮运入广州，“是为了逃避上海按照1919年进口税则，对国外进口牛皮征收每担白银2.9海关两的高税。一贯的做法是，先将牛皮运到香港，在香港将牛皮装载到民船上；通过常关运抵广州，在那里完纳0.42海关两的进口税；然后将进口牛皮作为国货经轮船出口运往上海，在广州完纳的0.42海关两税款，加上在上海完纳的0.21海关两税款以及转运费和民船运费，合计起来，比按照新税率交纳洋货进口税，仍要便宜许多”④。

①中国第二历史档案馆藏《北洋政府财政部档》，全宗号1027，案卷号：109。

②粤海关1874年贸易报告，广州市地方志编纂委员会办公室、广州海关志编纂委员会编译《近代广州口岸经济社会概况：粤海关报告汇集》，第178页。

③陈勇：《晚清海关税政研究：以征存奏拨制度为中心》，暨南大学2007年博士论文。

④广州市地方志编纂委员会办公室、广州海关志编纂委员会编译《近代广州口岸经济社会概况：粤海关报告汇集》，第1005页。

因此,对于货物经报常关和海关的总成本孰高孰低,不同的商品、不同的路线会有不同的答案。但民船的运价廉和常关的税率低无疑增加了常关与海关竞争的筹码。所以,这种情况造成的结果是“凡货物经由常关进出口者,恒与海关有互相消长之势”,“诚以海常关两关,处于相等地位,商人报运,可以听其自由”①。

(二)航行条件限制,民船灵活多变

我国海岸线绵长,河道众多,水运条件千差万别。轮船由于自身的特征,体型大,吃水深,对于航道要求较高。因此,很多地方并不适宜进行轮船贸易,这也使得这些地方常关贸易依旧繁盛。

就沿海环境而言,无论是北方还是南方,十分便宜于大型船只航行的地方并不算多。1898 年至 1899 年间,德国海军当局曾对胶州湾内水深做了细致的测量。湾内只有部分地方的海水深度足够停泊远洋航轮。海湾的西部、北部和东北部的海底在低潮时就露出水面。这些广阔的泥滩几乎占有海湾的一半,并且还交错着多条海水渠道,只能允许当地小船沿着湾内的海岸的村庄进行贸易②。南方港口譬如温州,这里河道多蜿蜒曲折,又多狭浅泥滩,河水深时就隐入不见,河水浅时就露出水面,成为河中之孤岛,帆船来此,稍一不慎就有搁浅之虞③。与台湾之间的贸易也更适合通过民船进行,“因为台湾沿岸是没有遮蔽的,民船可以在港口找到遮蔽处,而大型船只则十分危险。还应该注意到,吃水深的船只,比如说吃水超过 10.5—11 尺,不得不在沙洲外装载货物。因此,民船可能需要改进,但将永远不会被排挤出沿海航运贸易。因为它们非常适应人们的要求。对这些人来说,时间和人力是无价值的,他们最需要的是大小适宜、吃水浅的船只。这些船员可以在恶劣的天气进入小港湾和越过海峡。

①福海关 1926 年贸易报告,吴松弟整理《美国哈佛大学图书馆藏未刊中国旧海关史料(1860—1949)》第 194 册,第 234 页。

②胶海关 1892—1901 年贸易报告,青岛市档案馆编《帝国主义与胶海关》,北京:档案出版社 1986 年,第 65 页。

③中华人民共和国杭州海关译编《近代浙江通商口岸经济社会概况:浙海关、瓯海关、杭州关贸易报告集成》,第 467 页。

可以沿着海岸线行驶,并进入内河以从事贸易和以货易货的交易"①。

除港口条件外,与港口相连通向腹地的内河往往航道狭窄,吃水不深,蜿蜒曲折,大型轮船无法行驶,这为常关长期以来在内河贸易方面的主导地位奠定了基础。

民船在沿海沿江各地被制造,形制多样,大小不一,不仅十分容易适应各种航道环境,而且在面对或人为或自然造成的各种灾变时,经常显得更加灵活。1884 年,法国军舰抵达镇海海面,沪甬航线停顿。虽然甬江口被封锁了,但只是对汽轮之类吃水深之大船起到阻碍作用,然而载重较小的民船仍可找到甬江南岸一处缺口而冲过封锁线来往上海、宁波之间通行无阻。"那些中立国之来甬轮船都须经法国之分遣舰队之盘问和检查;对来往沪甬线之民船和帆艇如夹板船之类却视若无睹任其来来往往进进出出。因此,在这 3—7 月期间汽轮受阻停航,应运而起之帆艇和民船之货运业务也就忙得不可开交。"②1929 年"杭州五谷失收,恐遭饿馑,大批粮食,如米、玉蜀黍、高粱,多以民船装运进 ,且秋潦涨发之时,轮船停驶,平时由轮拖运进出口之货,亦由民船装运"③。

(三)新式交通工具的渐进式推进

近代以来,以轮船为主的新式交通以其快捷安全等优势获取了相当多的青睐,给予了民船贸易一定打击。但是,新式交通的推进的进程是渐进的、缓慢的。直到常关裁撤的 1931 年,交通的近代化程度依然不是特别高。因此,在这期间内,常关依然有相当程度的贸易通过额。

轮船运输是从最先开埠的广州、厦门、福州、宁波、上海几个港口开始发展,然后向沿海其他口岸以及长江一线逐步展开,再缓慢地向内地扩展。在最早通商的五口,很早就有轮船贸易对民船产生猛烈冲击的记载。但事实上,轮船贸易仅在一些口岸、一些线路对民船有压倒性优势,这并

①厦门关 1877 年贸易报告,厦门市志编纂委员会、《厦门海关志》编委会编《近代厦门社会经济概况》, 厦门:鹭江出版社 1990 年,第 183 页。

②浙海关 1884 年贸易报告,见中华人民共和国杭州海关译编《近代浙江通商口岸经济社会概况:浙海关、瓯海关、杭州关贸易报告集成》,第 255 页。

③杭海关 1922 年贸易报告,见中华人民共和国杭州海关译编《近代浙江通商口岸经济社会概况:浙海关、瓯海关、杭州关贸易报告集成》,第 804 页。

不意味着轮船在沿海沿江绝大部分地区都取代了民船。

就沿海口岸来说，对于早期开埠，轮运发达的一些口岸，民船规模虽然缩小，但并没有消亡。而在其他的一些口岸，民船贸易长期内承担着主要的角色，并且规模有所扩大。“1907年时往来梧宁有约小轮仅只一艘，而且甚小，计五十吨，吃水二尺，可以常年往来，因船甚小，不能载重，所以装运货物全在民船。”①瓯海常关1907年从宁波来的民船有337艘，1927年增至475艘，1907年从乍浦来的民船有82艘，1927年增至95艘，1907年前往福建的民船377艘，1927年增至966艘②。

就长江沿线口岸来说，1909年进入宜昌常关的船只有18808艘，出16290艘，至1918年进入宜昌常关的船只有12840艘，出10281艘，呈缓慢下降状态，但完全谈不上被完全抹杀③。

至于内河贸易，与轮船相较，民船更是占据了主导地位。即使在厦门，这个沿海贸易基本为轮船所夺的口岸，1912年有7173艘民船从内地通过厦门常关，7020艘通过厦门常关进入内地，分别带来了价值1249595和8765169海关两的贸易。同年，仅有2932艘轮船通过厦门海关，把价值812414海关两的货物送往内地，仅有89艘轮船将内地仅1593220的货物运出④。同时，由于沿海贸易轮船的激烈竞争，以及内地贸易增长的需求，内河民船贸易明显增加。1892—1901年，广州由于轮船的竞争，行驶港澳的民船已减少了约50%，但是，各江上游的航运业则为适应贸易发展的需要而增长了20%⑤。

至于铁路贸易对民船内河的贸易的影响更是缓慢渐进的。上文在分析天津区域的内地贸易时曾描述过天津的铁路贸易在1911年到1918年

①《光绪三十三年南宁口华洋贸易情形论略》，茅家琦等《中国旧海关史料》第46册，第409页。

②瓯海关1907年、1927年贸易统计，分别引自茅家琦等《中国旧海关史料》第45册第557页，吴松弟整理《美国哈佛大学图书馆藏未刊中国旧海关史料（1860—1949）》第195册，第48页。

③宜昌关1909年、1918年贸易统计，分别引自茅家琦等《中国旧海关史料》第49册第390页，第80册第591页。

④厦门关1912年贸易统计，茅家琦等《中国旧海关史料》第59册，第59、65页。

⑤粤海关1892—1901年十年报告，粤海关1874年贸易报告，见广州市地方志编纂委员会办公室、广州海关志编纂委员会编译《近代广州口岸经济社会概况：粤海关报告汇集》，第178页。

的逐渐增长。华北地区在近代算是铁路发展较早较快的一个区域。但直到 1918 年,天津的民船贸易还占有约三分之一①。暂时未找到天津内地贸易方式在 1918 年以后的变化,但是秦皇岛贸易报告中的记载似乎透露了一点信息。1922 年秦皇岛由火车运输的货物占 74%,民船占 23%,到 1924 年以后民船贸易的比重逐渐上升,而火车贸易的比重逐渐下降,到 1930 年民船贸易的比例占了 50%,而火车贸易只有 47%。这段时期的军阀混战是导致铁路下降的重要原因,而民船贸易受此影响较小②。由此看来,民船对于铁路的对其贸易的侵夺并非毫无还手之力。

由于近代化的交通形式只覆盖部分地方,内地的货物进出口时,常常将轮船、铁路等与民船联程,进行运输。民船与轮船的联运的情形广泛出现,既有从内地运输货物到通商口岸的,例如商人从南京上游地区采购蚕豆由民船到南京,再由南京改用轮船运出③;也有几个通商口岸地区之间用不同运载方式转运的,如佛山运往南宁之货,往往由佛山装民船到三水,再由三水换轮船到梧州,再由梧州换民船到南宁④。香港到南宁的往来货物也使用轮船-民船合作运输,途经梧州的模式。由于轮船贸易主要负责的是对外贸易和埠际贸易,并没有能力大规模的占领内地贸易,而民船贸易则更加频繁地往来于内地市场和通商口岸,双方分别形成自己的优势区域。在这种情况下,轮船贸易的增长不仅没有抑制民船贸易的规模,反而促进了民船贸易的发展。而铁路同样在某种程度上促进了民船贸易,1908 年九江常关税收增加,较前一年多一万七千余两,原因就是为供应铁路的需求,因而来常关的竹簰数量大增⑤。

从地域上看,新式交通的影响是渐进的,此外,从其运载的货物上看也是如此。以瓯海常关为例,最早由轮船运输的货物是瓯柑。原因如下:第一,瓯柑在蒙古很受欢迎,商人通过转运瓯柑能获得很大的利益。

①数据来自历年津海关贸易报告,茅家琦等《中国旧海关史料》。

②数据来自历年秦皇岛海关贸易报告,茅家琦等《中国旧海关史料》。

③《宣统元年南京口华洋贸易情形论略》,茅家琦等《中国旧海关史料》第 51 册,第 317 页。

④《光绪三十三年南宁口华洋贸易情形论略》,茅家琦等《中国旧海关史料》第 46 册,第 408 页。

⑤《光绪三十四年九江口华洋贸易情形论略》,茅家琦等《中国旧海关史料》第 48 册,第 281 页。

"1878年,瓯柑出口总量的一半经天津转运到蒙古。蒙古人认为这种水果具有很高的药用价值,相信它能够祛除燃烧某些煤炭所排放的毒气,防治荒漠上某一季节流行的疟疾。出口的柑桔装在桶里,每桶120斤,价格约1.5两,到了天津就升到6.5两,差价是因为多道转手。温州商人发货到上海,此后不关他事;上海商人发货到天津,此后不关他事;从天津再转运到蒙古。"①第二,轮船的运费虽然较民船为贵,但于可得利润而言,贵不太多。"运费为汽船每桶60分,夹板船每桶40分,中国小船每桶只要30分。"②此外像明矾这一类货物在20世纪初轮船运费下降后改为轮船运输。而像糖、茶叶等货物长时间内由民船和轮船共同运输。糖类的运输主要根据贸易的路线。在开埠的头几年里,糖一直是依靠民船运输的,甚至"也许除了台湾的白糖,没有哪样货物的运输由民船垄断而排斥了汽船"③。之后随着轮船贸易的发展,产生了两条新的糖运输线路,一是赤糖自香港东洋经由上海转运而来,二是白糖由宁波转运而来。茶叶在温州开埠前后几年内,主要贸易路线为"邻近地区所产、不在本地消费的茶叶几乎全部由民船从临近平阳的小海港桥陡门运往宁波和上海市场"④。19世纪80年代中期,轮船开始运送茶叶,最终形成了优质茶叶和普通茶叶分别运送的局面。优质茶叶由轮船运输,大部分转运到福州。而普通茶叶由民船从产区直接运往台湾、宁波、上海、台州和其他地方。这种普通茶叶"货色粗下,每担不过值银五两至七两,且有贱于此者"⑤,如果其通过海关由轮船出口,则承担不起所要缴纳的关税。而一直由民船占据主要地位的是木板和木杆。表11显示,轮船所运木杆与木板与民船相比微不足道。

①瓯海关1878年贸易报告,赵肖为译编《近代温州社会经济发展概况:瓯海关贸易报告与十年报告译编》,第41页。

②瓯海关1877年贸易报告,赵肖为译编《近代温州社会经济发展概况:瓯海关贸易报告与十年报告译编》,第2页。

③瓯海关1881年贸易报告,赵肖为译编《近代温州社会经济发展概况:瓯海关贸易报告与十年报告译编》,第96页。

④瓯海关1883年贸易报告,赵肖为译编《近代温州社会经济发展概况:瓯海关贸易报告与十年报告译编》,第157页。

⑤瓯海关1902年贸易报告,中华人民共和国杭州海关译编《近代浙江通商口岸经济社会概况:浙海关、瓯海关、杭州关贸易报告集成》,第255页。

表 11:温州常关进出口木材数量统计表

名称	单位	1903 年	1904 年	1905 年	1906 年	1907 年	1908 年
五内常关出口木板	厂①	103874	102330	113706	232176	123803	88384
五内常关出口木杆	担	1300204	991554	991554	1000218	1037863	905769
海关出口木板	厂	135	170	130	134	186	232
海关出口木杆	担	3299	1372	1058	1992	8002	910

木杆与木板体积大,单位价值小,无法承担轮船的运费,因此一直由民船运输。木杆和木板主要伐自龙泉县,扎成木筏顺着瓯江漂流而下。民船运输时往往"将其捆绑在舷外侧,使得船体更宽,浮力更大。这样的船只航行在海上时,迎着船头在远处观望,好像一只趾高气昂的大天鹅"②。木杆和木板主要运往上海、宁波、镇江等北方港口,做起盖房屋所用的木料。此外,主要依靠民船进行贸易的还有煤油和火柴等价格低廉又有一定危险性的货物。

其他常关与瓯海常关有着类似的情况,如运送鸭绿江上游的木材在很长一段时间内是牛庄、胶州等北方港口的主要贸易。20 世纪 20 年代的上海,要不是由于海盗猖獗,民船航运大可与轮船相抗衡,尤其是在杆木、石子、黄沙、豆油、火油和一些危险物品的运输方面③。是以,货物对于新式交通的选择也是逐渐发展的,最早主要依靠轮船贸易的是单位价值大的货物,之后过渡到一般货物,而体积庞大且具有危险性的货物一直是民船的保留运输大宗。

(四)地域社会的力量

民船运输业作为一个历史悠久的传统行业,深深扎根于地域社会,数量众多依赖这个行业生存的人凝结起了强大的力量。

民船常常以所属地命名,各地的民船从业者也往往根据地缘组织在

①厂为木板的面积单位,一厂约为 24000 平方英尺。

②瓯海关 1878 年贸易报告,赵肖为译编《近代温州社会经济发展概况:瓯海关贸易报告与十年报告译编》,第 43 页。

③江海关 1922—1931 年十年贸易报告,陈曾年、许维雍、蒋学桢等译编《上海近代社会经济发展概况(1882—1931)》,上海:上海社会科学院出版社 1985 年,第 313 页。

一起，遇事则能一呼百应。并且，在各地都出现了以民船业为核心的行会，并建有以地方命名的会馆。会馆经费主要由民船交纳。温州一地的诸多会馆经费按以下所述筹集："宁波会馆对每艘民船按货值每千元收取会费2元，但每大包120斤原棉收取20分、每件鱼干收取44文。主要贸易商和店铺根据其规模按月缴纳1000、600或300文。与本地人合伙的宁波人不需缴纳会费。福建会馆按民船所载货值每千元收取会费2元。台州会馆对台州民船运来的每条木杆收取会费3文，每担木炭6文，每丈木板6文；生意不好时减半。江西商人控制着本城的陶瓷贸易，他们经陆路运瓷器到本口时，每篓向江西会馆缴纳40文；从宁波由民船运来粗瓷器时，每元货值缴纳4文。"①。宜昌的汉阳行会的会章中也记载行会成员所拥有的全部民船都要据其规模大小上税，小的木船每趟要向行会缴纳300分；大船也要按比例上税②。

民船从业者是行会最重要的组成部分，而行会保障民船从业者的利益。因此，对于轮船对民船贸易的侵夺，民船业主们联合起来进行反抗。这种情况在各地皆有出现。1868年宁波海关统计上就不见进口豌豆等类，是因为"民船业主们联合起来胁迫宁波当地豆业进口商拒购洋轮进口豆类。当年进来了两艘载运豆饼之洋轮就无法找到买主。事后道台颁洋轮运载豆类豆饼有权经营豆类物品，依然无买主上门。最后两轮上之豆类只得低于市价处理了事，该两轮也一去厦门，另一去香港矣"③。1905年4月间，有茶商自赁小轮船一只，只三十五吨，"由平阳装茶沿海绕来温州，以吨位太小，另拖民船两只，以分载之。惟该处运茶来郡向走内地，为挑夫船户独揽之生计。今一旦为轮船所夺，群起抗阻，几肇事端。迨大半运来，该轮所收水脚不敷支销，仍复开往宁波"④。北海关1879年贸易报

①瓯海关1882—1891年十年贸易报告，赵肖为译编《近代温州社会经济发展概况：瓯海关贸易报告与十年报告译编》，第144页。

②宜昌关1882—1891年十年贸易报告，见中国人民政治协商会议湖北省委员会文史资料研究委员会《湖北文史资料》，总第20辑，中国人民政治协商会议湖北省委员会文史资料研究委员会1987年，第220页。

③浙海关1868年贸易报告，中华人民共和国杭州海关译编《近代浙江通商口岸经济社会概况：浙海关、瓯海关、杭州关贸易报告集成》，第112页。

④瓯海关1905年贸易报告，中华人民共和国杭州海关译编《近代浙江通商口岸经济社会概况：浙海关、瓯海关、杭州关贸易报告集成》，第580页。

告描述了轮船在此地遇到的困难:“虽然帆船主们并不甘愿倒退,且认为即将来到的改革是必需的,但丰厚的既得利益促使他们阻碍任何迅速的改革。克服困难是艰苦的,一支约有40艘大型帆船队专航近海口岸,垄断了本港与澳门之间的运输,两地的商行已投入巨额资本,他们很自然地反对轮船的介入。对航线的垄断方便了他们对进口布匹这项特殊贸易的垄断。”①

此外,民船业与当地政府有着密切的联系。例如在温州,“每艘次民船必须向永嘉缴费1300文,二府1100文,城守600文。温州建造的民船按8个不同的字(即:永、嘉、海、贤、常、静、吉、庆)分级、注册。‘永’‘嘉’和‘海’字船的初始注册费20元,‘贤’‘常’‘静’‘吉’和‘庆’字船10元。每年必须续牌,手续费4800文,上交永嘉知县”②。因此地方政府也往往对民船运输业予以扶持。英驻上海领事称“一个值得注意的特点是牛庄、上海和宁波之间的运输业务不断下降。尽管当局的声明否认在租用外国货船上存在任何障碍,外国船在这条航线上仍然找不到业务。这个问题曾经屡次向地方和高级当局提出抗议,但是没有任何效果,因为中国的行会拥有大笔财富,从而能获得当局有效的、虽然不是公开的合作”③。

(五)常关管辖贸易范围的扩大和转变

随着贸易需求的扩大,新的贸易形式出现,近代常关管辖贸易的对象也有所扩大,不再仅限于民船贸易,这也是近代常关具有相当分量的贸易的原因之一。

天津常关是近代常关管辖范围最大的一个。海关报告中明确列举了其管辖范围:

> 天津常关不仅在大沽、北塘及秦皇岛,管理急转直下之帆船贸易,且又管理更为重要之内地贸易,而常关之大宗税入则得于此项贸易。常关之业务主要包括:

①北海市地方志编纂委员会编《北海史稿汇纂》,北京:方志出版社2006年,第21页。

②赵肖为译编《近代温州社会经济发展概况:瓯海关贸易报告与十年报告译编》,第217页。

③李必樟译编《上海近代贸易经济发展概况:1854—1898年英国驻上海领事贸易报告汇编》,上海:上海社会科学院出版社1993年,第135页。

(1)对以下各货之查验与课税：

(a)凡由内地运抵天津之土货，无论有无三联单，无论以水路、铁路或其他运输方式运送，无论指定出口(途经本关而转往其他中心)或供本地销用者；

(b)凡土、洋各货之未领子口单而由天津运赴内地者；

(c)凡帆船货载之由沿海进出本地区者。

(2)对洋货之领有子口单而运入内地者，概行查验。

(3)抽征若干项特别费，主要计有船照费及港口捐等。①

常关管辖范围的扩大，从交通方式上来说，主要是增加了部分铁路贸易、轮船贸易。九江常关的贸易数据里分列了民船贸易和铁路贸易的大宗货物，说明九江常关兼管了铁路贸易。表12是1915年九江常关通过民船和铁路运载的大宗货物的数据。可以看出，常关的民船贸易相对铁路贸易来说占绝大多数，但铁路贸易纳入常关管辖范围无疑增大了常关的贸易量和收入。

表12：九江常关大宗货物数量统计表

货物名	单位	民船运载数量	铁路运载数量
竹	根	67250	4839
红茶	担	119946	38493
茶叶	担	41046	14922
木板	方	3874	3529
各种木杆	根	3786043	952

资料来源：根据《中国旧海关史料》所载1915年九江常关贸易统计整理

而更多的常关将部分轮船贸易纳入管辖范围。这一类贸易是内河贸易，因为原来内河只有民船贸易，后因为各种缘故有新的贸易形式出现，或是华商利用小轮拖带民船，或是有华商设立轮船公司开始运行于内河。

①津海关1902—1911年十年贸易报告，天津海关译编委员会编译《津海关史要览》，北京：中国海关出版社2004年，第103页。

由于当时未对这类新出现现象做出明确规定该报何关，又及地方和船主便宜行事，这些轮船贸易部分报常关运输。“1896 年，在宁波、舟山岛的定海和本省南部台州的海埠海门之间建立了定期班轮航线。这条航线此后一直是在常关的管辖之下，向常关缴付各种税捐”，这使得“船东们获取巨大利益，并且悬挂外国旗帜的轮船便难以与其竞争，就如同在 1900 年，当时的太古公司曾企图在上海和定海之间建立轮船业务而未获成功”①。1917 年，“货物来往沪瓯，由内港轮船转运者，浙海关监督奉准于中途征收常税”。“上海运瓯之货，可向该处常关报系运往台州内地，完一常税出口，抵台州时，复由该处浙海常关征一常税，于五日内，由他船转运来瓯免再征税，统计该货自沪到瓯只纳常税二次，折合海关税率，约仅一出口正税，一转移间，少纳一复进口半税矣。”海关税务司认为“此法如可准行，他省必仿照办理，海关之沿海贸易势将为常关所侵并可断言也”②。而 1925 年 10 月起，又有利泰一轮加入这一内港航线，进出口均报常关③，1928 年，又加多小轮八艘。可见这种现象未被禁绝。江海常关统计资料中分别记载进出常关的民船数，1912 年进出常关的民船有 10676 艘，轮船 3350 艘，同年按照内港行轮章程报海关进出口的轮船有 5674 艘。可见江海常关所管辖的轮船贸易占了相当多的份额。

由于种种原因，主要由常关管辖的民船贸易在近代仍然有顽强的生命力，并且常关扩大了它所管辖的贸易范围，因此近代常关贸易有其广泛的生存空间，总体贸易量有所增加。近代常关的贸易状况也说明，商业和交通的近代化在中国的推进是渐进的，而传统的商业和交通形式仍有着巨大的生命力，且传统的形式会对自身进行调整，且对于新式商业和交通形式的入侵，在一定程度上进行了融合和反击。

①浙海关 1892—1901 年十年贸易报告，中华人民共和国杭州海关译编《近代浙江通商口岸经济社会概况：浙海关、瓯海关、杭州关贸易报告集成》，第 606 页。

②瓯海关 1917 年贸易报告，中华人民共和国杭州海关译编《近代浙江通商口岸经济社会概况：浙海关、瓯海关、杭州关贸易报告集成》，第 606 页。

③瓯海关 1925 年贸易报告，中华人民共和国杭州海关译编《近代浙江通商口岸经济社会概况：浙海关、瓯海关、杭州关贸易报告集成》，第 628 页。

辛亥时期的"关余"问题

戴鞍钢

（复旦大学历史学系）

中国海关史上习称的"关余"，是指清末民初中国每年的海关税收，在扣除以关税作抵的各项到期应付赔款、外债、公债及海关经费等款后的余款。辛亥革命时期，围绕着能否动用"关余"的问题，各地新生的革命政权曾与外国列强多有交涉乃至抗争，但均落败并直接有碍革命的进程①。

一

辛亥革命前，中国海关税收已被帝国主义强行指定作为偿付外债、赔款的担保，但海关税款则一直由清朝政府掌握。外籍税务司在中国海关的权力，主要在关税征收方面。海关税款收入，由清朝政府指定的银号收纳。税款的保管和支付，由清朝政府委派的海关道或海关监督全权负责。1909 年 4 月起接替赫德担任总税务司的安格联，在他的一份备忘录中承认："在革命以前，各海关税务司只对他们协征的税款作账，而并不经管凭

①本文论述的辛亥时期，是指从武昌起义至南京临时政府成立。相关研究状况，可参阅崔志海《新中国成立以来的辛亥革命史研究》，《近代史研究》2015 年第 3 期。南京临时政府成立后的相关史事，可参阅杨天石《孙中山与民国初年的轮船招商局借款——兼论革命党人的财政困难与辛亥革命失败的原因》，见杨天石《民初政局》，北京：中国发展出版社 2015 年。

单缴入代收关税银号的现金……海关银号并不是在税务司,而是在监督的管辖之下,监督往往是皇帝直接简派的地方官。"①

武昌起义爆发后,帝国主义列强为了阻止革命的发展,也为了维护它们在中国的侵略权益和完全控制中国的海关,立即开始攫夺中国海关税款的活动。10月15日,安格联下令江汉关税务司苏古敦"将税款设法汇入汇丰银行我的账内,等候事态的发展"。他宣称:"让税款跑到革命党的库里去是不行的。"②10月23日,他见到各地革命形势发展迅猛,便向清朝政府税务处帮办大臣胡惟德提出:"采取某种方针确保关税不致为革命党用作军费,并留供偿还外债,现在已经是时候了。"③11月3日,他在致江海关税务司墨贤理的信中,又强调:"如果任何邻近上海的口岸加入革命,有关的税务司在紧急的时候向你征求意见时,我们的方针是这样的:关税是外债的担保品,因此税务司应当向有关方面说明,为了避免外国干涉,关税必须以总税务司或领事团名义暂时存储。"④

11月23日,英国驻华公使朱尔典也向英国外交大臣格雷报告:"从中国革命运动的进展所引起的一些附属问题中,一个已经吸引而且继续吸引我密切注意的问题,就是如何处理各口岸所征收的海关岁入,以便保存它不被挪用,供偿还它所抵押的外债之用。"并称:"在一座已辟为条约口岸的城市,行政管理权一旦由清政府手中转入革命军手中,所征收的税款便听任革命军支配;这些税款有被用来支持起义军政府的军事行动和满足其他紧急需要的危险。"为此,在他的提议下,外国公使团公然要求"把全部海关岁入置于总税务司的控制之下,那些岁入不仅包括清政府已失各口的岁入,而且包括清政府仍然控制的各口岸岁入在内"。并决定由外国在上海各银行组织专门机构负责接受这些税款。⑤

①[美]马士著,张汇文等译《中华帝国对外关系史》第3卷,北京:商务印书馆1960年,第428页。

②中国近代经济史资料丛刊编辑委员会主编,中华人民共和国海关总署研究室编译《中国海关与辛亥革命》(帝国主义与中国海关资料丛编),北京:中华书局1964年,第8页。

③同上书,第330页。

④同上书,第153页。

⑤胡滨:《英国蓝皮书有关辛亥革命资料选译》上册,北京:中华书局1984年,第153—158页。

二

面对帝国主义非法劫夺中国海关税款的行为，各地革命党人作出强烈反应和抗争。这种抗争，首先发生在湖南长沙。1911 年 10 月 22 日，革命党人在长沙起义成功的当天，就以湖南军政府的名义照会长沙海关税务司伟克非，宣布自即日起，“所有洋关、邮政局应归本军政府管理，所有徽章旗帜由本军政府即日派人前来更换，务希贵税务司并执事人等，一概仍旧办理，诸事悉听本军政府命令施行”①。但这一照会立即受到帝国主义的抵制。10 月 26 日，安格联命令伟克非通知湖南军政府：“海关税收已指抵外债，为了避免与列强发生纠纷，最好暂时将税款交由总税务司或领事团保管”②，胁迫湖南军政府放弃接管长沙海关的打算。朱尔典也公然出面干涉，致电英国驻长沙领事，指示他同海关税务司合作，“听候海关总税务司或领事团的命令”。声称：“应采用的论据是，该岁入确系各国债券持有人的财产，如果革命军擅自挪用，可能会引起同列强的纠纷。”③在帝国主义的威逼下，革命党人作了让步，先是“建议税款存在大汉银行，军政府和税务司都不得动用”，在遭到拒绝后，又“同意将税款存入汇丰银行，但是要用军政府的名义，未经军政府许可，不得擅自动用”。④ 但这样的要求仍被拒绝。为了胁迫革命党人屈服，帝国主义派出军舰驶抵长沙，进行恫吓。⑤ 最后，湖南军政府终于妥协，“同意将税款以总税务司名义存入汇丰银行”⑥。

围绕着“关余”问题的斗争，在爆发革命的其他通商口岸多发生过。在汉口，革命党人在起义成功后，“任命了他们自己一伙的人为海关监督”，试图接管海关。但同样遭到帝国主义的拒绝。当地的海关税务司依

①中国近代经济史资料丛刊编辑委员会主编，中华人民共和国海关总署研究室编译《中国海关与辛亥革命》（帝国主义与中国海关资料丛编），第 94—95 页。

②同上书，第 95 页。

③胡滨：《英国蓝皮书有关辛亥革命资料选译》上册，第 154 页。

④中国近代经济史资料丛刊编辑委员会主编，中华人民共和国海关总署研究室编译：《中国海关与辛亥革命》（帝国主义与中国海关资料丛编），第 99 页。

⑤胡滨：《英国蓝皮书有关辛亥革命资料选译》上册，第 154 页。

⑥中国近代经济史资料丛刊编辑委员会主编，中华人民共和国海关总署研究室编译：《中国海关与辛亥革命》（帝国主义与中国海关资料丛编），第 331 页。

仗“当时泊驻在长江的各国强大海军力量的援助”，迫使革命党人“终于达成了一项协议。根据该协议，把征收的关税用海关总税务司的名义存入汇丰银行”①。11月7日，即上海光复的第二天，朱尔典就指示英国驻上海领事，“起义军政府不得动用任何款项，如海关税入，它已被指定用来偿还外债”②。

在云南蒙自，围绕着海关税款掌管权，革命党人与帝国主义之间的斗争相当激烈。11月间，蔡锷任云南都督后，要求蒙自海关税务司谭安“把税款解交军政府”。谭安拒不接受这一要求，并扬言：“最好让海关征税并汇往广州的总税务司账款内，备还外债，以免引起外国的干涉。”蔡锷没有退却，指出“云南需要蒙自关的税款”，不同意谭安的这种说法。一时双方争持不下。于是，安格联命令谭安：“如果云南当局不采取较为合理的态度，那就有必要考虑撤退海关人员并停止收税，但是这样做了，他们就会同法国发生纠纷，因此，还是请他们重新考虑一下吧。”以此逼迫云南军政府妥协。③

正是在这样的胁迫下，武昌起义后，凡爆发革命的各通商口岸的海关税收，无一例外地被帝国主义攫取。12月5日，朱尔典向格雷报告：“所有各口的海关岁入现已完全置于海关税务司的控制之下，供偿付对外债和赔款之用。”④12月27日，安格联也在一份电报中声称：“各地革命政府都已确认自己的义务，把关税全部汇解总税务司账内，清政府也把北方各口岸税款交给总税务司管理。”⑤当时“各关所收税款，每星期汇交上海，分存汇丰、德华、道胜三行，为归还洋债赔款之用”⑥。其数目相当可观，仅1911年11月和12月两个月内，存入在沪外国银行债款专账内的海关

---

①胡滨：《英国蓝皮书有关辛亥革命资料选译》上册，第154页。

②同上书，第46页。

③中国近代经济史资料丛刊编辑委员会主编，中华人民共和国海关总署研究室编译《中国海关与辛亥革命》（帝国主义与中国海关资料丛编），第269页。

④胡滨：《英国蓝皮书有关辛亥革命资料选译》上册，第178、179页。

⑤中国近代经济史资料丛刊编辑委员会主编，中华人民共和国海关总署研究室编译《中国海关与辛亥革命》（帝国主义与中国海关资料丛编），第269页。

⑥《南京临时政府公报》第46号，中国社会科学院近代史研究所编《辛亥革命资料》，北京：中华书局1961年，第315页。

税款，即达 330 万两①。

三

帝国主义对中国海关税款的攫夺，对各地革命党人造成极大的困难。武昌起义后，各地成立的军政府，普遍出现财政拮据状况。一方面，旧政府遗留下来的库藏十分有限；另一方面，新政府废除了清朝政府原来征收的许多苛捐杂税，短时期内又难以建立起新的税收体系来替代它，而军需费用和其他日常开支又很巨大和迫切。

在这种情况下，革命党人本可依靠收入较丰的海关税款作为挹注。现在这一资金来源也被帝国主义切断，这对各地军政府无异是一个致命的打击，直接给他们造成严重的财政危机。在四川，军政府无力支付下属部队的饷银，被迫考虑采取一些应急措施来克服困难，“一个计划是发行纸币，不用白银储备而用从俘获的抢劫者手中收回的丝绸和皮毛仓库做担保。官方报纸宣布的另一个计划，是建立授受自愿捐款的机构，以支付军队的费用”②。捉襟见肘的窘态，可以想见。

在湖南，“新政府的财政需要是极为迫切的”，因资金来源极为有限，“军政府正在把水口矿的锌矿石按每吨十八两半现银的价格出卖给各洋行，以尽力满足对现款的需要”。此外，它还宣布“它打算请人们认购五百万元的公债，年息六厘，五年以后开始偿还，十年内还清”。但当时就有人认为：“按照这样的条款，几乎不能吸引中国人的资金。”③即使像广东、上海这样的经济比较发达的地区，也不免出现入不敷出的困难局面。如广东光复后，军政府“财政竭蹶，军需浩繁，不得不藉募债一途，以资挹注”④。

当时各地的军政府普遍遭遇严重的财政困难，如日本外务省档案载：

①中国近代经济史资料丛刊编辑委员会主编，中华人民共和国海关总署研究室编译《中国海关与辛亥革命》(帝国主义与中国海关资料丛编)，第 339 页。

②胡滨：《英国蓝皮书有关辛亥革命资料选译》上册，第 376—377 页。

③同上书，第 394、395 页。

④《广东都督关于粤省募债及筹还情形咨》，中国第二历史档案馆：《中华民国史档案资料汇编》第 2 辑，南京：江苏人民出版社 1981 年，第 330 页。

"11月初革命军占领苏州前后,富人收拾钱财陆续躲避外地,商铺收缩进货,企业家关闭企业,金融紧缩。"①上海也不例外,陈其美领导的军政府成立后,主要依靠发行公债、军用票和募捐度日。一位当事人忆述:"沪军政府成立初期,军用浩繁,款项无着,因设立一个军饷协济会筹集军饷,总会在上海,外埠都有分会,属于各省各地的军政机关,由分会报告总舍,互相联系,进行劝募工作。"②1911年12月25日孙中山从国外争取贷款未果回到上海后,"确使革命军组织革命中央政府的人选获得迅速的解决,但在仓卒中对于支持该中央政府(指即将成立的南京临时政府——引者)的经费尚无着手的办法"。局面相当困窘:"在中山先生到上海的前后,广东革命政府遣派三千军队到南京。路过上海,时值隆冬下雪。在黄浦码头上岸,身上只穿单夹不等的平民服装,加上一件羊皮背心,这样的服装自然不能御当时的严寒。该军队的长官翌日则到上海广肇公所要求协助制造棉被褥各三千条,限三日交货,以便赶赴南京。公所以无军服制造厂可转托制,且棉花市面缺货,只得做了稻草的被褥各三千条,以应急需。这军队是为巩固南京政府而来,但它所缺的被褥无指定的机关办理,只有向同乡的广肇公所求支援,不能不表现着东南军政府的脆弱环节。"③

各地革命党人在起义成功后如此亟需资金来维持并巩固新生政权的情况下,为什么在帝国主义的压力下能忍受他们攫取海关税收这项重要的财政收入?主要在于资产阶级革命党人非常害怕帝国主义对中国革命进行干涉。武昌起义爆发后,由于害怕帝国主义的干涉,湖北军政府成立后发布的一份文告曾再三告诫人们不要冒犯洋人,认为"若是害了外人,各国都来与我们为敌,那就不得了呢!"④它在10月13日致各国领事的

①李少军:《武昌起义爆发后〈通商汇纂〉出版的号外之三》,陈锋主编《中国经济与社会史评论(2011年卷)》,北京:中国社会科学出版社2012年,第208页。

②邱寿铭:《沪军都督府筹饷一二事》,全国政协文史资料委员会编《辛亥革命回忆录》第7集,中华书局1961年版,第567页。

③唐宗濂:《我所了解的袁世凯》,上海市文史研究馆编《辛亥革命亲历记》,上海:中西书局2011年,第260页。

④中国近代经济史资料丛刊编辑委员会主编,中华人民共和国海关总署研究室编译《中国海关与辛亥革命》(帝国主义与中国海关资料丛编),第144页。

照会中,明确宣布承认以往清朝政府与各国缔结的条约,并照旧偿付赔款和外债。[①] 即使是孙中山,在这个问题上也是如此。武昌起义爆发后,尚在海外的孙中山在《通告各国书》中就宣布:"于我军未起事以前,满政府所借之外债,一概承认偿还,决无改议,将来以海关税款抵赔"。[②] 其态度是明确的,即使在南京临时政府成立后也是如此,1912 年 1 月 22 日他接受美联社采访时表示:"我们控制了除天津和营口之外的所有条约口岸。事实上,民国政府保护了绝大多数外国人和外国财产。中国人民每天都在问,为什么各国不及时承认我们呢?中国人民担心,北京一些外国使节要挑动外国干涉,这一阴影笼罩全国,中外人民都为此感到忧虑。"[③]因此,当帝国主义以保证赔款和外债的偿付为借口,又施以武力威胁,逼迫他们放弃接管海关的要求,强行夺取中国海关税款时,各地革命党人在稍作抗争后,都相继在帝国主义的威逼面前退却。

各地革命党人这种忍让的态度,并没有换得列强的同情和支持,反而被视为软弱可欺。安格联事后在一份备忘录中这样写道:"在设立(海关税款)管理权的过程中,他们(指各地税务司——引者)没有遭到什么困难,在控制现款以供作战之用最为事关重要的时候而干涉海关税款的试图竟不多见,这充分地说明革命领袖的爱国情绪和他们对国债的责任感。在大多数地方,只要一语解释就够了。……在很少的国家里,像这类事情会以这样一种恕道和合情合理的精神来处理。"[④]

由于帝国主义的破坏,武昌起义后,革命党人失去了原可指望的海关税款这一项比较可观和稳定的财政补充渠道,各地革命政权都遭遇严重的财政困难,随后成立的南京临时政府也从一开始就陷于财政危机的严重困扰之中。

---

①《松本驻汉口总领事致林外务大臣电》,章伯锋编《日本外交文书选译——关于辛亥革命》,北京:中国社会科学出版社 1980 年,第 180 页。

②孙中山:《通告各国书》,中国社会科学院近代史研究所等编《孙中山全集》第 1 卷,北京:中华书局 1981 年,第 545 页。

③郑曦原编《共和十年:〈纽约时报〉民初观察记(1911—1921)· 政治篇》,北京:当代中国出版社 2011 年,第 44 页。

④[美]马士著,张汇文等译《中华帝国对外关系史》第 3 卷,第 429 页。

晚清的鸦片税(1858—1909)*

林满红

(“中央研究院”近代史研究所研究员)

一、前　言

晚清政府的鸦片政策前后可分三期,一为1830年代至1857年之严禁时期,一为1858年至1906年之弛禁时期,一为1907年至1911年之渐禁时期。

严禁时期开始的1830年代,正是外国鸦片开始大量进口、本国鸦片开始大量种植的时期。严禁的意义是:“凡吸食、贩卖、种植者皆斩。”由于任何税课必以该税课对象之得以使用、流通、制造为前提,值此严禁时期,自无鸦片税可言。1840年鸦片战争之后,外国鸦片禁无可禁,若干地方官吏私下征课鸦片税系属少数例外。

渐禁时期始于1906年10月清廷颁布《禁烟章程》及1907年中英双方之签订《禁烟条款》,1906年的《禁烟章程》旨在换取渐禁办法,于10年之内尽除鸦片烟害。种烟者递年减种,九年内禁绝;吸食者如为官吏当即戒除,如非官吏,凭照购买,购买额逐年递减。1907年《中英禁烟条款》议

---

* 此文原刊登于《思与言》第16卷第5期,1979年1月,第11—59页。此次加以修订提交大会,就海关数据在此文中的运用提请大会指正后,拟收入有关鸦片研究的专书之中。

定印度鸦片进口,每年递减 5100 箱,至 1918 年减尽。但此约需试行三年,三年之内中国本身栽种、吸食减少,方再递减。1907 年至 1911 年间中国在国内外禁烟的舆论支持下,严格封闭各地烟馆,鸦片禁种期限由 10 年缩短为 4 年即告成功,吸食者虽未减尽,但已大减,禁烟成果相当明显,1910 年英国亦如约继续递减印度鸦片出口量。在此渐禁颇具成效期间,鸦片税随贩卖、吸食、种植之递减而递减。尤其清廷不复藉鸦片征课税收,另由盐、米、肉、牛等平均抽取前此由鸦片税支付之款项。故于渐禁时期,鸦片虽仍课税,但已非重要税收。①

鸦片税成为清政府重要税收乃弛禁时期之事。鸦片之弛禁乃因太平军与清廷急需饷源及英国希望中国征课鸦片税俾使其鸦片贸易合法化。清廷以"寓禁于征"为由开始征课鸦片税。由于吸食日广,鸦片税竟成为仅次于田赋、关税、盐税而与厘金相近之重要税收,其重要性在粮税、杂税、常关税之上。关于清朝之重要税收,田赋、盐税、厘金已分别有王业键、姜道章、罗玉东与何烈做过研究。鸦片税仅 Jonathan Spencer 于《清代的鸦片吸食》一文中有两页篇幅提及,谓太平天国乱后地方知县不易收取田赋,常以鸦片税应急,而使鸦片税在传统税收制度下扩展而成清政府重要税收,此外尚无人做过研究。② 本文拟根据《清末海关十年报告》、《海关历年报告》、海关有关鸦片之《特别报告(*Special Series*)》、《英国领事商务报告》、清末文集、《清朝续文献通考》、《皇朝政典类纂》、《皇朝掌故丛编》、地方志等资料,于此税制之研究作一补白。研究时限以 1858 至 1906 年为主。在研究此税制时因涉及各港历年之关税,故将前人未研究之全国各港历年关税亦附录文末。

全文计有如下重点:

---

①有关晚清之鸦片政策,参考于恩德《中国禁烟法令变迁史》第三、四、五、七章,该书未注明成书年代及出版数据,书中提及最晚一个时间为 1929 年。此书列为沈云龙所编《近代中国史料丛刊》第 88 辑,台北:文海出版社。

②Jonathan Spence, "Opium Smoking in Ching China," in F. Wakeman, Jr. and Carolyn Grant, ed., *Conflict and Control in Late Imperial China* (Berkley: University of California Press, 1975), pp. 143-173 及 pp. 168-169;王业键等的研究分别为:Wang Yeh-chien, *Land Taxation in Imperial China*, 1750-1911 (Harvard University Press, 1973);姜道章:《清代的盐税》,《食货月刊复刊》六卷七期;罗玉东:《中国厘金史》,台北:学海出版社 1960 年;何烈:《厘金制度新探》,台北:中国学术著作奖助委员会,1972 年。

1.试图以若干财政学观念分析晚清鸦片税的性质，并指出其课征沿革、种类及其与各级政府间的关系。

2.试图指出鸦片税在晚清全国与各地财政中的地位，并指出其于平衡区间财政盈亏之贡献。

3.利用鸦片需求之价格弹性指出：清政府寓禁于征的鸦片税征课政策虽增加了岁入，却延缓了中国的经济成长。在此延缓中国经济成长的过程中，由于本国、外国鸦片税率的差距，本国鸦片逐渐取代外国鸦片，却亡羊补牢似的减少了中国的漏卮。

以下分三节讨论此三项主题。

二、鸦片税制的分析

晚清鸦片税的种类、性质及其与各级政府间的关系，可由图一略知梗概。

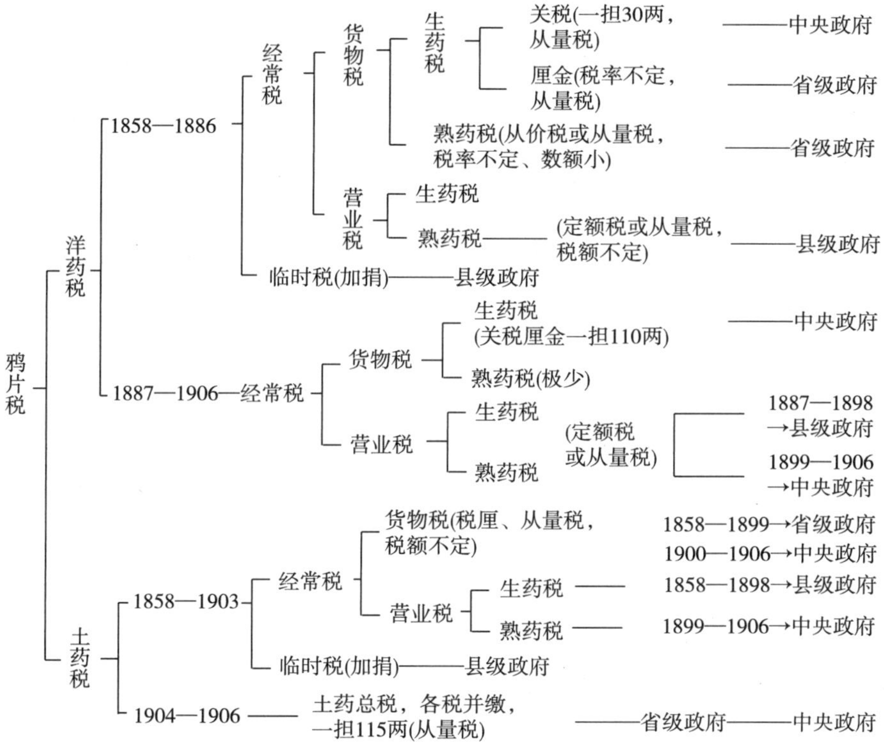

图一：鸦片税制图

由于鸦片为清廷惹来鸦片战争，之后清廷讳言鸦片，而以鸦片在充当麻醉品吸食前原为中药之一，故以“药”名之，来自外国者称“洋药”，来自本国者称“土药”。① 鸦片税因而亦有洋药税与土药税之分，以下先分别说明两税之征课沿革及内容，再综合分析鸦片税之特质。

(一)洋药税

甲、1858年所订定的生药货物税

鸦片在吸食以前必须加熬，加熬以前为“生药”，加熬之后为“熟药”。根据1887年《海关第10号特别报告》指出，熟药的货物税除上海、芝罘每担课60海关两的从量税之外，牛庄、天津、汉口、宁波、汕头、广东均与一般洋货一样课百分之五的从价税，其他各口则无熟药进口税。事实上，不管是国内区内贸易、国内区间贸易，熟药买卖很少，因熟药多由各地零售商供应，鸦片税中熟药之进口税、通过税均不重要。② 故论鸦片之货物税实以生药税为主。

鸦片战争后中英议和之时，清廷以鸦片引起衅端，不敢申明前禁，又未便擅定税章，鸦片以毒物进口而无税课，遂成各口输入大宗，但清廷严禁鸦片之规章仍在，英商之鸦片贸易并无保障，遂请清廷征课鸦片税以使鸦片贸易合法化。清廷一则未敢再行严禁而启衅端，一则国内太平军兴，急需饷源，乃先于1857年准大臣王懿德之请，“从权量抽进口鸦片税”，继于1858年11月与各国修订关税时议定进口鸦片税，并于弛禁。③ 课税要点有二：

(1)鸦片虽属洋货，但不依《南京条约》洋货值百抽五之税率课从价税，而以一担30两之税率征课从量税，依《1902—1911海关十年报告》记载，1872至1911年历年鸦片平均价格计算，一担外国鸦片平均为400两，

①何烈：《厘金制度新探》，第197页。

②Inspector General of Customs, *China*: *Imperial Maritime Customs*, *Special Series* No.10, *Opium*: *Crude and Prepared* (Shanghai: Statistical Department of the Inspector General of Customs, 1888), p. 78.

③参考《征榷14·杂税》，《皇朝政典类纂》卷96，台北：成文出版社1976年，第18a—18b页；于恩德：《中国禁烟法令变迁史》，第89—90页；何烈：《厘金制度新探》，第189页。

则此一担30两之税率如改算为从价税，为7.5%。① 故鸦片进口税率虽较一般洋货为高，但差距不大。

(2)依《天津条约》规定，洋货销售内地的不纳厘金而纳子口半税。子口半税亦即关税之半，即抽取2.5%之从价税。如洋货销售地距离不远，所纳厘金不到2.5%的从价税，则洋商可纳厘金而不纳子口半税，但如销售地较远，所纳厘金超过2.5%从价税，则可纳子口半税而不必纳厘金，故子口半税为对洋商之一种优待。② 但鸦片进口则不受此优待，洋商所进口鸦片必在口岸卖给华商，而后鸦片即由洋货转为华货，其运销内地时与其他华货一样要"逢关纳税，遇卡抽厘"。③

乙、高额的洋药内地税

除关税、厘金等经常税之外，在有些地方另需缴纳临时税，如上海洋药另需缴贴饷、海防、销号，汕头洋药另需缴纳海防经费，福建洋药另需缴华税、加捐军饷、票税等。④ 据1879年《海关第4号特别报告》指出，洋药一担在各口缴完关税之后，所需缴纳之税分别如下⑤：牛庄(31海关两/担，以下括号内省略单位)、天津(35)、芝罘(35)、宜昌(9)、汉口(20)、九江(35)、芜湖(17)、镇江(16)、上海(21)、宁波(37)、温州(40)、福州(76)、淡水(46)、打狗(38)、厦门(83)、汕头(38)、广州(48)、琼州(44)、八卦(44)。可见各地税率不一。1881年上海英国领事馆的《商务报告》亦指出此一事实："各口鸦片进口关税是一致的，鸦片的厘金则极不一致，最高的是厦门，一担83.16两，最低的是宜昌，一担9两，其他各港平均为

①外国鸦片1872至1911历年平均进口价格件："The Inspector General of Customs," *Decennial Reports, 1902-1911*, p.337。1877年芝罘英国领事馆报告亦指出外国鸦片一箱要付30两关税，或7.5%的从价税，见*British Parliamentary Papers* (Shannon: Irish University Press, 1972), Vol.12, p.169。

②罗玉东:《中国厘金史》，第134页。

③参考H. B. Morse, *The Trade and Administration of the Chinese Empire* (Originally Published by Kelly and Walsh, Limited 1907. Republished by Taipei: Ch'engwen Publishing Company, 1966), p.338。

④上海、汕头部分见"Inspector General of Customs," *China: Imperial Maritime Customs II, Special Series* No.9, (Shanghai: Statistical Department of the Inspector General 1888), pp.53, 55;福建部分见罗玉东《中国厘金史》，第326页。

⑤*Special Series*, ibid, No.4, pp.61-63.

35.27 两。”①不仅各地税率不一,一地不同时间之税率亦不一致,如上海 1879 年《海关特别报告》谓其洋药厘金一担 21 两左右,1887 年《海关特别报告》则谓上海一担洋药要缴 82.92 两厘金及加捐。② 1885 年朝廷接纳左宗棠建议,鸦片厘金调整为一担 86 两,各地再斟酌征课,亦使各地鸦片厘金增加。③

由 1879 年《海关第 4 号报告》看来,各地厘捐税率除宜昌低于子口半税甚多,镇江、芜湖之税率接近子口半税,汉口、上海税率较子口半税稍高之外,其他各港税率均在子口半税两倍以上,其中福州、厦门为最高。加上洋药纳厘亦需“逢关纳税,遇卡抽厘”,则洋药进口关税虽未超过其他洋货甚多,所缴内地税则远超过其他洋货。

虽然洋药内地税系由华商负担,但洋药内地税负既高,则洋药出售时成本提高,影响洋药对土药之竞争能力,故英国方面一再希望洋药厘金与关税一并在海关缴纳,以免在内地备受催索。在清廷方面亦感洋药厘金在各地缴纳多为地方官侵吞,不如在洋关缴纳,中央反可取得可靠税收,乃于 1875 年与英国协订鸦片关税,厘金一并在海关缴纳,但因中英双方对税厘合并后之厘金税率意见不一,故一直到 1886 年 6 月 7 日所订《烟台条约续增专条》才提出具体方案。④

丙、1886 年所订的生药货物税

1886 年《烟台条约续增专款》规定:洋药进口关税仍为一担 30 两,但厘金增为 80 两,两者共 110 两。洋药进口之后须先封存于海关许可具有保结之栈房或趸船,缴完税厘之后方准搬出,缴税之后有凭单一张,如未再拆装,无需再缴任何税收(包括一切临时税在内),但如经拆装,中国仍有权课税。⑤ 此税则 1887 年 2 月正式实施,一直沿用到 1907 年《中英禁

①*British Parliamentary Papers*, op. cit., Vol.14, p.151.

②*China*: *Imperial Maritime Customs II*, *Special Series* No.9, pp.53, 55。

③*British Parliamentary Papers*, op. cit., Vol.15, p.557. 何烈:《厘金制度新探》,第 196 页。

④1886 年鸦片税厘并征参考何烈《厘金制度新探》,第 192—197 页。

⑤李圭:《鸦片事略》,附于林则徐《信及录中》,广文书局出版,《中国近代内乱外祸历史故事丛书》之一,第 256 页。

烟条约》才改为一担 350 两。①

就鸦片一担价格 400 两,课税 110 两计之,税率为 27.5%,1858 年之税率,如仅计算一担 30 两关税及一般口岸平均课 35 两厘金,则为 16.25%,故 1886 年之税率如不考虑 1858 年至 1886 年所课之临时税,已提高颇多。此外,1858 年所订之厘金由华商支付,1886 年所订之厘金由外商支付,②故此次改税乃外交上之一次胜利。胜利原因为:洋药受土药竞争,进口利薄;其他洋货进口增加,外商渐有其他利润可得;进口洋药遭国际舆论谴责,1880 年美国与中国订约绝不以鸦片为贸易品,对英国是一讽刺;曾纪泽运用此等情势谈判成功。③

丁、洋药的营业税

除关税、厘捐之外,若干地区的洋药商还要缴营业税。此营业税或称"坐厘",或称"牙帖"。如 1893 年温州鸦片烟铺每卖 1 斤要缴 14 元厘金,是为"坐厘"。而《皇朝掌故丛编》税项下之"药牙"一项则为牙帖。此一光绪年间的作品曾指出朝廷的一种药牙征课方法;凡售卖洋药、土药,必须请领部帖,方准营销。各州县牙帖依州县户数之多寡分繁盛、次盛、简僻三等。二千户以上为繁盛,一千户以上为次盛,五百户以下为简僻。繁盛、次盛、简僻之药牙一年分别要交银 1000 两、750 两、500 两。以上乃就生药之营业税而言,此外另有熟药营业税。《皇朝掌故丛编》指出,光绪年间之烟膏部帖依繁盛、次盛、简僻三等,一年分别为一担 50 两、40 两、30 两。④ 但据 1887 年鸦片特别报告记载,广东熬 1 两鸦片课 3 钱。⑤由上可见,不论生药营业税或熟药营业税,其税率均不一致,但可归纳有定额税与从量税两种。

①于恩德:《中国禁烟法令变迁史》,第 260 页;*British Parliamentary Papers*, op. cit. Vol.16, p.40.

②*British Parliamentary Papers*, Vol.16, p.33.

③何烈:《厘金制度新探》,第 192—197 页。

④张寿镛编《皇朝掌故丛编 · 内编 · 卷 16 · 杂税》,求实书社藏版 1894 年,第 40—42 页。

⑤*Special Series*, No.10, p.78.

(二)土药税

甲、货物税(税厘)

1858年洋药课税弛禁之后,土药亦开始课税弛禁。课税方法原则上是水路关卡一担税厘30两,陆路关卡一担20两,1881年陆路关卡增为40两。① 税指关税,由外船载运者在洋关缴税,由国船载运者在常关缴税;厘指在厘局所纳之厘金。所谓一担税厘若干系指一省之所课而言。土药至一省之后,如在当地出售,需纳落地税(亦厘金之一种),如不在当地出售,只是过境,则或在所经关卡之一缴通过税,或在最后一道关卡缴出境税。大抵一省之内只要在两个关卡缴过税,即可不再缴税。政府规定一省税厘若干,系指在一省境内所需缴纳税厘之总数而言。缴完总数之后,该省境内虽不必再缴,但一到邻省,又需缴邻省之税厘。②

但各省或产土药或不产土药,即使生产,其开始时间亦有早晚,或为土药所经,或不为土药所经,故其开始课征土药税的时间亦不一致。综合诸多史料,可知云南土药税征课始于1859年,陕西、山西始于1860年,四川、甘肃始于咸同之际,此数省均为重要土药产区。③ 宜昌、汉口、芜湖、镇江、上海、厦门、福州等口岸最晚于1879年已课土药厘。④ 大致各省普遍征课土药厘系1886年前后之事,⑤但也有些省份如江西直至1890年整顿土药税时方始课厘。⑥

1890年之所以由中央政府出面整顿土药税,乃因在此以前各省征课土药税厘除陕西、山西单独造报之外,多混入百货厘金中造报,⑦地方官

①参考于恩德《中国禁烟法令变迁史》,第97—98、102、92页;《续陕西通志稿》卷35,第20a页。

②此制度极为复杂,此段系由许多史料中抽离而出的一个理想型(ideal type)。有关史料举不胜举,其中数则为:*British Parliamentary Papers*, Vol.19, pp.653, 620;但湘良《湖南厘务汇纂》卷6,第16页;*Special Series*, No.10, p.22。

③云南见于恩德《中国禁烟法令变迁史》,第98页;陕西见《续陕西通志稿》卷35,第209页;山西见罗玉东《中国厘金史》,第386页;甘肃见罗玉东《中国厘金史》,第407页;四川见 *British Parliamentary Papers*, Vol.9, p.344。

④*Special Series*, No.4, pp.61-62.

⑤《皇朝政典类纂》卷96,第3081页。

⑥罗玉东:《中国厘金史》,第286页。

⑦《皇朝政典类纂》卷96,第3081页。

场有征多报少，隐匿入己之弊，影响中央税收；加上，1886 年洋药税厘并征之后，洋药厘金严格征课，如果土药厘金未予严格征课，恐英国方面抗议清廷"寓禁于征"之志不够彻底。① 清廷于是先在 1886 年命令各省造报土药税收，1890 年由户部与总理衙门出面整顿土药税，主要整顿精神有：

（1）迁就各省以往课税惯例，制定各省课税订则；

（2）减少土药税之缴税次数，如四川省土药运销东南各省，原需在各省缴税，整顿土药税之后只需在四川涪州缴落地税，在重庆缴出口税，在宜昌缴通过税，此后运销各省除在温州需征课进口税外均可不再缴税。

（3）土药税所得应解中央。②

1890 年所订之税则，直至 1899 年及 1901 年因政府急需税源，才分别再加三成两次。③

乙、土地税

清末土药产区大抵均有土地税的征课，如郭嵩焘指出："川、滇、甘、陕各省栽种罂粟，则必以课吏为先。臣闻种罂粟一亩，所出视农田数倍，工力又复减省，州县因之添设陋规，私收土税，亦数倍于常赋。"④1874 年的《英国领事报告》指出：四川种鸦片的亩税由地主缴纳，约为谷物亩税之四倍，佃农向地主缴实物租。⑤ 此外，东北种一亩罂粟一年课 2 钱，徐州 3 钱，福建 3.85 钱，陕西平地 1 钱，山地 6 分。⑥ 但事实上，要征课罂粟田的土地税并不容易，因罂粟田多零星分布，或与他物杂种，或今年种明年不种，很难稽查。⑦ 加上罂粟田多在偏僻地区，稽查只有委诸胥吏，如果胥吏权大必有扰民之虞，如果胥吏权小，又有百姓告诉胥吏之风。而且中国百姓最怕增加田赋，如在罂粟田上课特别的税收，老百姓会误以为是加赋而起来反抗。李鸿章指出在蠡县、藁城、灵寿县，山西若干州县试办课征

①《皇朝政典类纂》卷 96，第 3063 页。

②《皇朝政典类纂》卷 96，第 3063、3081 页。

③于恩德：《中国禁烟法令变迁史》，第 104 页。

④李圭：《鸦片事略》，第 265 页。

⑤*British Parliamentary Papers*, Vol.12, p.133.

⑥东北：*British Parliamentary Papers*, Vol.16, p.392，《皇朝政典类纂》卷 96，第 3065 页；徐州：*Special Series*, No.4, p.24；福建、陕西：《皇朝政典类纂》卷 96，第 3065 页。

⑦*Special Series*, No.4, pp.39-40.

亩税，百姓纷纷抗议，几酿成重案。① 宁波在1889年因官方在课征罂粟田一担24元的土地税之后，又要加课50钱，即引起很严重的骚扰，有5000人参加暴动，烧了县衙，县官落荒而逃，最后由士绅出面，一年交2000元税收了结，②因此中央并不鼓励征课罂粟田的土地税。1890年整顿土药税时则许福建、陕西罂粟田课特别的土地税，其他地区均只能课鸦片货物税。③ 而根据《海关特别报告》记载，很多地方如同安，如温州，种罂粟之地亦仅课一般的钱粮，而不缴特别的土地税。④

丙、营业税

除前述《皇朝掌故丛编》洋药营业税中之征课方法外，各地有关土药营业税的记载如下：

(1)重庆有3100家烟铺，每月缴300钱的执照费给县官；(2)吉林鸦片行商、坐商的行票、坐票一张均课24两；(3)湖南岳州的土药行一年要捐库平银2000两；(4)山西坐贾药厘1870年一年收入6万至8万两，以后略减，1883年以后又增为10万两左右；(5)土药坐票捐为湖北重要税收之一。⑤

丁、捐输

在1887年洋药税厘并征以前，土药、洋药均有临时税的负担，但自1887年后洋药不再缴临时税，政府一有临时需要，即取诸土药税。清廷1899年及1901年分别加征土药税三成已如前述，而各省地方之需用，亦多以土药为榨取之资。如闽省之团练费，直省之学堂经费，皆分别取自土膏税及亩税。⑥

戊、统税

由于各地对土药税课征项目繁杂，1904年乃有收征土药统税之举。将所有土药税、膏捐、局用(厘局征税费用)合并为一担115两，不论在任

---

①《皇朝掌故丛编·内编》卷16，第206页。

②*British Parliamentary Papers*, Vol.18, p.593.

③《皇朝政典类纂》卷96，第3063、3081页。

④*Special Series*, No.9, pp.39-40.

⑤重庆：*British Parliamentary Papers*, Vol.10, p.533；吉林：*Special Series*, No.9, p.3；湖南、山西、湖北分别见于罗玉东《中国厘金史》，第312、386、159—160页。

⑥于恩德：《中国禁烟法令变迁史》，第104页。

何地方课征后,他处不再重征。所收税汇集武昌总局,再依各省历年土药税收数多寡分给各省应用。①

早期厘金征课每省缴纳,到1890年整理土药税时减少缴税次数,到统税时期只需缴纳一次,可见土药税征课次数不断在化繁为简。

(三)晚清鸦片税的性质

甲、以间接税为主

晚清鸦片税虽有货物税、营业税、土地税等等(参见图一),其中除土地税自十九世纪李嘉图以来即被认为是不会转嫁的直接税以外,均为间接税。② 而政府在征课鸦片税时,亦有意使鸦片税赋转嫁给消费者。1890年总理衙门与户部整顿土药税时即指出此一原则:"农田虽种罂粟,已归正赋纳粮,若于交易时再征税,诸多烦扰;商贩厘捐仍可摊于成本之中,究无所损。"③

乙、以从量税为主

综观所有鸦片税,除营业税有若干是定额税,土地税很多是从亩税,熟药进口课从价税,东北呼兰地区烟土厘乃从价税之外,所有鸦片关税、厘金的征课多为从量税(参见图一),④而鸦片关税、厘金又为最主要之鸦片税,故鸦片税以从量税为主。从量、从价而非定额,目的在于转嫁税负。但何以从量而不从价,1890年总理衙门与户部在整理土药税时亦指出其原因:"按价纳税则价值之低昂须于临时估计,恐启抑勒争论之弊。"⑤故政府在订税则时,常先将某单位物品从价计算其税额若干,再换算成从量税,之后不论价格涨跌,均从量计算。⑥

丙、走私盛行

如表一所示,在晚清所有进出口货中,鸦片是单位价值最高的一种。

①于恩德:《中国禁烟法令变迁史》,第104—105页。

②郭婉容:《经济分析》,台北:三民书局1967年,第139页。

③《皇朝政典类纂》卷96,第3072页。

④《呼兰府志》卷3,第166页,成文方志丛书。

⑤《皇朝政典类纂》卷96,第3066页。

⑥《皇朝政典类纂》卷96,第3066页。

表一:晚清各种进出口货单价表　　单位:海关两/担

年代\物别	鸦片(Malwa)	蚕茧	绿茶	英国棉纱	铜	米	面粉	糖	羊毛	棉花	兽皮
1872—1881	433	77	24	22	16	1	4	5	7	9	10
1882—1891	358	58	19	19	14	1	3	7	8	10	11
1892—1901	472	68	24	23	24	2	3	6	10	13	13
1902—1911	740	102	34	40	31	3	4	5	17	18	25

数据来源:由 *Decennial Report*, *1902-1911*, pp.336-338 算出

由于鸦片量轻值贵,走私利润最大,且因其曾为禁品,原有一些走私的路线,故鸦片走私最为严重。鸦片走私可分洋药进口时的走私,和洋、土药在国内流通时的走私两种。

洋药进口时的走私以粤东最为严重,福州、厦门次之。因洋药由印度出口到中国时先汇集中国香港,香港系无税港口,四面皆海,而粤东海岸又很曲折,到处有小港可以舶船,因此有很多乡村渡船、渔船、贩私盐船,甚而官方的缉私船均走私进口鸦片。据赫德(Robert Hart)指出,走私之数一年约有一万箱,而马士(H. B. Morse)亦指出,在九龙、拱北于1887设海关以前,粤东的鸦片走私年有1万—1.5万担。① 自1863年至1905年,中国每年进口鸦片量约在5万—10万担之间。② 故走私之数约为全数之20%。1887年九龙、拱北设海关之后,洋药走私方较减少,但澳门仍为走私据点。③

洋药在1887年税厘并征之后,国内无需再缴税,所以不需要再走私。1887年以前在国内亦需逢关纳税、遇卡抽厘,且由华商卖出而非洋商卖出,则与土药一样有很多走私。关于国内鸦片流通时的走私情形记载很多,兹以1887年《海关有关鸦片的特别报告》作为代表,以见概略:

"各港均强调鸦片走私之多。牛庄每年有3000担鸦片走私到山西;

①葛士浚编《皇朝经世文续编》卷114,洋务14,第96页,转引夏燮《中西纪事》;H. B. Morse, op. cit., p.342.

②H. B. Morse, *The Trade and Administration of the Chinese Empire*, p.342.

③*Special Series*, No.9, p.51.

天津一带的土药均经陆路走私进来；云南、四川、宜昌的鸦片都由武装的男人约80人至100人一队翻山背到沙市，每人约可背88斤重的鸦片；很多土药均由往来汉口的旅客带出，中国西部目前银、钱两荒，在很多地方鸦片取代银、钱成为物物交易的媒介，当一个人要到汉口旅游时先带够价值全部旅程所需花费的鸦片，沿途再以鸦片换取所需，到北京赶考的人也有带鸦片充当路费的；汉口运出的土药多不沿江而下，而绕着迂回难行的陆路走私到镇江等地；镇江、上海、福州、淡水、八卦、打狗所使用的土药多由走私而来。”①

究竟走私量有多少也无从估计，不过就土药生产最多的四川而言，根据1880年《英国领事报告》指出：其走私的鸦片与纳税的鸦片数量约略相等。② 可见走私的严重，更严重的是不只百姓走私，连官吏也走私，根据英国领事报告指出：有一位总兵由四川调职南方，用戎克船载了价值30万两的鸦片到南方卖出。③

丁、鸦片税征课有包缴、打折与各课税机关竞争的现象

包缴、打折与鸦片之盛行走私有关。地方政府为确保税源，减少缉私之苦，即将一地一年内的鸦片税征收权发包给商人，承包者可以是鸦片同业公会，也可以不是鸦片同业公会。④ 就史料所见，以下几个地方有包缴现象：

（1）1872年重庆鸦片商公会包缴该地土药厘金；（2）1877年厦门土药厘金由商人包缴；（3）1885年九江鸦片厘金包给鸦片商公会；（4）1887年汉口鸦片税包给两个买办；（5）1887年上海土药商包缴鸦片厘金十万两；（6）湖南若干地区鸦片税采包抽制。⑤

打折目的在降低实质税率以避免走私。降低实质税率方法是少算重量，如100斤种的鸦片当50斤算，如此既可符合政府每百斤抽多少税的

①*Special Series*, No.9, pp.51-52.

②*British Parliamentary Papers*, Vol.14, p.43.

③同上。

④*British Parliamentary Papers*, Vol.10, p.533.

⑤重庆、汉口、上海、九江分别见于 *British Parliamentary Papers*, Vol.10, p.533; Vol.16, p.166; Vol.16, p.440; Vol.15, p.428。湖南见《湖南厘务汇纂》卷16。厦门见 *Special Series*, No.9, p.53。

规定,又可避免走私。如镇江一箱鸦片原需纳厘金 43 两,但 100 斤只当 50 斤算,则只要缴 21.5 两,有时折扣更多,只需缴 6 两。① 湖南课鸦片税也有打折,或五二折,或对折,或八五折,或九折,大抵新土折扣较多,陈土折扣较少,除皮计算时折扣亦少。②

就全国而言,打折最多的一个地方是宜昌。由于政府规定川土出四川之后一定要在宜昌缴税,故宜昌原可抽取很多鸦片税,但因四川有很多鸦片翻山走私到沙市,所以宜昌损失很多税收。为减少如此大量的走私,宜昌课鸦片税时所打折扣低达二折,即 100 斤重只算 20 斤重。③

各地收税既可打折,那么折扣越多者越能吸引鸦片商前来买卖鸦片。因此各缴税机构常有竞争现象,如镇江、宁波常降低税率,使鸦片商不在上海而在镇江、宁波买卖鸦片。④ 镇江税率之低甚而北方的商人不在天津、烟台而在镇江买鸦片。⑤ 汉口厘金由买办包缴时,故意降低税率,使其主人之鸦片易于销售以便抽取更多佣金,结果芜湖、九江及汉口本地的商人均在汉口购买鸦片。⑥ 反之,九江在各港之中税率较高,一箱税课高约 15 两,鸦片则多在其附近各港进口而不在九江进口。⑦

戊、鸦片在国内流通所课税率低

鸦片在国内流通所缴之税以厘金为主,厘金包括 1887 年以前的洋药厘金与 1858 年至 1903 年间的土药厘金。1858—1886 年洋药厘金可由 1881 年的洋药厘金看出梗概。1881 年洋药厘金如前所述平均一担约为 35 两。1858—1903 年土药厘金税率可由 1890 年整顿土药税时之税率知其大概。1890 年整顿土药税率时之税率如表二。

①*British Parliamentary Papers*, Vol.16, p.125.

②《湖南厘务汇纂》卷 16。

③*Special Series*, No.9, p.14.

④*British Parliamentary Papers*, op. cit., Vol.16, p.102, 131; Vol.12, p.133.

⑤*British Parliamentary Papers*, Vol.12, p.133.

⑥*British Parliamentary Papers*, Vol.16, p.166.

⑦*British Parliamentary Papers*, Vol.15, p.428.

表二:1890 年整顿土药税时之土药税率表

类别	省份	税率(单位:除特别标示外均为两/担)	备注
A. 贩运过境之省份	热河	23	正耗银
	安徽	20	
	江西	43	税厘银(赣关另抽 2.5 两的耗银)
	广东	30	正税银,若在他口缴过正税,只须缴进口银 11.5 两税厘
	广西	12	
	湖北	30	新加税耗银 4.7 两,落地厘金每两鸦片课 0.7 两
	陕西	35	
	福建	35	
B.本省产鸦片输销他省时只缴税一次之省份	奉天	50	
	吉林	32	鸦片卖钱 1000 抽 30 文
	山西	55	
	浙江	48 元	
	河南	33	
C.本省产鸦片,因本省税课过低,出口鸦片仍需逢关纳税、遇卡抽厘之省份	黑龙江	14.2	将原文之 50 两抽银 4.4 钱换算而成
	云南	9.6	将原文之 1000 两抽银 6 钱换算而成
	贵州	12.8	将原文之 1000 两抽银 8 钱换算而成
D. 分落地税、厘金、关税三次征课之省份	直隶	6.0	至他省不再重征
	山东		
E.鸦片税最多之省份	四川	64.8	落地税 4.8 两,出口税 20 两,到通商别口须纳 40 两,湖北只纳 34.7 两

数据来源:由《皇朝政典类纂》卷 96 第 3062—3079 页整理制成

将表二 A、B、C、D、E 各省之土药税率加以平均,为一担 37.36 两,与 1881 年洋药厘金平均为一担 35 两核算,国内厘金税率大抵在 30 至 40 两左右。根据1887、1879年《海关特别报告》,各港土药税平均为一厘270两,洋药价格如前所述平均一担440两,①故洋土药厘金之税率为9%、13%之从价税,平均为11%。根据罗玉东研究百货厘金税为4%至10%之从价税。② 照一般课税原则,烟酒等消费品课税应较一般消费品高。但鸦片仅为百货中课税较高的一种,但未较一般百货税率高出很多。而且以上比较乃就法定税率而言,如再考虑打折等因素,则鸦片之国内流通税率更低。税率如此之轻的原因,1890年整顿土税时清廷曾指出:"若非税则稍轻,使走私无大利,断不能免绕越偷漏之弊。"③故鸦片国内流通税率之低,乃走私盛行所使然。

己、土药税与洋药税率比较

前述曾经指出,如不计洋药营业税及加捐等,1858至1866年之洋药税从价税16.25%,1887年以后已无加捐,税率为27.5%。土药税究为若干?由于土药产地散漫难稽,不比洋药进口非报海关不能起岸,海关税率多少即课多少。土药未必在关卡纳税,即在关卡纳税亦未必照税率缴税,所以实际征课的土药税率几无计算之可能。此处仅能就法定税率先予比较,再推估两者孰高孰低。1858年起征洋土药厘金时原均为陆路关卡一担20两,水路关卡一担30两,前列1890年土药税厘与1881年洋药厘金亦大抵相近。故法定洋土药厘应该相近,但因土药难稽,税率原宜较轻,加上土药价较廉,如洋土课相同之从量税亦不公平,故依时人观察洋土药厘金实际征课税率多为三与二之比或二与一之比,或三与一之比。故如1879年有洋土药厘记录之各口岸,其洋土药厘比较如表三:

表三:1879年洋土药税率比较表　　单位:海关两/担

口岸＼药别	牛庄	宜昌	汉口	芜湖	镇江	上海	福州	厦门	北海
洋药	31	9	20	17	16	21	76	83	44
土药	21	1.5	10	10	8	12	28	83	12

数据来源:*Special Series*, No.4, pp.62-63

①*Special Series*, No.4, p.63; *Special Series*, No.9, p.52.

②罗玉东:《中国厘金史》,第63页。

③《皇朝掌故丛编·内编·卷16》,第230页。

由表三看 1879 年洋土药厘,除厦门洋土药厘相同,宜昌洋药厘为土药厘 6 倍,北海洋药厘几为土药厘之 4 倍以外,洋药厘多为土药厘之 2 至 3 倍。

以下几则记载亦指出相同的事实:

(1)1869 年天津土药厘金 150 斤 20 两,洋药 100 斤 20 两;

(2)1875 年东北土药厘金为洋药厘金之 1/3;

(3)1885 年上海洋药厘金一担 46 两改为 86 两,土药厘金一担 20 两改为 43 两;

(4)1881 年汉口土药税为洋药税之半。①

以上洋药土药税率之比系就从量税而言,若以洋药一担平均价 400 两,土药平均 270 两计算,则洋土药从价税率并未相差甚多。因洋药价为土药价之 1.5 倍,若洋药从量税率为土药税率之 1.5 倍,则两者从价税率相等,若洋药从量税为土药税之 2 倍或 3 倍,则洋药之从价税较土药重 1 倍或 2 倍。此乃就洋土药厘比较,但洋药除了厘金之外还交关税一担 30 两,故 1886 年以前土药税率绝对轻于洋药税率。

1887 年洋药税厘并征后,一则洋药厘金上涨,二则洋药厘金需在海关依法征课,三则洋药不用有加捐的负担。前二者为较土药不利之处,第三者则较土药有利。但土药厘金在 1890 年整顿之前税率无大调整,土药之加捐至筹庚子赔款时方始加多,故至少 1887 至 1890 年间,土药税率仍轻于洋药。

1890 年整顿土药税率时,除四川外税率大抵所增不多,故大致而言,土药税率仍低于洋药。但以四川一担鸦片课土药税厘从价税为 64.8 两除以土药一担价 270 两,则土药法定之从价税为 24%,与 1887 年以后洋药税厘从价税为 27.5%相去不远。不过大致看来,1900 年庚子赔款以前土药税仍轻于洋药税。故至 1896 年英厦门领事仍报导说:“无疑地,本国鸦片将会完全取代外国鸦片。外国鸦片税厘较高且征课严格,本国鸦片税厘较轻,且易逃税,本国鸦片将越来越便宜,而另一方面,本国鸦片的质

①天津、东北、上海、汉口洋土药厘比较分别见于 *British Parliamentary Papers*, Vol.9, p.156; Vol.11, p.114; Vol.15, p.557; Vol.14, p.151。

量已越来越改进。”①

但自1900年以后由于要缴付庚子赔款，土药加捐日多，至1904年改成土药统税时税率且高达一担115两，如以土药一担270两计算，其从价税相较于1887至1907年之洋药从价税之为27.5%，反而高达1.5倍。

故洋土药税率比较，1903年以前，土药税率轻于洋药税率，1904至1906年，洋药税率轻于土药税率。

庚、鸦片税与各级政府的关系

如图一所示，鸦片税计有经常税与临时税。经常税又有洋土生药货物税、洋土熟药货物税、洋土生药营业税、洋土熟药营业税及土药土地税等种，其中洋土熟药货物税并不重要，并入一般的关税与厘金之中。鸦片税中最重要的是洋土生药货物税，即洋药关税、厘金及土药税厘。依清朝税制，洋关税与少数常关税是唯一中央政府可以直接控制的税收。其余的税均由地方汇集藩司，而后再依中央命令或起运中央，或存留地方，或协饷他省。② 因此1858—1886年洋药所纳关税，1887—1906年洋药所纳关税厘金均属中央所有。只是，在缴交中央时，须留下32%给地方充当收税开销之用。③

至于1858至1886年之洋药厘金与1858至1906年之土药厘金，由于清代厘金是由省直辖，厘金总局设于省城，由巡抚拣选候补道一员，会同藩司总理全省局务，④所以以上洋土药厘均归省级政府所有。至于省级政府是否需将此笔税收转交中央，依1859年中央规定：所收洋药厘捐，按三个月报部解库一次，其有军务省份，准留充军饷，按三个月造册报部，⑤故洋药厘金转交中央与否极有弹性。至于土药厘金，1890年以前并无明文规定。由于前者规定极有弹性，后者无明文规定，故洋土药厘金多

①*British Parliamentary Papers*, Vol.19, p.488.

②George Jamieson, “Report on the Revenue and Expenditure of the Chinese Empire,” *Foreign Office*, *Miscellaneous Series*, No. 415 (London: H. M. Stationery Office, 1887), in *British Parliamentary Papers* Vol.19, pp.595-656, p.598.

③*British Parliamentary Papers*, Vol.15, p.428；葛士浚编《皇朝经世文续编》卷114，第10b页。

④罗玉东：《中国厘金史》，第73页。

⑤于恩德：《中国禁烟法令变迁史》，第98页。

由地方政府留用。如1887年《厦门领事报告》指出:1887年以前洋药厘金缴给省级政府,听凭其需要使用。1887年厘金改由海关征收,则所课全交中央政府,只有在省级政府有特别需要时才拨给省政府,反之,土药厘金几仍由地方政府决定征课多寡,不必向中央政府报备。① 也因土药厘金几仍由地方官吏隐匿入己,于国课毫无裨益,1890年才有土药税之整顿。整顿之后,土药厘才与百货厘分开而全数解交户部或听户部指拨。②

洋土药货物税以外的洋土药营业税、土药土地税是由县级政府征课,临时税则由省县政府征课。

营业税如重庆3100家烟铺每月缴300钱的执照费给县官。广东熬一两鸦片每月要向县府缴执照费3钱,但1899年以后营业税亦缴交中央。③

土地税如徐州种罂粟土地一亩需纳土地税3钱给知县知州,如1878年郭嵩焘指出:"川、滇、甘、陕各省栽种罂粟,州县私收土税,数倍于常赋。"④

临时税如于恩德指出:各省地方需要,亦多以土药为榨取之资。⑤

由上可见鸦片税有中央政府税,有地方政府税。1887年以前的洋药关税,1887至1906年之洋药税厘,1899至1906年之土药经常税为中央政府税收;1887年以前之洋药厘金,1858至1899年之土药税厘为省级政府税收;洋土药之临时税、营业税则多为县政府税收(参见图一)。就整个鸦片税课的发展趋势言,1887年的税厘并缴,1890年的土药税整顿,均使鸦片税越来越转变成为中央政府税收,但因地方政府可加课鸦片的临时税,故其鸦片税收并不一定随此转变而减少。

三、鸦片税在晚清财政中的地位

本节拟由鸦片税在全国税收中的地位、洋药税在各省财政中的地位、土药税在各省财政中的地位、鸦片税对平衡全国各区域间财政盈亏的贡献等部分来加以说明。

---

①*British Parliamentary Papers*, Vol.16, p.85.

②罗玉东:《中国厘金史》,第156页。

③重庆见 *British Parliamentary Papers*, Vol.10, p.533, 广东见 *Special Series*, No.10, p.78.

④徐州见 *Special Series*, No.9, p.24, 郭嵩焘语见李圭《鸦片事略》,第265页。

⑤于恩德:《中国禁烟法令变迁史》,第105页。

(一)鸦片税在全国税收中的地位

有关鸦片税的较完整资料有二:一为由1867至1906年全国及各港鸦片进口量与进口税率相乘而得的全国及各港洋药进口税资料(见表四、表八);一为罗玉东著《中国厘金史》所留下的1868至1905年间的全国洋药厘与土药厘资料(见表五)(表四至十六、附录见文末)。

虽然除了洋药进口税、洋土药厘之外,鸦片税另有营业税、土地税、熟药货物税、加捐等无完整数据。但洋药进口税与洋、土药厘毕竟为最主要的鸦片税收,由两项资料合计所得的主要鸦片税收入表可看出鸦片税变迁大势(见表六)。由表六可见鸦片税在1868至1886年间约为300万两,1887年以后突然增为900万两甚至1000万两,1895年以后才再降为600万至700万两。

虽有1868至1905年间全国主要鸦片收入的资料,但在1868至1905年间的全国税收资料仅有1896年英国领事G. Jamieson所作的统计,故仅能算出1896年鸦片税在全国税收中的比重(见表七)。表七显示,鸦片税占1896年全国岁收支9.25%,其中洋药税占6%,土药占2.5%,洋药税较土药税所占比例高。

在全国各种税收中,鸦片所占之比例仅次于田赋、洋关税、盐税、厘金。田赋、洋关税、盐税、厘金占1890年全国税收之比例,分别为28.2%、24.7%、15.35%、14.56%。而比起粮税、杂税、常关税1890年占全国税收之比例分别为7.37%、6.18%、1.12%,鸦片税则所占比例较高(见表七)。而1896年鸦片税占洋关税之24%,故1896年之洋关税若扣掉鸦片税,占全国税收之比例仅为21.4%。1896年厘金中6.75%为洋土药厘,若扣去洋土药厘,则厘金占全国税收比例仅为13.57%,而与鸦片税所占全国岁收比例相去不远。

关税为全国第二重要税收,厘金为第四重要税收,而鸦片税与厘金相近,可见其重要。由表四可见,1867至1906年间,洋药进口税占同期关税之百分比平均为22%,即1/5强,1887年以前占1/5以下,1887至1895年间则占30%—40%,乃税厘并征使然;1896至1906年间再减为20%左右,乃洋药进口受土药取代,使洋药进口减少使然。

1868至1905年鸦片厘金占全国厘金收入之百分比,平均为5.56%

（见表五）。则洋药进口税占关税比例相同的是：1887 年以后鸦片厘金占总厘金比例亦突然增加，由 1887 年以前之占 3%左右增为 1887 至 1899 年之占 9%左右，1900 至 1906 年再减为 3%左右（见表五）。1885 年以后之增加，主要是土药厘金增加使然（见表五）。土药厘金占厘金总额百分比，在 1885 年以前均在 1%以下，1885 年以后增为 4%左右。此乃因 1885 年《烟台条约续增专款》先在伦敦通过，英国要求在洋药税厘并征的同时，土药亦须比照课税，以及 1883 年左宗棠建议洋土药一并加税，已寓禁于征使然。① 土药种植之禁虽 1858 年已弛，但 1858 至 1887 年之间仍有若干地方禁售，至 1887 年才全国弛禁。② 洋药厘金占总厘金百分比，于 1895 年以后亦告减少，原因为土药取代洋药，洋药进口减少。1905 年以后土药厘金占厘金总额百分比减少为 1.08%，乃因若干省份不征土药厘金，改征统税使然。

由以上分析，可见鸦片税为清廷之重要税收，尤以 1887 至 1895 年间为甚。

（二）洋药税在各省税收中的地位

晚清各地的洋药税资料只有前述各口岸的洋药进口税资料（见表八），及 1868 至 1897 年江苏、1884 至 1896 年浙江、1856 至 1901 年福建、1859 至 1905 年山东等省的洋药厘金资料。其中各口岸洋药进口税数据较完整。各口岸进口税厘虽属中央税收，但口岸所在省份亦可拨用，③故与各省财政亦有关连。此外，洋药进口税多的口岸，其所在省份之洋药厘金必多，故可由各口岸洋药进口税之多寡看各口岸所在省份洋药税之多寡。

晚清（1863—1906 年）各口岸进口洋药较多的口岸，及其洋药进口税占全国洋药进口税百分比之多少，依次为：上海：23.52%，镇江：9.34%，汕头：8.80%，宁波：8.23%，广州：7.89%，厦门：7.09%，天津：4.70%，九江：3.70%，芜湖：7.23%（见表九）。故洋药税以上海附近诸港及闽粤两省口岸较为重要。上海附近及闽粤两省是全国商业最为发达的地区，鸦片消

①《皇朝掌故丛编・内编》卷 16《杂税》，第 15b—17a 页。

②于恩德，《中国禁烟法令变迁史》，第 92—94 页，*British Parliamentary Papers*, Vol.14, p.51, Vol.16, p.125.

③*Jamieson Report*, p.11，见 *British Parliamentary Papers*, Vol.19, p.605.

费额亦大，其他地区仅天津较多，鸦片进口主要供北京官宦之家使用。汉口以北以西各港不但所占比例较小，且有逐渐递减趋势，如牛庄由1873年以前之占4%—5%，降为1874—1883年之占1%—3%，1884年以后且降为0；天津由1871年以前之占10%以上降为1872—1879年之仅占6%—8%，1880—1883年仅占4%—5%，1887年以降只占1%—2%；芝罘由1874年以前之占6%—7%，1875—1882年仅占2%—6%，1883年以降只占1%左右；汉口由1885年以前占3%—6%降为1885年以后占1%—2%（见表九），可见北方各港外国鸦片使用量逐渐减少，此乃本国鸦片在北方使用更普遍使然。

以上乃就各港鸦片进口税在全国鸦片进口税的比重作比较，要看鸦片进口税在各地税收中的重要性，还要看鸦片进口税在各口关税中的比重。鸦片进口税在各口关税中的比重见表十。

由表十可见，鸦片进口占关税比重以打狗（45.48%）、镇江（43%）、芜湖（38%）、宁波（37.58%）、厦门（37.1%）、汕头（35.58%）最高。全国洋药的批发商多为宁波、汕头商人，亦可见鸦片在宁波、汕头两地的重要性。①若分地区来看：东南打狗、淡水、厦门、汕头各港鸦片进口税占各港关税比重一直很高；长江下游口岸，镇江、宁波比重一直很高，上海在1887年以前只占10%，1888年以后占30%左右；九江1889年以前占10%左右，1889年以后占30%左右。这与各港之间鸦片税率的竞争有关。因税厘并征以前，九江、上海较镇江、宁波税率为高，故导致此一变化，长江上游口岸，汉口于1868年以后已降为10%以下，且汉口、沙市等港进口鸦片实有很多系为土药。北方各港，天津鸦片进口税占关税比重较芝罘为大，但两港鸦片进口税占关税比重均有减少趋势，天津由1870年以前之占50%以上，1880年降为30%以下，1890年以后更降为10%以下，芝罘1881年以后由以前之占30%左右降为10%左右。东北以牛庄为主要口岸，鸦片税占该港进口税比重在1873年以后降为30%，1881年以后更降为10%以下（见表十），可见洋药税在北方及东北各省之日趋不重要。

洋药厘金在各省厘金中所占比例如表十一。由表十一可见洋药厘金

①*Special Series*, No.9, p.18.

在福建一省最为重要,浙江、山东次之,江苏再次之,河南则较不重要。

(三)土药税在各省财政中的地位

有关全国各地之土药税资料有二,一为1896年Jamieson报告中甘肃、安徽、新疆、东北以外全国各省之土药税资料,一为《支那经济全书》所记载1903年各地土药税资料如表十二。但因各省税收仅Jamieson报告中有1896年贵州、广西、广东、安徽、东北以外全国各省资料,故仅能就Jamieson之报告计算1896年有土药税资料及全国各省税收资料各省中土药税占全省税收的比重如表十三。

Jamieson曾指出其所留存之土药税资料可能低估,那么由此数据求土药税占各省税收比重可能偏低。如根据1882—1891十年海关报告重庆报告指出:鸦片税与盐税为四川省最重要的两种岁入来源,在1882至1891年间鸦片税的重要性且高于盐税,但由Jamieson报告计算四川土药税收占该省税收比重仅4.19%,显然偏低。虽然如此,由表十三之统计结果仍可比较土药税在各省税收中比重之大小。

由表十三可见土药税在湖北、湖南、四川、陕西、甘肃、山西、云南各省财政中较为重要。湖北、湖南之所以重要乃因四川、云南、贵州等土药主要产地的土药主要销售东方各省时,必以湖北、湖南作为门户,陕西所产土药部分亦由白河运至湖北。① 1904年土药统税总局设于武昌与两湖土药税之重要性必有关连。② 四川、陕西、甘肃、山西、云南土药税所以重要乃因此数省均为土药主要产区。郭嵩焘曾指出:川、滇、甘、陕各省州县私收土药税数倍于常赋。而山西之土药厘金据罗玉东指出是该省主要的厘金收入来源之一。③ 罗玉东曾留下1881—1905年山西土药厘金数据,以此数据算土药厘金占该省厘金总和之百分比平均数为17.78%(见表十四)。

罗玉东另留有江西1889至1901年,广东1889至1907年之土药厘金数据,以此数据算占其全省厘金总数百分比之平均数分别为1.08%、1.8%,可见土药厘金在东南各省不若西、北各省重要。

---

①仇继恒:《陕境汉江流域贸易表·卷下》,第25页。

②土药统税总局设于武昌事,参考于恩德《中国禁烟法令变迁史》,第104—105页。

③罗玉东:《中国厘金史》,第154页。

(四)土药税在平衡区间财政盈亏上的贡献

由于清朝财政中有无相通的协饷制度,故各省财政有仅敷、不足与有余的区分。① 其中不足的省份在十九世纪包括陕西、甘肃、四川、云南、贵州数省,此数省适为晚清土药的主要产地。其中四川一省至1908年已由不足的省份转为有余的省份。② 鸦片税在清末四川财政中的地位已如前述,其对清末四川财政的丰裕必有贡献。其他不足各省虽未在清末转为有余省份,但如无土药税收入以济贫乏,可能有赖他省更多协饷而带给他省更多的负担。

土药税收入如何改善不足省份之收支由陕西的情形可见一斑。《陕西宁羌州乡土志》指出:

"本境僻处山脉,交通滞碍,又不知整顿土产以扩利源,故商务甚为失败。就现在情形计之,各项土货内销之数,除鸦片一项岁约三万两余,皆零星细碎,不足计数。"③

《陕境汉江流域贸易表》亦指出:

"陕西大宗出产足以吸收外利者,仅恃鸦片为巨擘","陕省每年坐失数百万买布之银,漏卮大矣。而目前未至于极困者,何哉?盖有卖鸦片之银,足以抵之故也。恃毒物以裕国计,则陕西乃中国之印度耳。"④

由表十二可见,1903年之土药税收中陕西并非土药税最多的一省,在不足省份之中云南、贵州、四川,以及王业键所称开发中地区中之湖南、湖北、山西,其土药税收入尚多于陕西。

四、晚清政府鸦片税征课政策之评论

(一)鸦片税征课无法达到寓禁于征的效果

不管是1858年开始征课鸦片税,或是1890年整顿土药税,或是任何其他一次的征课鸦片税,清政府总会提出一个理由:寓禁于征。

①彭雨新:《清代中央政府与地方政府的财政关系》,《中国近代史论丛第二辑·政治》,台北:正中书局1979年,第40页。

②Wang Yeh-chien, op. cit., p.88.

③《陕西宁羌州乡土志·地理志》,第39b页。

④仇继恒:《陕境汉江流域贸易表》,收入《关中丛书》之中,卷上第5—6a页。

此项政策的目的在透过税额的增加提高鸦片价格,再透过鸦片价格的提高减少鸦片的消费。鸦片的消费包括消费量与消费总值两者。就鸦片消费与经济发展的关系看来,消费总值较消费量尤为重要。如就消费量而言,价格上涨,消费量必然减少。但就消费总值而言,价格提高是否会减少消费总值,要看该产品的需求价格弹性而定。如需求价格弹性大,即价格上涨后所减少的消费量的价值足以抵消仍消费的那些产品所承担的较高单位的总和,则消费总值减少,如该产品需求价格弹性小,则价格上涨后所减少消费部分的价值不足抵消仍消费的那些产品所承担已上涨的单价的总和,则消费总值增加。① 故寓禁于征的政策正确与否要看鸦片的需求价格弹性而定。

1872 至 1906 年之洋药进口价格与进口量如表十五。由 1872 至 1906 年间洋药进口价格与进口量的十年资料或求出鸦片进口价格弹性之大小。以价格数据为解释变量,以进口量为被解释变量,又因 1887 年以后鸦片价格大幅上涨,又设虚拟变量 D,1886 年以前 D=0,1887 年以后 D=1,则进口价格(Pm)与进口量(M)之回归式为:

$$\ln M = 6.78482 - 0.45053\ \ln Pm - 0.02722D$$

$$(0.07533) \qquad (0.04085)$$

$$R^2 = 0.62106 \quad r = 0.788074$$

可见 M 与 Pm 关系显著,但弹性为-0.45053,小于 1,即弹性小,鸦片之进口价格弹性小约可视为鸦片之需求价格弹性小。弹性小的原因与吸鸦片的目的有关,一些人吸鸦片是因为已经中毒有了烟瘾,非吸不可;一些人并未中毒,吸鸦片目的在缓和生活的紧张与疲劳,由于传统中国未能提供较多的正当娱乐,吸食鸦片成为很好的生活调剂品。鸦片的需求价格弹性既然不大,寓禁于征的鸦片税课征政策显然不能达到禁烟的效果。

(二)最好的禁烟政策

最好的禁烟政策应如 1906 至 1911 年清朝政府所实行的渐禁政策,或如台湾在日据时期所实行的禁烟政策。清廷在 1906 至 1911 年所实行的渐禁政策及其成效已见于前言之中。台湾在日据时期所实行的禁烟政

①弹性概念参考施建生《经济学原理》第四章,台北:作者自己发行,1972 年,五版。

策则为：先由政府制造鸦片，断绝外国鸦片进口，由政府制造之后进而由政府专卖以控制鸦片的供给。吸食鸦片者凭照购买，购买额逐年递减，另外政府配合着戒烟药品，提供戒烟设备等以协助戒烟。① 这种政策较1830年代清廷所实行的严禁政策来得合乎人道并且较为有效。但何以清廷迟迟至1906—1907年才与英国议定逐年减少鸦片进口，在国内推行渐禁政策？

鸦片战争虽以鸦片为导火线，但英国发动战争的根本原因在于不能与中国进行平等外交与自由通商，鸦片战后清廷如给予英国更多的战费赔偿，给予更多的通商利益而坚持鸦片必不许入境，据清末极有见解的郑观应看来并非不可能，但中国方面却讳鸦片而不提。② 一旦英国鸦片贸易扩展之后，再要求英国禁售鸦片已有困难。

但即使如此，1886年洋药税厘之所以可以并征110两是因为以下原因：外国鸦片受本国鸦片竞争贸易渐衰，鸦片以外商品贸易兴荣，英商有其他利润可图，对鸦片贸易可以不再那么重视；美国于1880年与中国订立协议，与中国之贸易品绝不包括鸦片；英国对中国的鸦片贸易遭受到英国国内、中国国内与国际的谴责；鸦片贸易影响英商贸易，英国传教士传教等等因素已如前述。促成1907年中英订定《禁烟章程》进而使中国实行鸦片渐禁政策的原因也是如此，但何以中国不能利用这种情势将渐禁政策提早到1886年？

即使英国不肯合作，让鸦片源源不断供应中国影响中国禁烟政策难以实行，郑观应认为中国也应实行一个对策：大量鼓励种植本国鸦片，改进本国鸦片质量，使本国鸦片与外国鸦片一样好，但价格较外国鸦片低廉，以使外国鸦片不敌本国鸦片的竞争而裹足。③ 这一对策宛如台湾在日据时期所行的鸦片政策，有助于鸦片供应的控制，进而有助于禁烟的成功。

但清廷对本国鸦片种植的态度一直举棋不定，在1887年以前始终有一些地方官为了增加土药税收入而在鼓励种植本国鸦片。但又有一些官

①周宪文：《日据时代台湾鸦片史》，《台湾经济史七集》，台湾银行研究丛刊。

②郑观应：《增订盛世危言正续编·卷八·禁烟上》，第1—3b页。

③《时务经济策论统宗·卷二·理财科下·论二》（1898，上海），第24a—28b页。

吏怕影响洋药收入而禁止本国鸦片生产，对于本国鸦片税与外国鸦片税的税率，虽然实际征课时，本国鸦片税率远较外国鸦片税率低。但法令条文上的洋土药税率差距如改以从价税计算则并不大。总之，在1858年鸦片课税施禁以后清廷所关心的鸦片问题，课鸦片税比禁烟来得重要。

（三）鸦片税征课效率高

就整个清廷鸦片税的征课原则看来，的确是一种在纳税人最不疼痛的情况下征得最多的税。鸦片关税征课有国际舆论为后盾，1887年以后税率相当高，为从价税27.5%。鸦片国内税中，最易引起纳税人反感的田地税清廷则避而不课，征课时易引起纠纷的从价税亦不实行，而采最易转嫁及最易征课的从量税。由于鸦片量轻值贵，走私严重，清政府则又透过折扣、包缴、降低税率来避免走私，故就清廷鸦片税的课税效率言是效率很高的一种税收。

也因鸦片税是课税效率很高的一种税收，是清廷财政困难的一种急救药，鸦片税在整个中国财政中的地位已日趋重要。就全国而言，鸦片税为仅次于田赋、盐税、关税、厘金而较粮税、常税、杂税重要的税收，洋药税在汉口以南、以东各省，土药税在汉口以西、以北各省均扮演着极重要的角色，对于平衡西、北各省的财政更有其不可磨灭的贡献。但是这些好处与鸦片给中国所带来的损失实不可比拟。

（四）鸦片税所得不能抵偿所失：吸烟者多，漏卮大

鸦片对中国造成的损失可由吸食人数之多及消耗中国财富之巨来加以衡量。

甲、吸食鸦片人数的估计

求全国鸦片人数可由每年鸦片消费总量除以吸食鸦片者每人平均每年吸食量得之。在计算每人每年平均鸦片吸食量之前先计算每人每天平均吸食量。计算每人每天吸食量要先将吸食鸦片者分级。吸食鸦片者大概可分（1）偶尔吸，（2）经常吸但还适度，（3）经常吸且过度三种。[①] 第（2）种一天吸食量约为3钱，1879年海关计算中国吸鸦片人口总数即以3

①*British Parliamentary Papers*, Vol.16, p.147, Vol.12, p.128.

钱计算,但英国《领事报告》曾指出:在中国全部吸食鸦片人口中以第(1)种最多,而非第(2)种,第(1)种一日吸食量为5/8钱,与(2)(3)种加权计算,中国人每日吸食鸦片量以1钱计算较为合宜。①

其次再求每年鸦片消费量。虽然海关有历年洋药进口量,但土药产量只有1906年一年的数据,故无法计算历年鸦片总供给量,只能计算1906年之鸦片总供给量。但因1906年乃弛禁之最后一年,亦即清代鸦片吸食发展到最严重的一年,计算该年之鸦片吸食人数亦极有意义。②计算鸦片吸食人数应该用熟鸦片总量而非生鸦片总量,前述鸦片总量均乃生鸦片总量,生鸦片熬成熟鸦片会失重30%,故计算熟鸦片总量为生鸦片总量之70%,1906年的洋药进口量为54000担,土药产量为584800担,两者相加,乘以0.7除以365(一日一钱,一年365钱),得19601535人。当时全国人口以4300万计算,则吸食鸦片人数为全国的4.56%,即100人中有4.56人吸鸦片。

此乃就男女老幼合计,而事实上在若干土药产区,是男女老幼都吸鸦片,但非土药产区则不若是普遍,而以成男吸食者较多,据英国《领事报告》一个估计,全国成男约有一半吸食鸦片。③ 吸食鸦片者固然大多数只当它作为一种生活调剂品,但也有少数吸到倾家荡产,卖妻鬻子,犯法伤生,废时失业者。这些人对近代中国的社会、经济自然会有很大的负面作用。

乙、鸦片漏卮的估计

1839至1906年外国鸦片进口量一年平均为6万担。一担外国鸦片平均值400两,扣掉关税及卖鸦片外商在中国的一切开支,以一担300两计算外商之净收益。④ 如此一年中国即有1800万两的漏卮,而全国洋药鸦片进口税收在最多的1888年不过902万两(见表四),可见亏损之大。而1800万两漏卮占Jamieson估计1896年全国税收8897万两为20%。⑤

①Ibid., Vol.14, p.47.

②1906年土药产量见李文治编《中国近代农业史资料第一辑(1840—1911)》,第457页。

③*British Parliamentary Papers*, Vol.12, p.617.

④郑观应:《增订盛世危言正续编·卷八·禁烟上》,第1—3b页。

⑤*Jamieson Report*, p.33.

此20%尚仅就洋药消费而言，如以土药消费额与洋药相等（事实上土药消费额1887年以后大于洋药消费额），则一年鸦片消费额占全国税收之40%，而1896年中国政府用于造铁路、架电报、设船政局、建炮舰、设大学、买煤与石油、供应官员薪水等现代化措施的支出有726869两。① 如以此鸦片消费额用于此等现代化措施，可完成此等现代化措施440倍的工作。但由于鸦片税课征制度中因土药实际征课税率较洋药为低，加上其他因素，土药不断对洋药发生取代的现象。这种取代洋药进口量成长率可以看出：1884年以前成长率均为正数，1880至1884年且高达8.09%，1890年以后转为负数，1890至1894年为-3.61（见表十六）。这一进口取代，虽亡羊补牢似的减少中国的漏卮，②但仍不足以弥补鸦片的总漏卮。

（五）中国非无潜在资本以供现代化

经济学者Nurkse以恶性循环（vicious circle）理论来解释落后国家之所以落后的原因：即落后国家储蓄少，影响投资少，投资少影响所得少，所得少更影响储蓄少，再如此不断恶性循环下去。中国在现代化的初期亦常有资本短缺的困难，事实上中国是否真的没有大量的潜在资本？由鸦片每年消费的金额约为现代化措施用费的440倍，由此可以知道中国不是没有潜在资本，而是没有将此潜在资本引导到正当的投资上。一个国家在经济发展的过程中必须抑止人民不良的消费行为及辅导资本形成，③而就1858至1906年间的晚清政府来讲，两者皆未完成。以1907至1911年清廷的禁烟成功看来，并非清廷不能做到而是未做，清廷所做到的竟只是：设计出一个相当有效率的鸦片税征课制度。

①*Jamieson Report*, p.38.

②关于清末本国鸦片的进口替代详见林满红《近代中国自产鸦片之替代进口鸦片（1805—1906）》（修订版），中村哲编《近代东亚经济的历史结构》，台北："中央研究院"人文社会科学研究中心亚太区域研究专题中心，2007年，第63—117页。

③侯继明：《政府究竟应该做些什么事》（联经出版事业股份公司《经济观念与经济问题演讲集》抽印本）。

表四至表十六、附录

表四：全国洋药进口税占全国进口税总额与关税总额之百分比

年份	鸦片税收	占进口税之百分比	占总关税之百分比	年份	鸦片税收	占进口税之百分比	占总关税之百分比
1867	1,830	58	21	1888	9,020	68	39
1868	1,620	49	17	1889	8,360	70	38
1869	1,680	48	17	1890	8,470	67	39
1870	1,740	49	18	1891	8,470	63	36
1871	1,800	47	16	1892	7,810	63	34
1872	1,830	50	16	1893	7,480	65	34
1873	1,950	51	18	1894	6,930	60	31
1874	2,100	55	18	1895	5,720	56	27
1875	1,890	48	16	1896	5,390	47	24
1876	2,100	52	17	1897	5,390	47	24
1877	2,100	50	17	1898	5,500	49	24
1878	2,160	52	17	1899	6,490	49	24
1879	2,490	51	18	1900	5,390	48	24
1880	2,160	47	15	1901	5,390	43	21
1881	2,370	47	16	1902	5,610	34	19
1882	1,980	42	14	1903	6,380	39	21
1883	2,010	46	15	1904	6,050	36	19
1884	2,010	46	15	1905	5,720	29	16
1885	2,010	40	14	1906	5,940	29	16
1886	2,040	41	13	1867—1906 平均			22
1887	8,140	79	40				

注：(1)1887 年以后之进口税包括鸦片厘金。(2)说明：1867—1886 年之鸦片税收系以一担鸦片课 30 两的税率由 Hsiao Liang-lin, *China's Foreign Trade Statistics, 1864-1949*, p.51 之鸦片进口量算出。1887—1906 之鸦片税收系以一担 30 两关税，80 两厘金，共 110 两税赋之税率由 Hsiao Liang-lin, op cit., p.51 之鸦片进口量算出。(3)数据来源：Hsiao Liang-lin, *China's Foreign Trade Statistics, 1864-1949*, Cambridge: Harvard University Press, 1974, pp.51, 132

表五：洋药厘金与土药厘金占全国厘金收入百分比表　　单位：两

年　代	洋药厘	占厘金收入百分比	土药厘	占厘金收入百分比	洋药厘与土药厘共占厘金收入百分比
1868	559,970	4.17	62,981	0.47	4.64
1869	543,438	3.79	61,330	0.43	4.22
1870	484,052	3.40	54,271	0.38	3.78
1871	479,363	3.40	52,702	0.37	3.77
1872	493,253	3.37	55,836	0.38	3.75
1873	435,461	3.17	50,953	0.37	3.54
1874	485,906	3.68	48,925	0.37	4.05
1875	326,351	2.36	48,958	0.35	2.71
1876	424,341	3.42	41,451	0.33	3.75
1877	452,484	3.67	30,529	0.25	3.92
1878	574,786	4.31	27,400	0.21	4.52
1879	528,314	3.85	25,872	0.19	4.04
1880	606,020	4.22	37,425	0.26	4.48
1881	593,346	4.29	48,370	0.35	4.64
1882	455,763	3.71	141,968	1.15	4.86
1883	453,548	3.60	106,487	0.85	4.45
1884	572,733	4.47	102,229	0.80	5.27
1885	781,694	5.91	140,402	1.66	7.57
1886	467,111	3.27	371,824	2.61	5.88
1887	495,725	3.64	625,609	4.60	8.24
1888	954,053	6.94	632,997	4.61	11.55
1889	758,278	5.56	688,369	5.05	10.61
1890	823,566	6.06	589,959	4.34	11.40
1891	671,968	4.93	483,177	3.54	8.47
1892	771,382	5.82	529,831	4.00	9.82
1893	638,663	4.81	576,486	4.34	9.15
1894	739,044	4.70	713,468	4.54	9.24
1895	750,987	4.90	549,512	3.59	8.49

续表

年　代	洋药厘	占厘金收入百分比	土药厘	占厘金收入百分比	洋药厘与土药厘共占厘金收入百分比
1896	478,231	3.19	535,997	3.56	6.75
1897	265,222	1.92	566,928	4.12	6.04
1898	213,949	1.68	566,543	4.46	6.14
1899	51,392	0.37	498,397	3.50	3.87
1900	52,010	0.35	461,284	3.08	3.43
1901	32,150	0.20	493,314	3.05	3.25
1902	2,393	0.01	560,384	3.45	3.46
1903	2,752	0.02	551,259	3.32	3.34
1904	3,968	0.02	627,997	3.91	3.93
1905	2,287	0.01	176,269	1.08	1.09
1868—1905 平均					5.56

数据来源:罗玉东《中国厘金史》,第 470—471 页

表六:全国鸦片主要税收表　　单位:两

年　份	鸦片主要税收	年　份	鸦片主要税收
1868	2,427,631	1881	3,281,896
1869	2,476,288	1882	2,803,451
1870	2,476,683	1883	2,799,175
1871	2,537,265	1884	2,914,102
1872	2,587,709	1885	3,161,236
1873	2,658,714	1886	3,111,495
1874	2,874,231	1887	9,693,569
1875	2,480,769	1888	10,681,277
1876	2,805,192	1889	10,001,409
1877	2,822,413	1890	10,025,539
1878	3,008,426	1891	9,918,757
1879	3,328,046	1892	9,230,171
1880	3,048,685	1893	8,909,206

续表

年　份	鸦片主要税收	年　份	鸦片主要税收
1894	8,433,488	1900	6,465,744
1895	6,921,592	1901	6,497,774
1896	6,540,457	1902	6,809,924
1897	6,571,388	1903	7,658,579
1898	6,693,543	1904	7,362,697
1899	7,728,257	1905	6,548,349

说明：(1)1868—1886年鸦片主要税收是由表二1868至1886年鸦片进口税资料以一海关两等于1114两换算成两后与表三1868至1886年之洋药厘、土药厘合计而成。(2)1887—1905年鸦片主要税收是由表二1887至1905年之鸦片进口税数据乘以1114换算成两后与表三1887—1905年之土药厘资料合计而成

表七：1896年全国各种税收占全国总税收百分比表

税　别	金　额(两)	百分比(%)
1.田　赋	25,088,000	28.20
2.粮　税	6,562,000	7.37
3.盐　税	13,659,000	15.35
4.厘　金	12,952,000	14.56
5.洋关税	21,989,000	24.71
6.常关税	1,000,000	1.12
7.杂　税	5,500,000	6.18
8.土药税厘	2,229,000	2.51
9.合计(1—8项)	88,979,000	100.00
10.洋药税	6,000,000	6.74
11.土药、洋药税	8,229,000	9.52

说明：(1)第1—9项取自Jamieson报告第33页，第10项取自第31页。第11项为第8、10两项合计而成。(2)数据来源：George Jamieson, "Report on the Revenue and Expenditure of the Chinese Empire," *Foreign Office*, *Miscellaneous Series*, No.415, in *British Parliamentary Papers*(Irish University Press, 1971), Vol. 19, pp.595-655

表八:晚清各港进口鸦片税

单位:海关两

	1863	1864	1865	1866	1867	1868	1869	1870	1871	1872	1873	1874	1875
牛　庄	—	15,120	45,450	79,800	77,550	80,550	75,570	73,350	68,370	64,800	72,630	39,810	26,880
秦皇岛	—	—	—	—	—	—	—	—	—	—	—	—	—
天　津	111,240	86,250	166,830	274,830	236,940	222,690	158,640	214,830	212,730	139,560	148,740	159,960	116,430
芝罘	26,190	39,420	79,320	113,820	82,050	92,310	92,280	117,420	96,090	115,290	93,120	124,590	88,800
胶　州	—	—	—	—	—	—	—	—	—	—	—	—	—
重　庆	—	—	—	—	—	—	—	—	—	—	—	—	—
宜　昌	—	—	—	—	—	—	—	—	—	—	—	—	—
沙　市	—	—	—	—	—	—	—	—	—	—	—	—	—
长　沙	—	—	—	—	—	—	—	—	—	—	—	—	—
岳　州	—	—	—	—	—	—	—	—	—	—	—	—	—
汉　口	42,360	59,970	100,560	123,360	127,260	86,130	78,240	110,340	94,320	72,390	89,820	85,830	69,750
九　江	59,790	66,060	67,230	67,800	66,060	57,690	57,150	63,300	61,920	58,020	70,980	87,150	67,380
芜　湖	—	—	—	—	—	—	—	—	—	—	—	—	—
南　京	—	—	—	—	—	—	—	—	—	—	—	—	—
镇　江	18,000	50,790	146,580	150,780	144,780	145,860	167,040	208,290	209,580	257,280	289,080	328,920	352,740
上　海	653,670	591,270	438,090	352,650	358,860	323,370	338,970	351,000	350,910	370,470	383,520	341,910	320,970
苏　州	—	—	—	—	—	—	—	—	—	—	—	—	—

续表

	1863	1864	1865	1866	1867	1868	1869	1870	1871	1872	1873	1874	1875
杭州	—	—	—	—	—	—	—	—	—	—	—	—	—
宁波	80,370	99,150	95,760	129,630	151,410	135,150	141,390	150,720	162,750	196,470	220,740	224,070	255,240
温州	198,840	—	—	—	—	—	—	—	—	—	—	—	—
福州	95,790	187,380	165,540	177,810	165,090	148,890	144,210	127,680	105,870	116,610	98,250	95,280	120,420
厦门	112,290	121,110	115,050	120,270	112,050	111,480	111,630	92,940	91,680	93,750	93,120	124,590	88,800
汕头	104,070	141,360	123,630	163,830	165,480	128,160	127,140	145,200	205,200	222,450	148,740	159,960	116,430
广州	—	74,700	71,310	104,640	63,330	24,180	33,000	22,620	32,280	28,470	72,630	39,810	26,880
九龙	—	—	—	—	—	—	—	—	—	—	—	—	—
拱北	—	—	—	—	—	—	—	—	—	—	—	—	—
江门	—	—	—	—	—	—	—	—	—	—	—	—	—
三水	—	—	—	—	—	—	—	—	—	—	—	—	—
梧州	—	—	—	—	—	—	—	—	—	—	—	—	—
琼州	—	—	—	—	—	—	—	—	—	—	—	—	—
八卦	—	—	—	—	—	—	—	—	—	—	—	—	—
打狗	—	—	—	42,930	45,930	33,060	45,960	51,930	59,220	58,230	58,560	75,090	78,000
淡水	—	—	—	33,330	31,650	27,930	31,170	34,890	39,180	42,000	49,230	49,980	46,770
总额	1,502,610	1,562,490	1,683,990	1,935,480	1,828,440	1,617,450	1,602,390	1,761,510	1,790,100	1,835,790	1,937,910	2,024,040	1,993,830

表八:晚清各港进口鸦片税(续一)

	1876	1877	1878	1879	1880	1881	1882	1883	1884	1885	1886	1887	1888
牛　庄	69,090	32,940	36,690	73,590	35,580	13,380	14,070	11,700	7,950	7,950	8,610	23,760	12,430
秦皇岛	—	—	—	—	—	—	—	—	—	—	—	—	—
天　津	108,180	120,780	120,210	155,430	96,570	102,630	75,240	73,530	65,730	58,080	62,130	200,200	171,050
芝罘	66,840	64,560	102,810	106,080	72,060	52,770	33,720	26,490	25,560	12,630	21,030	66,880	34,980
胶　州	—	—	—	—	—	—	—	—	—	—	—	—	—
重　庆	—	—	—	—	—	—	—	—	—	—	—	—	—
宜　昌	—	—	30	—	60	—	—	—	—	—	30	—	220
沙　市	—	—	—	—	—	—	—	—	—	—	—	—	—
长　沙	—	—	—	—	—	—	—	—	—	—	—	—	—
岳　州	—	—	—	—	—	—	—	—	—	—	—	—	—
汉　口	65,670	74,310	64,260	98,820	88,620	117,690	96,660	104,550	116,430	72,540	40,260	139,040	127,710
九　江	—	55,560	49,590	64,590	68,700	62,250	49,860	48,540	46,440	56,100	74,790	331,870	338,470
芜　湖	61,290	34,860	71,430	94,230	102,960	105,600	84,750	105,510	109,800	145,590	172,530	489,170	374,000
南　京	—	—	—	—	—	—	—	—	—	—	—	—	—
镇　江	319,470	323,970	328,710	332,910	308,760	311,010	307,770	345,420	327,000	249,030	202,890	724,240	430,210
上　海	356,520	382,020	442,050	513,120	462,480	418,530	438,900	405,270	351,570	338,220	396,870	1,880,890	2,009,810
苏　州	—	—	—	—	—	—	—	—	—	—	—	—	—

续表

	1876	1877	1878	1879	1880	1881	1882	1883	1884	1885	1886	1887	1888
杭州	—	—	—	—	—	—	—	—	—	—	—	—	—
宁波	264,090	239,730	217,560	230,010	187,740	258,840	238,890	238,890	226,260	235,980	247,290	482,790	664,400
温州	—	1,140	420	1,830	1,620	5,700	5,430	3,030	2,460	630	750	7,040	25,740
福州	120,510	94,950	120,750	128,190	126,030	143,520	126,750	130,920	122,130	132,210	142,410	542,630	678,260
厦门	163,230	121,350	107,580	138,190	172,710	245,310	262,860	256,680	296,880	288,300	233,040	699,930	756,030
汕头	350,400	348,660	287,880	301,890	262,800	139,950	110,010	131,310	131,910	116,640	201,420	703,890	754,930
广州	13,500	9,720	23,130	35,820	19,260	6,330	510	15,900	89,970	82,830	32,100	847,220	1,442,540
九龙	—	—	—	—	—	—	—	—	—	—	—	167,530	313,610
拱北	—	—	—	—	—	—	—	—	—	—	—	113,410	199,210
江门	—	—	—	—	—	—	—	—	—	—	—	—	—
三水	—	—	—	—	—	—	—	—	—	—	—	—	—
梧州	—	—	—	—	—	—	—	—	—	—	—	—	—
琼州	15,600	—	30,630	33,540	39,090	31,020	22,440	26,340	34,980	43,350	57,480	153,560	121,660
八卦	—	—	—	12,360	40,380	29,130	1,500	450	2,160	4,440	4,020	85,140	121,000
打狗	7,950	95,040	85,590	101,610	109,410	112,170	90,360	82,560	69,240	70,170	87,390	288,860	293,920
淡水	55,770	50,070	55,440	64,950	64,470	64,260	47,520	37,950	38,100	43,080	48,990	178,420	756,030
总额	2,041,260	2,071,560	2,144,760	2,487,810	2,259,240	2,220,150	2,007,240	2,045,040	2,064,570	1,957,770	2,034,030	8,126,470	9,087,320

表八:晚清各港进口鸦片税(续二)

	1889	1890	1891	1892	1893	1894	1895	1896	1897	1898	1899	1900	1901
牛　庄	10,120	23,100	28,490	14,630	17,820	7,810	—	3,520	3,080	10,120	108,460	16,500	1,760
秦皇岛	—	—	—	—	—	—	—	—	—	—	—	—	—
天　津	168,080	165,550	163,240	178,970	176,550	160,160	140,910	127,050	100,980	100,320	147,840	49,610	48,730
芝罘	31,460	33,990	36,520	34,210	37,290	45,430	49,940	39,160	35,200	54,780	155,650	102,850	101,090
胶　州	—	—	—	—	—	—	—	—	110	110	—	—	220
重　庆	—	—	—	—	—	—	—	—	—	—	—	—	—
宜　昌	110	—	—	—	—	—	—	220	110	110	—	—	—
沙　市	—	—	—	—	—	—	—	—	—	—	—	—	—
长　沙	—	—	—	—	—	—	—	—	—	—	—	—	—
岳　州	—	—	—	—	—	—	—	—	—	—	—	10,670	16,390
汉　口	103,070	81,180	81,180	82,170	82,500	79,310	63,580	58,410	56,980	51,150	45,430	36,080	30,360
九　江	349,030	365,860	398,310	380,600	359,480	354,310	317,350	290,730	273,130	246,070	284,020	244,530	282,760
芜　湖	274,230	282,370	286,880	288,200	279,730	318,230	277,640	231,660	171,270	187,110	351,120	269,830	217,800
南　京	—	—	—	—	—	—	—	—	—	—	196,360	82,170	99,110
镇　江	331,760	376,530	349,030	329,120	370,590	459,690	428,340	376,640	325,710	324,830	477,400	435,600	424,160
上　海	1,819,950	1,916,200	1,945,680	1,749,330	1,774,190	1,781,780	1,542,750	1,583,780	1,547,810	1,482,580	1,751,310	1,449,030	1,524,490
苏　州	—	—	—	—	—	—	—	—	70,840	84,370	29,260	12,760	2,200

续表

	1889	1890	1891	1892	1893	1894	1895	1896	1897	1898	1899	1900	1901
杭州	—	—	—	—	—	—	—	—	107,580	109,120	215,270	197,670	203,720
宁波	652,630	662,860	662,970	681,890	641,190	612,150	568,040	550,110	416,570	392,370	371,800	281,490	259,270
温州	22,220	11,110	10,780	13,860	15,290	9,350	7,040	11,330	11,880	14,080	17,490	8,030	3,300
福州	620,730	568,920	552,420	578,160	544,170	485,100	407,220	392,700	392,810	391,930	422,840	321,310	297,220
厦门	647,350	636,350	602,140	554,840	502,370	349,030	266,970	419,980	473,660	416,900	328,350	270,270	281,160
汕头	779,680	853,600	868,450	785,950	701,250	636,900	453,090	411,730	465,080	555,610	615,890	577,280	532,180
广州	1,349,700	1,299,100	1,406,680	1,190,090	1,013,650	839,410	659,120	586,300	611,380	646,690	760,210	760,650	881,430
九龙	269,720	199,100	158,840	105,710	100,760	70,620	58,300	45,650	51810	42,570	56,650	50,490	755,460
拱北	215,820	229,900	206,910	153,560	181,940	239,140	165,000	205,105	233,310	278,190	246,290	175,010	155,100
江门	—	—	—	—	—	—	—	—	—	—	—	—	—
三水	—	—	—	—	—	—	—	—	110	—	110	—	220
梧州	—	—	—	—	—	—	—	—	110	—	220	—	550
琼州	89,100	58,850	46,090	22,550	132,770	32,340	32,010	40,150	60,060	70,400	86,900	58,520	42,020
八卦	110,110	108,350	100,320	76,890	44,770	32,890	16,170	15,070	14,740	13,420	15,510	10,340	12,430
打狗	302,720	216,370	374,110	333,960	286,880	234,300	110,220	—	—	—	—	—	—
淡水	218,130	338,360	239,910	231,330	228,690	195,690	79,970	—	—	—	—	—	—
总额	8,365,720	8,427,760	8,518,950	7,780,020	7,491,880	6,943,750	5,643,660	5,389,340	5,423,990	5,472,720	6,507,710	5,420,690	5,443,240

表八:晚清各港进口鸦片税(续三)

	1902	1903	1904	1905	1906
牛　庄	1,980	1,650	600	2,750	10,780
秦皇岛	—	—	—	—	1,100
天　津	49,060	33,880	27,280	24,750	29,920
芝　罘	67,320	61,270	44,330	48,400	67,870
胶　州	—	—	—	—	1,100
重　庆	—	—	—	—	110
宜　昌	—	—	—	110	220
沙　市	2,640	7,150	7,370	6,380	6,050
长　沙	—	—	12,100	27,060	27,280
岳　州	25,960	21,450	8,580	—	—
汉　口	21,560	22,660	27,830	28,930	33,660
九　江	196,350	246,400	265,980	188,650	160,490
芜　湖	145,750	248,050	259,600	178,860	179,630
南　京	92,730	106,920	109,670	100,650	104,500
镇　江	329,560	385,880	380,820	258,610	274,670
上　海	1,644,500	1,924,120	1,672,330	1,629,210	1,753,070
苏　州	110	—	—	—	—
杭　州	205,700	24,970	273,570	23,890	176,300
宁　波	225,750	242,770	242,990	199,540	154,880
温　州	20,130	19,250	12,870	14,080	16,830
福　州	37,980	486,090	423,610	363,110	369,820
厦　门	383,460	431,090	376,420	362,890	400,950
汕　头	51,310	648,010	535,150	454,190	481,910
广　州	934,890	1,040,710	1,039,830	1,122,990	1,226,060
九　龙	99,990	80,300	69,190	100,870	111,870
拱　北	154,600	119,790	140,360	196,130	181,500
江　门	—	—	110	—	110
三　水	5,830	21,230	26,950	32,780	41,690

续表

	1902	1903	1904	1905	1906
梧 州	880	1,980	900	2,420	3,630
琼 州	46,420	20,900	49,500	118,250	115,610
八 卦	14,520	13,530	14,630	19,360	21,230
打 狗	—	—	—	—	—
淡 水	—	—	—	—	—
总 额	5,584,040	6,430,270	6,022,720	5,711,200	5,952,870

数据来源：由历年各港《海关报告》上之外国鸦片进口量以 1863—1887 年一担 30 两，1887—1906 年一担 110 两的税率求得

表九：晚清各港外国鸦片进口税占全国鸦片进口税百分比表　单位：%

	1863	1864	1865	1866	1867	1868	1869	1870	1871	1872	1873	1874	1875
牛庄	—	1	3	4	4	5	5	4	2	4	4	2	1
秦皇岛	—	—	—	—	—	—	—	—	—	—	—	—	—
天津	7	6	10	14	13	14	10	12	11	8	8	8	6
芝罘	2	8	5	6	4	6	6	7	5	6	5	6	4
胶州	—	—	—	—	—	—	—	—	—	—	—	—	—
重庆	—	—	—	—	—	—	—	—	—	—	—	—	—
宜昌	—	—	—	—	—	—	—	—	—	—	—	—	—
沙市	—	—	—	—	—	—	—	—	—	—	—	—	—
长沙	—	—	—	—	—	—	—	—	—	—	—	—	—
岳州	—	—	—	—	—	—	—	—	—	—	—	—	—
汉口	3	4	6	6	7	5	5	6	5	4	5	4	3
九江	4	4	4	4	4	4	4	4	3	3	4	4	3
芜湖	—	—	—	—	—	—	—	—	—	—	—	—	—
南京	—	—	—	—	—	—	—	—	—	—	—	—	—
镇江	1	3	9	8	8	9	10	12	12	14	15	16	18
上海	44	38	26	18	20	20	21	20	20	20	19	17	16
苏州	—	—	—	—	—	—	—	—	—	—	—	—	—
杭州	—	—	—	—	—	—	—	—	—	—	—	—	—

续表

	1863	1864	1865	1866	1867	1868	1869	1870	1871	1872	1873	1874	1875
宁波	5	6	6	7	8	8	9	9	9	11	11	11	13
温州	—	—	—	—	—	—	—	—	—	—	—	—	—
福州	13	12	10	9	9	9	9	9	6	6	5	5	6
厦门	6	8	7	6	6	7	7	5	5	5	5	6	4
汕头	7	9	7	8	9	8	8	8	11	12	8	8	6
广州	7	5	4	5	3	1	2	1	2	2	4	2	1
九龙	—	—	—	—	—	—	—	—	—	—	—	—	—
拱北	—	—	—	—	—	—	—	—	—	—	—	—	—
江门	—	—	—	—	—	—	—	—	—	—	—	—	—
三水	—	—	—	—	—	—	—	—	—	—	—	—	—
梧州	—	—	—	—	—	—	—	—	—	—	—	—	—
琼州	—	—	—	—	—	—	—	—	—	—	—	—	—
八卦	—	—	—	—	—	—	—	—	—	—	—	—	—
打狗	—	—	—	2	3	2	3	3	3	3	3	4	4
淡水	—	—	—	2	2	2	2	2	2	2	2	2	2

表九:晚清各港外国鸦片进口税占全国鸦片进口税百分比表(续一)

	1876	1877	1878	1879	1880	1881	1882	1883	1884	1885	1886	1887	1888
牛庄	3	2	2	3	2	1	1	1	0	0	0	0	0
秦皇岛	—	—	—	—	—	—	—	—	—	—	—	—	—
天津	5	6	6	6	4	5	4	4	3	3	3	2	2
芝罘	3	3	5	4	3	2	2	1	1	1	1	1	0
胶州	—	—	—	—	—	—	—	—	—	—	—	—	—
重庆	—	—	—	—	—	—	—	—	—	—	—	—	—
宜昌	3	—	0	—	—	0	—	—	—	—	0	—	0
沙市	—	—	—	—	—	—	—	—	—	—	—	—	—
长沙	—	—	—	—	—	—	—	—	—	—	—	—	—
岳州	—	—	—	—	—	—	—	—	—	—	—	—	—

续表

	1876	1877	1878	1879	1880	1881	1882	1883	1884	1885	1886	1887	1888
汉口	3	4	3	4	4	5	5	5	6	4	2	2	1
九江	—	3	2	3	3	3	2	2	2	3	4	4	4
芜湖	16	2	3	4	5	5	4	5	5	7	8	6	4
南京	—	—	—	—	—	—	—	—	—	—	—	—	—
镇江	13	16	15	13	14	14	15	17	16	13	10	9	5
上海	17	18	21	21	20	19	22	20	17	17	20	23	22
苏州	—	—	—	—	—	—	—	—	—	—	—	—	—
杭州	—	—	—	—	—	—	—	—	—	—	—	—	—
宁波	6	12	10	9	8	12	12	12	11	12	12	6	7
温州	3	0	0	0	0	0	0	0	0	0	0	0	0
福州	4	5	6	5	6	6	6	6	6	7	7	7	7
厦门	1	6	5	6	8	11	13	13	14	15	11	9	8
汕头	1	17	13	12	12	6	5	6	6	6	10	9	8
广州	—	0	1	1	1	0	0	1	4	4	2	10	16
九龙	—	—	—	—	—	—	—	—	—	—	—	2	3
拱北	—	—	—	—	—	—	—	—	—	—	—	—	—
江门	—	—	—	—	—	—	—	—	—	—	—	—	—
三水	—	—	—	—	—	—	—	—	—	—	—	—	—
梧州	—	—	—	—	—	—	—	—	—	—	—	—	—
琼州	—	1	1	1	2	1	1	1	2	2	3	2	1
八卦	—	0	—	0	2	1	0	0	0	0	0	1	1
打狗	17	5	4	4	5	5	5	4	3	4	4	4	3
淡水	5	2	3	3	3	3	2	2	2	2	2	2	8

表九：晚清各港外国鸦片进口税占全国鸦片进口税百分比表(续二)

	1889	1890	1891	1892	1893	1894	1895	1896	1897	1898	1899	1900	1901
牛庄	0	0	0	0	0	0	—	0	0	0	2	0	0
秦皇岛	—	—	—	—	—	—	—	—	—	—	—	—	—
天津	2	2	2	2	2	2	2	2	2	2	2	1	1
芝罘	0	0	0	0	0	1	1	1	1	1	2	2	2
胶州	—	—	—	—	—	—	—	—	0	0	—	0	0
重庆		—	—	—	—	—	—	—	—	—	—	—	—
宜昌	0	—	—	—	—	0	—	0	0	0	—	—	—
沙市	—	—	—	—	—	—	—	—	—	—	—	—	—
长沙	—	—	—	—	—	—	—	—	—	—	—	—	—
岳州	—	—	—	—	—	—	—	—	—	—	—	0	0
汉口	1	1	1	1	1	1	1	1	1	1	1	1	1
九江	4	4	5	5	5	5	6	5	5	4	4	5	4
芜湖	3	3	3	4	4	5	5	4	3	3	5	5	4
南京	—	—	—	—	—	—	—	—	—	—	0	2	2
镇江	4	4	4	4	5	7	8	7	6	6	7	8	8
上海	22	23	23	22	24	26	27	29	29	27	27	27	28
苏州	—	—	—	—	—	—	—	—	1	2	0	0	0
杭州	—	—	—	—	—	—	—	—	2	2	3	4	4
宁波	8	8	8	9	9	9	10	10	8	7	6	5	5
温州	0	0	0	0	0	0	0	0	0	0	0	0	0
福州	7	7	6	7	7	7	7	7	7	7	6	6	5
厦门	8	3	7	7	7	5	5	8	9	8	5	5	5
汕头	9	10	10	10	9	9	8	8	9	10	9	11	10
广州	16	15	17	15	14	12	12	11	11	12	12	14	16
九龙	3	2	2	1	1	1	1	1	1	1	1	1	1
拱北	—	3	—	—	—	—	—	—	4	5	4	3	3
江门	—	—	—	—	—	—	—	—	—	—	—	—	—
三水	—	—	—	—	—	—	—	—	0	—	0	—	0

续表

	1889	1890	1891	1892	1893	1894	1895	1896	1897	1898	1899	1900	1901
梧州	—	—	—	—	—	—	—	—	0	—	0	—	0
琼州	1	1	1	0	2	0	1	1	1	1	1	1	1
八卦	1	1	1	1	1	0	0	0	0	0	0	0	0
打狗	4	8	4	4	4	3	2	—	—	—	—	—	—
淡水	3	4	3	3	3	3	1	—	—	—	—	—	—

表九:晚清各港外国鸦片进口税占全国鸦片进口税百分比表(续三)

	1902	1903	1904	1905	1906	平　均
牛　庄	0	0	0	0	0	1.27
秦皇岛	—	—	—	—	0	0
天　津	1	1	0	0	1	4.70
芝　罘	1	1	1	1	1	2.45
胶　州	—	—	—	—	0	0
重　庆	—	—	—	—	0	0
宜　昌	—	—	—	0	0	0.07
沙　市	0	0	0	0	0	0
长　沙	—	—	0	0	0	0
岳　州	0	0	—	—	0	0
汉　口	0	0	0	1	1	2.86
九　江	4	4	4	3	3	3.70
芜　湖	3	4	4	3	3	3.23
南　京	2	2	2	2	2	0.32
镇　江	6	6	6	5	5	9.34
上　海	29	30	28	29	29	23.52
苏　州	0	—	—	—	—	0.07
杭　州	4	4	5	4	3	0.80
宁　波	4	4	4	3	3	8.23
温　州	0	0	0	0	0	0.07

续表

	1902	1903	1904	1905	1906	平 均
福 州	7	8	7	6	6	6.91
厦 门	7	7	6	6	7	7.09
汕 头	10	10	9	8	8	8.80
广 州	17	16	17	20	21	7.89
九 龙	2	1	1	2	2	0.68
拱 北	3	2	2	3	3	0.80
江 门	—	—	0	—	0	0
三 水	—	0	0	1	1	0.05
梧 州	—	0	0	0	0	0.14
琼 州	1	0	1	2	2	0.82
八 卦	0	0	0	0	0	0.23
打 狗	—	—	—	—	—	2.86
淡 水	—	—	—	—	—	1.80

数据来源:由表八之各港鸦片税除以表四之全国鸦片进口税得之

表十:晚清各港鸦片进口税占各港关税百分比表　　单位:%

	1863	1864	1865	1866	1867	1868	1869	1870	1871	1872	1873	1874	1875
牛庄					33	37	29	31	37	28	35	21	11
秦皇岛					—	—	—	—	—	—	—	—	—
天津					58	57	40	54	48	42	44	43	37
芝罘					34	32	32	38	33	35	34	40	29
胶州					—	—	—	—	—	—	—	—	—
重庆					—	—	—	—	—	—	—	—	—
宜昌					—	—	—	—	—	—	—	—	—
沙市					—	—	—	—	—	—	—	—	—
长沙					—	—	—	—	—	—	—	—	—
岳州					—	—	—	—	—	—	—	—	—
汉口					13	7	6	9	6	5	6	6	4
九江					15	11	11	14	12	10	12	13	10

续表

	1863	1864	1865	1866	1867	1868	1869	1870	1871	1872	1873	1874	1875
芜湖					—	—	—	—	—	—	—	—	—
南京					—	—	—	—	—	—	—	—	—
镇江					△	△	△	△	△	△	△	△	△
上海					16	13	13	13	11	11	12	11	10
苏州					—	—	—	—	—	—	—	—	—
杭州					—	—	—	—	—	—	—	—	—
宁波					28	23	20	22	23	24	29	29	35
温州					—	—	—	—	—	—	—	—	—
福州					10	8	8	9	6	6	6	5	6
厦门					22	26	20	19	17	17	19	21	15
汕头					39	34	36	38	40	45	25	24	16
广州					7	3	4	3	3	3	8	4	3
九龙					—	—	—	—	—	—	—	—	—
拱北					—	—	—	—	—	—	—	—	—
江门					—	—	—	—	—	—	—	—	—
三水					—	—	—	—	—	—	—	—	—
梧州					—	—	—	—	—	—	—	—	—
琼州					—	—	—	—	—	—	—	—	—
八卦					—	—	—	—	—	—	—	—	—
打狗					33	16	24	15	23	22	32	32	43
淡水					48	32	36	29	27	24	31	27	14

表十:晚清各港鸦片进口税占各港关税百分比表(续一)

	1876	1877	1878	1879	1880	1881	1882	1883	1884	1885	1886	1887	1888
牛庄	27	14	10	22	12	5	5	4	3	2	3	6	3
秦皇岛	—	—	—	—	—	—	—	—	—	—	—	—	—
天津	34	37	38	37	25	27	19	19	17	13	14	31	29
芝罘	28	30	33	31	25	19	12	10	9	5	7	18	11

续表

	1876	1877	1878	1879	1880	1881	1882	1883	1884	1885	1886	1887	1888
胶州	—	—	—	—	—	—	—	—	—	—	—	—	—
重庆	—	—	—	—	—	—	—	—	—	—	—	—	—
宜昌	—	—	1	—	—	0	—	—	—	—	0	—	0
沙市	—	—	—	—	—	—	—	—	—	—	—	—	—
长沙	—	—	—	—	—	—	—	—	—	—	—	—	—
岳州	—	—	—	—	—	—	—	—	—	—	—	—	—
汉口	3	4	4	6	4	6	5	6	6	4	2	7	6
九江	—	8	7	9	9	8	6	6	6	7	9	31	31
芜湖	△	△	△	△	△	△	△	△	△	△	△	△	△
南京	—	—	—	—	—	—	—	—	—	—	—	—	—
镇江	△	△	△	△	△	△	△	△	△	△	△	△	△
上海	10	12	13	13	11	10	10	11	10	8	9	35	33
苏州	—	—	—	—	—	—	—	—	—	—	—	—	—
杭州	—	—	—	—	—	—	—	—	—	—	—	—	—
宁波	17	33	36	35	28	34	35	37	32	32	33	57	56
温州	—	36	14	27	14	42	34	33	27	5	5	34	69
福州	5	5	6	7	6	7	6	7	7	7	7	24	30
厦门	2	17	17	22	27	31	36	36	39	37	35	67	62
汕头	2	45	39	39	34	22	16	17	16	15	25	56	53
广州	—	1	2	3	2	1	0	1	9	8	3	44	58
九龙	—	—	—	—	—	—	—	—	—	—	—	45	49
拱北	—	—	—	—	—	—	—	—	—	—	—	60	49
江门	—	—	—	—	—	—	—	—	—	—	—	—	—
三水	—	—	—	—	—	—	—	—	—	—	—	—	—
梧州	—	—	—	—	—	—	—	—	—	—	—	—	—
琼州	—	34	50	49	47	37	30	28	30	34	43	74	64
八卦	—	26	—	60	48	36	3	1	3	4	3	37	42
打狗	27	39	49	39	35	46	46	37	30	37	55	73	73
淡水	13	11	13	12	13	12	10	8	9	9	11	34	36

表十:晚清各港鸦片进口税占各港关税百分比表(续二)

	1889	1890	1891	1892	1893	1894	1895	1896	1897	1898	1899	1900	1901
牛庄	3	5	5	3	4	2	—	1	1	2	12	3	0
秦皇岛	—	—	—	—	—	—	—	—	—	—	—	—	—
天津	28	27	25	26	26	21	18	15	10	10	12	10	6
芝罘	10	11	11	10	10	12	13	9	8	10	23	18	13
胶州	—	—	—	—	—	—	—	—	0	0	—	—	0
重庆	—	—	—	—	—	—	—	—	—	—	—	—	—
宜昌	0	—	—	—	—	—	—	0	0	0	—	—	—
沙市	—	—	—	—	—	—	—	—	—	—	—	—	—
长沙	—	—	—	—	—	—	—	—	—	—	—	—	—
岳州	—	—	—	—	—	—	—	—	—	—	—	△	△
汉口	5	4	4	4	4	4	3	3	3	2	2	2	1
九江	31	33	34	36	35	35	29	29	30	26	29	28	28
芜湖	51	56	40	41	48	44	66	39	42	44	37	30	37
南京	—	—	—	—	—	—	—	—	—	—	34	56	49
镇江	59	61	58	52	53	50	30	44	40	45	52	49	43
上海	32	33	28	27	30	28	25	20	21	21	22	20	19
苏州	—	—	—	—	—	—	—	—	69	73	51	36	2
杭州	—	—	—	—	—	—	—	—	29	25	36	37	33
宁波	56	56	53	53	50	52	46	46	50	53	46	41	38
温州	62	40	34	37	31	20	12	25	22	24	27	18	7
福州	32	33	34	34	31	29	27	27	30	50	29	27	29
厦门	61	60	61	57	55	44	38	45	53	50	43	41	41
汕头	55	54	53	54	53	49	38	35	36	38	37	38	34
广州	56	56	57	51	50	45	38	3	32	34	38	41	41
九龙	45	34	27	22	20	14	11	8	10	11	15	14	19
拱北	51	50	45	39	46	56	46	50	51	61	56	48	41
江门	—	—	—	—	—	—	—	—	—	—	—	—	—
三水	—	—	—	—	—	—	—	—	3	—	0	—	0

续表

	1889	1890	1891	1892	1893	1894	1895	1896	1897	1898	1899	1900	1901
梧州	—	—	—	—	—	—	—	—	0	—	0	—	0
琼州	56	45	39	23	△	31	32	33	38	45	29	37	24
八卦	38	38	39	30	23	18	10	9	8	8	8	8	8
打狗	76	73	79	75	75	63	52	—	—	—	—	—	—
淡水	37	37	38	37	32	29	36	—	—	—	—	—	—

表十:晚清各港鸦片进口税占各港关税百分比表(续三)

	1902	1903	1904	1905	1906	平　均
牛　庄	0	0	0	0	1	10.77
秦皇岛	—	—	—	—	0	—
天　津	2	2	1	1	1	25.1
芝罘	8	8	6	6	8	18.48
胶　州	—	—	—	—	0	—
重　庆	—	—	—	—	0	—
宜　昌	—	—	—	—	0	—
沙　市	13	32	—	—	41	—
长　沙	—	—	34	31	36	—
岳　州	93	21	14	—	—	—
汉　口	1	1	1	1	1	4.28
九　江	25	36	36	28	23	20.41
芜　湖	20	25	28	16	24	38.22
南　京	49	49	52	49	49	—
镇　江	32	31	32	22	21	43.00
上　海	15	19	16	13	14	17.45
苏　州	0	—	—	—	—	—
杭　州	35	37	39	38	31	—
宁　波	33	35	36	33	26	37.58
温　州	27	24	23	26	28	—

续表

	1902	1903	1904	1905	1906	平　均
福　州	40	47	44	41	41	20.33
厦　门	47	49	45	44	46	37.10
汕　头	36	40	35	30	32	35.58
广　州	36	36	34	37	38	23.74
九　龙	28	25	22	28	30	—
拱　北	36	31	36	46	46	—
江　门	—	—	0	—	0	—
三　水	3	9	16	19	24	—
梧　州	0	1	0	0	1	—
琼　州	23	14	26	40	39	—
八　卦	11	11	11	15	19	—
打　狗	—	—	—	—	—	45.48
淡　水	—	—	—	—	—	24.31

数据来源：表八各港鸦片税除以附录之各港关税得之。
注：△系原数据计算结果为100%以上或100%左右，故略而不用者

表十一：洋药厘金占全省厘金百分比表

年代	福建洋药厘金及加捐	浙江洋药厘捐	山东洋药税厘	江苏洋药厘金	河南洋药厘金	年代	福建洋药厘金及加捐	浙江洋药厘捐	山东洋药税厘	江苏洋药厘金	河南洋药厘金
1856	24	—	—	—	—	1865	18	—	8	—	—
1857	54	—	—	—	—	1866	19	—	11	—	—
1858	28	—	—	—	—	1867	19	—	12	—	—
1859	32	—	47	—	—	1868	19	—	13	7	—
1860	36	—	51	—	—	1869	18	—	20	7	—
1861	31	—	34	—	—	1870	15	—	19	6	—
1862	34	—	14	—	—	1871	15	—	9	7	—
1863	38	—	7	—	—	1872	14	—	9	7	—
1864	20	—	10	—	—	1873	13	—	9	6	—

续表

年代	福建洋药厘金及加捐	浙江洋药厘捐	山东洋药税厘	江苏洋药厘金	河南洋药厘金	年代	福建洋药厘金及加捐	浙江洋药厘捐	山东洋药税厘	江苏洋药厘金	河南洋药厘金
1874	18	—	—	5	—	1891	19	10	0	3	6
1875	9	—	—	6	—	1892	19	11	0	7	3
1876	12	—	—	6	—	1893	13	10	0	9	6
1877	13	—	—	6	—	1894	19	8	0	4	7
1878	18	—	—	7	—	1895	—	10	0	5	6
1879	17	—	—	6	—	1896	14	2	0	5	6
1880	18	—	—	7	—	1897	12	—	0	3	5
1881	20	—	—	7	—	1898	12	—	0	—	4
1882	22	—	9	1	—	1899	4	—	0	—	2
1883	23	—	7	1	—	1900	5	—	0	—	2
1884	25	3	11	0	—	1901	2	—	0	—	2
1885	24	13	9	—	—	1902	—	—	0	—	2
1886	15	—	10	6	—	1903	—	—	—	—	1
1887	21	—	11	4	—	1904	—	—	—	—	2
1888	23	19	—	6	—	1905	—	—	—	—	1
1889	23	12	7	6	6	平均	19.73	9.82	9.78	5.48	3.94
1890	21	10	5	9	6						

数据来源：由罗玉东《中国厘金史》，第486—487、509、562—563、592—593、599页算出

表十二：1896、1903两年全国各地的土药税表　　单位：两

	1896	1903		1896	1903
江　苏	250,000	177,080	广　东	250,000	250,000
江　西	20,000	19,373	广　西	200,000	24,833
山　东	50,000	72,369	贵　州	100,000	130,418
直　隶	24,000	4,005	云　南	30,000	141,487
山　西	140,000	233,496	甘肃	—	12,588

续表

	1896	1903		1896	1903
陕西	113,000	96,973	安　徽	—	17,577
河　南	12,000	84,884	吉　林	—	26,104
湖　北	398,000	246,016	黑龙江	—	45,908
湖　南	250,000	50,000	新　疆	—	1,813
四　川	300,000	470,000	奉　天	—	75,200
浙　江	12,000	6,301	总　额	—	1,947,424
福　建	80,000	12,000			

数据来源:1896 年资料见 *Jamieson Report*, p.31。1903 年资料见东亚同文会《支那经济全书》卷 1

表十三:各省各项税收所占比重表

	田　赋	粮　税	盐　税	厘　金	杂　税	土药税
江　苏	12.55	20.94	39.42	21.54	3.42	2.14
江　西	34.42	25.25	—	27.40	12.32	0.62
山　东	69.06	11.95	10.62	1.73	5.31	1.33
直　隶	66.99	—	18.27	1.83	12.18	0.73
山　西	73.24	—	12.68	1.69	8.45	3.94
陕西、甘肃	65.99	—	12.31	9.19	9.27	4.19
四　川	37.35	—	33.91	15.46	8.60	4.69
河　南	68.26	8.84	11.79	1.92	8.84	0.35
湖　北	20.84	7.90	20.84	35.10	6.58	8.73
湖　南	37.10	9.68	16.13	19.35	9.68	8.06
浙　江	24.59	26.03	15.81	26.34	7.02	0.21
福　建	28.37	—	16.85	34.27	18.26	2.25
云　南	28.57	—	30.48	28.57	9.52	2.86

数据来源:由 *Jamieson Report* 各省财政收入资料算出

表十四：土药厘金占山西、广东、江西各省厘金总数百分比表　单位：%

年代	山西土药厘金	广东土药厘金	江西土药厘金	年代	山西土药厘金	广东土药厘金	江西土药厘金
1881	6	—	—	1895	33	1	1
1882	8	—	—	1896	23	3	1
1883	6	—	—	1897	25	3	1
1884	5	—	—	1898	24	1	1
1885	5	—	—	1899	24	4	2
1886	5	—	—	1900	19	4	2
1887	6	—	—	1901	12	4	2
1888	—	—	—	1902	24	3	0
1899	12	0	1	1903	25	3	—
1890	16	0	1	1904	39	0	—
1891	10	0	1	1905	26	0	—
1892	—	1	1	1906	—	1	—
1893	27	1	1	平均	17.78	1.8	1.08
1894	29	2	1				

数据来源：由罗玉东《中国厘金史》，第533、579、610页算出

表十五：晚清洋药进口量与进口价格表

年份	价格（海关两/担）	价格指数	进口量（千担）	进口量指数	年份	价格（海关两/担）	价格指数	进口量（千担）	进口量指数
1872	418.09	100.00	61	100.00	1879	433.40	103.66	83	136.07
1873	396.90	94.93	65	106.56	1880	458.77	109.73	72	118.03
1874	391.88	93.73	70	114.75	1881	437.36	104.61	79	129.51
1875	387.08	92.58	63	103.28	1882	399.83	95.63	66	108.20
1876	389.68	93.20	70	114.75	1883	368.82	88.22	67	109.84
1877	401.43	96.02	70	114.75	1884	376.43	90.04	67	109.84
1878	448.31	107.23	72	118.03	1885	370.92	88.72	67	109.84

续表

年份	价格（海关两/担）	价格指数	进口量（千担）	进口量指数	年份	价格（海关两/担）	价格指数	进口量（千担）	进口量指数
1886	352.24	84.25	68	111.48	1897	535.63	128.11	49	80.33
1887	342.28	81.87	74	121.31	1898	542.09	129.66	50	81.97
1888	358.08	85.65	82	134.43	1899	589.05	140.89	59	96.72
1889	368.41	88.12	76	124.59	1900	654.10	156.45	49	80.33
1890	334.40	79.98	77	126.23	1901	643.00	153.79	49	80.33
1891	326.00	77.97	77	126.23	1902	783.00	187.28	51	83.61
1892	397.25	95.02	71	116.39	1903	837.50	200.32	58	95.08
1893	413.45	98.89	68	111.48	1904	760.00	181.78	55	90.16
1894	483.67	115.69	63	103.28	1905	763.60	182.62	52	85.25
1895	537.78	128.63	52	85.25	1906	676.00	161.69	54	88.52
1896	539.43	129.02	49	80.33					

数据来源：（1）价格部分由 *Decennial Reports, 1902-1911*, p.337 鸦片价格中 Mahua Patna 两价格平均算出。（2）进口量部分见 Hsiao Ling-lin, *China's Foreign Trade Statistics, 1864-1949*（Harvard University Press, 1974）, pp.50-53

表十六：洋药进口量成长率表

年　份	成长率	年　份	成长率
1868	-11.48	1876	11.11
1869	3.70	1877	0
1868—1869	-3.89	1878	2.86
1870	3.57	1879	15.28
1871	3.45	1875—1879	3.85
1872	1.67	1880	13.25
1873	6.56	1881	9.72
1874	7.69	1882	-16.46
1870—1874	4.59	1883	1.52
1875	-10.00	1884	0

续表

年　份	成长率	年　份	成长率
1880—1884	8.19	1899	18.00
1885	0	1895—1899	-0.64
1886	1.49	1900	-16.95
1887	8.82	1901	0
1888	10.81	1902	4.08
1889	-7.32	1903	13.73
1885—1889	2.76	1904	-5.17
1890	1.32	1900—1904	-0.86
1891	0	1905	-5.45
1892	-7.79	1906	3.85
1893	-4.23	1907	0
1894	-7.35	1908	-11.11
1890—1894	-3.61	1909	2.08
1895	-17.46	1905—1909	-2.13
1896	-5.77	1910	-28.57
1897	0	1911	-20.00
1898	2.04	1910—1911	-24.29

附录:晚清各港关税表(1867—1906)　　单位:海关两

	1867	1868	1869	1870	1871	1872	1873	1874
牛　庄	231,972	215,849	260,982	238,415	185,943	235,626	209,227	192,752
秦皇岛	—	—	—	—	—	—	—	—
天　津	411,298	390,605	394,857	399,007	441,162	333,782	341,016	371,301
芝罘	238,911	284,363	287,857	306,383	291,007	330,972	277,452	313,039
胶　州	—	—	—	—	—	—	—	—
重　庆	—	—	—	—	—	—	—	—

续表

	1867	1868	1869	1870	1871	1872	1873	1874
宜　昌	—	—	—	—	—	—	—	—
沙　市	—	—	—	—	—	—	—	—
长　沙	—	—	—	—	—	—	—	—
岳　州	—	—	—	—	—	—	—	—
汉　口	999,905	1,252,671	1,328,951	1,263,299	1,577,841	1,564,345	1,498,977	1,459,076
九　江	426,601	547,371	499,066	468,226	537,073	585,884	614,661	673,598
芜　湖	—	—	—	—	—	—	—	—
南　京	—	—	—	—	—	—	—	—
镇　江	23,967	36,479	54,655	71,362	142,366	337,083	1,154,924	153,481
上　海	2,310,889	2,508,165	2,667,905	2,730,956	3,212,037	3,295,746	3,219,724	3,250,871
苏　州	—	—	—	—	—	—	—	—
杭　州	—	—	—	—	—	—	—	—
宁　波	532,369	599,698	690,353	689,410	718,355	803,138	751,203	769,923
温　州	—	—	—	—	—	—	—	—
三都澳	—	—	—	—	—	—	—	—
福　州	1,712,430	1,819,100	1,776,304	1,490,725	1,835,361	1,861,202	1,658,531	1,886,273
厦　门	503,328	426,045	556,404	498,675	524,261	544,475	500,784	582,841
汕　头	420,863	381,025	351,510	386,484	517,535	495,694	587,991	644,113
广　州	934,773	866,269	869,958	822,066	1,013,492	1,057,699	942,388	914,552
九　龙	—	—	—	—	—	—	—	—
拱　北	—	—	—	—	—	—	—	—
江　门	—	—	—	—	—	—	—	—
三　水	—	—	—	—	—	—	—	—
梧　州	—	—	—	—	—	—	—	—
琼　州	—	—	—	—	—	—	—	—
八　卦	—	—	—	—	—	—	—	—
龙　州	—	—	—	—	—	—	—	—
蒙　自	—	—	—	—	—	—	—	—
思　茅	—	—	—	—	—	—	—	—

续表

	1867	1868	1869	1870	1871	1872	1873	1874
腾衡	—	—	—	—	—	—	—	—
西江	—	—	—	—	—	—	—	—
淡水、台南	117,508	120,834	140,043	178,226	219,714	232,889	226,206	265,450
总和	8,864,817	9,448,474	9,878,848	9,543,977	11,216,146	11,678,636	10,977,082	11,497,272

附录:晚清各港关税表(1867—1906)(续一)

	1875	1876	1877	1878	1879	1880	1881	1882
牛庄	239,467	257,221	237,270	353,669	333,733	304,217	286,274	284,232
秦皇岛	—	—	—	—	—	—	—	—
天津	318,074	322,501	322,685	317,701	423,608	382,679	382,541	387,370
芝罘	304,037	234,534	215,057	313,835	341,303	288,146	275,367	277,553
胶州	—	—	—	—	—	—	—	—
重庆	—	—	—	—	—	—	—	—
宜昌	—	—	376	3,499	27,751	68,628	45,868	60,347
沙市	—	—	—	—	—	—	—	—
长沙	—	—	—	—	—	—	—	—
岳州	—	—	—	—	—	—	—	—
汉口	1,605,487	1,801,336	1,690,435	1,545,502	1,774,257	2,003,217	2,047,218	1,866,573
九江	663,983	694,475	689,126	756,203	701,277	764,572	794,205	814,551
芜湖	—	—	21,918	31,421	34,824	51,658	78,529	95,187
南京	—	—	—	—	—	—	—	—
镇江	153,037	149,867	122,382	211,163	161,000	235,299	415,806	288,724
上海	3,370,217	3,465,497	3,269,919	3,500,611	4,018,128	4,220,722	4,373,940	4,184,495
苏州	—	—	—	—	—	—	—	—
杭州	—	—	—	—	—	—	—	—
宁波	732,404	719,590	723,300	597,514	657,216	677,399	764,641	691,741
温州	—	—	3,158	2,940	6,816	11,491	13,689	15,983
三都澳	—	—	—	—	—	—	—	—

续表

	1875	1876	1877	1878	1879	1880	1881	1882
福　州	1,978,112	1,694,536	1,821,631	2,029,510	1,963,659	2,167,463	2,022,934	2,006,476
厦　门	590,585	573,872	712,446	622,982	639,076	648,196	786,479	728,318
汕　头	744,769	842,962	782,934	740,671	779,327	775,449	643,789	675,050
广　州	991,008	977,712	1,004,707	988,966	1,093,144	936,783	1,050,583	1,104,576
九　龙	—	—	—	—	—	—	—	—
拱　北	—	—	—	—	—	—	—	—
江　门	—	—	—	—	—	—	—	—
三　水	—	—	—	—	—	—	—	—
梧　州	—	—	—	—	—	—	—	—
琼　州	—	43,574	63,151	61,644	68,990	83,693	83,134	75,184
八　卦	—	—	699	—	20,515	84,545	81,300	57,030
龙　州	—	—	—	—	—	—	—	—
蒙　自	—	—	—	—	—	—	—	—
思茅	—	—	—	—	—	—	—	—
腾衡(冲)	—	—	—	—	—	—	—	—
西　江	—	—	—	—	—	—	—	—
淡水、台南	276,930	375,244	385,885	406,137	487,917	554,425	538,864	472,281
总　和	11,968,109	12,152,921	12,067,078	12,483,988	13,531,670	14,258,584	14,685,162	14,085,673

附录：晚清各港关税表(1867—1906)(续二)

	1883	1884	1885	1886	1887	1888	1889	1890
牛　庄	298,450	306,208	341,604	303,205	405,213	374,818	337,432	484,687
秦皇岛	—	—	—	—	—	—	—	—
天　津	380,936	386,579	431,232	440,859	655,303	591,495	590,456	609,956
芝罘	272,577	273,755	267,397	285,481	364,547	317,436	321,777	316,276
胶　州	—	—	—	—	—	—	—	—
重　庆	—	—	—	—	—	—	—	—
宜　昌	100,284	81,980	114,409	145,058	168,550	189,397	174,233	200,562

续表

	1883	1884	1885	1886	1887	1888	1889	1890
沙市	—	—	—	—	—	—	—	—
长沙	—	—	—	—	—	—	—	—
岳州	—	—	—	—	—	—	—	—
汉口	1,832,615	1,873,432	1,841,169	2,018,174	2,063,944	2,103,435	2,013,800	1,858,569
九江	778,818	787,673	822,655	835,979	1,057,720	1,088,917	1,128,034	1,095,238
芜湖	78,447	71,607	50,986	252,257	569,195	521,249	539,849	504,593
南京	—	—	—	—	—	—	—	—
镇江	169,564	165,016	184,297	254,703	733,110	656,532	561,720	615,613
上海	3,651,121	3,667,695	4,242,601	4,354,110	5,331,889	6,169,784	5,681,462	5,864,855
苏州	—	—	—	—	—	—	—	—
杭州	—	—	—	—	—	—	—	—
宁波	645,214	710,469	747,439	738,889	848,922	1,182,231	1,155,955	1,181,813
温州	9,084	9,244	12,972	14,884	20,766	37,185	36,086	27,777
三都澳	—	—	—	—	—	—	—	—
福州	1,812,942	1,827,116	1,990,460	2,018,492	2,250,673	2,262,486	1,923,178	1,716,692
厦门	719,738	758,065	777,605	674,006	1,039,191	1,210,223	1,065,080	1,057,888
汕头	753,982	833,208	791,880	807,577	1,252,375	1,427,822	1,428,864	1,572,992
广州	1,137,073	1,051,051	1,089,485	1,197,713	1,904,633	2,508,292	2,398,772	2,329,499
九龙	—	—	—	—	376,127	635,926	596,084	589,367
拱北	—	—	—	—	187,658	408,942	425,564	463,710
江门	—	—	—	—	—	—	—	—
三水	—	—	—	—	—	—	—	—
梧州	—	—	—	—	—	—	—	—
琼州	94,368	116,579	128,926	132,640	207,915	189,338	158,306	131,154
八卦	59,716	82,941	112,553	134,406	231,568	289,794	288,039	285,039
龙州	—	—	—	—	—	—	633	1,645
蒙自	—	—	—	—	—	—	8,290	43,027
思茅	—	—	—	—	—	—	—	—
腾衡(冲)	—	—	—	—	—	—	—	—
西江	—	—	—	—	—	—	—	—

续表

	1883	1884	1885	1886	1887	1888	1889	1890
淡水、台南	491,826	508,093	525,095	536,244	872,099	1,002,588	990,146	1,045,272
总　和	13,286,757	13,510,712	14,472,766	15,144,678	20,541,399	23,167,892	21,823,762	21,996,226

附录:晚清各港关税表(1867—1906)(续三)

	1891	1892	1893	1894	1895	1896	1897	1898
牛　庄	583,343	544,546	491,011	504,884	—	566,703	568,548	634,237
秦皇岛	—	—	—	—	—	—	—	—
天　津	642,856	692,557	683,933	749,051	762,552	841,042	973,037	1,016,413
芝　罘	324,147	337,535	358,200	372,371	374,482	426,864	461,280	566,582
胶　州	—	—	—	—	—	—	—	—
重　庆	99,444	200,930	181,295	244,414	356,681	314,846	383,731	288,029
宜　昌	103,734	118,286	118,520	243,947	472,153	340,397	429,260	324,632
沙　市	—	—	—	—	—	1,776	8,641	4,040
长　沙	—	—	—	—	—	—	—	—
岳　州	—	—	—	—	—	—	—	—
汉　口	1,825,711	1,895,217	2,219,475	2,098,883	2,142,996	1,901,259	2,025,013	2,194,412
九　江	1,156,355	1,047,733	1,026,748	1,001,256	1,076,479	997,889	921,851	959,635
芜　湖	712,335	705,312	586,170	719,598	422,885	596,405	407,509	422,229
南　京	—	—	—	—	—	—	—	—
镇　江	602,789	631,191	702,625	913,498	1,412,110	855,004	810,977	714,281
上　海	6,832,898	6,371,532	5,881,945	6,470,009	6,183,685	7,891,487	7,496,771	6,907,194
苏　州	—	—	—	—	—	343	102,107	114,838
杭　州	—	—	—	—	—	4,060	374,875	444,611
宁　波	1,225,367	1,256,773	1,277,986	1,186,850	1,240,343	1,205,190	832,405	735,556
温　州	31,419	36,996	49,924	47,897	60,614	45,033	53,655	57,781
三都澳	—	—	—	—	—	—	—	—
福　州	1,648,894	1,686,788	1,767,853	1,681,903	1,526,456	1,457,864	1,292,792	1,308,276
厦　门	991,395	978,186	909,352	797,155	701,151	936,639	893,672	829,725
汕　头	1,644,573	1,466,557	1,329,982	1,302,193	1,192,742	1,166,891	1,284,590	1,474,721

续表

	1891	1892	1893	1894	1895	1896	1897	1898
广　州	2,480,160	2,342,591	2,034,993	1,852,997	1,750,388	1,649,327	1,885,514	1,877,805
九　龙	597,025	478,617	505,975	494,107	542,561	1,579,203	521,701	394,423
拱　北	463,540	389,960	395,490	424,517	361,017	410,303	461,528	459,783
江　门	—	—	—	—	—	—	—	—
三　水	—	—	—	—	—	—	3,815	55,597
梧　州	—	—	—	—	—	—	79,041	217,349
琼　州	117,516	98,277	88,459	104,417	99,948	121,532	158,975	156,648
八　卦	260,096	254,752	198,689	185,456	163,403	170,626	176,643	167,978
龙　州	1,911	1,732	1,989	5,478	4,392	3,486	3,479	3,573
蒙　自	60,947	73,795	88,320	88,821	104,103	96,197	117,071	133,073
思　茅	—	—	—	—	—	—	68,770	8,788
腾衡(冲)	—	—	—	—	—	—	—	—
西　江	—	—	—	—	—	—	6,753	31,188
淡水、台南	1,111,570	1,079,191	1,090,366	1,033,903	434,248	—	—	—
总　和	23,518,021	22,689,054	21,989,300	22,523,605	21,385,389	22,579,366	22,742,104	22,503,397

附录:晚清各港关税表(1867—1906)(续四)

	1899	1900	1901	1902	1903	1904	1905	1906
牛　庄	928,740	498,244	751,621	895,630	874,658	604,704	902,154	817,420
秦皇岛	—	—	—	45,676	101,037	133,630	290,067	416,630
天　津	1,269,804	516,707	764,514	2,294,362	2,028,029	2,009,198	2,963,336	3,400,007
芝　罘	681,693	556,862	765,000	815,850	802,086	731,201	871,608	818,323
胶　州	32,637	59,482	107,415	192,918	310,462	432,465	545,150	864,430
重　庆	464,205	376,900	514,950	364,640	366,829	501,119	563,517	554,735
宜　昌	579,644	600,377	869,705	430,855	338,311	623,130	806,852	417,471
沙　市	5,285	6,621	12,783	19,813	22,265	19,377	12,632	14,705
长　沙	—	—	—	—	—	35,367	85,996	75,398
岳　州	—	790	3,934	27,886	101,077	59,390	14,274	13,848
汉　口	2,398,929	2,115,760	2,087,668	2,123,043	2,666,958	2,749,223	2,636,290	2,587,303

续表

	1899	1900	1901	1902	1903	1904	1905	1906
九江	987,636	880,182	828,201	790,942	687,277	743,129	671,119	684,080
芜湖	953,726	894,126	584,349	743,912	989,561	942,867	1,144,217	756,210
南京	56,653	147,450	200,894	190,341	217,690	210,601	205,600	211,487
镇江	926,335	891,042	991,628	1,034,567	1,232,410	1,201,902	1,167,270	1,281,990
上海	8,120,845	7,117,387	8,152,696	10,814,078	9,924,891	10,323,434	12,080,186	12,823,818
苏州	57,359	35,655	93,220	68,034	70,761	78,700	98,784	123,388
杭州	595,960	534,666	618,129	593,641	657,534	702,956	614,904	577,210
宁波	800,871	686,184	674,973	668,991	694,567	682,176	613,877	590,347
温州	64,574	44,978	45,982	73,889	81,799	56,813	54,531	60,447
三都澳	4,209	77,186	140,282	127,407	118,842	139,623	141,232	140,197
福州	1,463,611	1,188,340	1,040,091	950,087	1,025,517	966,117	875,817	912,892
厦门	765,770	665,830	690,549	816,727	888,031	836,129	825,682	870,446
汕头	1,659,000	1,504,610	1,559,015	1,519,691	1,632,771	1,550,624	1,522,488	1,516,823
广州	2,016,270	1,838,931	2,159,627	2,592,260	2,908,604	3,016,596	3,064,598	3,222,391
九龙	383,091	350,024	404,450	356,076	326,800	315,423	366,317	377,631
拱北	436,881	367,070	378,606	424,016	385,473	385,629	424,599	398,647
江门	—	—	—	—	—	85,724	112,780	124,842
三水	113,617	90,010	113,664	195,496	223,982	172,379	175,398	172,254
梧州	294,591	303,340	348,216	275,916	360,646	532,770	529,061	500,465
琼州	201,142	157,785	178,239	201,980	147,771	190,985	132,669	296,432
八卦	173,393	135,838	156,940	138,051	127,517	134,885	9,230	114,049
龙州	3,025	5,320	5,995	4,248	3,951	14,666	246,867	7,027
蒙自	179,898	179,139	224,186	191,003	160,935	248,441	7,339	275,927
思茅	7,979	6,767	9,009	6,825	6,730	7,572	41,602	5,961
腾冲	—	—	—	18,193	44,916	53,911	—	42,364
西江	34,087	40,383	61,043	—	—	—	—	—
淡水、台南	—	—	—	—	—	—	—	—
总和	26,661,460	22,873,986	25,537,574	30,007,044	30,530,688	31,493,156	35,111,004	36,068,595

数据来源：根据“中央研究院”近代史研究所所藏历年《海关报告》微卷逐年逐港整理而得

20 世纪初期天津对外贸易变化简析

——从海关史的角度*

张利民

（天津社会科学院历史研究所）

天津开埠以后对外贸易迅速发展，但是在20世纪前多为经过上海和香港的间接贸易，由于海河弯曲和淤塞致使轮船不能直驶天津，发展遇到瓶颈，成为海关和外商长时期的话题。20世纪后，上述状况有显著的改变，其中有国际市场需求的长时段的持续性的推力，也有政府行为的短时段的具有显著效果的推力。因此，在总结中国近代经济发展进程的因素时，也应该关注广义的政府行为。

一、天津自开埠至20世纪初期进出口贸易的变化

天津开埠后，成为西方列强在中国北方最主要的登陆场，对外贸易迅速发展。由于是从无到有，最初天津的进出口贸易额基数小，1865年后进出口贸易有较快的发展，1885年与1865年相比，20年间增加了一倍，而1885年至1895年的10年时间内又增加了近一倍，为5017万余海关两，占全国进出口贸易总额净值的比重为15.93%；1898年天津进出口贸易总值比1880年增加了191%，达到了7000余万海关两，促进了商品流

* 本文为本人所主持2013年国家社会科学规划重点项目“近代以来华北区域城镇化进程研究（1860年—2000年）”的阶段性成果。

通规模的扩大和商品市场的拓展。天津的对外贸易一直执华北地区之牛耳,始终占该地区贸易总额的50%以上。

但是,自天津开埠至“1866年末,天津销场之洋货皆取给于上海,唯极小部分运自香港”①,1867年始有洋货自外洋直接进口。1892年前,自外洋直接进口占天津洋货进口总值的比重在1.9%—6.7%之间,1893—1904年间除了1894年和1900年分别相较前一年份该比重下降外,总体是呈增加的趋势,至1897年突破20%,但洋货进口仍然主要是从上海转口。土货出口也是同样。1880年以前,出口净值在贸易总值中的份额在10%以下,1880—1904年主要在10%—20%间波动,天津的土货出口主要也是流向以上海为主的国内其他口岸;根据1867—1904年的贸易统计,天津土货出口至国内其他口岸总值1.57亿海关两,出口至上海的比重高达75%。②

因此,天津进出口贸易中直接进出口贸易值所占总值的比重是很低的,不仅制约了天津对外贸易的发展,而且成为天津社会经济的转型,天津与国外、腹地经济联系的增强,以及市场经济拓展的瓶颈。

20世纪后,天津的进出口贸易迅速增长,进入快速发展时期。1902年天津的进出口贸易净值达到约8947.9万海关两,超过了20世纪前的最高值——1899年的7760.5万海关两,1906年突破一亿海关两,至1910年在接近一亿海关两附近振荡,1911—1920年,以相对稳定的速率增长,及至1921年,突破二亿海关两,并加速增长。20世纪初期,天津进出口贸易发生的最大变化是,洋货由上海、香港转口改变为天津直接从外洋进口为主,越来越多的土货也是经由天津直接输出外洋。1905年天津的直接进口贸易值首次超过间接贸易值,比重分别是52.07%和47.93%,以后绝大多数年份的直接进口贸易值皆高于间接贸易值。1905年的直接出口贸易值所占比重为51.53%,也高于间接出口贸易值,但直到1918年直接出口贸易值超过了间接贸易值,占出口贸易总值的51.61%;以后的直

①1869年津海关贸易报告,吴弘明编译《津海关贸易年报》,天津:天津社会科学院出版社2006年,第65页。

②津海关历年贸易统计年刊,转引自姚洪卓主编《近代天津对外贸易(1861—1948)》,天津:天津社会科学院出版社1993年;以下的数据均来自津海关历年贸易统计年报。

接出口贸易值多高于间接贸易值。从此,天津脱离了对上海、香港等在进出口贸易上的依赖,与世界市场的联系紧密,也迅速加强了与腹地的经济关系,扩大了市场的范围和规模,天津经济地位得以迅速提升。

表一:1863—1925 年天津直接进出口贸易占进出口贸易净值比重表

年份	A (万两)	B (万两)	A/B (%)	C (万两)	D (万两)	C/D (%)	E (万两)	F (万两)	E/F (%)
1871	134.44	1233.1	10.9	3.1	94.71	3.27	137.54	1855.76	7.0
1875	96.27	854.85	11.3	0.25	168. 97	0.2	96.52	1705.87	5.66
1880	119.06	1039.93	11.45	18.49	255.9	7.22	137.51	2166.84	6.35
1885	166.37	1251.62	13.29	0.007	374.5	0.0%	166.38	2624.27	6.34
1890	185.78	1717.72	10.82	7.34	497.86	1.47	193.12	3413.16	5.66
1895	536.75	2875.0	18.67	54.99	915.89	6.0	591.74	5017.58	11.79
1899	1425.52	5366.42	26.56	88.38	1570.08	5.62	1513.9	7760.45	19.51
1905	3146.32	6042.96	52.07	759.59	1473. 93	51.54	3905.91	9656.56	40.45
1910	3267.8	5403.82	60.47	318.16	2501.81	12.71	3585.96	9809.03	36.56
1915	4063.69	5566.6	73.0	1533.39	4985.99	30.75	5597.08	12505.34	44.76
1920	6985.48	9148.23	76.36	1821.58	4458.85	40.85	8807.06	17318.25	50.85
1925	8508.79	11031.01	77.14	6170.41	9993.79	61.74	14679.2	28770.47	51.02

注:(1)资料来源:津海关历年贸易统计年刊。(2)1874 年前为津行化两,1874 年以后为海关两。(3)A=洋货直接进口值(包括香港);B=洋货进口总值;C=土货直接出口值;D=土货出口总值;E=直接进出口贸易值;F=进出口贸易总值

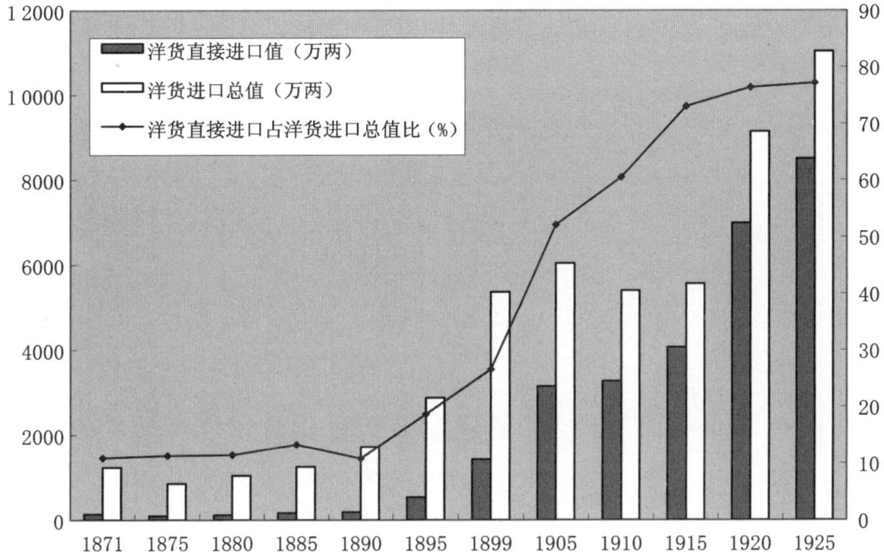

图一：1863—1925 年天津洋货直接进口值占洋货进口总值比重图

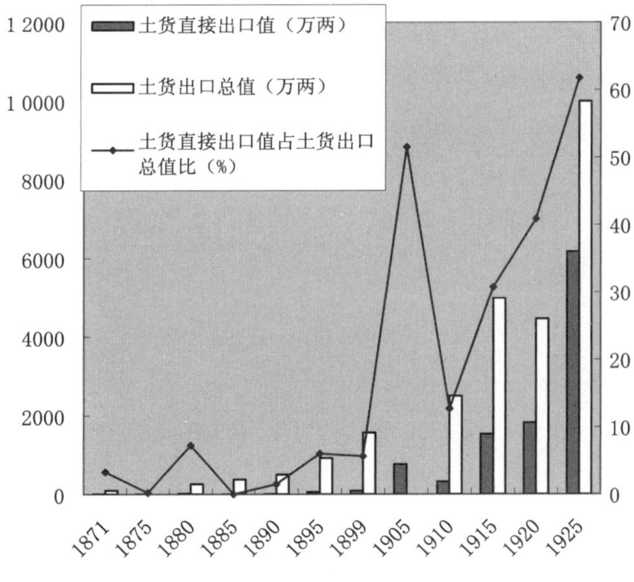

图二：1863—1925 年天津土货直接出口值占土货出口总值比重图

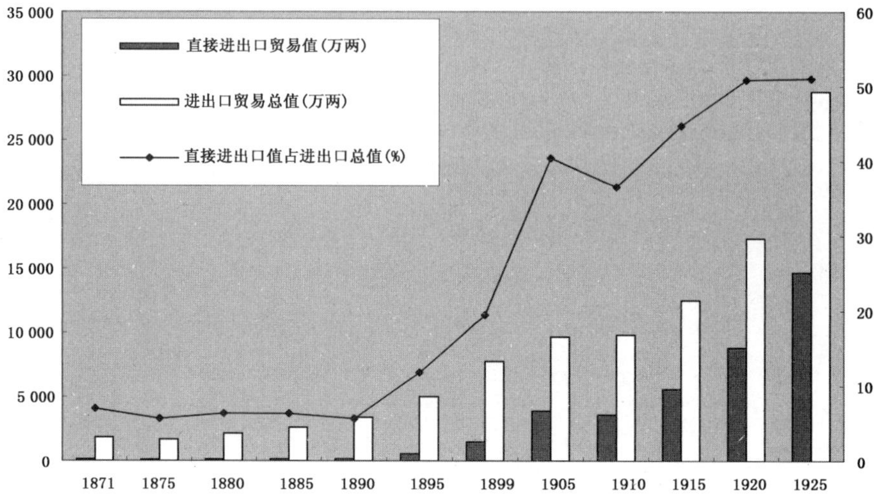

图三:1863—1925年天津直接进出口贸易值占进出口贸易总值比重图

是什么原因出现这样的对外贸易状况呢?这是本文讨论的重点,也是长期萦绕天津经济和华北经济研究的主要问题之一。1869年沟通地中海与印度洋的苏伊士运河通航,使得中国与英国的航程缩短28%,无须再绕行非洲好望角,节省了运费和时间。但是,天津进出口贸易尤其是直接贸易迅速增加的节点是在20世纪初,似乎与苏伊士运河的通航没有直接的关系。有的学者也讲到,20世纪以后天津进出口贸易的迅速发展是由于内河航道的治理、远洋航线的开通、腹地经济的发展、对日贸易的发展,以及与此有关的天津金融、保险、通讯等行业的逐渐成熟等等,但没有展开分析和研究。

二、市场变化:推进对外贸易增加的长时段的动力

毫无疑问,20世纪后天津直接进出口贸易的迅速增加,是经济腹地市场发展的体现,是华北市场与世界市场接轨的最直接反映,即华北农村商品化程度的提高,开始在一定程度上依赖世界市场。本文利用天津海关的统计等,梳理进出口商品的种类、规模,总结20世纪前后对外贸易的变化,并整理对日贸易和天津的日侨情形,以探寻对外贸易变化的原因。

从天津开埠以后至20世纪20年代的海关统计可以大致了解进出口

贸易的状况。首先是进口商品的结构。20 世纪前天津的进口商品除了早期的鸦片之外，主要是工业制成品，即机织布洋布、棉纱、糖、煤油、纸烟，以及机器局、铁路兴起所需的五金材料。20 世纪以后，仍然主要是工业制成品，进口的洋货多是棉布、棉纱、铁路材料、五金、煤油、火柴等，进口的土货多是需要进行深加工的未制成品、半制成品，或本身就是原料。如果按照传统分类，第一类是生活所需的消费品，主要包括各种棉布、棉线，以及毛呢等纺织品，大米、面粉、杂粮、卷烟、糖类等食品，还包括煤油、火柴等一些日用品；第二类是生产资料，主要包括机器、设备以及五金等近代工业和手工业所需材料，车船、钢轨等交通运输所需材料和电气材料，水泥等建筑材料，以及棉花、棉纱等工厂和织布工场所需的优质棉与高支纱等生产原料。其中，20 世纪以前以棉布为代表的生活资料在进口洋货中仍居于主要位置，尽管国内近代工业崛起后，生产资料性的铁路材料、五金、机器设备、棉纱等洋货进口逐渐增多，进口商品的种类有所增加，在进口商品中的比重也呈现增加的趋势，但是进口的洋货仍然是以生活消费品为主。

其次是出口商品的结构。20 世纪以前，天津的出口商品主要是农副土特产品和畜产品，即枣、杏仁、豆货、皮毛类、皮货、猪鬃、药材、草帽缏、棉花，还有少量的煤炭。其中有的是传统输出商品的延续，如干果类的干货和药材；有的是原来有一定数量的输出，开埠后迅速增加，如皮毛、豆货；也有开埠后新出现的商品，如草帽缏和棉花。尽管这些商品的出口值占到土货出口总值的比重在各个时段互有升降，但大的种类变化不大。如草帽缏 1869 年首次载入出口货中，其时估值关平银 1280 两，至 1880 年则超过药材成为最大宗的出口产品，一直持续到 1887 年后开始下跌，其位置被皮毛和皮货所取代，从此皮毛出口值牢牢的占据着土货出口总值的第一、第二位；棉花仅仅是开埠初期的二三年间有大幅度的出口，以后便销声匿迹。20 世纪后，棉花成为重要的出口产品，与皮毛和皮货一起在多个年份占天津土货出口总值的 30% 以上；蛋制品的出口也成为迅速增加的商品，一度曾居出口总值的第三位。除了农畜产品外，手工工场和作坊的半成品、制成品，以及近代工业的制成品品种也在增加，且呈现增长的趋势,但是依然是以农畜产品和手工半成品为主。①

由此可见,20 世纪前后天津的进出口商品的结构变化不大,进口商品仍然以工业制成品为主,还有为铁路、近代工业兴起的机器五金等;出口商品仍然是农副土特产品和手工半成品,尤其是畜产品为主。毋庸置疑,20 世纪以后天津进出口的数量和规模大大增加,不能与此前同日而语。

我们从海关统计的贸易总值和轮船数量、总吨位,可以看出进出口商品的国别有一些变化。20 世纪前,海关统计的进出口贸易值中日本、英国、欧洲大陆、美国的比例依次为 35%、28%、21%、10%,如果将英国轮船为主的天津与中国香港之间的贸易也作为与英国的贸易计算,英国、日本、欧洲大陆和美国是洋货进口的主导地区,上海是土货出口的主导地区。直接进口贸易中,与英国的比重占总值最多,其次是日本。英国 1873 年为 78.82%、1893 年为 68.44%(其中与中国香港的比重分别是 54.16%、43.18%),日本 1873 年为 19.62%,1893 年为 23.32%。直接出口贸易中,英国 1873 年和 1893 年分别占 40.95%和 73.99%(其中与中国香港的比重分别是 22.8%、73.89%),日本 1873 年为 41.56%,1893 年为 16.08%。

20 世纪以后,与日本进出口贸易的增加是天津对外贸易增长的主要因素。进入 20 世纪后,天津对日本的进出口贸易逐渐上升为首位,与英国以及中国香港的贸易逐渐跌至第二三位。1901 年天津与各主要国家和中国香港直接进口贸易值占总值比重分别为:英国 10.60%、中国香港 28.60%、日本 31.72%、欧洲大陆 21.67%;直接出口的比重分别为:英国 0.05%、中国香港 57.44%、日本 37.51%。1906 年与日本直接进出口的比重上升到第一位,直接进口的比重分别为:英国 20.81%、中国香港 9.41%、日本 31.26%、美国 12.93%;直接出口的比重分别为:英国 6.90%、中国香港24.50%、日本 43.81%、美国 10.30%。到了第一次世界大战后,天津与日本的贸易就一直保持首位了。1917 年天津与各主要国家和中国香港的直接进出口贸易占总值的比重分别为:日本 67.26%、美国 15.08%、英国 3.43%、中国香港 11.68% 。1919 年日本进口贸易额占直接进口总值

①参见姚洪卓主编《近代天津对外贸易(1861—1948)》,第 111—138 页。

的60.5%，出口占总值的78%，进出口总额占总值的65.62%。①

从天津海关统计的轮船进出数量和吨位上看，也是这样。20世纪前英国船只始终占据首位，1871年英国船只数量和吨位总量分别占全部的35.98%和42.34%，1894年（包括中国轮船）分别占54.2%和57.2%。从1890年才有日本轮船来天津的统计，为4只，1.5万吨，以后也远远少于英国、德国和中国轮船。20世纪初期，英国和中国轮船仍然位居前二位，日本位居第三；1912年日本进出入的轮船超过了中国轮船，位居第二，1913年日本进出入的轮船为662艘，首次超过英国位居首位，但是总吨位仍然是第二位；以后日本轮船从数量上远远超过其他国家和中国的轮船，有的年份比英国多三四百艘，总吨位却与英国难分伯仲，到1924年以后日本轮船在数量和总吨位上均为第一位。

天津与日本的贸易在20世纪前后的变化，也是促使天津直接进出口贸易迅速增加的因素。日本明治维新后，启程脱亚入欧，因资源和市场所限，急需寻求国际市场的支撑。天津以及华北地区是日本的近邻，其进出口贸易经历了逐渐发展的过程。开埠初期，天津吸收的日本货物依旧是初级产品为主，1892年5月日本驻津领事馆的报告是"日本的海参、鱼翅、寒天（琼脂）、樟脑占当时进口额的半数。木材、铜、陶器、杂货在开河后是最佳销售时机。三月份入港的日本货物依旧是海产、木材、海带、火柴等。而从天津出口到日本的商品也未发生变化，依旧是兽皮、兽骨为主"②。甲午之后，天津对日进出口商品结构也没有显著的变化，进口铜及铜制品、海产品、火柴、木材、肥皂、纸、陶瓷器，③出口则仍然是以皮毛和兽骨为主，"当地向日本的出口货物中，加工品几乎没有，半制成品也仅是草帽缏而已，兽皮兽毛类、废骨类为我国制造业发展提供原料，将来可以替代澳洲的进口"④。天津与日本直接进出口贸易额迅速增加，1873年为12.3万海关两，1894年为94.4万海关两，1898年增加到247.4万海关

①参见姚洪卓主编《近代天津对外贸易（1861—1949）》，第72页，附录表3。

②［日］日本外务省通商局编《通商汇纂》，日本不二出版会社1988年后陆续分卷影印出版，第15卷，第182页。

③［日］日本外务省通商局编《通商汇纂》第21卷，第10页。

④［日］日本外务省通商局编《通商汇纂》第59卷，第483页。

两,所占总值的比重位居英国与中国香港之后。

1905年日俄战争后,日本对华贸易发展迅速,1912年已占中国外贸的18.1%。第一次世界大战期间日本乘机大力发展对华贸易,1919年在中国外贸中的比重已飙升到36.2%。天津的对日贸易也随之陡然增加,占据天津对外贸易的首位。1905年天津对日进出口贸易值为1094.8万海关两,占总值的比重为28.03%,津海关分析原因为:“尤因日本与本埠各商之生意畅旺”;1907年天津直接对日进口已占总值的24.2%,1919年对日直接进出口所占总值达到77.1%。天津与日本的贸易多为直接贸易。进口商品主要有棉纱、棉布、纸张、染料等化工用品、电料、缝针等,尤其是棉纱和棉布等棉制品,由于成本低廉、用途广泛和中日商人构筑的购销渠道畅通,所以订货迅速,很快占据了天津市场。自1912至1922年进口日本棉纱占包括从国内输入的棉纱的数量多者到63%,少者44%。① 棉布也是同样。1916至1919年天津进口包括中国其他口岸的原色布中,来自日本的分别占总量的65.96%、70.56%、67.41%和48.20%,占据首位,其次是来自中国其他口岸的原色布。② 天津进口日本棉纱的价值在总值中也占较大比重,如1919年为1031.4万海关两,占出口总值的四分之一强。出口商品则主要有棉花、蛋制品、皮毛、地毯、药材等。日本棉纺织业的原料原来是从印度进口长绒棉,以纺织支数较高的棉纱,1910年前后日本研制出混纺技术,可以将印度的长绒棉和中国的短绒棉混纺,降低棉纱的生产成本,于是华北地区大量棉花从天津出口日本,一般占直接出口总量的一半以上,有时达到80%,从1919到1933年天津出口棉花总量的80.8%都是运到日本。由于棉花是天津出口的大宗商品,所以对日的棉花出口在出口贸易总值上也占有较大的比重,如1919年出口日本棉花1059.8万海关两,占当年对日出口总值的一半,占当年直接出口总值的38.50%。③

①[日]西川喜一:《棉工业与棉丝棉布》,《中国经济综览》三,日本堂书店1924年,第366页。

②[日]日本外务省通商局编《通商公报》99卷,843号,临时增刊《大正八年天津贸易报告》。

③[日]天津日本总领事馆:《大正九年天津贸易年报》,第71—72页。

除了从对外贸易的数据分析外，从在天津的日侨数量和职业结构等也可以说明20世纪后天津与日本的经济活动。

据目前资料，直到1880年代才有日本侨民在天津从事商业活动的记载。如1886年的津海关年报言道，由于贸易发达，将会诱使一些日本商人来天津，说明此时可能有少数日商。至甲午战争时，天津的日本侨民有48人，同一时期在上海的日本人已达千人左右，①1900年增加到11户88人。因为日租界尚未建设，他们多聚居在城厢一带。义和团运动结束后，日本在天津有军队驻守，并开始建设日租界，开始聚集日本人，1903年约有日侨1300人。随后，租界大规模建设，日本政府和媒体将其誉为在异国迅速"腾飞"的"新天地"，鼓动人们来创业谋生，加之对日贸易的增加等，吸引来诸多的日本人。第一次世界大战期间的1914年，天津的日侨增加到812户3086人，②1919年达到4613人，1936年超过万人。

从日侨的职业结构看，甲午战争前多是公职人员，或会社的职员，也有少数中小商人经营医药品和杂货，1892年日本在天津的洋行仅有4家。20世纪以后，经商的日侨增多，日本洋行1905年增加到60家。1906年的调查所反映的职业结构，居人数前三位的是，从事杂货业、公司银行职员和受中国各级政府聘用者，③但多属于中小商人，即便具有相当规模的会社等也多是出张所或支店等分支，大的财阀和会社多将视角集中在上海，以及由日本直接统治的大连和青岛。20世纪20年代后，日本充当东亚霸主的野心迅速膨胀，在华政治经济势力随之增强，天津有日本在华最大的租界，在天津的日侨也逐年增加。根据1928年12月末的调查，日本人的职业结构为进出口商183家，加上船舶运输业、通关业已超过200家，其他杂业为170家，位居第二。④

---

①[日]高纲博文：《上海的日本人居留民》，熊月之、马学强等选编《上海的外国人(1842—1949)》，上海：上海古籍出版社2003年，第151页。

②[日]天津总领事馆：《管辖内在留本邦人户口表》，日本外务省《在中国邦人进势概览》，1915年。

③[日]外务省通商局：《清国事情》第1卷，该局1907年，第119—121、144页。

④[日]天津居留民团编《天津居留民团二十周年纪念志》，天津居留民团1930年，第616页；[日]外务省外交史料馆藏《外务省警察》第34卷(中国之部——华北)，日本不二出版会社1999年，第288、330页。

同时,天津等中国北方的商人到日本采购的庄家也逐年增加。“大正十四年(1925)北帮公所登记在籍的商家有265户,昭和元年(1926)240家,次年282家。主要来自天津、哈尔滨、奉天、营口、青岛、芝罘、济南、安东、珲春等地,其中以天津籍最多”,“这些华商在大阪主要的采购商品就是棉货和杂货”。20年代后期,天津华商派驻日本的办事人员呈上升之势。“棉纱的出口,上海方面已经尽为我邦商人所控制,华北方面则是由我邦商人和中国商人分担,但中国商人略占优势。棉布的出口,上海方向也被我邦商人所控制,中国商人控制着部分的土布的出口贸易。然而华北方向仍为中国商人控制。就其比例而言,两者相加,华商占七成,我邦商人占三成。近年来,我邦商人的比重在逐渐上升”。①

除了国际市场的需求激增,尤其是对日贸易的增加,促进了20世纪后天津进出口贸易的发展外,毋庸置疑天津周边腹地商品化和市场化程度提升也是重要的推动力,因曾撰写专文,此处不再赘述。国内外市场需求和依赖程度增加对天津对外贸易的作用是持续和渐进的,但是自1903年以后天津的直接进出口贸易额迅速增加,在进出口贸易总额的比重明显提高,其中1905年是个节点,从1905年直接进出口贸易额开始占总额的更大比重。1905年洋货直接进口值占进口总值的52.75%,以后年份多占洋货进口总值的70%以上;1905年直接出口土货占出口贸易总值的50.54%,经过短时期的回落,20年代中叶上升至60%以上。那么,为什么20世纪初期天津的对外贸易由依靠上海的转口贸易,转变为与各国之间的直接贸易?为什么有1905年这样的节点?这还是需要进一步分析和研究的问题。

三、广义的政府行为:提供了对外贸易的必要条件

从大的环境看,国内外市场需求是天津对外贸易迅速且持续发展的推动力,同时也不能忽视天津自身条件改善的重要作用。20世纪初天津海河入海口的疏浚、海河干流的裁弯取直和治理,特别是轮船可以直驶天

①[日]大阪市役所产业部:《大阪在留中国商及经营事情》,该所1928年,第8页。

津城区码头大大促使直接进出口贸易的大增;加之京奉铁路,特别是京汉铁路的通车也增强了天津与经济腹地的联系,给对外贸易带来的影响最为明显的体现就是1905年以后直接进出口贸易的迅速增加。这些,与国内外市场是长期持续的动力,以及铁路的作用相比较,实施的时段较短,可能是阐释1905年是天津进出口贸易节点的关键所在。同时,天津通航条件的改善和运输工具的变革,可以从一个层面体现政府行为对经济发展的作用。

(一)海河治理大大改善了轮船通航的条件

天津开埠以后,流经天津城区的海河的功能凸显出来,一方面华北多条河流通过海河入海,沟通了天津与腹地的联系,而更重要的是近代化的交通工具轮船可以从外洋经渤海通过海河直驶天津城区,连通了国际市场。但是,海河河道蜿蜒曲折,从入海口的大沽到市区的紫竹林码头,陆路计算仅34英里,而水路倒有60英里;加之上游河流带来的泥沙使得海河干流和入海口的大沽常年淤塞,吨位稍大的轮船难以进入海河,在海河上也经常搁浅。也就是说,当时的海河尚不能适应近代航运的发展。天津1860年开埠后,津海关税务司就提出了海河不适应轮船航运的问题。1866年的津海关年报对"英国与中国北方之直接贸易问题"进行专门论述:"欧洲货物由沪运津之费用,高于英国运往上海者;由英国直行天津,比之驶抵上海之平均时间,未必多用5日以上";认为"天津开埠其主要效益之一,即以洋船取代华船,从而降低贸易费用;而该费能否再行减低,今日则当兼权熟计之"。从近几年的状况看,"所可惜者,此等船只无以通过海河河口之大沽坝",所谓大沽坝长达3英里,寻常在高潮时仅吃水12英尺的船能通行;除此之外,"天津之出口货恐不足以抵付倘能抵津船只之转往上海与福州之费用,……天津缺少外洋银行之代理行,俾英国银行家无以凭定运津埠之货予以贷款。但此类阻碍远不及大船不能入港之甚,独此难题殊堪重视"。到天津的外国轮船最多要停泊41天,一般要在30天以上,"总而言之,欲使英船来津并泊于坝外,其诱惑力似乎不大"。[1] 1867年以后的津海关年报经常设立专项,讨论如何治理大沽沙

[1]吴弘明编译《津海关贸易年报》,第25—26页。

坝、海河堵塞、与帆船争路等问题,也涉及治理经费的筹措。1872 年的津海关年报介绍,从 1868 年后每年英国轮船到天津多者为 8 艘,少者 2 艘,总吨位不超过 3100 吨,少时仅仅 700 吨,认为直接贸易不能开展主要是吨位小、运费高昂和"无以逾越大沽坝,在彼驳运货物既危险且又耗资。迄今到埠之船悉皆小吨位者,所卸之货多少有所损伤"。① 19 世纪 80 年代以后,海河航道不畅的现象更加严重,轮船很难驶抵市区码头,只能停泊在大沽,多时达几十艘,或大沽等候潮涨进入海河,或者用驳船转运,大大增加了运输成本。津海关经常呼吁尽快疏浚和治理海河,1887 年津海关税务司曾建议"从河道几个弯曲处颈部裁湾取直",但没有得到地方政府的支持。19 世纪末几乎没有轮船进入海河,海河成为一条几乎无用的航道。这是 19 世纪天津对外贸易中直接进出口很少的重要原因之一。1897 年的津海关年报曾经分析,虽然铁路开通将促进贸易的增加,"奈海河淤浅,不但轮船不能到紫竹林,即使驳船只装半船之货方能驶到,若不及时设法疏浚河道,恐日久本埠不但不得铁路之利益,即已有之贸易亦必减色"。②

治理海河,创造轮船能够直驶市区码头的条件,是从 1897 年开始的。在津海关税务司的倡导和组织下,时任直隶总督王文韶与各国驻津公使团达成协议,成立委员会治理海河,这是中国最早的专门整治航道的机构,成员有政府的津海关道等二名官员、各国领事代表和英国领事、津海关税务司和洋商代表。1898 年地方政府拨 10 万银两,并由华洋商人捐款 15 万银两,启动以修建水闸为主的海河疏浚工程。1900 年天津被八国联军占领,成立了军事殖民政府——天津都统衙门,统管天津地方行政。翌年,该衙门成立了海河工程局,并写入《辛丑条约》。都统衙门代表地方政府出任该局董事,另外二名董事是津海关税务司和各国领事代表,天津洋商总会、各租界领事代表和航运界代表出任咨询委员,都统衙门公共工程局局长林德被聘为总工程师。1902 年中国政府接管都统衙门后,津海关道唐绍仪作为政府代表为该局董事,其他董事身份照旧,后

①吴弘明编译《津海关贸易年报》,第 80 页。

②同上书,第 188 页。

董事增加了天津商会会长和轮船公司代表。由此可见,海河工程局是在津海关税务司和各国领事的倡议与主导下设立的,由地方政府代表、津海关税务司和外国领事代表,以及航运界、商界代表组成的,其中起主要作用的是津海关道和外国人把持的津海关税务司。海河工程局最初的经费来自津海关征收的码头捐,都统衙门作为临时性的城市行政管理机构,除了每月拨银5000两外,曾经一次拨银25万两和提供有息借银25万两,以后该局的经费主要来自政府的直接拨款和发行的公债、海关的码头捐和中外商人的捐款。可见,尽管有一定的殖民色彩,但无论是津海关道,还是津海关税务司,都属于中央或地方政府的机构,故其支持海河工程局仍然有浓烈的政府行为的色彩。

海河工程局在1901年后的20余年实施了海河裁湾取直,大沽口和海河的疏浚、吹填、放淤及破冰工程。

从1901到1923年海河工程局进行了六次裁湾取直工程,海河干道百余公里,裁弯取直后缩短航道26.6公里,并使得河槽加深拓宽,河道顺直且泄洪能力增强,3000吨级轮船可以乘潮涨抵达市区码头,并可以在海河内调头。

表二:1901—1923年海河裁湾工程表

	年代	起止地点	河段长度(米)	
			裁湾后	缩短
第一次	1901	挂甲寺—杨庄	1524	2173
第二次	1902	下河圈—何庄	1829	4989
第三次	1904	李家楼—邢庄	3536	7131
第四次	1913	赵北庄—东泥沽	3780	9077
第五次	1918	三岔河口	474	1585
第六次	1921—1923	下河圈—芦庄	2743	1534
合计				26489

航道疏浚包括海河和大沽沙航道疏浚两部分。海河航道的疏浚自1898年8月开始,是该工程局常年的工作,主要是市区的紫竹林码头至

海河入海口的航道,不断从国外购进各式挖泥船、吹泥船进行疏浚和吹填,总共疏浚泥沙 428 万立方米,泥沙被用来垫高两岸洼地,既改善了海河的通航能力,也改善了城区。大沽沙是位于大沽炮台外约 11.27 公里处的带状浅水区,面积不大,但积沙成坝,横亘海河口,有碍航行。1901 年,海河工程局的顾问林德在其报告中提出两种治理大沽沙的方法,一是通过限制水流,增强冲刷泥沙能力,将"悬浮物质可带到海里,最后沉降在较深的水里";一是每年运用机械挖掘泥沙,以保持通畅,不再淤塞。海河工程局采取了后者,开始是利用链斗船疏浚,将泥沙通过浮管入海,但结果并不理想;后在航道上拉耙滚沙疏浚,效果明显;1914 年后用拉耙滚沙吹泥船疏浚大沽沙,以保持入海口的航道。海河航道每到冬季即因冰冻而断航数月,冰情严重时冰冻可延伸至大沽航道以外,影响了天津对外贸易的发展。1912 年海河工程局开始购置破冰船在海河和入海口破冰,以后又购置数艘,保证了港口全年通航。海河工程局逐年的疏浚等工作,在天津对外贸易中最显著的影响就是轮船可以从大沽口直驶天津市区码头,进而对外国轮船直航天津进行直接进出口贸易创造了条件。从此,天津对外贸易中直接进出口贸易所占比重超过了间接贸易,摆脱了对上海和香港的依赖,成为北方最大的进出口口岸。

(二)华北铁路网的初成,促使直接进出口贸易的兴起

华北交通环境的变革,使得原本封闭状态地区与通商口岸建立新的经济联系,刺激了农村种植结构根据国内外市场重新整合,提高了农产品商品化,也增强了对市场的依赖。天津由此外联国际市场,内通东北、华北和西北,进出口贸易得以迅速增加,成为中国位居上海之后的第二大对外贸易口岸。就 20 世纪前后天津对外贸易而言,1888 年,天津与唐山的铁路开通,煤炭开始出口;同时,由于开平煤矿的煤可以直接运到天津,解决了天津口岸停泊轮船依靠进口煤的问题,改变了轮船由于没有煤炭停靠在其他口岸的状况,为轮船直驶天津提供了条件。20 世纪后,华北地区有 7 条铁路通车,使华北地区的交通环境发生了根本的变革。1904 年京奉铁路开通到新民,加强了天津与北京、东北的联系;1911 年津浦铁路开通,改善了原来依靠运河的物流状况,从天津至浦口,走陆路官路或运

河水路要25天,通车后只要2天多。1906年京汉铁路全线通车的意义更大,这是纵贯华北平原的交通大动脉,并与正太铁路、京张、京奉铁路连通,物流效率极大提高。以往河北与山西之间的交通最为艰难,京汉、正太铁路通车后,“一般赴晋之商贩旅客”以及运往山西的货物等,大都从天津改由铁路抵石家庄,再“改乘车轿西行”。① 从北京前往张家口,驼运单程要一两个月,京张铁路通车后,单程仅需六个半小时。京汉铁路竣工前,路运仅占天津与内地贸易的20%。京汉铁路通车后,上升到44%;② 1912年超过了河运和陆运的总和,达到53%,1916年突破60%,1920年增至71%,1922—1924年为74%。加之民国时期修筑公路和开办长途汽车在一定程度上弥补了铁路的不足,陆运和水运渠道通过整合成为近代化交通的补充。近代交通呈现出在不同自然和经济环境下的多层次多样化的特征。以近代交通工具为主,传统交通方式为辅的商品流通网络与市场体系进而形成了。

关于铁路对社会经济的作用,有很多论著,这里所要强调的是兴修铁路是在政府主导下进行的。兴修铁路应与海河工程局的活动一样属于广义上的政府行为,虽然有举借外债等利权外溢的弊端,但从铁路对天津对外贸易,乃至经济发展的促进的角度看,这种政府行为应该予以一定的重视。

清廷的一些封疆大吏自洋务运动后期就开始关注铁路发展。最初,当然主要是为了军事防御和维护清廷统治。李鸿章是较早倡导修筑铁路的官员,也是最初的实践者,他在同治末年就强调铁路对海防的重要性,有铁路则“屯兵于旁,闻警驰援,可以一日千数百里,则统帅当不至于误事”③。光绪初年,兴建铁路成为朝野内外、洋务派与顽固派争论的一个焦点。李鸿章在《妥筹铁路事宜折》言道,兴建铁路有军政、拱卫京师等

①陈佩:《河北省石门市事情调查》,新民会中央总会1940年,第1页。

②日本中国驻屯军司令部编,侯振彤译《二十世纪初的天津概况》,第283页。

③同治十三年(1874)十一月初二日,《李文忠公全书》奏稿卷24,第22页。转引自宓汝城编《中国近代铁路史资料》第1册,北京:中华书局1963年,第78页。

九端大利,是“于国家远大之图,驭外固本之术”①。随后,李鸿章力排众议兴办了唐胥铁路,成为中国铁路的首创者。台湾巡抚刘铭传也认为修铁路为“用兵一道,尤为急不可缓之图”,是“事关军国安危大计”。②盛宣怀在初议修建京汉铁路时,称“于拱卫京师,大有裨益”,总理海军事务奕谖言道“以开中国万世之利,以杜四裔环伺之谋”,是“今日利国利民之大端”。③ 中日甲午战争以后,清廷一些官员认为缺乏铁路为战败原因之一,故1895年7月清廷发布上谕提出修铁路,冬季又颁布上谕,要“力行实政”,广筑铁路被置于实政的首位。同时,封疆大吏张之洞、刘坤一、胡燏棻等上奏折呼吁筹办铁路,如张之洞的《筹办江浙铁路折》中言道,“铁路一开,百废俱兴,人货运载,为有形之利;风气开通,才智增长,工商奋兴,穷民有业,上下情通,百事迅速,为无形之利;”④对于卢汉铁路,“干路之枢纽,枝路之始基,而中国大利之萃也”,主张由洋商垫款包办,3年完工后,悉归中国。刘坤一认为,“究之富强之本,求其收效速、取利宏,一举而数善备,则莫如铁路”,主张设立铁路公司,借洋款和招股兴修铁路。当时国家对兴修铁路颇为支持,“以铁路为救时要图,凡有奏请,立予俞允”⑤。当年年底,清廷谕令,胡燏棻督办津芦铁路,“所需经费,着户部及北洋大臣合办筹拨”;卢汉铁路准其设立公司,集资商办,由署理两江总督张之洞和北洋大臣王文韶主持;⑥1897年清廷任命盛宣怀为铁路督办大臣,承办卢汉铁路。1898年,清廷设立了第一个专门机构——矿务铁路总局,由王文韶、张荫桓负责,该局制定了《矿务铁路公共章程》。20世纪以后,清廷对兴修铁路进入了制度建设和铁路修筑的实施阶段,如制定路律,裁撤矿务铁路总局,在邮传部内设路政司和铁路总局,重新修订铁路

①光绪六年(1880)十二月初一日,《李文忠公全书》奏稿卷39,第20—26页;光绪七年(1881)正月初四日,译署函稿卷12,第2页;转引自宓汝城编《中国近代铁路史资料》第1册,第93、96页。

②《奏请筹造铁路折》光绪六年十一月,《刘壮肃公奏议》卷2,第2页;转引自宓汝城编《中国近代铁路史资料》第1册,第87页。

③《总理海军事务奕谖等折》,光绪十五年(1889)八月初一日,《洋务运动》六,上海:上海人民出版社1961年,第261页。

④范书义等编《张之洞全集》第2册,石家庄:河北人民出版社1998年,第1057页。

⑤赵尔巽等:《清史稿》“交通一·铁路”,北京:中华书局1977年,第16册,第4442页。

⑥朱寿朋编《光绪朝东华录》,北京:中华书局1958年,第3688页。

章程;鼓励商办铁路,并免除所用材料税款;以及对官办铁路委派各级职员等等。虽然,举借外债兴修铁路和铁路经营上都曾带来利权外溢与浓厚的半殖民色彩,如尽管是铁路公司与外国公司签署借款等合同,都需要清政府批准和担保,使得商业性贷款合同具有国家质检条约的性质;但政府层面还是积极支持和鼓励建设铁路的,构成了政府对近代经济发展的推力。

海关统计等表明,天津对外贸易在 20 世纪前后在迅速增长的同时,直接贸易迅速占据贸易总值 50%以上的比重,是 20 世纪以后的最为明显的特点,并出现了 1905 年前后的节点。究其原因,国内外市场的需求是其变化的长时段的持续的推力;而天津交通环境的改善,特别是海河的治理则是该时段变化的短期且富有成效的推力;更为重要的是,以上这些措施多由地方政府组织,其中也包括天津都统衙门这样的军事殖民统治机构和海关税务司、租界管理机构。我们从中可以论证地缘政治下的政府行为在中国经济发展中的作用。尽管政府行为有着西方或传统的诸多的羁绊,各时段其措施与方式也不尽相同,且也带来一些弊端和后果,但是在研究近代以来中国经济发展问题上应该有它的位置。

试析晚清时期香港在上海口岸外贸领域发挥的中转功能*

毛立坤

（南开大学历史学院）

一、引　言

在东海之滨和南海之畔，坐落着两个近代以来快速崛起的国际性都市——上海和香港。近代的沪港同为中西交汇、华洋杂处、商贸辐辏之地，两地最初都是依靠外贸兴市，继而凭借得天独厚的地理区位优势迅速成长起来。上海在鸦片战争后的短短数十年时间里，即由一座县城发展成为远东最大的工商业城市；同期的香港亦跃升为东方枢纽型贸易港和亚洲多功能网络中心城市。沪港两埠由此成为晚清时期中国沿海地区仅有的两个航运枢纽港。这两个城市在近代历史上呈现出令人炫目的发展势头，缔造了中国乃至世界城市发展史上的奇迹。

关于近代上海贸易发展领域的诸多具体问题，前辈学者既进行过宏观层面的综合研究，也进行过微观层面的个案分析。宏观层面的研究成果以黄苇所著《上海开埠初期对外贸易研究（1843—1863）》（上海人民出版社 1961 年）和上海社会科学院经济研究所、上海市国际贸易学会学术

* 本文为天津市哲学社会科学规划课题“晚清时期香港城市功能变迁研究（1842—1911）”（TJZL08—026）、教育部人文社会科学重点研究基地重大项目“港口-腹地与中国近代经济地理格局的变迁”（11JJD770020）和国家社科基金重大项目“中国旧海关内部出版物整理与研究”（11&ZD092）的阶段性成果。

委员会联合主编的《上海对外贸易(1840—1949)》(上海社会科学院出版社 1989 年)两书最具权威性。两书均对近代上海外贸领域的重大问题进行了系统的归纳和分析,前者偏重于论述 19 世纪 40—60 年代初期的贸易发展形势,后者则把研究时段向后延伸至 1949 年,举凡影响近代上海贸易发展的重大问题均有所涉及。这两部开山之作为后辈学者进行更为深入细致的研究奠定了坚实的基础。近年来,戴鞍钢、古田和子、唐巧天、毛立坤等学者从不同角度切入,围绕近代上海外贸领域的若干具体问题进行了系统周密的论述,代表了近代上海经济贸易史研究领域的新动向①。近代香港的贸易发展情况及其与上海发生的关联,亦是本文关注的重点问题。前辈学者对近代香港经济贸易发展史的研究相对薄弱,目前仅见滨下武志和张晓辉的相关著述对该领域的问题从宏观层面进行了较为全面的分析②;微观层面的研究非常少见,除毛立坤、张金苹对近代香港贸易领域的若干具体问题进行过论述外③,其他学者罕有触及,这可能与史料难觅有关④。外国学者的代表性研究成果也只是零星地提到与沪港两埠的贸易发展有关的问题,但缺乏深入系统的论述⑤。

总体而言,沪港两埠在近代历史上的贸易发展过程存在密切的联系,兹引若干代表性史实加以佐证。怡和洋行是近代历史上最早打入中国市

①戴鞍钢:《港口、城市、腹地——上海与长江流域经济关系的历史考察(1843—1913)》,上海:复旦大学出版社 1998 年;古田和子:《上海网络与近代东亚——19 世纪后半期东亚的贸易与交流》,北京:中国社会科学出版社 2009 年;唐巧天:《上海外贸埠际转运研究(1864—1930)》,复旦大学 2006 年博士学位论文;毛立坤:《日货称雄中国市场的先声——晚清上海煤炭贸易初探》,《史学月刊》2013 年第 2 期。

②滨下武志:《香港大视野——亚洲网络中心》,香港:香港商务印书馆 1997 年。张晓辉:《香港近代经济史(1840—1949)》,广州:广东人民出版社 2001 年;《香港与近代中国对外贸易》,北京:中国华侨出版社 2000 年。

③毛立坤:《香港与内地的贸易关系(1869—1904)》,《安徽史学》2005 年第 5 期;《晚清时期中外贸易的个案分析——以香港转口贸易为例》,《中国历史地理论丛》2006 年第 1 期;《晚清时期香港与两广的贸易关系》,《安徽史学》2006 年第 4 期;《晚清时期香港与北方环渤海地区的贸易关系》,《安徽史学》2007 年第 5 期。毛立坤、张金苹:《晚清时期香港与闽台地区的贸易关系》,《中国社会经济史研究》2008 年第 3 期。毛立坤:《"封锁香港"(1868—1887)问题再解》,《史学月刊》2015 年第 1 期。

④由于近代香港属于自由港,故不设海关,因此未曾留下丰富的进出口贸易统计资料,这就增加了学者开展相关研究的难度。参见许茵《中国第二历史档案馆馆藏有关香港地区档案史料概述》,《民国档案》1997 年第 1 期。

⑤参见 Francis E. Hyde, *Far Eastern Trade 1860-1914*(Edinburgh, 1973)。

场且最具影响力的外国洋行之一，该洋行最先在沪港两埠建立了主营鸦片贸易的经销点①，进而使这两个口岸成为其在华扩展势力的大本营。到了19世纪中叶，香港已成为当时世界上最大的鸦片贮存、转运中心，而上海则是中国沿海一带鸦片进口额最大的口岸。此后，宝顺洋行、旗昌洋行、太古洋行、汇丰银行、沙逊洋行、琼记洋行、英美烟公司、美孚公司等大型跨国企业均先后选择了沪港两埠作为其在远东地区的经营重心②。就华商行号而言，上海有南洋庄，专司经香港转口上海发往南洋一带的货物；香港则有上海庄，负责向上海供应原产于东南亚的特产品，两地的此类华商行号长年都进行着繁密的贸易往来③。在19世纪后半叶，沪港两埠也是中国沿海地区仅有的两个航运枢纽港，各类航线密集分布、物流集散能力极为强大④。早在1850年，大英轮船公司就率先开辟出连接港沪两埠的常川航线（定期班轮），为两地间人员、邮件和货物的流通创造了较为便利的条件；后来其他航运公司纷纷仿效，使得两地间的轮船航班日趋密集。1857年，上海口岸进港商船共有495艘，其中216艘来自香港。1894年，驶入上海港的外洋轮船共计1037艘，其中465艘来自香港⑤。这足以反映出晚清时期沪港两埠间人员、货物往来之密切。从具体的贸易统计值来看，上海从19世纪80年代以来一直是香港在国内最重要的贸易对象口岸；而同期的香港则是上海口岸的第二或第三大洋货来源地，第四或第五大土货出口地⑥。本文力图阐明晚清时期沪港两埠间贸易关系的演进机理，剖析香港对上海口岸的进出口贸易所发挥的多种中转功能。晚清时期上海口岸在外贸领域与香港发生的关联大致如图1所示。

①鸦片贸易是晚清时期最大宗的洋货进口贸易，在相当长时段里支配着中国进口贸易的走势。参见勒费窝《怡和洋行——1842—1895年在华活动概述》，上海：上海社会科学院出版社1986年，第26页。

②王垂芳：《上海洋商史（1843—1956）》，上海：上海社会科学院出版社2007年，第57—65页。

③参见张晓辉《沪港近代城市关系史研究之我见》，《档案与史学》2001年第1期。

④参见毛立坤《晚清时期东南沿海通商口岸对外航线与港势地位的变迁》，《史学月刊》2006年第1期。

⑤Boyd Cable, *A Hundred Year History of the Peninsular and Oriental Steam Navigation Company* (London, 1937), pp.108—110.

⑥参见毛立坤《晚清时期中外贸易的个案分析——以香港转口贸易为例》，《中国历史地理论丛》2006年第1期。

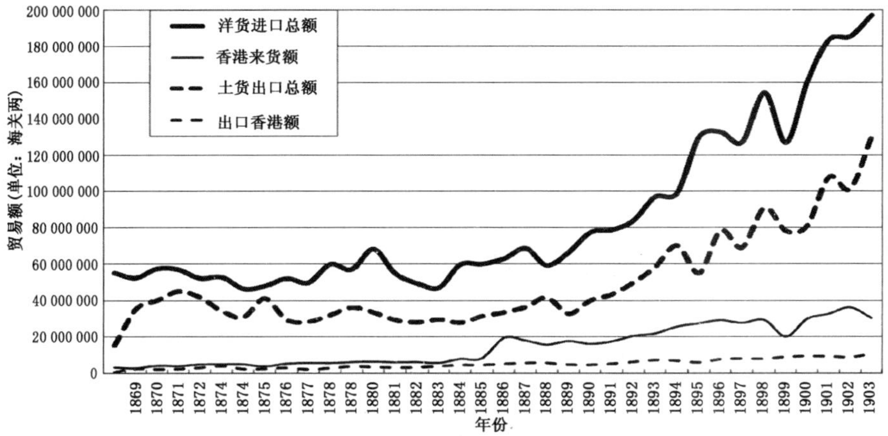

图 1:晚清时期上海口岸外贸进出口额及对香港贸易额年际波动示意图(1869—1904 年)

图表注释:受晚清时期海关贸易统计记录格式的限制,《中国旧海关史料》(中国第二历史档案馆、中国海关总署办公厅编,京华出版社 2001 年)所载 1869 年以前的统计数据有欠完整,1904 年以后的统计数据则将香港与外国合并统计,目前对这两个时段均难以进行具体的量化分析,故本文可资利用的贸易统计数据仅限于 1869—1904 年这一时段。后文图表的年份断限原因与本图相同。

资料来源:据《中国旧海关史料》各有关年度贸易统计值折算

二、晚清时期香港对上海口岸洋货进口贸易发挥的中转功能

19 世纪 60 年代以前,英国本土、印度和中国香港来货在上海口岸洋货进口总额中占很大比例(约 2/3 左右),美国次之①。这种势头一度变得愈发强劲,从 60 年代后半期开始,英国本土、印度、中国香港稳居上海口岸洋货进口贸易领域的三大供货地。三地来货长期占据上海口岸洋货进口额的绝大比例,最高曾达 92.8%(1871 年),最低也占 57.6%(1904

①《(英国)领事罗伯逊 1855 年度、1856 年度上海港贸易报告》《(英国)领事罗伯逊 1858 年度上海港对外贸易报告》,载李必樟译编《上海近代贸易经济发展概况(1854—1898 年)——英国驻上海领事贸易报告汇编》(以下简称《上海近代贸易经济发展概况》),上海:上海社会科学院出版社 1993 年,第 3、23、45 页。

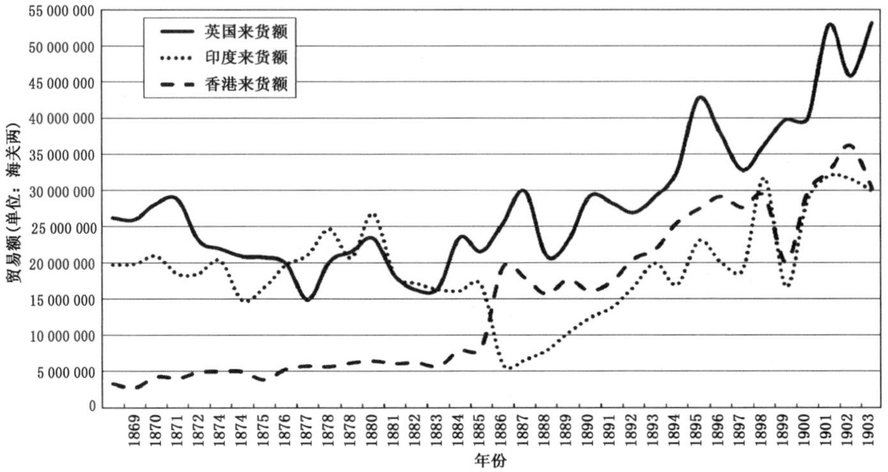

图 2:晚清时期英国、印度、中国香港洋货输沪贸易额波动示意图(1869—1904 年)

资料来源:据《中国旧海关史料》各有关年度贸易统计值折算

年),大致以 19 世纪 80 年代中期分界,前期多占 80%以上,此后缓慢下滑,中日甲午战争以后英、印、中国香港三地来货总和所占比例跌至 60%—70%之间,但仍位列上海口岸洋货进口额的前三名,如图 2 所示。因此研究三地来货额的波动情况,可以大体揭示出本时期上海口岸洋货进口贸易领域的一些主要特征,以及香港对沪洋货转口贸易额的波动趋势。

若将英、印、中国香港三地视作一个整体,其来货总额呈连年增长之势,但三地在上海口岸洋货进口贸易领域中各自的波动趋势又不尽相同。总体来看,三地来货额的增速越来越低于上海口岸洋货进口总额的增速,具体表现为三地来货额在上海口岸洋货进口总额中所占的比重逐年下滑,这主要是由越来越多的三地以外货源(如德国杂货、美国和俄国煤油、日本廉价货)在 19 世纪晚期大规模涌入上海市场造成的①。而同期香港来货额之增速却明显快于上海口岸洋货进口总额的平均增速,香港来货额在上海洋货进口总额中所占比重有较大提高,最高达 30.8%(1887 年),

①《(英国)总领事许士 1884 年度、1887 年度、1889 年度上海贸易报告》《(英国)代理总领事阿查立 1885 年度上海贸易报告》《(英国)总领事韩能 1891 年度上海贸易报告》,载李必樟译编《上海近代贸易经济发展概况》,第 688、694—695、721、743、760 页。

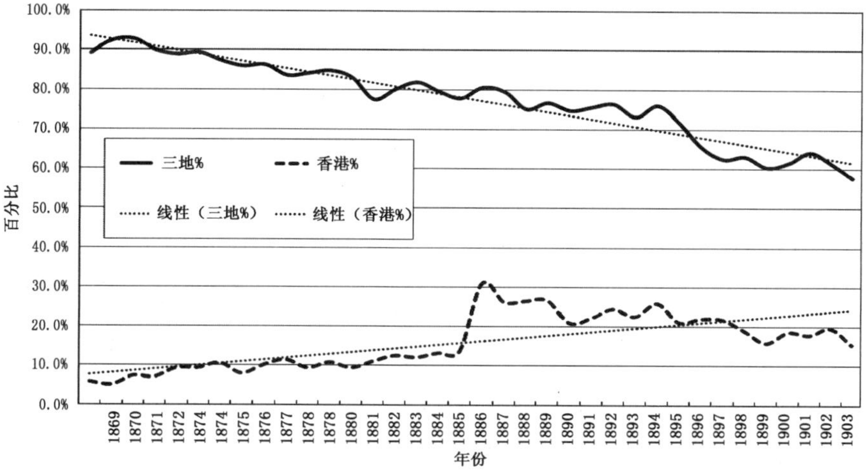

图3:晚清时期英国、印度、中国香港三地洋货输沪额所占比重波动示意图(1869—1904年)

资料来源:据《中国旧海关史料》各有关年度贸易统计值折算

直到20世纪以后才开始出现下滑,但仍占15%以上,这反映出上海口岸在洋货进口贸易领域与香港的关联总体上是渐趋密切的,如图3所示。

下面拟分时段分析晚清时期上海口岸从香港输入洋货的演变过程。鸦片和各类棉纺织品(匹头货)是19世纪40—50年代上海从香港输入的最重要的两类大宗产品,其他进口额稍大的洋货还有糖、金属(锡)、胡椒和檀香木等,多为南洋货。由于这一时期中国外贸领域的头号大宗进口货鸦片以从印度直接输入为主,各类棉纺织品(名列次大宗进口货)也以从英国直接输入为主,其他小宗杂货如煤、金属产品也多从产地(英国、澳大利亚、美国、日本)直接输入,因此在19世纪60年代之前香港对沪洋货转口输入贸易还不算发达,香港来货额在上海洋货进口总额中不占优势地位,香港对沪洋货转口贸易的发展在此期正处于起步阶段①。

19世纪60年代,北洋三口(天津、营口、烟台)和长江流域口岸(镇

①《(英国)领事罗伯逊1855年度、1856年度上海港贸易报告》《(英国)领事罗伯逊1858年度上海港对外贸易报告》《(英国)参赞威妥玛附于1864年度上海贸易统计表的备忘录》《(英国)参赞威妥玛关于从商业角度看1864年度上海港贸易情况的备忘录》《(英国)领事文极司脱关于1865年度上海贸易的商务意见内容摘要》,载李必樟译编《上海近代贸易经济发展概况》,第4—7、26—29、46—48、78、83、98—99、102页。

江、九江、汉口)相继开埠通商，日本多个口岸(长崎、神户、横滨、新潟、函馆)也正式开港通商，这种新格局明显有利于外商以上海为基地同中国广阔的长江流域内陆腹地、北方环渤海地区以及邻国日本开展商业活动①。上海对外贸易的发展必然会随之增添新的活力，这也就预示着沪港两埠的贸易关系将会出现新进展。从这一时期上海口岸的洋货进口额来看，英、印两地来货额的年际波动性较大，而香港来货额却保持了缓慢增长的势头(参见图2)，因此这一时期可以视作香港对沪洋货转口贸易的慢速发育期。境外米谷经香港转口输沪贸易兴起于这一时期，大量原产于印度、孟加拉和南洋一带的米谷越来越多地经香港转口输入上海，这些米谷除了可供接济内地缺粮省份和发生烟粮争地现象的地区外，还直接被用来交易蚕丝。此外，这一时期经香港转口输入上海口岸的各类匹头货、棉纱也与日俱增，这要归因于汉口、天津等依赖上海转口发货的内贸对象口岸的市面和(同样依赖上海转口发货的)邻国日本市场对此类商品均表现出旺盛的需求。到60年代末，香港在英帝国对上海口岸洋货输出贸易领域所据有的地位已渐趋巩固，并渐次步入良性发展态势；从贸易额排名来看，香港已稳居上海口岸第三大洋货供应地。在19世纪60年代，虽然鸦片、匹头这两类大宗进口货仍以从原产地直接输往上海口岸为主；但除此之外，包括煤、木材、印度香、蘑菇、燕窝、海参、翠鸟羽毛等多种英国货、印度货、南洋货则越来越多地经香港转口输往上海，表明上海口岸在洋货进口贸易领域与香港的联系益趋紧密②。

从70年代开始到中法战争结束，上海口岸英、印两地洋货的进口额波动性均进一步增大。造成这种局面的原因有很多，举其大者有该时期英国(劣质)匹头货投机贸易盛行，由此引发的倾销行为和滞销结果会导致匹头货进口额大起大落；此外，中国土产鸦片的丰收或歉收也会对印度鸦片进口贸易造成巨大影响；尤为值得一提的是香港在这一时期发挥了

①古田和子:《上海网络与近代东亚——19世纪后半期东亚的贸易与交流》,第14页。

②《(英国)参赞威妥玛关于从商业角度看1864年度上海港贸易情况的备忘录》《(英国)领事文极司脱附于1866年度上海港贸易统计表的备忘录》《(英国)领事文极司脱关于1866年度上海贸易的商务意见摘要》《(英国)领事麦华佗1868年度上海港贸易报告》,载李必樟译编《上海近代贸易经济发展概况》,第84—85、121、124—125、130、166、169页。

日益显著的“拦截-中转”效应,这也是造成上海口岸英、印两地来货额大幅波动的重要原因①。通过“拦截”继而“中转”英、印两地的输华商品,香港对上海口岸的洋货转口贸易额得以保持稳步增长的趋势。如图2、图3所示,在英、印两地来货额所占比重逐年下滑的背景下,香港在上海口岸洋货进口贸易领域据有的地位日形重要。这种现象也引起了当时英国驻沪领事官员的关注,他们声称上海市场上有1/5—1/10的英(帝)国货物来自香港;从海关统计的贸易额来看,这一比例的平均值为1/8左右。总体来说,这段时期香港对上海口岸的洋货转口贸易步入稳步增长期,转口商品的品种日趋多样化,除鸦片和匹头等大宗产品外,又逐渐囊括了多种杂货。香港本地生产的精白糖输沪贸易在这一时期快速发展。而华南省份出产的土糖取道香港转销上海的贸易也是在这一时期发展起来的,这些原产于台湾和广东潮汕地区的土糖绕道香港转口输入上海,即可享受洋货在内地市场流通时独有的子口半税待遇;故采取这种绕道香港转运土货的方式可以降低商人们的税费支出,对土糖内销贸易规模的扩大发挥了明显的刺激功效②。

从80年代中叶到甲午战争爆发前,随着香港鸦片转口贸易的持续发展,港英政府通过出售香港市场上的鸦片垄断专营权获得大笔财政收入,用于改善香港发展转口贸易的设施和条件,此举对香港贸易中转能力的增强贡献很大③。此外,价格低廉的印度棉纱作为鸦片之外的又一种印

①《(英国)领事麦华佗1869年度、1875年度上海贸易报告》《(英国)领事马安关于12月31日为止的1870年度上海港贸易报告》《(英国)领事麦华佗1872年度贸易报告》《(英国)领事许士1882年度上海贸易报告》,载李必樟译编《上海近代贸易经济发展概况》,第193、221—222、227、252、365、635页。Trade Report,1882年,1884年,上海。载中国第二历史档案馆、中国海关总署办公厅编《中国旧海关史料》,北京:京华出版社2001年,9—654,10—625页(此处为复式页码,先册后页,如9—654页表示第9册第654页,下同)。

②《(英国)领事麦华佗1872年度贸易报告》《(英国)领事麦华佗1874年度上海港贸易报告》《(英国)领事麦华佗1875年度上海贸易报告》《(英国)副领事阿连壁1879年度上海贸易报告》,载李必樟译编《上海近代贸易经济发展概况》,第255、260、318、359、532页。Trade Report,1883年,上海。载中国第二历史档案馆、中国海关总署办公厅编《中国旧海关史料》,10—203页。

③石楠:《略论港英政府的鸦片专卖政策(1844—1941)》,《近代史研究》1992年第6期。Cheung Tsui Ping, *The Opium Monopoly in Hong Kong*, *1844-1887* (Unpublished Master Paper of Hong Kong University, 1986), pp.25—29.

度大宗出口商品，在这一时期表现出强劲的势头，进口额在从1888年开始的6年内增长9倍。香港、上海两埠迅即成为中国沿海地区南北两大印纱贸易集散中转地，无形中推动了香港洋货转口输沪贸易额大幅增长。加上英国来货中的匹头货也在这一时期销路重开，以及欧美国家生产的金属产品、机械设备等原料、资本品及各种杂货进口额的增长，到本期结束之际，上海口岸的洋货进口贸易结构已明显多元化。而上述变化也推动了英、印对华洋货输出贸易额迈入新一轮波动攀升期。与此同时，上海对北洋三口、长江流域口岸、日本口岸和朝鲜新开商埠转口贸易规模的扩大，也是拉动前述大宗洋货进口额猛增的重要原因。由于中、印、中国香港三地此期都实行银本位制，相互间的贸易结算基本不受黄金与白银汇率波动的影响，而香港又恰好地处中国内地与印度两地的居间位置，于是除了上述英国本土来货有一定比例继续经由香港中转之外，印度来货也越来越多地经由香港转口输入上海口岸，甚至连香港本地生产的精白糖也发展成为出口上海的大宗产品。以上这些因素共同推动了香港在此期超过印度升格为上海口岸的第二大洋货供应地，排名仅次于英国本土①。这段时期遂成为香港对上海口岸洋货转口贸易的巅峰期。

上海作为国内最大的贸易集散港，其内贸转口对象口岸的市面行情必然会对上海外贸吞吐量产生很大影响。例如1882年汉口、天津两口岸市面银根同时出现紧张状况，无力从上海市场采购大宗洋货，导致当年上海口岸英、印洋货输入额出现较大下滑。而同期香港来货额却保持平稳，这反映出英、印来货以大宗商品为主，而香港除向上海转口输出英、印大宗洋货外，还有众多特色贸易商品，如港产精白糖、南洋货、众多欧美洋杂

①《（英国）总领事许士1883年度、1884年度、1886年度、1887年度、1888年度上海贸易报告》《（英国）代理总领事阿查立1885年度上海贸易报告》《（英国）总领事韩能1891年度上海贸易报告》《（英国）领事哲美森1892年度上海领事管区的贸易和商业报告》《（英国）代理总领事哲美森1894年度上海贸易和商业报告》，载李必樟译编《上海近代贸易经济发展概况》，第652、655、671、692—693、707、716、730、755、760、783、855、859、865页。Trade Report，1886年，1892年，上海。载中国第二历史档案馆、中国海关总署办公厅编《中国旧海关史料》，12—204，18—247页。Decennial Report，1882—1891年，上海。载徐雪筠等译编《上海近代社会经济发展概况（1882—1931）——〈海关十年报告〉译编》（以下简称《上海近代社会经济发展概况》），上海社会科学院出版社1985年，第5页。上海社会科学院经济研究所、上海市国际贸易学会学术委员会：《上海对外贸易（1840—1949）》上册，第48页。

货等，贸易结构的多样化降低了贸易额出现大幅波动的几率①。市场投机活动对正常的贸易流通产生的冲击亦不可小觑，如发生在本期的"1883—1884 年上海金融风潮"导致以阜康银号为首的多家上海钱庄破产，剩余的钱庄也被迫停止外放信用，此事件对严重依赖信贷支持的中小商人影响极大，致使这两年的贸易活动明显受阻②。

从甲午战争结束到清朝灭亡这段时期，上海快速地由商业城市向工商业中心城市转型，洋货进口贸易结构随之益趋丰富。除机械设备、工业原料、燃料的进口额大幅增长外，数以万计的新兴消费品、奢侈品也渐次涌入上海市场。此外，上海租界的扩展带来了房地产业的繁荣，引发各类建材进口大增。在这段时期，美、日等国来货的快速增长影响到英、印、中国香港三地来货原先所占的比重，洋鸦片在和土鸦片的竞争中也日渐失利；但香港精白糖输入贸易却大有跃进，印纱经香港转口输沪贸易也持续活跃。印纱在上海市场上与日纱发生激烈竞争，且印纱屡占上风；香港精白糖在上海市场上能够和欧洲甜菜糖、日本糖、爪哇糖跌价竞争，最终仍能保持销量最大，这些例证都显示出香港在转口贸易领域特有的强劲竞争力。凭借转输棉纱（印纱、港纱）、精白糖等大宗产品，此期香港已经稳居上海口岸的第二大洋货供应地。此期香港转口贸易的辐射范围甚至一度扩展到东北亚一带的朝鲜、俄国口岸，而这已经侵蚀到上海口岸传统的转口贸易圈③。就本时期进口量日渐增多的日用品类洋货而言，价格高低乃是其能否畅销的重要因素。"中国买主，……在经济上考虑最多的就是价格的差别"，"中国的买主大多是穷人，……当他们买外国商品时，必定买最便宜的一种，否则就买不起"，因此降低货物成本的各种方法在此

①Trade Report，1882 年，上海。载中国第二历史档案馆、中国海关总署办公厅编《中国旧海关史料》，9—653 页。

②Trade Report，1884 年，上海。载中国第二历史档案馆、中国海关总署办公厅编《中国旧海关史料》，10—623 页。

③《（英国）代理总领事满思礼 1897 年度上海贸易报告》，载李必樟译编《上海近代贸易经济发展概况》，第 932 页。Trade Report，1895 年，1896 年，1897 年，1898 年，1901 年，1902 年，1904 年，1905 年，1906 年，1907 年，1910 年，上海。载中国第二历史档案馆、中国海关总署办公厅编《中国旧海关史料》，23—252、254，24—286、287，25—287，27—292、293，33—338，35—411，39—525，41—441，43—433，45—449，52—589 页。滨下武志：《香港大视野——亚洲网络中心》，第 88—89 页。

期都很盛行，如给劣质匹头货上重浆以次充好，推销比美、俄两国的煤油更加便宜的苏门答腊煤油以开拓市场等①。此外，因轮船航运业领域的竞争而导致的货运费下降的趋势，在这一时期也明显刺激了贸易额的增长②。

三、晚清时期香港对上海口岸土货出口贸易发挥的中转功能

在晚清时期上海口岸的土货出口贸易对象中，英国在19世纪40—50年代表现得格外抢眼，上海口岸土货出口额的一半以上(50%—90%)在此期要归列英国名下，美国次之③。19世纪60年代以后土货出口贸易的发展态势同样也以80年代中期为界分成前后两段，英国是前段最主要的土货出口贸易对象，但其旧有的优势在逐渐减弱；欧陆国家是此后最主要的土货出口贸易对象。美国在这段时期先是降格为上海口岸第三大土货输出地，仅次于英国和欧陆国家；不过到90年代以后美国在上海口岸土货出口贸易额中所占的比例有较大反弹，并超过英国成为上海口岸的第二大土货出口贸易对象。而香港通常只是上海口岸的第四大土货输出地④，1895年以后香港的地位还为日本所赶超，排名复降至第五位。各个土货出口贸易对象排名的具体波动情况如图4所示。香港在上海口岸土货出口贸易总额中所占的比例虽然不大，但贸易结构却较为独特，尤其是沿内地↔上海↔香港↔南洋一线流动的小宗特产品接力转运贸易非常兴盛。

①《(英国)领事达文波1878年度上海贸易报告》《(英国)领事哲美森1895年度上海贸易和商业报告》，载李必樟译编《上海近代贸易经济发展概况》，第467、888—889页。Trade Report，1898年，上海。载中国第二历史档案馆、中国海关总署办公厅编《中国旧海关史料》，27—294页。

②Francis E. Hyde, *Far Eastern Trade 1860-1914*(Edinburgh, 1973), pp.244-246.

③《(英国)领事罗伯逊1855年度、1856年度上海港贸易报告》《(英国)领事罗伯逊1858年度上海港对外贸易报告》，载李必樟译编《上海近代贸易经济发展概况》，第3、23、45页。

④这里将中国香港视为"外国口岸"，上海港的内贸对象口岸未纳入比较。

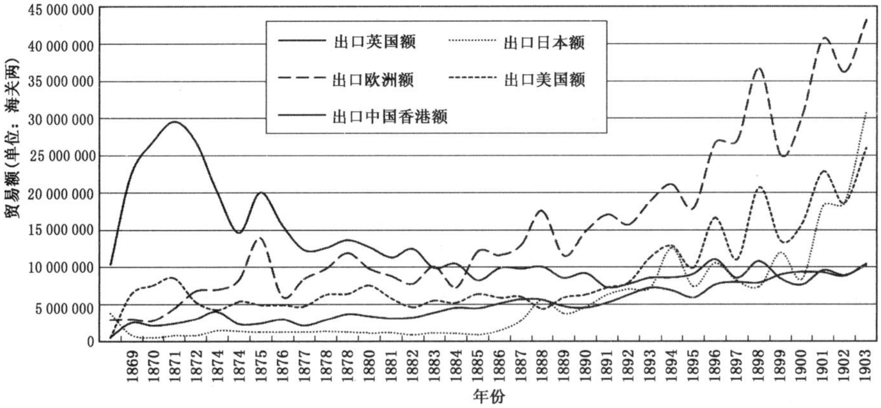

图 4:上海口岸面向主要贸易对象土货出口额年际波动图(1869—1904 年)

图表注释:在 1893 年以前的海关统计表格中,上海口岸土货出口中国香港会分成转口国外部分(for foreign countries)和转口国内部分(for Chinese ports)两项来统计,且转口国内部分不计入土货出口国外总额当中,但这两种转口方向其实很难区分,故 1893 年以后取消对转口国内部分的统计,仅列转口国外部分的数额。本图当中 1893 年以前上海口岸土货出口中国香港的数额系将转口国内部分与转口国外部分加总而得。另外,中国海关在进行国别贸易统计时,将(除俄国以外的)欧陆国家视为一个整体来计值,故此处无法单列欧陆具体国家的贸易额,也只能将其作为一个整体来对待。

资料来源:据《中国旧海关史料》各有关年度贸易统计值折算

在 19 世纪 60 年代以前,各类茶叶及生丝、绸缎是经上海口岸出口的大宗商品,其他产品的出口在这段时期尚无足轻重。茶叶外销以直接出口英美两国为主,其中红茶主销英国、绿茶主销美国,出口中国香港的数量不算多。但生丝除直接出口英国外,出口中国香港的数量也比较大,此类货物运抵香港后复经香港转口输往英国、欧陆国家和印度等重要市场;这可能与早期上海口岸远洋航线的分布存在盲区有关,因为大英轮船公司虽辟有连接英国本土和上海或香港的常川航线,可是除英美两国以外的其他国家或地区(如欧陆国家、印度)通往中国沿海的航线一般多选择经停香港,未必会继续北驶上海。由此可见,香港较上海更早成为远洋航线和中国沿海航线这两类长短程航线的对接点①。为了避免货物长时间滞留上海候船，货主宁愿采取先行将货发往香港，再从香港转运到目标市场的办法，因为香港的对外航线分布较上海更为密集，故候船时间短，且香港作为自由港不会对进出口货物征收任何税费，所以货物经香港转运的附加成本也很低。

同洋货进口贸易领域的行情相仿，上海口岸的土货出口贸易额在19世纪60年代以后也呈现出大幅增长的势头。此期发生的美国南北战争导致英国纺织工业所需的棉花原料严重短缺，一度刺激了中国棉花出口量陡增，在上海口岸远洋船只空缺期间，大批棉花往往被先行运抵香港以缩短候船时间；不过随着美国南北战争的结束，中国棉花出口英国的贸易也很快衰减至微不足道的规模。但这一时期从长江流域（含浙江）经上海销往华南的棉花有所增加，而香港在这一转运过程中发挥的接力功能颇为突出②。后来随着上海口岸的港势地位不断增强，新的远洋航线得以渐次开辟，特别是作为生丝消费大国的英国和法国均定期派船来沪载运生丝，遂使香港对江浙生丝销欧贸易发挥的转口功能受到明显削弱，到70年代中后期江浙生丝经上海出口中国香港的数量已降至每年只有数百包的规模；相比之下，同期由上海口岸直接出口英法等国的生丝多在20000包上下③。此外，随着华南地区经济作物的广泛种植，当地粮食供应缺口增大，必要时也会从长江流域的镇江和上海采购米谷，经香港集中后转输往华南各地，其中转输往广州口岸的数量最多。继米谷贸易之后，多种农副产品出口贸易也从60年代末期开始持续发展起来，包括金针

①《（英国）领事罗伯逊1855年、1856年度上海港贸易报告》《（英国）领事罗伯逊1858年度上海港对外贸易报告》，载李必樟译编《上海近代贸易经济发展概况》，第7—8、15、50、58页。徐曰彪：《近代香港航运业的兴起》，载《港澳与近代中国学术研讨会论文集》，台湾“国史馆”2000年印，第193—194页。

②《（英国）参赞威妥玛关于从商业角度看1864年度上海港贸易情况的备忘录》《（英国）领事文极司脱附于1865年度上海港贸易统计表的备忘录》《（英国）领事文极司脱关于1865年度上海贸易的商务意见内容摘要》，载李必樟译编《上海近代贸易经济发展概况》，第88、94、107页。

③《（英国）领事文极司脱关于1865年度上海贸易的商务意见内容摘要》《（英国）领事文极司脱关于1866年度上海贸易的商务意见摘要》《（英国）领事达文波1876年度上海贸易报告》《（英国）副领事阿连壁1879年度上海贸易报告》，载李必樟译编《上海近代贸易经济发展概况》，第106、133、417、540页。

菜、卷心菜、花菜、洋葱在内的各类蔬菜从上海口岸装货大批量发往香港，这类农副产品贸易的发生机理与上述米谷贸易大体相同。到19世纪90年代以后，中国绿茶打开了中亚市场，这些外销茶叶通常会沿着产地→上海→香港→印度→中亚汗国这样一条运输线辗转出口①。总体而言，上海口岸的大宗外销土货以直接出口远方贸易对象国为主，经香港转口输出的比例不大。

值得一提的是在上海口岸的土货出口额（国别）排名当中，英国和欧陆国家交替领先只不过是一种表象。在苏伊士运河于1869年通航之前，上海口岸出口欧洲大陆市场的大宗产品必须取道好望角并经英国伦敦集散中转；而苏伊士运河通航后，上海与欧陆国家的直接贸易渐趋发达，最典型的就是生丝输欧（法国、意大利）贸易和红茶（经黑海港口敖德萨）输俄贸易快速发展，可见苏伊士运河的通航无助于促进经由沪港两埠接力中转的大宗土货出口贸易，但却使香港充当的商业信息汇集地的角色愈显突出②。到了80年代中期以后，大宗出口货生丝直接输欧（法国、意大利）贸易的规模进一步扩大，终于促成欧陆国家超越英国升格为上海口岸最重要的土货出口贸易对象，此时的香港同江浙生丝出口贸易已毫无关联③。90年代以后，随着上海口岸对美日两国大宗商品出口贸易的发展，香港在上海口岸土货出口贸易领域发挥的中转功能遂进一步减弱。不过到了1895年以后，上海现代工业迅速发展，这却使香港意外扮演起将上海发来的国产工业品跨境（经越南）转销西南内陆省份（云、贵、川）的二传手，从而为国货跨境内销打开了新局面。上海生产的棉纱、机织布、面粉、纸张、卷烟等工业品经香港源源不断地转往越南海防港，然后沿陆路

①《（英国）领事麦华佗1868年度上海港贸易报告》《船舶登记员泰卜1877年度、1880年度上海港航运业务报告》《（英国）副领事阿连璧1879年度上海贸易报告》，载李必樟译编《上海近代贸易经济发展概况》，第174—175、459、547、589页。Trade Report，1892年，上海。载中国第二历史档案馆、中国海关总署办公厅编《中国旧海关史料》，18—248页。Decennial Report，1892—1901年，上海。载徐雪筠等译编《上海近代社会经济发展概况》，第44页。

②《（英国）领事麦华佗1869年度上海贸易报告》《（英国）领事麦华佗1872年度贸易报告》《（英国）领事麦华佗1873年度上海贸易报告》《（英国）总领事韩能1891年度上海贸易报告》，载李必樟译编《上海近代贸易经济发展概况》，第215、263、293、762页。

③《（英国）总领事许士1884年度上海贸易报告》，载李必樟译编《上海近代贸易经济发展概况》，第683—684页。

运往中国西南内陆市场①。

尽管上海口岸在大宗土货出口贸易领域与香港发生的关联不算密切，但在“中国内地↔上海↔香港↔南洋”之间双向流通、且以沪港两埠为关键接力点的内地土货与南洋货对流贸易，却成为沪港两地之间较有特色的小宗贸易。此类贸易模式的登场与上海—南洋间直达航线稀疏有关，而香港恰与两地的交通联系均很便利，航线分布也较为密集，因此自然充当起中转中国内地与南洋一带对流贸易商品的二传手。早在19世纪60年代以前，上海和南洋之间的贸易联系就发展起来了，从南洋输入糖、米以及多种马六甲海峡地区的特产品（如藤、檀香木、胡椒、槟榔子、锡、栲树皮、苏方、苏门答腊煤油、南药等），但由于内地市场尚未完全开放，故此类贸易的规模并不算大，经香港转运的份额则更小。到了60年代以后，胡椒、锡、檀香木、栲树皮、苏方、燕窝等南洋货在上海及内地市场销路渐开，香港也就开始充当起上海和南洋两地商品对流的重要中转站；到了80年代中期，经上海口岸集中发货的内地土产和运抵上海口岸的南洋来货均已增长到一定规模，遂使此类特色贸易商品在上海↔香港两埠间的对流性明显增强。由于上海口岸的其他大宗出口产品（如茶、丝）经香港转口输出的规模一直不大，所以上海口岸对香港土货出口贸易额的增长主要就是上述特色商品贸易规模逐年扩大的结果。90年代以后，随着大量华工到南洋一带谋生，各类侨需品出口贸易因之大有起色。以中药材出口贸易为例，南洋各地所需的中药材一般都就近从香港市场采购，而香港市场上出售的中药材有不少都是经上海口岸集中后发送过来的，其中既有内地出产的各类中药材，也有原产于朝鲜的高丽参等域外药材。上海的南洋办庄所采购的中药材品种以清凉剂类的药材为数最多，且大部分经香港转口输往南洋华侨聚居区。20世纪以后上海口岸兴起的另一类出口南洋的大宗产品是内地出产的土布，这是由于土布质地坚牢、不透光、吸汗性好，因此受到南洋锡矿和橡胶园华侨工人的喜爱。此外，杂

①Trade Report，1901年，1905年，上海。载中国第二历史档案馆、中国海关总署办公厅编《中国旧海关史料》，33—341，41—442页。

表 1：上海外销南洋土特产品品目表

类别	品名
药材	生地、白术、菊花、当归等数百种
丝绸、匹头货	土布、格子布、广绫、花碧绉、幸福葛、山东府绸、印花绸
杂粮	绿豆、黄豆、芝麻、赤豆、花生、黑豆、土油（植物油、猪油）、面粉
山地货（南北货）	蔬菜：崇明白菜、土豆、西红柿、洋葱、咸菜、大蒜头、大头菜、四川榨菜
	水果：水蜜桃、枇杷、杨梅
	南北货：红枣、黑枣、核桃、瓜子、黑木耳、香菇、金针菜、粉丝
	罐头食品：凤尾鱼、水果罐头
	调味品：观音粉、味精、九味一
	其他：火腿及各类腌腊制品、酱油、腐乳、五加皮酒、啤酒（瓶装）、绍兴黄酒（坛装）、皮蛋、咸蛋、鱼干、海蜇、阳澄湖大闸蟹

资料来源：上海社会科学院经济研究所、上海市国际贸易学会学术委员会：《上海对外贸易（1840—1949）》上册，第 447—469 页

粮和山地货、南北货也是经沪港两埠接力转输往南洋的畅销货①。各类商品细目大致如表 1 所示。

与外商主导上海口岸大宗土货出口欧美贸易的格局不同，贸易商权由华商主导乃是上海↔香港↔南洋间土特产品对流贸易的一个突出特色。“中国人能联合起来，形成一股很大的力量，用于控制运价，以致运费很难上升，……中国人在商业和金融问题上……更为冷静，更有远见”；而外商在竞购同类货物时的表现“在远离这种激动场面的人们看来，……是

①《（英国）领事罗伯逊 1856 年度上海港贸易报告》《（英国）领事文极司脱关于 1866 年度上海贸易的商务意见摘要》《（英国）领事麦华佗 1869 年度上海贸易报告》《（英国）领事麦华佗 1874 年度上海港贸易报告》，载李必樟译编《上海近代贸易经济发展概况》，第 17、130、194—195、334 页。Trade Report，1885 年，1892 年，1893 年，1896 年，1898 年，1900 年，1905 年，1911 年，上海。载中国第二历史档案馆、中国海关总署办公厅编《中国旧海关史料》，11—202，18—250，20—261，24—289，27—294，31—342、343，41—442，55—524 页。上海社会科学院经济研究所、上海市国际贸易学会学术委员会：《上海对外贸易（1840—1949）》上册，第 158、395—401 页。

如此的愚蠢和难以理解”①。事实的确如此，由于华商在这一领域经营日久，积累了丰富的从业经验，对所营商品的品种和规格以及国内外销货渠道都摸得很清楚。以表1所列的土特产品为例，这些产品大多为满足南洋华侨日常生活所需的土特产品，尤其是山地货、南北货和中药材，品种繁多，规格复杂，出口前须经过专业化的拣选和整理，而这些业务均非外商所擅长。又如蔬菜、水果等外销货属于“快速消费品”，上市的季节性强，而个体生产者手中的货源数量零星，需要通过多种渠道组织货源。专营这些类商品的南洋办庄可以及时采购到货源，赶上旺季销售，而洋行则无意或无力问津。在南洋货进口贸易领域，华商也早已摸索出一套熟练的营销模式，因而获利丰厚。以海味类商品中的鱼翅为例，南洋来货往往分成几个档次，这就要求经营者熟悉等级差别，按质论价，而业外人士往往很难插手。此外，在对国内外客户放账及提供对口服务方面，华商开办的南洋庄亦可给予优待，而外商洋行则很难仿效，这些都是华商经营此类贸易独有的优势②。

结 语

在19世纪中叶，远东地区与欧洲的贸易联系基本上表现为一种三角贸易格局，中外贸易领域大宗进出口商品的流通和运转方式如下：印度出产的鸦片和棉花大量销往中国，中国出产的茶叶、丝绸以及抵补贸易逆差的白银则大量出口英国，英国生产工业品（主要是布匹）大量销往印度，此之谓“简单形态”的三角贸易模式③。这其中上海口岸的进出口贸易额占据了当时中国对外贸易总额的最大比例。但是到了19世纪80年代以

①《（英国）领事马安关于12月31日为止的1870年度上海港贸易报告》《（英国）领事麦华佗1874年度上海港贸易报告》《（英国）领事麦华佗1875年度上海贸易报告》，载李必樟译编《上海近代贸易经济发展概况》，第229—231、322、374页。Trade Report，1895年，上海。载中国第二历史档案馆、中国海关总署办公厅编《中国旧海关史料》，23—252页。

②上海社会科学院经济研究所、上海市国际贸易学会学术委员会：《上海对外贸易（1840—1949）》上册，第165、413页。

③陈慈玉：《以中印英三角贸易为基轴探讨十九世纪中国的对外贸易》，载中国海洋发展史论文集编辑委员会主编《中国海洋发展史论文集（一）》，台湾“中研院”三民主义研究所1984年，第142页。

后,中外贸易的规模已经大幅扩张,突破了上述这种“简单形态”的三角贸易模式,开始向以三角贸易为其组成部分之一的“多边贸易形态”演变,而上海、香港两埠在这种“多边贸易形态”结构中扮演了重要角色,如图5所示。

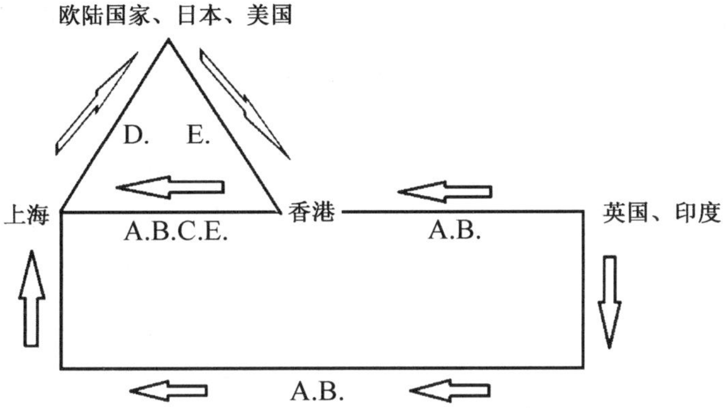

图5:19世纪晚期中外多边贸易形态示意图

图中代码详解:

A:英国大宗输华商品,如各类匹头货、机器设备等。

B:印度大宗输华商品,如鸦片、棉纱等。

C:中国香港大宗输华商品(如精制白糖)和英、印以外地区的输华商品(如南洋货等)。

D:中国大宗出口商品,如茶叶、生丝、棉花、豆货、皮毛、草辫、侨需品(药材、南北货)等。

E:外国洋杂货,如美国面粉、煤油、香烟、水银,德国金属、机器、军火、安尼林染料,日本廉价货(棉袜、汗衫、毛巾、手帕、雨伞、肥皂)等。

资料来源:《(英国)领事马安关于12月31日为止的1870年度上海港贸易报告》《(英国)领事麦华佗1874年度上海港贸易报告》《(英国)副领事阿连壁1879年度上海贸易报告》《(英国)领事哲美森1893年度上海贸易和商业报告》《(英国)代理总领事满思礼1897年度上海贸易报告》,载李必樟译编《上海近代贸易经济发展概况》,第223—224、334—335、532、842、932页。Trade Report,1882年,1892年,上海。载中国第二历史档案馆、中国海关总署办公厅编《中国旧海关史料》,9—654,18—248页。上海社会科学院经济研究所、上海市国际贸易学会学术委员会:《上海对外贸易(1840—1949)》上册,第170页

据图5可以归纳出香港在上海口岸对外贸易领域乃至在全国对外贸易领域发挥的两项基本功能：其一，香港先行“拦截”，而后“中转”了很大一部分英国和印度两地的销华商品，成为在中英印三地直达航线存在盲区、对流贸易局部失衡的情况下，大宗商品远途运输的中继站。尽管在19世纪80年代中期以前，英国在上海口岸（国别）进出口贸易领域都占据着最大份额，双方贸易的对流性较强；但此后尽管英国仍是上海乃至全国多数通商口岸最主要的洋货供应地，可是中国（上海）土货出口英国的贸易额却逐年下滑，由此导致中英对流贸易失衡的幅度越来越大。就上海口岸与印度的贸易往来而言，更是长期维持了上海口岸大幅入超的局面，两地贸易的对流性一直偏弱，以致早期（19世纪60年代以前）常将金条从上海汇往印度以支付鸦片货款①。为了解决这种双边贸易或简单多边贸易流向失衡、直达运输受限的问题，以三角贸易为主体构成的多边贸易形态逐渐兴起，这就是19世纪80年代中期以后上海口岸外贸领域出现的一大变局，而香港恰在这一转变过程中发挥了重要的“拦截”和“中转”功能。其二，在早期适销英国市场的大宗商品茶叶、生丝等对英出口贸易额不断萎缩，而晚期新兴出口商品（如东北豆货，北方皮毛、草辫，台湾樟脑，华南蛋品等）又主销英国以外的其他市场的情况下，香港通过大量吸纳这些英国以外市场的输出货（如煤油、面粉、金属等），进而转口到以上海口岸占最大份额的国内市场，有助于推动中国实现外贸收支的滚动平衡。

①《（英国）领事罗伯逊1858年度上海港对外贸易报告》，载李必樟译编《上海近代贸易经济发展概况》，第56页。

基于 SSM 模型的近代中国进出口贸易结构分析

武　强　王梦琦

（河南大学黄河文明与可持续发展研究中心）

（河南大学环境与规划学院）

1 绪论

1.1 问题的提出

偏离-份额分析法（Shift-share Method 简称 SSM），作为目前在国内外区域经济和产业结构分析中一种被经常使用的分析方法，能够用来揭示区域与城市部门产业结构变化原因，评价区域经济结构优劣和自身竞争力的强弱，并以此为依据分析和说明区域经济发展和衰退的原因。它还是确定未来发展主导方向的有效方法。鉴于 SSM 方法的强大功能，结合最近数年间学界对中国近代经济数据的发掘，尤其是近代中国对外贸易的海量数据，仅仅依靠历史学的考据方法已不能满足研究的需求，本文即选取 SSM 模型，从城市-区域空间作用的角度，对中国近代进出口贸易结构进行分析和讨论，再结合历史史实对分析结果进行验证。

1.2 文献综述

SSM 方法，由美国的经济学家 Daniel[1]、Creamer[2] 在 1942 年和 1943 年先后提出，又经过 Dunn[3]、Per-loff[4]、Lampard 等学者对该方法进行总结改进并逐步完善，1980 年以后，由美国学者 Dunn 集各家之所长，总结得出。这种现在普遍采用的形式广泛应用于经济学和地理学的研究之中。随后的研究中 SSM 模型不断被修正、拓展, Thirlwall[5]、Richard[6] Esteban & Marquillas[7]等先后提出了动态偏离份额分析思想,引入了同位概念,增加了第四分量(分配影响分量),以解释产业结构影响与竞争影响之间的交互作用。

1980 年以后,偏离-份额分析方法被广泛应用于我国的区域经济学研究领域和城市经济学研究领域, Nazara & Hewing[8]、姚芳[9]等学者,又提出在 SSM 模型中应增加区域和空间结构的影响。史春云[10]等学者将国外对该模型的最新的研究成果和进展引进国内,但是检验国内文献资料研究中,应用 SSM 模型的研究多关注于当代经济和地理现象,将此方法应用到近代经济地理研究中的,非常少见。

现有对近代中国对外贸易结构和区域发展的研究,以历史学的考据方法居多,多停留在考据的层面上,对学术前沿的方法关注不是很多。仅有的几部论著如:李欣鑫[11]对近代殖民统治时期大连港的发展进行了深入的分析和研究,对各个历史时期中的大连港的历史变迁以及港口的发展历程进行了深入的探讨,以港口-腹地互相影响的模式,分析讨论了大连港进出口贸易的发展与大连城市发展的互相影响,对大连港的进一步发展做了预测和展望。樊如森[12]论述了天津港口的发展对腹地的影响,分析了天津的区位因素对天津港进出口贸易发展的影响,他对近代天津港进出口贸易货物结构演变及其和腹地关系有了一定的认识,但是对进出口贸易数据研究方面有待进一步深入。方书生[13]以数个港口的进出口货物统计数据为基本线索,论述了珠江三角洲地区广州港等几个港口近代进出口贸易的发展历程。张珊珊[14]通过分析近代汉口海关对外贸易额数据,总结了汉口港进出口贸易中洋货进口和土货进出口的数量、结构和发展趋势,以港口-腹地互相影响的模式,论述了中国近代汉口港的贸易发展及其与经济腹地之间经济关系的互动变迁。刘良山[15]以厦门海关贸易统计年刊和历年贸易报告作为依据,采用纵横交叉的方法,分析了近代中国历史上厦门港的发展历程,论述了近代厦门港对外贸易及厦门港附近地区的社会经济发展变化的影响,探讨了厦门港与其腹地的互动关系。徐望坡[16]从上海经济发展历史的角度,运用 ADF 检验、格兰杰因果关系检验、协整分析、误差修正模型等计量分析方法,定型、定量地给出了上海对外贸易以及投资、消费与经济增长关系的内在机制。

因此,本文以 SSM 方法为工具,结合《中国旧海关史料》等系统性、相对精确的统计数据,选取大连、天津、青岛、汉口、上海、厦门和广州七个港口城市为代表,从区域空间作用的角度研究近代中国进出口贸易结构的演变情况。

2 数学模型及数据来源

偏离-份额分析法是把区域经济的变化看作一个动态的过程,以其所在大区或整个国家的经济发展为参照系,将区域自身经济总量在某一时期的变动分为三个分量,即份额分量(the national growth effect)、产业结构偏离分量(the industrial mix effect)和竞争力偏离分量(the shift share effect),以此说明区域经济发展和衰退的原因,评价区域经济结构优劣和自身竞争力的强弱,确定具有相对竞争优势的产业部门,进而指出经济发展的合理方向和产业结构调整的原则。

2.1 数学模型

假定,区域 i 在经历了时间[0,t]之后,经济的总量和产业结构均已经发生了变化。设基期(初始年)区域 i 经济总规模为 $b_{i,0}$(可用总产值或就业人数表示),末期(截止年,以 t 表示)经济总规模为 $b_{i,t}$。同时,把区域经济按照一定的规则划分为 n 个产业部门,分别以 $b_{ij,0}$,$b_{ij,t}$(其中,j∈[1,n],且 j 为正整数)来表示 i 区域的第 j 个产业部门在基期与末期的规模。并以 B_0,B_t表示区域所在大区或全国在相应时期初期与末期经济总规模,以 $B_{j,0}$与 $B_{j,t}$表示区域所在大区或全国初期与末期第 j 个产业部门的规模。

区域 i 第 j 个产业部门在[0,t]时间段的变化率为:

$$r_{ij}=\frac{b_{ij,t}-b_{ij,0}}{b_{ij,0}}\text{(其中,j}\in[1,n]\text{,且 j 为正整数)} \quad (1)$$

在[0,t]内,全国或所在大区 j 产业部门的变化率为:

$$R_j=\frac{B_{j,t}-B_{j,0}}{B_{j,0}}\text{(其中,j}\in[1,n]\text{,且 j 为正整数)} \quad (2)$$

将区域各产业部门规模按全国或所在大区各产业部门所占的份额标准化得到下式：

$$b_{ij}^{'}=\frac{b_{i,0}\cdot B_{j,0}}{B_0}\text{（其中，}j\in[1,n]\text{，且 j 为正整数）} \quad (3)$$

这样，在[0,t]这段时间之内，使用上面计算出来的结果，通过进一步计算就可以将 i 区域的第 j 个产业部门的增长量 G_{ij}，分解为份额分量 N_{ij}、产业结构偏离分量 P_{ij} 和竞争力分量 D_{ij} 这样三个分量，用数学公式表达如下：

$$G_{ij}=N_{ij}+P_{ij}+D_{ij} \quad (4)$$

$$N_{ij}=b_{ij}\cdot R_{ij} \quad (5)$$

$$P_{ij}=(b_{ij,0}-b_{ij}^{'})R_j \quad (6)$$

$$D_{ij}=b_{ij,0}(r_{ij}-R_j) \quad (7)$$

$$G_{ij}=b_{ij,t}-b_{ij,0} \quad (8)$$

表 1：N_{ij}、P_{ij}、D_{ij} 三个分量的含义

分量	名称	描述
N_{ij}	份额分量	区域经济增长对全国平均增长效应份额（或者说是区域经济份额分量）。指的是区域 i 的 j 部门规模如按照全国的结构比例分配，并按全国整体的产值增长速度所应当发生的变化量，也就是区域标准化的产业部门如按全国的平均增长率发展所产生的变化量。N_{ij} 越大说明区域 i 内任一产业按照所在区或全国部门的结构比例和平均增长率发展所产生的变化量越大。
P_{ij}	产业结构偏离分量	区域经济产业结构偏离份额（或者说是产业结构效应）。指的是 i 区域的 j 部门所占比重，与全国相应部门比重的差异引起的 i 区域的 j 部门增长，相对于全国标准所产生的偏差，它是排除了区域增长速度与全国的平均速度差异，单独分析部门结构对增长的影响和贡献，此值越大说明部门结构对经济总量增长的贡献越大。
D_{ij}	竞争力分量	区域经济区位偏离份额（或者说是竞争力偏离分量）。指的是 i 区域的 j 部门增长速度与全国相应部门增长速度的差别引起的偏差，反映了 i 区域 j 部门的相对竞争能力。此值越大，就说明了 i 区域的 j 部门竞争力对经济增长的作用越大。需要进一步说明的是，竞争力偏移分量的构成非常复杂，它的大小受到产业构成以外的一切因素的影响，主要包括生产率水平、企业规模结构和经营管理水平等。

区域 i 的经济总量 G 则可以写为以下形式：

$$G_i = N_i + P_i + D_i \tag{9}$$

$$N_i = \sum_{j=1}^{n} N_{ij} = \sum_{j=1}^{n} b_{ij}^{'} \cdot R_j \tag{10}$$

$$P_i = \sum_{j=1}^{n} P_{ij} = \sum_{j=1}^{n} (b_{ij,0} - b_{ij}^{'}) R_j \tag{11}$$

$$D_i = \sum_{j=1}^{n} D_{ij} = \sum_{j=1}^{n} b_{ij,0}(r_{ij} - R_j) \tag{12}$$

计算 W(结构效果指数)和 u(竞争效果指数),判断分析该区域总的经济结构效果和竞争能力。

$$K_{j,0} = \frac{b_{j,0}}{B_{j,0}} \tag{13}$$

$$K_{j,t} = \frac{b_{j,t}}{B_{j,t}} \tag{14}$$

$$W_i = \frac{\sum_{j=1}^{n} K_{j,0} \cdot B_{j,t}}{\sum_{j=1}^{n} K_{j,0} \cdot B_{j,0}} \cdot \frac{\sum_{j=1}^{n} B_{j,t}}{\sum_{j=1}^{n} B_{j,0}} \tag{15}$$

$$u_i = \frac{\sum_{j=1}^{n} K_{j,t} \cdot B_{j,t}}{\sum_{j=1}^{n} K_{j,t} \cdot B_{j,0}} \tag{16}$$

$$L = W \cdot u \tag{17}$$

表 2：W、L、u 三个指数的含义

条件	结果
G 越大,L 大于 1	区域增长快于全国或所在区域
P 越大,W 大于 1	区域经济中朝阳的、增长快的产业部门比重大,区域总体经济结构比较好,结构对于经济增长的贡献大
D 较大,u 大于 1	区域各产业部门总的增长势头大,具有很强的竞争能力

根据数据带入数学模型计算的结果,罗列 Shift-share 分析表计算数据,绘制 Shift-share 分析图,对区域产业部门进行比较分类。可以使得到的结论更加直观清晰,明确该地区的各个产业部门属于何种类型。Shift-share 分析图,由两条通过原点且倾斜度为 45°的直线,把整个平面直角坐标系均等地划分为八个扇面。然后,根据 Shift-share 分析表的数据,在坐标系中标注出该区域各部门所在的位置,根据其对应数据点所在扇面,可以科学地将区域中的这些部门划分为几种不同的类型,以此为依据判断区域总体经济结构优劣和部门竞争力强弱。

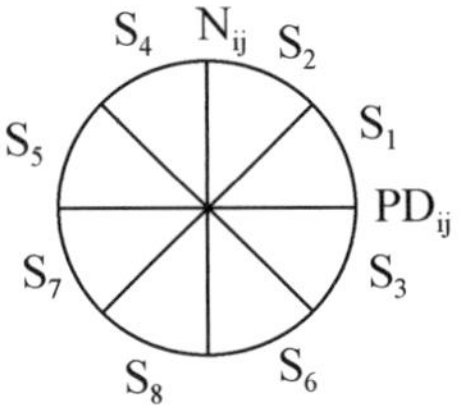

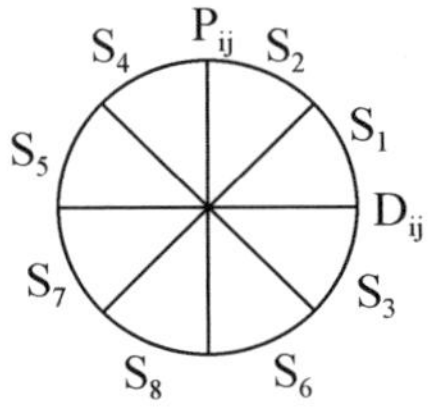

图 1:部门优势分析图(左)、部门偏离分量分析图(右)

一、部门优势分析图:以区域部门优势 PD_{ij} 为横坐标,以份额分量 N_{ij} 为纵坐标,建立对应关系的坐标系。(其中,PD_{ij} 即 P_{ij} 与 D_{ij} 的数值之和,该值反映了 j 部门总的增长优势。)数据点的分布位置反映了在总增量、部门增长优势方面的几种不同类型。

图 1(左)中的八个扇面(S1,S2,S3,S4,S5,S6,S7,S8)代表的含义如下:

表 3:部门优势分析图八个扇面的含义

所属扇面	部门类型	描述
S1,S2	A 类部门,较好部门	具有较大的部门优势的增长部门
S3,S4	B 类部门,一般部门	其中处于第三个扇面的部门,尽管具有一定的部门优势依旧属于衰退部门,处于第四个扇面的部门虽然是增长部门,但这些部门并不具有部门优势
S5,S6	C 类部门,较差部门	这些部门的经济总量的增长值均为负值。第五个扇面中的部门虽然是增长部门,第六个扇面中的部门虽然具一定的部门优势,但是这些都不足以消除因为全国性衰退或部门优势不同造成的负面影响
S7,S8	D 类部门,最差部门	既无部门优势,又为衰退部门

二、部门偏离分量分析图：用于对区域中部门的竞争力进行分析，是以部门结构偏离分量 P_{ij} 为纵轴，部门竞争偏离分量 D_{ij} 为横轴，建立对应关系的坐标系。

图1（右）的八个扇面（S1，S2，S3，S4，S5，S6，S7，S8）代表的含义如下：

表4：部门偏离分量分析图八个扇面的含义

所属扇面	描述
S1	属于原有基础很好，竞争力较强的好部门
S2	属于部门竞争力非常强，而且原有基经济础比较好的较好部门
S3	属于原有基础差，但区域经济发展速度快的较好或一般部门
S4	属于原有基础较好，但区域经济的地位处于下降的较好或一般部门
S5	属于原有基础较好，但部门竞争力不足的较差部门
S6	属于原有基础很差，但区域经济发展速度很快的较差部门
S7	属于原有基础很差，且缺乏竞争力的最差部门
S8	属于原有基础很差，且缺乏竞争力的最差部门

2.2 数据来源

本文自《中国旧海关史料》（中国第二历史档案馆编，京华出版社2001年）中选取1910—1931年海关进出口数据为研究对象，结合SSM方法对中国近代海关进出口情况进行分析。

其中，以1910—1913年进出口数据的均值为基期数据，以1929—1931年进出口数据的均值为末期数据，根据协调制度将进出口货物分类，选取大连、天津、青岛、汉口、上海、厦门和广州七个港口为代表，结合SSM方法对中国近代进出口情况进行分析。

2.2.1《中国旧海关史料》

《中国旧海关史料》共计170册，集中收录了中国近代海关（1859—1948）以及伪满洲国的海关贸易报告的统计数据，为经济地理和经济史学者研究近代中国和各个通商口岸的贸易发展情形，以及口岸城市及其腹地经济变迁提供了很大的方便。

《中国旧海关史料》的内容大致由两个部分构成。第一个部分的内容为贸易统计,第二个部分的内容为贸易报告。其史料内容涉及中国大部分省份,涉及城市多达六十余个。在贸易统计的方面,《中国旧海关史料》以贸易年刊为主要数据来源,其主要内容涉及当时的汇兑、关税、贸易、金融等各个方面,分门别类地列出了各通商口岸进出口贸易和转口贸易的数据。同时还有以文字为主体的贸易报告及各类调查报告,描述了近代中国各个通商口岸的贸易状况、各产业的发展情况。故而本书中有大量的经济、社会、政治资料,涉及当时社会的方方面面,内容非常丰富,是一部研究近代经济发展的资料宝库。

2.2.2 协调制度

《商品名称及编码协调制度》简称"协调制度",英文名称为 *The Harmonized Commodity Description and Coding System*,简写为"HS"。它指的是海关合作理事会——作为该制度的主编——制定出来的一部具有多种用途的国际贸易商品分类目录,主要内容是商品的品目和商品的子目。

《商品名称及编码协调制度》(2007 版)对商品的品目进行了细致的划分,一共分为九十七个章节(其中第七十七个章节是空的章节),分布于二十一个大类之下。关于进出口商品分类的标准,参照的是我国当代的海关进出口商品分类目录,这一目录是结合我国进出口货物实际情况编制而成的,共分为二十一个大类。

其具体分类如下:

表 5:进出口商品分类的标准

类别标识	描述
第一类	活动物及动物产品
第二类	植物产品
第三类	动、植物油脂及分解产品;精制的食用油脂、动植物脂
第四类	食品、饮料、酒及醋;烟草及烟草代品的制品
第五类	矿产品
第六类	化学工业及其相关工业的产品

续表

类别标识	描述
第七类	塑料及其制品;橡胶及其制品
第八类	生皮、皮革、毛皮及其制品;鞍具及挽具;旅行用品、手提包及类似品;动物肠线(蚕胶丝除外)制品
第九类	木及木制品;木炭;软木及软木制品;稻草、秸秆、针茅或其他编结材料制品;蓝筐及柳条编结品
第十类	木浆及其他纤维状纤维素浆;纸及纸板的废碎品;纸、纸板及其制品废碎品;纸、纸板及其制品
十一类	纺织原料及纺织制品
十二类	鞋、帽、伞、仗、鞭及其零件;已加工的羽毛及其制品;人造花;人发制品
十三类	石料、石膏、水泥;石棉、云母及类似材料制品;陶瓷产品;玻璃及其制品
十四类	天然或养殖珍珠;宝石或半宝石;贵金属包贵金属及其制品;仿首饰;硬币
十五类	贱金属及其制品
十六类	机器、机械器具;电气设备及其零件;录音机及放声机、电视图像、声音的录制和重放设备及其零件附件
十七类	车辆、航空器、船舶及有关运输设备
十八类	计量、检验、医疗或外科用仪器及设备;光学、照相、电影用仪器及设备;精密仪器及设备;钟表;乐器;上述物品的零件附件
十九类	杂项制品
二十类	艺术品;收藏品及古物
二十一类	特殊交易商品及未分类商品

3 经验分析

选取大连、天津、青岛、汉口、上海、厦门广州七个港口为代表,以1910—1913 年进出口数据的均值为基期数据,以 1929—1931 年进出口数据均值为末期数据,代入 SSM 数学模型进行分析。

3.1 进出口分析

3.1.1 大连

大连港位于辽东半岛南端的大连湾内，处于沟通南北运输的交点上，地理位置极为优越。大连港是哈尔滨-大连一线的终点，有着优越的地理位置，以富饶的东北三省作为经济腹地。

大连港是我国东北地区的重要交通枢纽，又是渤海经济圈中发展潜力较大的一个港口，也是东北地区对外贸易的门户，更是东北地区最重要的综合性外贸口岸。这里不仅拥有面积广阔的土地，而且土质肥沃，物产丰富。在农产品方面，东北三省是重要的小麦、大豆、玉米等作物的主要产区，每年生产的粮食作物和经济作物产品大部分都经大连港运往国内各城市或销往国外。同时，东北三省的林业资源、养殖类资源、水产资源及矿产资源也十分丰富，这些丰富的资源物产，为大连港的形成和进出口贸易的快速发展，提供了不可或缺且极为坚实的物质基础。

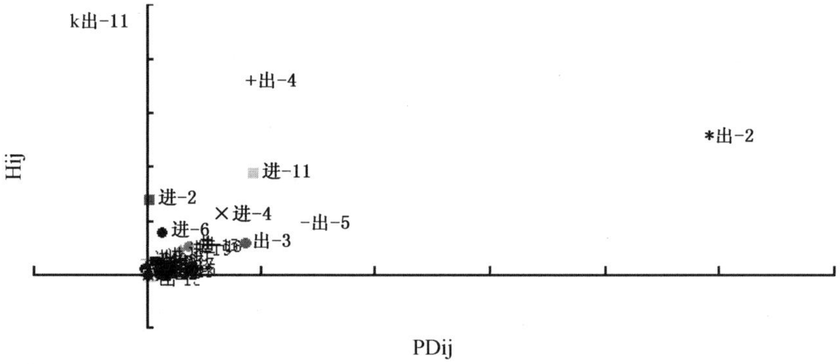

图 2：大连进出口部门优势分析图

由部门优势分析图可知：

在进口贸易中，第九类为一般部门，第十四和二十类为较差部门，第十二类为最差部门，其余均为较好部门。

在出口贸易中，第九、十一、十四和二十类为一般部门，第十五类为最差部门，其余均为较好部门。

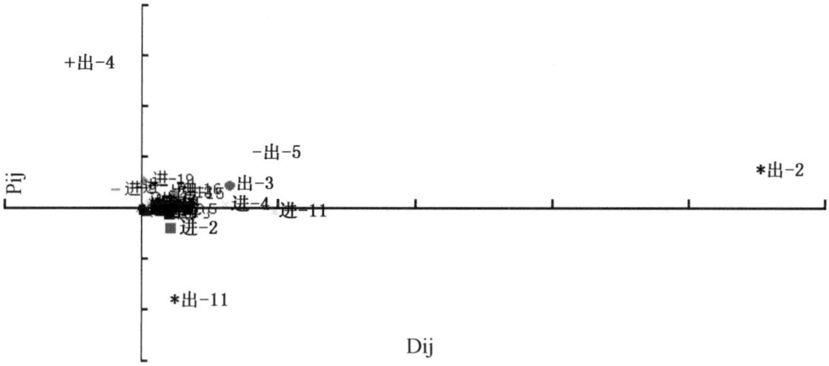

图 3:大连进出口部门偏离分量图

由部门偏离分量图可知:

在进口贸易中,第四、六、七、十、十三、十四、十五、十六、十八、十九和二十类为竞争力强的部门,第十五和十七类为竞争力一般部门,第二十一类为竞争力最差部门,其余均为竞争力较差部门。

在出口贸易中,第一、二和五类为竞争力较强部门,第四和十五类为竞争力一般部门,其余均为竞争力较差部门。

根据进出口数据和通过 SSM 方法得到的结果,结合史实分析可知,经大连港进口的货物以煤炭为大宗,水泥次之,其余为茶叶、木材及杂货等;出口货物以大米及大豆为主,其余为小麦、粟、杂货等。从大连港进口货物和出口货物的比例来看,大连港在进出口贸易中,进口货物数量绝对远远大于出口货物数量。进口货物主要以食品、杂货、燃料和建筑材料等货物种类为主,可以看出大连港的港口贸易是直接为其广大腹地的建设和消费服务的。

3.1.2 天津

天津港是中国最大的人工港,有着独特的区位优势。天津港以华北平原和西北草原作为主要腹地。华北平原大量种植经济作物和粮食作物,西北草原以畜牧养殖业为主大量产出动物产品、皮革制品,天津及周边城市生产工业制品及手工业制品,这些都为天津港出口奠定了坚实的基础。天津港的经济腹地广阔,集中了中国华北和西北地区庞大的都市群体,发展潜力巨大,服务和辐射的范围包括北京、天津、河北以及中西部地区。天津港直接腹地以北京、天津、唐山和河北省中部地区为中心,主要产品包括:燃料、金属及矿石、石油,为天津港发展提供了坚强依托。天津港间接腹地主要是西北高原、荒漠和干旱草原为主,地域辽阔,资源丰富,储量可观,但是经济发展水平较低,人口分布不均衡。

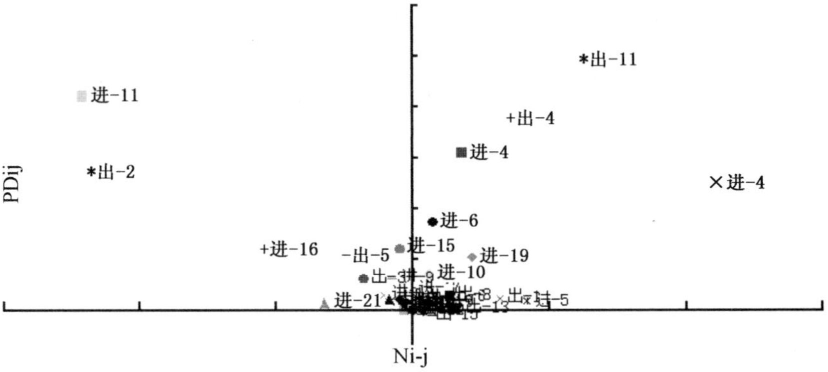

图 4:天津进出口部门优势分析图

由部门优势分析图可知:

在进口贸易中,第一、三、九、十一、十三、十五、十六、十七和二十一类为一般部门,第十二类为较差部门,第二十类为最差部门,其余均为较好部门。

在出口贸易中,第二、三、五、九、十、十二和十四类为一般部门,第十五类为较差部门,其余均为较好部门。

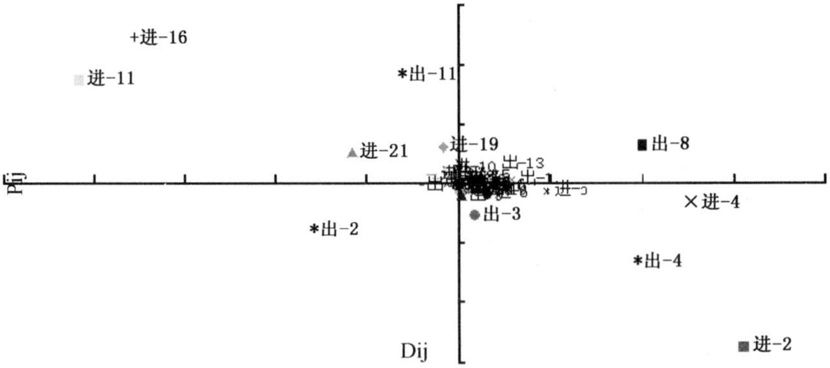

图 5:天津进出口部门偏离分量图

由部门偏离分量图可知：

在进口贸易中,十二类为竞争力强的部门,第七、九、十、十一、十三、十六、十七、十八、十九和二十一类为竞争力一般部门,第一和十四类为竞争力最差部门,其余均为竞争力较差部门。

在出口贸易中,第一和八类为竞争力较强部门,第十一、十五和二十类为竞争力一般部门,第二、五和十二类为竞争力最差部门,其余均为竞争力较差部门。

根据进出口数据和通过 SSM 方法得到的结果,结合史实分析可知,进口商品以消费资料为主。主要的进口货物是棉织品、毛织品、五金及日用商品等,还有糖、药材、香料、染料、棉纱、机器、木材、水泥、卷烟、煤油和机器等产品。出口的商品以农副、土特产品、原料和手工制品为主,以及少量煤炭等矿产品和工业产品。

3.1.3 青岛

青岛港位于山东半岛东端胶州湾畔,是中国北方沿海少有的深水海港,背靠物产丰富、交通便利的山东半岛,并有胶济铁路与山东省省会济南相连通,是北方地区同时具备了海陆运输的港口城市之一。

自从 1898 年胶州湾被划为德国租界地之后,青岛的港口、城市建设被迅速提上日程,并取得了举世瞩目的成绩,青岛港的国际贸易地位也被政府、国民所认可。青岛港的腹地主要位于山东半岛,及华北平原一部分,因此,出口商品主要以初级产品为主,进口产品以生活资料为主,并有一定数量的生产资料(各类机器等)。

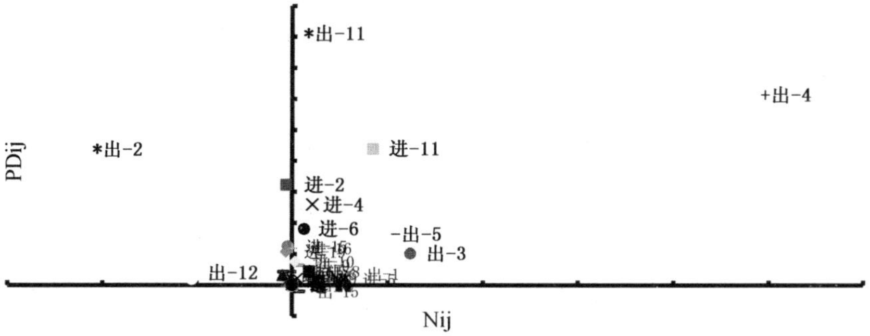

图 6:青岛进出口部门优势分析图

由部门优势分析图可知：

在进口贸易中，第四、五、六、十一类等为较好部门，第十四类为较差部门，其余均为一般部门。

在出口贸易中，第三、四、五类等为较好部门，第二、十二类为较差部门，其余均为一般部门。

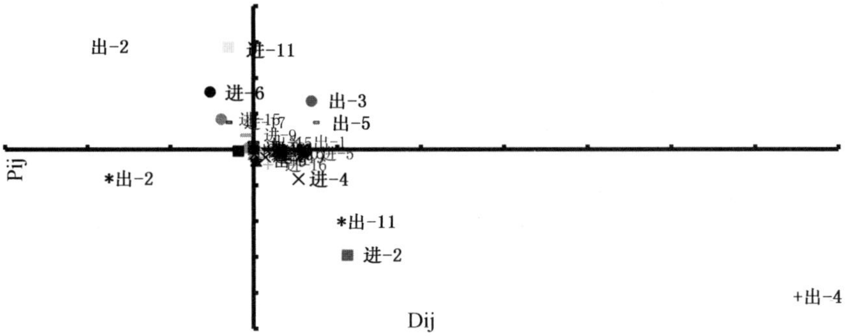

图 7：青岛进出口部门偏离分量图

由部门偏离分量图可知：

在进口贸易中，第六、十一类为竞争力强的部门，第二类为竞争力较差部门，其余均为竞争力一般部门。

在出口贸易中，第三、四和五类为竞争力较强部门，第二、十一类为竞争力较差部门，其余均为竞争力一般部门。

3.1.4 汉口

汉口港位于中国大陆中部长江和汉江汇合处，具有得中独厚、得水独优的地理优势，地处长江中下游广阔平原地带，属于亚热带季风气候区域，自然条件优越。铁路、公路交通便利，方便人流、物流的集散和中转，自古即有“九省通衢”之称，是中国内陆最大的水陆空交通枢纽。汉口港所涉及的腹地范围较广，具有良好的社会经济因素，是华中地区最大的经济、文化中心，科技水平在全国属于较高水平，劳动力资源丰富、素质高。

汉口港是长江中游的沿江口岸和内河港口城市，主要以广阔富饶的中国中部平原地区和西部草原地区作为经济腹地。在汉口贸易中出口商品所占比重远远多于进口商品，土货出口量始终占据其对外贸易的半数以上，这是汉口港不同于沿海口岸的一大显著特点。汉口的主要出口商品有茶叶、棉花、桐油等,这是由于汉口港的腹地主要在两湖地区、陕西汉中地区、四川省的大部分地区和河南省中南部地区。

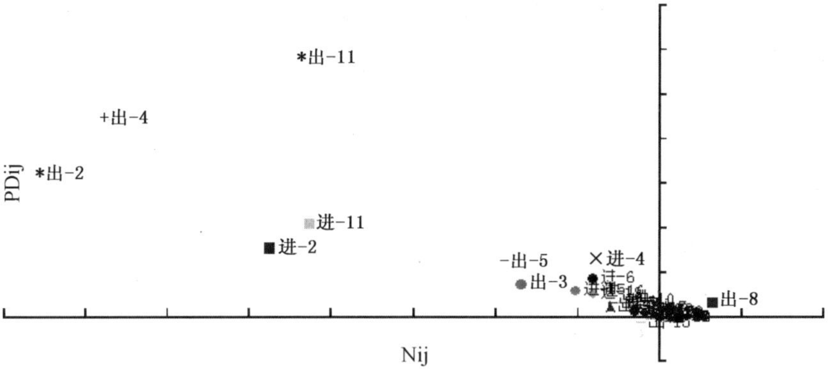

图 8:汉口进出口部门优势分析图

由部门优势分析图可知:

在进口贸易中,第三类为较好部门,第十二和二十类为较差部门,第十四类为最差部门,其余均为一般部门。

在出口贸易中,第十五类为最差部门,其余均为一般部门。

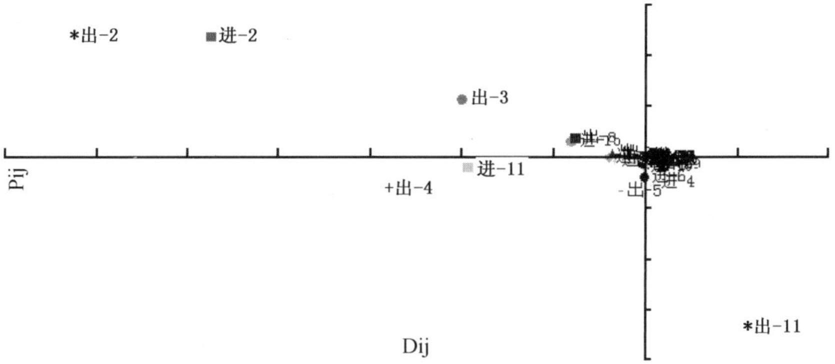

图 9:汉口进出口部门偏离分量图

由部门偏离分量图可知:

在进口贸易中,第二十类为竞争力强的部门,第二、三、六、八和九类为竞争力一般部门,第一、七、十、十一、十三、十五、十六、十七、十八、十九和二十一类为竞争力最差部门,其余均为竞争力较差部门。

在出口贸易中,第十一、十五和二十类为竞争力一般部门,第四、五、

十二、十三、十四、十五和二十类为竞争力最差部门,其余均为竞争力较差部门。

根据进出口数据和通过 SSM 方法得到的结果,结合史实分析可知,汉口土货出口种类多,腹地来源广,且有多种货物是国内出口货物的主要供给港,比如茶叶、桐油、棉花、禽畜产品、皮货、矿材生铁、烟叶等,最重要的出口物资是茶叶。汉口洋货进口的主要种类有糖、棉纺织品、毛纺织品、五金、鸦片、煤油和机器,其中进口数量最大的是纺织制品。

3.1.5 **上海**

上海港的自然条件优越,它位于长江入海口南岸,长江和黄浦江上的河港,东向东海,又有港阔水深的海港,交通非常便利,有利于上海港对外贸易的发展。长江和黄浦江为港口提供了充足的淡水和轮船停泊的空间;三角洲地势平坦开阔,筑港条件好,江宽水深,有利于大型船舶停靠。

上海港以上海市为依托,在人才、经济、交通等方面具有诸多优势,又有长江流域各城市和港口作为后盾,经济腹地广阔且发达。其直接腹地主要是长江三角洲地区,包括上海、江苏省南部地区和浙江省北部地区。港口的间接经济腹地囊括了我国中部、东部、南部大部分地区,主要有浙江省北部地区、江苏省南部地区、安徽省和江西省,以及湖北、湖南、四川等省。港口物资流向腹地,除上述省份外,还包括福建省、河南省和西北大部分地区。

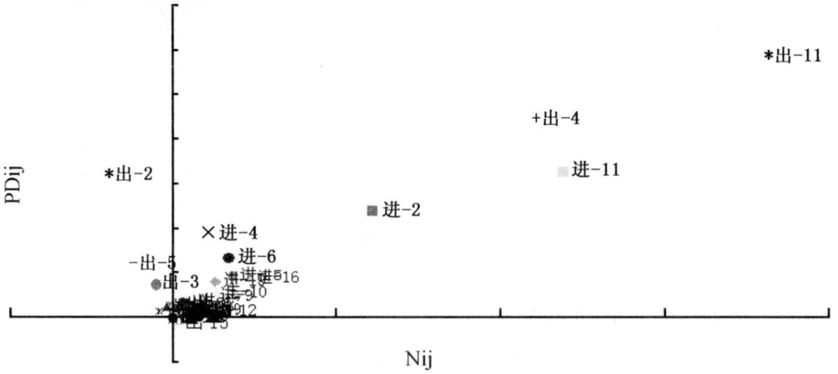

图 10:上海进出口部门优势分析图

由部门优势分析图可知:

在进口贸易中,第五类为一般部门,第十二和十四类为较差部门,第二十类为最差部门,其余均为较好部门。

在出口贸易中,第二、三、五、八、九和十四类为一般部门,第十五类为较差部门,其余均为较好部门。

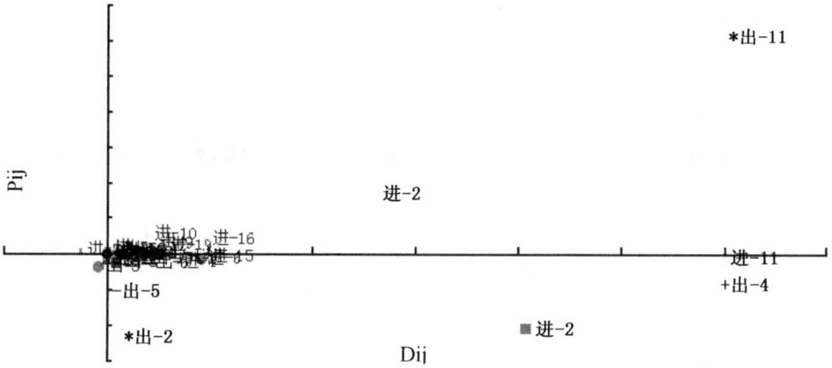

图 11:上海进出口部门偏离分量图

由部门偏离分量图可知:

在进口贸易中,第七、九、十、十三、十六、十八、十九和二十一类为竞争力强的部门,第五类为竞争力一般部门,其余均为竞争力较差部门。

在出口贸易中,第十、十一、十四、十五和二十类为竞争力较强部门,第三、五、九类为竞争力最差部门,其余均为竞争力较差部门。

根据进出口数据和通过 SSM 方法得到的结果,结合史实分析可知,上海港的出口商品以纺织品、饮食品、机械制造品为主,包括生丝和茶叶、各种原料、各种制造品、植物油等农产品,兽皮、皮革、猪鬃等畜产品,以及灯泡、纸烟、肥皂、牙膏、搪瓷器皿、药品等杂货制品。进口贸易的货品主要有棉纺织品,杂项商品,煤、金属和矿物、石油、木材等工业原料商品,机器,车辆,化学产品,染料,电器材料及装置,纸张等。

3.1.6 厦门

厦门港地处福建省东南部的九龙江出海口,介于上海与广州之间,面向东海,濒临台湾海峡,与台湾、澎湖列岛一水相望,其优越的自然地理环境为厦门港的兴起和对外贸易的发展提供了便利的条件,厦门港港阔水深,不冻不淤,避风条件好,为我国对外贸易港口之一。该区的进出口商品、华侨及侨汇均集散于厦门港,故而厦门港成为闽南经济、航运、贸易中心。

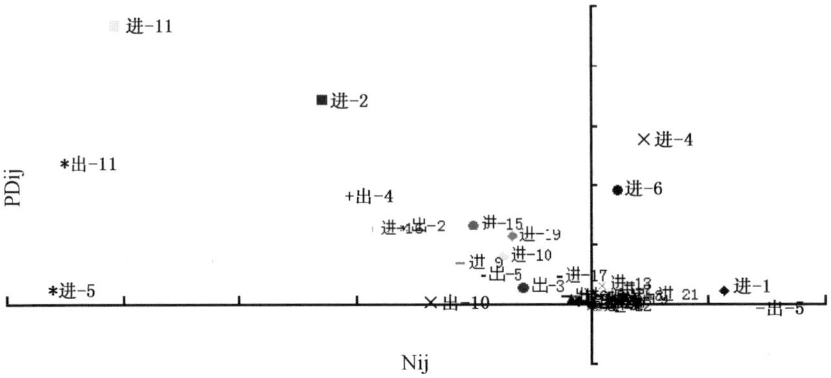

图 12:厦门进出口部门优势分析图

由部门优势分析图可知:

在进口贸易中,第一、三、四、六、七、八、十三和二十一类为较好部门,第十二和二十类为较差部门,其余均为一般部门。

在出口贸易中,第十九类为较好部门,第十五类为较差部门,其余均为一般部门。

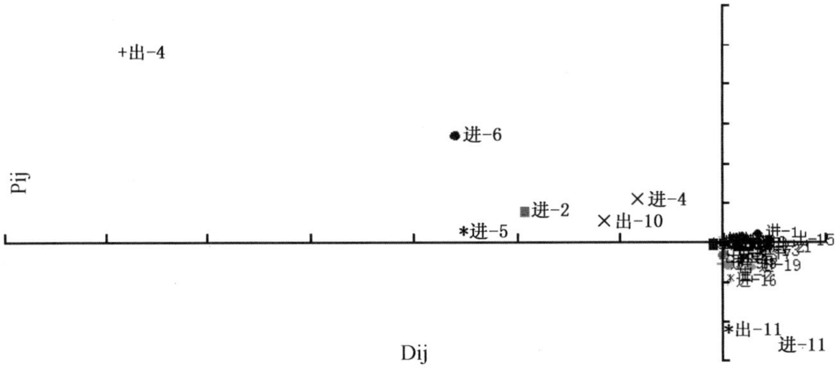

图 13:厦门进出口部门偏离分量图

由部门偏离分量图可知:

在进口贸易中,第一、十二、十四和二十类为竞争力强的部门,第二、四、五、六和九类为竞争力一般部门,第十八类为竞争力最差部门,其余均为竞争力较差部门。

在出口贸易中,第十五类为竞争力较强部门,第四、九和十类为竞争力一般部门,第一、五、六、八、十二、十三、十四和二十类为竞争力最差部门,其余均为竞争力较差部门。

根据进出口数据和通过 SSM 方法得到的结果,结合史实分析可知,进口商品以消费资料为主,建筑用品、车辆船舶、棉花和棉织品、毛织品、金属、煤油、米粮和各种杂物为主要进口物。出口商品以农副产品为主,茶、糖、纸、布、药材、铁器、瓷器、烟丝、面线、金箔、建筑用品、生活用品及家具为主要出口产品。

3.1.7 **广州**

广州港是我国历史悠久的一个对外贸易港口。鸦片战争前,广州港是中国唯一的对外通商口岸,也是当时对外贸易的最大港口,即使五口通商时上海港对其造成一定冲击,但广州港的进出口贸易额依然巨大,既是华南地区最大的国际贸易港,又是珠江三角洲水网运输中心和水陆运输枢纽。

广州港经济腹地辽阔,以广东为主,包括西南和中南大部分地区。便利的交通使广州港成为了珠江三角洲以及西南和中南地区客、货运输和物资的主要集散地,担负着国内和外贸物资的转口任务,通过该港运向国内外的货物种类繁多。珠江流域腹地内矿产资源丰富,主要有燃料、矿石、化工原料和有色金属及矿石,沿江地区工农业比较发达,许多重要城市多分布于沿江两岸。

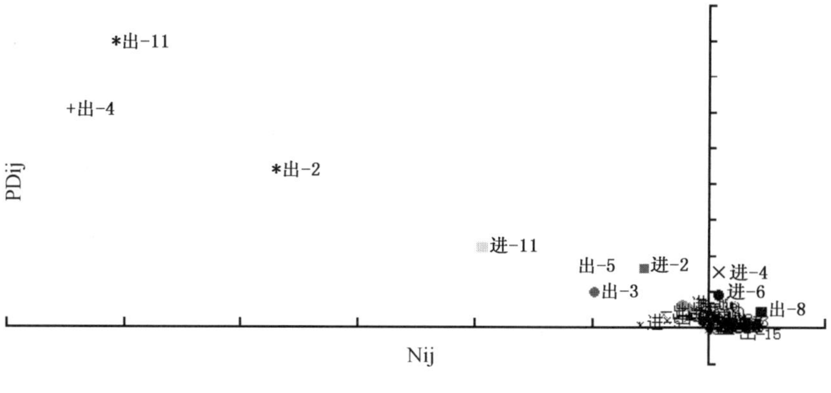

图 14:广州进出口部门优势分析图

由部门优势分析图可知：

在进口贸易中，第一、四、六、七、八、十三和二十类为较好部门，第二十类为较差部门，第十四类为最差部门，其余均为一般部门。

在出口贸易中，第十四类为较好部门，第十五类为较差部门，其余均为一般部门。

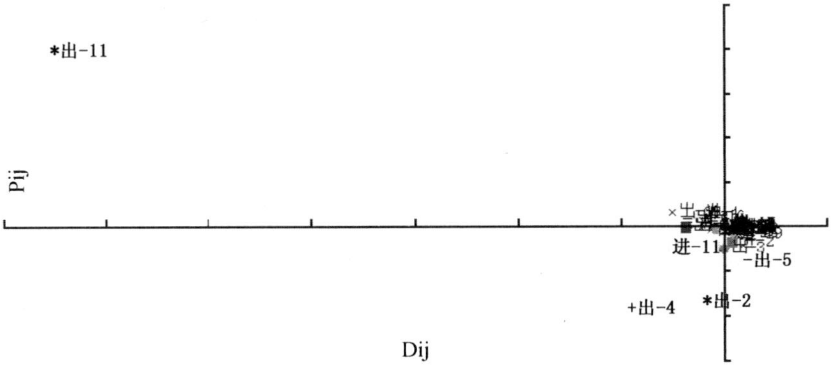

图 15：广州进出口部门偏离分量图

由部门偏离分量图可知：

在进口贸易中，第六和二十类为竞争力强的部门，第四、五、七、十、十八和二十一类为竞争力一般部门，第十一、十二、十三、十四、十五和十七类为竞争力最差部门，其余均为竞争力较差部门。

在出口贸易中，第十五和二十类为竞争力较强部门，第六、十一、十四和十九类为竞争力一般，第五、十二和二十类为较差部门，其余均为竞争力竞争力最差部门。

根据进出口数据和通过 SSM 方法得到的结果，结合史实分析可知，广州港主要出口商品包括茶叶、生丝、蔗糖、矿产品、杂项制品和古玩藏品等。进口商品主要包括金属制品、机械、交通运输、化工产品、纸制品、食品和各种日用杂货等一些种类。

4 结果分析

表 14:各港口 SSM 模型指标表

进口							
	N_i	P_i	D_i	G_i	W	u	L
大连	40112855.74	18027117.31	52264846.36	110404819.42	1.2787	1.6319	2.0867
天津	89128708.48	13301390.16	-16424257.55	86005841.08	1.0926	0.8954	0.9783
青岛	37185131.99	3065618.03	4291953.32	44542703.33	1.0511	1.0681	1.1227
汉口	89188085.54	9241189.93	-86445690.14	11983585.33	1.0643	0.4352	0.4632
上海	138812455.83	-8731355.73	313826590.90	443907691.00	0.9610	2.4590	2.3631
厦门	19843994.79	-1704077.28	-5347146.75	12792770.75	0.9467	0.8235	0.7796
广州	47386184.15	-7172680.36	-11878921.79	28334582.00	0.9061	0.8284	0.7507
出口							
	N_i	P_i	D_i	G_i	W	u	L
大连	67899857.55	26842963.29	129926384.69	224669205.53	1.2659	2.0263	2.5650
天津	71250684.37	-1766750.54	14508261.03	83992194.86	0.9806	1.1385	1.1164
青岛	46744576.57	-5367342.47	27620213.09	68997447.19	0.9195	1.4363	1.3207
汉口	168278837.58	-11658470.35	-116728363.95	39892003.28	0.9504	0.5060	0.4809
上海	169849733.81	6630662.70	277182910.94	453663307.44	1.0240	2.0887	2.1387
厦门	6838875.94	1261224.71	-6479184.29	1620916.36	1.1227	0.4283	0.4808
广州	114764577.22	-4330825.63	-87800321.45	22633430.14	0.9718	0.4670	0.4538

4.1 数据分析

由以上 SSM 数据模型得出结果可知:

大连在进口贸易中 L 值大于 1 且 G 值很大,说明其进口贸易中区域增长快于全国;W 值大于 1 且 P 值最大,说明其进口贸易中增长速度快的产业部门所占比重较大,区域总体经济结构全国最好;u 值大于 1 且 D 值最大,说明其进口贸易中区域总的贸易额增长势头好,竞争力全国最强。在出口贸易中 L 值大于 1 且 G 值很大,说明其出口贸易中区域增长快于全国;W 值大于 1 且 P 值最大,说明其出口贸易中增长速度快的产业部门所占比重较大,区域总体经济结构全国最好;u 值大于 1 且 D 值较大,说明其出口贸易中区域总的贸易额增长势头好,竞争力较大。

天津在进口贸易中L值趋近1且G值一般,说明其进口贸易中区域增长在全国属于一般水平;W值大于1但P值较大,说明其进口贸易中增长速度快的产业部门所占比重较大,区域总体经济结构优于全国其他港口;u值小于1且D值为负,说明其进口贸易中区域总的贸易额增长势头较差,竞争力较差。在出口贸易中L值大于1且G值较大,说明其出口贸易中区域增长快于全国其他港口;W值小于1且P值为负,说明其出口贸易中增长速度快的产业部门所占比重较小,区域总体经济结构略逊于全国其他港口;u值大于1且D值一般,说明其出口贸易中区域总的贸易额增长势头好,竞争力较大。

青岛在进口贸易中,L值大于且G值较大,说明其进口贸易中区域增长快于全国;W值大于1且P值较小,说明区域总体增长速度快的部门所占比重不大,但总体经济结构尚属完整;u值大于1且D值较大,说明其进口贸易中区域总的贸易额增长势头好,竞争力较强。在出口贸易中,L值大于1且G值较大,说明其出口贸易中区域增长快于全国;W值小于1且P值为负,说明其出口贸易中增长速度快的产业部门所占比重较小,区域总体经济结构略逊于其他区域;u值大于1且D值较大,说明其出口贸易中区域总的贸易额增长势头好,竞争力较强。

汉口在进口贸易中L值小于1且G值较小,说明其进口贸易中区域增长在全国属于较差水平;W值小于1且P值较小,说明其进口贸易中增长速度快的产业部门所占比重较小,区域总体经济结构略逊于全国其他港口;u值小于1且D值为负,说明其进口贸易中区域总的贸易额增长势头较差,竞争力较差。在出口贸易中L值小于1且G值较小,说明其出口贸易中区域增长在全国属于较差水平;W值小于1且P值为负,说明其出口贸易中增长速度快的产业部门所占比重较小,区域总体经济结构略逊于全国其他港口;u值小于1且D值为负,说明其出口贸易中区域总的贸易额增长势头较差,竞争力较差。

上海港在进口贸易中L值大于1且G值最大,说明其进口贸易中区域增长全国最快;W值大于1但P值为负,说明其进口贸易中增长速度快的产业部门所占比重较小,区域总体经济结构略逊全国其他港口;u值大于 1 且 D 值较大，说明其进口贸易中区域总的贸易额增长势头好，竞争力较大。在出口贸易中 L 值大于 1 且 G 值最大，说明其出口贸易中区域增长全国最快；W 值大于 1 且 P 值很大，说明其出口贸易中增长速度快的产业部门所占比重较大，区域总体经济结构优于全国其他港口；u 值大于 1 且 D 值最大，说明其出口贸易中区域总的贸易额增长势头好，竞争力最大。

厦门在进口贸易中 L 值小于 1 且 G 值较大，说明其进口贸易中区域增长在全国属于较差水平；W 值小于 1 且 P 值为负，说明其进口贸易中增长速度快的产业部门所占比重较小，区域总体经济结构比之全国其他港口较差；u 值小于 1 且 D 值为负，说明其进口贸易中区域总的贸易额增长势头较差，竞争力较差。在出口贸易中 L 值小于 1 且 G 值较小，说明其出口贸易中区域增长在全国属于较差水平；W 值大于 1 且 P 值较小，说明其出口贸易中增长速度快的产业部门所占比重略大，区域总体经济结构优于全国其他港口；u 值小于 1 且 D 值为负，说明其出口贸易中区域总的贸易额增长势头较差，竞争力较差。

广州在进口贸易中 L 值小于 1 且 G 值较大，说明其进口贸易中区域增长在全国属于略差的水平；W 值小于 1 且 P 值为负，说明其进口贸易中增长速度快的产业部门所占比重较小，区域总体经济结构比之全国其他港口较差；u 值小于 1 且 D 值为负，说明其进口贸易中区域总的贸易额增长势头较差，竞争力较差。在出口贸易中 L 值小于 1 且 G 值较大，说明其出口贸易中区域增长在全国属于略差的水平；W 值小于 1 且 P 值为负，说明其出口贸易中增长速度快的产业部门所占比重较小，区域总体经济结构比之全国其他港口较差；u 值小于 1 且 D 值为负，说明其出口贸易中区域总的贸易额增长势头较差，竞争力较差。

根据进出口数据和对数据进行分析得到结果：

在进口贸易当中，大连和上海区域增长快于全国，其中上海区域增长最快；大连、天津、青岛和汉口区域总体经济结构比较好，而且结构对于经济增长的贡献大，其中大连的区域总体经济结构最好；大连和上海区域具有较强的竞争力，其中大连竞争力最强。

在出口贸易当中，大连、天津和上海区域增长快于全国，其中上海区域增长最快；大连、青岛、上海和厦门区域总体经济结构比较好，而且结构对于经济增长的贡献大，其中大连的区域总体经济结构最好；大连、天津和上海区域具有较强的竞争力，其中上海竞争力最强。

4.2 史实分析

大连港在进出口贸易中均占有极大的份额分量，产业结构较好，竞争力极强。有东北三省作为腹地的大连港，随着东北三省的发展，其进出口贸易迅速增大。此外，俄日帝国主义以掠夺中国财富和倾销商品为目的进出口贸易，也极大加速了大连港的发展，使之在这段时间之内具有极大的进出口份额和极强的竞争力，但是这确实损害了大连港和大连城市的发展。

天津港在进出口贸易中均占有不小的份额分量，产业结构一般，进口贸易中竞争力不强，出口贸易中竞争力较强。天津港以华北平原和西北草原作为主要腹地，华北平原大量种植的经济作物和粮食作物，西北草原以畜牧养殖业为主大量产出的动物产品、皮革制品，天津及周边城市生产的工业制品及手工业制品，都为天津港出口奠定了坚实的基础。天津港进口的货物主要为生活资料和少量生产资料，虽然份额巨大，但是增长不大，比之其他港口并不具有足够的竞争力。

青岛港在进出口贸易中占有的份额分量较小，贸易结构一般，但在进出口贸易中的竞争力均较强。青岛港主要以山东半岛，及华北平原的一部分作为主要腹地，出口货物主要为各类初级产品，但进口货物以生活资料居多，并有大量的生产资料，以满足所在腹地的商品要求，有一定的竞争力。

汉口港在进出口贸易中均占有较大的份额分量，产业结构一般，增长量不大，竞争力不强。汉口作为长江流域的沿江口岸和内河港口城市，以湖南和湖北地区、陕西省的汉中地区、四川省的大部分地区和河南省的中南部地区为主要的腹地，在进出口贸易中，土货出口一直占据了汉口港出口货物的大半份额。进口货物主要为纺织品、五金、煤油和机器。由于汉口港作为一个沿江的口岸，主要运输方式以河运为主，地理位置上远离出海口，远洋船只难以进入汉口港，所以汉口港直接同海外展开贸易面临极大的障碍。其进出口贸易份额虽大,但优势部门和贸易增长量不多,所以汉口港显得竞争力有些不足。

上海港在进出口贸易中均占有最大的份额分量,产业结构较好,竞争力很强。上海港以长三角地区作为主要经济腹地,间接辐射整个东南沿海地区,并且以长江流域各城市为后盾,为其开始通商之后迅速发展并占有极大的份额打下了坚实的基础。上海作为当时第一批工业化起步的城市,其生产原料和生产机械的进口量急速增长,从而使得手工制品及工业产品出口量随之增长。长江流域各江岸港口出口货物转运大多也经由上海港。诸多有利条件使得上海港迅速成为了一个占有极大进出口贸易份额,并且具有极大竞争力的港口,甚至对周边的其他港口造成冲击,自身迅速发展的同时,一定程度上限制了周边其他港口的发展。

厦门港在进出口贸易中均占有很少的份额分量,产业结构一般,竞争力很弱。厦门港的腹地主要为福建地区,该地区地势起伏大、多山地,河道水流速度快,交通条件较差,不适合长途运输,而且其腹地范围较小,相对贫瘠,人口少,市场容量小。这就决定了厦门港在进出口贸易中所占的份额很小,竞争力不足。

广州港在进出口贸易中均占有极大的份额分量,产业结构较差,竞争力较弱。一口通商时期,广州港作为唯一的通商口岸,积累了巨大的资源,但是其腹地与上海港有很大的重叠,上海港开始通商以后对广州港的进出口贸易造成了极大的冲击。广州港虽然保留着很大的进出口份额,但竞争力较之以往显得明显不足。

5 结　语

由分析数据可知,食物和植物制品更倾向于从大连港和汉口港进出口,纺织类货物更倾向于从天津港、上海港和广州港出口,纺织类货物更倾向于从上海港进口,化工类货物倾向于从厦门港进口,木材和木制品、纸制品更倾向于从厦门港进出口,机器及机械设备更倾向于从上海港进口。

通过数据分析,结合史实论证,不难看出:腹地是港口赖以生存和发展的基础,它不断为港口提供货源并消化来自港口的货物。腹地的经济越发达,其货运总量越大,对港口贸易能力的要求也就越高,从而促进港口的规模发展,使其在国家经济活动中能够起到的作用越来越大。港口的发展与腹地的发展相辅相成、密不可分,双方存在着相互依赖、相互影响的双向经济互动关系。港口城市的进步促进了腹地经济的发展,促进腹地产业层次的提高,推动腹地产业结构转化;而腹地的发展又促进了港口城市的进步,腹地范围的大小和经济发展的快慢、产业机构、交通便利程度诸多因素也影响着港口城市的发展,腹地经济的发展为港口的生产和发展带来强有力的动力支持。惟有协调发展,才能够实现港口和腹地发展的互相促进。

各港口城市要合理利用自身有利的区位因素,大力发展进出口贸易,吸引资金,重组资产配置的功能,通过提高港口的核心竞争力,扩大腹地的范围,提高其经济水平;作为港口,各港口城市应该加强港口基础设施建设、建设公共信息平台、完善港口经营模式、拓展集疏运体系以及发展临港产业带。腹地城市应根据自身区位条件,坚持可持续发展战略,合理优化产业结构,加快交通运输网络建设。应该以港口经济发展作为纽带,建立港口-腹地互动机制,进一步加强港口与腹地的经济联系,大力促进港口经济与腹地城市经济的良性互动发展,实现港口和腹地经济的协调、持续、快速的发展。

参考文献:

[1] Daniel C.K.,"Shift of Manugacturing Industries," in *Industrial Location and National Resources* (Washington D. C, U. S. National Resource Planning Board, 1942).

[2] Creamer D .B., *Industrial Location and Natural Resources*(Washington, D.C.:U.S.Natural Resources Planning Board, U.S.Government Printing Office, 1943).

[3] Dunn E. S., " A Statistical and Analytical Technique for Regional Analysis,"*Papers of the Regional Science Association*,1960 , 06 :97 -112.

[4] Peroff H. S., Dunn E. S., Lampard E. E. and Muth R. F., *Regions, Resources and Economic Growth* (Baltimore, M aryland: Johns Hopkins Press, 1960).
[5] Thirlwall A. P., "A Measure of the Proper Distribution of Industry," *Oxford Economic Papers*, 1967, (19):46 -58.
[6] Richard R. A. and Prentice L. K., "Dynanic Shift - share Analysis," *Growth and Change*, 1988(Spring):1 -11.
[7] Esteban-Marquillas J.M.,"A Reinterpretation of Shift-share Analysis," *Regional and Urban Economics*, 1972(3):249-255.
[8] Nazara S. and Hewing J. D., "Spatial Structure and Taxonomy of Decompositionm in Shift- share Analysis," *Growth and Change*, 2004 (Fall):476 -490.
[9]姚芳、周密、孙林岩:《偏离-份额法的修正及中国工业竞争力分析》,《软科学》2005年第6期。
[10]史春云:《国外偏离-份额分析及其拓展模型研究述评》,《经济问题探索》2007年第3期。
[11]李欣鑫:《近代殖民统治时期大连港研究》,大连理工大学硕士毕业论文,2008年。
[12]樊如森:《天津港口贸易与腹地外向型经济发展(1860—1937)》,复旦大学博士毕业论文,2004年。
[13]方书生:《珠江三角洲港埠与腹地的空间形态——以近代经济发展的地域尺度为视角》,《历史地理(第21辑)》2006年。
[14]张珊珊:《近代汉口港与其腹地经济关系变迁(1862—1936)》,复旦大学博士毕业论文,2007年。
[15]刘良山:《近代厦门对外贸易发展研究(1862—1911年)》,厦门大学硕士毕业论文,2008年。
[16]徐望坡:《上海对外贸易与当地经济增长关系的研究》,华东理工大学硕士毕业论文,2010年。

雨水、瘴疠:腹地自然生态与近代云南口岸贸易的波动*

张永帅

(云南师范大学历史与行政学院)

随着1889年、1897年、1902年蒙自、思茅、腾越等口岸的先后开放,近代云南对外贸易进入了口岸贸易的时代。有关近代云南口岸贸易的研究,已有不少成果,但是,口岸贸易的波动与变动趋势并没有引起论者的真正注意。尽管早在60多年前万湘澄就曾指出地形、雨水和瘴疠是决定云南对外贸易的三大自然因素,但他只是集中探讨了这些自然因素对三关贸易地位不同的影响,认为:"云南西北、西南和东部的三个通商口岸贸易范围内,以思茅口的地形为最坏,雨水和烟瘴也最大,腾越口次之,蒙自口最好。所以蒙自口的贸易最发达,腾越口次之,思茅最少。"②除此之外,几乎没有论者注意到降雨对近代云南口岸贸易的影响,而只是将瘴疠作为影响近代云南三关贸易地位不同的因素之一。而实际上,雨水和瘴疠不仅是云南三关贸易地位形成的重要自然因素,也是影响近代云南口岸贸易波动的重要原因。

口岸的贸易辐射空间范围也就是经济地理学所说的该口岸的腹地。

---

*本文系云南省哲学社会科学项目"空间视角下的近代云南口岸贸易研究"(QN2013032)、云南省教育厅一般项目"近代云南口岸贸易研究"(项目编号:2012Y188)研究成果。

②万湘澄:《云南对外贸易概观》,新云南丛书社1946年,第59—60页。

近代云南口岸的腹地主要包括云南全省和川西南、黔西南、黔西北地区。① 本文主要利用中国旧海关史料,②通过对腹地降雨、瘴疠发生的特征与近代云南口岸贸易波动关联性的分析,冀望有助于理解腹地自然生态对口岸贸易的塑造作用这一被忽视的问题。

一、雨水、瘴疠与近代云南口岸贸易的季节波动

(一)从运货骡马数量的变化看口岸贸易的季节波动

在整个近代,诸如铁路、公路等现代化的交通建设在云南的发展都非常缓慢。建设完成的铁路仅有滇越铁路和个碧石铁路,虽说对云南对外贸易不无推进作用,但毕竟建成时间较晚,而且通达性不强,因而铁路不是近代云南对外贸易主要的商品运输方式。公路方面,1913 年,滇南绅商倡议修筑公路,但真正得到实践则已是七八年后的事了。1921 年,修成昆明至黄土坡马路,1924 年从黄土坡延展到碧鸡关,总计 16.4 公里。1928 年,修通昆明至安宁段公路,计 34 公里。在此之后,公路修筑的步伐才有所加快,1928 年,云南公路累计通车里程 68.2 公里,1929 年便增加到了354.3 公里,至 1936 年共计完成公路里程 3712.9 公里。③ 但是,由于路况不良,汽车数量有限(参见表 1),效益不高,公路运输的作用难以得到真正发挥。

表 1:抗战前云南省运营汽车数量　　　　单位:辆

时间		官营	商营	合计
1929—1932 年		14		14
1933 年 2 月开放商车		14	16	30
1934 年		14	38	52
1935 年	上半年	19	58	77
	下半年	21	160	181
1936—1937 年 3 月		24	168	192

资料来源:黄恒蛟主编《云南公路运输史》,北京:人民交通出版社 1995 年,第 106 页

①详参拙作《近代云南口岸-腹地格局的演变(1889—1937)》,《历史地理》,待刊。

②中国第二历史档案馆、中国海关总署办公厅编《中国旧海关史料》,北京:京华出版社 2001 年。

③《云南公路交通史(公路篇)》第 1 册,第 189 页,转自吴兴南《云南对外贸易——从传统到现代化的历程》,昆明:云南民族出版社 1997 年,第 300—301 页。

因此,“云南的交通只得以马、骡、驴及苦力为依赖,除此而外,别无他法”①,在这当中,人的力气与耐力毕竟有限,苦力不可能发挥重要作用,驴的力气也嫌其小,“仅在平坝地区作短途运输”②,因而,只有马、骡,以其速度快、力气大、耐力强、善于攀爬陡峭的山路,“是等兽类体格强健、能穿行于峻坂之间,如骡,据说负重二百余斤,一日可行十五英里的山路”③,从而成为人们在云南复杂与艰险的地形环境下长途运输的必然选择,即“云南地处高原,崇山峻岭,交通不便,久有山国之称,虽金沙江上游经过云南,但水流湍急,险滩甚多,也无法通航,因此,内地交通运输,主要依靠马帮驮运”④。这也就是说,近代云南对外贸易,马帮运输是其主要运输方式。

受资料的限制,我们缺乏近代云南海关贸易统计月报和季报的统计数据,但中国旧海关史料给我们提供了一些连续年份每个季节运输商品的骡马数量的具体统计数字,从而可以从一个侧面反映出贸易量随季节波动的状况。

据表2,1890—1919年间,云南三关第一季度和第四季度运货骡马的数量远多于第二季度和第三季度。具体而言,蒙自关第一季度和第四季度运货骡马数量为第二季度和第三季度的1.28倍,思茅关为1.27倍,腾越关为1.74倍,三关平均为1.41倍。

据表2绘制图1,可以清楚地看出:云南三关运货骡马数量均以第一季度为最多,然后在第二季度出现下降,第三季度降到最少,之后又开始上升,第四季度相对第三季度有了明显的增加。

由运货骡马数量的季节变化来看贸易的季节波动,大致可以得出这样的结论:近代云南三关商品进出以冬春相对畅旺,为贸易旺季,夏秋萎缩,为贸易淡季,特别是秋季,贸易最为惨淡,口岸贸易有着非常明显的随季节波动的特征。

①东亚同文会编《中国省别全志》第3卷《云南省》,1917年,第236页。
②王明达、张锡禄:《马帮文化》,昆明:云南人民出版社2008年,第3页。
③东亚同文会编《中国省别全志》第3卷《云南省》,第236页。
④解乐三:《云南马帮运输概况》,《云南文史资料选辑》第9辑,1965年,第184页。

表 2:1890—1919 年蒙自、思茅、腾越三关各季运货骡马数量　单位:匹

海关名	第一季度	第二季度	第三季度	第四季度
蒙自	40,013	36,183	25,429	39,022
思茅	8,048	7,902	797	3,026
腾越	26,244	18,934	8,910	22,267
平均	24,768	21,006	11,712	21,438

资料来源:据《中国旧海关史料》历年统计数据整理计算。

说明:蒙自系 1890—1919 年共计 30 年的平均数,思茅系 1898—1919 年共计 22 年的平均数,腾越系 1903—1919 年共计 17 年的平均数

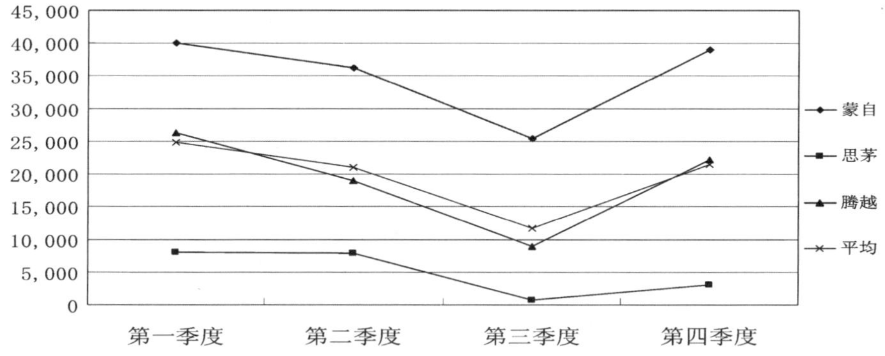

图 1:1890—1919 年蒙自、思茅、腾越三关各季运货骡马数量波动图

(二)雨水与口岸贸易的季节波动

西南"各地多雨的时间都为五月至十月,所谓雨季是……各地雨量自三月份起逐渐增多,至八月而至最高点,自此以后逐渐减少,十一月又回至二三月之状态"①。具体到云南口岸的腹地的降水情形,如表 3,普遍说来,云南各地降水主要集中在第二季度和第三季度,降水总量大,降水时日多;第一季度和第四季度降水总量较少,降水时日较少。前者可视为雨季,后者则为干季。降水量最多、降水时日最多的是第三季度,大约全年降水量、降水时日的 1/2 都集中在这个季节里;降水量最少、降水时日也最少的是第一季度,此间的降水总量还不及全年降水总量的 1/10,降水时日也只有全年降水日数的 1/10 左右。这是因为云南地处北半球低纬

①蒋君章:《西南经济地理》,上海:商务印书馆上海发行所 1947 年,第 38 页。

表3:昆明、大理、蒙自、思茅、腾冲各季降水总量及降水日数　　单位:毫米

地名	第一季度		第二季度		第三季度		第四季度	
	降水总量	降水日数	降水总量	降水日数	降水总量	降水日数	降水总量	降水日数
昆明	35.8	6.3	264.3	26.0	503.2	48.3	186.9	21.0
大理	171.3	20.2	331.0	36.8	751.8	58.8	144.5	17.8
蒙自	51.0	12.0	298.0	35.0	491.0	50.0	122.0	19.0
思茅	19.7	4.1	511.9	42.9	1009.6	70.6	210.8	20.7
腾冲	95.2	17.6	434.8	51.0	753.8	69.9	208.3	22.1
平均	74.6	12.0	368.0	38.3	701.9	59.5	174.5	20.1

资料来源:据《续云南通志长编》卷23、卷24(云南省志编纂委员会办公室,1985年,上册,第899—1023页)相关数据整理计算。

说明:昆明、大理为1906—1914年共计9年的平均数,蒙自为1907—1929年共计23年的平均数,思茅为1924—1926年共计3年的平均数,腾冲为1913—1926年共计14年的平均数

高原,处在两大季风系统的结合部,夏季既受到发源于赤道以南印度洋面上的西南季风的支配,也受到东亚季风的影响,其季风气候有其特殊性,因此,经典的以冬夏平均风向反相为特点的季风概念在云南并不适用,云南的季风气候,主要表现在雨量的季节变化上。① 川西南和贵州的大部分地区,季风气候形成的机制和云南一样,气候的总体特征与云南大体一致,干湿季也很是分明。川西南地区年降水800—1100毫米,大部分集中于6—9月;②黔西南地区年降水量1300—1500毫米,夏秋两季约占57%—79%;③黔西北地区年均降水量800—1400毫米,夏季即占50%左右。④

结合前述,不难看出,云南口岸腹地范围内降水较多的夏秋二季即雨季对应的是云南口岸贸易的淡季,其中,秋季降水量最多,降水时日也最多,贸易则最为惨淡;降水较少的冬春二季即干季对应的是云南口岸贸易的旺季,其中,春季降水量相对最少,降水时日也最少,贸易则最为畅旺。

①杨煜达:《清代云南季风气候与天气灾害研究》,上海:复旦大学出版社2006年,第50页。
②刘清泉主编《四川省经济地理》,北京:新华出版社1997年,第13页。
③陈永孝主编《贵州省经济地理》,北京:新华出版社1993年,第12—13页。
④陈永孝主编《贵州省经济地理》,第440页。

由此可见,云南口岸贸易的季节性波动与腹地降水的季节分配情形是高度一致的。难道这种高度的一致只是一种巧合吗?

腾越海关贸易报告指出:“若论现在之路,有时七日不能行走或一礼拜余”,“自本口以至大理,内有数段难行之路,若届大雨时行,商旅则鲜有出于其途”。① “观本口现在之景况,实因道途迢远,山路崎岖,盘运艰难为费过巨,以至懋迁一道未能兴也勃焉,且至雨水时生意绝迹”②,“当雨水天时,商务萧条固为常年所有之事”③,“论本口商务之态,每值年终,常居优胜,盖自十月以至五月,概为贸易期,而此期间,尤以年底为适中之候”④。思茅海关贸易报告说:“夏秋雨季,大雨滂沱,以致水患频仍”,“而道路交通,平时尚且不良,至此雨水而后,几乎全行隔绝”⑤,“盖本处节交夏令,淫雨淋漓,瘴毒蛮烟,行人受恐,路滑泥沟,骡马行艰,是以来往货物咸系停息矣”⑥,“每当暑热天时,雨水淋淋,商务几全停滞”⑦。蒙自海关贸易报告称:“蒙自地方虽不同牛庄、天津两口每到冬令数月封河,而红江一带每至夏日,雨水涨发,激流汹涌,而贸易者必须数月停帮,与四月中旬即虑途中骤遇大水,不敢开帮,至八月间水落平时,始能放船北上。一年之内未能常川,运货实与牛庄、天津大同小异也。”⑧传统的骡马和木船受制于自然条件,不利于在雨季的运输,可想而知。而被称为最不受天气影响的铁路运输,一到雨季,也往往因路基塌陷、桥梁被毁,运输中断的情况时有发生(参见表4),蒙自贸易往往因此而陷入停顿。

由此可见,雨季不利交通,影响贸易的进行。云南口岸贸易的季节性波动与腹地降水的季节分配情形的高度一致不是一种巧合,而是贸易受降水影响的结果。也就是说,腹地降水的季节性特征是近代云南口岸贸易季节性波动的重要原因。

①《光绪二十九年腾越口华洋贸易圈形论略》,《中国旧海关史料》第38册,第348页。
②《光绪三十四年腾越口华洋贸易情形论略》,《中国旧海关史料》第47册,第448页。
③《中华民国二年腾越口华洋贸易情形论略》,《中国旧海关史料》第62册,第813页。
④《中华民国三年腾越口华洋贸易情形论略》,《中国旧海关史料》第66册,第169页。
⑤《中华民国四年思茅口华洋贸易情形论略》,《中国旧海关史料》第70册,第209页。
⑥《宣统二年思茅口华洋贸易情形论略》,《中国旧海关史料》第53册,第491页。
⑦《中华民国三年思茅口华洋贸易情形论略》,《中国旧海关史料》第66册,第154页。
⑧《光绪十六年蒙自口华洋贸易情形论略》,《中国旧海关史料》第16册,第227页。

表 4:1909—1919 年滇越铁路中断运行情况一览

年份	中断情形
1909	自 5 月 15 日开始,大雨时行,地陷山颓,由河口至蒙自一带铁路累遭倾败,至 9 月中旬尚无火车往来,迨至 10 月上旬修补完备,复经开车。
1911	自 5 月开始即大雨滂沱,历 3 月之久,铁路第九十一基罗密达附近桥梁被坠落岩石拆分为两段,蒙自至云南府铁路中断 6 月有余。
1915	七八两月大雨不断,河口至云南府铁路倾塌崩陷不可胜数,输运货物阻塞两月有余。
1917	七八月间大雨滂沱,由河口至弥拉地一段铁路崩塌多处,交通阻断,直到 9 月底才恢复通车。
1918	5 月间,在铁路第三百三十七基罗密达处,有一桥梁被水冲倒,铁路停车即自此始。南溪与红河水势陡涨,泛滥洋溢,沿河两岸之木料建筑物均被冲没,而山上巨石亦相继崩坠。直至年底,铁路虽已修复,火车仍未敢遽通。

资料来源:据《中国旧海关史料》第 50、56、70、78、82 册整理

(三)瘴疠与口岸贸易的季节波动

根据最新的研究成果,瘴疠是特定自然生态条件下,以气体或液体方式,对人、畜的生理健康机能构成极大危害乃至使其丧失生命为认识特征,以疟疾为主要的病理表现形式,包含闷哑、失聪、背重、浮肿、伤寒等多种病毒性、传染性在内的疾病群。①

湿热的气候是滋生瘴疠的温床,因此,世界上最著名的瘴区主要分布在潮湿多雨的热带、亚热带地区。近代云南口岸贸易所及的主要区域,据当时的记载,很多地方都有瘴疠的存在,“翻开云南地图,将石屏、屏边、马关画直线连接起来,在线的外面,凡 1200 公尺以下的地方,大部分都为烟瘴区域;思茅、普洱两坝和其他海拔 1400 公尺左右的地方,也为烟瘴所笼罩”。② 但因干湿季分明、雨热同期的气候特征,在这些地方,瘴疠的发生又具有明显的时间特性。不同的地方因微气候的差异,瘴疠发作到来

①周琼:《清代云南瘴气与生态环境变迁研究》,北京:中国社会科学出版社 2007 年,第 77 页。

②万湘澄:《云南对外贸易概观》,第 53 页。

时间的早晚、持续时间的长短会有不同，但大致说来，一年当中，5月至10月，天气炎热，降水较多，自然是瘴疠集中发作的时期，所谓“秋瘴宁我毒，夏水胡不夷”①，这是一般的情形。

瘴虐一旦横行，往往造成极大危害，“每夏秋，乡人死于瘴者十有六七”②，“道旁青冢丛列，皆为马夫瘴故”③。因此，但凡进入瘴期，人人唯恐躲之不及，④往来人马也为之受阻，“清明至霜降，行人过此不能住宿……故当瘴期发生时，商旅为之裹足”⑤，所有瘴区无不是“商旅惮行，行人病涉”⑥。以下张印堂对滇西地区的调查，尤为详细地说明了瘴疠的发作是如何不利于贸易的进行：

> 北纬24.5度云县以南之河谷盆地，如孟萨坝、孟定坝、户板坝、孟底坝、蒙黑坝、镇康坝等地，点钟人士向称之为“夷方”或“烟瘴区”，因尽为摆夷人所居，故一般人均视之为死窟，畏之若水火，故有“穷走夷方急走厂”（夷方即瘴区，厂乃矿厂），“出门要去卡斯瓦，先把老婆嫁”（卡斯瓦即保山以南之瘴区坝地，言如去断无生还之望）等等谚语。因为有这些对烟瘴的种种传说，致非至山穷水尽，率皆裹足不前，因此，滇缅边境人迹罕至，真相莫明……云县全县有十五万人口，在近五年内因瘟疫而死亡者，在三分之一以上，城内在二十七年有四千人，当年因虐瘟而死者即在一千五百人以上。城东二十五里之孟朗村内有三百户，于二十七年一年中，死绝人家，竟达七十户以上。死亡多在秋冬之际，因夏季已种病源，秋深即行爆发，故临近各县之人民，大都不敢前往，人工非常困难。当作者到达县城时，见人烟甚为稀少，远不及城北村镇之繁荣，企鹅市民

①张九龄：《夏日奉使南海在道中作》，《全唐诗》卷47，上海：上海古籍出版社1986年，第145页。

②民国《龙陵县志》卷15《艺文志下》。

③《光绪二十四年思茅口华洋贸易情形论略》，《中国旧海关史料》第28册，第286页。

④《光绪三十三年腾越口华洋贸易情形论略》：“此路（咕喱戛至蛮线——笔者注）天气之毒，有足令人可怖者。一年中自五月至于八月，或炎火流金，或大雨如注，骤晴骤雨，瘴疠逼人。本地人向处高原，此数月之内，断不敢下乔木而入幽谷，纵以重利饵之，亦不敢舍性命而轻于尝试。”见《中国旧海关史料》第45册，第439页。

⑤李根源：《滇西兵要界务图注》卷1。

⑥民国《元江志稿》卷3，《建设志3·津梁》。

均面黄肌瘦，十之八九穿白戴孝，户户均贴蓝白丧联，景象至为凄惨，偶有少数结婚红联，据闻系恐子嗣断绝而提前结婚者。由此可见恶性疟疾为害之烈，确有过于洪水猛兽。滇缅间之贸易，向仅限于冬季，大约均霜降后去，清明前归，每至雨季无人往来，此种现象，对贸易之方面影响甚大。①

夏秋时节，瘴疠集中发作，经瘴区或到瘴区进行贸易，人人视之畏途，贸易往往因之陷入停顿。由此可见，瘴疠发生的时间特性也是造成近代云南口岸贸易呈现季节性波动的重要原因。

总之，夏秋两季，降水集中，又是瘴疠最盛之时，交通不畅，贸易为之萧条；冬春时节，降雨稀少，瘴疠之害较轻，一年之中，大半贸易在此间进行。近代云南口岸贸易的季节性波动是雨水与瘴疠共同作用的结果。

二、雨水、瘴疠与近代云南口岸贸易的年际波动

年际降水的变化主要包括雨期和雨量两个方面的变化，而雨期的变化又包括雨期长短的变化和雨期早晚的变化。一般说来，5 月是云南的干湿转换季节，但具体到各个年份，雨期或早或晚则不尽相同，有 4 月即已进入雨期者，也有迟至 6 月才进入雨期者。② 笔者的研究表明：在我们的研究时段内，近代云南三关，除思茅外，贸易额虽总体呈现增长的态势，但这种增长却不是直线的上升，而是一个波动的增长过程。③ 那么，贸易增长的波动与年际降水的变化具体关系又是如何的呢？

①张印堂：《滇西经济地理》，张研、孙燕京主编《民国史料丛刊》第 863 册，北京：大象出版社 2009 年，第 199—201 页。

②具体可参见杨煜达《清代云南季风气候与天气灾害研究》第三章《1711—1911 年云南雨季早晚的复原》，第 50—71 页。

③参见笔者博士毕业论文《近代云南的开埠与口岸贸易研究（1889—1937）》第三章第一节，复旦大学 2011 年。

表5:1894—1918年蒙自贸易额及其增长趋势表　　　　单位:海关两、%

年代	净进口总值	进口增长百分率	出口总值	出口增长百分率	净贸易总值	净贸易总值增长百分率
1894	1,977,514	-42.01	1,786,593	23.45	3,764,107	-22.51
1895	2,737,145	38.41	1,930,964	8.08	4,668,110	24.02
1896	2,424,793	-11.41	1,472,511	-23.74	3,897,304	-16.51
1897	3,334,301	37.51	1,600,207	8.67	4,934,508	26.61
1898	3,412,850	2.36	1,956,358	22.26	5,369,208	8.81
1899	5,020,299	47.10	2,414,483	23.42	7,434,782	38.47
1900	3,961,553	-21.09	3,382,924	40.11	7,344,477	-1.21
1901	4,977,874	25.65	4,344,099	28.41	9,321,973	26.92
1902	4,727,492	-5.03	4,514,180	3.92	9,241,672	-0.86
1903	4,435,889	-6.17	2,829,987	-37.31	7,265,876	-21.38
1904	6,953,873	56.76	5,052,343	78.53	12,006,216	65.24
1905	5,912,696	-14.97	5,300,704	4.92	11,213,399	-6.60
1906	7,534,296	27.43	5,677,710	7.11	13,212,005	17.82
1907	7,257,734	-3.67	3,650,952	-35.70	10,908,686	-17.43
1908	5,091,401	-29.85	5,566,330	52.46	10,657,732	-2.30
1909	7,041,544	38.30	4,725,680	-15.10	11,767,223	10.41
1910	4,953,483	-29.65	6,958,180	47.24	11,911,663	1.23
1911	4,531,471	-8.52	7,377,381	6.02	11,908,853	-0.02
1912	7,721,840	70.40	13,372,290	81.26	21,094,130	77.13
1913	8,612,646	11.54	11,066,270	-17.24	19,678,916	-6.71
1914	7,138,601	-17.11	7,950,510	-28.16	15,089,112	-23.32
1915	6,229,433	-12.74	9,099,377	14.45	15,328,809	1.59
1916	5,967,267	-4.21	8,023,857	-11.82	13,991,124	-8.73
1917	6,318,910	5.89	12,114,565	50.98	18,433,475	31.75
1918	9,031,673	42.93	9,955,300	-17.82	18,986,973	3.00

资料来源:据《中国旧海关史料》历年统计数据整理并计算。
说明:货物价值根据《南开经济指数资料汇编》扣除了物价波动因素

如表5,1895年,蒙自进口、出口贸易均获较大增长,海关贸易报告即指出:“贸易所以畅旺者,推原其故,为夏秋霖雨无多,红河上下水势平稳,华船可任意往来,不似从前之水势汹涌急流,行者迟滞艰难,是以本年底各货均已到齐,若往年必来春二三月方能到齐也。”①1896年,贸易下降较大,进口、出口和进出口总额分别出现11.41%、23.74%、16.51%的负增长,海关贸易报告则说:“而忖度之,各货非缺于销场短绌,实因雨水过多”,“今年九、十两月大雨滂沱,水势汹涌,行船分外险阻,是以新帮之货迟延至十月中旬始见有到者”,“商务似有减色者,职是之故也”。② 1898年,进、出口贸易均获增长,“货价净值关平银三百六十七万二千余两,计自开办以来当推此数为最”,“今年淫雨少过上年,加以夏雨调和”是重要原因。③ 1901年是贸易大为增长的一年,特别是“洋货本年畅销极旺,而锡与土药二宗之运出者亦较寻常有赢无绌”,“除各项脚值高昂与乎本年由十月初一日起至冬月念九日止所有奉章照行值百抽五进口货税不计外,全年生意为进口一宗罔不利市几倍”,此全赖“本年雨旸时若,各地大庆年丰”,“而犹得偿愿者,则莫如今夏好雨知时,丰收颇之为愈矣”。④ 1902年,贸易又现萧条,“盖边疆不靖,银值日低,雨水衍期,以致本关最大宗之货物如大锡棉纱两项销场未形畅旺,纵用度浩繁,百物腾贵,各商仍无亏损,然所赚亦属有限”⑤。1911年,贸易进、出相抵,“实减少值二十七万二千二百二十七两,盖商务之减色不止一端,其最要者莫如铁路之阻碍,由东京至蒙自之路阻碍至三阅月之久,由蒙自至云南府之路阻碍至六阅月之久”,“缘本年雨水太多,自西五月大雨滂沱,直历三阅月之久,此伤雨患彼造水浸,非独铁路为然,即云南全省亦被波及也”。⑥ 1918年,“雨期延长至六阅月,实数年以来所罕见”,致使本年“商业即几至于凋敝”⑦。

①《光绪二十一年蒙自口华洋贸易情形论略》,《中国旧海关史料》第23册,第245页。
②《光绪二十二年蒙自口华洋贸易情形论略》,《中国旧海关史料》第24册,第255页。
③《光绪二十四年蒙自口华洋贸易情形论略》,《中国旧海关史料》第28册,第277页。
④《光绪二十七年蒙自口华洋贸易情形论略》,《中国旧海关史料》第34册,第301页。
⑤《光绪二十八年蒙自口华洋贸易情形论略》,《中国旧海关史料》第36册,第313页。
⑥《宣统三年蒙自口华洋贸易情形论略》,《中国旧海关史料》第56册,第447页。
⑦《中华民国七年蒙自口华洋贸易情形论略》,《中国旧海关史料》第82册,第228页。

表6:1898—1915年思茅贸易额及其增长趋势表　　单位:海关两、%

年代	净进口总值	进口增长百分率	出口总值	出口增长百分率	净贸易总值	净贸易总值增长百分率
1898	314,555	46.09	57,069	20.22	371,624	41.42
1899	255,107	-18.90	54,438	-4.61	309,546	-16.70
1900	200,795	-21.29	48,982	-10.02	249,777	-19.31
1901	278,062	38.48	49,955	1.99	328,017	31.32
1902	188,651	-32.16	44,656	-10.61	233,307	-28.87
1903	191,327	1.42	40,253	-9.86	231,580	-0.74
1904	254,304	32.92	48,792	21.21	303,096	30.88
1905	252,670	-0.64	46,106	-5.50	298,776	-1.43
1906	258,979	2.50	34,009	-26.24	292,988	-1.94
1907	257,685	-0.50	54,705	60.86	312,390	6.62
1908	145,621	-43.49	45,553	-16.73	191,173	-38.80
1909	171,559	17.81	47,087	3.37	218,647	14.37
1910	156,657	-8.69	42,700	-9.32	199,357	-8.82
1911	197,999	26.39	35,256	-17.43	233,255	17.00
1912	219,578	10.90	48,784	38.37	268,362	15.05
1913	184,890	-15.80	39,360	-19.32	224,250	-16.44
1914	207,280	12.11	34,067	-13.45	241,347	7.62
1915	201,720	-2.68	30,673	-9.97	232,392	-3.71

资料来源:据《中国旧海关史料》历年统计数据整理并计算。
说明:货物价值根据《南开经济指数资料汇编》扣除了物价波动因素

如表6, 1899年,思茅贸易出现16.70%的负增长,其主要原因即为棉花进口减少,而减少之故,大半由于天气,“雨水较往岁早发,且日久未晴”①。1908年,思茅贸易一度跌入谷底,出现近40%的负增长,其中“进口货物共估关平银十八万一千七百八十七两,较上年计绌关平银八万三千六百八十两,历年货值未有如斯减色者”,其故即“因水旱衍期”。②

①《光绪二十五年思茅口华洋贸易情形论略》,《中国旧海关史料》第30册,第299页。
②《光绪三十四年思茅口华洋贸易情形论略》,《中国旧海关史料》第47册,第443页。

1915 年，贸易再现倒退景象，进口、出口均较往年减少，“本口贸易情形，农务商务上所受之损害为近十年之最剧者，当夫夏秋雨季，大雨滂沱，以致水患频仍，及于四境，其在下隰之处，洪水横流，一切田舍禾苗均为所淹，而道路交通平时尚且不良，值此雨水而后，几乎全行断绝”，即以关税来看，“本年共征关平银五千七十八两，上年共征六千八百二十二两，两相比较少上年一千七百四十四两”。①

如表 7，1916 年，腾越贸易出现全面倒退，进、出口贸易均呈 20%以上的负增长，其主要原因是“本年贸易之萌芽早为政治风潮所碍，以风声鹤唳，遍野萑苻，洋货之销流于内地者，又为之一阻，内地不靖，购运艰危，土货亦因之而少”，然仍能“似无缺憾之可言”者，原因即在于“本年天气，全年均佳，甚为商人贸易之便，因往年雨水多由四月中起至九月止，而本年雨水则由六月始起，较之平时已迟两月，且不逾九月即止，况由五月至十月之雨水不过四十五英寸，去年则六十英寸，因本年无倾盆大雨也”②。若非如此，其倒退之势势必更加剧烈。1917 年，腾越贸易实现 30%的增长，“全年进出口货物共估值关平银三百万两，除民国二年（1913）外，本年为开关以来估值最高之年”，贸易之所以呈现如此繁荣景象，“本年天气极算和平，无特别大雨”是重要原因。③

表 7：1915—1918 年腾越贸易额及其增长趋势表　　单位：海关两、%

年代	净进口总值	进口增长百分率	出口总值	出口增长百分率	净贸易总值	净贸易总值增长百分率
1915	2,537,525	37.50	692,961	29.77	3,230,487	35.77
1916	1,828,707	-27.93	537,074	-22.50	2,365,781	-26.77
1917	2,355,521	28.81	748,115	39.29	3,103,636	31.19
1918	2,409,281	2.28	1,245,019	66.42	3,654,300	17.74

资料来源：据《中国旧海关史料》历年统计数据整理并计算。
说明：货物价值根据《南开经济指数资料汇编》扣除了物价波动因素

①《中华民国四年思茅口华洋贸易情形论略》，《中国旧海关史料》第 70 册，第 209—210 页。
②《中华民国五年腾越口华洋贸易情形论略》，《中国旧海关史料》第 74 册，第 241—242 页。
③《中华民国六年腾越口华洋贸易情形论略》，《中国旧海关史料》第 78 册，第 259—260 页。

应该说，贸易的波动是多种因素综合作用的结果，但仅从以上所举事例来看，不论是贸易的增长还是下降，都与雨水不无关系。也就是说，雨期太长或降水太多都会使贸易发展受挫，从而或造成贸易额的减少或引起增长幅度的下降；雨时合宜，降水调匀，或使贸易获得较大的发展，或可补救因其他原因造成的贸易损失。各口皆是如此。降水的年际变化显然是影响贸易此起彼伏的重要原因。

在所谓的瘴区，每年都有瘴疫发生，但其持续时间的长短、为害的剧烈程度与雨期的长短、空气的湿热程度直接相关。对此，海关贸易报告就曾指出：1901 年，由于雨季延长，“本年夏间雨水淋漓既多且久”①，“疟疾在思茅本地流行，其严重程度前所未有，据当地人估计，数月间有 600 人病死”，“地处湄公河和红河河谷地带的思茅南部盆地中，被当地人称作‘瘴气’的疟疾很普遍，商人非常不愿意经过那里，沿途经常可以看见商队遗弃的死于疟疾的驮兽”②。如表 6，1901 年，思茅进出口贸易均获增长，特别是进口贸易“除光绪二十四年最盛外，本年亦可首列”，海关贸易报告指出：这是因为，常居思茅进口货值 80%左右③的“棉花实甚丰裕”，出口最大宗货物“茶叶出口之多，本年为第一次”④。但以本年思茅海关贸易报告所论“本口贸易不能起色，抑或另有他故，盖霪雨为患，道路泥涂不利于行，伤残庄稼甚至人身疾痼，亦不为无关涉也”⑤来看，如果不是雨季过长，降雨太多，瘴疠肆虐尤烈，进出口贸易量该比实际的要大。由此可见，近代云南口岸贸易的年际波动，瘴疠也应该是其中的一个影响因素。

总之，雨期越长，瘴期往往也就越长；降雨量越大，空气也就越湿热，瘴疠作用往往也就越强烈。腹地区域年际降水的变化不仅直接影响着近代云南口岸贸易的波动与起伏，而且作为瘴疠发生的时间与空间特征形

①《光绪二十七年思茅口华洋贸易情形论略》，《中国旧海关史料》第 34 册，第 313 页。

②*China Maritime Customs. Decennial Reports, 1892-1901*，《中国旧海关史料》第 154 册，第 502 页。

③参见笔者博士毕业论文《近代云南的开埠与口岸贸易研究(1889—1937)》第三章第二节，复旦大学 2011 年。

④《光绪二十七年思茅口华洋贸易情形论略》，《中国旧海关史料》第 34 册，第 310—311 页。

⑤《光绪二十七年思茅口华洋贸易情形论略》，《中国旧海关史料》第 34 册，第 309 页。

成的重要原因,它以另外一种方式对近代云南口岸贸易增长的波动产生着作用。

三、简短的结语

但凡谈到近代中国口岸贸易增长波动问题的研究,一般只注意到了贸易增长的年际变化,本文则以不同季节运货骡马数量的变化作为切入点,分析发现:近代云南三关商品进出以冬春相对畅旺,为贸易旺季,夏秋萎缩,为贸易淡季,特别是秋季,贸易最为惨淡,口岸贸易有着非常明显的随季节波动的特征。与此同时,近代云南三关,与近代中国其他通商口岸一样,都存在贸易增长不稳定、年际变化较大这一现象。①

口岸贸易的变化与波动,应该说是多种因素共同作用的结果。但从腹地区域因素对口岸贸易的变化与波动进行细致探讨的成果却并不多见,而仅有的相关研究又往往注重分析区域市场、区域交通等人文因素对口岸贸易趋势的塑造作用,区域自然因素几乎总是被作为论述人文因素的大背景,而并没有给与足够的重视。本文则通过对腹地区域降雨、瘴疠发生的特征与近代云南口岸贸易波动关联性的分析,认为:近代云南口岸贸易的季节波动、年际波动与腹地区域降雨的季节变化、年际波动,以及瘴疠发生的时间特性高度契合;雨水和瘴疠是影响近代云南口岸贸易波动的重要原因。本文以区域重要环境因子探讨口岸贸易波动性特征的形成,应该说,有助于理解腹地自然生态对口岸贸易的塑造作用这一被忽视的问题。

①参见笔者博士毕业论文《近代云南的开埠与口岸贸易研究(1889—1937)》第三章第一节,复旦大学 2011 年。

近代贵州对外贸易研究

马　琦

（云南大学）

1840年以后，随着通商口岸的设立，外国商品大量涌入内地，对外贸易快速发展，中国经济近代化逐步展开。贵州地处中国西南，不靠海、不沿江、不临边，在近代并未设立通商口岸，其对外贸易长期以来被学术界所忽视。事实上，自同治末年开始，贵州已通过邻省口岸进行对外贸易。由于地理区位、经济结构和政治发展的特殊性，近代贵州对外贸易表现出有别于沿海、沿江、沿边地区的显著特点，在贵州经济近代化过程中具有重要的地位和作用。本文拟对近代贵州对外贸易进行初步研究。

一、近代贵州对外贸易发展及其特征

受区域经济发展和政治形势的影响，近代贵州国际贸易呈现出阶段性特征。道光二十年（1840）之后，当沿海地区陆续立通商口岸，外国商品大量涌入，国际贸易快速发展之际，贵州却经历了长达20余年的战乱，社会经济遭受重创，商贸活动陷于停滞。最迟至同治末，贵州已经开始国际贸易。1873年，有商人于汉口关请领子口税单，将该关进口的英国原色布、标布、斜纹布等商品转销贵州铜仁地区，商品估值关平银2776两。① 虽然货值微乎其微，但却标志着近代贵州国际贸易的开端。十年

①*Returns of Trade at the Treaty Ports in China for the Year 1873*:*Hankow*，第5册，第490—491页。

之后的1881年,贵州转销汉口关进口洋货的地区已扩展至镇远、遵义和贵阳,货值总计达关平银332564两,而铜仁地区洋货销售占贵州洋货进口总值的92.25%。① 随着对外贸易的发展,贵州转销汉口洋货的比例也在上升,从1872年的0.14%增至1881年的4.85%。

随着长江、珠江沿线及沿边口岸的开放,贵州对外贸易转运口岸也不断扩大。1890年北海关报告称:"查本口货物多系恃往广西南宁府,转运云、贵两省销售,虽路远费繁,而贸易仍逐见畅旺者,诚因本口向来所有厘捐消耗等项较于别口稍轻故耳。"而北海关出口"土药皆系由云贵两省而来,先到广西南宁府属改包,转到本省属地"②。1891年重庆报告称:"窃查本口贸易情形,四川固素称富庶,而重庆尤川省首善之区,南接牂牁,东连荆楚,商民辐辏,水陆冲衢,即滇、黔各省之货亦大半假道其间,籍资转运"。③ 1892年,贵州普安厅转销蒙自关进口印度棉纱32.64担。④ 1899年岳州关报告称:"木料系贵州洎沅江两旁山岭出产,运至常德河洑码头,报完厘金,由河洑分排,绕道至湘阴之林子口,再成大排过洞庭湖,出大江,每年价值可六百万两。"⑤同时,贵州对外贸易额也快速增加。例如1901年,贵州自梧州关转运洋货估值关平银1399088两,占该关洋货入内地总值的32.96%;自汉口关转运洋货估值关平银674575两,占该关洋货入内地总值的10.11%;自蒙自关转运洋货估值关平银274296两,占该关洋货入内地总值的9.04%;自重庆关转运洋货估值关平银1759两;自思茅关转运洋货估值关平银60两,合计关平银2349778两。⑥ 1903年,贵州由重庆、沙市、岳州、汉口、梧州、蒙自、思茅、腾越八关转运洋货总值增至关平银4444349两,至1913年已达关平银6413388两。⑦

---

①*Returns of Trade at the Treaty Ports in China for the Year 1881*:*Hankow*,第9册,第127—135页。

②《光绪十六年通商各关华洋贸易总册·北海口华洋贸易情形略论》,第16册,第217、221页。

③《光绪十七年通商各关华洋贸易总册·重庆口华洋贸易情形略论》,第18册,第109页。

④*Returns of Trade at the Treaty Ports in China for the Year 1892*:*Mengtsz*,第19册,第139页。

⑤《光绪二十五年通商各关华洋贸易总册·岳州口华洋贸易情形略论》,第30册,第150页。

⑥*Returns of Trade at the Treaty Ports in China for the Year 1901*:*Chungking*、*Hankow*、*Wuchow*、*Mengtsz*、*Szemao*,第33、34册。

⑦*Returns of Trade at the Treaty Ports in China for the Year 1901*,第37、38册;*Returns of Trade at the Treaty Ports in China for the Year 1913*,第61、62册。

表一:1873—1919 年贵州进口洋货货值分关统计表

单位:关平两

年份	重庆	沙市	长沙	岳州	汉口	梧州	南宁	北海	蒙自	思茅	腾越	总计
1873					2776							2776
1877					4389							4389
1879					62059							62059
1880					223131							223131
1881					332564							332564
1882					284784							284784
1883					274998							274998
1884					199150							199150
1885					166929							166929
1886					161449							161449
1887					193832							193832
1888					152988							152988
1889					160355							160355
1890					204603							204603
1891					263490							263490
1892					299947				794			300741
1893					199132				460			199592
1894					209061				0			209061
1895					249020				210			249230
1896					426229				11001			437230
1897	1132	102			715293	73600			59340	608		850075
1898	170				659320	98140		4281	149084			910995
1899	350				570774	63361		3514	248445	20		886464

续表

年份	重庆	沙市	长沙	岳州	汉口	梧州	南宁	北海	蒙自	思茅	腾越	总计
1900	454	467			498801	838915		844	167526	474		1507481
1901	1759				674575	1399088			274296	60		2349778
1902	4749				1118918	699696			411478	105	3745	2238691
1903	90954	12804		1800	2196746	1697521			415700	630	28194	4444349
1904	52360				1193552	4313484		1368	765539	103	44203	6370609
1905	99051		9070		835277	4632722			598432	325	30636	6205513
1906	169433		2584	4673	439628	3438962		3012	709400	569	29603	4797864
1907	130035		1167	4877	555634	3181303	41929	0	698201	3	28129	4641278
1908	30950		112	1182	528094	3584837	146794	389	510558	349	35769	4839034
1909	60545			199	759672	3550947	276134	395	400003	890	30871	5079656
1910	71433		240	30952	489865	4098007	447248	193	586768	432	30824	5755962
1911	41118		4460	115340	369260	3351462	25293	157	562309	4	47350	4516753
1912	12439		251		174926	4295788	33737		1477797	136	32153	6027227
1913	9071			119	227857	4901236	61604		1160910	316	52275	6413388
1914	5604		1167		209338	4944382	23859		912526	95	27152	6124123
1915	340			9064	202234	4505594	9516		711245	800	28895	5467688
1916	4159			42073	151212	978527	101293		359927	923	26430	1664544
1917	8057		176	125785	257143	99545	22119		350779	2381	20990	886975
1918	3472			139585	237146	252666	8708		569382	150	9285	1220394
1919	2409			191529	257943	232080	1801		1133180	119	13988	1833049
合计	800044	13373	19227	667178	17394094	55231863	1200035	14153	13245290	9492	520492	89115241

注：该数据来源于《中国旧海关史料》中历年分关贸易报告中“Inland Transit”和“出入内地之货”部分，而1919年之后的贸易报告中不再统计内地子口贸易数据

上表所示，在1873—1919年的47年之中，贵州通过重庆、沙市、岳州、长沙、汉口、梧州、南宁、北海、蒙自、思茅、腾越等十一个口岸，进口洋货总值从关平银2776两增至关平银89115241两，年均1937287两。但是，这47年之中，贵州对外贸易发展并非一帆风顺，其中，自1880—1895年的16年间，始终徘徊于每年二三十万余两之间，而自1896—1904年的9年间，从25万余两猛增至637万余两，此后稍为回落，1907年之后又再次快速增加，1913年达到641万余两，而后快速回落，1917年仅有88万余两。可以看出，近代贵州对外贸易两起两落，其高峰时期为1904—1905年和1912—1915年，以1913年的641万余两为峰值。

1919年之前，贵州对外贸易之所以大起大落，其原因是多种因素综合的结果。

首先，贵州进口洋货所需资金皆来自土货出口或向周边省份售卖，以鸦片最为重要。咸丰九年(1859)，土药出口及贩卖亦开始照章纳税，贵州的鸦片种植和贩卖迅速发展。1882—1891年重庆关十年报告中称，贵州土出口主要来自与重庆距离较近的大定府和黄草坝，一般被认为不如云南土，却被很多四川人认为是首选商品，质量最好的被称为锅背子。每1200两(75斤)鸦片须支付厘金8两白银，在重庆每百两鸦片售价约为11两白银。① 1890年汉口关报告称："土药销行之多，以四川为最，贵州、陕西、河南等省稍次，……价值惟云贵货稍昂，每百两约值银二十两外"。② 1897年梧州关报告称："土药由四川、云南、贵州而来，每年约有六千担之多，……以云南土为上，每担价值银三百五十两，其次则四川贵州之土，每担价值比云南土少五十两"。③ 大量贵州鸦片贩运至四川、湖北、湖南、广东、广西各省，或就地售卖，或由各关出口，商人又以所获资金购买各关进口洋货，运销贵州各地。光绪新政重新厉行禁烟，1907年贵州亦设立禁烟总局，鸦片外销受到一定的影响，购销洋货亦随之下降。如1909年梧州关报告称："印度棉纱去年有十二万五千七百九十六担，今年缩至十万一千七百六十九担，推原其故，闻因贵州减种土药所致，盖棉纱

①*China Imperial Maritime Customs Decennial Reports*：*1882-1891*，第152册，第99页。

②《光绪十六年通商各关华洋贸易总册·汉口华洋贸易情形论略》，第16册，第120页。

③《光绪二十三年通商各关华洋贸易总册·梧州口华洋贸易情形论略》，第26册，第226页。

多与土药互换也。”[1]然两三年之后，贵州对外贸易又有所恢复，实因贵州鸦片库存较多，且禁烟并不彻底。讫至清末，政权更迭，各省自治，贵州鸦片外销又急剧扩大，而洋货亦大量进入贵州。民国建立之后，四川、湖北、湖南、广西、云南等省响应中央政府号召施行禁烟，并禁止他省鸦片进入。因此，贵州鸦片外销大受影响，只能通过走私运销邻省。如 1914 年梧州关报告称："土药在贵州种植依然繁盛，因广东价值奇昂，故由贵州私运来广西，转往广东发售者为数不鲜。"[2]随着禁烟法规的完善，贵州鸦片走私贸易愈发艰难，销售量快速下降，而用以购买洋货的资金则越来越少。

民国《续修安顺府志》对于贵州鸦片运销与对外贸易之关系论述尤为详细，兹摘引如下："道光时交易尤盛，民间贸易以买卖棉花为大宗。讫光绪初年鸦片通行，县城商业逐渐发达，两湖、两广之商人联翩而至，要皆以贩运鸦片为大宗。……初，贩烟诸商交易皆用生银，继因汇款困难，乃改贩洋纱入黔以易鸦片。……从此土纱不克与之竞争，交易一落千丈，而洋纱则蒸蒸日上，销行益广，每月市面买卖竟达五百余箱，为全省销场之冠。织金、大定、水城等地亦多由此转贩，县城商业至是愈为扩展。迨光绪末年严禁鸦片，安顺商业便不免大受打击，纱布销场亦为之滞塞。然而民间存烟未尽，乡民窖藏者犹未告绝，外省商人尚可暗地输运，市面交易仍可勉强维持，然已大非昔比。"[3]清末安顺的商业发展，以本地鸦片和洋纱贸易为主，运鸦片至湘、粤、鄂、蜀等省售卖之后，以所获资金在各关就近购买洋货，尤其是洋纱，转运安顺销售。鸦片贸易的兴衰直接影响本地对外贸易的发展，安顺的情形可作为清末贵州商业贸易的代表。

其次，省内外政治、军事形势对贵州对外贸易的影响也较为明显。虽然贵州道光朝就开始种植鸦片，但因咸同战乱的影响，贵州鸦片外销并不明显，对外贸易亦无相关记载。同治末年，贵州战乱基本平定，光绪朝前期，贵州社会经济得到恢复和发展，加之鸦片外销合法化，贵州对外贸易从无到有，快速发展，至光绪朝末年掀起第一次高潮。民国改元并未对贵州社会经济产生显著的影响，这在对外贸易方面已有所反应。但 1915 年

①《宣统元年通商各关华洋贸易总册·梧州口华洋贸易情形论略》，第 50 册，第 434 页。

②《中华民国二年梧州口华洋贸易情形论略》，第 62 册，第 673 页。

③民国《续修安顺府志》卷十《商业志》。

底护国运动开始,云南出兵贵州、四川、广西、湖南等地,贵州对外贸易大受影响。1915 年贵州洋货进口总值关平银 5467688 两,而 1916 年仅为 1664544 两,减少了 69.56%。尤以梧州关最为剧烈,1915 年该关洋货入贵州估值关平银 4505594 两,1916 年锐减至 978527 两,1917 年则仅有 99545 两。据 1916 年梧州关报告称:"窃查本口贸易情形,本年开始即迭见不佳之预兆。盖去岁十二月二十五日,云南省之革命发起,斯时本省态度尚未明了,一切举动仍似拥护中央政府,乃不意于本年三月十五日,轰然一声,宣布独立,然边境各地并无战事,至龙观光由广州带来进攻云南东鄙之军,亦已完全缴械,不致有流血之惨剧。计此次乱事由三月起直至九月止,地方始渐安谧,而商务则大受影响,最甚者为进口货物几至全行停止。"①

再次,民国以来贵州由各关转运的商品中,上海、广州、汉口等地的国产土货的比例不断增加。事实上,清末贵州由各关进口的所谓洋货之中已有国产土货混杂其中。1880 年,贵州铜仁、思南、镇远、贵阳四地由汉口关进口货物之中,有檀香木、苏木、鱿鱼、墨鱼、海带、虾干等货物。② 很难看出这些物品应该不属于洋货,而是东南沿海地区通过转口贸易运抵汉口,再运销贵州。1892 年,贵州大定府自蒙自关进口广东烟丝 2 担,价值关平银 55 两。③ 1901 年,贵州自梧州关进口洋货中,有南京土布 356 担,值银 17808 两。④ 自 1911 年开始,各关贸易报告中专门对"有机器仿制货之运照"进行统计。何谓机器仿制货?1914 年岳州关报告称:"洋货入内地,本年本关共发出入内地子口税单四百九十四张,即系上海机制货物,共值关平银九万九千三百五十三两,均系运往贵州省。"而在英文报告中将此类货物归为"有机器仿制货之运照"类⑤。1917 年岳州关报告又言:"本年本关共发出机制货物运单五千一百五十五张,以棉纱、棉布为最

①《中华民国五年梧州关华洋贸易情形论略》,第 74 册,第 98 页。

②*Returns of Trade at the Treaty Ports in China for the Year 1880*:*Hankow*,第 8 册,第 89—97 页。

③*Returns of Trade at the Treaty Ports in China for the Year 1892*:*Mengtsz*,第 19 册,第 507 页。

④*Returns of Trade at the Treaty Ports in China for the Year 1901*:*Wuchow*,第 34 册,第 673 页。

⑤《中华民国三年岳州口华洋贸易论略》和《中华民国三年岳州关贸易册》,第 64 册,第 467、478 页。

多,估值关平银一百十三万一千二百七十五两,几全系运往贵州省。”①可见,所谓机器仿制货是指中国上海、南京、汉口、广州等地工厂所仿制的洋货,以棉纱、棉布为主,实系国产土货。兹将 1909—1919 年贵州由各关进口机器仿制货货值统计如下:

表二:1909—1919 年贵州由各关进口机器仿制货货值统计表　　单位:关平两

年代	汉口关	岳州关	梧州关	南宁关	合计
1909		23336			23336
1910	150778				150778
1911	64460	135340			199800
1912	137833	43342			181175
1913	199828	62292			262120
1914	126176	99353			225529
1915	122114	395981			518095
1916	58120	472797			530917
1917	44918	1120003	11204		1176125
1918	9334	1069657	22465	1299	1102755
1919	37259	1804386	52069		1893714
合计	950820	5226487	85738	1299	6264344

注:该数据来源于《中国旧海关史料》中分关贸易报告的“Under Special Transit Pass”和“有机器仿制货之运照”部分,自 1909 年开始,而 1919 年之后的贸易报告中不再统计分关内地贸易数据

自上表可见,1909—1919 年的 11 年间,贵州由各关进口的国产棉纱、棉布不断增加,从每年 23336 两增至 1893714 两,尤以岳州关转运最多。上海等国内所产棉纱和棉布逐渐取代印度棉纱和洋布,成为贵州对外贸易的主要商品。

1919 年之后各关内地贸易数据无从得知,难以考察贵州对外贸易详情。张肖梅《贵州经济》中论述“各地原料之出口概况”时引用 1937 年的调查,称全省各县重要产品之输出总值达 10275320 元。然其接着说,“惟此项调查既不完全(贵阳即不在内),且限于若干重要商品。且即此种商

①《中华民国六年岳州口华洋贸易论略》,第 77 册,第 567 页。

品之出口值亦未必能尽数包括计入"①。也就是说,当时贵州出口商品总值应远高于此数。1939 年,陈养浩发表《贵州省棉纺织业的建设》一文称:"现在的贵州依然是地瘠民贫,可以输出的物品,过去以鸦片为大宗,今日已经全省厉禁种植了,其他可以输出品的估计,木材五百万元,桐油三百万元,漆二百万元,矿产百万元,猪毛百万元,兽皮四十万元,五棓子二十万元,合计不满一千三百万元。"②两组数据相差不大,可见当时贵州对外贸易出口货值每年约为 1000 万元以上。抗战后期,由于对外贸易陆路被切断,重要出口货物由政府统制,仅限于空运,数量有限,贵州对外贸易亦无法独善其身。

二、贸易区域与商路

近代贵州虽未设立通商口岸,但随着邻省口岸的设立,贵州对外贸易亦逐步发展。如 1861 年湖北汉口关设立,1873 年即有英国原色布、标布、斜纹布等棉纺织品通过子口单运往贵州铜仁③。其后,随着长江流域的重庆、宜昌、沙市、岳州、长沙,珠江流域的北海、梧州、南宁,以及龙州、蒙自、思茅、腾越等沿边口岸的设立,贵州土货通过四川、湖北、湖南、广西、云南等省的口岸销往国外及其他各省,而外国商品和上海、广州等地的土货通过这些口岸,分销至贵州各地。

表一《1873—1919 年贵州进口洋货货值分关统计表》所示,1873—1891 年之间,贵州对外贸易主要依赖汉口关;1892—1899 年,重庆、沙市、梧州、北海、蒙自、思茅六关亦加入贵州对外贸易之列,但仍以汉口关为最,蒙自、梧州两关次之;1900 年之后,岳州、长沙、腾越三关也成为贵州对外贸易口岸,梧州关已超越汉口关,成为贵州对外贸易最重要的口岸,汉口、蒙自两关次之,尤其是 1901 年之后,贵州自梧州关进口洋货估值已占贵州进口总值的一半以上。值得一提的是梧州关,该关 1897 年设立,1899 年即有贵州安顺、兴义两地自梧州关进口洋货。

①张肖梅:《贵州经济》第十一章《工商业概况》,第 K1 页。

②陈养浩:《贵州省棉纺织业的建设》,《现代读物》1939 年第 4 期。

③*Returns of Trade at the Treaty Ports in China for the Year 1873*:*Hankow*,第 5 册,第 490—491 页。

表三:1899—1901年梧州关洋货入贵州列表①

		普安州			兴义			安顺		
		1899	1900	1901	1899	1900	1901	1899	1900	1901
原布	疋				1566	480		8385	22737	62730
标布	疋				30	150	4	960	4023	7944
棉纱	担		1170	186	2901	2500	1946	9240	29281	43625
哔叽	疋				105	20		375	3653	4972
铁条	担								6	364
钢	担							17	29	136
驼织品	罗							900	2720	4689
染料	值							132	184	181
纸扇	件									
玻璃窗	平方							100	1700	1000
灯	件							216	98	474
美国煤油	加仑					500		3500	57790	205535
苏门答腊煤油	加仑							2500	54420	214250
未列表棉织品	疋							6330	12907	16877

1900年梧州关进口洋货入内地总计300万余两,而运往贵州则有838915两②。至1910年,梧州关进口洋货估值关平银8854682两,入内地4473510两,而运往贵州则有4098007两③,占洋货入内地总值的91.61%,占该关洋货进口值的46.28%。梧州关之所以能够成为贵州对外贸易最主要的依托口岸,应与黔桂之间便捷的水路交通有密切关系。

关于近代贵州对外贸易集散地,民国《续修安顺府志》记载:“环顾市面,不惟外省之货纷至沓来,即东西两洋外货亦莫不渐输而至。其来路有六:东由湖南常德经本省镇远;东北由四川重庆经本省遵义;东南由广西

①*China Imperial Maritime Customs Decennial Reports*:*1892-1901*,第154册,第350—353页。
②*Returns of Trade at the Treaty Ports in China for the Year 1900*:*Wuchow*,第32册,第514—515页
③*Returns of Trade at the Treaty Ports in China for the Year 1910*:*Wuchow*,第53册,第729页。

梧州经本省独山;南由广西百色经本省兴义;西由云南昆明经本省盘县;北由四川泸州经本省毕节。”①按对象可分为四大区域:即黔东与两湖贸易以铜仁、镇远为中心,黔北与四川贸易以遵义、仁怀为中心,黔西以云南贸易以安顺、盘县为中心,黔南与两广贸易以独山、兴义为中心。兹将不同区域贸易主要商路论述如下:

1.湘黔商路

贵州与湖南之间的湘黔驿道是其东出的主要路线,可通往湖南及长江中下游各地。自贵州省会贵阳东经龙里、贵定、平越、黄平、施秉至镇远,此段主要为陆路,依靠人背马驮。自镇远下船,沿舞阳河经玉屏,东出湖南晃州,至洪江转入沅江,经沅州至常德,或经洞庭湖至湖北汉口,或转入湘江南下长沙。如施秉县杉木“出县属西北山中,运销洪江、常德等处,年约值银数千元”②。黔东商路还有两条支线:一自铜仁下船,沿锦江东出湖南,至辰溪县转入沅江。如石阡县“所出棬油运销余庆、老黄平等处,其皮油运售常德、汉口”③。“江口境内无山林密箐,但各处桐、杉、茶、漆均有生长,每年由水路经铜仁运销湖南,获利甚丰。”④一自黔东南各县沿清水江而下,水运经天柱至湖南洪江入沅江。如光绪《黎平府志》载:“蓝靛,染草也,雇船运至洪江、常德等处售卖,亦山农之利也。”⑤

2.川黔商路

贵州与四川重庆之间的川黔驿道可通往长江中下游及西北各地,在川黔商路中最为重要。自省会贵阳起,经修文、遵义至桐梓县松坎,地段为陆路;自松坎下船,沿綦江河入长江,或顺流而下重庆,或逆流而上岷江至成都。清末在遵义、松坎均设有厘金局,每局每年定额征收厘金银二万四千两⑥。川黔商路还有两条水路:一是赤水河道,自贵州仁怀茅台镇下船,经仁怀厅至合川县入长江。如“仁怀、习水两岸高山多蓄茶树,地愈冷

①民国《续修安顺府志》卷十《商业志》。
②民国《施秉县志》物产。
③民国《石阡县志》卷十一《经业志·林业》。
④民国《江口县志略》卷五《经业志》。
⑤光绪《黎平府志》卷三下《物产》。
⑥民国《续遵义府志》卷九《赋税·厘金》。

愈佳，年约出十万余斤，行销渝、泸间，曰怀茶”①。另一条是乌江道，自贵州思南以下，水运经沿河至四川涪州入长江。如石阡县“城南一百二十里葛彰司产楼子甚多，其油由乌江出四川”②。此外，自贵州毕节陆路经永宁，沿永宁河水运至四川泸州入长江。如威宁县所产铁器“销行安顺、毕节，及云南之昭通，四川之永宁、叙府”③。近代四川涪、仁、永、綦四岸食盐即沿此四条路线进入贵州。

3.滇黔商路

云贵贸易商路有三条，以滇黔驿道最为重要。自贵阳西行，经安顺、盘县入云南平彝胜境关，可达曲靖、昆明、大理等地。黔西南兴义府可经云南罗平至昆明，亦可经云南广南至蒙自。黔西北大定府可经威宁北上云南昭通，西至云南宣威、曲靖。如 1892 年，贵州普安厅、大定府从云南蒙自关请领子口税单，进口印度棉纱、广东烟丝等洋土货。④

4.黔桂商路

贵州与广西之间贸易道路以都柳江水道最为重要。自独山沿都柳江顺流而下，经榕江、从江、广西融县、柳州至梧州，可以直达广州。民国《榕江县乡土教材》载：“由榕江南行，可自三江汇流处乘舟顺流而下，经下江、丙妹至广西三江县入广西之柳州，至老虎口与古宜河汇合，至融县之长安镇，经武宣村、平南、苍梧西江而入广东之南海。”⑤南宁开关之后，经南宁关入贵州之货物则沿西江而上，至百色上岸，陆运经安龙县坡脚至兴义。“查往贵州安顺府之运道由水路（南宁）至百色起旱，经八度、坡脚、兴义府等处，运抵安顺，共计旱路十八站。”⑥

至于贵州中部贵阳、平越等地，其对外贸易路线可选择的较多。如开阳县，食盐“由遵义批发入境”；黄州布则由黄平旧州“经瓮安属牛场或猴

①民国《续遵义府志》卷十二《物产》。

②民国《石阡县志》卷十一《经业志 · 林业》。

③民国《威宁县志》卷九《经业志》。

④*Returns of Trade at the Treaty Ports in China for the Year 1892*：*Mengtsz*，第 19 册，第 137—146 页。

⑤民国《榕江县乡土教材》第五章《经济》第七节《交通》。

⑥《光绪三十三年通商各关华洋贸易总册 · 南宁口华洋贸易情形论略》，第 46 册，第 408 页。

场而至平越属之中坪”转运；“砖糖为广西产，白糖有川广之分，川白糖来自遵义，广白糖来自贵阳，砖糖除贵阳外，亦有自贵定、独山、下司贩来者”。而外销土货中，药材“除杜仲多运往广西外，其余均销四川重庆各地”①。因为地处交通要道，可选择较多，故贸易路线并不固定，因市场和价格而变。

全面抗战后，东南沿海相继沦陷，贵州经湖北、湖南、广西等地的对外商路相继中断，贵州对外贸易道路仅剩云南一道。自贵阳经安顺、盘县运抵昆明，再转运蒙自等口岸。如 1938 年蒙自关出口猪鬃、桐油量激增，“究其激增之故，川、黔二省前来者繁众”②。日本占领越南后，滇越商路亦被截断，自贵州而来的货物不得不沿滇缅公路转运。不久，滇西沦陷，滇缅公路中断，对外贸易通道几乎完全堵塞，贵州贸易仅限于云南和四川两地。

三、大宗商品与贸易结构

近代贵州进口商品种类众多，其大宗商品可通过不同时期各关进口的商品货值来分析。1873—1899 年的 27 年间，贵州进口商品依赖汉口、重庆、沙市、梧州、北海、蒙自、思茅六关，就进口货值而论，以汉口关为最，蒙自、梧州二关次之。

1879 年，贵州自汉口关进口货物主要有原色布 16950 疋、标布 2395 疋及斜纹布 5070 疋③，合计 35578 两，占贵州由该关进口货物总值的 57.33%。1881 年，贵州自汉口关进口货物主要有原色布、原白布、标布、粗斜纹布、被单布、羽纱及中厚毛织品，估值关平银 278572 两④，占贵州由该关进口货物总值的 83.76%。可见，这一时期，棉布进口占据绝对优势。

1897 年，贵州自汉口进口的主要货物有原色布 60165 疋、原白布 24820 疋、英国羽纱 1658 疋，估值关平银 227235 两；英国棉纱 966 担、印度棉纱 6392 担、日本棉纱 3036 担，估值关平银 262680 两；美国煤油

①民国《开阳县志》第四章《经济 · 商业》。

②《民国二十七年海关贸易统计年刊(上册)》卷一《贸易报告 · 蒙自》。

③*Returns of Trade at the Treaty Ports in China for the Year 1879*: *Hanchow*，第 8 册，第 88—93 页。

④*Returns of Trade at the Treaty Ports in China for the Year 1881*: *Hanchow*，第 9 册，第 89—97 页。

179486加仑、俄罗斯煤油396560加仑,估值69908两①;三者合计,占贵州自该关进口总货值的78.26%。值得注意的是,棉纱进口异军突起,货值已占进口量的三分之一以上,煤油进口亦占一定地位,而棉布进口比重则下降到不足三成。同年,贵州从梧州关进口货物全部为印度棉纱,计3200担,估值关平银73600两②;从蒙自进口印度棉纱1922担,估值57747两③,占贵州从该关进口货值的97.32%;从重庆关进口的亦全为棉纱,分别是印度棉纱24担和中国棉纱18担,估值关平银1132两④。综合各关数据,1897年贵州进口棉纱达15558担,估值关平银395159两,占贵州进口货值的46.49%,尤以印度棉纱为最,达11538担。

1900年之后,岳州、长沙、腾越三关也成为贵州对外贸易口岸,贵州对外贸易依托口岸达11处,而贵州自梧州关进口货值猛增,已超越汉口关,成为对外贸易最重要的口岸,汉口、蒙自两关次之。1904年,贵州自梧州关进口货值关平银4313484两,兹将其主要商品(货值在关平银10万两以上者)列表如下:

表四:1904年贵州自梧州关进口主要商品货值表⑤ 单位:关平两

货物种类	数量	货值	货物种类	数量	货值
英国原色布	40991疋	125022	南京土布	5855担	416583
英国白色布	55191疋	215244	日本自来火	655716罗	165241
英国染色布	34957疋	139828	美国煤油	696230加仑	137238
香港染色布	54025疋	162075	苏门答腊煤油	1400825加仑	234919
印度棉纱	58953担	1497418	上等纸	4758担	136554

①*Returns of Trade at the Treaty Ports in China for the Year 1897*:*Hanchow*,第25册,第143—147页。

②*Returns of Trade at the Treaty Ports in China for the Year 1897*:*Wuchow*,第26册,第500—502页。

③*Returns of Trade at the Treaty Ports in China for the Year 1897*:*Mengtsz*,第26册,第650—651页。

④*Returns of Trade at the Treaty Ports in China for the Year 1897*:*Chungking*,第25册,第82—83页。

⑤*Returns of Trade at the Treaty Ports in China for the Year 1904*:*Wuchow*,第40册,第891—894页。

同年,贵州自汉口关进口货值关平银1193552两,其中,印度棉纱13012担,估值330505两;日本棉纱7189担,估值176849两;英国原色布49420疋,估值122763两;英国原白布24245疋,估值94556两;厚实斜纹提花布20409疋,估值67350两;俄罗斯煤油320460加仑,估值54094两;苏门答腊煤油196380加仑,估值32822两;染料估值32731两①。该年,贵州自蒙自关进口货值关平银765539两,其中,印度棉纱18045担,估值662041两;日本棉纱450担,估值18545两;东京棉纱1271担,估值46422两;原色布、斜纹提花布、绒布共2168疋,估值13603两;土布100担,估值7616两;烟丝196担,估值5936两②。同年,贵州从重庆关进口货值关平银52360两,其中印度棉纱1713担,估值43510两③。

综合1904年各关数据,贵州进口大宗商品首推棉纱,产自英国、印度、日本、东京及中国,总计达100633担,估值2775290两,占该年贵州进口总值的43.56%,其中以印度棉纱为最,占进口棉纱总量的91.15%。棉绒布次之,包括英国原色布、原白布、斜纹提花布、绒布、中国香港染色布等28万余疋和南京土布5955担,估值1364640两,占该年贵州进口总值的21.42%;煤油、自来火、染料、纸张、烟丝等杂货更次之,煤油产自美国、俄罗斯和苏门答腊,自来火产自日本,染料来自德国,纸张、烟丝由广东输入,共计估值799535两,占该年贵州进口货值的12.55%。

1904年之后,海关报告不再开列各关内地贸易的商品种类和货值,无法获知贵州进口商品的详细信息,然从各关贸易概况中仍可窥视一二。1907年重庆关报告称:洋货入内地"本年货值短少,税银减收,可归咎于贵州落地厘金征收过重之故,只棉纱一种每百斤征收落地厘金,重至本关所完之子口半税四倍,如此重厘,实碍内地贸易,洋棉纱之销场变为土棉纱之代替矣"④。可见重庆关进口的洋纱仍转销贵州。次年,南宁关报告

①*Returns of Trade at the Treaty Ports in China for the Year 1904*:*Hanchow*,第39册,第300—307页。

②*Returns of Trade at the Treaty Ports in China for the Year 1904*:*Mengtsz*,第40册,第971—972页。

③*Returns of Trade at the Treaty Ports in China for the Year 1904*:*Chungking*,第39册,第174—175页。

④《光绪三十三年重庆口华洋贸易情形论略》,第46册,第241页。

称:“运洋货入内地之票,本年共发出一万三千八百六十九张,每票平均关平银二十五两,运往内地之货以洋纱、哔叽、港染布、标布、上纸为大宗。”而运往贵州货值达146794两,占该关洋货入内地总值的四成多①,故洋纱、棉绒布、纸张亦为贵州进口之大宗商品。1911年蒙自关报告称:“丝绸、棉纱、煤油、纸烟、丝等为子口大宗之货,云南省属云南府估值七十六万四千八百七十二两,……贵州省属普安估值四十七万九千二百十七两,兴义估值七万六千六百十九两。”②则贵州普安、兴义两地自蒙自关进口的商品当以棉纱、煤油、纸张和烟丝为大宗。1914年南宁关报告称:洋货进口“惟棉纱一种大为兴旺,共有五万一千五百八十四担,比去年三万五千二百三十八担,为向来所无,此种货物多销于云南、贵州”③。1919年岳州关报告称:“领运子口单之洋货,本年本关共发出入内地子口税单三千七十七张,全系煤油及糖,内有二千六百六十张运往贵州省。”④由此可见,贵州进口商品仍以棉纱、棉绒布、煤油、纸张、烟丝、糖等为大宗。

据1938年调查,贵州全年由外省输入机纺纱17580大件,每大件计四十小包⑤。1939年,陈养浩发表《贵州省棉纺织业的建设》一文称:“民生问题在贵州,衣的问题最为重要,全省男女人口一千零四十四万七千三百三十人的衣料,虽然是很单纯的土布,可是都仰给于省外的供给,自织的土布用纱也是依赖外省的。布疋输入,最近记录,二百十四万八千三百九十六疋,总值九百八十九万八千二百五十四元;棉纱输入,一万七千五百八十件,总值差不多也有千余万元。”⑥两者所引应同为1938年的贸易统计数据。然据前论,自1909年以来,上海、汉口等地所产“机器纺织货”大量输入贵州,洋纱、洋布逐渐被国产土货所代替。因此,1938年贵州两千万元的棉纱、棉布输入中,洋纱与洋布的比重应低于国产棉纱和棉布。

此外,抗战时期,贵州地处西南交通枢纽,公路运输繁忙,汽油消耗量巨大。据统计,1943—1949年7月,贵州中央系运输机构消耗汽油

①《光绪三十四年南宁口华洋贸易情形论略》,第48册,第415页。

②《宣统三年蒙自口华洋贸易情形论略》,第57册,第452页。

③《中华民国三年南宁口华洋贸易情形论略》,第66册,第1209页。

④《中华民国八年岳州口华洋贸易情形论略》,第84册,第498页。

⑤张肖梅:《贵州经济》第十二章《工商业调查》,第38—41页。

⑥陈养浩:《贵州省棉纺织业的建设》,《现代读物》1939年第4期。

2716623加仑①,年均36万余加仑,如再加地方系运输机构和公营运输机构,贵州汽油的消耗量更大,当时的汽油几乎全部由国外进口。

与进口商品相比,近代贵州出口商品多为农林矿业初级产品,以鸦片、桐油、五棓子、生漆、猪鬃、牛皮、水银、锑等为大宗,且贸易额相对较少,长期处于入超地位。兹分别论述如下:

(1)鸦片。1859年鸦片贸易合法化后,贵州鸦片外销快速发展。如1890年汉口关报告称:"土药销行之多,以四川为最,贵州、陕西、河南等省稍次……按近数年间,食洋药者大都改食云贵土药,食云贵土药者亦多改食川陕等处土药,价值极便宜,货亦平妥,食者日众,销路愈开。"②1890年,梧州关报告称:"土药皆系由云贵两省而来,先到广西南宁府属改包,转到本省属地。"③1897年梧州关亦称:"土药由四川、云南、贵州而来,每年约有六千担之多,然本地销流甚多,多办往广东与别处。"④1899年,梧州关又称:"土药由内地到此之数实难知确,所以到各土药庄询问之数亦得算为近谱焉,在各庄所查得之数,每年约二万二千箱,计重八千二百五十担,其中六成系云南土,四成系贵州土,俱是运往粤东销售,在本地销场甚少,计算亦不过十分之一,其价值每担通扯约关平银二百五十两以上。"⑤按此计算,该年通过梧州关运往广东、广西的贵州鸦片达3300担,估值关平银82.5万两。

随着贵州鸦片外销的拓展,部分鸦片亦通过海关出口。1882—1891年重庆关十年报告中称,贵州土出口主要来自与重庆距离较近的大定府和黄草坝。⑥ 1898年,重庆关出口贵州鸦片23担。⑦ 1899年龙州关报告称:"土药本年并无报出口者,查龙州所销之土均属云南贵州两处所产,由百色、南宁运至,……贵土即普安土,每百斤市价自三百二十两至四百十六两。闻进口之数,云土六百二十五担,贵土九百三十五担,据土人云,云

①《贵州财经资料汇编》第九编,第658页。

②《光绪十六年汉口华洋贸易情形论略》,第16册,第120页。

③《光绪十六年北海关华洋贸易情形论略》,第16册,第221页。

④《光绪二十三年梧州口华洋贸易情形论略》,第27册,第226页。

⑤《光绪二十五年梧州口华洋贸易情形论略》,第31册,第241页。

⑥*China Imperial Maritime Customs Decennial Reports*:*1882-1891*,第152册,第99页。

⑦《光绪二十四年重庆口华洋贸易情形论略》,第29册,第122页。

土全是本地所销，贵土则一半销于安南，但不知从何处运去。”①则该年通过龙州出口安南的贵州鸦片估值关平银约 17.2 万两。1903 年岳州关报告称：“土药一类向无来本关报运出口，今年则有贵州土四担五十斤，川土四担六十二斤，报关完税，由轮船转运出口。”②

民国建立之后，四川、湖北、湖南、广西、云南等省响应中央政府号召施行禁烟，并禁止他省鸦片进入。因此，贵州鸦片外销大受影响，只能通过走私运销邻省。如 1914 年梧州关报告称：“土药在贵州种植依然繁盛，因广东价值奇昂，故由贵州私运来广西，转往广东发售者为数不鲜。”③随着禁烟法规的完善，贵州鸦片走私贸易愈发艰难，销售量下降，其地位逐渐被其他商品所取代。

因鸦片出口必须先转运至各通商口岸，而绝大部分销售于口岸所在地或所在省份，两者之间无法截然区分，亦无确切史料记载，故近代贵州鸦片出口的具体数量无法得知。可以确定的是，贵州鸦片外销各省所得资金绝大部分用于各口岸购买洋货或国产棉织品，再转销贵州各地。

(2)桐油、五棓子与生漆。桐油在近代出口商品中具有重要的地位。1896 年沙市关报告称：“土船自川省来者系以食盐为首屈一指，次则糖、麻、药材、土药、白蜡、棓子、纸、油、漆等货，湖南、贵州来者则有米、麻、桐油、茶油、皮油、药材、木料等货。”④光绪《黎平府志》载：“桐油古州多。”⑤民国以来，贵州桐油产销呈下降趋势。“据罗马国际农会之统计，民国初年黔桐产量实为全国桐产之冠，民四起有递减之势，民十以后，遂一蹶不振，较川湘鄂桂，大有逊色。”⑥据 1936 年调查估计，贵州桐油生产遍及全省，清水江、榕江、乌江、北盘江、赤水河等五大流域年产约在 16 万担以上。⑦ 如民国《桐梓县志》载：“桐油：乡场多桐瓣市，东、芦、夜、娄种植极

①《光绪二十五年龙州口华洋贸易情形论略》，第 31 册，第 288 页。

②《光绪二十九年岳州口华洋贸易情形论略》，第 38 册，第 173 页。

③《中华民国二年梧州口华洋贸易情形论略》，第 62 册，第 673 页。

④《光绪二十二年沙市关华洋贸易情形论略》，第 24 册，第 126—127 页。

⑤光绪《黎平府志》卷三下《物产》。

⑥叶元鼎：《贵州省外销特产贸易概况及其问题》，《贸易月刊》1942 年第 1 期。

⑦张肖梅：《贵州经济》第一章第三节第五目《林木材积与森林副产》，第 A15 页。

多，售子榨油，获利甚厚。”[①]贵州桐油除部分为当地农村照明燃料之外，绝大部分用于出口。如册亨，“桐油每年输出数约五百余担（每担六十斤，运至广西后，每担可售大洋三十元左右），约值大洋一万五千余元”[②]。镇宁县，“近数年来因桐油菜油运销出国，资本家投资经营，高价收买，供不应求”[③]。“本（开阳）县运销出口之油有菜油、桐油、乌臼油三项，菜油最多……其次为桐油，销遵义贵阳，年 800 担，每担以五十元计算，年可入洋四万元。”[④]“江口境内无三林密箐，但各处桐杉茶漆均有生长，每年由水路经铜仁运销湖南，获利甚丰。”[⑤]“桐油为榕江特产，每年可产五万余担，近更由政府提倡，遇山造桐，将来的产量正有可观。”[⑥]

全面抗战后，桐油成为国民政府统制出口商品。叶元鼎称：“过去市场未加管理，商人自由买卖，黔东所产，多取道湖南常德，经汉口运至江苏、上海。现在为政府统制物品之一，价格依据生产成本运缴费用及国际市况拟定，由国营复兴公司收购，运输路线，大都集中贵阳，转昆明出口。”[⑦] 1938 年，贵州省桐油购销委员会收购桐油 180722.375 斤，自 8 月 17 日起至 11 月 8 日止，由贵阳运赴广州的桐油共八批，计 24021 斤；自 11 月 4 日起至 12 月 25 日止，向昆明运输桐油六批，计 47907 斤[⑧]。同年，蒙自关报告称：“出口桐油运往香港者为数亦巨，计客岁不过一万八千九百四十二公担，本年升为三万六千六百八十六公担，乃因黔、蜀两省产品，昔由长江及粤省外运者，今皆改由滇越铁路运输，取道海防出口所致也。本年所有运往香港桐油，均由贸易委员会管理，其中百分之八十，转运美国。”[⑨]陈养浩《贵州省棉纺织业的建设》一文中称，贵州每年桐油输出价值约为三百万元[⑩]。该文发表于 1939 年，可视为 1938 年贵州桐油出

①民国《桐梓县志》卷十七《食货志·物产》。
②民国《册亨县乡土志略》第六章《经济》。
③民国《镇宁县志》卷三《民生志》。
④民国《开阳县志》第四章第三十二节《商业》。
⑤民国《江口县志略》卷五《经业志》。
⑥民国《榕江县乡土教材》第二章第四节《物产》。
⑦叶元鼎：《贵州省外销特产贸易概况及其问题》，《贸易月刊》1942 年第 1 期。
⑧张肖梅：《贵州经济》，第 L71—72 页。
⑨《海关中外贸易统计年刊》卷一《贸易报告》，第 131、135 页。
⑩陈养浩：《贵州省棉纺织业的建设》，《现代读物》1939 年第 4 期。

口总值。“复兴公司廿九年在黔收油计为一千八百八十余吨，本年预计尚可收四千吨。”①

五棓子（也作五倍子）为近代工业重要原料之一，属蚜虫科昆虫营造于盐肤木上之一种虫瘿，其有用成分为鞣酸，主要工业用途为做染料、药用及制革等。1897年重庆关报告称：“五倍子（出口）比上年多八千八百余担，查此货产自贵州，年来收成丰旺，存货甚多，运往上海，获利又易，故贩运者愈形踊跃。”②《守拙斋日记》亦云：“郡人之商于粤蜀者，以山货为大宗，然所贩运者向为漆与五倍子之类。”③民国《石阡县志》载：“茱萸、五倍子，运销湖南。”④榕江县“出品货物均为土产，稻谷、棉花、五倍子、杉木、水牛、猪仔、牛皮等项”，而五棓子“年产约五万余斤”⑤。民国《续修安顺府志》载：“五倍子，系染色原料，又为制革药品之一，运销汉口、上海等处。”⑥叶元鼎称：“五棓子为盐肤木所生，全省年产约三千担，为收敛药物，工业用为黑色颜料，种类甚多，产地以舞水及麻阳江一带为最。”⑦1939年贵州农业普查所载，全省年产五棓子102218担，而贵州物产陈列馆资料称，相传十年前贵州全省年产十倍于现产，约为百余万担，但自抗战以来，随着五棓子产量下降，国内制革业的兴起，大部分销往经济部制革厂⑧。

贵州特产生漆也是近代主要出口商品之一。如光绪《黎平府志》载：“黎平近来产漆最多，往往贩出邻境。”⑨《守拙斋日记》亦云：“郡人之商于粤蜀者，以山货为大宗，然所贩运者向为漆与五倍子之类。”⑩民国《桐梓县志》载：“漆，大概贩蜀每年不止千担，值金三四万也。”⑪黔西北是贵

①叶元鼎：《贵州省外销特产贸易概况及其问题》，《贸易月刊》1942年第1期。

②《光绪二十三年重庆口华洋贸易情形论略》，第27册，第113—114页。

③民国《续遵义府志》卷十二《物产》。

④民国《石阡县志》卷十一《经业志・商业》。

⑤民国《桐梓县志》卷十七《食货志・物产》。

⑥民国《续修安顺府志》卷十《商业志・出口货》。

⑦叶元鼎：《贵州省外销特产贸易概况及其问题》，《贸易月刊》1942年第1期。

⑧寿宇：《贵州之五棓子》，《中农月刊》1945年第5期。

⑨光绪《黎平府志》卷三下《物产》。

⑩民国《续遵义府志》卷十二《物产》。

⑪民国《桐梓县志》卷十七《食货志・物产》。

州生漆的主产地。1919 年蒙自关报告称:“漆为本年初次出口货,在日本甚得价,每担可值关平银八十余两,本省之价只四十至五十两。民国七年日本由中国购去者,价值百万余两,此货产于贵州、四川,有重九百八十斤之漆自贵州大定府,取道由距蒙自千余里外多山多盗之昭通地方,经由本口。”①民国《续修安顺府志》亦载:“安顺所出漆远销湘汉粤港等处。据最近调查,安顺年出生漆八千五百斤。”②

(3)猪鬃与牛皮。猪鬃为近代主要出口商品之一,主要用于制造牙刷及各种毛刷。如民国《续修安顺府志》载:“商界中人群相研究,另辟利源,以资抵补。于是外查商情,内征出产,试运猪毛至粤销售,颇获厚利。设庄采办者于是争先恐后而来,每年出口竟达七八万斤。”③虽然贵州各地均产猪鬃,但总量并不大。据中农所 1937 年估计,贵州全省年产为 2923 市担,贵州建设厅 1941 年估计为年产 2844 市担,而刘驿甫 1941 年 3 月估计则年产仅 1000 市担④。

牛皮亦为近代贵州主要出口商品。1894 年北海关报告称:“(本年)生牛皮短七百余担,而价值反增二千余两,是因销流甚畅之故,此货多系云、贵两省运经南宁而来。”⑤民国《续修安顺府志》载:“牛皮一宗,从前只供本省制作靴鞋之用,今亦称出口之大宗,比之猪毛更多数倍”,“多运销云南、广东、汉口等处,商人贩运,络绎不绝。”⑥1942 年,叶元鼎称:“牛皮出产,年约六千二百余公担。”⑦

(4)水银与锑。矿产在近代贵州对外贸易中亦占有重要地位,以水银和锑的出口最为重要。1900 年 4 月,“德商瑞记洋行设一分行在沙市,承办贵州开矿需用各物,各物到沙以后,装用民船由本口入太平口,至常德入沅江,至晃州青溪二县处,然后雇用夫役,将该物盘运上岸,转赴矿

①《中华民国八年蒙自口华洋贸易情形论略》,第 86 册,第 1344 页。
②民国《续修安顺府志》卷九《工矿志 · 工业》。
③民国《续修安顺府志》卷十《商业志》。
④朱超俊:《猪鬃及贵州之猪鬃业》,《贵州企业季刊》1942 年第 1 期。
⑤《光绪二十年北海口华洋贸易情形论略》,第 23 册,第 227 页。
⑥民国《续修安顺府志》卷十《商业志》。
⑦叶元鼎:《贵州省外销特产贸易概况及其问题》,《贸易月刊》1942 年第 1 期。

所”①。1903年沙市关报告：出口土货“硃砂一百九十担，去年仅四十二担，水银三百十担，去年仅一百四十九担，此二项皆系贵州所产，而大半出于黔省矿务局，运经此处，报运汉口”②。《中国矿产志略》称：黔东北省溪、铜仁为贵州最主要水银产地，“前清光绪年间有法人组织之英法公司，设有炼厂，计机炉三座，其成绩殊失所望，宣统三年完全停业”③。

第一次世界大战期间，国际市场水银价格高涨。1915年岳州关报告称：“生锑、水银则因欧战销场甚广，因之此种矿产颇形发达，贵州省未开之矿，现亦渐次开采。”④开阳县，“民国初年，欧战既起，欧洲之实业停顿，所需之汞一部分购自中国。是时白马洞颇有转机，尝设厂十八家，有灶七十余座，日产水银平均在百六十斤左右”⑤。三合县，“自欧战起，世界各国争用水银，在民国五六年至二十三四年间，三合开采水银者如雨后春笋，摘其大者如左：乌虾沟水银厂、羊冬水银厂、措佚厂、破槽厂（每月约出八十斤）、四红厂（每月约出四十斤）、摆龙坡水银厂、牛仔硐水银厂”⑥。1918年梧州关报告称：“水银去年有二十三担，近年增至三百三十四担，此货多产自贵州，因转运不便，是以来货有限。”⑦然“及欧战告终，汞价惨跌，继以荒灾时局之变，厂家纷纷倒闭，工人相继解散，市面情形一落千丈”⑧。贵州汞矿业又陷入困境。开阳“白马洞产（水银）之大部分，其主要销路一为重庆，一为广东，又或经黄平、沅江及洞庭湖，运销于长江方面”。黔东北水产水银“以铜仁为集散中心点，且为麻阳江、沅江及扬子江各路之枢纽焉，此等水银多经汉口商人之手，一部分供国内各地家事之用，又一部分则运往香港”。黔南“八寨之产品则由陆路经贵阳而入重庆，其大部分多为内地消费”⑨。

贵州锑矿出口始于清末。1899年汉口关报告称：“土货出内地者，有

---

①《光绪二十六年沙市口华洋贸易情形论略》，第32册，第138页。

②《光绪二十九年沙市口华洋贸易情形论略》，第38册，第168页。

③翁文灏：《中国矿产志略》，农商部地质调查所1919年10月印行，第202—203页。

④《中华民国四年岳州口华洋贸易情形论略》，第68册，第516页。

⑤民国《开阳县志稿》第四章《经济》。

⑥民国《三合县志略》卷二十四《厂务》。

⑦《中华民国七年梧州口华洋贸易情形论略》，第82册，第1339页。

⑧民国《开阳县志稿》第四章《经济》。

⑨《贵州水银矿产之概况》，《中外经济周刊》1924年。

贵州运来之生锑一千三百四十四担，估值价银二千八百八十两，由关发给税单二纸，转运出洋。”①第一次世界大战对锑的争购导致贵州锑矿开发规模扩大。民国《三合县志略》载：“自民国十年，有粤商来合办矿，发现锑苗，遂开采而运粤销行，初邑人弊见不审何物，亦不悉用途，故无人过问，至是多争办之。”②后因锑价跌落而逐渐衰落。

四、对外贸易与近代贵州经济社会发展

近代贵州对外贸易表现出有别于沿海、沿江、沿边地区的显著特征，对区域经济社会发展具有明显的促进作用，在贵州经济近代化过程中具有重要的地位。具体表现在以下几个方面：

1.对外贸易与省际贸易相互融合、相互促进

首先，近代贵州并未设立通商口岸，其对外贸易均须通过周边省份口岸来完成，而这也是贵州省际贸易的主要区域和主要商路。其次，贵州进口的所谓“洋货”之中，有一部分系沿海地区所产，通过转口贸易至贵州周边口岸，再运销贵州各地，如前文所述之上海、汉口等地所产“机器仿制货”通过汉口、岳阳、梧州等口岸转销贵州各地。再次，近代贵州并无真正意义上的大宗出口商品，桐油、猪鬃等虽占有重要地位，但货值总量不大，长期处于严重的贸易逆差地位，其对外贸易所需资金绝大部分由省际贸易来弥补，如前文所论之贵州鸦片外销川、鄂、湘、桂、粤等省。可见，近代贵州对外贸易与省际贸易相互融合，这是贵州所处地理区位和近代经济结构所决定的。

2.推动贵州商品经济发展

近代贵州仍处于传统的农业社会，商品经济不甚发达。随着对外贸易的发展和贸易逆差的扩大，越来越多的农、林、牧、矿业产品加入出口之列，商品化程度进一步提高。成书于清末的《守拙斋日记》云：“近年来与洋商交易，始知各种兽毛皆可持以易钱，且能获厚利，吾在渝中见乡人有专贩猪毛而来者，多获三倍之偿也。按猪毛即猪鬃，以长五寸而光泽者

---

①《光绪二十五年汉口华洋贸易情形论略》，第 30 册，第 158 页。

②民国《三合县志略》卷二十四《庶政略 · 厂务》。

良。”除了猪鬃之外，近代贵州出口商品中海油羊毛及鸡、鸭、鹅毛，这些在以前并不值钱的东西成为近代贵州农民的生财之道。该书又云：“牛皮亦山货之大宗，尝于渝中询贩之者，言有水皮、黄皮之分，又有熟皮、血皮之别，血皮难得而价甚昂，及近日家居，闻乡间盗牛之案层见叠出，甚有活剥其皮而去者，致使牛欲生不得，欲死不能，以贪利而残忍至是，宜有严厉之刑以禁之也。”①牛皮成为重要出口商品，盗牛甚至活剥牛皮确实残忍，却反映出对外贸易拉动下的贵州商品化程度的提高。

3.加快贵州经济近代化进程

在近代贵州对外贸易发展过程中，农林初级产品逐渐被近代工业品所替代，商品结构和贸易结构开始向近代化转变。同时，在经济结构转化的过程中，近代工业兴起，贵州近代化进程开始加快。例如自来火，这是贵州早期对外贸易的主要进口商品之一。1904 年，贵州自梧州关进口日本自来火 655716 各罗斯，价值关平银 165241 两。面对火柴工业的高额利润，部分贵州商人开始投资火柴工业。民国《续遵义府志》载：“火柴，初系由川、广输入，至宣统年间始创设工厂，自行制造……贩夫卖担购运四方，年可销千箱，值四五万元，此亦抵制外货之一也。”②还有面粉，也是早期贵州进口的商品之一。1901 年梧州关报告称：“面粉销流甚广，广西一省所用该货者十余处，即贵州安顺亦有用之。”③此后，贵州各地面粉厂逐渐设立，至 1936 年，全省已达 16 家之多④。

棉纱与棉布是近代贵州对外贸易中最主要的进口商品，土纱业因洋纱输入而衰落，而织布业却获得发展。安顺，“惟自洋纱输入以后，土纱销路日滞，老弱妇女先后失业。光绪末年，四川工人纷纷来黔，各街成立织布业，聘请川人作技师，采用洋纱作原料，而妇女中之能织者亦多乐从，城内机房愈多，生意愈广，运销于平远、水城、大定等地，每年收益甚大，县人借以为生者亦最多”⑤。兴仁县年产土布约 72000 匹，销往贵阳、安顺等

①民国《续遵义府志》卷十二《物产》。

②民国《续遵义府志》卷十二《物产》。

③《光绪二十七年梧州口华洋贸易情形论略》，第 35 册，第 281 页。

④贵州省人民政府财经委员会编《贵州财经资料汇编》，第 59 页。

⑤民国《续修安顺府志》卷九《工矿志·工业》。

地①。石阡县所产后街布,以"官纱为经,土纱为纬,每逢场期,陈列城外后街贸易"②。据1930年铁道部滇黔桂区经济调查队之调查,贵州盘县、关岭、镇宁、安顺、平坝、贵阳、龙里、贵定、麻哈、平越、炉山、青溪、兴义、安龙、兴仁等十五县年产土布达872.6万匹③。

综上所论,受地理区位、经济结构和省内外政治形势影响,近代贵州依赖周边省份口岸进行对外贸易,过程曲折,贸易范围扩展,商品结构改善,贸易额逐步增加,与省际贸易相互融合,互动发展。近代贵州对外贸易在推动贵州商品经济发展,促进经济结构优化,加快近代化进程中发挥着重要的作用。

①《兴仁县物产状况调查表》,《工商半月刊》第6卷第21号,1935年。

②民国《石阡县志》卷十一《经业志·工业》。

③《湘滇线云贵段经济调查总报告书》之《工业经济篇》,第108—112页。《粤滇线云贵段经济调查总报告书》之《工业经济篇》,第79—81页。

清末民初军品走私屡禁不止原因探析*

费志杰

（南京政治学院基层政工系）

清末民初，在中外势力的双重打击下，朝廷统治日渐衰微，社会动荡纷仍，民间军火需求旺盛，大大刺激了军品走私①的发展。1853年9月29

* 本文系国家社科基金课题“晚清华洋军品贸易与近代军事变革”阶段性成果，项目编号15BZS097。

①与近代武器有关的概念主要有军品、军火、军械、军器、军备、军装等。“军火”是武器和弹药的总称。“军械”“军器”包括各种武器弹药和随武器配套的仪器器材等。“军装”指军事方面的装饰和装备，或单指军服。“军备”指军事编制和装备。“军品”在狭义上通常指武器装备和其他军事专用品；广义上则指与军队作战、生活等有关的一切物资，既包括武器装备等军事专用品，也包括食品、药品、油料和机电产品等军需品。本文采用“军品”概念，取军品之狭义范围，主要包括武器弹药及附属品、制造武器弹药所用设备原料等，不涉及军服、食品、军人生活用品等与武器及制造没有直接关系的物品。清前期中国携军品技术之优势对周边采取禁止出口政策，对西方军品则持盲目排斥态度。鸦片战争时期，清廷意识到引进先进火器、加强武装建设的重要性。然而，由于缉私不力等原因，与大量军品进口相伴随的是日益猖獗的军品走私，军品走私甚至成为民变频仍的一大诱因，直接加速了晚清专制政权的灭亡。

军品走私指的是违反海关法和国家其他有关法律、法规，逃避海关监管，非法运输军品进出境的行为。目前学界对清末民初军品走私的关注散见于晚清战争史、中国近代武器装备发展史等研究之中。如滕德永《清政府的军械外购与辛亥革命》（《明清论丛·第11辑》2011年）。陈峥在《抗战时期第三届广西学生军桂南缉私述论》（《民国档案》2013年第2期）中，谈到抗战时期桂南发生了大规模的日用品走私活动，中国部分军政官吏与奸商相互勾结，放纵走私。齐春风在《评近代日本对华军火走私活动》（《安徽史学》2002年第3期）中，指出甲午战后日本向中国境内走私军火供应地方势力，以期分裂中国。何文平在《全球化的挑战：清末澳门军火与华南社会动乱》（《学术研究》2010年第4期）中，指出清末由澳门进入中国内地的西方先进枪炮，更多地流向了民间，成为近代华南社会动乱的重要因素。既有成果多关注军品走私与社会政治的关系，而对走私屡禁不止的原因缺乏分析。军品走私是任何时代都难以完全消除的社会现象，探讨其成因，对走私进行有效管控和压制，有利于维护社会稳定。

日，苏松太道吴健彰所部在镇江附近拿获英国商船，“内有夷人三名，洋剑一把，洋枪六十杆，洋刀四十把，洋硝一包，火药一罐。……系夷人雇装兵器至镇江卖给贼匪者，在后尚有一船装载洋枪一百四十杆，洋刀六十把及洋硝火药等物”①。1854 年 8 月曾国藩率领水陆师 2 万余人占领岳州（今湖南岳阳）时，曾夺取太平军使用的 11 门洋炮②。太平军起事不久就通过走私的途径以高价向外国购买了大量洋枪洋炮③，在尽先使用西式武器方面远远地把清军甩在了后面。此后，军品走私日益猖獗，一大原因是其高额回报。1862 年前后，“向来不法之外国人每带外国洋枪至苏州卖与长毛，虽官军稽查甚严，其中偷漏者不少。其偷贩之故，皆因长毛肯出重价，去一次可抵三次，三次之中即被军官擒获将货查拿入官，而一次所得利已倍蓰矣”④。当时一枝在美国或日本只值几美元的旧式步枪，在中国内地的走私交易中高达 150 美元⑤。时人称，“香港快枪每枝价银不过七元之谱，而转卖与内地匪徒，每枝可得价银二十余元”⑥。“寻常毛瑟、拗兰短枪值仅数元；购来资盗匪，动值十余元、数十元不等，利市十倍。”⑦太平军新式武器给清军留下了深刻印象，在曾国荃围攻南京之战中，太平军“挟西洋开花炮自空下击，所触皆摧”⑧。战场上连吃败仗之后，清廷对军品缉私也愈加重视。1864 年李鸿章曾在致总理各国事务衙门函中指出：“中国残寇未灭，外国不拘官民窃售利器，傥山陬海隅有不肖之徒，潜师洋法，独出新意，一旦辍耕太息，出其精能，官兵陈陈相因之兵器，孰与

①中国第一历史档案馆：《清政府镇压太平天国档案史料》第 10 册，北京：社会科学文献出版社 1993 年，第 458 页。

②曾国藩：《水师迭获大胜将犯岳贼船全歼折》，《曾国藩全集 · 奏稿一》，长沙：岳麓书社 1987 年，第 167 页。

③蓝振露：《试论太平天国的军火进口贸易》，《史学月刊》1991 年第 6 期，第 42 页。

④太平天国历史博物馆：《吴煦档案选编》第 5 辑，南京：江苏人民出版社 1984 年，第 399 页。

⑤张功臣：《洋人旧事》，北京：新华出版社 2008 年，第 314 页。

⑥张人骏：《为据香山都司李炎山详称香港船户时有冒领船牌私售军火济匪应札查照给复以凭核办事》，《关于查禁私运军火章程和通知（1902—1908）》，广东省档案馆藏粤海关档案第 95 全宗之九龙关档案第 504 卷。

⑦王彦威、王亮：《粤督张人骏致外部日船运械济匪若失败则约章成废纸电》，《清季外交史料》（光绪朝）第 7 册，第 211 卷，台北：文海出版社 1985 年，第 3353 页。

⑧徐一士：《王闿运与〈湘军志〉》，《湘军志 · 湘军志平议 · 续湘军志》，长沙：岳麓书社 1983 年，第 177 页。

御之?”①清廷在借助由洋人控制的海关进口军品的同时,不断加强查缉军品走私的力度,组建了相关机构,也出台了许多章程,取得了一定效果。然而,由于种种原因,清末民初军品走私几乎从未间断过,本文试图对其背后原因进行初步分析,以就教于方家。

一、日常缉查不严

清末民初的军品走私现象十分复杂,吸引了众多参与者,既有正规军火洋行,也有个别走私洋商,既有知法犯法的各级官僚,也有铤而走险的普通百姓。“走私军火者,有军界,也有商界和黑社会;既有革命党人,也有反动军阀、地方豪强。”②缉私部门在查缉行动中往往缺乏足够的自信,既不想得罪地方督抚,更不敢开罪西方列强。缉私人员大部分都缺乏足够的经验,对千奇百怪、花样翻新的军品走私的方式,常常无所适从。清政府担心民间武装利用外洋利器威胁自身统治,从而对军品走私高度警惕,但实际查缉效果却非常一般。

初期的军品走私犯主要是混迹于中国的各国洋人。太平天国运动时期,“有英国人一名,布国(普鲁士)人三名,合众国(美国)人一名,驾船行经海门山港,被截获时,将所载货物投水,然犹起得洋枪与铜帽等件”③。甚至列强驻华领事也亲自参与军品走私。太平军攻占南京月余,“有洋艘二,自海道泊下关,贼始疑为大兵之借援者,继侦知其为上海之领事,舟中所带皆洋枪、火药,以通贸易为词,该逆延之入城,联教通款”④。“行至镇江,江面有官兵水师巡船逻获之,解送常州。时两江总督驻扎在常,讯供得实,咨会粤东督臣查办。是时,内患方殷,大府欲以近攻远交弭其构间,事亦旋寝。”⑤上海小刀会起义组织通过领事与太平天国联系并走私军品未果,但清廷却明知领事行为却不敢加以任何惩处。作为清廷特别依仗

---

①《李鸿章就学制外国火器事覆总理各国事务衙门函》,《中国近代兵器工业档案史料》编委会:《中国近代兵器工业档案史料》第1辑,北京:兵器工业出版社1993年,第6页。

②连心豪:《近代中国的走私与海关缉私》,厦门:厦门大学出版社2011年,第98页。

③秦翰才:《左宗棠全传》2010年未刊本,复旦大学图书馆藏,第49页。

④夏燮:《粤氛纪事》卷4,第18页,清同治八年(1869)刻本。

⑤夏燮:《粤氛纪事》卷13,第3页。

的常胜军统领戈登,也在与太平军作战的同时,向太平军售卖武器。“至各人军装炮械,彼此皆知底细,你处图利,我处置办,听从通商,原无禁令。此时你处如有枪炮洋货,仍即照常来此交易。”①《慕王谭绍光复英国会带常胜军戈登述太平天国对外政策书》中记载,“枪炮等件,亦已领取,种种厚情,感谢不尽”②。至于参与军品走私的沿海华商、随船水手、潦倒百姓更是不胜枚举。盛宣怀档案中曾记载军品走私犯杨安生的供词,“至拿获硫磺,有小的十包,二火头王兴来二十包,三火头毛钱良十包,又有扒煤人阿宝阿狗等共十余人全都携带,拟至天津卖给收买小货之人赚钱瓜分。所有此项硫磺在香港系轮船停住油底时泊至对岸,由舢板上贩买来的”③。清廷的软弱,外加暴利的驱使,铤而走险从事军品走私的人越来越多,海关专职缉私工作人员数量又非常有限,缉私效果可想而知。

清廷缉私工作加强之后,走私工具却又推陈出新,走私方式也千变万化;同时,缉私工具配置较差,缉私人员缺乏足够的经验。大量的军品走私根本无法彻底查禁。从档案资料中可以看出,当时最典型的走私方式主要有两种:一是“夹带”,即客商行人将军品夹带入随身行李之中进行偷运。二是“隐藏”,就是将军品装入各种容器,蒙混过关。光绪十七年八月二十七日(1891 年 9 月 29 日),山东登莱青兵备道台兼东海关监督盛宣怀收到好友劝告,“请通饬各船严查夹带军火,如不自查出,为关查出,此买办或撤或调以吓之”④。后来,为防止客商走私军品,税务大臣与总税务司商定,“嗣后凡由各海口岸入口之旅客,所有携带行囊及一切可疑包装货物,均须一律严查以防夹带”⑤。盛宣怀档案中记载有南昌轮船贩运军品水手才财荣的供词(日期不详),“所有洋关扦子手查获枪枝枪子,系船上广东木匠谭姓先合二水手头叶北仁商明,又向小的并支更人李阿传商明,运装船上至天津出售分利。船上洋人并不知情,至谭木匠在香港运来枪枝枪子,究竟货主是谁,并向何行何店购买及至天津售归何人,

①李守孔:《中国近百余年大事述评》第 1 册,台北:台湾学生书局 1997 年,第 94 页。

②太平天国历史博物馆:《太平天国文书汇编》,北京:中华书局 1979 年,第 325—326 页。

③《谨将讯问南昌轮船贩运军火水手头等供词缮折恭呈宪鉴》,盛宣怀全宗档案 109156,上海图书馆藏。

④《谢家福致盛宣怀电》,盛宣怀全宗档案 113406,上海图书馆藏。

⑤《税务大臣严查私运军火办法》,《申报》1907 年 7 月 11 日。

小的实不能指出”①。光绪三十二年九月(1906年10月),广东九龙关命令扦手“遇有长箱包捆、形迹可疑之件,立即开箱验看”②。光绪三十三年七月三十日(1907年8月21日),九龙关侦察得知来自港澳的私运军品均由装石装粪之帆船载运,海关扦手往往因其笨重、臭秽而不愿清仓查验,常使军品走私成功③。光绪三十四年五月(1908年6月),广东拱北关税务司威礼士(A. H. Wilzer)饬令关员,“嗣后凡有包件、行李、箱笼、棺木运自外洋者,进口时务须严格搜查有无夹带军火枪械”④。

军品走私船只为规避缉私人员检查,常利用不良天气或节假日偷偷运输。光绪三十三年六月(1907年7月)署理两广总督胡湘林指出有军品走私船在距海关三五十里比较荒僻的地点停泊,遇有大风或恶劣天气海关查验不严时,偷过洋关⑤。法国传教士剌士私运军品到广东地区,“均乘洋关放假期间偷运过关”⑥。有人假冒官船偷运军品,计“毛瑟十三响等枪二十余,军火总二万余码”⑦。还有人冒充正经洋商公开售卖军品。光绪三十三年十月(1907年11月)德国人葛罗德在广东香山县向官方售卖军火,自称香港瑞记洋行大班,实际“仅曾在省城沙面瑞记洋行充当经济,招人行销货物”⑧。甚至还有军品商贩将枪枝伪装为废铁进行偷运,宣统二年正月(1910年2月),有人“将好枪除去木壳,故意毁坏。将枪杆研扁,藉作废铁过关运入内地,然后由土工装修售卖他人”,仅两个月

①《谨将讯问南昌轮船贩运军火水手头等供词缮折恭呈宪鉴》,盛宣怀全宗档案109156,上海图书馆藏。

②周馥:《为严拿私运军火以弭隐患事》,九龙关档案第504卷。

③张人骏:《为访闻粪船石船偷运军火情事应饬认真查拿事》,九龙关档案第504卷。

④《棺木私运军火之预防》,《申报》1908年6月22日。

⑤署理两广总督胡湘林:《为篷钩船中途关卡务希饬令候查以免夹带军火事》,九龙关档案第504卷。

⑥岑春煊:《为严查军火事》,九龙关档案第504卷。

⑦署理两广总督德寿:《为匪徒苏六私运军火约期起事希图即严行查拿事》,九龙关档案第505卷。

⑧张人骏:《为查德国人葛罗德有招人行销军火之事应请严谕大铲查拿事》,《关于查禁私运军火章程和通知(1902—1908)》,广东省档案馆藏粤海关档案第95全宗之九龙关档案第504卷。

时间，通过广东九龙关就走私千数之多，其中多为新造枪枝①。广东水师方面查缉专用兵轮数量极为有限，各种小舢板及传统扒船(装载抛石机的船，用石头作武器)是进行巡缉的重要力量，虽在装备上远逊于走私船，却因规模较大而发挥了一定作用，却不被政府重视而几近裁撤。有的军品走私者还从外表到语言进行专门伪装，使查缉难度更大。民国元年七月初四日(1912年8月16日)，巴林爱新荒务局职道黄仕福给盛京大都督赵尔巽来函，"从前日人来辽(辽源)，皆讬游历为名，虽其行踪诡秘，兵警均可查觉。近则日益加多，率皆易服留辫，伪为蒙人，或为喇嘛服饰，口操蒙语，无从分辨。每以洋货等物并暗售手枪，故贱其值，以图交欢各旗王公"②。

为防止与边疆民族之间矛盾激化，清廷无奈之下常常偏袒军品走私者。民国元年四月初十日(1912年5月26日)盛京大都督赵尔巽接到来函，"此事大概蒙旗购枪事所必有，然为自卫计，未必即系备战。三喇嘛为人经手购枪，从中渔利，亦难保其必无。惟此时则正为我用之时，不得不陈之帅座。缘库伦独立，三喇嘛确曾与闻其事。渠与阿邸本有戚谊……"③。《奉天都督赵尔巽致袁世凯电稿(中华民国元年十月七日)》："……屡与乌泰赴哈购械谋乱首要蒙人阜海为委员给照入山招抚。"《吉林西南路分巡兵备道孟宪彝致赵尔巽函(中华民国元年八月十二日)》："今日有友人自江省来，详告扎赉特旗蒙人依常阿昨见面言，由德商购枪一千一百枝，手枪五十枝，先交三千羌帖。"④"各驿长及警察决不能使蒙人私自运枪，敢为保证，务请大帅放心。"⑤这种折衷的处理方式虽稳定了汉蒙关系，不致引起民族纠纷，却也放纵了对军品走私的打击，从长远看，更加剧了边境地区的走私活动。

清廷常常违例在解运军品的轮船上搭客，为小批量军品走私者提供可能。清朝官员曾向盛宣怀专函请示能否在运军火的轮船上搭载客人，

①袁树勋：《为轮船进口如有伪将枪枝改作废铁饬将贩运之人一并扣留解办以免匪徒朦运而遏乱萌事》，九龙关档案第524卷。

②赵尔巽全宗档案543-110-10，中国第一历史档案馆藏。

③同上。

④同上。

⑤同上。

"德州解军火有小大轮,是否可以搭客,属为敬询求"①。光绪十七年九月二十一日(1891 年 10 月 23 日),招商局马建忠致李鸿章函,谈到货轮载客现象,"职道奉差到局以来,习见轮船货客纷争利弊环生,远经同治初年商轮景象,近比各国公司轮船规模颇整肃,而此散漫率此以往必至弊浮于利"②。各地缉私部门在运作过程中,不愿承担责任,甚至对下属查获军品的行为不加鼓励反而斥责,进一步降低了缉私的效率。光绪十八年正月二十七日(1892 年 2 月 25 日),《申报》登载,"自外洋回华之人喜带西国手枪等件,而不知携带军装有干例禁令也。署海沧汛某弁以稽查私带军械为首务,凡由外洋回乡之番客衣箱行李必从严搜查,去腊有人由实叻返里,因出洋已廿余年,未知中朝禁令,带有六门手枪一枚。被某弁搜获照章科罚,并将洋枪呈缴。提署彭军门以该弁遇事生风,大加申饬,该弁乃垂头丧气而退"③。由于清廷缉私部门的效率低下,晚清五十余年间,清政府的军品缉私虽然常抓不懈,却总是屡禁不止,甚至呈上升趋势。仅光绪二十九年(1903)私运进口的军品价值达七百八十万元之巨④。

二、战时管控乏力

清末民初,中国外患不断,违反战时国际军品禁运惯例的情况屡见不鲜,因利润更大,战时军品走私现象异常频繁。海关一向由洋人把持,战时宣称"中立",却留用并纵容敌国人员"干着种种敌视中国的活动"⑤。缉私力量也会因主要兵力投入战场,而大为削弱。战时军品走私直接威胁清廷存亡,处理起来往往比日常缉查难度更大,总体上呈现出管控乏力的特点。

光绪十年(1884)中法战争爆发前夕,有大臣上奏条陈,言明"凡属教民亟宜加意保护,明白晓谕,令其自行赴案呈明,俾免惊疑是阳为保护之名阴寓防维之意。万一海上有事,各属境内有无教民已了然于胸,不难设

①《致盛宣怀函》,盛宣怀全宗档案 002034,上海图书馆藏。

②《致李鸿章函》,盛宣怀全宗档案 096359,上海图书馆藏。

③《论今昔商情之不同》,《申报》1892 年 2 月 25 日第 1—2 版。

④阮芳纪等:《洋务运动史论文选》,北京:人民出版社 1985 年,第 159 页。

⑤陈诗启:《中国近代海关史》,北京:人民出版社 2002 年,第 126 页。

法箝制,查出入以免该教民接济法兵军火粮食及为内应向导等事”①。中法两国处于战争状态时,英美虽号称中立,暗地里却偏袒法国。法海军偷袭福建马尾军港,“闻法领事及鬼婆(家眷)皆住英美兵船上。法国粮食、煤炭、火药亦英美为之购买”②。不仅如此,“(法军)以香港、澳门为接济军械粮食之处。(英籍)港督虽声言两不偏助,然法在港修补战船,新造小轮船二十五号,新做号衣六千套,彼佯作不知,其暗助无疑”③。对此,清廷既不敢得罪港督当局,也没有更多有效办法进行查缉。

光绪二十年(1894)甲午战争时,军品走私数量剧增。光绪二十年四月初五日(1894 年 5 月 9 日),“放兵房新关扦手拿获洋枪赏银三十四两二钱七分五厘正”。六月初六日(7 月 8 日),“拿获洋枪分成赏银二十六两三钱二分二厘五毫正”。这些在战乱时发生的军品走私行为,每次数量有多有少,而且地点不定,难于监管。七月初二日(8 月 2 日)负责清军后路粮械转运的盛宣怀致电大沽,“已派人至火车头拿人,并已函致领事,其夹板所运何物?请尊处派人会同扦子手查复,电帅核办”。“税司报水手二十名已逃走,夹板无人,望速派弁勇十人上船看管。”七月初五日(8 月 5 日)盛宣怀致电大沽,“新关报,又有夹板(船)一只到沪,上多倭人,上舱装米,下舱不知装何物,乞派人会同扦子搜查,有无夹带军需等物”④。以夹带等方式偷运的军品数量很多,相关部门常常抓扣不及。七月初七日(8 月 7 日)盛宣怀接函,“倭有‘婺源’改名‘细普渡’,由外国满装军械,约期于八月十七号过新加坡,可派兵船截缉”⑤。此日本船只正是违反战时国际军品禁运规则,向外洋采购武器以充实日本军队。由于先进的外洋军品基本都在列强手中,善于发战争财的列强惯于向交战双方同时提供军品,常视禁运军品惯例如无物。甲午战时,清军分兵查缉走私的力量严重不足,光绪二十一年四月初四日(1895 年 4 月 28 日),张之洞曾上奏要求购买租用轮船,“前因南洋海防戒严,江南各兵轮船蚊船均经分泊要

①《海防筹办事宜管见》,盛宣怀全宗档案 045170,上海图书馆藏。

②《致盛宣怀电》,光绪十年(1884)七月初七,盛宣怀全宗档案,上海图书馆藏。

③《郑观应致盛宣怀函》,光绪十年七月二十七日,盛宣怀全宗档案,上海图书馆藏。

④盛宣怀档案资料选辑之三,《甲午中日战争》下,上海:上海人民出版社 1982 年,第 531—533 页。

⑤同上书,第 127 页。

隘以备战守之用,所有吴淞口巡察海面稽查入口外国兵商各船”①。

清廷在管控战时军品走私问题时,有时即便有确定的走私证据,慑于列强权势,也多采取息事宁人的态度进行处理,进一步降低了缉私效力。光绪二十年八月二十一日(1894 年 9 月 20 日)英国公然违反战时中立政策,为日本走私军品,曾为南洋舰队所查获,发生了“巴山”号走私军品事件。当日,在福建白犬山左近洋面,英国商船“巴山”号(Pathan)向北行驶,南洋舰队的主力舰“南琛”号对其进行例行缉查,“南琛”号来自德国伏尔铿船厂,装甲防护较好,但航速较慢,仅 13 节。随同“南琛”号巡航的还有一条购自新加坡的“斯美”号商用快船,航速达 16 节。一周前中国驻新加坡总领事黄遵宪向李鸿章报告,“有英国船满载药弹,本日出口赴倭,就近设法截拿”。光绪帝亲发圣旨,“英船济倭,饬令严密巡查”。台湾巡抚邵友濂命“南琛”舰前去设伏拦截。“南琛”舰连放 4 发空炮,“巴山”号被迫停船。在“斯美”号外籍船长马理士的帮助下,中方检查了“巴山”号的“货单”。发现“货单”上有运往日本的手枪、枪弹等,但上海新闻公告中,“巴山”号的航讯却没有被公布过。第二天,“南琛”舰押送“巴山”号赴台湾港口。八月二十九日(9 月 28 日),台湾巡抚在英国和总理衙门的双重压力下,只没收了已搜出的手枪两箱、子弹一箱,放船驶往上海。九月二十八日(10 月 26 日),在英国领事馆的压力下,“巴山”号未经详细查验就放行由上海开往日本。次年六月十一日(1895 年 8 月 1 日),总理衙门为尽快了结此事,向船主赔款 4000 英镑。

在缉私无力的情况下,清廷常常不顾列强的战时中立声明,也想方设法利用种种渠道购买大批量外洋军品充实军队。据不完全统计,中法战争期间,仅 1884 年 7 月至 12 月,清政府通过洋行及委派人员赴香港购买洋枪 64408 支,各种大炮 555 尊,水雷、鱼雷等 1268 枚,鱼雷艇 9 艘,驻德公使李凤苞也为清政府订购德国毛瑟枪 20000 支②。甲午中日战争期间,清政府购买了大量的外洋军品,包括各种大炮 389 尊、炮弹 172130 颗、各种枪支 193290 支、子弹 8717 万粒③。清政府的战时违例购械行为,

---

①《购买租用大小轮船转运兵械札》,盛宣怀全宗档案 031369-17,上海图书馆藏。

②滕德永:《清政府的军械外购与辛亥革命》,第 87 页。

③同上。

实际上从反面刺激列强愈加袒护军品走私,无形中进一步加大了对战时军品走私的管控难度。

三、机构规章杂乱

为了加强缉私监管,清政府设置了不少的机构,也随着时间的推移制定了相当多的缉私章程。然而,总体上看,清政府的缉私机构混乱而缺乏效率和缉私规章繁杂而不够合理,也是造成军品走私屡禁不止的重要原因之一。

清末民初的缉私机构过多,往往相互掣肘。参与缉私的机构主要有海关、厘卡、盐运司、军械局、查验军火总局、巡防营、水师、巡警等。这些机构的主要职能是制定规章,管理船只的军火配备,设置军火缉私关卡,发放检查军火执照等。各海关与沿海水师相配合,查禁军品走私。由海关具体负责搜查各种过往船只、陆路运输工具,验看是否有私运军品情况,查看军火执照是否过期、涂改等。一旦查到走私军品,往往由海关交与防营或警察进行处理。1908 年北海关税务司阿歧森就曾指出,"同是一船既被本关罚办,而厘厂又罚,或将军火起回厘厂扣留。本关徒见牌照,无从稽查军火。厘厂故为留难,任意索致,致动船户公愤,集众停摆。因而汽船之货不能起卸",他建议,"查验牌照应属海关负责,似于厘厂无涉,主张稽查、议罚两事贵乎一手经理,应由本关或厘厂专办"①。此种问题各地都存在,广东地方当局为此设立省河查验军火总局,以协调广东地区各个军火缉私机构的关系。规定"所有内河、外海道经省河各船军火,系令赴总局编查办理。其不到省各船,该处有税关者由税关办理;无税关而有厘卡者,由厘卡办理;税厘均无而有盐卡者,则由盐卡办理,以辅总局所不及"②。省河查验军火总局负责为各船可配之军火錾烙,发放牌照。宣统二年六月(1910 年 7 月)省河查验军火总局委员蒋守报告两广总督袁树勋,"总局开办已八月,所有来往省河各船军火大致既编烙就绪,未编

①《关于查禁私运军火章程和通知(1902—1908)》,九龙关档案第 504 卷。

②张人骏:《为照知查验军火总局禀奉核准办司章程事》,九龙关档案第 524 卷。

烙者为数无多”[①]。到清廷气数将近时,很多缉私工作才“大致就绪”,足见缉私机构之效率低下。

晚清政府为严控军品走私制订了繁杂的缉私章程。包括《严防私运军火章程》[②]《查禁军火办法》[③]《查缉军火赏罚章程》[④]《澳门禁运军火办法节略》[⑤]《禁止私运军火办法六款》[⑥]《限制船只配置军火试办章程》[⑦]《省河查验军火总局章程》[⑧]《税务处新订私购军械协款》[⑨]《税务处合同外交财政陆军教育农商等部所订禁运品办法》[⑩]等。这些繁琐的缉私规章不仅缺乏稳定性和可操作性,而且常常落实不力。从1894年5月开始盛宣怀档案中,关于“拿获洋枪获得赏银”的条目就有很多记录,相当部分洋枪是准备接济前线日军的。然而,直到1895年10月10日清廷才针对缉获洋枪出台奖励措施,“拿获洋枪分赏银一百二十一两八钱三分六厘正”[⑪]。而此时的甲午战争却早已结束,对战时发生的军品缉私再难发挥激励作用。1907年颁行的《军火进口章程》[⑫]只强调各海关严加管束,无官府成案者不得进口。对于那些不从海关进口的军品以及流入租界的军品,包括对待洋人私贩军品者,却无暇管理。直到1909年颁行的《查禁私运军火协约》[⑬]才试图弥补其漏洞。许多章程属于临时之举,缺乏深入考查论证,甚至严重影响了沿海的正常贸易。如《限制稽查各项船只配置军火试办章程》颁布后对于各地商船多有不便。宣统元年正月(1909年1月),有船户向两广总督张人骏报告,“韶州之河西船,枪码过少,不足御

①《酌改省河局卡查验军火办法》,《申报》1910年7月19日。

②《赫德颁布严防私运军火章程》,《申报》1907年2月22日。

③《英政府限制军火运华章程》,《申报》1907年8月27日。

④张人骏:《为详定拿获大批军火赏罚章程事》,九龙关档案第504卷。

⑤《清季外交史料》(光绪朝)第7册第212卷,第3391页。

⑥《清季外交史料》(光绪朝)第7册第212卷,第3376页。

⑦《限制稽查各项船支配置军火试办章程》,古籍类485227,上海图书馆藏。

⑧张人骏:《为照知查验军火总局禀奉核准办司章程事》,九龙关档案第524卷。

⑨《税务处新订私购军械款》,《申报》1911年5月1日。

⑩《税务处改订枪弹进口新章》,古籍类抄本554261,上海图书馆藏。

⑪《光绪二十年一月至二十一年十月收付账目》,盛宣怀全宗档案034929第49、54、61、68、91页,上海图书馆藏。

⑫《四川官报》1907年第7期。

⑬《东方杂志》1909年第9期。

盗。北海商船客自带枪码,与牌照不符。……各船载货有贵贱之殊,货贵者防盗益严,需械必多。船有一定,而所载之物并无一定。今日载盐者,明日未必不易而装货"①。后来,朝廷只好对商船御盗放宽限制。

军品缉私大多与外洋有关,因此,清政府所定缉私章程如果没有相关国家的配合很难真正实施。"二辰丸"军品走私事件就是非常典型的案例,缉私办法得不到日本、葡萄牙的支持,最后以中国的退让而结束。光绪三十四年正月(1908年2月),清廷侦知澳门广和居商人谭壁理等委托日本商船"二辰丸"将神户辰马商行的步枪1500枝、子弹4万发共重29吨的军火,自日本私自运往澳门。澳门路环的海盗本想与反清的同盟会首领冯自由的属下温子纯,抢劫"二辰丸"船上的军火,并趁势在香山和前山起事。没想到,清廷已派出广东水师的4艘兵船在澳门附近巡逻并将该船查获。日本驻华公使林权助立即向清外务部发出抗议照会,认为"二辰丸"拥有运载军火进入澳门的准单,反诬清政府截捕商船,要求清政府速放该船并行道歉。葡公使柏德罗也照会清廷外交部,认为该船被拿有碍葡国权利。面对日本和葡国的外交压力,清廷一再让步,二月十七日,接受日本方面的无理要求,释放日商船"二辰丸"号,承买下全部军火耗资21400日元,并鸣炮21响向该船致歉。"关章会讯行之数十年,各国已经公认。日本恃其强权,均遭废堕。"②"我国从此于各国商轮私运军火无敢过问,国权浸失,桀黠生心,滋蔓将及于沿海各省,如大局何"。③ 清政府的软弱行为,使广东地方当局查缉军火的工作陷入被动,对缉私工作影响极大,更进一步打击了民心士气。"此案失败,则条约、关章均成废纸,查缉济匪军火之令立须收回,即不收回,亦同虚设。"④清政府的退让并未换来日本在军品缉私上的主动配合。二月二十四日(3月26日)清政府向日方提出《禁止私运军火办法六款》,日本在照会时声称,"澳门地方系与日本有条约关系之葡萄牙属地,苟以法令强行禁止运往澳门,殊难照办"⑤。中方还向日方指出,该船与英国太古洋行订立装煤合同,规定

①张人骏:《为札发更订限制各船配置军火章程及照式事》,九龙关档案第524卷。
②《清季外交史料》(光绪朝)第7册第212卷,第3374页。
③《清季外交史料》(光绪朝)第7册第212卷,第3374页。
④《清季外交史料》(光绪朝)第7册第211卷,第3353页。
⑤《清季外交史料》(光绪朝)第7册第212卷,第3380页。

"二辰丸"载煤到达香港"非遇万不得已不得驶往他处",日本声言,"是否立有此等合同,无庸查询。即使果有此事,其实行不实行,只太古洋行有论议之权,当与中国政府无涉"①。5 月 8 日,葡萄牙也针对《澳门禁运军火办法节略》提出附加条款,声称"甚望贵政府于澳门交界上问题亦照约章办理",要求中方撤退横琴岛驻军为先决条件②。葡国政府要求清政府付出巨大代价,方才配合协助查缉军品走私。

四、列强多方挟制

军品走私往往涉及到国际交涉,每当列强以强硬态度要挟清政府时,清朝统治者总以"和平速了为宗旨"③。自从 1854 年英美法三国驻沪领事接管江海关夷税征收权,使中国海关变成列强驻华使馆之附属物后④,以海关为主要依托的军品缉私就一直处于列强的多方挟制之下。清政府缉私部门处理军品走私时,只要涉及列强,无奈之下,或请西人调停,或自认失误,查缉效果较差。

列强中参与向中国走私军品的主要是英国、法国、美国等国家。1861 年下半年,清廷得悉太平天国有"汇银五十万两向美购买船炮之事"⑤,洋枪队华尔请美国驻华公使浦安臣进行干预,沪当局又担心"恐美国查禁之后,该逆或转赴英、法二国购觅"⑥。太平天国运动初期不少洋人传教士"向太平军供应手枪、小望远镜及美国制造的新式滑膛枪"⑦。1858 年美商琼记洋行老板何德曾对开放长江航运发表看法,"要使长江沿岸的贸易既有利于外国人,又有利于中国人,把它建立在一个体面而经久的基础上,而不是使其成为各通商口岸一切恶棍和流氓(他们多得不计其数)从

①《清季外交史料》(光绪朝)第 7 册第 211 卷,第 3360 页。
②《清季外交史料》(光绪朝)第 7 册第 212 卷,第 3395 页。
③《清季外交史料》(光绪朝)第 7 册第 211 卷,第 3364 页。
④陈诗启:《中国近代海关史》,北京:人民出版社 2002 年,第 33 页。
⑤《洋务运动》第 2 册,上海:上海人民出版社 1961 年,第 42 页。
⑥《海防档 · 购买船炮》,第 57、63 页。
⑦张功臣:《洋人旧事》,北京:新华出版社 2008 年,第 55 页。

事走私并向长江沿岸的叛军供应军火等剥削活动的场所"①。列强走私者常常态度蛮横,肆无忌惮。"英国轮船名古董者,泊虎门山澳,卸载火药与洋枪,扬言人民如敢拦阻,立即开炮。"②慑于列强淫威,得不到政府支持的缉私部门往往无能为力。

个别洋人的军品走私既直接损害大型军火商的利润,更搅乱对华军品市场。西方列强出于自身小集团利益考虑,有时也与清政府合作打击个别洋商私贩军品,以维护本国军工厂及大型代理洋行的利润。不过,对于一贯依赖洋人而主权意识淡漠的清廷缉私部门来说,很少有机会行使处罚走私之权,稽查效果往往大打折扣。光绪十二年八月三十日(1886年9月27日),海关总税务司赫德致函盛宣怀,"(铜帽一百五十盒送呈)二十七日英国阿兴顿轮船进口,本关拿获违禁之放枪铜帽一百五十盒,估值关平银十五两,兹特送上即祈饬放,按估值十分之一赐给关平银一两五钱充赏"③。赫德身为英国人,却对盛宣怀查缉英国轮船走私军品表示大力支持。看似他是站在总税务司立场维护清政府利益,背后却隐藏着其刻意保护英国官方售华军品渠道正当性的考量。实质上是尽力维护英国官方军品售卖之利益。光绪十七年九月二十一日(1891年10月23日),招商局会办马建忠致函直隶总督李鸿章称,"香港英督已悬禁令自本年八月二十九日即西历一八九一年十月一号起,六个月内除经领有执照外所有军装器械一概不准载运出口,亦不准私行携带,违则拿究重惩等因。然于购运军火之匪类,如由轮船往来,究应如何稽查始严密而不扰累地方之巡保防范与租界之照会,探捕皆无所施。……乃不一月间,于沪关镇关津关,搜获私运军火炸药,由洋人从中勾串,同恶相济,及今就各口往来华洋轮船筹弭患祛弊之法,惟有于各口岸在海关左近或商局或公司行左近,由商局知会各关道,设立中外商轮售票稽查局刊印华洋文编号联票"④。中方缉查部门对涉及洋人的军品走私本就非常忌惮,设立中外商轮售票稽

①[美]斯蒂芬·洛克伍德:《美商琼记洋行在华经商情况的剖析(1858—1862)》,上海:上海社会科学出版社1992年,第153页。

②秦翰才:《左宗棠全传》2010年未刊本,复旦大学图书馆藏,第49页。

③《赫德致盛宣怀函》,盛宣怀全宗档案033681,上海图书馆藏。

④《致李鸿章函》,盛宣怀全宗档案096359,上海图书馆藏。

查局协同稽查也是一厢情愿之事,并没有多少实际效果。

为加强缉私威信,清廷曾邀请洋人参与查缉。光绪二十年七月十一日(1894 年 8 月 11 日),清廷曾函请税务司雇一西人管理中日战争期间的查缉轮船之事,规定"凡轮船之由江阴驶过者,须认明旗号唤令停轮,会同委员查明并无混冒等情,始准开行前去,所以杜敌人之窥伺而严要隘之防"①。光绪三十四年三月初五日(1908 年 4 月 5 日),《申报》报道清廷与法国驻粤领事合作稽查军火事,"廉州北海埠与钦州相近且濒临大洋,钦廉匪党由内地败窜者多以此处为逋逃薮,由外洋潜运军械入境者亦多于此处起岸,现北海法领事拟请中国派委兵舰一二艘,常川驻泊俾缓急有恃"②。中法官方合作缉私并没有切实制止法国人的走私。宣统二年正月二十六日(1910 年 3 月 7 日),粤海关关员搜查法国哈德安轮船,查获"炸药十八斤十二两,旧手枪一枝,四十五加力码子四盒,共二百颗;三十八加馗巴码子二盒,共一百颗;手枪码子五十颗"③。许多军品走私实际上是由洋人主导的,中外协查时常常相互推诿、效率不高。宣统三年六月初四日(1911 年 6 月 29 日),东三省总督赵尔巽电称,"日人伙同自称宗社党私运枪械一事,请问日总领事,据称公主岭一带交涉归长春领事办理"④。涉及外洋的军品走私中,中方查缉力量非常弱势,甚至常有被缴械的风险。6 月 29 日赵尔巽电称,"顷间伊通有匪六百余,内有剪发二百余,拟是日人随带大车多轮,有抢去预警枪枝之说,请饬查见复"⑤。

走私进口的军品,少数是商人或富人为自保而购,部分是匪徒为抢劫所用,多数为民变组织武装反抗专制体制而用。在中国的内乱中,列强常常公开宣称保持中立,实际上却表里不一,为了谋求军售暴利和某些政治投机,暗地里仍向对立双方售卖军品。而且,在与清政府保持外交关系的同时,主要通过判断敌对双方的此长彼衰,而非清廷要求来决定重点向哪一方提供军品。各国洋行依仗背后的实力,常在代表官方同清廷做军品

①《盛宣怀为稽查轮船事致德璀琳函》,"海关档案与甲午战争"全宗,天津档案网电子档案 http://www.tjdag.gov.cn/tjdag/luc_search Index.action。

②《法领请派兵轮常驻北海广东》,《申报》1908 年 4 月 5 日第 11 版。

③《粤省又获私运炸药枪械》,《申报》1910 年 3 月 7 日。

④《赵尚书奏议》,上海图书馆藏古籍电子文献 T28072-142,第 7483—7484 页。

⑤同上。

生意的同时,也大肆参与走私,供应军品给清军对手。“与西方列强进行军火贸易,变成太平军和清军竞相追求的目标。太平天国时期,西方军事科技和装备被太平军和清军陆续引进,并率先用于中国内部的征战。”① “洋行和买办对于军火、军火原料和军事装备生意是最感兴趣的。对洋行来说,军火的销售,一方面可以攫取暴利,另一方面又助长军阀战乱和反动政府的横行。”②数千件以上的大宗军品走私,一般为实力雄厚的洋行所为。1860 年 7 月 31 日,英商太古洋行转运日本之 35 箱军火被海关查获,另有英人偷运 9 箱军火进上海口岸③。1861 年初,琼记洋行上海分行协理罗伯特·费隆给琼记洋行老板何德的信中写道:“在南京有买卖可做,极度秘密,采用不声不响地直接面晤叛军首领的办法。他们首先需要武器和弹药。有多少武器弹药能够送到他们那里,他们就买多少。当然,这是极不正规的贸易,但是我想告诉你成就这笔买卖所出的价钱!”④4 月上海海关没收英商宝顺洋行职员瓦尔特申请起卸的一支箱子,内装左轮手枪 22 枝,朴枪用铜帽 1000 个⑤。怡和洋行曾利用英舰以换防名义将武器运到汉口,秘密上岸存放,寻机出售⑥。1862 年,英国公使布鲁斯和贺布上将向英国政府报告,许多船只为上海的洋行运送军械弹药给叛乱军(指太平军——引者注),他们远离领事馆可以监督的范围,在预先约定的地点卸货,以便让太平军领取。一年的时间,有 3000 尊各种口径的大炮在新加坡成交,仅 4 月间,“一上海洋行供给太平军以步枪 3046 枝、野炮 795 尊、火药 484 桶及 10974 磅,另子弹 18000 发。另有几只船被缉获,满载供给太平军的军械,亦系由洋行偷运者。清廷苦口埋怨,开放长

①王介南:《近代中外文化交流史》,太原:书海出版社 2009 年,第 83 页。

②天津市政协文史资料研究委员会编《天津的洋行与买办》,天津:天津人民出版社 1987 年,第 21 页。

③王垂芳:《洋商史》,上海:上海社会科学出版社 2007 年,第 461 页。此次走私为魏尔塞洋行所为,9 只箱子交给传教士,发票上写着“螺丝钉与书籍”,实际则为“朴枪用的铜帽”。(见陈诗启《中国近代海关史》,北京:人民出版社 2002 年,第 191 页。)

④[美]斯蒂芬·洛克伍德:《美商琼记洋行在华经商情况的剖析(1858—1862)》,第 144 页。

⑤王垂芳:《洋商史》,上海:上海社会科学出版社 2007 年,第 462 页。陈诗启:《中国近代海关史》,第 191 页。

⑥政协武汉市委员会文史学习委员会:《租界洋行》,《武汉文史资料文库》第 5 卷,武汉:武汉出版社 1999 年,第 195 页。

江本以通商,但却利便敌人在外国旗下运械运粮,直至南京。私贩军械者皆是外国人,驶船运至长江各埠,买卖极盛。……远在新加坡,于一年之内运出大炮 3000 尊。香港及各口岸则公开运出军械,均以接济叛党者”①。清政府鉴于实力不济,唯有多向列强购买武器以增加平定内部叛乱的筹码,而没有足够的资格或能力阻止列强向对手供应武器。1862 年 5 月到 1864 年 7 月底,李鸿章为购买外国军械,就花费白银 90 余万两,其中绝大部分是通过上海的洋行购买的②。清廷在向列强购买军品的同时,也向各国强烈交涉,要求禁止外国商人与太平军进行军品贸易。1888 年 5 月,怡和洋行北京分行开设了一家专门销售阿姆斯特朗器械的店铺,引起清廷的紧张,历经两个月的艰难交涉才促其停业③。1906 年 10 月 29 日两广总督岑春煊通报九龙关代理税务司巴尔(W. R. M. D. Parr),“法国运到单响毛瑟枪四万余枝,码子九十余万粒”④,系洋行购进,并非官府定购。1907 年 8 月 29 日,《申报》记载津海关严查外洋轮船夹带军火事。“天津租界某洋行仍有私售枪弹济匪情事,此种军械显有外洋轮船夹带蒙混进口私行出售,实属有害治安。”⑤辛亥革命爆发后,面对声势浩大的革命运动,各国列强宣称对交战双方实行军品禁运。不过暗地里,列强仍将大量军械输送给清政府。其中德国就是主要国家之一,它对清政府仍抱有很大幻想,“危机一开始就倾向相信政府与王朝可轻易战胜革命运动”⑥。仅此一年就向清政府提供了 143 万余两的军械。日本也认为其君主立宪政体最适用于中国,希望清政府的政治改革能够成功,而不愿看得革命军获得胜利,为此当年就出售了价值约 110 余万两的军械。不过“那里(南方)的日本人同革命党人的意见颇为一致”,他们积极鼓动政府

①简又文:《太平天国全史》,香港:简氏猛进书屋 1962 年,第 1972—1973 页。北京太平天国历史研究会:《太平天国史译丛》第 2 辑,北京:中华书局 1983 年,第 163 页。

②中国史学会:《洋务运动》(三),上海:上海人民出版社、上海书店出版社 2000 年,第 474 页。

③[英]勒费窝:《怡和洋行——1842—1895 年在华活动概述》,上海:上海社会科学院出版社 1986 年,第 99 页。

④岑春煊:《为严查军火事》,九龙关档案第 504 卷。

⑤《再请严查外洋轮船夹运军火》,《申报》1907 年 8 月 29 日第 4 版。

⑥陈春华:《俄国外交文书选译:有关中国部分(1911.5—1912.5)》,北京:中华书局 1988 年,第 220 页。

向革命军提供军械，为鼓励军火商，甚至其费用由政府负担。[①] 1911 年 11 月 14 日，江汉关税务司苏古敦致函总税务司安格联，批评列强的片面中立政策，“所谓中立，只是千方百计掩护清军”。他们虽然不能根本改变本国政府的态度，但却可以利用自己的职务，为革命军获取军械提供一些便利。他们这样向政府汇报，“要我防止事实上的军政府取得自用的军械那是很困难的，实际上是做不到的。在浦东或者一公共租界下游起卸军械，军政府是完全可以控制的”[②]。

私运军品案件有关大局安危，一旦交涉失败可能引起外交纠纷，对此清廷有关部门在缉私时常常过分忧虑，大大降低了缉私效果。民国元年六月初四日（1912 年 7 月 17 日），赵尔巽电稿中称，日本人利用宗社党私运军品，“应即集队往办，惟内有日人，须相机设法令其散退，再行补拿。若彼先暴动，只可抵御并速报明情形”[③]。“迅速盘验，倘敢不限偿，可遏禁不准自由移动，但对于外人不可伤其生命。如查系枪械，无论何人，一律拘留电夺，倘有混迹暴动，不便羁禁者，凡确，准先惩办。”[④]赵尔巽联系日方领事协同查缉，却担心“彼等多人在蒙地运枪，甘心非为，倘交由领事派员查阻或恐彼等不服命令。……如此拖延岂不误事”[⑤]。俄国政府处理英国人军品走私的失败案例更是大大束缚了赵尔巽等人缉私的手脚。“日俄战役之后，俄政府查获英人私运大宗军火一起。只因对待英人稍涉凌辱，英政府哗然不平，极力反对，要求交还军火并索赔，几至兴戎。嗣后俄政府潜将军火交还，交涉始寝。……此次查获日人十数名。每对待稍有不慎，贻人口实，则交涉之胜败正为可知。……至于审问日人，加以劝导，为之沐浴易服，拍影所获日人物件，均为检点签记，分别交还”。[⑥] 这种委曲求全的方式，并未让洋人有所收敛，反责备中方有违人道。八月初

①中国社会科学院近代史研究所中华民国史研究室：《日本外交文书选译：关于辛亥革命》，北京：中国社会科学出版社 1980 年，第 43 页。

②中国近代经济史资料丛刊编委会：《中国海关与辛亥革命》，北京：中华书局 1964 年，第 28、165 页。

③《赵尚书奏议》，上海图书馆藏古籍电子文献 T28072-142，第 7485、7487 页。

④同上。

⑤赵尔巽全宗档案 543-110-10，中国第一历史档案馆藏。

⑥同上。

一日(1912年9月11日)赵尔巽接报,“(日本领事)言吴统领苛待日人,反背人道主义云云。乃不言日人运枪支违禁,反责吴统领之苛薄,亦不明言吴统领之如何反背人道主义之何在。总之强国对于弱国只有强权并无公理,民国前途如何是好”①。

五、走私地点繁多

中国东南沿海的海岸线绵长,通商口岸众多,为清末民初的军品走私提供了温床。军品走私的地点主要位于天津、上海等外贸港口,香港、澳门等地区和与之毗邻的广东地区则为重灾区。在繁多的走私地点面前,人手有限的清廷缉私部门常感到无能为力。

香港自道光二十二年(1842)租借给英国,澳门自光绪十三年(1887)被葡萄牙通过与清朝政府签订《中葡会议草约》和《中葡和好通商条约》的方式占领,两个地区先后成为军品走私最重要的中转基地。许多中外军品走私贩常在港澳地区直接售卖军品,或者私运军品到广东转售。清政府的军品缉私在港澳地区受外交因素影响而受到很大限制,成为该地区走私猖獗的一大因素。光绪三十年九月十二日(1904年10月20日),两广总督岑春煊就曾指出,“粤省匪徒所有枪枝无不购自港澳”②。“粤省盗匪猖獗,素恃洋枪利器为护符。而枪械来源又恃港澳地方为接济。”③光绪三十四年二月(1908年3月),两广总督张人骏强调“香澳外附,政令不及,匪党倚为购械运济之地”④。盛宣怀函稿中显示,“军火均由港而来,港无华官查察之权,又无货关稽查之责,所以知其端委,而无法塞绝也”⑤。其实港英当局也曾答应协助清政府查缉军品走私。宣统三年三月二十日(1911年4月18日)香港总督陆押(F. Lugard)在照会中声称,“本港取缔进出口之军火章程,防范之法极为森严,乃系专为协助中国治安起见。查定章,当军火入港之时,必须报明船政道署,违者查出重罚。

①赵尔巽全宗档案543-110-10,中国第一历史档案馆藏。

②岑春煊:《为严查军火事》,九龙关档案第504卷。

③同上。

④《清季外交史料》(光绪朝)第7册第211卷,第3353页。

⑤王尔敏等:《盛宣怀实业朋僚函稿》,第1225页。

若售出口，如系运往中国地方，非领有中国督抚护照者，一向概不准运。纵有护照，一面缮给出口准单外，一面又函至贵关，告以此项军火运往何处。至于零星售卖之店，本港现亦不过两三家而已，而买者均须禀准巡警道署，发给准买单照方可。该署亦非任意发给，随时会同抚华道署核明可发，然后发之。凡所准买之数，警署必须按季申报本督查核。似此截缉防范，可谓至周且密"①。然而，在如此周密的防范之下，革命党人却回忆道，"香港是自由港，凡轮船停泊，旅客往来，均不检查。这是运输上没有阻力的好处"②。可见，香港当局之照会不过是官样文章，并未严格实行。与香港类似，澳门也是军品走私的主要中转基地。史料记载，"澳门西洋人……行经镇海澳，被查收洋枪六百三十杆，洋硝五包，火药三桶，码铁三箱，洋炮五尊与剽刀二十把"③。光绪三十四年三月初八日（1908年4月8日），"二辰丸"事件结案不到一个月，拱北海关又在澳门附近缉获一批走私军品，"快枪五十杆，弹药三千颗"④。充分说明清政府在澳门地区军品缉私不力。辛亥革命前十年间，仅澳门一地向内地走私的枪械就达50万枝以上，而且绝大部分都深入内地而非仅由革命党人购得⑤。

广东珠江三角洲地区与港澳相邻，海路、陆路都成为军品走私的重要途径。数任地方督抚都深知，"粤东地处海滨，夙称多盗。自通商以后，轮船往来，外洋快枪购置便宜"⑥。光绪二十二年九月（1896年10月）《申报》报道，广东"黄沙梯云桥畔利隆店门前修整洋枪，其内则常有军火出售，被人在南海县控告，县尊饬派差役数十名前往查搜，起出洋枪百余杆之多，当场获犯一名，带回衙内审，已供出同业多家"⑦。庚子事变后，列强联合实施对华军品禁运，广东的军品走私却依然猖獗。光绪二十七年六月初三日（1901年7月18日）香港《循环日报》报道，"广东南海县沙头

①中国近代经济史资料丛刊编委会：《中国海关与辛亥革命》第9编，北京：中华书局1983年，第226页。

②胡国樑：《辛亥广州起义别纪》，《辛亥革命》第4册，上海：上海人民出版社1957年，第263页。

③秦翰才：《左宗棠全传》2010年未刊本，复旦大学图书馆藏，第49页。

④《澳门又获大帮军火》，《申报》1908年4月8日。

⑤费成康：《澳门四百年》，上海：上海人民出版社1988年，第364页。

⑥《辛亥革命前十年间民变档案史料》下，北京：中华书局1985年，第444页。

⑦《海幛梵次》，《申报》1896年10月10日。

墟三益、信义两店主，曾在顺德县龙山贩运洋枪，多至二百余杆”①。光绪二十八年(1902 年)拱北海关曾抓获一走私军火船户，搜出“火药二十五斤，炸药六十八筒，每筒四寸余长，铜帽二罐，药引二捆，铜帽子十五罐”②。广东地方当局曾与粤海关、九龙关、拱北关协作缉私，但实际效果一般。光绪三十四年九月(1908 年 10 月)粤海关抓获船户罗义盛，起出“炸药一百五十磅，铜帽三十盒，药线五十七条”③。宣统三年八月二十七日(1912 年 10 月 7 日)粤海关税务司梅乐和(F. W. Maze)向两广总督张鸣岐提出，“崖门与广州湾之间，沿途一带皆系海滨，地方辽阔。渡船偷运军火及私运洋药均极易易。按照现在情形，极难杜绝私运。此外尚有由陆来省门路，亦私运甚多，更以由广州湾来省一路为尤甚”④。

上海开埠较早，华洋杂居，军品走私活动极为频繁。早在鸦片战争时期，上海的军品交易就很普遍。1843—1858 年间，“凡售船用器具之(外商)商号，均有大小枪枝出卖”。1860 年前后，上海“充斥着罪犯、投机者和失意的军人，都想在混乱中靠私运军火与太平军和清军进行秘密交易而发横财，甚至参加交战双方乘机抢劫或大捞一把”⑤。1861 年 3 月上海西商总会代表之一亚历山大·米切致安特罗巴士的信函中透露，“军火、火药和汽船是他们(太平军)迫切想购买的东西”⑥。两江总督怡良曾奏称，“上海逆匪向洋人买铜火药帽，自来机火枪，虽大雨亦可利用”⑦。轮船招商局沈能虎也曾致函盛宣怀谈及上海港口的军品走私情况，“英人梅生私运军火之案，昨奉南北洋电饬各船密查，当即飞电港局设法购线访听，并谕蔚霞通饬各船之大副，认真密查，各买办亦令加意留心，尤以不扰为要。梅生之私运由港装‘致远’而沪。幸港局已有风闻，当即来电由我局密告海关，于我局无干。惟远近传说总谓屡于商轮搜获军火，殊不好

①《私枪败露》，《申报》1901 年 7 月 18 日。

②《严讯私带军火炸药》，《申报》1902 年 3 月 16 日。

③袁树勋：《为现在将届冬防希加意密查匪徒私运军火事》，九龙关档案第 524 卷。

④中国近代经济史资料丛刊编委会：《中国海关与辛亥革命》第 9 编，第 198 页。

⑤张功臣：《洋人旧事》，北京：新华出版社 2008 年，第 67 页。

⑥夏春涛：《西方关于太平天国的报道》，《近代史资料》第 98 号，第 146—147 页，北京：中国社会科学出版社 1999 年。

⑦《清文宗实录》卷 123。

听。昨已函致港局，嗣后报装纲钱等以及重货，除非皮牾露札外，无论何客商行栈，须出具‘并无军火夹杂，如有等情，愿甘重究’字样，似此办法冀稍裨益”①。由于治外法权的存在，梅生走私军品案交由上海会审公廨处理，最终判处梅生九个月监禁。在驻英大使薛福成的一再交涉下，才将梅生驱逐出境。上海租界也是军品交易的场所，“各地的土匪或拦路抢劫的歹人，也多往日本租界向日本浪人购买枪支。因此汉口有句土话：‘下东洋租界去啊！’就是指想做一桩见不得人的勾当而言的”②。同治五年(1866)一年未经正式合同进口的军品，即有雷管9900余万支，火药238余万磅，来福枪约3万只，大炮42尊。清廷加强对进口军品的限制后，公开的售卖不多了，但军品走私却也从未间断过。

天津港也是北方军品走私的重要地点。赵尔巽档案中披露光绪十七年(1891)德国瑞记洋行曾涉嫌从天津港走私军品入境。“着沿江沿海各省督抚认真稽查，一重悬赏，格外获有私运大批军火，关道税属均准请奖”③。“瑞记洋行在德国定购老毛瑟枪三万枝，限六个月由德运出，恐其中有私运来华之物，请饬各关随时严密查访。”④“津关查获德商瑞记在(吉林)所运官购枪枝(毛瑟枪四千余枝)内，夹带潜运曼利夏快枪七千八百枝，刺刀五千把，子弹三十余万颗，既无官发专照又不能指明何人所运，已全数扣留，罚充入官，并由关道照会德领传提该商严行惩办。查现值孙文逆谋方张，洋商夹运大批军火，显有隐谋，祈密饬各关切实防范。”⑤“查验该商(瑞记洋行)与英商远来洋行原定合同系订购七密里九口径毛瑟快枪一万一千杆，现查获者系七千八百杆，尚有三千二百杆。据供已运华，且德商所运共有三万杆，之内除已查获外共尚有二万三千余杆，据供有运至香港青岛，有运至各口岸之，祈饬各海关严密稽查，勿任潜越并饬内地文武一体查缉，务期破获追究。”⑥

①王尔敏等：《盛宣怀实业朋僚函稿》，第1225页。

②政协武汉市委员会文史学习委员会编《武汉文史资料文库》第5卷《租界洋行》，第13页。

③赵尔巽：《盛京军署机密函电稿不分卷》，上海图书馆藏古籍类电子文献T28219-27，第259页。

④赵尔巽：《盛京军署机密函电稿不分卷》，第24、240、260页。

⑤赵尔巽：《盛京军署机密函电稿不分卷》，第239、21页。

⑥赵尔巽：《盛京军署机密函电稿不分卷》，第25页。

中越边境地区也是走私军品的重要集散地。光绪三十三年三月(1907年4月)“已革游击梁秀春、参将李世佳,逃匿越南,勾结无赖,私运军械数百件”①。是年八月(1907年9月)越南总督即向清政府表示愿意帮助广东地方政府查缉革命党人运输军品情事。宣统元年四月(1909年5月)清朝外务部与法国驻华公使巴思德商订《查禁逆党章程》,规定“凡携带军械单行或成股之团业经于中国官军抗敌或在中国地方扰乱治安,逃匿在法界(当时的越南属法国管辖),当将军械扣留,匪人拘管。如有匪徒私运军火,两国边界官员应设法实力查禁,以杜偷漏接济等弊”②。然而,由于清廷缉私的重点集中在东南沿海,中越边境地区的缉私很难取得明显成效。

东三省地区也是走私军品的重要地点。光绪三十年(1904)日俄战争时,赵尔巽任盛京将军,曾对军品走私高度关注,“日本现换新式枪械,将旧枪械出售,已有商人购定五千杆运赴营口,尚有二万杆亦将陆续起运,未知是否官购……此项枪械如非由公家购运,应饬属严密稽查”③。不仅日本售卖淘汰之军械,甚至俄国人在战场上即开始售卖军品。袁世凯致函盛京将军赵尔巽,“东省胡匪向用火枪……日俄开战以来,俄兵所遗者所私卖者更难枚举”④。宣统三年(1911)春节过后,初到东三省上任总督的赵尔巽向外务部发电报称东三省有日本人从事军品走私交易,“日人在奉私卖枪枝屡查屡犯,前已与日领商定办法,曾将照会并许可证样咨呈钧部,嗣经警局及外属拿获私卖之枪皆分别扣留惩罚,此次怀德所查枪枝已运至吉界,是以电请达将军查叩”⑤。从中可以看出,日人走私在东三省地区并非个案。赵尔巽文电中还记录有东北沿海港口查缉走私之信息,“营口梁道台照万密准端午帅文电,据上海端道电称接檀香山领事张作藩二月二十日,多力轮船过檀,该埠洋报转旧金山报诏载军火甚多……现已会商税司于外洋轮船进口时严密稽查,仍乞咨行沿海各关一体查案”⑥。

①《请向越南索回私购军械要犯》,《申报》1907年8月4日。
②《中法新订查禁逆党章程》,《申报》1909年6月10日。
③赵尔巽:《盛京军署机密函电稿不分卷》,第264页。
④同上书,第182—183页。
⑤《赵尔巽电稿》,古籍类465257,上海图书馆藏。
⑥赵尔巽:《盛京军署机密函电稿不分卷》,第228页。

六、结　语

清末民初,“走私不只是简单的犯罪活动,海关缉私也不只是单纯的经济问题,而是有极其深刻的历史背景和政治原因”①。与清末政权式微、社会凋敝、民变频起等社会背景密不可分的军品走私尤其如此。虽然清政府以及各地方当局,不断加强日常缉查和战时管控,并随着时间的推移,相继出台了种类繁多的军品缉私条例和章程,安排大量的水师及巡警力量进行缉查,并尽力争取列强的支持。但日常缉查不严、战时管控不力,缉私机构相互掣肘、缉私章程混乱,国际交涉中清政府以屈服为主,加之反清力量不断涌现,特别是走私地点繁多等因素,都导致军品走私屡禁不止。打击军品走私是个综合性工程,既有国家实力和国际地位的因素,更与社会稳定和缉私机构及人员的工作效率直接相关。除了缉私部门本身面临的主客观原因外,还有其他因素也不可忽视。如各地督抚在正式的军品外购中,常常不按军购流程操作,也徒增了缉私部门的工作难度。光绪三十三年九月初三日(1907 年 10 月 9 日)江苏苏松太道瑞澂致函盛宣怀,“奉省委员郁牧莺来沪购学堂仪器,内有指挥刀二百把,饬给护照等因。查此事前据郁牧东禀声明已电禀奉天提学司,电咨职道衙门,当即详细确查并无此项电咨,拟俟见有明文再行核办备函咨复,并嘱该牧查明前项指挥刀系向何行订购,于何时凭何案致关验放进口,亦尚未据复”②。

清末民初军品走私屡禁不止,直接反映了晚清专制体制的日渐衰微和民初地方势力割据的社会现实。一个时代,某个国家的军品走私程度,其实可以作为一面镜子,映射出政治、经济、社会、人文等多重面相。单纯的就缉私而缉私,而不从宏观着眼,解决军品走私背后的症结,是永远不可能达到一个理想的缉私效果的。

①连心豪:《战后中国海关缉私述论》,《厦门大学学报》1992 年第 4 期。

②《瑞澂致盛宣怀函》,盛宣怀全宗档案 018156,上海图书馆藏。

1937 年前南京国民政府关税政策与棉纺织进口替代工业的发展

杨敬敏

（上海海关学院海关管理研究所）

作为影响 1937 年前中国对外贸易与工业经济的主要因素之一，关税政策一直是国内外学者关注的热点问题，目前学界对 1937 年前南京国民政府历次关税政策变化过程的论述以及外交角力的分析已相当深入与透彻。对于这一系列关税政策的评价，随着文献史料发掘的不断推进，学界经历了从完全否定到基本肯定的过程。然而，关于南京国民政府历次税则修订对于国民经济发展的作用，学界普遍认为，仅有民国二十二年（1933）的关税政策是具有显著保护性特点的（这一税则在一年后即被 1934 年国定税则替代），①而其余历次修订税则的保护性都不够明显。如郑友揆认为，1929 至 1934 年的关税政策整体上“首重增加税收，次及保护工业”②。叶松年认为，即使是代表着 1937 年前关税自主运动成果的民国二十三年（1934）的税则，亦体现着“财政作用明显，保护作用不足”的特点。③ 日本学者久保亨亦认为 1934 年税则“对国产化急需的机器、

①郑友揆：《我国关税自主后进口税率水准之变迁》，商务印书馆 1939 年，第 55 页；叶松年：《中国近代海关税则史》，上海：上海三联书店 1991 年；金志焕：《南京国民政府时期关税改订的性质与日本的对策——兼论 1933、1934 年度中国关税改订与棉业的关系》，《抗日战争研究》2000 年第 3 期。

②郑友揆：《我国关税自主后进口税率水准之变迁》，第 26 页。

③叶松年：《中国近代海关税则史》。

五金等商品也提高了税率,在这一点上,可以说财政关税的色彩超过了保护关税"①。

上述研究结论大多在对当时关税水准、进口贸易量变化总体考察基础上得出。而正如郑友揆指出,要想讨论清楚关税政策对工业发展真正的作用,"研究税则对个别工业的影响,是解决这一问题的另一条很值得尝试的途径"②。因此本文将聚焦于当时主要进口棉纺织产品——进口机制棉布的税率的变化,讨论1937年前南京国民政府关税政策在棉纺织工业这一重要工业门类发展中扮演的角色。本文将围绕以下几个问题展开论述。第一,1937年前南京国民政府历次税则变动中各种机制棉布的进口税率如何变化;第二,在上述税率变动作用下,各类机制棉布进口贸易变化趋势如何,从中是否体现出保护性;第三,上述关税政策是否推进了该工业产品的进口替代,是否促进了中国该工业门类生产结构的升级。

一、1937年前南京国民政府机制棉布进口税率考察

这一部分将集中考察二十世纪二十年代至三十年代各类机制棉布的进口税率变化,进而从各类棉纺织工业产品出发,对1937年前南京国民政府关税政策进行实证研究。

早在二十世纪二十年代开始,中国实业界便普遍呼吁提高棉纺织品进口税率,保护国内棉纺织业发展。1928年在新税率颁布后,上海实业界认为新税率过低,希望进一步提高税率以保护中国幼弱工业,提高国产工业制品在国内市场的竞争力。在棉纺织品方面,实业界希望提高本色棉布税率为20%,漂白平纹布为25%,本色粗纱4支—16支为15%,本色细纱20支—40支为12.5%,间色花线为15%。③ 1932年吴铁城等在国民

①[日]久保亨著,王小嘉译《走向自立之路——两次世界大战之间中国的关税通货政策和经济发展》,北京:中国社会科学出版社2004年,第289页。

②郑友揆:《中国的对外贸易和工业发展(1840—1948)》,上海:上海社会科学院出版社1984年,第85页。

③《实业团体税则研究呈国府文》,《申报》1928年9月28日,第13版。

党四届三中全会上提出了"中国纺织业保护案",提高棉纺织品进口税率。① 在1933年1月国民党中央政治会议亦提出了"中国纺织业保护案",议决中日关税协定满期后应完全废除,并提高棉纱和棉布的进口税率。②

以下依照近代中国政府历次税则税率表原始数据,各类机制棉布的税率变动过程进行长时段系统考察。③ 由于绝大部分棉纺织品进口关税皆为从量关税(即每单位商品征收一定金额的关税),真正的税率还需结合税则实行当年海关贸易统计中的价格资料计算得出。

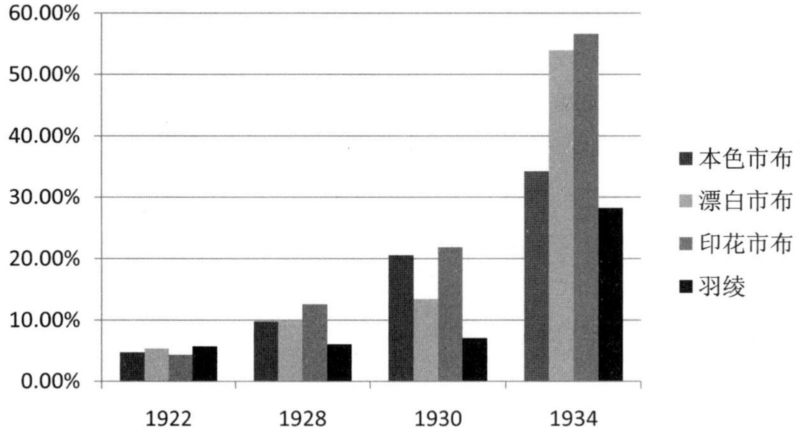

图1:1922—1934年历次修订税则中集中棉布税率比较

①《保护本国纺织业案——三中全会吴铁城等提案》,《纺织周刊》1932年12月3日,第2卷第50期,第1414—1416页。

②金志焕:《南京国民政府时期关税改订的性质与日本的对策——兼论1933、1934年度中国关税改订与棉业的关系》。

③二十世纪二十年代末机制棉纱进口量已很少,因此这里仅对机制棉布做考察。另外严中平《中国棉纺史稿》中对1926年后原色、染色、印花、杂类四种棉布历年进口税率进行列举,这一系列数字系由历年所收税额与货物价值计算得出,可与本文数字相互参照。(严中平:《中国棉纺织史稿》,北京:商务印书馆2011年,附表18,第475页。)

表1：1858—1934年历次进口税则修订中各种花色机制棉布税率①

		1858	1918	1922	1928	1930	1934
本色市布粗布细布	7磅以下	4.26%	5.62%	4.74%	7.60%	14.13%	26.08%
	12.5—15.5磅				9.79%	20.57%	34.26%
本色粗细斜纹布	12.75磅以下	3.69%	5.23%	5.09%	13.61%	19.52%	38.23%
	12.75磅以上				8.07%	17.88%	
本色标布	7磅以下	5.22%②	4.69%	4.14%	7.98%	20.84%	32.09%
	7磅以上	2.76%③			8.30%	15.38%	42.42%
漂白市布	37码以下	5.21%			8.89%	13.41%	48.11%
	41码以上		5.62%	5.35%	10.00%		53.97%
染色市布	33码以下	5.12%	4.45%	5.13%	11.85%	17.00%	53.83%
	33码以上				7.88%	23.88%	41.09%
染色粗细斜纹布							35.72%
染色标布							38.45%
印花市布粗细布	32码以下	4.93%	2.87%	4.34%	12.61%	21.85%	56.66%
	32码以上				7.21%	18.75%	27.81%
印花标布							35.54%
							47.39%
印花斜纹布				2.47%	12.37%	17.05%	49.96%
羽绫	玄素或染色	4.26%	5.44%	5.68%	6.02%	7.05%	28.24%
	印花		5.95%	4.78%			
羽绸	玄素或染色		5.17%	4.10%	6.73%	9.34%	37.25%
	印花		7.09%	4.34%	12.97%	15.32%	
绒布	32码以下	4.29%			9.80%	16.71%	33.84%
	32码以上	3.20%	4.60%	3.89%			25.00%

①各年数据参考：*Import Tariff, Revised, 1858*（咸丰八年修改通商进口税则）（即1858年《通商善后章程条约》海关税则）。*Import Tariff, Revised, 1918*（中华民国七年修改通商进口税则）。*Import Tariff, Revised, 1922*（中华民国十一年修改通商进口税则）。*Custom Import Tariff of the Republic of China, Promulgated, 1928*（中华民国十七年公布海关进口税则）。*Custom Import Tariff of the Republic of China, 1930*（中华民国十九年海关进口税则）。*Custom Import Tariff of the Republic of China, 1934*（中华民国二十三年海关进口税税则）。由于1933年税则颁布后即行修改，在此省略。

②③ 分别长24码、48码。

表 1 为 1858 年以来历次主要修订税则中，各种主要花色进口棉布税率的计算结果，从中可较为清晰的看出 1936 年前机制棉布进口税率的变动情况。咸丰八年（1858）税则中，各种花色棉布进口税率大多在“值百抽五”的水平之下，民国七年（1918）、十一年（1922）税则中，进口税率虽略微有所提高，但整体上仍未达到“值百抽五”的水平。

在民国十七年（1928）税则中，机制棉布的进口税率第一次有了实质性的提高，各种花色棉布进口税率皆超过了 5%，在表中所列各种花色布匹中，税率以 12.75 磅以下本色粗细斜纹布最高，可达 13.6%，羽绫最低，为 6.02%，其余商品进口税率皆在 10%左右。

在民国十九年（1930）的税则中，各种花色机制棉布进口税率进一步提高至 10%—20%间的水平。几种主要花色布匹相比民国十七年税率皆有显著提高，如各种匹重或尺码的本色市布粗布细布税率约提高 100%，本色粗细斜纹布约提高 50%—100%，漂白市布约提高 60%，印花市布粗布细布亦有 100%左右的提高。

据叶松年研究，在民国二十二年（1933）的进口税则中，进口税率达到最高点，但这一税则事实上很快被民国二十三年（1934）的税则代替，并未起到实际作用。考察民国二十三年税则中机制棉布进口税率，与民国十九年税率相比亦有大幅提高。除小部分商品外，绝大部分花色机制棉布进口税率皆在 30%以上。这一税率也代表了二十世纪二十年代中国政府关税自主运动在棉纺织品进口税率的提高上达到的最高水平。

图 1 比较了本色市布、漂白市布、印花市布及羽绫四种花色进口机制棉布在历次税则修订中的税率情况。① 在 1922—1934 年四次主要税则变动中，四种花色布匹税率都在不断提高，但其中各自变动情况却有所不同。

在民国十一年税则中，四种布匹税率极为相近，皆在 5%以下。民国十七年税则中，本色、漂白、印花市布税率较为相近，皆在 10%左右，而羽绫税率较低，仅为 6%。民国十九年税则中，四种布匹税率分布亦较为相似，本色、印花市布税率可达 20%，漂白棉布约为 13%，羽绫约为 7%。民

①这里的税率皆选取各种花色布匹中进口量最高的匹重或尺码类别的税率。

国二十三年税则中,这一税率分布态势出现了明显变化,漂白、印花市布税率达到50%以上,远高于其他两种花色布匹。

经过上文的考察可知,从整体上看,1937年前南京国民政府时期机制棉布进口税率的变化有两大特点,其一为税率的大幅提升,其二为各种漂白、染色、印花棉布等成品棉布的税率增幅远高于原色棉布与其他种类棉布税率。下文中将在这一税率变化特点的基础上,结合二十世纪二十年代至1937年前各类机织棉布进口贸易变化,讨论这一时期关税政策对棉纺织工业领域的保护性。

二、二十世纪二三十年代机制棉布进口贸易及对南京国民政府关税政策保护性的分析

上文系统考察了二十世纪二三十年代进口棉布税率的变动过程,在二十年代末,进口棉布税率突破了“值百抽五”的水平,并在三十年代出现大幅提高。这一部分将考察与税率变动相对应,各种花色机制棉布进口量在二三十年代的变化情况。①

进行这一考察,首先需要排除1931年后东北沦陷对机制棉布进口量变动情况的干扰。东北沦陷后,与关内不处于统一关税体系下,因此在考察1931年后南京国民政府关税政策下全国机制棉布进口量变化,已无法把东北地区包括在内。所以这里对二十世纪二三十年代后机制棉布历年进口量的统计,只能把东北地区排除在外,仅包括关内地区。

图2为1921—1936年东北地区外全国机制棉布进口历年变化情况。首先回顾二十世纪二十年代的历年棉布进口量。据图可知,在1930年前,全国进口机制棉布总量基本保持稳定,常年进口量在1000万—1200万匹之间。其中原色棉布进口出现大幅下降。与之相对,漂染、印花等成品棉布进口总量在二十世纪二十年代呈上升之势,在整个二十年代进口机制棉布市场中各种漂染、印花等成品布占据了大部分份额。

进入二十世纪三十年代后,漂染、印花等成品棉布的进口量出现大幅

①本文涉及棉纺织品对外贸易、国内贸易数据皆根据历年海关贸易报告整理。(中国第二历史档案馆:《中国旧海关史料》,北京:京华出版社2001年。)

下降,至 1936 年进口量仅有近 14 万匹,仅为 1928 年进口量的 1.2%。事实上这一下降趋势在 1929 年即已出现,结合上一部分内容可知,这与 1928 年新税则的实行在时间上是相对应的。与之相应,机制棉布进口总量亦在 1929 年出现下降,进入三十年代后下降亦极为剧烈,1936 年仅有 15 万匹进口,为 1928 年的 1.3%。

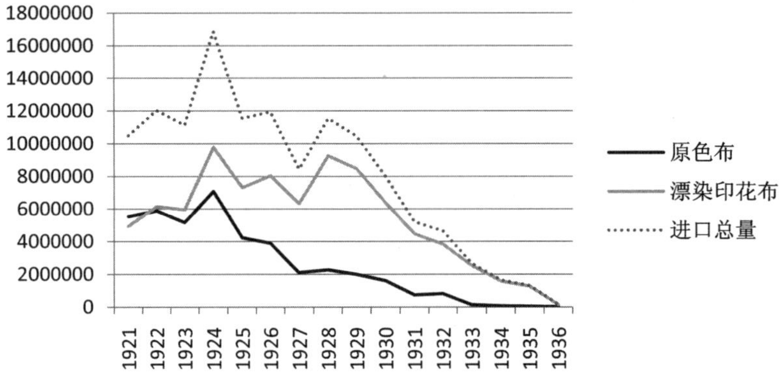

图 2:1921—1936 年东北地区外全国机制棉布进口总量及原色布、漂染印花布历年进口量　单位:匹

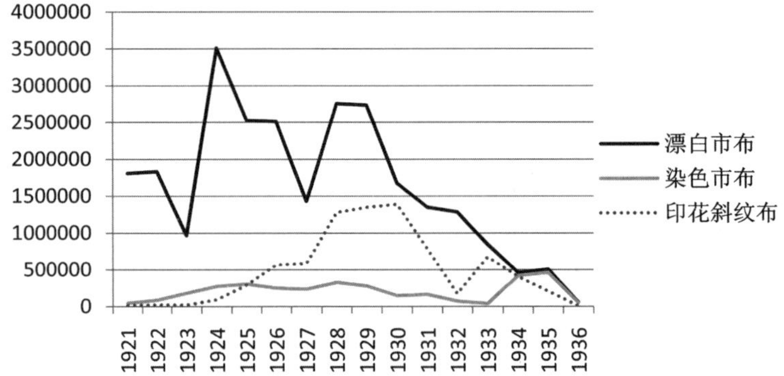

图 3:1921—1936 年漂白市布、染色市布、印花斜纹布历年进口量　单位:匹

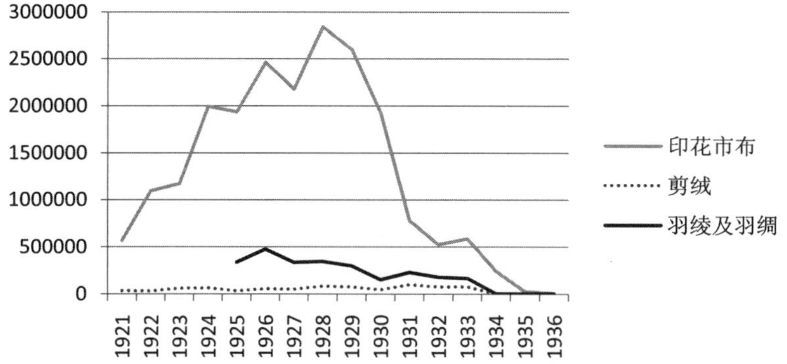

图 4:1921—1936 年印花市布、剪绒、羽绫及羽绸历年进口量①　单位:匹

对不同花色棉布进口量的分别考察有助于进一步理解这种变化,图 3、4 为 1921—1936 年各种主要花色进口成品棉布的历年进口量,其中各种花色棉布进口量在 1921—1936 年大多经历了相似的变化。在二十世纪二十年代,印花市布、印花斜纹布、漂白市布与染色市布四种商品历年进口量较高,且都经历了一个上升过程,剪绒的进口量变化不明显,虽然由于货物分类方法的变化,羽绫、羽绸二十年代后半段的进口量与前半段无可比性,但从二十年代后半期的历年进口量来看,变化亦不明显。

在二十年代末,印花市布、印花斜纹布、漂白市布与染色市布四种商品进口量开始进入下降趋势,而在二十世纪三十年代,除染色市布进口量在 1933—1935 年出现短暂回升外,其他三种花色棉布进口量进一步出现大幅下降。在 1936 年,漂白市布、染色市布进口量为 5 万余匹,分别为 1928 年进口量的 1.8%、11.9%,其余各种花色成品布进口量皆在 1 万匹之下。

与上述四种花色成品棉布相比,羽绫、羽绸及剪绒在二十世纪三十年代最初几年间的下降趋势并不十分明显,其销售量的大幅下降出现在 1933 年后。参照上一部分对各种花色机制棉布进口税率的考察可理解这一点差异。羽绫、羽绸及绒布的进口税率在 1930 年前提高并不明显,1928 年税则中三种商品的税率皆在 10%以下,低于进口机制棉布的平均

①其中 1925 年前后由于统计分类方法的变动,羽绫及羽绸 1925 年前后的进口量无可比性。(每年度分货物类别贸易统计皆回顾前 2 年贸易量,在 1925 年后两种商品的 1924、1925 年度进口量回顾统计数字与 1925 年前 1924、1925 年度两种商品进口量统计数字差异巨大。)

水平,即使在1930年税则中,玄素印花羽绫、羽绸税率分别仅约为7%、9%,印花羽绸税率虽约为15%,但实际上进口量很少。绒布税率有所增加,约为17%,但与其他花色进口棉布相比亦不算高。直到1933年税则之后,三种商品的税率才有了大幅提升。这与三种商品在二十世纪三十年代进口量的变化趋势亦是相对应的。①

通过这一部分的考察得知,二十世纪二三十年代各种花色机制棉布进口量的变化与上一部分对进口棉布税率的考察结果是相对应的。特别是各种花色漂染、印花等成品棉布的进口量变化情况,与其各自税率的变动情况十分符合。

在以上对历次税则中机制棉布进口税率变动情况考察的基础上,这里对1937年前南京国民政府关税政策对于棉纺织工业的保护性做一讨论。结合二十世纪二十年代至1937年前机制棉布的进口贸易变化可知,原色机制棉布在二十年代初纺织品进口关税尚未大幅上调时,进口量已发生锐减,在当时的进口棉布中以各种成品棉布(主要为漂白、染色、印花棉布)为主。进入南京国民政府时期各种棉布税率大幅提升,在民国二十二年的税则修订中各种成品棉布的税率上调尤为显著。② 即使民国二十三年税率与二十二年相比,已做出一定程度的下调,③但仍可看出其对进口机制棉布市场上占主要份额的各种成品棉布征收远高于其他花色棉布的关税,随之而来的则是各种成品棉布进口量的锐减。④ 因此基于以上

①事实上,这一时期关税的提高亦体现在较高支数的机制棉纱部门,以丝光纱类进口棉纱为例,在二十年代末三十年代初随着关税的提高,进口量迅速下降。但由于当时进口机制棉纱所占市场份额已微不足道,故不另作讨论。

②金志焕:《南京国民政府时期关税改订的性质与日本的对策——兼论1933、1934年度中国关税改订与棉业的关系》。

③其下调额度不过几个百分点。([日]久保亨著,王小嘉译《走向自立之路——两次世界大战之间中国的关税通货政策和经济发展》,第289页。)

④二十年代末三十年代初正处于世界性的经济危机之中,这对国际贸易量可能产生缩减作用。此时,这一作用与关税提高的作用相叠加,使得本文所论关税政策与贸易量变化的因果关系不能确信。据笔者对三十年代东北沦陷区关税政策与棉纺织品进口贸易(与关内面临的棉纺织品国际贸易市场环境是相似的)的研究可知,当时东北沦陷区的关税保护性远不及关内而其棉纺织品进口贸易经历了上升过程。这可以进一步佐证1937年前南京国民政府棉纺织品进口关税税率变动与其进口贸易变化之间的关系。(杨敬敏:《中国近代棉纺织进口替代工业的发展及其空间分布研究(1867—1936)》,复旦大学博士学位论文2014年,第188—192页。)

事实，可以初步认为1937年前南京国民政府关税政策，至少对于当时的棉纺织工业领域是具有较强的针对性和保护性的。然而，这种体现在关税税率与贸易量变化上的保护性是否有助于当时国产棉纺织工业品进口替代进程的推进，是否有助于棉纺织工业的发展，还需要下文从该工业门类角度出发进行讨论。

三、二十世纪二十年代至1937年前进口、国产棉纺织工业品市场消长过程

本节将考察1921—1936年期间进口机制棉纱、棉布与国产机制棉纱、棉布的市场消长情况，从而呈现出国产机制棉纱、棉布对进口产品的替代过程，并探讨南京国民政府关税政策在其中扮演的角色。需要说明的是，在1931年东北沦陷后，东北市场与关内市场处于不同的关税体系下，因此这里对进口、国产产品市场消长的讨论并不包括东北市场。①

图5描绘了二十世纪二十年代至1937年前关内国产机纱与进口机纱市场消长情况。在一战后，机器纺纱业获得迅速发展，在二十年代初，国产机纱在关内市场的占有率已达到80%以上，至1927年这一占有率提高到了95%。② 可见，在二十世纪二十年代中国棉纺织工业在机制棉纱市场已获得比较彻底的进口替代。而这一进口替代过程体现为未受关税政策影响的、"自发的"进口替代。③

①本章的主要数据资料整理于历年度的《华商纱厂联合会中国纱厂一览表》（上海市棉纺织工业同业公会筹备会：《中国棉纺统计史料》，1950年），以及旧海关史料历年度全国进出口贸易统计（*Abstract of Statistics*）（1920－1931）、进口洋货分类产销统计（*Analysis of Foreign Trade: Provenance and Destination of Each Article of Foreign Produce Imported*）（1920－1931）、出口土货分类产销统计（*Analysis of Foreign Trade: Provenance and Destination of Each Article of Chinese Produce Imported*）（1920－1931）。计算方法可参见杨敬敏《中国近代棉纺织进口替代工业的发展及其空间分布研究（1867—1936）》，第123—127页。

②二十世纪二十年代国产机纱在东北市场占有率略低，不过经计算，1926—1930年全国市场平均占有率亦可达95%。

③经济学界对"进口替代"概念的界定并不限于贸易政策的范畴，更多地将"进口替代"置于发展中国家工业化的进程中来认识，认为其"作为一种自发的历史现象"从一战即已开始，"二战后更多的发展中国家将其作为一种战略来执行"，即所谓"自觉的"进口替代。（朱章国：《进口替代简论》，《世界经济》1982年第1期。）

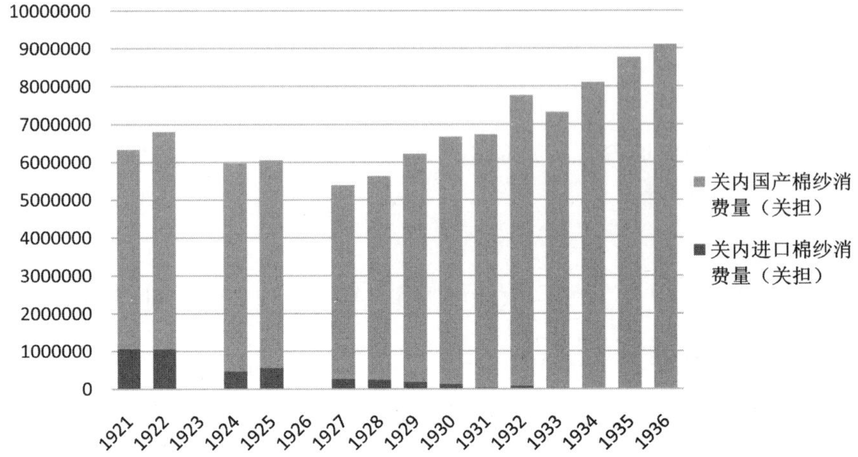

图 5:1921—1936 年间国产机纱与进口机纱关内市场消长情况①

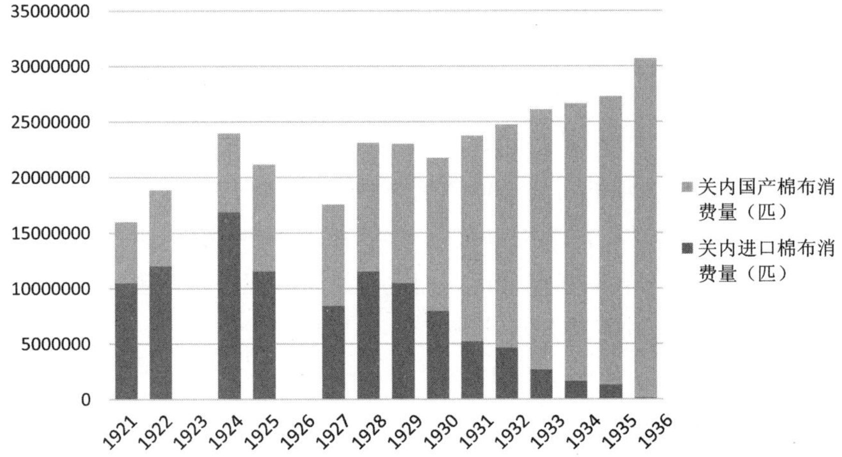

图 6:1921—1936 年间国产机织棉布与进口机织棉布关内市场消长情况

而从图 6 可知，在关内机织棉布市场，1928 年前国产机制棉布占有率并没有显著提高，大体维持在 40%左右，低于进口机制棉布。到 1927 年后，国产机制棉布市场占有率开始逐渐提高，在二十年代末达到 50%以上，至 1937 年前已达到 90%以上。

①《华商纱厂联合会中国纱厂一览表》缺少 1923、1926 年统计数据。

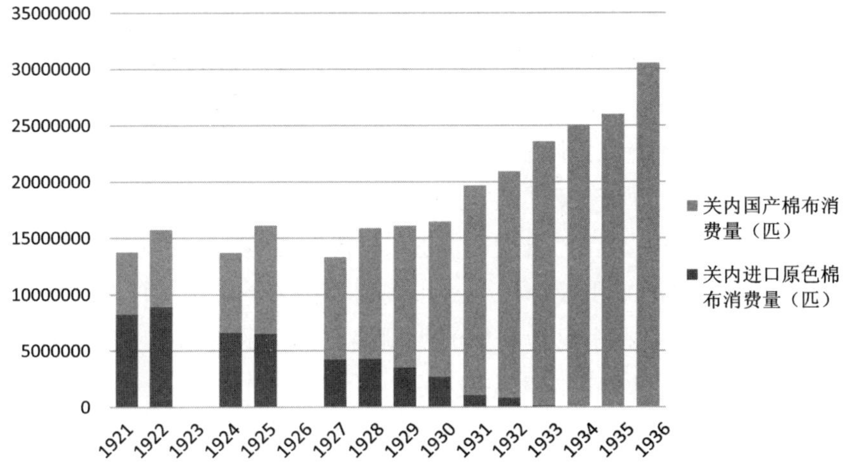

图 7:1921—1936 年间国产机织棉布与进口原色棉布关内市场消长情况

图 7 另外分析了 1921—1936 年间国产机织棉布与进口原色棉布关内市场消长情况。由于在海关埠际贸易统计中中国产机制棉布商品分类,长期以来仅有市布、粗布、斜纹布三种原色棉布①,且在二十世纪二十年代中国棉布印染业"大部分为手工业,机器染印厂大小不过五十余家"②,国产机制棉布集中于原色布这一初级产品领域,因此有必要对原色棉布市场另作分析。据图 7 可知,在 1927 年前,原色棉布市场国产机制棉布占有率呈现出上升之势,由 1921 年的 40%提高至 1927 年的 68%。

基于以上事实可知,在关税政策参与之前,国产机制棉布在原色布市场对进口产品实现了一定程度上的替代。③ 而在整个机制棉布市场,在 1927 年前国产机制棉布在市场占有率上处于劣势地位,而这一局面的改变与随后关税政策参与发挥作用的时间是一致的。④

通过本节分析,可对关税政策在棉纺织工业品进口替代的作用作出

①在二十世纪二十年代末曾有短暂几年出现绒布、棉法绒的分类,但历年运销总量仅有数万匹,在此为统一统计口径起见予以忽略。

②工商部上海工商辅导处调查资料编辑委员会:《上海市纺织印染工业》,1947 年,第 13 页。

③查阅历年海关贸易统计可知,在 1931 年的原色机织棉布贸易中,中国首次获得了出超地位。

④在 1936 年,尽管国产机制棉布几乎占领了全部关内市场,但是在国际贸易中仍处于入超地位。

以下初步总结。在关税政策未发挥作用,中国近代棉纺织工业“自发的”进口替代进程中,国产棉制品未完成对进口产品的替代。在这一期间,进口替代集中于中间产品、初级成品市场,而各种高级成品进口量并未明显下降,棉制品整体上在国际贸易中仍处于入超地位。在二十世纪二十年代末至三十年代,随着关税自主运动的推进,各种棉纺织品进口税率大幅提高,中国棉纺织工业由“自发的”进口替代转变为“自主的”进口替代,其间关税政策扮演了积极作用。从市场份额上看,棉纺织工业在相对工序更为复杂,资本、技术更为密集的机制棉布部门的进口替代,在保护性关税政策背景下,才得以基本完成。

四、关税政策与棉纺织工业生产结构的变化

上文分析表明,从市场份额上看,1937 年前中国棉纺织工业品在关内市场的进口替代,在有针对性的关税政策背景下已基本完成。本节讨论的问题是,在这一关税政策创造的贸易环境之下,中国棉纺织工业本身是否出现了从集中于棉纱、原色棉布等中间产品的生产,到成品棉布为代表的高级产品生产结构的升级。

首先,这里有必要对棉纺织品进口关税尚未大幅上调之时国产机制棉布生产厂商类别及产品结构进行分析。这里以全国机器棉纺织工业最为发达的江苏省为例(统计包括上海)来对这一问题进行考察。

据 1930 年左右对江苏省棉织业的调查,当时厂商可分为四类:一为小厂,“以条格布为主要产品,每家有人力机数部及数十部不等”。此种小厂主要分布在江苏内地,上海并不多见。事实上已属于手工棉织业的范畴。二为丝光棉织厂,主要分布于上海、无锡、武进、江阴各地。产品以“直贡呢、各色线呢、府绸、毛衣、漂染细布、粗细斜纹”为主,主要为各种成品棉布。三为大染织厂,“以染布为主要产品,江苏计上海五家、无锡一家、武进一家”。该种厂商多为加工原色布匹,“本厂所产布匹不及所用之半数”。四为白货(即原色棉布)棉织厂,“即附属于纱厂内之布厂……

为完全近代之工业”。①

就其产量而论,上海各种棉织厂出品产品“以白货棉织厂最多、丝光棉织厂次之、大染织厂次之、小厂最少”。无锡各厂生产以条格布最为普遍,但机制棉布中仍以粗细斜纹布最多,可占总量十分之三四,此外各种花色成品棉布亦有产额。②

表 2:《实业志》调查所得 1930 年左右上海、江阴、武进、常熟四地各种主要花色棉布年产额

单位:匹

	上海	江阴	武进	常熟
条格布	60,000			48,000
匹染布	500,000			
丝光布匹	600,000			
各色(原色布)	3,900,000			
粗细斜纹布		71,000	700,000	38,000
漂白条格布		28,000	20,000	18,000
冲直贡呢		63,500		
绒布		47,000		
印花条格斜纹布			50,000	
细布			30,000	

表 2 为江苏各主要棉织工业分布地各种主要花色棉布产额比较。③其中条格布属手织棉布范畴,各色粗布、细布、斜纹布属原色棉布范畴,其余各色棉布属成品棉布范畴。据表 2,1930 年左右,在上海、江阴、武进、常熟及无锡,机制棉布产量皆以纱厂附设布厂所产原色棉布最多。并且原色机制棉布之产量远超主营漂染印花之各类印染厂的产量,亦远超各类厂商漂染印花棉布之加工能力。

至此可把 1930 年左右江苏省棉织工业厂商类别及所出产品结构总结为图 8 所示:

①实业部国际贸易局:《中国实业志 · 江苏省》第八编,实业部国际贸易局 1934 年,第 39 页。

②同上书,第 59 页。

③同上书,第 59—61 页。

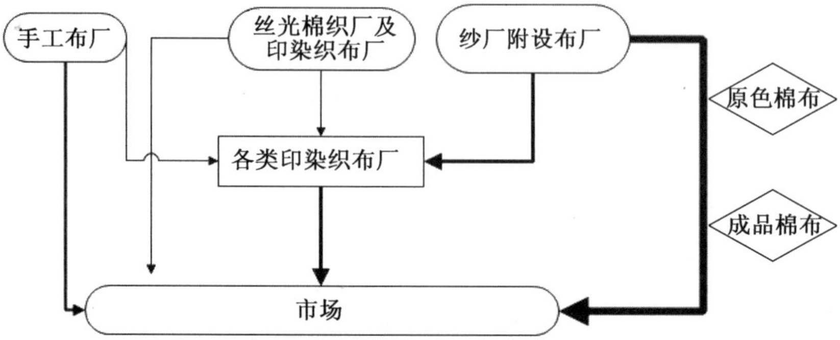

图 8:1930 年左右棉布市场层次及供给格局示意图

如图 8 所示,当时国内市场上的国产机制棉布中原色棉布占据绝对优势,而这些原色棉布大部分由纱厂附设布厂供应。专营各种成品棉布的各类印染织布厂生产、加工能力有限,而纱厂附设布厂也极少从事成品棉布生产。这正体现了当时国产、进口机制棉布市场结构——国产产品在中间产品市场(原色棉布)占据大部分市场份额,进口产品占据大部分高级产品市场(成品棉布)——背后的棉纺织工业在机制棉布部门的生产分布格局。

据上文所述,在南京国民政府关税自主运动推进中,棉纺织品进口关税,特别是各项成品棉布的进口税率有了大幅提高,各类进口成品机制棉布进口量因之下降。由此创造的需求,是否使得国内棉纺织工业的生产出现由中间产品向高级产品的升级?

这里将对二十世纪二三十年代,机器棉布染印业为代表的棉纺织工业成品棉布生产部门的发展历程进行考察,从而回答这一问题。

中国机器染印业发展约始于二十世纪二十年代中期以后,至 1937 年前,染印工厂仅上海一地“已达二百七十余家之多”。就其生产设备及规模来看,“其中大部分为手工业,机器染印厂,大小合计,不过五十余家”①。关于二十世纪二三十年代与成品棉布密切相关的印花、染织棉布工业的发展状况,研究成果甚少。三十年代各省实业志调查中虽有染印工业一项,但对于各地染印工厂数量、产量等项的统计极为粗略。严中平

①工商部上海工商辅导处调查资料编辑委员会:《上海之纺织印染工业》,第 13、17 页。

在提及对于三十年代染印业及针织业的发展状况的印象时认为,“就观感所及,我们确信1932年后所增设之小规模机器织染工厂与针织厂为数极多,尤以上海及京沪沿线各城市为然”①。

虽然由于资料所限,这里无法对二三十年代全国的印花、染织棉布工业发展情况做出系统考察。但抗战胜利后南京国民政府工商部曾对上海印染工业进行了专门调查,其统计所含内容颇为详尽,包括设立时间、地点、设备数量、产品种类、历史最大产量(每月)及抗战后产量等项。② 据之可勾勒出二十世纪二三十年代上海印花、染织棉布工业的发展状况。考察作为全国棉纺织工业中心上海印花、染织棉布工业状况,对了解全国范围内这一行业的发展变化亦是有代表意义的。

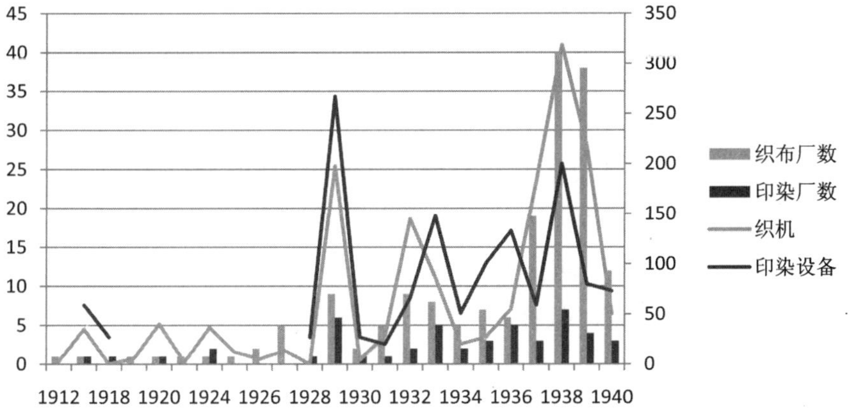

图9:1912—1940年染织、印花棉布行业织布、印染部门历年新设厂数及设备数③

①严中平:《中国棉纺织史稿》,第294页。

②工商部上海工商辅导处调查资料编辑委员会:《上海之纺织印染工业》。

③图9、10中数据根据《上海之纺织印染工业》“各业调查表”整理得出。这里布机以10架为单位。另外这里的“织布部门”各厂所出产品中亦包括各种染色布,因此商务部统计把这一类工厂归入“机器染织业”。

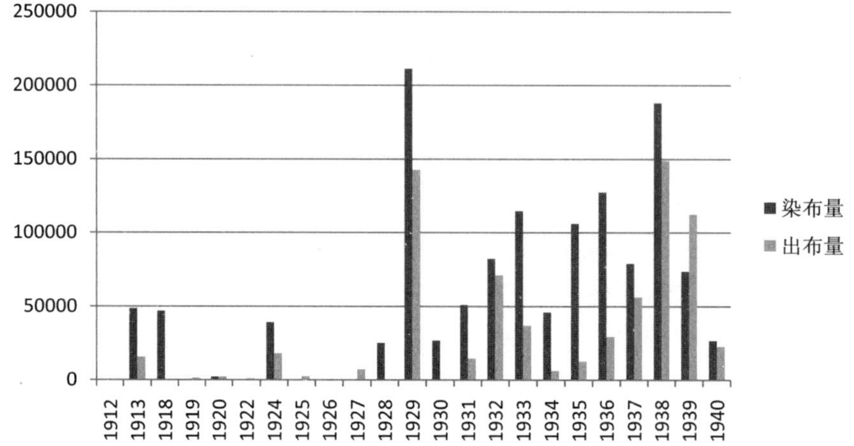

图 10:1912—1940 年染织、印花棉布行业历年新增布匹织造及布匹加工能力①

单位:匹/月

图 9、10 对 1912—1940 年上海印花、染织行业历年新增厂数、机器设备数及生产能力变化做出统计。

据图 9 可见,在染织、印花棉布行业,从事印染与织布生产的工厂设立的第一次高潮出现在 1929 年,在二十世纪三十年代中期,历年新设厂数再次增多,这一趋势甚至持续到 1938 年。就历年新增设备数量来看,②变化趋势与新设厂数亦为相似。而图 10 中关于布匹织造(织造各种原色布匹与染色布匹)、布匹加工行业(从事对原色布匹的漂白、染色、印花等加工业务)历年新增生产能力的统计中,变化趋势亦与之相符。

由此可见,民国时期染织、印花棉布行业的发展历程中,1929 年亦是一个重要的节点。就图 9、10 中的统计情况来看,1929 年前染织、印花棉布行业无论在工厂、设备数量上还是生产能力上,增长极为缓慢。而 1929 年后,增长速度陡然加快,并且在三十年代中期出现又一次设厂高潮,无论设备数量还是生产能力都呈加速增长之势。

①统计中仅有当时(1947 年)月产量与最高月产量,这里以当时月产量来保守估算 1940 年前每年新增设工厂所带来生产能力新增量。

②统计中仅有商务部调查当时(即 1947 年)各厂的设备数量,这里关于历年新增设备数量仅是根据 1947 年各厂的规模,估计 1940 年前每年新增设工厂所带来的设备新增量。

回顾上文中对关税政策的分析可知，上述染织、印花棉布行业的发展曲线是与进口棉制品尤其是各种花色漂白、染色、印花等成品布的税率变化相对应的。在图8所示的1930年左右的生产格局基础上，成品棉布的生产能力出现了大幅提高。在1928年各种花色机制棉布进口税率首次大幅提高的条件下，在1929年染织、印花棉布行业首次呈现出加速发展的态势；在1933年进口机制棉布，尤其是各种成品棉布税率进一步大幅提高后，三十年代中期染织、印花棉布行业再次加速发展。因此可知，在南京国民政府的关税政策推动下，以中小型工厂为主的染织、印花棉布行业获得显著发展，国内棉纺织工业的生产呈现出由中间产品向高级产品的升级趋势。

小　结

"进口替代"（Import Substitution）作为发展中国家实现工业化、近代化的一种方式，在二十世纪五十年代由劳尔·普雷维什（Raul Prebisch）与汉斯·W·辛格（Hans·W·Singer）两位发展经济学家提出。他们认为发展中国家应通过贸易保护和进口替代政策实现工业化，以摆脱其贸易条件长期恶化的困境。① 本文通过对1937年前南京国民政府时期关税政策与棉纺织工业发展的实证研究表明，至少就该行业而言，当时关税政策的参与起到了实现进口替代，促进生产结构升级的效果。

在近代中国，对于工业经济而言，以棉纺织业为代表的关乎民生的消费品工业的进口替代首先亟待进行。而由于资本、技术等多方面的原因，以市场主体为主导的进口替代长期无法推进至资本、技术更为密集的棉布生产，尤其是工序更为复杂的成品棉布生产领域。而在南京国民政府有针对性的关税政策作用下，仅在数年间，棉纺织工业在成品棉布部门基本完成了原先数十年进展缓慢的进口替代，同时染色、印花布匹等高级产品生产部门行业也得到空前的发展，棉纺织工业出现由中间产品向高级

①谭崇台：《发展经济学》，太原：山西经济出版社2001年，第341页。（普雷维什：《拉丁美洲的经济发展及其主要问题》，见《拉丁美洲经济评论》1950；辛格：《投资国与借贷国之间的收益分配》，载《美国经济评论》1950(5)。）

产品的升级趋势。因此,就中国棉纺织工业这一重要工业部门而言,以南京国民政府关税政策为代表的“国家因素”的参与在后发国家工业化的进程中扮演了重要的作用。

1920年代英日两国在华航运网络研究

王列辉　THEO NOTTEBOOM　杨　蕾
（华东师范大学中国现代城市研究中心）
（安特卫普大学 ITMMA）
（山东师范大学历史学院）

1 问题的提出

近代开埠之后，英国在华的航运势力最强，甲午战争之后，日本在华的航运势力快速发展，到1920年代，英日两国在华的航运势力占据前两位，同时，日本的航运势力对英国产生竞争。前人研究较多关注两国航运船只和吨数的消涨、两国对航运的补贴和扶持、两国航运发展对中国航运的冲击等，缺少对航运网络的分析，没有对英日两国的航运网络进行对比研究。

近年来，随着复杂网络研究的兴起，很多学者开始运用复杂网络的理论和方法研究不同领域的网络结构和特征，港口航运网络研究也是其中重要的一部分，法国学者 Ducruet 等人最近几年对全球集装箱航运网络有较深入的研究。① 国内学者也较深入地研究了世界航运中心网络的结构

①Ducruet Cesar and Notteboom Theo, *The Worldwide Maritime Network of Container Shipping: Spatial Structure and Regional Dynamics.* (Global Network, 2012 No.364). Ducruet Cesar, "Network Diversity and Maritime Flows," *Journal of Transport Geography*, 2013.30:77-88.

与特征，①但是运用复杂网络的理论和方法研究历史时期的航运网络却鲜有见到。本研究尝试用网络分析软件 GEPHI 和地理信息系统软件 ARCGIS 相结合的方法，比较分析英日两国在华航运网络的不同特点以及中国港口在航运网络中的地位。

2 学术综述

2.1 中国的研究

民国时期学者郭寿生《各国航业政策实况与收回航权问题》、张心澂《帝国主义者在华航业发展史》、章勃《日本对华之交通侵略》研究了列强侵夺中国航权和外国航运势力在中国的活动情况，主要从数量的角度分析各国在中国航运业中势力的消涨。1950 年代刘广京利用外国在华洋行的档案，对外国早期在中国的航运活动，做过较深入的研究，如《英美在华轮船业竞争(1862—1874)》《英中在华轮船业竞争(1873—1885)》等，但这些研究时段主要集中在中国开埠后不久。樊百川《中国轮船航运业的兴起》在研究中国轮船航运业兴起的同时，也详细梳理了各国在华航运业在各个时期的变化以及对中国轮船航运业的影响。朱荫贵《中国近代轮船航运业研究》考察了第一次世界大战及战后列强在华航运业的不同表现，特别分析了英日两国分霸中国江海航线格局的原因和特点，认为英国依靠其长期在中国发展扩张奠定的基础继续保持了在中国航运界称霸的地位，而日本航运势力的扩张具有明显的政府全力支持的特征，是日本政府总体向外扩张计划中的重要组成部分。毛立坤《晚清时期东南沿海通商口岸对外航线与港势地位的变迁》把东南沿海的对外航线分为中短程航线、跨区航线和远洋航线，进而分析不同港口在航线结构中的地位。② 王列辉从港口吞吐量、航线设置、商业辐射范围等方面考察上海与

①田炜、邓贵仕、武佩剑等：《世界航运网络复杂性分析》，《大连理工大学学报》2007 年第 4 期；王成金：《全球集装箱航运的空间组织网络》，《地理研究》2008 年第 3 期；熊文海：《世界航运网络的结构特性及其动力学行为研究》，青岛大学 2009 年博士学位论文；吕康娟、张蓉蓉：《基于复杂网络的世界航运中心网络结构与特征》，《系统管理学报》2012 年第 1 期。

②毛立坤：《晚清时期东南沿海通商口岸对外航线与港势地位的变迁》，《史学月刊》2005 年第 12 期。

香港在近代中国经济格局中的地位,认为已经在中国沿海形成了双中心的格局。①

2.2 日本的研究

日本的航运史研究伴随着日本海运业的发展,各大航运会社对本社发展历程的总结和归纳既是海运史研究的重要资料,同时也是重要的研究成果,如《大阪商船株式会社五十年史》《七十年史》《日本邮船 80 年史》等,对公司经营、航路发展、轮船统计等信息都有系统整理。小风秀雅《帝国主义下的日本海运——国际竞争和对外自立》(1995)对东亚运输业市场中日本海运业近代化和日本政府的关系进行了论述,并围绕日本海运会社的朝鲜、台湾地区、长江流域等海外航路进行了具体研究。片山邦雄《近代日本海运与亚洲》(1996)对明治时期日本海运会社的海外航路及海员问题、“台湾总督府”命令航路等进行了论述。松浦章是近年来对东亚海运史关注最多的学者,《近代日本中国台湾航路研究》(2005)、《近代东亚海域的汽船时代》(2014)是其在该领域的代表作。前者以日本航运公司的台湾航路为中心,论述清末以来中国和日本间的轮船航路。后者利用《申报》、*North-China Herald*、《大阪朝日新闻》、《台湾日日新报》等报刊资料,采取实证研究的方法,对清末中国、日本、韩国各轮船公司在东亚海域内的部分航线运行情况做了统计。以上两部松浦章的著作都有涉及 19 世纪 60 年代大英轮船公司(P&O 轮船公司)及德忌利士洋行(Douglas Lapraik & Co)在东亚的航运活动及其与日本轮船公司的竞争。《近代东亚海域的汽船时代》的《19 世纪后半期东亚海域内英国 P&O 轮船公司的航运》指出该时期大英轮船公司以香港、上海、横滨作为亚洲航运的重要基点,将业务扩展到日本。《近代日本中国台湾航路研究》中《1863—1864 英商得忌利士轮船公司的台湾和华南航运》得忌利士洋行曾在 1863—1864 年以香港为中心拓展台湾及华南航运。但以上两部主要的东亚航运史著作都没有对 20 世纪以后英国轮船公司在东亚航运进行研究。

①王列辉:《双中心:沪港两地在近代中国的地位及形成原因分析》,《江汉论坛》2012 年第 10 期。

3 数据来源、研究方法

3.1 数据来源

近代中国开埠之后最为系统的数据来自于中国旧海关史料，记载了各通商口岸每年进出口船只数量等，但是却没有记载航线设置的具体情况。张心澂《帝国主义者在华航业发展史》①较为详细地记载了各国在华航运发展的历史，特别记录了1927年各国轮船公司在中国设立的航线情况，为本研究提供了最基本的资料。但是其中的部分航线记录也存在一些瑕疵，主要表现在没有具体的港口名称，而以国家名字代替，如“上海日本线”，这样的记载使得我们无法明晰具体是日本的哪些港口与上海有航

表1：1927年资料所含英日两国在华航运企业

英国	日本
太古洋行	日本邮船会社
怡和洋行	东洋汽船会社
隆茂洋行	大阪商船会社
怡泰洋行	日清汽船会社
仁记洋行	天华洋行
昌兴轮船公司	大连汽船会社
德忌利士轮船公司	昭和海运公司
宝恩公司	山下汽船株式会社
省港澳轮船公司	三井物产会社
天和洋行	原田汽船
西江航业公司	佐藤商会
新其昌洋行	铃木商会
英国大英轮船公司	北满运输公司
蓝烟囱公司	东亚贸易公司

资料来源：张心澂：《帝国主义者在华航业发展史》

①张心澂：《帝国主义者在华航业发展史》，上海日新地舆学社1930年。

线。因此本研究又参考了《交通史・航政篇》第 6 册①和 1927 年出版的《申报》,进一步考证具体的港口名称。经过考证,《帝国主义者在华航业发展史》中英国共 66 条航线,其中 10 条不是很明确,于本研究有效的航线占总数的 85%,日本共 97 条航线,其中 11 条不是很明确,有效航线占总数的 88%。从有效航线比重看,具有一定的代表性。因此本文以《帝国主义者在华航业发展史》所载 1927 年的航线设置,考察英日两国在华的航运网络及各港口在网络中的地位。

3.2 研究方法

首先对航线进行考证,明晰航线具体挂靠的港口;把航线挂靠港口数据导入 Gephi 软件,利用该软件对航运网络可视化,并进行统计分析;把 Gephi 软件所得的统计数据导入 Arcgis 软件,从而把航运网络和节点落实在地图上,实现数据与空间的结合。

3.3 网络分析指标

度(Degree)是描述复杂网络节点的重要指标,节点 i 的度 ki 定义为该节点连接的其他节点的数目,一个节点的度越大就意味着该节点在网络中与其他节点的联系越密切。在集装箱班轮航运网络中,港口节点的度是与该港口有航线连接的港口数量,表示港口的联系范围。

在区域集装箱航运网络中,用于连接两个港口的航线往往不止一条,港口与港口之间的连接在航线的数量上存在权重关系。节点度值能够表示无权网络中节点的重要性,反映港口体系中某港口与其余港口关系的紧密程度,而在表现港口间联系的频率上存在一定的局限性,无法较为准确地表达加权网络中节点联系的强度。因此,本研究引入加权网络分析中点的强度,定义为②:

$$si=\sum_{j\in N}wij \qquad (1)$$

在 Gephi 软件中也称为加权度(Weighted Degree),表示节点 i 与网络中其他所有节点连接的边数之和,包括入加权度(Weighted In-Degree)和

①交通铁道部交通史编纂委员会编《交通史・航政篇》第 6 册,上海民智书局 1931 年。

②Barrat A, Barthélemy M, Pastor-Satorras R, Vespignani A, *Proc. Natl. Acad. Sci. USA* 101, 2004, 3747.

出加权度(Weighted Out-Degree)两个部分：

$$Si = Si^{in} + Si^{out} = \sum_{j=1}(wij + wji) \qquad (2)$$

介数主要反映节点在整个网络的影响力，是网络中心性的重要参数，用于表示节点间间接联系的强度。一般而言，各种交通枢纽都是介数较大的节点。节点 i 的介数是指网络中所有的最短路径之中，经过节点 i 的数量占整个最短路径数量的比重，节点 i 的介数以数学表达为：

$$CBi = \sum_{k,j} \frac{\sum_{l \in Skj} \delta_l^i}{|Skj|} \qquad (3)$$

式中：Skj 为 (k,i) 之间最短路径的组合，$\sum_{l \in Skj} \delta_l^i$ 为经过节点 i 最短路径的总和。在集装箱航运网络中，港口的介数中心性越大，说明其他港口到该港口的通达性越强，该港口的枢纽性越强。

航运网络中平均路径长度指的是将一件货从一个港口送达至世界上任何一个相异港口平均所需要停靠港口的数量，它代表了世界航运网络的深度，为了运货的快捷，平均路径长度越小越好，这样既能节省时间，也能保证货物质量。

$$L = \frac{2}{N(N-1)} \sum_{ij} d_{ij}$$

4 列强在华航运发展历程

4.1 1842—1895：一国独霸

1842 年，清朝在与英国的第一次鸦片战争中战败，被迫签署《南京条约》，英国获得在中国东南沿海航行的特权。此后，多个不平等条约的签订，使列强获得了在中国沿海和内河航行的特权。直到 1895 年中日甲午战争爆发前，英国始终占有绝对统治的地位。据表 2，1895 年英国在中国的船舶吨位占了全部列强船舶总吨位的 85%，远远高于德国、挪威、法国等国。在远洋航运方面，英国的七家轮船公司几乎独占了欧、亚之间的航运，法国邮船公司、德国的北德意志轮船公司，以及挪威、丹麦、奥地利的轮船，根本无法同其竞争。还有英印轮船公司、阿家航线、怡和轮船公司在中国和印度间航行，昌兴轮船公司在中国和加拿大之间航行。只有中国和日本之间的航运为日本邮船会社所垄断。① 这时中国航运业主要呈现英国独霸的格局。

表 2:1895—1930 年列强在中国船只吨位的比重(%)

	美国	英国	法国	德国	日本	挪威	俄国
1895	0.36	85.26	1.42	10.14	0.51	1.78	0.54
1896	0.64	84.21	1.67	7.50	2.18	3.35	0.44
1897	1.05	85.28	1.65	6.46	2.58	2.42	0.57
1898	0.93	82.43	1.63	6.53	6.08	1.71	0.69
1899	1.04	78.43	2.06	6.23	9.54	1.48	1.22
1900	1.45	70.46	2.03	12.32	11.84	1.01	0.89
1901	2.16	62.89	1.76	18.15	13.27	0.79	0.98
1902	1.12	60.86	1.88	16.30	16.60	1.87	1.36
1903	1.20	60.04	2.51	15.61	17.00	2.43	1.22
1904	1.91	68.02	2.61	15.70	8.86	2.79	0.12
1905	2.33	63.21	3.06	14.75	11.24	5.26	0.15
1906	2.30	57.00	5.33	12.74	19.38	2.75	0.49
1907	1.67	53.18	7.52	10.60	24.90	1.70	0.42
1908	1.51	51.85	7.64	9.92	27.21	1.48	0.40
1909	1.18	49.94	7.22	10.63	27.81	1.98	1.23
1910	1.06	50.08	7.20	10.32	27.64	1.59	2.11
1911	1.06	51.63	4.69	10.19	28.52	1.85	2.07
1912	1.03	54.99	2.36	8.91	28.73	1.62	2.37
1913	1.24	52.64	1.70	8.73	32.34	1.02	2.33
1914	1.45	54.57	1.25	5.59	33.35	1.07	2.72
1915	1.22	57.37	0.86	0.09	36.35	1.18	2.93
1916	1.26	56.25	0.94	0.11	38.03	1.00	2.42
1917	1.82	54.34	0.95	0.03	39.78	0.77	2.31
1918	2.55	62.72	0.48	0.00	32.04	0.54	1.67

①樊百川:《中国轮船航运业的兴起》,北京:中国社会科学出版社 2007 年。

续表

	美国	英国	法国	德国	日本	挪威	俄国
1919	3.79	53.51	0.61	0.00	40.60	0.45	1.04
1920	6.25	53.45	1.13	0.00	37.37	0.56	1.24
1921	5.58	52.32	1.51	0.00	39.23	0.63	0.73
1922	5.46	53.72	1.83	0.50	37.12	1.08	0.29
1923	6.25	54.39	1.93	1.43	34.85	0.89	0.27
1924	6.15	53.90	2.11	2.02	33.63	2.01	0.17
1925	6.43	47.15	2.21	2.73	38.52	2.66	0.31
1926	6.36	46.64	2.27	2.93	38.12	3.23	0.45
1927	6.20	44.79	2.11	3.63	39.77	3.26	0.24
1928	5.74	50.51	1.77	3.34	35.21	3.41	0.02
1929	5.64	49.08	1.81	3.67	35.88	3.91	0.00
1930	5.42	47.83	1.54	3.55	38.13	3.52	0.00

资料来源:Hsiao Liang-Lin, China's foreign trade statistics(1864—1949),1974

4.2 1895—1914:群雄相争

1895 年中日甲午战后,日本利用同中国邻近的地缘优势,以本国和新占夺的中国台湾省为基地,以日本邮船会社和大阪商船会社两大公司为主力,在长江、华北和东南沿海,三管齐下。由于夺得了辽东半岛的租借权和东三省南部的势力范围,日本在中国北方的航运势力也随之猛增,一跃代替英国而占中国北方港口进出轮船的首位。日本的日清汽船会社侵入长江航路,形成英日并霸长江的局面。英国轮船的主要优势在于中国北方口岸同上海及华南各口的航运上,太古、怡和等英国轮船公司以香港、汕头为基地同上海和北方港口之间设置了多条航线。俄国侵入松花江和华北沿海,加强辽东半岛同本国的联系。德国租山东胶州湾后,立即开设上海经胶州、烟台到天津的定期航线,同时闯入长江,扩大沿海和远洋航运。法国强租广州湾后,立即加强华南西段沿海的航运势力,同时参加长江和新开放的西江航运的争夺。① 据表 2,这一时期最明显的特征是

①樊百川:《中国轮船航运业的兴起》。

英国比重的持续下降和日本的不断上升，英国在中国船只吨位比重由1895年的85.26%下降到1914年的54.57%，而日本由1895年的0.51%上升到1914年的33.35%，同时，德国、法国、俄国等国都有不同程度的发展，一战前夕的中国航运业处于群雄逐鹿的格局。

4.3 1914—1930：两国争霸

在华航运势力中始终居于首位的英国和迅猛增长的日本，在第一次世界大战期间获得了进一步发展的时机。英国航运势力一方面迅速占领了德国、奥国退出的地盘，另一方面则将航运势力伸张到了长江上游的川江。日本则利用外船势力消退、运价猛涨的时机大力扩张实力，将本国的航运势力进一步扩张到华北、东北以及华南的沿海航线。最终形成了英日持续分霸中国江海航线的格局。① 据表2，延续一战前的发展趋势，英国在中国船只吨位比重仍持续下降，日本的比重则不断增长，日本与英国的差距从1914年的21.22%缩小到1930年的9.7%，显然英国的优势地位越来越受到日本的冲击，中国航运业形成英日两国争霸的局面。

5 英日在华航运网络结果分析

5.1 网络分析

英国在华航运网络中的节点（港口）有66个，日本在华航运网络中的节点（港口）有66个，节点数量一样，但是如果扣除英日两国航运网络中挂靠日本、欧洲、美洲等地的港口，则可发现英国的轮船公司挂靠45个中国港口，而日本的轮船公司只挂靠了30个中国港口，显然一直以来是中国航运市场老大的英国轮船公司在中国的势力还在后来者日本之上。另外一个突出的特点就是，日本航运网络中，日本港口与中国港口之间航线联系非常紧密，在69个港口中包括了10个日本港口。

据表3，日本的平均度为1.97，英国的为1.712，由此可知，日本在华航运网络的密度高于英国在华航运网络。日本在华航运网络的平均路径长度为3.675，这意味着如果从任何一个港口出发，平均只需要中转三次

①朱荫贵：《中国近代轮船航运业研究》，北京：中国社会科学出版社2008年。

就可以到达另外任何一个港口,英国在华航运网络的平均路径长度为5.132,也就意味着平均需要中转四次到达另外任一港口,因此日本在华航运网络中的货物运输较为便捷。

表3:1927年英日两国在华航运网络的数据

	节点	边	平均度	平均路径长度	平均聚类系数
英国	66	113	1.712	5.079	0.154
日本	66	130	1.97	3.675	0.159

5.2 航运网络的联系范围

航线通过船舶将不同港口相串联,而航线挂靠港口的多少直接影响港口的联系范围,一个港口联系其他港口的数理说明了港口的空间组织范畴,是反映组织能力和通达性的重要指标。我们从航运网络中各港口的度数来看英日两国轮船公司的联系范围。下列港口后括号中的是度数,度数越高,说明更多的航线挂靠该港口。

中国沿海:英日都挂靠了的港口有上海(英18,日33)、大连(英8,日13)、青岛(英4,日11)、天津(英3,日9)、牛庄(英5,日2)、烟台(英4,日2)、香港(英14,日11)、厦门(英8,日7)、基隆(英1,日6)、福州(英7,日6)、汕头(英10,日5)、泉州(英1,日2)、广州(英4,日1)等,英国未挂靠:高雄(3)、淡水(2)、北海(2)、兴化(2)、秦皇岛(1);日本未挂靠:威海卫(3)、安东(1)、宁波(3)、澳门(2)、三都澳(1)。英日两国轮船公司共同挂靠了中国沿海13个港口,分别各有5个港口没有挂靠,没挂靠的港口数量是一样的,也就是从航运网络的覆盖港口来看,在中国沿海英日两国是旗鼓相当的。上文所述英国轮船公司挂靠中国港口的数量多于日本的轮船公司并不体现在中国沿海港口,而是在中国内河港口。英国航运网络虽挂靠基隆港,但航班密度很低,中国台湾的航运基本上被日本所垄断。虽然英日两国在华航运网络都涉及中国南北沿海港口,但上海以北的港口在日本航运网络中更重要,上海以南港口在英国航运网络中更重要。

中国内河:英日都挂靠的港口包括汉口、长沙、宜昌、湘潭、沙市、重庆、九江;英国未挂靠:常德、吴城、苏州、杭州、南昌、湖州;日本未挂靠:芜湖、岳州、梧州、镇江、南京、监利、夔州、万县、三水、肇庆、德庆、海防、都城、南宁、柳州、百色、马尾、兴和。英日两国轮船公司都挂靠了 7 个长江沿线港口,英国轮船公司没有挂靠的港口有 6 个,日本轮船公司没有挂靠的港口有 18 个。日本在长三角航线较多,长三角城市英国涉及较少,英国在珠三角西江流域港口比较多,另外也以福州为中心形成次一级网络,长江沿线英国航线挂靠的港口比日本多很多。

日本港口:英日都挂靠的港口有神户、门司、横滨、长崎;英国未挂靠:大阪、北海道、三池、名古屋、若松、敦贺;日本未挂靠:无。英国的航线仅涉及四个日本港口,其中神户在英国航线中最重要。

往东的国际航路:英日都挂靠新加坡、哥伦布、马赛、曼谷、伦敦、马尼拉、槟榔屿、加尔各答、科伦坡、鹿特丹、孟买、汉堡等;英国未挂靠:亚兴、苏伊士、妥港、那不勒斯、仰光、安特卫普、西贡;日本未挂靠:热那亚、西上、彼南、墨尔本。

往西的国际航路:英日都挂靠纽约、海参崴;英国未挂靠:西雅图、火奴鲁鲁、旧金山、巴拿马、仁川、费城、釜山;日本未挂靠:温哥华。日本在中国-美国航运上势力很大,与美国展开激烈竞争,英国的中美航线较少。

总体上讲,英日两国的轮船公司在中国沿海挂靠的港口数量相差不大,但日本与上海以北的港口联系更为紧密,英国则与上海以南的港口更密切。在长江一线,英日两国虽都深入长江上游的重庆,但英国在长江挂靠的港口数量更多,日本集中在长三角发展内河航运,英国则在珠三角的内河航运上具有垄断地位。日本航运网络挂靠的日本港口多,英国的航运网络挂靠日本的港口少,这显然是正常的,但是在日本航运网络中最重要的日本港口是大阪,而英国的航运网络中最重要的港口是神户,没有一条英国轮船公司的航线挂靠大阪,显然阪神地区是当时最重要的港口区域,只是两国的轮船公司在错位发展。日本是中美航线的必经之地,日本和美国在中美航线上竞争激烈,相对来讲英国的中美航线较少。

5.3 港口在航运网络中的地位

两国在华网络布局都具有明显的层次结构,航线主要挂靠于少数港口,多数港口的航线规模较小,与他们连接的节点数明显多于其他网络节点。但两国在华航运网络又呈现不同的特点。如图 1 所示,节点圆圈的

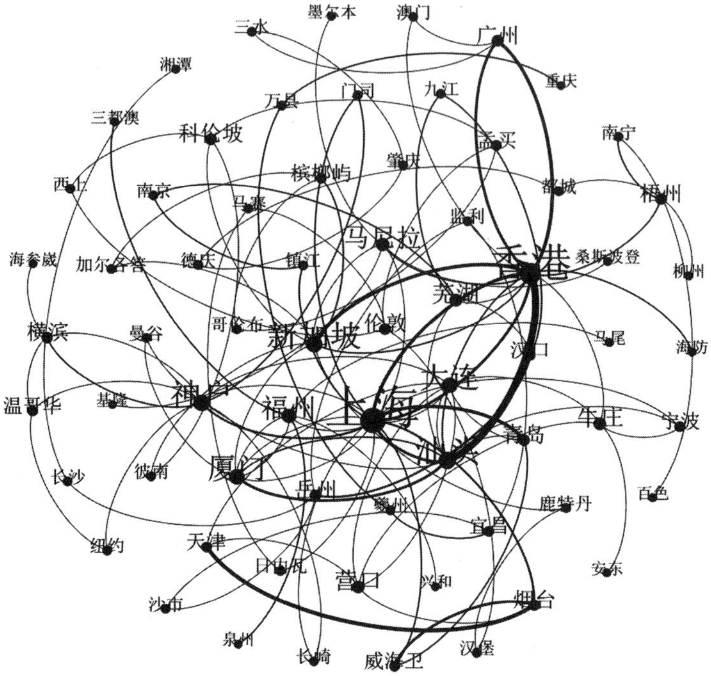

图 1:英国在华航运网络(度)

大小代表了港口在航运网络中的度数大小。在英国的航运网络中上海和香港的度分别为 18 和 14,构成了以上海、香港为双中心的航运网络。“远东之外洋航路,素以香港、上海为中心,盖香港为东洋第一海港,亦为世界之一大中心。至于上海,则不仅为世界海运之中心,亦为东洋及中国航运之中心,因其地位适中,故欧洲、北美、澳洲及其他南洋等外洋航路,莫不通过上海这海口。而且香港,在地位言,实远不及上海。”①

据图 2,在日本的航运网络中上海的度为 31,遥遥领先于排在第二位的大连和大阪(13),说明上海在日本航运网络中具有最高的枢纽度和组织能力,以上海为中心向周围辐射是日本航运网络的一个重要特征,因此构成了以上海为单中心的航运网络。“日本之远海近海航路,无一不与我国有关,其所走之航路,均集中于上海港。”②

①章勃:《日本对华之交通侵略》。

②章勃:《日本对华之交通侵略》。

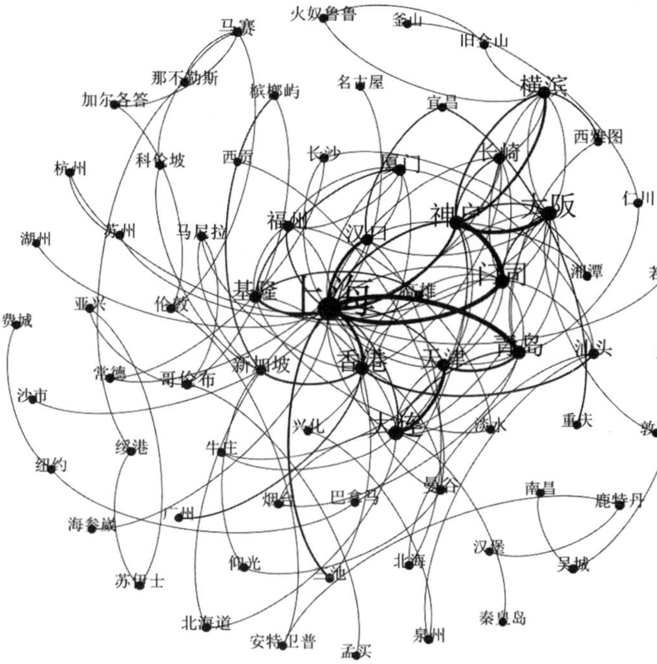

图 2:日本在华航运网络(度)

表 4:英日两国远洋航线中的中国港口

英国		日本	
港口	度	港口	度
上海	11	上海	7
香港	7	香港	7
汕头	4	大连	3
厦门	3	青岛	3
大连	2	天津	2
基隆	1		

枢纽港与支线港已经形成,据表 4,英外洋航线挂靠上海、香港、汕头、厦门、大连、基隆,日外洋航线挂靠上海、香港、大连、青岛、天津,其他港口通过上述港口连接外洋。英日都挂靠香港、上海、大连,这三港是中国外洋航线中最重要的港口,另外英国还挂靠东南沿海的汕头、厦门、基隆,日本挂靠华北的青岛、天津,说明在外洋航线上两国也是各有侧重。两国在华航运网络形成金字塔式的结构,外洋航线港口为 8 个,近洋港口除了在这 8 个港口外,还有 15 个,另外还有 31 个内河港口。

5.4 港口在三类航线中的地位

以下按照《帝国主义者在华航运业发展史》对三大航线的分类，对中国港口在英日两国的三大航线中的地位进行分析。

(1) 远洋航路。英国的太古洋行、怡和洋行、隆茂洋行等 8 家轮船公司开设了中印航线、中欧航线、澳洲航线、东南亚航线、中美航线、欧美航线(由纽约、温哥华、日本经上海至欧洲)、纽约远东线(纽约、日本、大连、上海、香港、新加坡、马尼拉、基隆)等 24 条远洋航线。由这 24 条远洋航线所构成的航运网络中，上海的介数最高为 314.5，其次分别是新加坡(252.5)，香港(200)，神户(160)，因此，英国航线在中国以上海、香港为中心，再通过神户连接日本和美国港口，通过新加坡沟通东南亚和欧洲。

日本在华的远洋轮船公司以日本邮船会社、大阪商船会社为核心，还包括昭和海运公司、三井物产会社、山下汽船株式会社等，远洋航线有 24 条，涉及欧洲线、纽约线、旧金山线、西雅图线、澳洲线、南美线、非洲线、印度线等。在这 24 条远洋航线所构成的航运网络中，香港的介数最高，为 177，其次分别是上海(171.5)，科伦坡(170)，神户(152)，新加坡(104)。

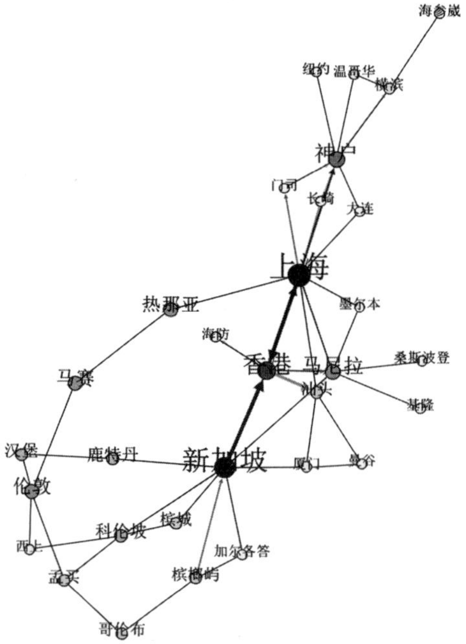

图 3:英国在华的远洋航路(介数)

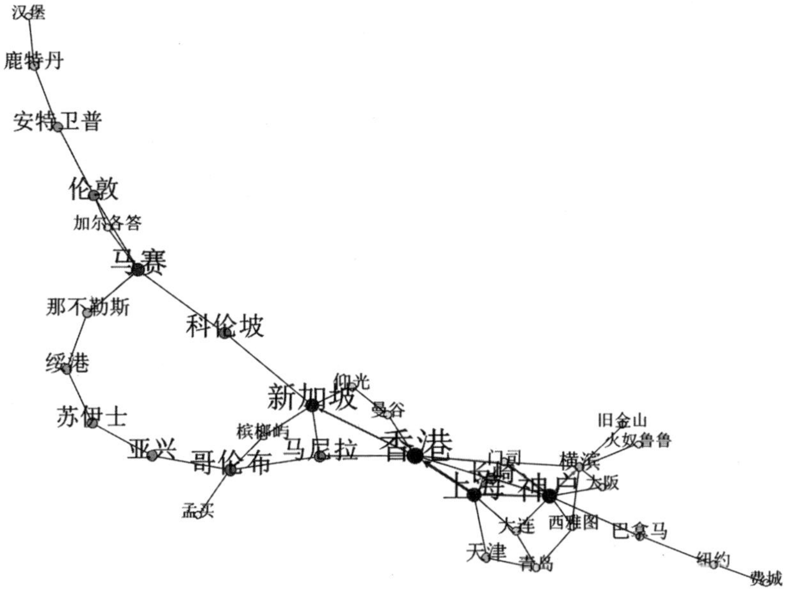

图4:日本在华的远洋航路(介数)

(2)近洋航路。英国在华近洋航路中香港的介数最高,达到175.67,其次是汕头(145),梧州(124),都城(105),上海仅为50,在全部港口中排名8。这一计算结果具有以下特点:其一,排名靠前的大部分位于汕头以南的港口;其二,上海介数排名比较靠后。由此可知,英国在华近洋航线在华南占有较高的地位。依托于香港这一大本营,英国轮船公司积极向华南地区拓展航线,如战前德国捷成洋行占优势的香港、海口、北海、海防航线,战争发生后即被太古、怡和所分占,德忌利轮船公司长期垄断了香港汕头线,日本还将福州、香港间的定期航线让归英商单独经营。①

日本近洋航路中上海的介数最高,为395.467,其次是大阪(239.7),香港(195),汕头(144),厦门(135.5),大连(123.5),青岛(87.267),呈现出以上海为中心,向中国沿海南北两翼拓展的态势,另外台湾地区的基隆排名也较高,说明在日本割占台湾后,基隆的港口地位显著上升。日本侵占台湾后,大阪商船会社于1896年开设日本至台湾的航线,日本邮船会

①樊百川:《中国轮船航运业的兴起》。

社于 1897 年开辟了由香港出发,往返上海、华北、朝鲜、长崎、基隆等港的大型环线。“台湾总督府”随即大力建设基隆港,基隆港迅速崛起,取代了昔日的淡水,在岛内形成一港独大的格局。①

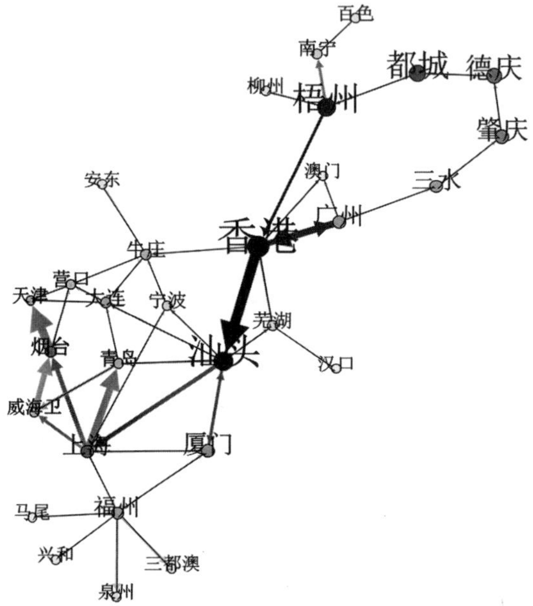

图 5:英国在华的近洋航路(介数)

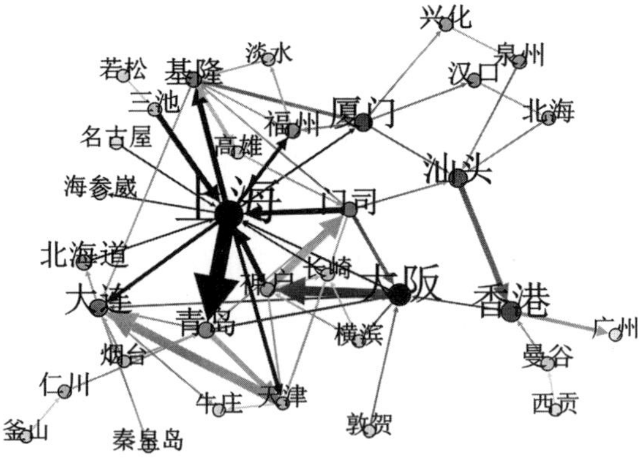

图 6:日本在华的近洋航路(介数)

①毛立坤:《晚清时期东南沿海通商口岸对外航线与港势地位的变迁》。

（3）**内河航路**。英国在长江的航运网络以汉口为中心，从十九世纪八十年代上半期起，英国的太古轮船公司和怡和轮船公司已经开始垄断了长江的航运。日本以日清轮船公司侵入长江，经过十余年的混战，到1911年，形成英、日并霸长江的局面。太古洋行、怡和洋行等开通了上海汉口线、汉口宜昌线等，汉口和宜昌是重要的中转口岸，在汉口重庆之间，还挂靠沙市、监利等港，此外航线还深入湖南内河；同时还构筑起以福州、广州和梧州为中心的次一级的航运网络。

日本的内河航运网络有几个特点：以上海为中心，开设上海汉口线、汉口宜昌线和宜昌重庆线，从而深入到长江上游；日本邮船会社开设日本汉口线、神户沙市线，日清汽船会社开设大阪汉口线等江海直达航路，从日本直达长江中游的汉口，这些江海直达航路也挂靠上海；日本内河航路

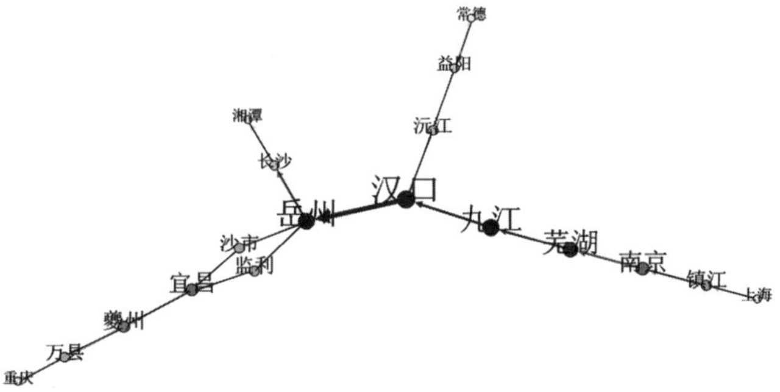

图7：英国在华的长江航路

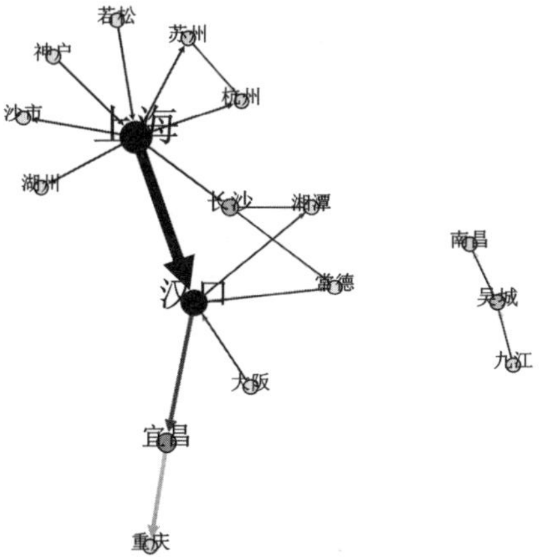

图8：日本在华的长江航路（介数）

虽也深入到长江上游的重庆,但长江一线挂靠的港口明显少于英国轮船公司,日本主要深耕于长江三角洲(以上海为中心,向苏州、杭州、湖州等长三角城市扩展)和江西省、湖南省。

从远洋航线、近洋航线和长江航线看,英日两国轮船公司有一个很大的特征,那就是在不同航线上都实行错位竞争,如英日远洋航线上介数排名前四位的港口完全一致,但在英国远洋航线上上海最重要,而日本远洋航线上香港最重要;在英国的近洋航线上香港排名第一,上海仅列第八,但在日本的近洋航线上上海排名第一,香港位列第三;在英国的长江航线上汉口名列第一,是最重要的中转港,而在日本的长江航线上上海排名第一。我们把两国的轮船公司整合进以国家为单位的统计分析中,可以发现两国的轮船公司都覆盖了最主要的那些港口,但在航线的内部结构中的核心或枢纽是不一样的,存在错位竞争的现象。

5.5 港口之间的联系

港口联系是因国际贸易而产生的运输联系,由船舶挂靠不同港口而实现。分析港口间联系的空间格局,目的在于考察航运网络中航线的主要组织方向和区域。

英国航运网络中香港与汕头间的航线最密集,排名前 10 位的繁忙航线中涉及香港的最多,其次是上海和汕头,排名前 10 位的航线大部分集中在上海以南的南洋航线,涉及上海以北的北洋航线的只有烟台—天津、上海—青岛线。

在日本航运网络中神户与门司、上海与青岛的航线最密集,排名前 10 位的航线中涉及上海的最多,其次是神户,排名前 10 位的航线中大部分集中在中国的北洋航线以及日本内部航线,涉及南洋航线的只有上海—香港,另外内河航线上海—汉口线也很重要。日本对中国沿海航运的扩张,尤以扩大上海以北航线的控制权和加强上海以南航线的争夺能力为目的。从 1915 年起,日本不仅在中国北方所有各口进出的轮船只数和吨位总数中,占有一半以上,而且除了烟台以外,在各口也分别占据首位或绝对优势。在中国南方沿海航运方面,日本未能像在北方沿海那样,占据优势地位。

表 5：英国日本航运网络中排名前 10 位的航线

英国			日本		
香港	汕头	11	上海	青岛	8
烟台	天津	6	神户	门司	8
新加坡	香港	5	门司	上海	7
上海	香港	5	大阪	神户	6
上海	青岛	5	上海	香港	5
广州	香港	5	上海	汉口	5
香港	上海	4	天津	大连	5
香港	广州	4	横滨	神户	4
汕头	厦门	4	神户	上海	4
汕头	上海	4	青岛	天津	4

6 影响因素

6.1 国家、殖民地或势力范围的位置

中国华北、东北更靠近日本，由于地理接近和日本对东北怀有的野心，日本航运势力的扩张趋势此时期在中国北部显得尤为突出，日本港口与中国港口（特别是上海以北港口）融为一体，航线联系非常密集。据表 6，1913 年日本在安东、大连、牛庄占绝对优势，在秦皇岛两国相差不多，英国在天津、烟台、青岛占优势；一战期间及至 1927 年，英国除了在烟台还具有优势外，在其他六港的比重都在不断下降，日本在北方两大港口大连和青岛的优势更加明显，这跟大连和青岛是日本的势力范围有很大的关系。甲午战争之前，台湾地区缺少通往国外的航线，进出口货物需经厦门中转，日本割占台湾后，为了紧密日本与台湾的联系，在割台 5 年内即以基隆为起点或途经站，开辟了通往神户的快慢航线 4 条，绕行东西海岸的环岛航线 4 条；开辟由淡水、安平通往香港的航线各 1 条。① 日本还通过价格战，使原来长期垄断香港到台湾间航线的英国德忌利士轮船公司退出了这条航线。

①毛立坤：《晚清时期东南沿海通商口岸对外航线与港势地位的变迁》。

表 6:1913—1927 年日本、英国船舶在中国北部港口中所占比重(%)

时间	国家	安东	大连	牛庄	秦皇岛	天津	龙口	烟台	青岛	总计
1913	日本	68.4	77.5	49.8	37.1	29.7	0	31.3	17.5	44.8
	英国	14.6	11.1	29.1	35.4	36.3	0	34.1	31	26.5
	其他	17	11.4	21.1	27.5	34	0	34.6	51.5	28.7
1915—1919 年平均	日本	56.8	83.7	46.3	54.7	39.1	51.9	11.5	74.2	56.8
	英国	13.8	7.1	25.1	21.1	37.7	10.2	40.8	17.3	22.9
	其他	29.4	9.2	28.6	24.2	23.2	37.9	47.7	8.5	20.3
1921—1925 年平均	日本	34.2	67.4	27.1	38	33	21.3	11.5	53	45.7
	英国	20.5	8.7	28.7	20	29.3	11.5	40.8	19.7	20.4
	其他	45.3	23.9	44.2	42	37.7	67.2	47.7	27.3	33.9
1927	日本	26.5	68.5	27.4	27.3	39.3	32.3	19.9	53.9	48.9
	英国	7.7	7.7	15.5	12.2	26	5.9	35.7	18.2	16.3
	其他	65.8	23.8	57.1	60.5	34.7	61.8	44.4	27.9	34.8

资料来源:铁道株式会社庶务部调查科:《在中国的各国海运势力》,1929 年发行。原件存辽宁省档案馆,复印件存烟台港史组。《中国近代航运史资料·第二辑(1895—1927)》上册,北京:中国社会科学出版社 2002 年,第 391 页

英国对香港实行殖民统治,东南、华南靠近香港,长江流域是英国的势力范围,英国资本集中在长江沿岸①。虽然日本在中国华北、东北以及台湾的航运势力不断提升,但英国在东南沿海、长江流域以及中国沿海南北跨区域航线上仍占优势。

6.2 正面争夺与错位竞争

英国依靠其长期在中国发展扩张奠定的基础,远超过其他国家的航运实力,依靠第一次世界大战期间获得的高额运费和大造新船,以及迅速抢占大战期间退出的德、奥等国的航线,继续保持了在中国航运界称霸的地位。以长江航线为例,从十九世纪八十年代前期起,英国的太古轮船公司和怡和轮船公司已经开始垄断了长江的航运。甲午战争后,日本努力挺进长江航线。经过十余年的混战,到 1911 年,形成了英、日并霸长江的

①吴承明编《帝国主义在旧中国的投资》,北京:人民出版社 1955 年。

局面。一战期间,因为江轮不适于航海,英国的侵略势力不但未曾削减,反而因为新的扩展而有所增长,轮船公司包括太古、怡和、祥泰木行、亚细亚煤油公司等。日本在长江航运上,在大部分时间内仍以日清汽船会社为主。据表7,日清汽船会社在1911—1918年间的比重较高,大部分时间占长江航线轮船总吨数的三分之一,最高时接近二分之一。大部分时间四大公司四分天下,但如把太古和怡和相加,则1924年和1928年英国在长江航线上的轮船吨位比重就接近或超过了50%。这跟英国轮船公司进入长江流域更早、挂靠港口更多、根基更为雄厚有很大的关系。

表7:太古、怡和、日清、招商局四大公司长江航线轮船吨位比较(1901—1928)

年份	太古			怡和			日清			招商局		
	只	吨		只	吨		只	吨		只	吨	
		吨数	%		吨数	%		吨数	%		吨数	%
1901	5	6550	17.49	5	7000	18.69	5	11100	29.64	10	12800	34.18
1903	4	6757	23.8	5	7236	25.5	5	6727	23.09	6	7688	27
1911	9	9863	17.9	6	10648	19.3	12	25678	46.6	7	8864	16.2
1914	9	17250	21.5	7	19172	23.8	12	25260	31.4	8	18704	23.3
1916	10	22833	24.8	8	20637	22.4	13	29237	31.7	8	19425	21.1
1918	9	19436	21.4	8	19787	21.8	14	32104	35.3	8	19025	21.5
1924	15	20744	26	11	18302	23	16	21486	27	13	19145	24
1928	20	22343	26.4	14	20766	24.6	18	22003	26	12	19425	23

资料来源:《中国近代航运史资料·第二辑(1895—1927)》上册,第478页。

注:日清创于1907年,在此以前,长江线日轮以大阪公司为主,故1901年、1903年均采用大阪数字。1911年太古在汉口湘潭线有轮三只,这里仅及一只,其他二只吨位缺,故该年太古实有吨位尚不仅此。自1924年起,太古、怡和辟宜渝线。表中吨位数字均不包括300吨以下的小轮拖驳等

日本是第一次世界大战期间未受多大损失而大获其利的国家。战前其扩展的势头即远超过其他列强,战争期间又利用巨额的收入建造和购买新船,在华北沿海航线上的扩张尤为引人注目。在日本政府利用补助金、"命令航线"和其他措施的统一安排下,日邮、大阪汽船、日清会社等

公司的扩张各有分工和重点,战时和战后都有明显的扩展。① 作为一个后起的航运国家,日本除了继续巩固华北、东北、台湾的航线外,还积极在华南、长江等区域四面出击,与英国展开正面争夺。如 1920 年,日清汽船会社开辟上海至广东的航路,沿途停靠汕头和香港,打入英国长期占垄断地位的东南沿海,日本政府也将此航线确定为"命令航线",给予航行补助金。

但是我们从上文的数据分析也可看出,两个国家的轮船公司无论是在重点区域、重要航线以及航运枢纽等方面都存在错位竞争的态势。二者在航线的内部结构中的核心或枢纽是不一样的,存在错位竞争的现象。

6.3 政府的扶持和资助

甲午战争之后日本航运势力快速发展,与政府的大力扶持有很大的关系。日本航运势力的扩张具有明显的政府全力支持的特征,是日本政府总体向外扩张计划中的重要组成部分。② 日本以政府"命令航线"的方式,既对日本的轮船公司给以巨额补助,又使其各在一定的范围内分工协作,增强竞争力量。例如以日本邮船会社、大阪商船会社两大垄断企业为中心,在远洋方面进行争夺,并控制中日之间的近海航线;以大阪商船会社、大连汽船会社为中心,再加上日清汽船会社新设的华南航线等,扩大其包括台湾在内的中国沿海势力;东洋汽船会社专事争夺中美间的航运;日清汽船会社专注于长江航运在长江航线争夺垄断权。所有这些都以日本为基地,形成了一个由日本政府用补助金支持和统一安排的把中国江、海、远洋航线全部罗织在内的庞大的蜘蛛网。③

英国没有这样明确的有形组合,但各大公司间却有多年逐渐形成的分工和配合。例如在远洋航运方面,大英轮船公司主要掌握伦敦至中国、日本的欧亚邮政和货运航线及中国至澳洲的航线,海洋轮船公司和中国互助轮船公司经营利物浦、格拉斯哥同中国、日本及由此延伸至美国西雅图间以货运为主的蓝烟囱航线,格林线直航于伦敦和塔科马之间等等,起点既不同,中间经过港口又互有差别,既避免了互相的竞争,又互相补充

①朱荫贵:《中国近代轮船航运业研究》,北京:中国社会科学出版社 2008 年。

②同上。

③樊百川:《中国轮船航运业的兴起》。

和配合,形成一种宽幅度的航线。①

7 结　论

自中国近代开埠后,外国轮船公司在中国航运业中有三个发展阶段,分别是近代开埠至甲午战争前的英国独霸阶段、甲午战争后至第一次世界大战前的群雄逐鹿阶段和一战爆发之后英日争霸阶段。英日两国航运网络中的节点即港口数量比较接近,但英国轮船公司挂靠中国港口的数量多于日本。

从航线的覆盖范围看,日本与上海以北的港口联系更为紧密,英国则与上海以南的港口更密切。在长江一线,英日两国虽都深入长江上游的重庆,但英国在长江挂靠的港口数量更多,日本集中在长三角发展内河航运,英国则在珠三角的内河航运上具有垄断地位。

英国是以上海和香港为双中心的航运网络结构,日本则形成了以上海为单中心的航运网络结构。从三大航线看,两国的轮船公司都覆盖了最主要的那些港口,但在航线的内部结构中的核心或枢纽是不一样的,存在错位竞争的现象。港口联系方面两国也有差别,英国航运网络中排名前十的航线大部分集中在上海以南的南洋航线,日本则集中在上海以北的北洋航线和日本内部航线。

英日两国在华航运网络形成这样的结构和特征与地理因素有较大关系,两国的轮船公司都依托势力范围拓展航路,日本通过“命令航线”对轮船公司的航线进行资助和统一安排,英国则通过轮船公司之间的协调进行分工和配合。从 1895 年甲午战争之后,至 1920 年代末,经过二十多年的发展,英日航运网络之间形成了既正面争夺又错位发展的格局。

本文首先回顾了自近代开埠以来至 1920 年代列强在中国航运业发展的历程,重点分析了 1920 年代英日两国的航运网络,但是由于资料的限制,没有考虑航班频率、航线上所配船只大小等,在一定程度上会影响研究结果的精度。

①樊百川:《中国轮船航运业的兴起》。

近代中国灯塔空间体系初探

伍伶飞

（复旦大学历史地理研究中心）

一、引　言

海关以其在多个领域不可或缺的中介者或参与者的角色，对近代中国历史进程产生了至关重要的影响。海关的工作内容涉及邮政、教育、外交、军事等，而其核心业务主要有两部分：税收和海务。就海务而言，具体负责的部门为船钞部（1912 年后称海政局），主要任务包括港务工作、航标建设和航道管理等①。自 1865 年起以一成船钞用于航标建设为主的改善航运事业，1868 年增至七成船钞，实际支出远远超出此比重②。海关从欧洲采购最新式的灯塔，雇佣专业人士进行灯塔管理，并及时对灯塔相关设备更新换代。在海关主导下建设的航标是近代中国航标体系最重要的组成部分。基于以上认识，在相关讨论中，往往直接将航标建设与海关联系，甚至将海关所建设的航标作为近代中国航标体系的全部内容。但是，在近代中国沿海沿江地带，存在着许多航标归属海关以外的部门、地方政府甚至是私人管理；近代中国还存在许多外国占领区或租借地，这些

①陈诗启：《中国海关的近代化设施及其对清政府的改造》，《中国近代海关史问题初探》，北京：中国展望出版社 1987 年，第 105 页。

②《为附送有关船钞使用之两件节略由》，《旧中国海关总税务司署通令选编》（第一卷），北京：中国海关出版社 2003 年，第 117、129 页。

地方的航标建设和管理权往往掌握在相关国家手中。且由于战争和社会变动的影响,各个地方航标的管理权屡有更迭。这使得在近代的很长时间内,存在着一些非中国海关建设和管理的航标。

令人遗憾的是,现有的关于近代中国航标的研究中,对外国政府和其他主体建设和管理下的航标不够重视甚至缺乏关注。对近代中国航标进行研究最早的一本著作是班思德的《中国沿海灯塔志》①,书中述及近百个灯塔,但这些几乎全部为 20 世纪 30 年代已归中华民国海关管理的灯塔,对于该时段仍在英、日等国管理下的中国沿海航标罕有涉及,由此可见该书内容仅仅覆盖中华民国海关管辖区域,书名“中国沿海”并不符实。《中国航标史》②作为当代一部研究航标的重要作品,其近代部分也几乎没有涉及非中国海关管理的航标。其他航标相关研究论文③也基本是站在中国海关的立场进行讨论。以上论著并没有将参与航标建设管理的外国政府以及其他主体放在与中国海关对等的位置对待,甚至避而不谈。

归结起来,已有研究对非中国海关管理的航标认识不足,主要有两个原因。

第一是资料的缺乏,没有外国政府和其他主体管理下航标连续的、系统的数据,甚至没有近代海关管理下航标的完整数据。近代中国海关有大量出版物,分为第一类统计丛书(*Statistical Series*)、第二类特种丛书(*Special Series*)、第三类杂项丛书(*Miscellaneous Series*)、第四类公务丛书(*Service Series*)、第五类办公丛书(*Office Series*)、第六类督察丛书

①班思德:《中国沿海灯塔志》,海关总税务司署统计科 1933 年。

②叶嘉畲:《中国航标史》,中华人民共和国海事局 2000 年。

③这些论文包括:陈诗启:《中国近代海关海务部门的设立和海务工作的设施》,《近代史研究》1986 年第 6 期;[英]毕可思:《石碑山——灯塔阴影里的生与死》,孙立新、石运瑞译,孙立新、吕一旭主编《“殖民主义与中国近代社会”国际学术会议论文集》,北京:人民出版社 2009 年,第 8—43 页;李芳:《晚清灯塔的建设与管理》,华中师范大学硕士学位论文,2011 年;张耀华:《中国近代海关之航标》,中国航海博物馆编《上海:海与城的交融》,上海:上海古籍出版社 2012 年,第 252—265 页;江涛:《近代福建沿海助航标志探析》,福建师范大学硕士学位论文,2012 年;Bickers R., “Infrastructural Globalization: Lighting the China Coast, 1860s-1930s,” *The Historical Journal*, 2013, 56(02): 431-458。

(*Inspectorate Series*)、第七类邮政丛书(*Postal Series*)①。其中对航标、税收等各类数据有详细统计,此外还有大量调查报告和专题著作。但这些出版物主要供海关内部使用,仅有少数赠送给相关机构或公开发行。长期以来,这些资料分散在全国各地以及国外的一些机构,研究者常常难以通过公开渠道获取这些出版物。早年出版的《中国旧海关史料》②为相关研究提供了许多可贵的信息,但其只包括海关七类出版物中统计系列的一部分,尚有包括航标统计在内的大量其他统计和更多专题研究著作未被发现和利用。

第二是研究视角的局限。前述论著多以"近代中国航标"为题或为研究目标,但实际均以中国海关管理下的航标为对象,对非海关管理下的航标较少涉及。这些论著的共同特点是,在对待原本错综复杂的航标管理问题,仅仅从中国海关的角度出发,难以兼顾其他组织机构发挥的作用,也就无法观察到包括中国海关、外国租借地或占领区政府及其他各类主体共同建设和管理下的近代中国航标的整体面貌。

前述研究中存在的上述不足,也就成为本文得以展开的前提。而灯塔在航行安全中地位最为重要且建造成本高、管理复杂,是航标体系中最为重要的组成部分,故本文将利用新资料和新视角,以灯塔为中心,通过灯塔的情况管窥近代中国航标分布的基本格局。

二、非海关管理的灯塔具有重要意义

针对已有研究所呈现出连续的、系统的灯塔数据缺乏的问题,《美国哈佛大学图书馆藏未刊中国旧海关史料(1860—1949)》③的出版提供了丰富的新资料,其中各个年份的《中国沿海及内河航路标识总册》(以下

①吴松弟:《中国旧海关出版物评述——以美国哈佛燕京图书馆收藏为中心》,《史学月刊》2011年第12期。

②中国第二历史档案馆、中国海关总署办公厅编《中国旧海关史料》,北京:京华出版社2001年。

③吴松弟整理《美国哈佛大学图书馆藏未刊中国旧海关史料(1860—1949)》,桂林:广西师范大学出版社2014年。

简称《航标总册》)不仅提供了更为详尽的海关管理下的灯塔①信息,也包括大量外国政府和其他主体管理下的灯塔数据。但仔细查对发现,其中仍缺少部分年份,而上海图书馆徐家汇藏书楼所藏《航标总册》正好可以补充前者的缺失。另外,前述资料中并无日据时期台湾的数据,本文亦将利用“台湾总督府”②和日本水路部③、递信省④、航路标识管理所⑤等机构的文献补全台湾的公私灯塔信息。多种来源的资料为本文进一步理清近代中国构建灯塔体系的进程、勾勒灯塔基本格局提供了可能。

但新资料的出现并非重新审视非海关管理灯塔的原因。之所以在近代中国灯塔体系的研究中不能忽视非海关管理的灯塔,是由于这部分灯塔本身具有无可替代的重要性。

1.非海关管理的灯塔数量较多

根据《航标总册》所提供的亮灯年份可知,中国最早的现代灯塔 1855 年亮灯,位于上海铜沙⑥,此后开始逐渐增加,不过总体增速较慢,到 1872 年 8 月,灯塔数量为 44 个⑦,这些灯塔均在海关管理之下,可以说已经初具规模。这一时期的灯塔主要分布在上海、宁波、广州、镇江、九江、汉口等关区。总体上,海关管理的灯塔数量在 1942 年之前保持了连续增长的势头(图一)。

根据《航标总册》所提供的亮灯年份还可以知道,最早出现的非海关管理下的灯塔是 1865 年亮灯的澳门 NOSSA SENHORA DA GUIA⑧,到 1911 年底,其他各国管理下的灯塔共有 41 个⑨,占纳入统计灯塔的

①本文所指“灯塔”即各类亮灯航标,包括狭义的灯塔以及灯船、灯桩、灯浮等。

②“台湾总督府”交通局递信部:《递信志 · 航路标识编》,“台湾总督府”交通局递信部 1928 年。

③水路部编《东洋灯台表 · 上卷》(1938 年 11 月 12 日调查),水路部 1938 年。

④递信省编《递信事业史》(第六卷),递信协会 1944 年。

⑤航路标识管理所编《日本航路标识便览表》(1921 年 5 月改正),航路标识管理所 1921 年。

⑥*List of the Chinese Lighthouses, Lightvessels, Buoys and Beacons, 1872* (Shanghai: Customs Press), p.7.

⑦同上书,第 6—15 页。

⑧*List of Lighthouses, Light-vessels, Buoys and Beacons on the Coast and Rivers of China, 1903*, (Shanghai: Statistical Department of the Inspectorate General of Customs, 1903), p.11.

⑨*List of Lighthouses, Light-vessels, Buoys and Beacons on the Coast and Rivers of China, 1912*, (Shanghai: Statistical Department of the Inspectorate General of Customs, 1912), pp.12-39.

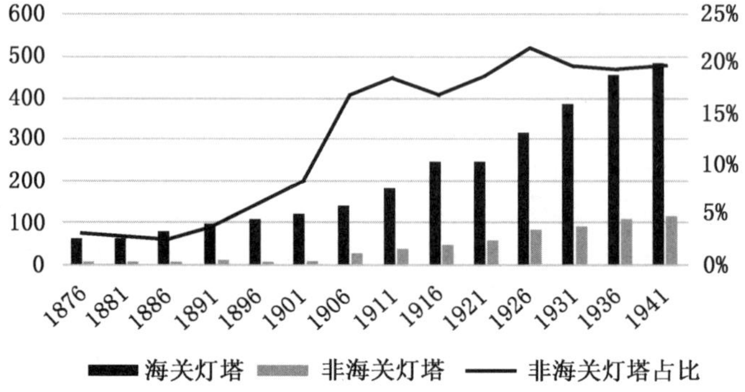

图一:各类灯塔增长情况

资料来源:据《航标总册》历年灯塔统计数据计算所得

18.6%,且这一比例在接下来的年份里还有提高,在太平洋战争爆发、航标暂停统计之前,一直维持在20%左右(图一)。日据时期台湾的灯塔均属于非海关管理部分,但《航标总册》中并不包括这一时期台湾的数据。通过1946年台湾灯塔分布的情况可以管窥日据时期的大致情况:1895年之前台湾灯塔极少,但到1946年台湾有灯塔40个,可见其增长速度较快。若将台湾的灯塔亦计入,则非海关管理的灯塔占比还将更高。如将1921年"台湾归总督府"管理和归私人管理的24个灯塔①计入,则该年非海关管理的灯塔占比会上升至24.5%;而将1938年台湾灯塔数量②与其他非海关管理的灯塔数量合计,则该年非海关管理的灯塔占比更是达到25.3%。

总的来看,从早期灯塔兴建开始,多数灯塔的管理权均掌握在中国海关手中。但随着外国租借地和占领区出现和不断增加,不断有灯塔在这些区域兴建起来,也有部分灯塔随着租借地的交接而从中国海关转移到外国政府手中;外国政府之间也因为战争或其他协定而产生管理权的转换;同时,地方渔业协会等其他主体也开始建设和管理一部分灯塔。从19世纪末被纳入《航标总册》开始,非海关管理的灯塔数量长期保持增

①航路标识管理所编《日本航路标识便览表》(1921年5月改正),第154页。

②递信省编《递信事业史》(第六卷),第1293页。

长，其占总量之比长期保持在20%—30%之间，这些灯塔与海关管理的灯塔一道构建起了近代中国灯塔空间体系，二者均不可忽视。

2.非海关管理的灯塔率先使用新技术和新能源

非海关管理的灯塔归属多种类型的主体，包括中国政府其他部门、外国政府、地方渔业协会甚至个人等，但从统计数字看，归属外国政府的灯塔长期占据绝对多数。而作为近代科技革命的发源地，欧美国家往往将新的技术成果和新式能源应用于本国管辖区域内，电力开始在灯塔中推广后，“欧美各处灯塔，比来相率设置电灯……惟中国灯塔，则尚未采用之耳”①，西方国家在其国内应用的同时，也在位于中国的租借地或占领区内率先采用了较为先进的设备和能源，所以可以发现电灯多出现在外国管区的灯塔上。以1937年日本管理的灯塔（含本土和海外）的能源结构看，使用电灯的灯塔是最多的②。日本管理下的大连在1941年有40个灯塔，其中23个已采用电力作为能源。而同一时期，海关管理下的灯塔鲜有使用电灯，还是以煤油灯为主，一些灯塔工作人员仍在为煤油被盗而奔波③。

以外国管理的灯塔为主的非海关灯塔在新技术和新能源的应用上表现出明显的优势，这意味着相当于海关管理的灯塔而言，这些灯塔在维护船只航行方面可以更便利、更稳定；同时也使得这些灯塔成为新技术传播的媒介和新能源应用上的标杆，对近代中国航标的发展乃至中国社会对世界近代文明成果的吸收起到推动作用。若忽视非海关管理的灯塔，甚至对其避而不谈，则难以对近代中国灯塔的地位和作用有准确的认识。

3. 航海史分析视角需要整合各类主体管理的灯塔数据

各类主体管理下的灯塔数据对于呈现近代中国灯塔分布格局的必要性在于：原有的海关史的叙述模式存在明显的不足，而新的航海史的分析视角则需要利用多种主体的信息。与海关史叙述中仅以中国海关为主体

①班思德：《巡工司及总工程司之灯塔释例》，《中国沿海灯塔志》，第9页。

②灯台局编《灯台局年报》（第10回），灯台局1939年，第79页。

③1936年南通境内“灯船迭遭盗匪搜劫，常阴沙十一圩港外灯船又于十三日夜间被江盗侵入，劫去煤油及管理人衣服用物等项”（《南通十一圩港燈船被劫》，《申报（上海版）》1936年5月17日。

讨论灯塔建设管理不同,航海学框架下的灯塔研究注重灯塔本身在航行安全、船只定位等方面的意义,而非灯塔具体由哪个主体建设、归哪个主体管理。从航海学的视角,可以将近代中国沿海地区和主要内河流域的各类主体管理下的灯塔看作一个体系,作为航海活动的重要组成部分进行观察和分析,从而对灯塔的空间分布和不同主体管理下所呈现的灯塔区域差异有一个更为清晰的认识。但由于种种原因,灯塔在传统航海史的研究中并非重点①,目前从航海史视角出发的近代灯塔研究难以寻觅。新发现的《航标总册》和《东洋灯台表》等资料可以提供详细的灯塔信息,包括灯塔所属关区、管理国家或机构类别、灯塔名称、地址、经纬度、灯光类型和射程、镜机等级、亮灯年份等。通过对中国海关、外国租借地或占领区政府、其他主体(如地方渔业协会、中华民国海岸巡防署等)管理下灯塔信息的整合,可得到较为完整的近代中国灯塔分布格局。

不论从数量、新技术和新能源的传播看,还是从航海史研究的需要看,外国和其他主体管理下的灯塔也是近代中国灯塔体系的重要组成部分,它们与中国海关管理下的灯塔一起在近代中国乃至东亚航海活动中对船只定位和航行安全发挥着重要作用。

三、近代中国灯塔的分布

以下对灯塔分布的论述中涉及的基本单位是关区,即各个海关所管辖的区域范围。1868 年沿海航标管理被划分为南、中、北三段,各段巡工司“分别常驻上海、福州与芝罘”②。各段分别管理多个关区:

> 北段包括奉天、直隶与山东之海岸,自北纬 41°至 34°,包括条约规定之通商口岸牛庄、天津及芝罘。中段包括江苏与浙江之海岸,自北纬 34°至 27°,包括上海与宁波两口岸以及长江之商埠镇江、南京、九江及汉口。南段包括福建、广东之海岸,自北纬 27°至 20°,包括福州、厦门、淡

①彭德清:《中国航海史(近代航海史)》,北京:人民交通出版社 1989 年;章巽:《中国航海科技史》,北京:海洋出版社 1991 年。

②《为船钞部巡查司之任命及其职责事》,《旧中国海关总税务司署通令选编》(第一卷),第 64 页。

水、基隆、台南、打狗、汕头、广州及琼州。①

1878年将航标管理由三段合并为两段,“南段系指温州以南之海岸,北段系指温州以北之海岸”②,巡工司分别驻上海和厦门。在“关区”概念的具体应用中,需要说明的是,香港、澳门等外国租借地或占领区也分别作为独立的关区对待。而由于日据时期不同阶段、不同机构对台湾的灯塔区域划分很不一样(如《日本航路标识便览表》分为“台湾北岸及东岸”“台湾南岸及西岸”和“澎湖列岛”③,而《东洋灯台表》则分为“台湾北岸”“台湾西岸”和“台湾东岸”④),这些与中国政府管理时期划以关区为单位的划分方式都很不一样,为统一起见,将整个台湾地区(含澎湖列岛)合为台湾关区。

通过整合多源数据,可以得到1881、1901、1921和1941(暂未发现该年台湾数据,以1938年数据代替)四个代表性年份以关区为单位的灯塔分布情况。

截至1881年,灯塔分属13个关区,包括广州、汕头、厦门、台湾、福州、宁波、上海、镇江、九江、汉口、芝罘、天津、牛庄。若以单个关区的灯塔数量而论,上海、镇江、九江处于领先地位,这些关区均分布于长江流域,反映出这一时期长江沿线区域灯塔发展要快于沿海其他区域,这与同时期船钞支出的区域分布一致。到1901年,上海、镇江、九江仍然保持着在灯塔数量方面的优势,但广州关区内的灯塔建设却取得突飞猛进,一跃而成为灯塔数量最多的区域。从1902—1921年间的灯塔数量增长看,上海、镇江的灯塔建设进展缓慢,以致香港、大连、芜湖、青岛、天津均达到与前二者并驾齐驱的行列;九江、汉口、台湾继续增长,广州也取得一定发展,此四个关区均领先于前述各区。但最引人注目还是哈尔滨及其属关构成的关区,该区1913年首次出现在《航标总册》中,但一举成为灯塔数

①《为发船钞部编制事》,《旧中国海关总税务司署通令选编》(第一卷),第56—57页。

②《为南北两段沿海灯塔分由厦门上海两关管理由》,《旧中国海关总税务司署通令选编》(第一卷),第222页。

③航路标识管理所编《日本航路标识便览表》(1921年5月改正),第106—112页。

④水路部编《东洋灯台表·上卷》(1926年10月15日调查),水路部1926年,第84—93页。

量最多的关区①。从 1941 年的情况看,哈尔滨关区继续保持数量上的领先优势②,九江、汉口、台湾持续发展继续保持仅次于哈尔滨的位置,大连关区发展较快并紧随前述四区之后,广州湾、广州、上海、镇江、芜湖、芝罘、沙市、岳州则又次之。

当然,在对图一的观察中也会发现一些不同寻常的地方。由于灯塔建设经费的有限,“为确保航行安全并力求节约资金,建造灯塔之位置务必认真测定、选择”③,海关会优先选择航运最繁忙且较为危险的航段设置灯塔,也就是说,灯塔的增长应当与行船数量多、贸易繁荣的口岸存在明显的相关性。1860—1870 年间,上海的船钞支出占用于改善航运船钞支出综述的 83%④,而这一比例与上海的贸易额、商船数量占全国的比重是一致的。但通过对各关区灯塔数量与各通商口岸船舶数量关系的分析发现,前述观点似乎并不成立。作为航运最繁忙的口岸,上海的灯塔数量在 1901 年前尚可勉强与广州、镇江、九江、汉口持平或者说差距不大;但到 1921 年及以后,从数量上看,则连第二梯队的水平都无法达到。

这一现象产生的原因,一定程度上可以通过灯塔的镜机等级来解释。根据尺寸的不同,中国海关管理下灯塔的镜机最初分为特等至五等,后为特等至六等,再后增加为特等至七等,此外还有大量因尺寸小而未分级的灯塔镜机;而非中国海关管理的灯塔中,部分也依据此分级确定了镜机等级。正如《中国沿海灯塔志》所言“各处灯塔及其地位之重要如何,或可由其镜机等级推而知之”⑤,即分级清晰的镜机等级可以作为判断灯塔之间差异的核心指标。《中国航标史》的表格“海关建造及管理的沿海主要

①*List of Lighthouses, Light-vessels, Buoys and Beacons on the Coast and Rivers of China, 1913* (Shanghai: Statistical Department of the Inspectorate General of Customs, 1913), pp.40-41.

②*List of Lighthouses, Light-vessels, Buoys, Beacons, etc., on the Coast and Rivers of China, 1941* (Shanghai: Statistical Department of the Inspectorate General of Customs, 1941), pp.8-83; *Addenda ET Corrigenda to List of Lighthouses, Light-vessels, Buoys, Beacons, etc., on the Coast and Rivers of China, 1941* (Shanghai: Statistical Department of the Inspectorate General of Customs, 1941).

③《为发船钞部编制事》,《旧中国海关总税务司署通令选编》(第一卷),第 56 页。

④《为附送有关船钞使用之两件节略由》,《旧中国海关总税务司署通令选编》(第一卷),第 121—122 页。

⑤班思德:《巡工司及总工程司之灯塔释例》,《中国沿海灯塔志》,第 4 页。

灯塔”①中也仅列出镜机等级一项指标,可见一般研究中对其重要性的认识。通过观察镜机等级发现,哈尔滨关区的灯塔镜机均属于未分级类型;而上海关区灯塔中高等级镜机比例远远高于一般关区。这也就解释了上海等贸易繁荣口岸所在的关区虽然有大量船钞投入,但灯塔数量却不占优势的原因。

灯塔初设时镜机等级与灯光大小和射程直接相关,往往根据镜机等级即可以判断灯塔的灯光射程和重要性。而通过对《航标总册》统计数据的分析发现,这种观点仅仅在灯塔建设的早期阶段成立。到后期,随着技术的革新和新式能源的使用,仅仅依据镜机尺寸而定的镜机等级越来越无法准确反映灯塔的真实水平。表现在《航标总册》中,即大量采用新技术和新能源的灯塔(主要非海关管理的灯塔)并非提供镜机等级信息。故镜机等级难以作为反映灯塔的真实水平和重要性的统一标准;何种指标更可行更准确,将另有专文讨论。

四、小　结

海务工作是近代中国海关的两项核心业务之一。作为海务工作的承担者,船钞部的主要任务包括航标建设和航道疏浚,其中航标建设和管理是利用海关征收的船钞为经费而展开。这是近代航标相关研究中一种常见的叙述方式,在这种叙述话语之下,往往忽视了在近代中国沿海的租借地和外国占领区还存在着大量长期处于外国政府管理下的航标;同时,也忽视了在近代中国内河流域和海域内同时存在着大量长期或短期处于地方渔业协会、中华民国海岸巡防署和地方政府管理下的航标。出现这种对外国政府和其他主体管理下航标缺乏关注、将近代中国海关管理下的航标直接等同于“近代中国航标”的全部的情形,主要有两方面的原因,一是相关航标详细资料的缺乏;另一个是现有论著中,海关史的研究是以海关为研究对象,往往不涉及其他参与航标管理的主体。

由于航海活动在空间上具有连续性特点,故航海学将特定区域内航

①叶嘉畬:《中国航标史》,第24—25页。

线上的航标归为一个系统进行观察。利用新发掘的航标资料,从航海史的研究视角出发,将近代中国沿海各类主体管理下的航标中最重要的组成部分——灯塔作为一个体系进行观察可以发现,近代中国灯塔空间体系的形成经历了一个漫长的过程,其中中国海关、多个外国政府和其他主体参与其中,尽管中间存在力量的消长和灯塔管理权的转移,但各方均为近代中国灯塔建设和管理不可或缺的组成部分。

外国政府管理下的灯标往往最先采用欧洲新式设备和新式能源,且外国所占关区内的口岸多为贸易额排名前列的商埠,而其他主体管理的灯塔也往往在重要的航运线路上,在近代中国海航活动中具有明显的作用;从设备更新和技术传播的角度,外国政府管理下的灯塔甚至比中国海关管理下灯塔的意义更为重要。故这些非海关主体的灯塔与中国海关的灯塔不应因管理主体的不同而被区别对待甚至被忽视;只有综合考虑中国海关、外国政府和其他主体在建造管理灯塔中的作用,方能描绘出近代中国灯塔空间体系的完整图景。

清末以来城墙拆除的阶段、动因与地区差异

刘雅媛

（复旦大学中国历史地理研究所）

城墙是构成中华帝国晚期治所城市最易被人察觉同时也是最重要的形态要素之一，城墙拆除从景观角度反映了传统城市近代转型的大体趋势。本文通过对民国方志以及新方志中关于清末 23 个省治所城市城墙信息的梳理，试图从 2085 条城墙拆除的记录中得到关于传统城市近代转型的线索。

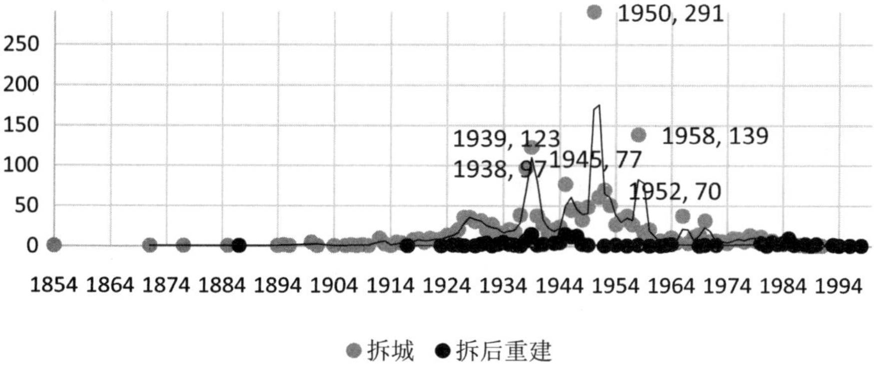

图 1：拆城时间总体趋势图

首先，全国的拆城活动在时间上体现出极强的阶段性特征（见图 1）：第一阶段为 1937 年以前，大规模的拆城开始于十九世纪末二十世纪初，

是市政机构改造城市的手段之一;第二阶段为1937—1949年,在这一时期,城墙的维护或拆除往往与战争中交战双方对战况的判断有关;第三阶段为1950年以后,这一时期城墙拆除除了城市改造的原因之外,往往还伴随着政治运动而进行。

其次,上述阶段性特征是由不同时期拆城驱动因素的区别所造成的。城墙拆除的动因主要有三个方面:第一,交通因素。近代商业流通的频繁和新式交通工具的出现使得城市交通范围扩大以及对配套市政设施需求增强,各地市政机构的建立又使得兴办新式市政有了保障,拆城筑路成为倡导新式市政者首先关注的问题。第二,军事因素。近代战争形态的改变使得人们对于城墙城壕等冷兵器时期的战争防御工事有了新的认识,认为"城垣几乎完全失去了作用",一旦被敌人控制,"反可供敌人充分利用",故战前拆城成为被动情况下的无奈之举,在抗战时期,因此拆城的例子比比皆是。第三,其他城市建设或各种无法归类的建设因素。包括拆除城砖用作建筑材料,变卖城墙基址或利用城基建房,改善城市卫生环境,拆除年久失修的危险建筑等。在第一、第三阶段中,拆城的主要动因为交通或其他建设因素,与之相比,第二阶段存在大量的因军事目的而拆城的情况。

最后,不论在开始拆城的时间上,还是各时间段拆城广度上,各个地区存在明显的差异,同时也体现出强烈的由东南向华北,再向西部扩散的整体趋势。第一阶段,城墙拆除首先从东南沿海省份开始,尤其以南京国民政府成立后的1927年与1928年最为集中。第二阶段,华北、中原地区成为拆城活动最集中的地区,这里是抗日战争中最早受到日军攻击并遭到多年占领的地区,尤其以1938、1939年最为集中,同时,1945年抗战结束前后,以及国共内战时期的1947年前后也是这些地区拆城活动比较集中的年份。第三阶段,与此前不同,建国后拆城活动整体向西扩散。可见,除了抗战时期以及国共内战时期受到战争影响而拆城之外,城市改造的整体趋势由东南向西扩散,依旧符合我们对中国近代化进程的总体认识。

“海关文献与近代中国”学术研讨会议综述

刘雅媛

（复旦大学中国历史地理研究所）

早在 1930 年代，近代海关文献就已被研究中国的学者们发现并重视。时任中国海关总税务司署副税务司一职的班思德（T. R. Banister）根据大量第一手海关文献，以时间为线索对 1830—1930 年间中国对外贸易额及货物类型做了概述性的研究。由于近年来几批海关文献相继被发现并在国内出版，在传统的经济史、财政史的论题之外，涌现了大量的研究成果与许多新的研究视角。2016 年 2 月 27 日—28 日，由复旦大学中国海关史与海关文献国际研究中心主办的“海关文献与近代中国”学术研讨会在上海举行，会议同时也举行了复旦大学中国海关史与海关文献国际研究中心揭牌仪式，以及《美国哈佛大学图书馆藏未刊中国旧海关史料（1860—1949）》第二批新书发布会。复旦大学副校长林尚立、中国海关学会会长李克农、复旦大学历史系主任黄洋教授、复旦大学上海史研究中心主任熊月之教授、中山大学亚太研究院院长滨下武志教授、厦门大学中国海关史研究中心主任戴一峰教授、南开大学经济学院经济史研究中心主任王玉茹教授、上海财经大学城市与区域学院副院长张学良研究员、复旦大学中国海关史与海关文献国际研究中心主任吴松弟分别致辞。来自中国、日本、澳大利亚等国高校及科研机构的 40 多位学者出席了本次学术研讨会，同时来自中国海关总署及海关系统内的 20 余位领导及 40 余位海关史研究专家也出席了此次会议。本次研讨会共收到论文33篇,举行学术报告35场,圆桌会议2场。

学者们的讨论围绕以下几个方面展开:

一、海关文献与数据可视化

旧海关出版物包括七大系列,已出版的《中国旧海关史料(1859—1948)》《美国哈佛大学图书馆藏未刊中国旧海关史料(1860—1949)》两套资料的主体是统计系列,《中国近代海关总税务司通令全编》为关务系列的一部分,除了上述三套资料,海内外所收藏的旧海关文献仍有大量尚未面世。复旦大学吴松弟教授在《中国旧海关出版物的内容、学术价值和用于研究》一文中,全面介绍了海关文献整理工作的现状、旧海关出版物的内容及其团队十余年来的学术研究。中国海关学会李延顾问在《中国海关档案馆(室)所存近代海关文献简介》这一报告中介绍了海关总署档案馆及各关档案室的收藏,并公布了即将出版的《海关总署档案馆藏未刊中国旧海关史料》的基本内容。台湾"中央研究院"林玉茹研究员的报告《日据时期台湾的税关资料及其典藏和运用》充分详实地介绍了日据时期台湾税关制度的建立与流变,资料的生成及资料内容、收藏现状与利用状况。澳大利亚昆士兰大学黎志刚教授《海洋视野下的航运、港口和海关:以轮船招商局的研究和资料为中心的介绍》一文从轮船招商局的研究出发,详细地对轮船招商局为中心的档案资料的流布与收藏作了介绍,并借此讨论了全球化背景下的企业史研究。

已出版的三套海关文献共499册的数量使得数据的整理工作成为研究者们要克服的第一个难题。大数据时代的今天,海关文献的利用不可避免地需要借助数据库与可视化技术来展开。南开大学王哲讲师《近代海关数据的整理与建设旧海关生态圈的初步构想》一文认为应当建立以地理信息系统(GIS)和数据库为基础的"旧海关生态圈",在已形成的"近代中国海关基础数据库"之上,将多元复杂格式的旧海关文献进行更深度的整合,并加入当代海关及其他来源的经济史数据,从而将研究推向一个更高的层面,他同时也展示了在这一数据库基础上所进行的埠际贸易、子口税贸易、邮政区与邮政点、清代粮食贸易网络等研究个案。东京大学城山智子教授《海关资料的数据化及可视化：以 1871—1935 年贸易统计为例》一文建议利用海关统计来制作主要港口的贸易数据库，并以之分析各港口国内贸易与国际贸易的数据，以此来探讨亚洲地域贸易的数量变化与空间配置。

二、海关本体史相关问题

相对于以往在财政、税收以及贸易方面的研究，中山大学滨下武志教授《"海关洋员回顾录"和第二代海关史研究》一文建议利用海关文献中的非统计资料以及海关洋员的回忆录、书信等私人文书，开展包括海关洋员的生活经历，海关人物与制度，与海关相关的机构或组织的人事与经营，中国海关的国际运作等方面的研究。滨下教授有感于近年来资料大量涌现，研究者们纷纷将新的技术与方法广泛应用与研究之中，他热切地提倡展开"第二代海关史研究"。香港大学李培德教授在《外籍海关税务司在中国》一文中呼应了滨下的观点，李氏关注外籍税务司在中国的经历，他们对中国社会的看法，以及他们与在华英国人群体的关系。中山大学李爱丽副教授《美籍税务司吉罗福的中国钱币收藏》一文同样关注海关洋员在华的工作生活，尤其注意到美籍税务司吉罗福的中国古钱币收藏。上述几位学者都希望从"生涯史"的角度叙述海关史，同时强调近代中国海关所造就的孕育人才的环境，并强调洋人管理的海关所带来的正面价值。

在海关制度方面，上海交通大学张志云研究员《中国海关造册处与中央统计制度（1859—1911）》一文将总税务司通令，造册处内部文件，以及统计资料三种史料揉合，回顾造册处成立中央统计和编纂制度的历史，他强调赫德的工作对这一制度的建立起到至关重要的作用，此外他提醒学者们在使用海关统计时需要尤其注意币值与计价方式的演变。上海师范大学周育民教授的文章《从江海关到江海新关（1685—1858）》考查江海关自 1685 年设立后的制度演变，认为外籍税务司建立后，江海关税大幅提高的原因并非海关制度的改革，而是贸易量的大幅增长。上海海关学院姚永超注意到了海关在协助中国创设近代江海管理机构中所起到的“媒介”作用。苏州工业园区海关佘建明与南京海关徐立春《中国近代海关总税务司署内设机构探究》一文认为旧海关的机构设置不存在总税务司与各关上下一一对应的关系。南京政治学院费志杰副教授《清末民初军品走私屡禁不止原因探析》一文主要关注清末民初的军品走私问题,他认为军品走私屡禁不止有多重原因,无法单纯讨论缉私问题,而应着力解决其背后的症结。此外,学者们就津海关、凤阳关、粤海关、苏州关等相关问题也作了详实充分的介绍。

三、海关文献所反映的近代财政史问题

台湾“中央研究院”林满红研究员的文章《晚清的鸦片税(1858—1909)》全面分析了1858—1909年清政府征收鸦片税的税额、课税形式,土药税与洋药税的比较,鸦片税在晚清财政中的地位等问题。她认为由于鸦片征税效率高,故鸦片税成为了清政府解决财政困难的急救药,清政府征课鸦片税的做法并无法达到禁烟目的,而应当采取控制鸦片供给的方法,将潜在资本引向正当投资而非着力于设计一套鸦片征税制度。河南大学董保民教授与学生郭益蓓的文章 *The Impact of the First Sino-Japanese War Indemnity: Transfer Problem Reexamined*(《〈马关条约〉赔款的影响:转移问题的再检验》)利用经济学模型分析甲午战争赔款对贸易的影响,他们认为这一时期国内消费降低以及产出增加,使得进口价格的利润下降,同时国内品价格变动缓慢,最终得出结论认为赔款可能对贸易条件有改善的作用。复旦大学戴鞍钢教授在《辛亥时期的“关余”问题》一文中指出,由于辛亥时期海关税款被帝国主义攫取,使各地的革命政权以及南京临时政府都失去了海关税款,于是不得不面对严重的财政困难。中山大学侯彦伯副教授《清末财政危机、透明化与海关兼管常关》一文认为,1901年海关兼管常关一方面有助于应对巨额赔款带来的财政危机,另一方面也有助于常关税收的透明化,但同时他也强调清政府在一定程度上成功抵制了海关监管常关。对于侯氏的观点,复旦大学研究生金诗铧提出反对的意见,她的文章《近代通商口岸常关的贸易情形及变迁——

以海关出版物资料为中心》认为,海关监管下的常关贸易占整个常关贸易额的相当分量,同时由于近代民船贸易依旧十分活跃,所以常关贸易仍具有很强的生存空间。

四、海关文献与近代经济地理

华东师范大学王列辉副教授等《1920 年代英日两国在华航运网络研究》一文利用网络分析工具解读海关文献中记载的英日两国航运信息,同时比较研究两国航运网络,他认为两国在华航运网络受到地理、竞争策略以及政府因素等影响。天津社会科学院张利民研究员的文章《20 世纪初期天津对外贸易变化简析——从海关史的角度》利用海关统计分析了 20 世纪初天津进出口贸易的变化,他认为河道港口的改造以及海关监管常关促使天津经济地位提升,成为华北的经济中心。南开大学毛立坤副教授的文章《试析晚清时期香港在上海口岸外贸领域发挥的中转功能》关注晚清上海与香港两埠的贸易联系,二者贸易联系的加强改变了远东与欧洲贸易呈现的简单三角贸易形态,而愈加呈现出多边贸易形态。上海社会科学院助理研究员方书生的文章《近代中国经济转型的轨迹:基于上海经验的再解释》利用江海关的数据分析了近代上海经济转型的轨迹与逻辑,认为上海向近代工商业经济转型的实现有赖于部门劳动分工基础上的效率增长与规模经济的形成。河南大学副研究员武强与学生王梦琦的文章《基于 SSM 模型的近代中国进出口贸易结构分析》利用经济学模型分析了七个代表性港口的进出口贸易结构及其腹地的总体经济结构,展示了一种对于"港口-腹地"理论的学理性论证。云南师范大学副教授张永帅《雨水、瘴疠:腹地自然生态与近代云南口岸贸易的波动》一文利用云南货运骡马数量的变动分析了云南口岸贸易的季节性波动,他认为由于云南特殊的气候与地形环境,腹地的雨水与瘴疠成为造成云南口岸贸易波动的主要因素。与沿海沿江沿边各省份不同,近代贵州没有开埠口岸,云南大学讲师马琦《近代贵州对外贸易研究》一文全面考察了近代贵州特殊的对外贸易特征、商路与贸易结构。上海海关学院讲师杨敬敏研读海关文献发现 1937 年前南京国民政府关税政策对棉纺织工业的显著保护,他的文章《1937 年前南京国民政府关税政策与棉纺织进口替代工业的发展》认为这种保护性政策造成了纺织品进口量的锐减,实现了国产纺织品对进口商品的替代。复旦大学博士生何秋红《近代中国自由港制度的实施及影响初探》一文分析了青岛与威海卫自由港制度的设计与实施效果,认为二者在制度设计的出发点以及软硬件配套措施等方面的差异造成了二者之间的差距,同时也论证了自由港受海关监管的必要性。复旦大学博士生武伶飞的《近代中国灯塔空间体系初探》一文利用“航标总册”归纳出近代中国航标空间体系,他认为除了海关系统的航标之外,应当重视那些以往研究中忽略掉的外国政府及其他非海关主体建设管理的航标。复旦大学博士生刘雅媛《清末以来城墙拆除的阶段、动因与地区差异》一文利用近代城市改造的数据,梳理出近代中国城市形态转型的总体脉络,以此来打通古代与近现代城市史研究之间的隔阂。

此次会议为期两天,与会专家学者们就不同角度与主题对海关文献及相关问题进行了深入广泛的圆桌讨论,学者们一致认为新成立的“复旦大学中国海关史与海关文献国际研究中心”应当在海关文献的搜集出版及第二代海关史研究领域内发挥出更大的作用。

复旦大学中国海关史与海关文献国际研究中心简介

近代中国在特殊背景下艰难地走上全球化和现代化之路。近代海关史一向被认为是研究中国近代历史的重要起点和关键问题之一，而近代海关文献，尤其是海关总税务司署为安排和沟通各部门和各地方海关活动的内部出版物，早在上世纪三十年代以来即被学界视为研究近代中国最大、最丰富、最系统和最科学的资料宝库。复旦大学中国历史地理研究所吴松弟及其在各地高校任教的十余名弟子组成的研究团队，在历史地理所、历史系诸位师长、同道的支持下，在中国海关学会、美国哈佛燕京图书馆等国内外单位的帮助下，多年来不仅利用海关文献探讨中国近代的经济变迁及其经济地理（提出“港口-腹地”模式），在海关文献的搜寻、整理和研究方面取得重大进展，也期望在未来的海关史研究方面进行深层次的挖掘。吴松弟申报的项目“中国旧海关内部出版物整理与研究”2011 年立为国家社科基金重大项目，此外方书生、姚永超、毛立坤、王列辉、王哲、武强、张永帅等人都得到国家社科基金、国家自然科学基金（面上及青年项目）、教育部人文社科基金等十余项基金的支持。

本中心由复旦大学校长办公会议 2016 年 1 月 11 日批准成立，2 月 27 日举行隆重的成立大会。中心旨在联合世界各地从事中国海关史和海关文献研究的学者，并在学校相关院系和中国海关总署直属的中国海关学会、上海海关学院等单位的大力支持下,拓展海关史研究范围,加速海关文献的整理、研究以及数据库的建设,并推动有关文献的出版工作,努力建成世界范围内中国近代海关史和海关文献研究的一流中心。我们希望通过持之以恒的努力,能够在近代中国研究的定量化、可视化、精细化和空间化方面,以及海关管理和区域经济文化发展提供近代经验方面尽绵薄之力。

本中心欢迎国内外对中国海关文献和中国海关史有研究的专家,以及有兴趣、有成果需求的朋友和单位与我们联系合作事宜。对于本领域的专家,我们可以通过合作研究、合作开会的形式,推动上述方面研究的进展。对于有兴趣的朋友,我们欢迎前来参加我们的各类学术会议,互通有无,寻求共同的兴趣点。对于对海关领域研究成果有需求的朋友和单位,我们可以利用我们乃至学界的联合力量,帮助解决问题,提供研究结论、咨询意见,或者所需的研究资料和数据库。

本中心网络“复旦海关史”,网址 http://hgc.fudan.edu.cn/hgc/index.php。